大清一統志

第二十一册

湖南

湖南

目録

湖南全圖

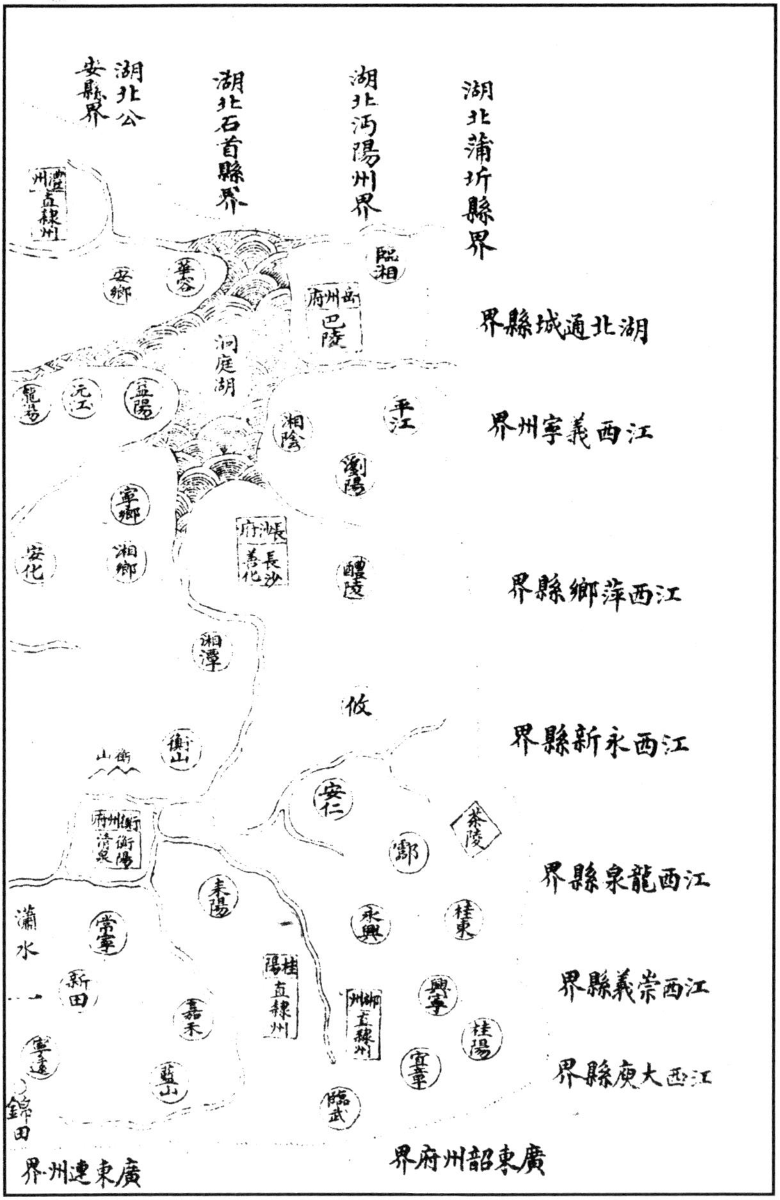
湖北公安縣界
湖北石首縣界
湖北沔陽州界
湖北蒲圻縣界
澧州直隸州
安鄉
華容
臨湘
岳州府
巴陵
湖北通城縣界
洞庭湖
龍陽
沅江
益陽
湘陰
平江
江西義寧州界
瀏陽
寧鄉
安化
湘鄉
長沙府
長沙
善化
醴陵
江西萍鄉縣界
湘潭
攸
江西永新縣界
衡山
衡山
安仁
茶陵
衡州府
衡陽
清泉
酃
江西龍泉縣界
耒陽
永興
桂東
瀟水
常寧
桂陽直隸州
郴州直隸州
興寧
江西崇義縣界
新田
嘉禾
桂陽
寧遠
宜章
江西大庾縣界
藍山
臨武
錦田
廣東韶州府界
廣東連州界

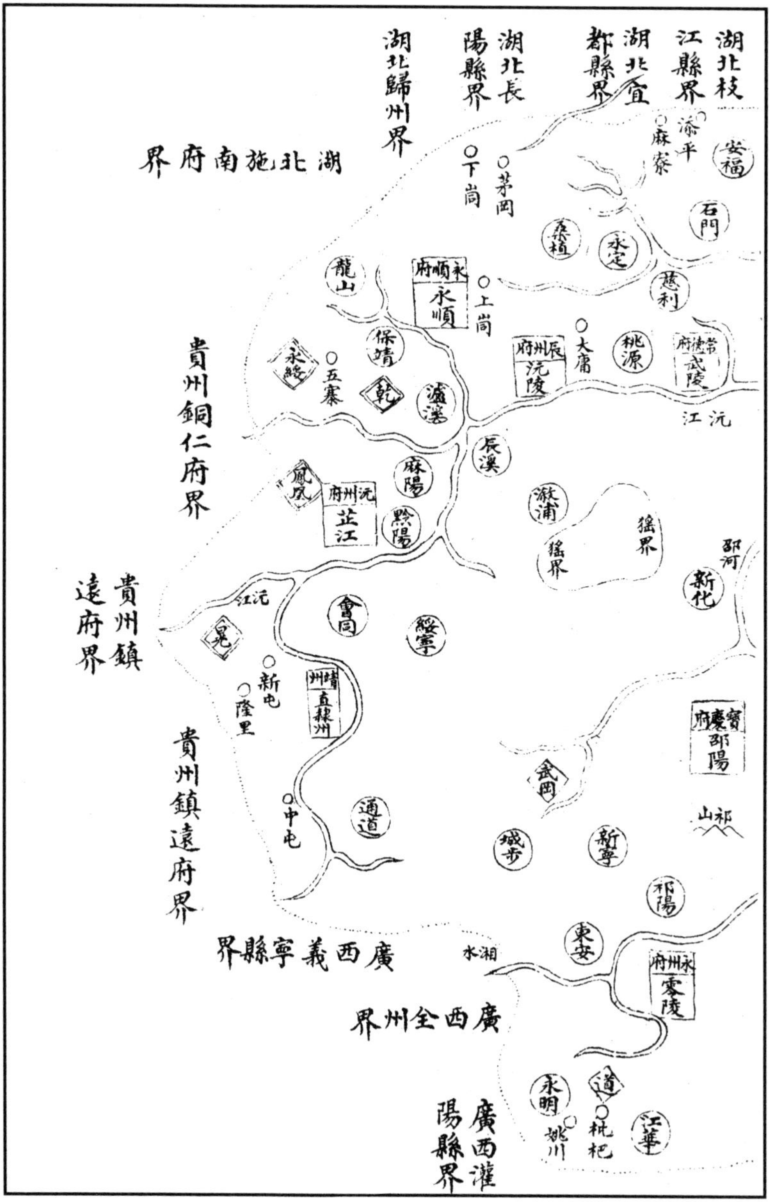
湖北枝江縣界
湖北宜都縣界
湖北長陽縣界
湖北歸州界
湖北施南府界
貴州銅仁府界
貴州鎮遠府界
廣西義寧縣界
廣西全州界
廣西灌陽縣界
安福
石門
慈利
永定
桑植
永順府
龍山
保靖
永綏
乾
瀘溪
辰州府
沅陵
桃源
常德府
武陵
沅江
辰溪
麻陽
鳳凰
沅州府
芷江
黔陽
漵浦
新化
會同
綏寧
晃
靖州直隸州
通道
寶慶府
邵陽
武岡
城步
新寧
祁陽
東安
永州府
零陵
永明
道
江華
湘水
祁山
猺界
邵河
新屯
隆里
中屯
五寨
上峝
下峝
茅岡
大庸
添平
麻寮
桃杷
桃川

湖南省表

		長沙府
秦	長沙郡及黔中郡地。	長沙郡
漢	前漢屬荆州，後漢因之。	長沙國漢高帝五年置長沙國。後漢改郡，屬荆州。
三國	屬吳。	長沙郡屬吳。
晉	屬荆州。嘗置湘州，後廢。	長沙郡永嘉初置湘州，咸和三年省。義熙八年復置，十二年又省。
南北朝	宋、齊屬荆、郢、湘三州。梁增置羅、巴、武、郴等州。陳有湘、巴、沅、郴四州。	湘州長沙郡宋永初三年復置湘州，元嘉八年州廢，還屬荆州。十七年復置，二十九年又廢。孝建初復置。齊以後爲長沙郡。
隋	大業初廢州，改爲長沙、巴陵、衡山、武陵、沅陵、澧陽、零陵、桂陽等郡地。	長沙郡初廢郡，改潭州。大業初又改爲郡。
唐	改郡爲州。開元中分屬江南西及山南東、黔中三道。	潭州武德四年復置州，天寶初改長沙郡。乾元初復爲州，屬江南西道。大曆四年爲湖南觀察使治。
五代	初屬楚，尋屬南唐，後爲周行逢所據。	潭州初屬馬氏，建楚國。周廣順初屬南唐，後屬周行逢。
宋	分置荆湖南、北路。	潭州屬荆湖南路。
元	屬湖廣行省。	天臨路至元十四年設行省，改潭州路。十八年罷爲湖南道宣慰司。天曆二年改爲路。
明	屬湖廣布政司。	長沙府初爲潭州府，洪武五年更名，屬湖廣布政司。

續表

岳州府	寶慶府	衡州府
長沙郡地。	長沙郡地。	長沙郡地。
長沙國地。後漢長沙郡地。	長沙國及零陵郡地。後漢長沙、零陵二郡地。	長沙國及桂陽郡地。後漢長沙、桂陽二郡地。
屬吴。	昭陵郡 吴置。	湘東郡 吴分置，又分置衡陽郡。
	邵陵郡 太康中更名，屬荆州。永嘉初屬湘州。咸和中仍屬荆州。	湘東郡
巴陵郡 宋元嘉中置，屬湘州，尋屬郢州。齊因之。梁置巴州。	邵陵郡 宋屬湘州，齊因之。	湘東郡
巴陵郡 初廢郡改岳州，大業初曰羅州，尋又改郡。	廢爲長沙郡地。	衡山郡 初改置衡州，大業初改爲郡。
岳州巴陵郡 初復置巴州，尋改屬江南西道。	邵州邵陽郡 初置南梁州，貞觀十年更名，屬江南西道。天寶初曰邵陽郡，乾元初復改名邵州。	衡州衡陽郡 天寶初更名，屬江南西道。
岳州 初屬楚，後屬周行逢。	邵州 晉天福中改曰敏州，漢復。	初屬楚，後屬周行逢。
岳州巴陵郡岳陽軍 屬荆湖北路。紹興二十五年改純州華容軍，三十一年復故。	寶慶府 初爲邵州邵陽郡，屬荆湖南路。寶慶初升府，淳祐中升軍。	衡州衡陽郡 屬荆湖南路。
岳州路 屬湖廣行省。	寶慶路 屬湖廣行省。	衡州路 屬湖廣行省。
岳州府 屬湖廣布政司。	寶慶府 復爲府，屬湖廣布政司。	衡州府 復爲府，屬湖廣布政司。

續表

常德府	辰州府	沅州府
黔中郡地。	黔中郡地。	
武陵郡	武陵郡地。	武陵郡地。
武陵郡屬吳。		
武陵郡屬荆州。		
武陵郡宋、齊屬郢州。梁置武州，後廢。陳天嘉初復置，太建中更名沅州武陵郡。	沅陵郡陳天嘉初置沅州通寧郡。太建中廢州改置。	梁南陽郡地。陳沅陵郡地。
武陵郡初廢郡，改朗州。大業初又改郡。	沅陵郡初廢郡置辰州，大業初仍改郡。	沅陵郡地。
朗州武陵郡初置朗州，屬江南西道。天寶初仍曰武陵郡，改屬山南東道。	辰州盧溪郡復置州，天寶初改盧溪郡，屬江南西道。	敘州潭陽郡貞觀八年置巫州，天授二年改爲沅州，開元十三年復名巫州，亦名潭陽郡，屬江南西道。大曆五年更名。
朗州屬楚。梁太祖時升爲永順軍，後周行逢改武平軍。	辰州屬楚，後屬周行逢。	楚馬希範置懿州，其弟希萼改爲洽州。
常德府初爲朗州武陵郡，大中祥符中改鼎州。政和中改常德軍節度，乾道初升府，屬荆湖北路。	辰州盧溪郡屬荆湖北路。	沅州潭陽郡初爲羈縻懿州，屬荆湖路。熙寧七年收復，置州郡，屬荆湖北路。
常德路屬湖廣行省。	辰州路屬湖廣行省。	沅州路屬湖廣行省。
常德府復爲府，屬湖廣布政司。	辰州府屬湖廣布政司。	沅州洪武初爲府，九年降州，隸辰州府，屬湖廣布政司。

續表

永州府	永順府	澧州直隸州
長沙郡地。	黔中郡地。	
零陵郡 前漢郡地，後漢移治泉陵。	武陵郡地。	孱陵、零陽二縣地，屬武陵郡。
零陵郡 屬吴。		吴分屬天門郡。
零陵郡		東晉析置義陽郡。
零陵郡		
零陵郡 初廢郡置永州，大業初復爲郡。	辰州沅陵郡地。	澧陽郡 初置松州，尋改澧州，大業初改爲郡。
永州零陵郡 復置州，屬江南西道。	溪州靈溪郡 天授二年析置，天寶初改靈溪郡，屬江南西道。	澧州澧陽郡 武德四年復爲澧州，天寶初仍曰澧陽郡，屬山南東道。
永州 初屬楚，後屬周行逢。		澧州 初屬楚，後爲周行逢所據。
永州零陵郡 屬荆湖南路。	羈縻永順州 屬荆湖北路。	澧州澧陽郡 屬荆湖北路。
永州路 屬湖廣行省。	永順等處軍民宣撫司 初置安撫司，至正中改屬四川行省。	澧州路 屬湖廣行省。
永州府 屬湖廣布政司。	永順等處軍民宣慰使司 洪武六年升，屬湖廣都司。	澧州 初爲府，洪武九年降爲州，屬岳州府。

	桂陽直隸州	靖州直隸州
		黔中郡地。
	桂陽郡郴縣地。	武陵郡鐔成縣地。
		宋舞陽縣地。
澧陽縣開皇初置爲郡治。	平陽縣大業末蕭銑析置，屬郴州。	龍標縣地。
澧陽縣州治。	桂陽監元和初置。	敘州朗溪縣南獠地。
澧陽縣	晉省入桂陽監。	蠻地，爲誠、徽二州。
澧陽縣	桂陽軍紹興三年升，屬荆湖南路。 平陽縣天禧三年復置，爲軍治。	靖州初爲羈縻州，熙寧中收復。元豐中復置誠州，元祐二年改爲渠陽軍，三年又廢。五年復置誠州。崇寧二年更名，屬荆湖北路。
澧陽縣路治。	桂陽路屬湖廣行省。 平陽縣路治。	靖州路屬湖廣行省。
省入州。	桂陽州洪武九年降州，屬衡州府。 省入州。	靖州洪武三年升府，後降州，屬湖廣布政司。

續表

	郴州直隸州		乾州直隸廳
	桂陽郡 屬荊州。	郴縣 郡治。	武陵郡地。
	桂陽郡 屬吴。	郴縣	
	桂陽郡 元康初分屬江州，永嘉初改屬湘州。咸和三年還屬江州。	郴縣	
	桂陽郡 宋屬湘州，齊因之。	郴縣	
	桂陽郡 初廢郡，置郴州，大業初復爲郡。	郴縣	沅陵郡地。
	郴州桂陽郡 武德四年仍置州，天寶初仍曰桂陽郡，屬江南西道。	郴縣	辰州地。
	郴州 初屬楚。晉天福初改曰敦州。漢乾祐初復曰郴州。周廣順初屬南唐，尋屬南漢。	郴縣 晉天福初改曰敦化。漢復舊。	
永平縣 元豐中置渠陽縣，爲州治。崇寧中更名。	郴州桂陽郡 屬荊湖南路。	郴縣	池蓬砦、鎮溪砦、黔安砦，俱屬辰州。
永平縣 路治。	郴州路 屬湖廣行省。	郴陽縣 至元中更名，路治。	盧溪縣地。
省。	郴州 洪武初爲府，九年降州，屬湖廣布政司。	省入州。	鎮溪軍民千户所，屬辰州府盧溪縣地。

續表

鳳凰直隸廳	永綏直隸廳	晃州直隸廳
武陵郡地。	武陵郡地。	武陵郡地。
沅陵郡地。	沅陵郡地。	沅陵郡地。
五寨土官地，田氏世守之。	溪州地。	羈縻晃州，屬黔州都督府，田氏蠻居之。
	熙寧間置豐溪砦。	羈縻晃州，熙寧七年併入盧陽縣，屬沅州。
五寨地。		
五寨長官司，屬保靖宣慰司。筸子坪長官司，屬保靖宣慰司。	崇山衛，洪武二十八年置。	晃州巡司，屬沅州。

續表

獎州龍溪郡長安四年置舞州，開元十三年改鶴州，二十年改業州，大曆五年更名。	峩山縣貞觀中置夜郎縣，天寶初更名，大曆中屬獎州。	渭溪縣天授中析夜郎置，屬沅州。後屬獎州。
廢。	廢。	廢。

大清一統志卷三百五十三

湖南統部

在京師西南三千五百八十五里。東西距一千四百二十里，南北距一千一百五十里。東至江西南昌府義寧州界二百八十五里，西至貴州銅仁府銅仁縣界一千一百三十五里，南至廣東連州界七百六十五里，北至湖北荆州府監利縣界三百八十五里。東南至廣東韶州府仁化縣界七百九十里，西南至廣西平樂府恭城縣界九百五十九里，東北至湖北武昌府通城縣界六百四十里，西北至四川重慶府酉陽州界九百里。

分野

天文翼、軫分野，鶉尾之次。晉書天文志：零陵入軫十一度，桂陽入軫六度，武陵入軫十度，長沙入軫十六度。

建置沿革

禹貢荆州之域。周爲荆州南境。春秋戰國屬楚。秦置長沙郡及黔中郡地。漢高帝置桂陽、武陵二郡，建長沙國。漢書吳芮傳：吳芮徙爲長沙王，都臨湘。武帝時，又增置零陵郡，俱屬荊州。後漢因之。廢長沙國爲郡。

建安中，零陵、武陵屬蜀漢，長沙、桂陽屬吳。後俱屬吳，增置天門、衡陽、湘東、邵陵、營陽五郡。晉平吳，廢營陽郡，增置南平郡，俱屬荊州。惠帝以桂陽郡屬江州，懷帝又分置湘州。治臨湘，領長沙、衡陽、湘東、零陵、邵陵等郡。永嘉元年置，咸和三年省。義熙八年復置，十二年又省。穆帝時，復置營陽郡。南北朝宋亦爲湘州。武帝永初三年，復立湘州，領郡十：長沙、衡陽、桂陽、零陵、營陽、湘東、邵陵。在今省境。廣興今屬廣東。臨慶始建，今屬廣西。又增置巴陵郡，初屬湘州，後屬郢州。武陵郡亦屬郢州，惟南平、天門二郡仍屬荊州。齊並因之。梁增置羅、巴、武、郴等州。陳有湘、巴、沅、郴四州。隋大業初廢諸州，改爲長沙、巴陵、衡山、武陵、澧陽、零陵、桂陽等郡，俱屬荊州。

唐武德初，復改諸郡爲州。四年，置潭州總管府。七年，改都督府。開元二十一年，又分屬江南西及山南東、黔中道。江南西道領鄂、岳、潭、衡、永、道、郴、邵八州，山南東道領澧、朗二州，黔中道領辰、錦、敘、業、溪五州。廣德二年，置湖南觀察使。唐書方鎮表：至德二載，置衡州防禦使，領衡、涪、岳、潭、郴、邵、永、道八州，治衡州。上元二年廢。廣德二年，置湖南觀察使，領衡、潭、邵、永、道五州，治衡州。大曆四年，徙治潭州。中和三年，升欽化軍節度。光啓元年，改武安軍節度。五代時，爲楚馬殷所據。殷所據潭、衡、澧、朗、岳、道、永、邵、辰、郴、溪、錦、奬十三州，爲今省境，餘屬廣東、廣西。周廣順初，地入南唐。既而劉言取之，尋又爲周行逢所據。在今省境者，惟郴州屬南漢，溪、錦、奬三州仍爲蠻地。宋平湖南，分置湖南北路。元豐中，改荊湖南、北路。鼎、澧、岳、辰、沅、靖屬湖北路，潭、衡、道、永、郴、邵、桂陽監屬湖南路。後湖南路又增置武岡、茶陵二軍。元爲湖廣行省地。岳州、常德、澧州、辰州、沅州、靖州六路，屬江南湖北道。天臨、衡州、道州、永州、郴州、寶慶、武岡、桂陽八路，茶陵、耒陽、常寧三州，屬嶺北湖南道。明屬湖廣布政使司。岳州、長沙、常德、衡州、永州、寶慶、辰州七府，郴、靖二州爲本省境。萬曆二十八年，始置偏沅巡撫，治偏橋鎮。本朝康熙三年，分置湖南布政使司爲湖南省。是年移偏沅巡撫駐長沙府。雍正二年，改爲湖南巡撫。七年，置永順府，升岳州府屬澧州。十年，升衡州府屬桂陽州，均直隸布政司。乾隆元年，升辰州府屬沅州爲府。嘉慶二年，升辰州府屬乾州、鳳凰、永綏三廳。二十二年，析沅州府芷江縣地，置晃州廳，均直隸布政司。今領府九，直隸州四，直隸廳四。

長沙府、岳州府、寶慶府、衡州府、常德府、辰州府、沅州府、永州府、永順府、澧州、桂陽州、靖州、郴州、乾州廳、鳳凰廳、永綏廳、晃州廳。

形勢

東控安成，長沙、衡州二府，東接江西袁州、吉安二府，晉安成郡地。南連嶺嶠，五嶺在境者三：騎田嶺在郴州，都龐嶺在永州府永明縣，甿渚嶺在永州府江華縣。自騎田而東，則爲江西南安府之大庾嶺。自甿渚嶺而西，則爲廣西桂林府之臨源嶺。西通黔蜀，辰州府西接貴州、思州、鎮遠、銅仁、黎平諸府。永順府，接四川酉陽土司界。北限大江。岳州府巴陵、臨湘、華容三縣濱江，澧州接荆州公安縣，其北即大江。其名山則有衡山、在衡州府衡山縣西，五嶽之一。九疑，在永州府寧遠縣南六十里。其大川則有湘水、自廣西全州東北流入永州府東安縣，南至府城西，瀟水入之，謂之瀟湘。又東北流至衡州府北，烝水入之，謂之烝湘。又北流逕長沙府至湘陰縣北，達青草湖而注於洞庭。沅水、自貴州黎平府天柱縣流入靖州會同縣東北，流逕辰州府，又東北流逕常德府，至龍陽縣北、沅江縣西入洞庭湖。常德、辰州二府，漸、潕、辰、敘、酉諸水及五溪，皆附沅水以達洞庭。資水、出澧州安福縣西南，歷山東北流逕慈利、石門二縣，過州城南至安鄉縣北，入洞庭湖。洞庭湖，在岳州府巴陵縣之西，華容縣及澧州安鄉縣之南，常德府龍陽縣之東北，沅江縣之南，長沙府湘陰縣之西北。南爲青草湖，西爲赤沙湖，合而爲一，周圍八百餘里。其重險則有荆江口、在岳州府城北十五里，亦名三江口，大江與洞庭湖匯流處。壺頭。在常德府桃源縣之西南，辰州府沅陵縣之東北，自楚入黔要道。

文職官

巡撫。駐長沙府。

提督學政。駐長沙府。

布政使司布政使，理問，庫大使。廣盈。

按察使司按察使，照磨，司獄。

督理糧儲道，駐長沙府。庫大使。廣盈。

鹽法道兼轄長寶二府。駐長沙府。

分巡岳常澧道。駐澧州。

分巡衡永郴桂道。駐衡州府。

分巡辰沅永靖道。駐鳳凰廳。

長沙府知府，同知，通判，府學教授，訓導，經歷，司獄。知州，茶陵。州判，州學學正，訓導，吏目。知縣十一員，長沙、善化、湘潭、湘陰、寧鄉、瀏陽、醴陵、益陽、湘鄉、攸縣、安化。縣丞七員，長沙、善化俱駐本城，湘潭駐朱亭，湘陰駐林子口，瀏陽、益陽俱駐本城。湘鄉駐永豐市。縣學教諭十一員，訓導十一員，巡檢九員，長沙屬橋頭，湘潭屬黃茅，湘陰屬新市、大荆鎮，瀏陽屬梅子園，駐永安市。醴陵屬淥口，湘鄉屬婁底市，攸縣屬鳳嶺，茶陵州屬視渡口。典史十一員。

岳州府知府，同知，通判，府學教授，訓導，經歷。知縣四員，巴陵、臨湘、華容、平江。縣丞，巴陵駐楊林街，乾隆十年裁邵陽縣丞移設。縣學教諭四員，訓導四員，主簿，巴陵、鹿角。巡檢四員，臨湘屬長安、桃林，華容屬黃家穴，平江屬長壽。典史四員。

寶慶府知府，同知。理猺，駐城步縣長安營。通判，府學教授，訓導，經歷。兼司獄事。知州，武岡。州同，駐高沙市。州學學正，訓導，吏目。知縣四員，邵陽、新化、城步、新寧。縣學教諭四員，訓導四員，巡檢六員，邵陽屬隆回、黑田，城步屬横嶺、江頭，武岡屬石門、硤口。典史四員。

衡州府知府，通判，舊有同知一員，乾隆二十一年裁。府學教授，訓導，經歷。知縣七員，衡陽、清泉、衡山、耒陽、常寧、安仁、酃縣。舊設六員，乾隆二十一年，析衡陽縣，增置清泉縣一員。縣丞，衡陽。縣學教諭六員，衡陽、衡山、耒陽、常寧、安仁、酃縣。訓導六員，清泉、衡山、耒陽、常寧、安仁、酃縣。乾隆二十一年，改衡陽訓導爲清泉訓導。巡檢三員，清泉屬新城，衡山屬永壽、草市。典史七員。

常德府知府，同知，通判，府學教授，訓導，經歷。兼司獄。知縣四員，武陵、桃源、龍陽、沅江。縣丞，武陵駐牛鼻灘。縣學教諭四員，訓導四員，巡檢四員，武陵屬大龍，桃源屬鄭家店、新店，龍陽屬龍潭橋。典史四員。

辰州府知府，通判，駐浦市。舊有同知一員，乾隆五十年裁。府學教授，訓導，經歷。知縣四員，沅陵、瀘溪、辰谿、漵浦。縣丞，沅陵駐荔溪。縣學教諭四員，訓導二員，沅陵、漵浦。巡檢四員，沅陵屬船溪，馬底，辰谿屬黄溪口，漵浦屬龍潭。典史四員。

沅州府知府，舊爲沅州，隸辰州府，乾隆元年升爲府。府學教授，乾隆元年，升州學正爲府教授，改訓導爲芷江訓導。經歷。知縣三員，芷江、黔陽、麻陽。乾隆元年，以沅州地置芷江縣，增設芷江縣一員。縣丞二員，芷江駐榆林灣〔一〕，麻陽駐巖門。縣學教諭二員，黔陽、麻陽。訓導一員，芷江。巡檢四員，芷江屬便水、懷化，黔陽屬安江，麻陽屬高村。典史三員。

永州府知府，同知理猺，駐江華縣。通判，府學教授，訓導，經歷。兼司獄。知州，道州。州判，州學學正，訓導，吏目。知縣七員，零陵、祁陽、東安、寧遠、永明、江華、新田。縣丞，零陵駐冷水灘。縣學教諭七員，訓導七員，巡檢八員，祁陽屬歸陽駐排山驛，永隆；東安屬蘆洪、石期市；寧遠屬九疑魯觀；永明屬桃川；江華屬錦田、錦岡。典史七員。

永順府知府，雍正七年設。同知，駐古丈坪。通判，駐江西寨。府學教授，雍正十三年設。經歷。知縣四員，永順、龍山、保靖、桑植，並雍正七年設。縣學訓導四員，雍正十三年設。巡檢四員，府屬古丈坪，永順屬王村，龍山屬隆頭，保靖屬張家壩。典史四員。

澧州直隸州知州，舊隸岳州府，雍正七年升直隸州。州判，駐津市鎮。州學學正，訓導，吏目。知縣五員，石門、安鄉、慈利、安福、永定。雍正七年置安福縣，十三年置永定縣。縣學教諭四員，石門、安鄉、慈利、安福。訓導五員，雍正八年增設安福訓導，教諭同。乾隆元年增設永定訓導。巡檢四員，州屬清化、順林，石門屬水南渡，慈利屬九溪。典史五員。

桂陽直隸州知州，州同，州學學正，訓導，吏目，知縣三員，臨武、藍山、嘉禾。縣學教諭三員，康熙四十三年設嘉禾縣教諭。訓導三員，巡檢二員，州屬泗洲寨，藍山屬大橋。典史三員。

靖州直隸州知州，州判，康熙五年裁，雍正五年復設。州學學正，訓導，吏目。知縣三員，會同、通道、綏寧。縣學教諭三員，訓導五員，康熙四十二年增設綏寧訓導，四十三年設會同訓導，四十四年設通道教諭。巡檢五員，州屬零溪，會同屬洪江，通道屬播陽，綏寧屬清坡、雙江。典史三員。

郴州直隸州知州，州判，州學學正，訓導，吏目。知縣五員，永興、宜章、興寧、桂陽、桂東。縣學教諭五員，訓導五員，巡檢七員，州屬良田，永興屬高亭，宜章屬赤石、白沙，興寧屬滁口，桂陽屬益將、鎮安。典史五員。

乾州直隸廳同知，舊隸辰州府，嘉慶二年改直隸廳。訓導，乾隆元年裁瀘溪縣訓導移設。經歷，巡檢。駐河溪。

鳳凰直隸廳同知，舊設鳳凰營通判，隸辰州府，乾隆五十二年改營爲廳，升通判爲同知。嘉慶二年改爲直隸廳。訓導，雍正十三年裁麻陽縣訓導移設。經歷，知事，巡檢。

歷，知事。駐茶洞。

永綏直隸廳同知，舊設永綏廳同知，隸辰州府，嘉慶二年改爲直隸廳。訓導，乾隆二十四年裁辰谿縣訓導移設。經

晃州直隸廳通判，舊設沅州州同，乾隆元年升爲府通判，駐涼傘。嘉慶二十一年改爲直隸廳通判，移駐晃州。訓導，

嘉慶二十二年裁黔陽縣訓導移設。巡檢二員。晃州、涼傘。

武職官

撫標，左、右二營。參將，中軍兼左營。遊擊，右營。守備二員，千總四員，把總八員，皆駐省城。經制外委八員，額外外委二員。

提督，駐常德府，兼駐辰州府。舊設湖廣提督，駐常德府，嘉慶二年移駐辰州，五年改爲湖南提督。參將，中軍中營，駐常德府城。遊擊二員，左營、右營。都司二員，前營、後營。一駐常德，一駐辰州。守備三員，一駐常德，一駐辰州，一駐浦市。千總九員，把總十七員，分駐常德、辰州二城，瀘溪、浦市等汛。經制外委十五員，額外外委六員。

鎮筸鎮總兵官，駐鳳凰廳。舊設協營，康熙三十九年將沅州鎮移改。遊擊三員，中軍中營駐五寨司，左營駐晒金塘，右營駐得勝營。都司，駐鳳凰營。守備五員，分駐廖家橋、巖門、舊司坪、清溪哨、樂豪各汛。千總九員，分防四路口、

觀景山、麻陽縣、木林坪、溝田汛、苜蓿沖、靖疆營、黃土坳、全勝營各汛。把總十九員，分防廖家橋、大坪、鴉保硐、五寨司、冷風坳、潭江、高村、炮台坡、紅樹坡、龍肱、晒金塘、筸子坪、得勝營、鳳凰營、黃巖江、山角巖、鴉拉營、落潮井各汛。經制外委二十三員，額外外委二十一員。

永州鎮總兵官，駐永州府。舊設永州城守參將，順治十八年改副將，康熙九年改設總兵官。遊擊三員，中軍中營駐永州府，左營駐江華縣，右營駐道州。守備三員，一駐本營，二分防永明、寧遠二縣。千總六員，一駐本營，五分防祁陽、江華、新田、錦田、道州各汛。把總十一員，三駐本營，八分防東安縣，永明縣，江華青絲井，永明白象，寧遠縣，道州高橋、午田，寧遠大、小源各汛。經制外委十二員，額外外委四員。

綏靖鎮總兵官，駐永綏廳城。舊設永綏協，嘉慶二年改設綏靖鎮。遊擊，中軍。都司，右營駐獅子橋。守備二員，分防三角巖、躍馬卡。千總四員，一駐本營，三分防依栖汛、獅子橋、得勝坡各汛。把總六員，二駐本營，四分防三角巖、獅子橋、蜡耳堡、躍馬卡各汛。經制外委十員，額外外委六員。

以上鎮筸等三鎮，均聽湖廣總督、湖南提督節制。

長沙協副將，駐長沙府。都司，中軍。守備，右營駐湘潭縣。千總四員，一駐本營，三分防益陽、湘陰、茶陵州各汛。把總八員，一駐本營，七分防善化、瀏陽、寧鄉、醴陵、攸縣、安化、湘鄉各汛。經制外委七員，額外外委四員。

永順協副將，駐永順府，雍正七年添設。都司，千總二員，一駐本營，一駐龍山縣。把總三員，分防龍山碧潭、永順王家村、萬民岡各汛。經制外委五員，額外外委二員。

乾州協副將，駐乾州廳，附鎮溪營，舊設鎮筸右營遊擊汛地，嘉慶二年新設營制，移辰州副將駐乾州，移乾州遊擊駐鎮溪所。遊擊，駐鎮溪營。都司，中軍。守備三員，分防强虎寨、喜鵲營、灣溪各汛。千總四員，一駐本營，三分防桂巖坡、捧捧坳、山岔坪各汛。把總七員，一駐本營，六分防强虎、灣溪、鎮溪營、喜鵲營、溪頭營、良章營各汛。經制外委十員，額外外委七員。

常德協副將，駐常德府，嘉慶二年移洞庭協駐常德，移常德遊擊駐洞庭，各改營制。都司，中軍。千總二員，一駐本營，一駐沅江縣。把總四員，二駐本營，二分防武陵、桃源二縣。經制外委四員，額外外委二員。

澧州營參將，駐澧州。守備，千總二員，皆駐本營。把總四員，分防石門縣、安福縣、安鄉縣、順林驛各汛。經制外委四員，額外外委二員。

九溪營遊擊，駐慈利九谿城。守備，駐桑植新司城。千總二員，一駐本營，一防桑植新司城。把總四員，分防桑植縣、石門水南渡、新司城、慈利縣各汛。經制外委四員。

洞庭水師營遊擊，駐龍陽縣，嘉慶二年改副將爲遊擊。守備，千總二員，皆駐本營。把總四員，一駐本營，三分防中路湖、東路湖、西路湖各汛。經制外委四員，額外外委三員。

永定營都司，駐永定縣。千總，駐茅岡汛。把總二員，一駐本營，一駐大庸所。經制外委二員。

辰州營都司，駐辰州府。舊設辰州鎮，康熙十九年改副將。嘉慶二年，移副將駐乾州，改中軍都司爲辰州城守營。守備，駐辰谿縣。千總三員，二駐本營，一駐漵浦縣。把總七員，一駐本營，六分防北溶、烏宿〔二〕、界亭、辰谿縣、山塘、船溪各汛。經制外委六員，額外外委三員。

古丈坪營都司，駐永順縣古丈坪。舊設永順協旦武營，嘉慶二年改。千總二員，一駐旦武營，一駐龍鼻嘴。把總三員，一駐本營，二分防土蠻坡、黑潭坪各汛。經制外委三員。

河溪營都司，駐乾州廳河溪，舊乾州協汛地，嘉慶二年設洗溪營守備。五年將新設烏宿營都司移駐河溪，以洗溪守備爲中軍。守備，駐瀘溪縣洗溪汛。千總二員，分防洗溪汛、乾州鴉溪汛。把總三員，一駐本營，二分防瀘溪縣大陂流、乾州張排寨汛。經制外委六員，額外外委二員。

以上長沙等四協、澧州等七營均隸提督管轄。

沅州協副將，駐沅州府，舊設沅州鎮，康熙三十九年移駐鎮筸，改鎮筸協爲沅州協。都司，中軍。守備，駐晃州汛。千總四員，二駐本營，二分防懷化汛、晃州汛。把總八員，一駐本營，七分防涼傘、便水、桐灣、晃州、熟坪、黔陽、沅河各汛。經制外委七員，額外外委二員。

靖州協副將，駐靖州。都司，中軍。千總二員，一駐本營，一駐三眼橋。把總四員，分防黃泥關、通道縣、會同縣、洪江各汛。經制外委五員，額外外委二員。

綏寧營遊擊，駐綏寧縣黃桑坪。雍正六年設。守備，駐綏寧、臨口汛。千總二員，分防綏寧縣、長安堡。把總四員，一駐本營，三分防箄子隘、臨口、錫坡哨各汛。經制外委三員。

長安營遊擊，駐城步縣長安城。乾隆七年設。守備，駐綏寧鎮彝哨。千總二員，一駐本營，一駐老寨汛。把總三員，一駐本營，二分防風界、地臨汛。經制外委四員。

以上沅州等二協、綏寧等二營均隸鎮筸鎮管轄。

衡州協副將，駐衡州府。都司，中軍。千總二員，一駐本營，一駐酃縣。把總四員，分防衡山、耒陽、常寧、清泉渣江市各汛。經制外委四員，額外外委二員。

寶慶協副將，駐寶慶府。舊設寶慶衛，康熙十八年改爲協。都司，中軍。千總二員，一駐本營，一駐新寧縣。把總四員，二駐本營，二分防邵陽隆回六都寨、新化各汛。經制外委四員。

臨武營參將，駐臨武縣。守備，駐藍山縣。千總二員，一駐本營，一駐桂陽州。把總四員，一駐本營，三分防嘉禾縣、藍山縣、寧溪各汛。經制外委四員，額外外委三員。

宜章營參將，駐宜章縣。守備，千總二員，分防郴州、宜章笆籬堡。把總四員，三駐本營，一駐永興縣。經制外委四員。

桂陽營參將，駐桂陽縣。舊設遊擊，康熙十年改設參將。守備，千總二員，一駐本營，一駐桂東縣。把總四員，二駐本營，二分防桂東宣二都、興寧縣各汛。經制外委三員。

武岡營遊擊，駐武岡州。守備，駐城步縣。千總，駐本營。把總四員，一駐本營，三分防城步縣、城步蜡里汛、城步牛欄新寨各汛。經制外委五員，額外外委二員。

嶺東營守備，駐江華縣。嘉慶二十年改提標前營守備移駐。把總，駐本營。經制外委一員，額外外委二員。

以上衡州等二協、臨武等五營均隸永州鎮管轄。

永綏協副將，駐永綏廳茶洞城石堡。舊設吉多坪營汛，置副將，嘉慶七年移駐於此。都司，中軍。守備二員，一駐吉洞坪，一駐螺螄墐。千總三員，一駐本營，二分防八排、小寨各汛。把總五員，一駐本營，四分防踏沙、吉洞坪、老鴉塘、螺螄墐各汛。經制外委七員，額外外委六員。

保靖營參將，駐保靖縣。雍正七年立營，設遊擊，嘉慶二年改參將。守備二員，一駐本營，一駐水蔭場。千總二員，分防葫蘆寨、保安汛。把總六員，一駐本營，五分防鼈溪、塗乍、水蔭場、牙科、官莊各汛。經制外委十一員，額外外委十一員。

以上永綏一協、保靖一營均隸綏靖鎮管轄。

岳州營參將，駐岳州府。守備，千總，皆駐本營。把總二員，一駐華容縣，一駐臨湘縣。經制外委三員，額外外委二員。

岳州水師營守備，駐岳州府。康熙二十八年，裁辰州水師營改設。千總，把總二員，皆駐本營。經制外委三員。

以上岳州二營均隸湖廣總督管轄。

岳州衛守備。駐岳州府。岳州衛隸糧儲道管轄。

苗疆屯弁丁勇。鳳凰廳守備三員，一駐北關，一駐新場，一駐得勝營。千總四員，把總五員，外委、額外各十員。乾州廳守備一員，駐廳城。把總一員，外委二員。永綏廳守備二員，一駐廳城，一駐螺螄墐。千總二員，把總、外委各二員，額外一員。永順縣古丈坪把總、外委各一員。保靖縣外委、額外各二員。

以上屯員五廳縣，分管辰沅道統轄。

苗疆土弁。鳳凰廳中營守備二員，千總四員，把總九員，外委三十員。左營守備二員，千總三員，把總六員，外委十五員。右營守備四員，千總七員，把總十三員，外委十一員。前營守備三員，千總六員，把總十二員，外委十四員。乾州廳左營守備四員，千總六員，把總十三員，外委二十五員。永綏廳五里守備、千總各二員，把總四員，外委八員。上六里守備一員，千總三員，把總六員，外委十員。下六里守備一員，千總二員，把總五員，外委九員。上七里守備一員，千總三員，把總四員，外委八員。下七里守備一員，千總三員，把總六員，外委十二員。八里守備二員，千總三員，把總四員，外委十一員。九里守備二員，千總六員，把總十五員，外委二十六員。上十里守備一員，千總三員，把總七員，外委十六員。下十里守備一員，千總三員，把總六員，外委十五員。永順縣古丈坪守備一員，千總二員，把總四員，外委十二員。保靖縣守備四員，千總九員，把總十二員，外委三十一員。

户口

康熙五十二年，原額人丁三十六萬八千八，乾隆三十七年停編丁，今滋生男婦共一千八百五十二萬三千七百三十五名口，計三百二十三萬四千五百一十七户。

田賦

田地山塘共三十一萬二千九百五十一頃七十九畝四分三釐，額徵地丁正、雜銀一百一十六萬九千九十兩九錢五分八釐，長、岳、衡三府南糧一十二萬六千六百九十五石五斗七升有奇，長、岳、衡、澧四府州漕糧一萬九千一百二十一石三斗二合有奇，寶、靖二府州本色米一萬七千二百三十七石五斗二升一合。又岳州衛屯田五百一十一頃一十八畝二分一釐，額徵丁銀三千二百四十九兩一錢九分一釐。又乾、鳳、永三廳額徵苗民雜糧二百八十三石三斗六升，又辰、沅、永順、乾、鳳、永綏六府廳苗疆屯田一千一十九頃一十五畝三分。

税課

雜税銀二千二百四十兩七錢三分四釐。長沙、岳州、寶慶、衡州、常德、辰州、沅州、永州、永順、澧、靖十一府州例食淮鹽〔三〕，引淮南引，課載江蘇税課門。桂陽、郴二州例食粤鹽，引廣東引，課載廣東税課門。

名宦

漢

馮緄。巴郡宕渠人。延熹五年，長沙蠻寇益陽，屯聚積久，零陵蠻賊應之，武陵蠻又寇掠江陵。拜緄爲車騎將軍討之。軍至長沙，賊聞，悉詣營道乞降。進擊武陵蠻，斬首四千餘級，受降十萬餘人。荆州平，賜錢一億，固讓不受。

度尚。山陽湖陸人。延熹五年，長沙、零陵賊入桂陽，交阯、蒼梧二郡皆没。募兵討賊，豫章艾縣六百餘人應募，不得賞直，遂反，焚燒郡縣。荆州刺史劉度擊之，軍敗。尚代爲刺史，躬率部曲，與同勞逸，廣募雜種諸蠻，明設購賞，進擊大破之。桂陽宿賊渠帥卜陽、潘鴻等畏尚威烈，徙入山谷。尚窮追數百里，出兵三年，羣寇悉定。封右鄉侯，遷桂陽太守，徵還京師。時荆州兵朱蓋等征戍役久，財賞不贍，忿恚，復作亂，與桂陽賊胡蘭等三千餘人復攻桂陽、零陵，於是以尚爲中郎將，發諸郡兵并勢討擊，大破之，斬蘭等，餘賊走蒼梧。詔賜尚錢百萬。

諸葛亮。琅邪陽都人。先主收江南，以亮爲軍師、中郎將，使督零陵、桂陽、長沙三郡，調其賦税，以充軍實。時駐臨蒸〔四〕。

晋

杜預。杜陵人。爲鎮南大將軍。開楊口，起夏水，達巴陵千餘里，内瀉長江之險，外通零、桂之漕。南土歌之曰：「後世無叛由杜翁，孰識智名與勇功。」

應詹。汝南南頓人。武帝時，鎮南大將軍劉弘請爲長史，遷南平太守。王澄爲荆州，假詹督南平、天門、武陵三郡軍事。天門、武陵谿蠻並反，詹討降之。時政令不一，諸蠻怨望，並謀背叛。詹召蠻酋，破銅券與盟，由是數郡無虞。鎮南將軍山簡復假詹督五郡軍事。尋與陶侃破杜弢於長沙，賊中金寶溢目，詹一無所取，唯收圖書，莫不歎之。

陶侃。鄱陽人。建興初爲荆州刺史，破杜弢將王貢於巴陵，進剋長沙。攻弢道死，湘州平。咸和中，封長沙郡公，加都督交、廣、寧七州軍事。移鎮巴陵，遣諮議參軍張誕討降五谿夷。郭默反，侃討平之。

司馬承。河南人。譙王遜子，嗣王。太興初，領左軍將軍、監湘州諸軍事、湘州刺史。時湘土荒殘，承躬自儉約，傾心綏撫。王敦構逆，承馳檄湘州，指期至巴陵，一州之内皆同義舉。敦遣魏乂等甲卒二萬攻承，承且戰且守，相持百餘日，城陷。乂檻送承，於道中害之。敦平，詔贈車騎將軍。

南北朝　宋

王僧虔。琅邪臨沂人。元徽中，持節督湘州諸軍事、湘州刺史，所在以寬惠著稱。巴峽流民多在湘土，僧虔表割益陽、羅、湘西三縣緣江民立湘陰縣，從之。

齊

蕭嶷。太祖第二子。昇明二年，以豫章郡王都督荆、湘等八州諸軍事，南蠻校尉，荆、湘二州刺史。開館立學，置儒林、文學、勸學從事等官，行釋菜禮。以穀過賤，聽民以米當口錢，優評斛一百。誘斬賊帥，散其黨，四郡獲安。

梁

蕭業。武帝兄子。天監初，嗣長沙王。十四年，徙湘州刺史，尤著善政。零陵舊有二虎爲暴，無故相枕而死，郡人唐睿見旁一人曰：「刺史德感神明，所以兩虎自斃。」言訖不見。

夏侯詳。譙郡人。天監三年，持節湘州刺史。善吏事，在州四載，爲百姓所稱。州城南臨水有峻峯，舊傳刺史登此山輒被代，因是歷政莫敢至。詳於其地起臺榭，延僚屬，以表損抑之志。

蘭欽。魏人。大通中，以軍功假節都督衡州三郡兵討桂陽、陽山、始興叛蠻，至即破平之。封安懷縣男。會衡州刺史元慶和爲桂陽人嚴容所圍，欽往應援，破容於羅溪，於是長樂諸峒一時蕩平。改授持節衡、桂二州諸軍事，衡州刺史。

張纘。范陽方城人。大同九年，持節湘州刺史。停遣十郡慰勞，解放老疾吏役，及關市戍邏先所防人一皆省併。州界零陵、衡陽等郡，有莫猺蠻者依山險爲居，歷政不賓服，因此向化。在政四年，流人自歸，户口增益十餘萬，州境大安。

陳

陳叔慎。宣帝第十六子，封岳陽王。禎明初，出爲持節湘州刺史。三年，隋楊素遣别將龐暉略地至湘州，叔慎遣人詐奉降書於暉。暉信之，剋期而入，叔慎伏甲斬之。隋遣薛胄爲湘州刺史，聞暉死，乃益請兵。胄將兵至，叔慎兵少不敵，胄乘勝入城，生擒叔慎，斬於漢口。時年十八。

唐

李孝恭。高祖時進荆湘道總管，統水陸十二軍。伐蕭銑，降之。尋遷湘州道行臺、左僕射。時嶺表未平，乃分遣使者綏輯安慰，款服者四十有九州。

薛大鼎。汾陰人。高祖時，爲山南道副大使，開屯田以實倉廩，有治名。

褚遂良。錢塘人。高宗時，諫立武宸妃，左遷潭州都督。一日行縣至湘鄉縣治北感應寺，有池，遂良滌筆於此，若浮雲滃然。居民異之，即其地爲祠，愛護其詩碣，至今不替。

李巽。贊皇人。拜給事中，出爲湖南觀察使。時徵令頗繁，物力多屈，巽啬用代輸，時其發斂，而歲無凶荒。鋭於爲治，持下以法，察無遺私，吏不敢少紿。

楊憑。弘農人。爲湖南觀察使，韓愈稱其德刑之政並勸，乃能存志詩書，寓辭歌詠，所謂才全而能鉅者也。

崔倰。長安人。遷湖南觀察使。湖南舊法，雖豐年，貿易不出境，鄰部災荒不恤也。倰至，謂屬吏曰：「此豈人情乎？無閉糴以重困民。」削其禁。自是商賈流通，貨物益饒。

韋貫之。名純，以字行。爲湖南觀察使。時國用不足，遣鹽鐵副使程异督諸道賦租，异諷州縣厚斂以獻，貫之不忍横賦，而所獻不中异意，因取屬内六州留錢繼之。左遷太子詹事，分司東都。

李皋。太宗五世孫，嗣爵曹王。建中元年，拜湖南觀察使。先是，部將王國良反，討之再歲不能下。皋至，投國良書，中其忌諱，國良羞畏乞降，猶狐鼠進退。皋即假爲使者，從一騎踔五百里，抵國良壁，鞭其門大呼曰：「我曹王來受降，國良今安在？」國良錯愕迎拜，盡降其衆。

柳公綽。京兆華原人。元和中，爲湖南觀察使。黔巫東鄙蠻獠雜擾，盜弄庫兵，賊脅守帥。公綽提卒五百，屯武岡，告以天子威命，亂人大恐，投刃頓服，奉職輸賦。

崔鄯。博陵人。敬宗時，任鄂岳觀察使。湖南萑蒲是叢，鄯修治鎧仗，造艨艟小艦，駛追窮躡，上下千里，期月盡獲羣盜。

更清簡少事，財用有餘，人遂安泰。

五代　南唐

邊鎬。事烈祖，累遷通事舍人。馬希萼入潭州，命鎬討長沙，破其軍於龍回關。希萼、希崇相繼送款，盡遷馬氏之族，歸於金陵。以功拜湖南節度使。鎬帥湘潭，市不易肆，楚人甚喜，號邊菩薩。

宋

慕容延釗。太原人。建隆二年，爲湖南道行營前軍都部署。時賊將汪端與衆數千擾朗州，延釗禽之，磔於市。荆、湘既平，加檢校太尉。其從子德琛，咸平二年轉荆湖北路鈐轄。蠻擾澧、鼎境上，德琛戰於北汊，奪耕牛鎧甲，斬馘以歸。

李處耘。上黨人。建隆初，朗州軍亂，詔慕容延釗率師討之，以處耘爲都監。處耘發卒萬餘人趨朗州，又先遣别將分兵趨岳州，大破賊於三江口。又遇賊帥張富於澧江，擊敗之，遂北至敖山砦。賊棄砦走，俘獲甚衆。隨遣麾下將田守奇帥師渡江，獲賊帥汪端，遂入潭州，盡得荆湖之地。

徐的。建州建安人。仁宗時，徙湖北路轉運使。辰州蠻彭仕羲爲寇〔五〕，的開示恩信，蠻黨悔過自歸。區希範等寇衡湘，命的招撫之。既至，再宿，蠻相繼降。以郊祀近召還計事，蠻復叛，除湖南按撫使，至桂陽，降者復衆。其諸峒不降者，的復討平之。卒於軍。

潘夙。大名人。仁宗時，邵州蠻叛〔六〕，湖南騷動。遷轉運使，專制蠻事，親督兵，破其團峒九十。

劉夔。崇安人。仁宗時，蠻唐和寇邊，以右諫議大夫知潭州，兼安撫司使。初至，遣人諭蠻酋使降，不從，乃舉兵擊破其巢穴，蠻遁去。前將以帛購蠻首，至是有持首取購者，按問，乃輒殺平民，誅之而罷購，州境獲安。

劉沆。永新人。湖南蠻猺數出寇，至殺官吏。以沆知潭州，兼安撫司使，許便宜從事。沆大發兵至桂陽，招降二千餘人，使散居所部，而蠻酋降者皆奏命以官。又募土兵分捕餘黨，斬馘甚衆。

周沆。益都人。湖南蠻唐、盤二族寇暴，殺居民，官軍數不利。以沆爲轉運使，沆言：「蠻驟勝方驕，未易鬬力，且其地險、氣毒，人驍悍，不能敵。請選州兵三千人，習知山川技藝者，徑擣其巢。俟其勢窮力屈，乃可順撫。」朝廷用其策，二族皆降。加直史館，知潭州。他道兵來戍者，率兩期乃代，多死瘴癘，沆請以期爲斷，戍人便之。

曾孝序。晉江人。哲宗時，知潭州。以論猺事不合落職，尋復知潭州。道州猺人叛，乘高恃險，毒矢下射，於兩山橫巨木以守。孝序夜遣饒鋭攀援而上，以大兵繼進，破之。

薛弼。永嘉人。靖康中，改湖南運判。楊幺據洞庭，命岳飛討之。幺陸耕水戰，樓船十餘丈，官軍不得近。弼曰：「彼之所長，可避而不可鬬。今天旱，湖水落洪，若連筏斷江路，藁其上流，使彼之長坐廢，而精騎直擣其壘，則破壞在目前矣。」飛曰：「善。」兼旬，積寇盡平。時道殣相望，弼以聞，命給錢米賑之，民賴以甦。再知荆南，桃源劇盜伍俊招安復叛，弼許以靖州，俊喜曰：「我得靖，則地過桃源遠矣。」俊至，則斬以徇。

韓世忠。延安人。建炎二年，以荆湖宣撫副使移師長沙。時賊劉忠衆數萬據白面山，世忠請半月效捷。遂與賊對壘，弈棋張飲，堅壁不動。一夕設伏夾擊，大破之，斬劉忠，湖南遂平。

李綱。邵武人。紹興二年，爲湖廣宣撫使，兼知潭州。時江湘間盜賊數萬，綱悉平之。上言荆南一帶，當屯宿重兵，倚爲形勢，使四川之號令可通，襄漢之聲援可接，乃可漸圖恢復。議未及行，罷提舉崇福宫。

張浚。漢州綿竹人。紹興四年，以都督視師江上。時巨寇楊幺據洞庭，屢攻不克。浚以建康東南都會，洞庭據上流，不先去，爲腹心害，請自行。至醴陵，釋囚數百人，皆幺諜者，給以文書，俾招諭諸寨，皆讙呼而往。至潭，賊衆二十餘萬相繼來降。江湖寇盡平。二十一年，以觀文殿學士知潭州。

岳飛。湯陰人。紹興二年，賊曹成擁衆十餘萬，歷湖湘。命飛權荆湖東路安撫都總管。成聞飛至，曰：「岳家軍來矣！」即分道遁。飛破之於賀州，成奔連州。飛令張憲、徐慶、王貴追之，成降。五年，除荆湖南北制置使。招捕湖寇楊幺。飛擊之於湖中，擒斬之，餘悉降。飛親行諸砦慰撫，縱老弱歸田，籍少壯爲軍，八日而賊平。

辛次膺。萊州人。高宗時，湖南提刑。先是，賊龍淵、李潮擁衆據茶陵，次膺抵長沙，即單車趨茶陵，擒賊驍將戮之，淵、潮相繼降。其衆數萬，趣令復農業，奏茶陵爲軍。

吕頤浩。齊州人。湖南按撫、制置使兼知潭州。時郴、衡、桂陽盜起，頤浩遣人悉平之。

胡安國。崇安人。提舉湖南學事，有詔舉遺逸。安國以永州布衣王繪、鄧章應詔，二人老不行。安國請命之官，以勸爲學者。蔡京以所舉爲范純仁黨，坐是除名。

張孝祥。烏江人。孝宗時，知潭州兼安撫司。爲政簡易，時以威濟之，湖南遂以無事。

辛棄疾。歷城人。乾道中，知潭州兼湖南安撫。盜連起湖湘，悉討平之。又以湖南控帶二廣，與溪峒蠻獠接連，草竊間作，武備空虛，乃疏請創湖南飛虎軍，聽帥臣節制。詔委以規畫，事皆立辦。雄鎮一方，爲江上諸軍之冠。

李椿。永平人。孝宗時，湖南兵役之餘，以椿重厚可倚，命待制顯謨閣，知潭州，兼安撫司。至則撫摩凋瘵，復税酒法，人以爲便。歲旱，蠲租十一萬，給常平米二萬，糴又數萬，民以全活。潭新制飛虎軍，或以爲非便。椿曰：「長沙一都會，控扼湖嶺，鎮撫蠻猺，何可無軍？亦在馭之而已。」

劉珙。崇安人。乾道中湖南旱，郴州李金爲亂，以珙知潭州，兼安撫司。入境，移書制置使，請以便宜出師，即遣田寶、楊欽以兵至。珙知其暑行疲怠，發夫數程出迎之，至則犒賜過望，軍士感奮。珙知欽可用，檄諸將皆受其節制。欽與賓連戰破賊，賊黨執金以降。後再知潭州，湖北茶盜數十人入境，疆吏以告，珙揭榜諭以自新，聲言兵且至，令屬州縣具數千人食，盜果散去。擒諸首惡，餘隸軍籍。

朱子。名熹，婺源人。紹興中，監潭州南嶽廟。光宗時差知潭州。有旨，長沙巨屏得賢爲重，遂拜命。會洞獠擾屬郡，因遣諭以禍福，皆降之。申敕令，嚴武備，戢姦吏，抑豪民，所至興學校，明教化，四方學者畢至。

真德秀。浦城人。嘉定十五年，爲湖南安撫司。以「廉仁公勤」四字勵僚屬，以周惇頤、胡安國、朱子、張栻學術源流勉其士。罷榷酤，除斛面米，申免和糴，立惠民倉，歲出糴五萬石。又易穀九萬五千石，分置社倉，徧及鄉落。別立慈幼倉，立義阡，惠政畢舉。月試諸軍射，捐其回易之利，及官田租。凡營中病者、死未葬者、孕者、嫁娶者，贍給有差。

曹彦約。都昌人。嘉定間，湖南運判。時盜羅世傳、李元礪、李新等相繼陷桂陽、茶陵、安仁三縣，彦約至，人心始定。遷湖南安撫，督諸將擊破李新。新死，其黨李如松降，遂復桂陽。世傳素與元礪有隙，請圖元礪以自效。彦約與錢萬緡，犒其師，世傳遂擒元礪，餘黨悉平。世傳既自以爲功，桀驁不肯出峒，彦約密遣間誘其黨胡友睦，許以重賞，友睦遂殺世傳。

向士璧。常州人。理宗時，湖南安撫司，升湖南制置副使，兼知潭州。元將烏蘭哈達兵自交阯北還，前鋒至城下，攻圍急。士璧竭力守禦，聞後隊且至，遣王輔佑率五百人往覘之，遇於南嶽市，一戰有功，潭州圍遂解。「烏蘭哈達」舊作「兀良哈觪」，今改正。

董槐。定遠人。嘉熙間知潭州，主管湖南安撫司公事。時三邊急於守禦，督府日夜徵發，閭閻困苦。槐晝策應之，令民不傷，而軍需亦不匱。

汪立信。六安人。景定中，充湖南安撫司，知潭州。至官，罷供帳之物，官庫所積錢連歲代民納夏稅。貧無告者予錢粟，病者加藥餌，雨雪旱潦，軍民皆有給。興學校，士習爲變。以潭爲湖湘重鎮，創威敵軍，所募精鋭數千人，後果賴其用。

文天祥。吉水人。咸淳九年，起爲湖南提刑。疏決淹滯，一路無獄，連平巨寇，道路肅清。因見故相江萬里，萬里數奇天祥志節，語及國事，愀然曰：「吾老矣，觀天時人事當有變。吾閲人多矣，世道之責，其在君乎！」

元

許楫。忻州人。至元中，擢湖南按察副使。武岡富民有毆死出征軍人者，陰以財誘佃者，代己款伏。楫得其情，釋佃者，終繫富民。人服其明。

郭昂。彰德林州人。至元間，爲沅州安撫司同知，佩金符，招降溪洞八十餘栅。後進安遠大將軍，徇沅州。復新化、安仁二縣，擒劇賊張虎，降其衆三千餘人，悉使歸民。軍還，衆斂白金以獻，一無所受。

阿里海牙。畏吾兒人。行荆湖等路樞密院事〔七〕，進行省右丞。至鄂，招潭州守李芾，不聽，乃移兵長沙。拔湘陰，至潭，芾力屈自殺，其將劉孝忠以城降。諸將欲屠之，阿里海牙曰：「是州生靈數百萬，若悉殺之，非上諭伯顔以曹彬不殺意也〔八〕。」復發倉以食饑者，遣使徇全、道、桂陽、永、衡、武岡、寶慶諸郡。得州五十八，未嘗事殺戮。其取民悉從輕賦，民所在立祠祀之。

劉國傑。安東中州人〔九〕。至元二十三年，拜湖廣左丞，首平湖南盜李萬二。二十五年，又平湖南盜詹一仔等於衡、永、寶慶間。斬盜首，餘衆悉降，或請阬之。傑曰：「多殺不可，况殺降耶？」乃相要地置三屯，遷其衆使雜耕屯中，卒爲良民。又平道州獠寇，禽永州盜，以功加行樞密副使。元貞元年，加湖廣行省平章政事。經畫盜賊出入之所，周湖廣四境，皆有屯戍，制度周密。諸蠻不能復寇，盜賊悉平。入朝，賜玉帶、錦衣、弓矢。

楊惟中。弘州人。太宗時，請立周惇頤祠，建太極書院，延趙復、王粹等講授其間。遂通聖賢學，慨然欲以道濟天下。世祖總統東師，奏爲江淮荆湖南北路宣撫使，俾建行臺以，先啓行，宣布恩信。

明

鄧愈。虹縣人。明太祖時，以愈爲湖廣行省平章，往鎮其地。披荆棘，立軍府，營屯練卒，拊循招徠，威惠甚著。洪武五年，辰、澧諸蠻作亂，命爲征南將軍，討平之，克四十八峒。

薛瑄。河津人。宣德間爲御史，監湖南銀場。奏罷採麩金，黜貪墨，正風俗。政事稍暇，即進諸生講學不倦。

馬謹。新樂人。由御史爲湖廣右布政使。正統末，湖南苗叛，掠靖州，謹與參將張善擊敗之。景泰初，復破臘婆諸峒，又與參將李震擊破青龍渡、馬楊山諸賊，又破賊於武岡，諸砦聞風款附。

周季鳳。寧州人。官湖廣右布政使，歷任最久，德澤在人。後以平郴州寇，擢都御史。

姚文灝。貴溪人。成化中，提學湖廣。慨然以作人自任，崇正學，黜浮靡，自謂所能者三：毀譽不入，請託不行，賄賂不通。嘗過洞庭，舟幾危，端坐風止。後卒於官，貧不能斂，僚寀治喪乃還。

秦金。無錫人。弘治中，巡撫湖廣。諸王府所據山場湖蕩，皆奏還之官。降盜賀璋、羅大洪復叛，討平之。郴州桂陽猺龔福全稱王，金先後大破擒之，楚亂遂平。

張勉學。長洲人。嘉靖中，分巡長沙。平藩府租額，聽縣徵解，民便之。分守衡、永，宣布恩惠，民苗懾服。

陳覲。餘姚人。隆慶初，任上湖南兵備副使，禦廣西寇韋銀豹，爲一方保障。衡、永人立祠祀之。

李天植。廣德人。萬曆中，分巡長、寶，察吏詰戎，百務具舉。尤盡心文教，延張元忭講學嶽麓、惜陰兩書院，造就甚衆。

本朝

陳瓚。漳浦人。崇禎中，以右參議分守湖南，討平八排賊。十六年，張獻忠陷長沙、圍澧州，瓚往救，兵敗不屈死。

張兆羆。漢中人。順治六年，任上湖南道兵備副使，綏緝流逋，奏免荒田賦，民以安集。九年，再罹兵燹，兆羆撫卹備至，捐資賑饑，病者濟以醫藥，全活甚衆。

王燧。川北人。順治六年，任岳常道副使，駐澧州。西山賊肆虐掠，燧守城捍禦，城賴以完。給民牛種，墾蕪田，政暇集諸生講學，風教一振。

趙廷臣。鐵嶺衛人。順治十年，任下湖南道僉事，以清幹稱。時軍需旁午，廷臣倉卒立辦，夜常秉燭治文書，剖決無留滯。屢平反冤獄，加意恤民，行路爲之感泣。尤嚴絶苞苴，歲時餽獻不敢至其門。

趙廷標。錢塘人。順治十三年，任下湖南道僉事。十八年，擢驛鹽糧儲道副使。時劇賊剽刼，廷標飭部卒蹤跡籍記，盡獲其黨，斬其渠魁二人，餘縱令歸農，莫敢復爲惡者。湘東兵以採樵爲名，轉掠百里，請於大府治之，軍民俱安。

周召南。奉天人。康熙初，巡撫偏沅。首疏驛遞夫馬之困，檄州縣各建義學，文風大振。三年移節長沙，長沙駐巡撫自召南始。

郎永清。奉天人。康熙三年，任湖南布政使司。永、寶諸府溪流悍急，歲漕爲艱，永清力請改折，著爲令。湘、衡以南舊食粵鹽，灘險道遠，商民交病，申請改食淮鹽，至今利便。

丁思孔。奉天人。康熙二十三年，巡撫湖南。時逆藩始平，拊循凋瘵，務存寬恤。振興文教，疏請頒國子監校刊經史，置嶽麓書院，捐田數百畝資膏火，政暇集諸生講論，至今書院有丁公講堂。尋遷總督。

郭琇。即墨人。康熙中，總督湖廣。以湖南地曠，民未生聚，請清丈，復減賦額十分之三。又疏禁八事，曰錢糧攤費包收之弊宜除，陋規雜派之多宜去，徵糧之滚單宜行，訟棍宜治，濫刑宜革，捕役誣盜、屍親抄掠、强族阻葬宜懲。特旨褒嘉，并從所請。湖南積穀百萬四千八百石有奇，琇請五分積貯，五分碾米，以平米價。又請以沅州總兵移駐鎮筸，增湖廣鄉試中額十三名。俱下部行。

趙申喬。武進人。康熙四十一年，任偏沅巡撫。聖祖仁皇帝以湖南道遠，官吏多私徵加耗，敕申喬盡革之。申喬大書聖諭，勒石建亭。檄告屬吏，且言澄清端本，自巡撫始，苟有不法，官民可共聲其罪，於是屬吏惴恐。禁革一切私派，定頒漕米斗斛，官爲收解，驛站夫馬工料銀於本州縣坐支，倒馬隨時支補。又革鹽商規例，酌府州道里遠近，平鹽價，運丁按月徵給，二耗及行月糧先給後報。州縣列上貞節，有踰月具請者，即按懲胥吏。復請準舊例給建坊銀，葺古賢祠，奪還侵地。屬吏進見，霽容接之，使得盡言利弊。惟嫉惡如仇，未嘗少貸。鎮筸紅苗未靖，諭以威德，苗人歸化者三百餘砦。在任八年，常俸外一介不取，簿書填委，率親自勘決。擢左都御史，民謳思之，所在建祠繪像。雍正八年，入祀賢良祠。

額棱特。滿洲鑲紅旗人。康熙四十九年，遷湖廣提督。紅苗向負固，額棱特宣布威德，開導多方，遂歸化。五十二年，擢總督，静鎮寬大。奉命勘湖南荒地四萬六千頃，疏請聽民墾種，俟成熟科以下則。舊有藩庫羨餘供制府，額棱特各發州縣買穀備賑，造船百艘以資緝捕，修孔道橋梁，凡所興舉，民利賴焉。祀名宦。

潘宗洛。宜興人。康熙年間，督學湖廣。清節自厲，虚懷樂善，文教大興。後巡撫湖南，清操如一。尤加意於學校，時疏請分闈避洞庭之險，議發自趙申喬，至宗洛復請之，士多追感焉。

陳璸。廣東人。康熙五十四年，任湖南巡撫。風裁峻厲，屏絶苞苴，民戴其惠。雍正八年，入祀賢良祠。

李發甲。雲南河陽人。康熙五十五年，任湖南巡撫。時水災急，發甲立借帑銀五千兩以賑乏絶，出倉穀以平市價，然後馳奏，民困以蘇。剔蠹釐姦，公清尤著。建湖南書院，俾諸生肄業。兩疏力請兩省分闈，雍正元年始從之。以勞卒於官，士民爲建專祠。

楊宗仁。奉天人。雍正元年，任湖廣總督。廉潔勤敏，餽遺屏絶。瀕水隄防，歲時巡行修築，年穫屢豐。尤加意武備，疾革數日前，猶閲兵不稍怠。以勞卒於官，入祀賢良祠。

邁柱。滿洲鑲藍旗人。雍正五年，任總督。奏征苗用鵰勦法，嚴民苗市易之禁，及設寨長，練土勇，皆議行。請停醴陵、桂東二縣開礦，收苗疆軍器，改鋤犁，其法皆可遵守。後入爲大學士。

史貽直。溧陽人。任湖廣總督。時因淮鹽引滯，議嚴法禁，貽直言湖南邊郡，去淮絶遠，商販既不時至，官店收買亦勞費生姦。令民舍賤買貴，亦不近情，與其更張而公私交困，孰若仍舊而商民兩安。又與巡撫高其倬禽勦城步叛苗，復疏陳洞庭舵桿洲石臺工程善後五事，至今爲利。

孫嘉淦。興縣人。乾隆六年，任湖廣總督。正己率下，苞苴不行。疏定治苗之法於寨中，立寨長，峒中取寨長信服者爲峒長，使約束之，而統於縣令。又言城步、綏寧所屬九峒，改設遊擊於花園汛，移駐文員，均如所請。

高其倬。漢軍人。乾隆年間，任湖南巡撫。時城步、綏寧二縣猺糾黨焚刼，其倬偕總督史貽直勦平之。爲政平易，治事克勤，喜愠不形於色，所至人咸懷之。

陳宏謀。臨桂人。乾隆二十年，任湖南巡撫。奏以衡陽事繁，析其縣爲清泉，分理賦訟。布政使楊灝侵扣穀價，奏劾之。飭屬力行社倉法，其穀不足，借常平穀與之，俟本息裕，還常平。二十八年，進尚書，署總督，仍兼巡撫事。又疏言洞庭湖亘八百餘里，容納川、黔、粵、楚之水，濱湖居民多築圍墾田，與水争地，恐湖面愈狹，漫決爲患，請多掘水口，使私圍盡廢，不許再築。得旨以爲知大體。居官清慎自矢，慈惠愛民。尤加意學校，其所設施，必爲久遠之計。其頒布經籍遺規，湘中士人至今誦習不衰。

顔希深。連平人。乾隆中，任湖南巡撫。建普濟堂於北關外，以養窮民，居男女六百人以爲常額。月給錢米，歲給綿衣，病予醫藥，死予棺具葬地。法良意美，久而可行。希深卒，羣祀之堂東。

陸燿。吴江人。乾隆四十九年，任湖南巡撫。奏增嶽麓、城南兩書院膏火。又奏請停催湘陰、桂陽等三十州縣社倉息穀，俱報可。居官以清惠著，卒之日，貧無以斂，士民祠祀之。

李湖。南昌人。乾隆中，任湖南巡撫。以清節自厲，勸農課士，孜孜不倦。與丁思孔、李發甲、陸燿並祀三閭大夫祠。

盧文弨。餘姚人。乾隆中，任湖南學政。以經學課士，甄拔多名材。

姚頤。太和人。乾隆中，任湖南學政。校士公明，時有「冰清玉潔」之目。尋擢湖南按察使，亦以清惠稱。

錢灃。昆明人。乾隆中，任湖南學政。風格峭厲，每試士，正襟坐廳事，終日不倦。嘗大書「用嚴」二字於試院，聞者肅然。在任六年，未嘗褫一諸生。至今人見其所書，莫不心敬之。

張姚成。仁和人。乾隆中，任湖南學政。秉經酌雅，力絀浮靡，士論宗之。

傅鼐。浙江山陰人。由鳳凰廳同知、知府銜命總理邊務，累官至湖南按察使。權奇有才武，歷苗疆十餘年，躬親行陣，訓練鄉勇，號飛隊。前後勦定諸寨，所向克捷。其所設施，務爲經久之策。時大營甫撤，降苗叛服不常，鼐於三廳、永保，相其險要，建立硐卡哨臺，分撥練丁戍守。計口屯田，省帑項以鉅萬計。其閒田以爲歲修、廩給、獎賞、祭祀、師儒、養濟、育嬰之費。苗既帖服，遂設苗弁數百人，用資彈壓。立義學百數十所，教之禮讓，始請苗生取中鄉舉，苗益格心。及卒，得旨軫惜，贈巡撫銜，命後之監司守其法。祀名宦。

葉佩蓀。歸安人。乾隆中，任湖南布政使。廉惠愛民，首捐俸增嶽麓書院膏火，立保甲規條，令州縣力行。嘉慶中，有旨頒其保甲法，令直省行之。

劉君輔。會澤人。乾隆五十九年，任湖廣提督。時鎮筸、乾州苗同時蠢動，邊疆大震。君輔自常德督兵協勦，兩解永綏之圍。君輔與貴州安籠總兵花連布皆驍勇爲苗所憚，苗號花連布爲「花虎」，君輔髯而黑，因號「黑虎」云。

阿林保。滿洲正白旗人。嘉慶年間，任湖南巡撫。值監臨秋試，貢院有井，届試期味輒變，阿林保躬禱之，泉頓清冽。永綏逆苗石宗四叛，專任同知傅鼐平定其地。嚴設戍堡，均田養丁，備耕守之計，功出自鼐。能得人者，實阿林保也。

富志那。滿洲正紅旗人。任鎮筸鎮總兵。嘉慶五年，晒金塘黑苗不靖，富志那與同知傅鼐等督兵奮擊，苗震懼乞降。初，鼐議建碉卡，屯丁壯，邊備漸嚴，而苗頗不利，遂糾衆攻阻。大吏謂釁啓自鼐，將劾治之，富志那力争乃止。至今碉卡完固，屯田利興，苗患遂永息。人稱鼐之功，亦誦富志那不置云。

校勘記

〔一〕芷江駐榆林灣　「榆林灣」，疑當作「榆樹灣」。考乾隆朝實録卷四四六乾隆十八年九月甲子條載：吏部議覆，「沅州府屬芷江縣榆樹灣，爲黔、楚水陸通衢，苗民錯處，每易藏姦，該處離縣城九十里，勢難稽察，亦應將同城縣丞移駐榆樹灣，應如所請。從之」。今懷化市麻陽苗族自治縣仍有榆樹灣地名。

〔二〕烏宿　「烏」，原作「鳥」。考嘉慶朝實録卷一六嘉慶二年四月壬申條，有司奏辰州屬之烏宿等處均關險要，應設營駐兵。此烏宿即是，因據改。今沅陵縣尚有烏宿村。

〔三〕長沙岳州寶慶衡州常德辰州沅州永州永順澧靖十一府州例食淮鹽　「十一」，原作「十」，上述府州實有十一，因補「一」字。

〔四〕時駐臨蒸　「臨蒸」，三國志卷三五諸葛亮傳裴松之注引零陵先賢傳作「臨烝」。

〔五〕辰州蠻彭仕羲爲寇　「彭仕羲」，乾隆志卷二七五湖南省名宦（下同卷簡稱乾隆志）作「彭仕義」，宋史卷三〇〇徐的傳作「彭士義」。按，宋會要輯稿蕃夷五及宋史仁宗本紀皆作「彭仕羲」。

〔六〕邵州蠻叛　「邵」，原作「郡」，據宋史卷三三三潘夙傳改。

〔七〕行荆湖等路樞密院事　「湖」，原作「湘」，據元史卷一二八阿里海牙傳改。

〔八〕非上諭伯顏以曹彬不殺意也　「彬」，原作「兵」，據元史卷一二八阿里海牙傳改。

〔九〕安東中州人　按，據元史卷一六二劉國傑傳，劉國傑「本女真人，姓烏古倫，後入中州，改姓劉氏」。又云「少從軍漣海」，則其入中州，當生活於漣海之地。漣海即漣海軍，地屬淮安路，其地有安東州。本志或以劉氏爲安東州人，「中」字衍文也。

長沙府圖

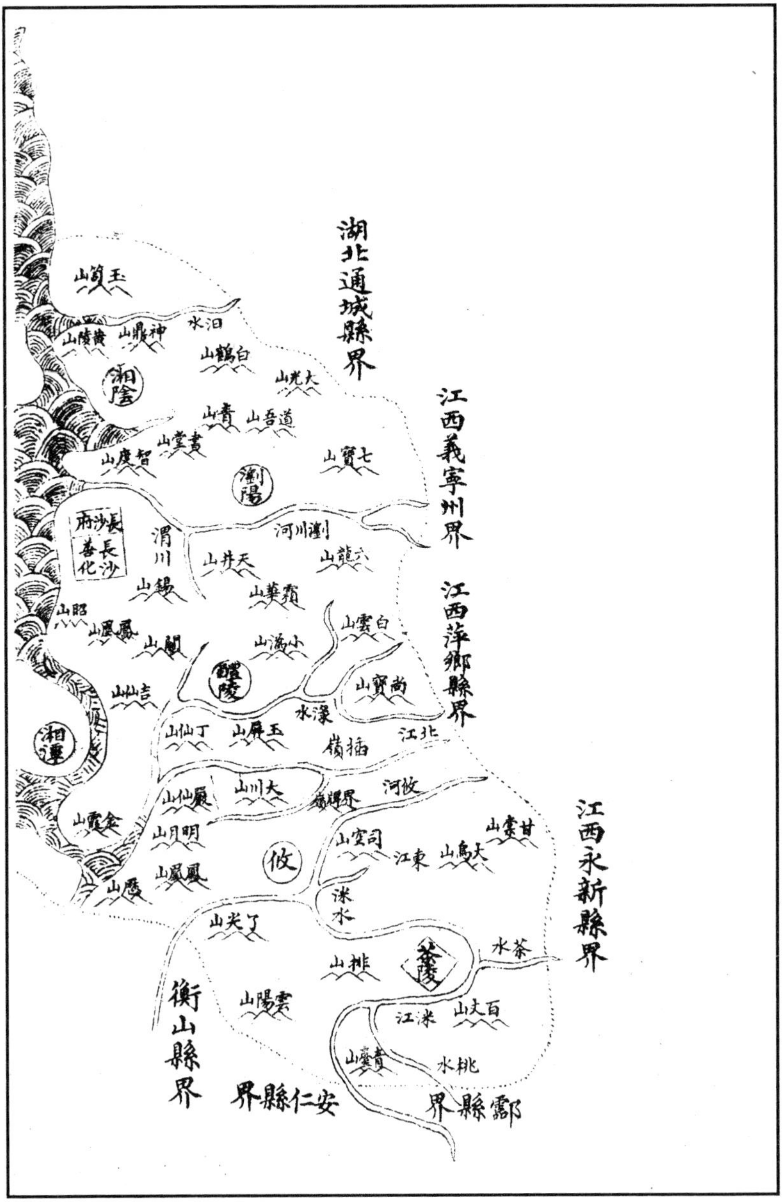
湖北通城縣界
江西義寧州界
江西萍鄉縣界
江西永新縣界
衡山縣界
安仁縣界
酃縣界
玉筍山
黃陵山
神鼎山
汨水
白鶴山
湘陰
大光山
青山
道吾山
書堂山
七寶山
瀏陽
長沙府
長沙
善化
渭川
瀏川河
天井山
六龍山
錫山
昭山
白雲山
醴陵
尚寶山
淥水
湘潭
丁仙山
玉屏山
北江
大川山
攸河
明月山
司空山
東江
攸
洣水
排山
茶陵
茶水
雲陽山
洣江
桃水

洞庭湖
沅湘合流
龍陽縣界
沅江界
武陵縣界
五溪山
仙風山
益陽
四方山
白鹿山
雲母山
天井崙
濱江
辰山
石笥山
會龍山
八方山
小麂山
浮邱山
大溈山
寧鄉
猺地界
濱江
雷公山
天香山
浮青山
安化
芙蓉山
黃柏山
東山
龍鳳山
金盤山
神道山
福景山
移風山
大步山
韶山
聚山
陶公山
烏臺山
仙女山
飯籮山
湘鄉
昌山
新化縣界
蓮花山
匡山
黃巢山
東台山
黃龍山
邵陽縣界
衡陽縣界

長沙府表

	長沙府	長沙縣
秦	長沙郡	
漢	長沙國後漢爲郡。	臨湘縣長沙國都。後漢長沙郡治。
三國	長沙郡屬吳。	臨湘縣
晉	長沙郡永嘉初置湘州，咸和三年省。義熙八年復置，十二年又省。	臨湘縣
南北朝	湘州長沙郡宋永初三年復置州，元嘉八年州廢，還屬荆州。十七年復置，二十九年又廢。孝建初復置。齊以後爲長沙郡。	臨湘縣
隋	長沙郡初廢郡，改潭州，大業初又改爲郡。	長沙縣更名，爲郡治。
唐	潭州長沙郡武德四年復置州，天寶初改長沙郡，乾元初復爲州，屬江南西道。大曆四年爲湖南觀察使治。	長沙縣州治。
五代	潭州初屬馬氏，建楚國。周廣順初屬南唐，後屬周行逢。	長沙縣
宋	潭州長沙郡屬荆湖南路。	長沙縣
元	天臨路至元十四年設行省，改潭州路。十八年罷爲湖南道宣慰司，天曆二年改爲路。	長沙縣路治。
明	長沙府初爲潭州府，洪武五年更名，屬湖廣布政司。	長沙縣府治。

善化縣	湘潭縣
臨湘縣地。	湘南縣 屬長沙國。後漢屬長沙郡。
	湘西縣 吳置，屬衡陽郡。 衡陽郡 吳置。 湘南縣 郡治。
	湘西縣 衡陽郡 湘南縣
	衡陽郡 宋元嘉中移治。 湘西縣 郡治。 衡陽郡 宋元嘉中徙。 湘南縣 宋屬衡陽郡。齊廢。
	廢。 衡山縣 更名，屬長沙郡。
長沙、湘潭二縣地。	湘潭縣 天寶八年改衡山名，移治洛口，屬潭州。
	湘潭縣
善化縣 元符初置。	湘潭縣
善化縣 路治。	湘潭州 元貞初升州，屬天臨路。
善化縣 洪武十年省，十三年復置，爲府治。	湘潭縣 復降縣，屬長沙府。

續表

續表

	湘陰縣	寧鄉縣	瀏陽縣
	羅縣 屬長沙國。後漢屬長沙郡。	益陽縣地。	臨湘縣地。
建寧縣 吳置，屬長沙郡。	羅縣	新陽縣 吳置。	瀏陽縣 吳置，屬長沙郡。
建寧縣	羅縣	新康縣	瀏陽縣
建寧縣	湘陰縣 宋置，屬湘東郡。齊屬長沙郡。梁置羅州岳陽郡及岳陽縣。陳廢羅州。 羅縣	新康縣	瀏陽縣
廢。	湘陰縣 開皇初廢郡，并縣入岳陽縣，置玉州，尋更縣名。十一年廢州，後屬巴陵郡。 羅縣 屬巴陵郡。	省入益陽。	廢。
武德四年復置，屬南雲州。貞觀初省。	湘陰縣 屬岳州。 省入湘陰。	武德四年復置新康縣，七年又省。	瀏陽縣 景龍二年復置，屬潭州。
	湘陰縣 梁屬潭州。		瀏陽縣
	湘陰縣 乾德初屬岳州，淳化中改屬潭州。	寧鄉縣 太平興國二年析置，屬潭州。	瀏陽縣
	湘陰州 元貞初升州，屬天臨路。	寧鄉縣 屬天臨路。	瀏陽州 元貞初升州，屬天臨路。
	湘陰縣 復降縣，屬長沙府。	寧鄉縣 屬長沙府。	瀏陽縣 復降縣，屬長沙府。

續表

醴陵縣	益陽縣	湘鄉縣	攸縣
醴陵縣後漢置，屬長沙郡。	益陽縣屬長沙國。後漢屬長沙郡。	湘鄉縣後漢置，屬零陵郡。 連道縣屬長沙國。後漢屬長沙郡。	攸縣屬長沙國。後漢屬長沙郡。
醴陵縣	益陽縣屬衡陽郡。	湘鄉縣 連道縣	攸縣
醴陵縣	益陽縣	湘鄉縣屬衡陽郡。 連道縣屬衡陽郡。	攸縣
醴陵縣	益陽縣	湘鄉縣 宋省入湘鄉縣	攸縣齊屬湘東郡。梁、陳間更名攸水縣。
廢。	益陽縣屬長沙郡。	省入衡山縣。	攸縣
醴陵縣武德四年復置，屬潭州。	益陽縣屬潭州。	湘鄉縣復置，屬潭州。	攸縣武德四年復置，并置南雲州。貞觀初南雲州廢，縣屬衡州。
醴陵縣	益陽縣	湘鄉縣	攸縣馬氏改屬潭州。
醴陵縣	益陽縣	湘鄉縣	攸縣
醴陵州元貞初升州，屬天臨路。	益陽州元貞初升州，屬天臨路。	湘鄉州元貞初升州，屬天臨路。	攸州元貞初升州，屬天臨路。
醴陵縣復降縣，屬長沙府。	益陽縣復降縣，屬長沙府。	湘鄉縣復降縣，屬長沙府。	攸縣復降縣，屬長沙府。

	安化縣	茶陵州
	益陽縣地。	茶陵縣 屬長沙國。後漢屬長沙郡。
陰山縣 吴置。		茶陵縣 屬湘東郡。
陰山縣		茶陵縣
陰山縣 湘潭縣 梁置。		茶陵縣
陰山縣 省入湘潭縣。 湘潭縣 廢茶陵、攸水、陰山、建寧四縣入焉，屬衡山郡。		省入湘潭縣。
武德四年復置，并置安樂、新興二縣。貞觀初俱省。		茶陵縣 聖曆元年復置，屬衡州。
		茶陵縣
	安化縣 熙寧六年置，屬潭州。	茶陵軍 紹興九年升軍，仍屬衡州。
	安化縣 屬天臨路。	茶陵州 初復爲縣，至元十九年升州，屬湖廣行省。
	安化縣 屬長沙府。	茶陵州 初降縣，成化中復爲州，屬長沙府

大清一統志卷三百五十四

長沙府一

湖南省治。東西距一千里，南北距五百里〔一〕。東至江西袁州府宜春縣界三百五十里，西至常德府沅江縣界六百五十里，南至衡州府衡山縣界二百三十里，北至岳州府巴陵縣界三百六十里。東南至江西萍鄉縣界二百九十里，西南至寶慶府邵陽縣界二百七十里，東北至江西南昌府義寧州界二百九十里，西北至常德府龍陽縣界二百三十里。自府治至京師三千五百八十五里。

分野

天文翼、軫分野，鶉尾之次。

建置沿革

禹貢荆州之域。古三苗國地。春秋、戰國屬楚。秦置長沙郡。杜佑通典：有萬里沙祠，故曰長沙。漢高帝五年，置長沙國，屬荆州。後漢復爲長沙郡，仍屬荆州。三國屬吴。晉永嘉元年，於郡置湘州。咸和三年省。義熙八年復置，十二年又省。宋永初三年，復置湘州。元嘉八年州廢，還屬荆州。十七年復置，二十九年又廢。孝建初復置。齊以後爲長沙郡。隋平陳，廢郡，改州曰潭州，置總管府。大業初府廢，復改州爲長沙郡，後爲蕭銑所據。唐武德四年，復曰潭州，置總管府。天寶初曰長沙郡，乾元初復曰潭州，屬江南西道。大曆四年，爲湖南觀察使治。時自衡州徙治潭州。中和三年，升欽化軍節度。光啓元年，改武安軍節度。五代時，馬殷建楚國，改潭州爲長沙府。周廣順初，地入南唐。既而周行逢據其地。宋仍曰潭州，宋史地理志：潭州，上，長沙郡，武安軍節度。屬荆湖南路。元至元十三年，立安撫司。十四年，立行省，改潭州路總管府。十八年，罷行省，時遷治鄂州。爲湖南道宣慰司治。天曆二年，又升爲天臨路。明初改潭州府，洪武五年，又改長沙府，隸湖廣布政使司。本朝因之。康熙三年，移偏沅巡撫駐此，爲湖南省治。領州一，縣十一。

長沙縣。附郭。在府治西北[二]。東西距一百二十里，南北距八十里[三]。東至瀏陽縣界一百里，西至寧鄉縣界六十里，南至善化縣界五里，北至湘陰縣界八十里。東南至瀏陽縣界八十里，西南至湘潭縣治一百里，東北至岳州府平江縣界一百五十里，西北至益陽縣界一百里。春秋時楚青陽地。漢置臨湘縣，爲長沙國都。後漢爲長沙郡治。三國、晉因之。宋爲湘州治，齊、梁、陳因之。隋初改縣曰長沙，仍爲長沙郡治。唐爲潭州治，宋因之。元爲天臨路治。明爲長沙府治，本朝因之。

善化縣。附郭。在府治東南。東西距一百三十里，南北距六十五里。東至瀏陽縣界九十里，西至寧鄉縣界六十里，南至湘潭縣界六十里，北至長沙縣界五里。東南至醴陵縣界八十里，西南至寧鄉縣界五十里，東北至瀏陽縣界七十里，西北至長沙縣界十五里。漢臨湘縣地。唐爲長沙、湘潭二縣地。宋元符元年，分置善化縣，屬潭州長沙郡。元爲天臨路治。明洪武十年省入長沙，十三年復置，屬長沙府。本朝因之。

湘潭縣。在府西南一百里。東西距一百七十八里，南北距一百八十五里。東至醴陵縣界九十里，西至湘鄉縣界七十里，南至衡州府衡山縣界一百二十里，北至善化縣界四十五里。東南至醴陵縣治一百七十里，西南至衡州府衡陽縣界一百八十里，東北至善化縣治一百里，西北至寧鄉縣治一百八十里。漢置湘南縣，屬長沙國。後漢屬長沙郡。三國吴太平二年，於縣置衡陽郡，並分置湘西、建寧二縣，湘西屬衡陽郡，建寧屬長沙郡。晉因之。宋元嘉中，移衡陽郡治湘西。齊省湘南入之。隋平陳，廢郡并建寧縣，改湘西曰衡山，仍屬長沙郡。唐武德四年，復置建寧縣，屬南雲州。貞觀初省，天寶八年改衡山曰湘潭，移治洛口，屬潭州。五代及宋因之。元元貞初，升湘潭州，屬天臨路。明初復降爲縣，仍屬長沙府。本朝因之。

湘陰縣。在府北一百二十里。東西距一百七十里，南北距一百六十里。東至岳州府平江縣界七十里，西至常德府沅江縣界一百五十里，南至長沙縣界六十里，北至岳州府巴陵縣界六十五里。東南至瀏陽縣界八十里，西南至寧鄉縣治二百里，東北至巴陵縣治二百四十里，西北至沅江縣治一百里。春秋楚羅汭地。漢置羅縣，屬長沙國。後漢屬長沙郡。三國、晉因之。宋分置湘陰縣，屬湘東郡。齊以羅、湘陰二縣并屬長沙郡。梁又分置岳陽縣，并置岳陽郡及羅州。陳廢羅州。隋開皇初廢岳陽郡及湘陰入岳陽縣，改置玉州。尋改岳陽縣曰湘陰。十二年州廢，羅、湘陰兩縣俱屬巴陵郡。唐武德八年，省羅縣入湘陰，仍屬岳州。五代梁屬潭州。宋初屬鼎州。乾德三年，隸岳州。淳化四年，改屬潭州。元元貞初升爲湘陰州，屬天臨路。明初復降爲縣，屬長沙府。本朝因之。

寧鄉縣。在府西一百里。東西距二百五十一里，南北距一百八十里。東至善化縣界四十里，西至益陽縣界二十里，南至湘鄉縣界九十里，北至長沙縣界六十里。東南至湘潭縣界八十里，西南至安化縣界一百七十里，東北至長沙縣界四十里，西北至益陽縣界五十里。漢益陽縣地。三國吴分置新陽縣。晉太康元年，更名新康，屬衡陽郡。宋以後因之。隋平陳，省入益陽縣。唐武德四年，復置新康縣。七年又省。宋太平興國二年，析置寧鄉縣，屬潭州。元屬天臨路。明屬長沙府。本朝因之。

瀏陽縣。在府東一百五十里。東西距一百五十里，南北距二百里。東至江西南昌府義寧州界一百二十四里，西至善化縣界一百里，南至醴陵縣界一百一十五里，北至岳州府平江縣界七十五里。東南至江西袁州府宜春縣界七十里，西南至湘潭縣治二百里，東北至義寧州界一百五十里，西北至湘陰縣治二百里。漢臨湘縣地。三國吴析置瀏陽縣，屬長沙郡。晉以後因之。隋省。唐景龍二年，復置瀏陽縣，屬潭州。五代及宋因之。元元貞初，升爲瀏陽州，屬天臨路。明洪武二年，復降爲縣，仍屬長沙府。本朝因之。

醴陵縣。在府東南二百九十里。東西距九十里，南北距一百三十里。東至江西袁州府萍鄉縣界五十里，西至湘潭縣界七十里，南至攸縣界六十里，北至瀏陽縣界八十里。東南至萍鄉縣界五十里，西南至湘潭縣界一百里，東北至萍鄉縣界七十里，西北至湘潭縣界七十里。後漢置醴陵縣，屬長沙郡。晉以後因之。隋省入長沙。唐武德四年，復置，屬潭州。五代及宋因之。元元貞初，升爲醴陵州，屬天臨路。明初復降爲縣，屬長沙府。本朝因之。

益陽縣。在府西北二百里。東西距二百三十里，南北距一百二十里。東至湘陰縣界五十里，西至安化縣界一百二十里〔四〕，南至寧鄉縣界九十里，北至常德府龍陽縣界五十里。東南至寧鄉縣界七十里，西南至安化縣界二百里，東北至常德府沅江縣界六十里，西北至龍陽縣界五十里。漢置益陽縣，屬長沙國。後漢屬長沙郡。三國吴屬衡陽郡。晉以後因之。隋仍屬長沙郡。唐屬潭州。五代及宋因之。元元貞初，升爲益陽州，屬天臨路。明初復降爲縣，屬長沙府。本朝因之。

湘鄉縣。在府西南二百十里。東西距二百里，南北距二百八十里。東至湘潭縣界三十里，西至寶慶府邵陽縣界一百七十里，南至衡州府衡山縣界一百五十里，北至寧鄉縣界四十里。東南至衡山縣界一百里，西南至邵陽縣界一百六十里，東北至湘潭縣治一百里，西北至安化縣界一百八十里。漢置連道縣，屬長沙國。後漢屬長沙郡，又分置湘鄉縣，屬零陵郡。晉以兩縣俱屬衡陽郡。宋省連道入湘鄉。齊、梁、陳因之。隋并省湘鄉入衡山縣。唐武德四年，析衡山復置湘鄉縣，屬潭州。五代及宋因之。元元貞初，升爲湘鄉州，屬天臨路。明復爲湘鄉縣，屬長沙府。本朝因之。

攸縣。在府南二百八十里。東西距一百六十里，南北距一百四十里。東至江西吉安府安福縣界一百二十里，西至衡州府衡山縣界六十里，南至茶陵州界三十里，北至醴陵縣界八十里。東南至江西吉安府永新縣治二百十里，西南至衡州府安仁縣治八十里，東北至江西袁州府萍鄉縣治二百七十里，西北至湘潭縣治二百十里。漢置攸縣，屬長沙國。後漢屬長沙郡。三國吳分置陰山縣。晉因之。齊屬湘東郡。梁、陳時改攸縣曰攸水縣。隋省攸水、陰山並茶陵、建寧四縣，入湘潭縣，屬衡山郡。唐武德四年，復分湘潭置攸縣及陰山縣，并置南雲州。又析置安樂、新興二縣。貞觀元年，州廢，徙湘潭，省安樂、新興、陰山三縣入攸，屬衡州。五代時楚馬殷改屬潭州。宋因之。元元貞初，升爲攸州，屬天臨路。明初復降爲縣，屬長沙府。本朝因之。

安化縣。在府西北二百六十里。東西距一百十里，南北距二百二十里。東至寧鄉縣界八十里，西至寶慶府新化縣界三十里，南至寶慶府邵陽縣界一百里，北至常德府武陵縣界一百里。東南至湘鄉縣界一百里，西南至新化縣界三十里，東北至益陽縣界七十三里，西北至常德府桃源縣治二百五十里。漢益陽縣地，後爲梅山蠻地。宋初立五砦。熙寧六年，始置安化縣，屬潭州。元屬天臨路。明屬長沙府。本朝因之。

茶陵州。在府南四百八十里。東西距一百四十里，南北距一百十五里。東至江西吉安府永新縣界八十里，西至衡州府安仁縣界六十里，南至衡州府酃縣界七十里，北至攸縣界八十里。東南至永新縣界八十五里，西南至安仁縣界八十里，東北至攸縣界七十里，西北至攸縣界六十里。漢置茶陵縣，屬長沙國。後漢屬長沙郡。三國吳屬湘東郡。晉以後因之。隋省入湘潭縣。唐聖曆元年，復置，屬衡州。五代及宋初因之。紹興九年，升爲茶陵軍，仍屬衡州。元初軍廢，復爲縣。至元十九年，升爲州，屬湖廣行省。明初降爲縣，成化中復爲州，屬長沙府。本朝因之。

形勢

南以五嶺爲限，北以洞庭爲界。元和志。宜春襟喉，湖南腰背。宋范成大行程記。控扼湘、嶺〔五〕，鎮撫蠻猺。宋史李椿傳。控交、廣之户牖，扼吴、蜀之咽喉。翼張四隅，襟束萬里。玉海〔六〕。

風俗

湘川之奥，民豐土閑。南齊書州郡志。無土山，無濁水，人秉是氣，往往清慧而文。唐劉禹錫記。民以網罟爲業，漁利饒衍，而無積聚。元史地理志。

城池

長沙府城。周十四里有奇，高二丈四尺，門九，有濠。明洪武中初築。本朝順治、康熙中重葺。乾隆十二年增修，三十一年重修。長沙、善化二縣附郭。

湘潭縣城。周六里有奇，高丈六尺，門六。明萬曆二年築。本朝康熙三十三年修，乾隆五十二年重修。

湘陰縣城。周三里有奇，高丈五尺，門七。明隆慶間築。本朝康熙元年修，乾隆十七年增築護城隄。

寧鄉縣城。縣舊無城，依通衢建立四門，圍以木栅。

瀏陽縣城。周三里，高一丈，門四，水門五。明嘉靖中築。本朝順治、康熙、雍正中屢修，乾隆二十一年改建，五十七年補修。

醴陵縣城。明嘉靖十四年，傍山築土城，沿江立木柵，門五。本朝順治、康熙中修，乾隆十一年復修。

益陽縣城。周四里有奇，高丈二尺，門四。明嘉靖三十一年築。本朝康熙二十二年修。

湘鄉縣城。縣舊無城，明設四門於市口。

攸縣城。周四里有奇，門五。明嘉靖元年築。本朝順治、康熙中屢修，乾隆二十一年重修。

安化縣城。明萬曆初立木柵，設門五。本朝康熙二十一年修，三十二年重修。

茶陵州城。周五里，高二丈五尺，門六。濠廣六丈五尺。明洪武中築。本朝順治、康熙中屢修，乾隆二十九年重葺。

學校

長沙府學。在府城正南門右。明洪武中，因元舊址建。本朝順治、康熙中重葺，乾隆十一年、二十一年、五十七年增修。入學舊額二十名，乾隆五十四年減茶陵州學五名，增入府學，今額二十五名。

長沙縣學。在府城新開門內。舊在湘春門外，本朝順治中，遷驛步門外，康熙中改建今所。入學額數二十名。

善化縣學。在縣治左。本朝順治中，因明舊址重建。乾隆中屢修，嘉慶六年又修。入學額數二十名。

湘潭縣學。在縣治西。舊在縣東，明正德中遷建今所。本朝順治十一年重建，康熙、雍正、乾隆中屢葺，嘉慶二年重修。入學額數二十名。

湘陰縣學。在縣治東。舊在縣南，宋崇寧間建，明洪武初遷建今所。本朝康熙中屢修，雍正元年、乾隆八年重修。入學額數十五名。

寧鄉縣學。在縣東門外。明洪武初，因宋、元舊址建。本朝順治、康熙、雍正中增修，嘉慶十八年重葺。入學額數十五名。

瀏陽縣學。在縣治西。明正德中建。本朝順治、康熙中修，乾隆十二年重葺。入學額數十二名。

醴陵縣學。在縣治東。舊在今學之北，明洪武初因宋舊址建。本朝順治、康熙中重葺，乾隆八年遷建今所。入學額數十二名。

益陽縣學。在縣城西門外。明洪武初，因宋、元舊址重建。本朝順治、康熙、雍正中先後修葺，乾隆八年、嘉慶十年重修。入學額數二十名。

湘鄉縣學。在縣治西南。舊屢遷無常，明嘉靖中遷建漣水濱。本朝順治、康熙、雍正中屢葺，乾隆四年遷今所。入學額數十五名。

攸縣學。在縣治東南。明洪武初因宋、元舊址建。本朝順治、康熙、雍正中屢修，乾隆十四年、二十年重修。入學額數二十名。

安化縣學。在縣治西。明末因舊址建。本朝康熙中修，乾隆十二年重葺。入學額數十二名。

茶陵州學。在州治南。明李東陽記：宋、元舊學，在城西南二里獅子口，後燬於兵。洪武間建學西郭外，成化中遷州治西，弘治中復遷西郭外。本朝康熙中遷建今所。乾隆二十六年，遷建州西獅口山。五十七年，復遷建今所。入學舊額二十名，乾隆五十四年裁五名，增入府學。今額十五名。

東岡書院。在長沙縣東二十五里。元許有壬之父號東岡，嘗讀書於此，因賜額焉。

喬江書院。在長沙縣西北。舊有三賢堂，祀屈原、賈誼、杜甫。元立義學，賜今額。

城南書院。在善化縣治南。舊在縣南三里，宋張栻講學地。其間鑿池以匯息澤之水，中有麗澤堂、蒙軒、月榭、卷雲亭。其扁額四字相傳爲張浚書。本朝乾隆十年，遷建今所。二十年、四十七年屢修，嘉慶五年、二十三年重修。

嶽麓書院。在善化縣西嶽麓山下。宋開寶中，潭州守朱洞建。實彭城劉鼇倡之，孫邁爲之記。祥符中，詔以國子監經籍賜嶽麓書院并賜額。紹興中，燬於兵。乾道初，湖廣安撫劉珙重建，張栻爲之記。後爲張栻、朱子講學之所。朱子手書「忠孝節義」四大字於堂。淳熙末，直徽猷閣潘疇重加修葺，陳傅良爲之記。德祐中，再燬於兵。元至正二十三年，郡人劉必大重建，朱渤爲之記。延祐中，郡倅劉安仁復建，吳澄爲之記。明弘治中重建，李東陽爲之記。本朝康熙二十五年重建，聖祖仁皇帝賜「學達性天」扁額。又欽頒日講經史十六種，建御書樓藏之。乾隆九年，高宗純皇帝賜「道南正脉」扁額，重加修葺。爲四大書院之一。二十八年、二十九年，撫臣陳宏謀、喬光烈先後奏請動帑改修。四十四年，撫臣李湖重修。

湘西書院。在善化縣西嶽麓山下。宋劉輔建，後朱子重建。初，潭士以居學肄業爲重，州學生月試積分高等，升湘西、嶽麓書院生。又積分高等，升嶽麓精舍生。潭人號爲「三學生」。宋末兵興，聚居州學，猶不廢業。城破，多感激死義者。

主一書院。在湘潭縣西南一百二十里。地接衡州府衡山縣。宋鍾震建。

碧泉書院。在湘潭縣西七十里。宋胡安國南遊，築室。其子宏與張栻講學於此。元里人衡氏就其地置書院，以近碧泉，因名焉。

道山書院。在寧鄉縣東三十里道山之陽，一名雲峯書院。宋胡宏、張栻講學之所。

文靖書院。在瀏陽縣治南。宋楊時宰瀏陽，後人建書院，以其謚名。

南山書院。在瀏陽縣南。元歐陽原功讀書地。明弘治中，學使歐陽旦修，祀原功。本朝康熙中重修，置祭田。

東萊書院。在醴陵縣治後。舊曰萊山書院，在縣北三十里。宋呂祖謙曾讀書於此。明正德中徙，改今名。

慶洲書院。在益陽縣南資江中。元邑人劉履泰講學於此，事聞，授慶洲書院山長。

漣濱書院。在湘鄉縣東南漣水濱。舊名漣溪書院，在縣崑崙橋西，宋周奭故居也。真德秀帥潭，建爲書院，顔其堂曰「春風」。德祐中，重建於漣水東五里。元至正中復移漣水西。廢於明嘉靖中。本朝乾隆四年，即舊學宫地重建，易今名。三十年重修。

中梅書院。在安化縣治西。康熙三十一年建。

雲崖書院。在茶陵州西雲陽山下。明建。

户口

原額人丁七萬五千一百七十九，今滋生男婦共四百二十九萬八十六名口，計六十九萬九千八十二户。

田賦

田地九萬五千三百五十六頃九十一畝七釐，額徵地丁正、雜銀三十三萬二千六百四十二兩一錢一分。南糧六萬九千六百八十六石九斗三合有奇，漕糧一萬一千九十石六斗三升三合。

山川

天井山。在長沙縣東八十里。山上有井，井水下流，四時不絕。其北有古華山。

烏山。在長沙縣西三十里。有烏四時常哺其上，内有洞，深廣數丈。

尖山。在長沙縣西四十里。祝穆方輿勝覽：尖山在長沙西，一名圭峯。明統志：距湘江十五里。

谷山。在長沙縣西七十里。山有靈谷深邃，上有梓木洞，下有龍潭，禱雨輒應。産青紋花石，可爲硯。

銅官山。在長沙縣西北九十里。酈道元水經注：銅官山西臨湘水。山土紫色，内含雲母，故亦謂之雲母山也。元和志：雲母山，在長沙縣北九十里。列仙傳云，長沙雲母，服之不朽。

羅洋山。在長沙縣北七里，一名大富山。峯巒秀拔，水流環帶，爲一縣之勝。

石寶山。在長沙縣北二十里。山多奇石，或踞或立，狀如鵞如羊，故亦名鵞羊山，又名東華山。相傳成少卿昇仙處。

智度山。在長沙縣北五十里。最高者曰黑石峯。唐時有將軍劉智度居此，因名。

書堂山。在長沙縣北五十里。唐歐陽詢讀書處。

銅山。在長沙縣北一百里。楚鑄銅處。隋書地理志：長沙有銅山。

影珠山。在長沙縣東北七十五里。山巔有井，其影如珠，故名。亦名易公山，爲元易公得道處。

青山。在長沙縣東北八十里，接湘陰縣界。四時常青，山有霞峯臺及龍潭，又有月泓泉，澄碧可鑑。

錫山。在善化縣東南三里。隋書地理志：長沙有錫山。府志：唐王錫隱此，故名。按益陽縣南五十里亦有錫山，洣溪水經此入資。

闕山。在善化縣東南四十五里。疊峯峭拔如城，中有間道，僅通單車。唐末置龍回關於此，故名。

搴旗山。在善化縣南十里。明統志：山在縣南，以形似名。一作青旗山。

昭山。在善化縣南六十里，接湘潭縣界。一名馬山。元和志：昭山在長沙縣南七十里，臨湘水。樂史太平寰宇記：昭山在湘潭縣東四十里，以周昭王至此故名。其地北界長沙。舊志：昭山即馬山，與湘潭分界，截江而起，仄立萬仞，怪石磅礴，異木層陰，微露巖崿。舟過其下，隱隱見石牕巖牖，窺攀莫及，洵異境也。

雲蓋山。在善化縣西南三十里，望之如蓋。曹學佺名勝志：一名靈蓋山，有虎溪、龍井。

天臺山。在善化縣西南五十里，一名天台山，相傳彭祖師得道處。又西南十里，有神通山，相傳圓明祖師得道處。

華林山。在善化縣西南六十里。下有龍潭，相傳善覺禪師證覺處。

嶽麓山。在善化縣西十里，亦名麓山。水經注：湘水左逕麓山東，上有故城。元和志：嶽麓山在長沙縣西南，隔湘江水六里，蓋衡山之足也，故以「麓」爲名。方輿勝覽：盛弘之荆州記云，長沙西岸有麓山，又名靈麓峯，乃岳山七十二峯之一。自湘西古渡登岸，夾逕喬松，泉澗盤繞，諸峯疊秀，下瞰湘江。

玉屏山。在善化縣西八里。岳麓之支山也。峯巒環列如屏，故名。又醴陵縣南五里亦有玉屏山，下有石如金龜，嶺下有金龜泉。

金盤山。在善化縣西北七十里，接寧鄉縣界。一峯特立，四圍環繞如盤，平江水源出此。

碧虛山。在善化縣嶽麓山南。宋劉珙建風雩亭於其上，亦名風雩山，與道鄉臺相左右。

壺山。在湘潭縣東三十里。荆楚記：壺山在湘潭，頂有巨石，狀如壺。

石潭山。在湘潭縣東。瀕江峭立，洞壑杳然。水經注：臨湘縣南有石潭山，湘水逕其西。山有石室、石牀，臨對清流。

大興山。在湘潭縣東南六十里。西一支爲石洪山。

歷山。在湘潭縣東南百里。相傳舜南巡嘗經此。

明月山。在湘潭縣東南一百五十里，醴陵縣西南六十里，攸縣西北九十里，三縣分界。產石圓如月，上有靈谷崖、龍鬚灘。名勝志：明月山，峯巒聳拔，月出光耀先見，故名。

鳳凰山。在湘潭縣東南一百七十里。跨湘、醴、衡、攸四縣界，周百餘里。僻奥深險，頂蓄靈泉，中有沃壤可耕。旁分四逕，以達四縣。

蟹山。在湘潭縣南二里，以形似名。又湘鄉縣西一百二十里亦有蟹山，下有蟹泉。

金霞山。在湘潭縣南四十里。

曉霞山。在湘潭縣南七十里。衡山七十二峯之一。其形東向，日照其頂，雲霞燦然。

昌山。在湘潭縣西南百里。夷堅志：昌山周四十里，多篠簜花，結實每石得米五斗，香與粳同。

隱山。在湘潭縣西南一百十里，一名龍山，俗名龍王山。後人因有茅庵，老僧隱此，故名隱山。名勝志：隱山頂有龍湫，注而爲池。

金紫山。在湘潭縣西南一百四十里。朝暉相映，作金紫色。亦名鳳棲山。又茶陵州北二十里亦有金紫山，列岫連屬，高插天半。

大安山。在湘潭縣西南一百五十里。甚高秀，上有譚真人廟，旱禱輒應。

陶公山。在湘潭縣西七里。舊多古木。晉陶侃鎮潭州，卜築於此，因以爲名。縣志：山下臨深潭，曰錦石灣。潭畔有石，踞江擁沙而起，色赤如錦，因名。

烏臺山。在湘潭縣西四十里。高峯凝立，上有石臺，縣之鎮山也。

五頂山。在湘潭縣西。頂有五峯，因名。

韶山。在湘潭縣西八十里，接湘鄉縣界。山甚深遠。相傳舜南巡時，奏韶樂於此，因名。名勝志：韶山綿亘百餘里，湘潭、寧鄉諸水皆出其麓。

石龍山。在湘潭縣西百里，接衡山、湘鄉兩縣界。山頂有石，昂如龍首，故名。

東霧山。在湘潭縣西百里，與昌山相對。

銀山。在湘潭縣西一百二十里。山石晃白如銀。

黄龍山。在湘潭縣北二十五里。一名黄峯山。又湘鄉縣西南一百六十里亦有黄龍山，接衡山縣及寶慶府邵陽縣界。

龍巖山。在湘潭縣北二十五里。一名龍崖山。舊名龍迴山，迴環秀拔，下有龍窟。

南谷山。在湘潭縣北四十里。勢如伏獅，遠望則如屏障。

石鰭山。在湘潭縣北九十里。橫峙靳江中，拂水逆流，其形如魚。

仰高山。在湘陰縣治東。縣志：城内舊有八山，皆土阜也，今惟仰高山尚存。

密巖山。在湘陰縣東四十里。又東十里有清泉山。

玉池山。在湘陰縣東六十里，一峯插天。又名玉池峯，上有玉池，相傳爲晉陶澹浴丹池。

神鼎山。在湘陰縣東六十里。上有古井。

白鶴山。在湘陰縣東六十里，與玉池、神鼎相接。陶澹居此山學仙，有二白鶴來，故名。山下有鴻水洞，自山頂下注潭中，又數十里西流入湘江。

九龍山。在湘陰縣東一百里，一名九峯山。山巔有石，形如懸鐘，扣之有聲。

女洲山。在湘陰縣南三里。頂方而銳。亦名印山，又名龜山。

白霞山。在湘陰縣南五十里。上有百歲巖。又有石井，四時不竭。

大障山。在湘陰縣西九十里。春水漲溢，山爲障蔽。

三峯山。在湘陰縣北五里。土色黄白，陶者取之。

黄陵山。在湘陰縣北四十五里。一名湘山。山下有黄陵亭。水經注：湘水北逕黄陵亭西。名勝志：黄陵山，舜二妃墓在其上。

汨羅山。在湘陰縣北七十里。孤峙汨羅水中。

磊石山。在湘陰縣北一百二十里，青草湖南。水經注：湘水逕磊石山西，西北對青草湖。或謂之青草山，亦謂之五木山。方尖如五木狀，故名。九域志：磊石山在湘陰，傍青草湖，下臨湘口，北接巴陵，舊名萬歲山。縣志：磊石山，屹立湖東，三面背水，一面無阻，樵汲甚便。宋岳飛討楊幺，結營於此。

玉笥山。在湘陰縣東北，一名石帆山。湘中記：屈潭之左玉笥山，屈平之放，棲於此山而作九歌。水經注：汨水以西逕玉笥山，道士遺言此福地也。一曰地腳山。元和志：玉笥山在湘陰縣東北七十五里。名勝志：玉笥山，汨水逕其下。隋開皇初，設玉州於此。

飛鳳山。在寧鄉縣治東。一峯狀如鳳首，左右有山如翼，學宫建此。

玉几山。在寧鄉縣治西。

香林山。在寧鄉縣治北。山產旃檀香，宋立香山寺於此。

天馬山。在寧鄉縣東二十五里，亦名石嶙𡸣。縣志：石嶙𡸣兩山騰聳，宛如二馬驤首行空，故曰天馬山。

嵇山。在寧鄉縣東南二十五里。一名嵇茄山。周迴八九十里，壁立千仞，可望數百里外。山有田數畝，又有仰天湖，大旱不涸。相傳唐時嵇真人修煉於此。

大霧山。在寧鄉縣南五十里。宋建炎間，金兵至境，劉廷佐屯兵大霧山，即此。

石鼓山。在寧鄉縣南五十里。一名聚山。上有巨石如鼓，又有懸崖瀑布，高數十仞。山產石可煉鐵。

鶖山。在寧鄉縣西南一百里。一名東鶖山。縣志：宋遺民王顯謨不仕，隱居鶖山，即此。

黄柏山。在寧鄉縣西南一百里。有泉自石竇中流出。

豐山。在寧鄉縣西南一百五十里，接湘鄉縣界。

礲山。在寧鄉縣西九十里。有石逕十里不通車馬，行者必援石攀木而過。明成化中，鑿石平整，遂爲坦途。

瓜畲山。在寧鄉縣西一百里。相傳唐裴休種瓜於此。

大溈山。在寧鄉縣西。寰宇記：大溈山在寧鄉縣，周一百四十里，溈水出焉。唐裴休葬此。名勝志：山在縣西一百五十里。四方皆水，故曰大溈。有青龍巖在山間。

芙蓉山。在寧鄉縣西，接安化縣界。舊名青羊山。九域志：寧鄉縣有青羊山。名勝志：芙蓉山與大溈山相接，其中有芙蓉洞。

孟子山。在寧鄉縣西北五十里，溈水所經。縣志：元歐道結廬讀書於此，嘗登山植杉成林，因書孟子牛山章於壁，山以此得名。

獅顧山。在寧鄉縣東北三里。名勝志：蹲踞江濱，玉潭水出其下。

孫隱山。在瀏陽縣東一里。上有洗藥泉、煉丹崖，唐孫思邈棲隱之所。又東一里有姫山。

七寶山。在瀏陽縣東七十里。舊出鉛、鐵、硼砂、青礬、膽礬、土黄、鍼石，因名。又名小尖山。明洪武中開設鐵冶，後罷。

石馬山。在瀏陽縣東九十里，接江西袁州府萬載縣界。亦名石馬洞，洞有巨石如馬。洞闊土肥，有田百畝，流泉灌注，大旱不涸。

六龍山。在瀏陽縣東南五十里。六峯並起，故名。頂有石崖，下有九洞，總名石灰洞。洞中有石門、石牀。

猿啼山。在瀏陽縣南一里。瀏水之南有隱相臺，相傳唐裴休讀書此山，時聞猿啼。山下有啞哇池。

霜華山。在瀏陽縣西南八十里。一名石霜山。北接洞陽山，南抵醴陵縣界。山峻水激，觸石噴霜，故名。上有飛來塔、虎爬泉。

巨湖山。在瀏陽縣西一里。一名太湖山，又名西湖山。名勝志：太湖山在瀏陽。三峯鼎峙，中有巨湖，其深莫測。

洞陽山。在瀏陽縣西北六十里。以山洞向南而名，周迴一百十里。唐孫思邈煉丹於此。上有石壇，山澗有潭，湫水流入洞中半里許。石竇引光，沙石朗然，内有龍跡。道書第二十四洞天。

道吾山。在瀏陽縣北十里。東西環立如屏，内有龍湫，俗呼老龍潭。上有雷劈石。自湫而上，有平田數十畝。名勝志：道吾山，列七十二峯。東連寶蓋，西接洞陽，狀若蓮花，又名蓮花峯。府志：上有龍王廟，旱禱輒應。唐、宋、元時皆封號。

寶蓋山。在瀏陽縣東北六十里。亦名寶蓋洞。

大光山。在瀏陽縣東北九十里，北抵豫章，西接巴陵。峯巒疊秀，最爲奇觀。亦名大光洞。

大圍山。在瀏陽縣東北一百五十里。一名首禪山。東接江西瑞州府新昌縣界，北接江西南昌府義寧州界。頂有白沙湖，亦名玉泉水。分流四派，一入義寧州，一入袁州府萬載縣，一入岳州平江縣，一爲瀏水。岡巒圍繞，盤踞三縣，因名大圍。

東山。在醴陵縣東一里。上有鳳凰臺。又安化縣東八十里亦有東山，梅溪出此。

梧桐山。在醴陵縣東五里，與縣西五里鳳凰山對峙。

小潙山。在醴陵縣東三十里。小潙泉出此。

王仙山。在醴陵縣東三十里。一名大山，又名王喬山。後漢書郡國志「醴陵」注：荆州記曰，縣東四十里有大山，山有三石室，室中有石牀、石臼。又五行志：建安七八年中，長沙醴陵縣大山大鳴如牛呴聲。唐書地理志：醴陵有王喬山。

太平山。在醴陵縣東三十里，王仙山南。上有白雲泉，湧流如瀑布，旱可禱雨。

石筍山。在醴陵縣東七十里。峯勢壁立如筍。益陽縣西南亦有石筍山，下有山棗坡。

丁仙山。在醴陵縣南七里。相傳丁令威得道處，上有石壇。

胡道仙山。在醴陵縣南四十里。俗傳有胡姓者，嘗修道於此。
雲峯山。在醴陵縣南六十里，與五鳳山相對。
吉仙山。在醴陵縣西南二十五里。名勝志：晉有吉仙棲其上，故名。
五鳳山。在醴陵縣西南六十里。峯巒羅列如五鳳。上有天花臺，壁立峻峭，直入雲中。
君子山。在醴陵縣西南七十里，與五鳳山並峙。脈自南岳來，峯巒迴拱。
西山。在醴陵縣西二里。一名靖興山。方輿勝覽：西山石壁上有唐李靖遺像，以靖曾駐兵於此。
建安山。在醴陵縣北十五里，周十里。元末居民立寨其上，俗呼油尖寨。
萊山。在醴陵縣北三十里。左傳昭公五年：沈尹戌會楚子於萊山。府志：萊山舊有萊山書院，宋呂祖謙講學於此。
章仙山。在醴陵縣北五十里。一名章龍山。
龜臺山。在益陽縣東南二里。山形如龜，其巔寬平。其東相接者爲蛇山，即魯肅屯兵處。
陸賈山。在益陽縣南一里。相傳漢陸賈使南越經此。又吴陸遜嘗屯兵於此，亦名陸家山。
白鹿山。在益陽縣南二里。上有龍湫。唐裴休講學於此，有白鹿銜花出聽。宋楊億詩：「資江水急魚行澀，白鹿峯高雁度遲。」
小廬山。在益陽縣南六十里。一名清修山。上有香爐峯、瀑布泉。方輿勝覽：縣有小廬山，以似九江廬山，故名。
四方山。在益陽縣南七十里。周圍平正。
皓月山。在益陽縣西南六里浩溪口。形如半月。

八方山。在益陽縣西南三十里。孤峯屹立，八面如削。

馬頭山。在益陽縣西南六十里。寧鄉縣大溈山之支隴也。

修山。在益陽縣西南八十里。一名湘山。史記黄帝本紀：「南至於江，登熊、湘。」注：「湘山在長沙益陽縣。」漢書地理志「長沙國益陽」注：「湘山在北。應劭曰：在益水之陽。」

浮丘山。在益陽縣西南九十里。相傳浮丘公嘗居此，故名。隋書地理志：益陽有浮丘山。

九岡山。在益陽縣西南二百里。名勝志：九峯如笏，立武潭津上流。

雲膚山。在益陽縣西南二百里。又名七尖山，白水溪之源也〔七〕。

熊耳山。在益陽縣西。史記封禪書索隱曰：荆州記：「益陽縣東北有熊耳山。東西各一峯，如熊耳狀，因以爲名。」今其地割隸安化，在治西二十里。又名浮青山。

石門山。在益陽縣西一百里。上有九疊泉，從山西下，有棧木洞，仄逕穿入，幽深絶異。

五溪山。在益陽縣北五十八里。一名軍山，接常德府龍陽縣界。相傳爲漢馬援、吴潘濬討五溪蠻屯兵處。文獻通考：益陽有五溪山。

東臺山。在湘鄉縣東十里。一名鳳凰山，一名望嶽峯。南連華蓋，下瞰漣水，有平石若臺。

鉢盂山。在湘鄉縣南三十五里。上有巨石如鉢盂。

上麓山。在湘鄉縣南五十里，衡山之足也。

黄巢山。在湘鄉縣南九十里。相傳黄巢嘗駐兵於此。

嶽黿山。在湘鄉縣西南三十里。頂有石黿，其大如屋，山北有蓮花峯。

梅龍山。在湘鄉縣西南八十里。西南有梅市水，又與龍山相望，因合稱爲梅龍山。

銅梁山。在湘鄉縣西南八十里，接湘潭縣界。

龍山。在湘鄉縣西南一百八十里，跨湘鄉、安化及寶慶府新化、邵陽四縣境。山下有池，俗以爲龍所潛也。漣水源出此。元和志：龍山有鍾乳穴，在縣南二百四十里。

石魚山。在湘鄉縣西十里。水經注：漣水歷石魚山下，多玄石，石色黑而理若雲母，開發一重，輒有魚形，鱗鰭首尾，宛若刻畫。長數寸，燒之作魚膏腥。因以名之。元和志：石魚山在湘鄉縣西十五里。縣志：山在漣水北岸，亦名石魚屏。其北有飯籮山。

萬歲山。在湘鄉縣西三十里。上有砦。

崁護山。在湘鄉縣西六十里。漣水所逕。

蓮花山。在湘鄉縣西一百二十里。上有三角砦，風雨則聞金鼓聲。

湖峒筆架山。在湘鄉縣西一百四十里。下有仙人城。

珍漣山。在湘鄉縣西一百八十里，南與龍山對峙。珍漣水出焉。

石山。在湘鄉縣西北二十里，與仙女山對峙。俗名石山崙。

白鶴山。在湘鄉縣西北六十里。有鳴水洞，水自山頂而下，瀉入石潭，聲如萬雷鳴，水源出於此。

靈羊山。在湘鄉縣西北七十里。青陂水出焉。

貞女山。在湘鄉縣西北九十里。宋末，鄉民劉棨叔起兵拒元，盡節於此，因改名褒忠山。

仙女山。在湘鄉縣北三十五里。北接韶山，綿亘百餘里，爲湘潭、寧鄉兩縣諸山之祖。俗傳昔有邵氏三女於此得仙，因名。

葛仙山。在湘鄉縣北八十里。上有丹竈及洗藥池。

鶴嶺山。在攸縣東四十五里。山峻水清。

司空山。在攸縣東五十里。下有温泉源。舊名温泉山，亦名麒麟山。南齊司空張岊隱此得道，改名。左右有三十六峯。

大烏山。在攸縣東一百里。陽昇江發源於此。

鸞山。在攸縣東一百二十里，與司空山對峙。

甘棠山。在攸縣東一百二十里，與鸞山相連。

羅浮山。在攸縣東一百四十里。有石竇出泉，涓涓不絶，東入攸水。一名天蓬巖。

嚴仙山。在攸縣北八十里。相傳南宋時，嚴起同弟肅修煉於此，有紫雲覆之，因名。其下有七星巖。

大川山。在攸縣北一百里。山極聳峻，其下川原開廣，因名。

牌山。在攸縣東北一百十里。一名牌子山，金水所出。

梓木山。在攸縣東北一百二十里。多產梓木。

東華山。在安化縣東半里。資江所經。

移風山。在安化縣東七十里。相傳梅山猺人於此從化，故名。

浮青山。在安化縣南二十里。九域志：縣有浮青山。

梅山。在安化縣西南，接寶慶府新化縣界。宋熙寧中，章惇發兵開梅山道，即此。新化爲上梅山，安化爲下梅山，其山俱相通。

黄柏界山。在安化縣西南三十里，浮青山南，伊水源出焉。一名豐樂嶺，接寶慶府新化縣界。

紫雲山。在安化縣西。上有三井相並，一清二濁。又攸縣東北一百二十里亦有紫雲山，一名靈龜巖，俗又謂之紫雲洞。

黄羊界山。在安化縣西北二百里，接常德府桃源縣界。

雷公山。在安化縣北十五里。有雷神石像，下有流泉，甚甘潔。

浮泥山。在安化縣北七十里。名勝志：崖壁峭絶，土人攀援而上，開畬種穀，土壤沃饒，因名。

石峯山。在安化縣北一百二十里石門潭上。

香爐山。在安化縣北一百二十里，資江北岸。上有泉，隨江水爲清濁。又有黑虎石。

九峯山。在安化縣北一百七十里，九峯並峙。中峯最高，左右四峯，以次稍低。俗名半邊山。其秀拔爲資江北岸諸山之最。

辰山。在安化縣北一百八十里，跨寶慶府新化縣界。

烏雲山。在安化縣北一百九十里，接桃源縣界。山極高峻，常有雲覆其上，故名。

二仙山。在安化縣東北六十里。兩峯對峙，上俱有仙人足跡，人稱爲大仙、小仙。

大峯山。在安化縣東北七十里。周圍百里，有七十二峯，環拱相向。下有靈潭。

苗竹山。在安化縣東北七十里。廣袤數十里。上有三角湖，湖水泛溢，能致雲雨。

武陵山。在安化縣東北一百八十里，接常德府武陵縣界。

大悲山。在茶陵州東。輿地紀勝：山在茶陵縣東一里。

鄧阜山。在茶陵州東八十里茶水北。輿地紀勝：山在縣東九十里。

景陽山。在茶陵州東，接江西吉安府永新縣界。一名茶山。輿地紀勝：景陽山在茶陵縣東一百二十里，茶水源出此。方輿勝覽：茶山在茶陵軍城之東。名勝志：史記炎帝葬於茶山之野。茶山即景陽山也，以林谷間多生茶茗，故名。

百丈山。在茶陵州東南五十里。上有潭泉，深不可測，山陰多竹木，下有觀音巖、三蛟洞。

大金山。在茶陵州東南六十里。上鋭下方，形如「金」字。

皇雩山。在茶陵州東南八十里。下有七石竅，泉流不竭，灌田數萬畝，亦名七眼泉。其西有龍王山。

青臺山。在茶陵州南六十里。顔江水發源於此。山上有龍湫。

橋梁山。在茶陵州西南七十里。一名橋頭嶺，接衡州府酃縣、安仁縣界。

雲陽山。在茶陵州西。山周迴七十里，從平地至嶺，曲折四十五里。路史：「雲陽氏是爲陽帝，蓋處於沙。」注：「沙，長沙。所謂萬里長沙，今茶陵西南十里雲陽山也。」明統志：雲陽山有七峯，曰偃霞、紫微、石柱、白蓮、隱形、正陽、石耳。有百靈闕、真仙洞、玉華洞、赤松壇、般若巖。舊志：又有秦人三洞，在山之陽。

丫尖山。在茶陵州西五十里。兩峯並列，上鋭下方，多草木。

旗山。在茶陵州北二里。又北一里有老虎山。

公一山。在茶陵州北五十里，青溪出焉。

峽石嶺。在長沙縣東一百里，接瀏陽縣界。

仙女嶺。在長沙縣北四十里。宋末鄉民迎洞庭神於此，禱雨有應，因名。善化縣西南七十五里亦有仙女嶺。

水桐嶺。在長沙縣東北一百五十里，接岳州府平江縣界。

峨嵋嶺。在善化縣東五里。俗名阿彌嶺。又縣東南二十里有歇馬嶺。

望江嶺。在湘陰縣南五里。嶺上可望湘江。

長流嶺。在瀏陽縣東南二十五里。起伏約二十里，地頗險僻。

黄岡嶺。在瀏陽縣西三十里。上有龍湫。

焦溪嶺。在瀏陽縣北二十里。峻厓險阻，爲往來者必經之地。上有石泉，甚清潔。今名交濟嶺。

蘆桐嶺。在瀏陽縣東北七十里，北接岳州府平江縣界，南接寶蓋山。石逕盤曲，一十八灣。

佛子嶺。在醴陵縣東南八里。上有洞泉、碁石。亦名觀音巖。

玉插嶺。在醴陵縣西南三十五里。俗名魚丫嶺。

姜嶺。在醴陵縣北二里。相傳有姜士會者居此，俗訛爲姜維嶺。數峯屏峙如障，右有鳳凰山。

石門嶺。在益陽縣南。石門半闔，中可容十餘人。

安撫嶺。在湘鄉縣東十里。水流環繞，有坪廣數里。舊議建縣於此。

油鐺嶺。在攸縣北八十里。上有聚仙臺，可坐千人。又有石澗、仙池，飲之愈疾，旱可禱雨。

司徒嶺。在安化縣東八十里，接湘鄉縣界。
大步嶺。在安化縣東南八十里。又名龍安山。下有龍潭，藍田水出焉。
露嶺。在茶陵州西北三十里。上產鐵。
妙高峯。在善化縣南三里。江流環帶，諸山屏列。
雲麓峯。在善化縣嶽麓山右。有石縱橫二丈，出巖外，平砥可憩。土人構亭其上，如望衡嶽而拜，因名曰拜嶽石。
琵琶峯。在湘潭縣南百里。以形似名。與嶽頂祝融峯相望，乃七十二峯之一。
玉几峯。在湘潭縣南一百三十里，接衡山縣界。峯色蒼如玉，狀平類几。
四角峯。在湘陰縣西南九十里。山極高峻，四面聳起，故名。
靈峯。在寧鄉縣東三十里。一名道山。以胡宏、張栻講道於此，故名道山。
羅仙峯。在寧鄉縣東南七十里，接湘鄉縣界。上有浴仙池、滴水洞。
九龍峯。在寧鄉縣西七十里。又十泉峯、蓮花峯，在寧鄉縣西八十里。又罘罳峯，在寧鄉縣西一百三十里。
青雲峯。在寧鄉縣西一百五十里。明統志：峯巒層出，八面如一，亦名八面山。
雲蓋峯。在寧鄉縣西一百五十里。亦名小芙蓉山。
九祖峯。在寧鄉縣西北六十里。世傳唐張九齡九世祖居此。
石柱峯。在瀏陽縣北一百里。尖削如柱，壁立萬仞，高寒不生草木。有水分流二派，一入縣境，一入岳州府平江縣界。
又有井水極清冷，名百匯泉。

范鐸峯。在湘鄉縣東南十五里。三峯秀聳，衆山環列。五代時范鐸隱此，後人因名其山曰范鐸峯。

天井峯。在湘鄉縣南二十里。有泉水，四時不竭。

荆紫峯。在湘鄉縣南一百里。一名金紫峯。孤峯突起，衆山環繞。其對峙者爲白石峯。

靈龜峯。在攸縣東三里。據攸水上流。

朝天峯。在攸縣北一里。一名第一峯。

仙人峯。在攸縣北八十里，與巖仙山相近。

會仙峯。在茶陵州東二十里。名勝志：上有羅漢像、石牀，皆天成。

金牛岡。在善化縣西十里。方輿勝覽：湘中記：漢武時有田父牽赤牛求渡，漁人曰：「船小，豈能勝牛？」曰：「但相容，不重。」於是登舟。半渡，牛糞於船。曰：「以此相贈。」漁人怒其污，以橈撥棄水，將盡，方覺是金，訝其異而躡之。見人牛俱入嶺，掘之不得，因名金牛岡。府志：唐裴休鎮長沙，嘗讀書金牛岡。今有裴休書堂。

銅岡。在益陽縣南八十里。山勢四面如城。元末，民多避兵於此。

燕子巖。在湘潭縣西南一百二十里。上有穴，中多燕巢。又安化縣東北一百八十里亦有燕子巖，接常德府桃源縣界。

草衣巖。在湘潭縣西一百里。相傳蜀僧奉初紉草爲衣，居巖中，因名。名勝志：形如月輪，表裏相透。

聚仙巖。在寧鄉縣南七十里。石壁矗立，泉從石竇飛流而下，俗名滴水巖。

青龍巖。在寧鄉縣西，大溈山北。萬山壁立，溯深澗而入，攀援石磴，始至其巔。俯瞰神龍潭，深暗不測。又南三里爲小青龍潭，皆可禱雨。

響泉巖。在寧鄉縣西九十里。懸崖峭壁，中空如屋。上有飛泉衝激而下，響震林谷。

蘚花巖。在寧鄉縣東北。俗名蝦蟆石。

古風巖。在瀏陽縣東五十里。深邃數十里。中有溝水伏流，至洞口復出，灌田百餘畝。亦名仙人洞。其相通者，爲毛公巖、白石巖。

弄光巖。在瀏陽縣北八十里。峯皆異石，渾然天成。上懸一石，横出如舟，俗呼爲「仙人座」。

梓梁巖。在益陽縣西南九十里。一名子良巖。名勝志：桃花水出焉。西溪源亦出山下。

寶陀巖。在湘鄉縣西南九十里。一名瀟灑巖，一名彌陀巖，一名天籟巖。

龍巖。在湘鄉縣西三十里。巖門高敞，進内一逕甚窄，中復寬廣。

懸鐘巖。在湘鄉縣西北。二峯屹立，上有石如懸鐘。名勝志：縣北五十里有懸鐘石，與韶山相接。其傍一峯曰黄竹岐，連亘數百里，下有鯉魚峯。

白波巖。在安化縣東七十里。石色多白，望之若波。

橘子巖。在安化縣南六十里。上多橘。

香爐巖。在安化縣北八十里。有泉噴湧，旱禱輒應。

石螃巖。在安化縣北一百三十里。壁立千仞，溪流其間，若雙扉然，其上栖石如螃。

石門巖。在安化縣北一百六十里，即石門寨也。兩巖夾溪對峙〔八〕，旁通一門，亦形勝險阻處。

雲巖。在茶陵州東二十里。一名靈巖。名勝志：會仙峯下有石室，即靈巖也，唐陳光問隱此。

鷄子崖。在湘潭縣東二十五里，臨大河。

黄羅崖。在安化縣南六十里。名勝志：四面壁立，僅有小逕，可以攀援。宋元末，居民多保於此。

白崖。在安化縣西南一百四十里。亦名雪崖。

清風峽。在善化縣西嶽麓寺前。雙峯相夾，中有平地，縱横十餘丈。

栖霞谷。在長沙縣西。述異記：湘洲栖霞谷昔有橋、順二子於此得仙，服飛龍一丸，十年不饑。故魏文詩曰：「西山有仙童，不飲亦不食。」即此也。

琤琮谷。在善化縣南三里，妙高峯下。宋張栻建城南書院於此。

蒼筤谷。在善化縣西嶽麓山下。嶽麓志：在抱黄洞口。宋仙巢先生鍾尚書間居之所。

砦子崙。在安化縣東十五里。昔人嘗避兵其上，因名。

蜂窩崙。在安化縣南六十里，一名蜂窩洞。舊志：風氣出入洞中，春夏草外偃，秋冬内偃。

天井崙。在安化縣東北一百七十里。三峯峭拔，中有天井，泉出四時不竭。

西嶼。在善化縣西嶽麓書院之右。宋張栻、朱子講學時所名也。

道林坪。在善化縣西、嶽麓山左。以道林精舍得名。

石場坪。在湘潭縣西南一百五十里。一名石禾場。方平如砥，闊可十畝，溪水環之。

讀書坪。在湘陰縣二十一都。宋長沙人畢田讀書處。

丁家坪。在醴陵縣東二里。又縣北有勳劫坪，一山平衍，兩溪遶流出口。

抱黄洞。在善化縣西北十里嶽麓山。相傳晉陶侃射蛟於此。

雷鳴洞。在寧鄉縣西南一百八十里，接湘鄉、安化二縣界。嶺有石竅，中通巨洞，入者隱隱聞雷聲。中有靈湫，深不可測，下流入温水。

山坪洞。在瀏陽縣東六十里，北接蘆洞，南連高滸。

楓林洞。在瀏陽縣東北六十里。又名楓林坑。

桃花洞。在醴陵縣東三十里。一名桃花澗，又曰桃花嶺。又益陽縣西二百里亦有桃花洞，接安化縣界。

石燕洞。在醴陵縣西南五里。中產石燕，又名石燕山。

水簾洞。在醴陵縣西南七里。水從石山頂流下，洞口如簾。一名雨谷，一名界圍巖。

風洞。在醴陵縣西北七十里。以物投之，輒大風不止。傳有風龍在內。

濁水洞。在益陽縣南八十里。一名滴水洞。

花園洞。在益陽縣西七十里。相傳屈原讀書處。

石蓮洞。在攸縣西五里。一名隱真崖。

靈龜洞。在安化縣東南四十里。一名龜蛇洞。

鼓神洞。在安化縣南十五里。有小溪逆流入洞，深窅莫測。

燕子洞。在安化縣南十五里。中多石燕，洞口有石筍林列，將雨則水滴。

十房洞。在安化縣北十五里。寬坦若廳事，自廳入穴，中有竅，俗呼「天牕」。左右列十房，各有門，有鐘鼓，擊之能作聲。

後有石田、石池。

桃山洞。在安化縣北一百三十里。洞中有千丈坑、和尚石、注水池、風洞、雷洞、龍洞，又有石牀、石枕。

雞冠石。在長沙縣北二十里。石形高聳，狀如雞冠。

懸鐘石。在湘潭縣南一百四十里。縣志：空洲之旁有石如懸，名懸鐘石。

金魚石。在醴陵縣東三十里江濱。山上有魚形石三，一儼然，其二略露頭尾。

横江石。在醴陵縣西七十里。巨石横亘中流。

岐石。在湘鄉縣南三十里。漣水環流其下，石平如砥，一名破石。又有印石。水經注：湘水上出印石，大小皆方，纍如印。今湘鄉盤環崙，有石方如琢成，光彩可愛。

印文石。在安化縣西北歸化鄉。湘中記：安化有印文石，在田中，大小九顆，字畫宛然。人或踐之，即雷鳴。又有印心石，在縣北一百二十里資江中。兩岸巖峙如門，此石四面獨方，浮出於石門潭内，儼如一印。

試刀石。在安化縣北二百里。石高二丈，其形如筍，上有刀痕。相傳馬援征五溪蠻試刀在此。

褒書石。在茶陵州南。突起如筍，上有石函。

湘江。自衡州府衡山縣流入湘潭縣境，共二百八十里。至湘潭縣城，又北流四十里入善化縣境，七十里入長沙縣境，一百里入湘陰縣境。又四十里至湘陰縣南門，繞西門，又一百三十里會青草湖，入岳州府巴陵縣界。漢書地理志「臨湘」注：應劭曰：「湘水出零山。」水經注：湘水又東北過陰山縣西，洣水從東南來注之。又北過醴陵縣西，漉水從東南注之。又北逕建寧縣故城下，又北過臨湘縣西，縣南有石潭山，湘水逕其西。又北逕昭山西，又北逕南津城西，西對橘洲。又北，左會瓦官水口，又逕船官西，左逕麓山東。又右逕臨湘縣故城西，又右合麻溪水口。又逕瀏口戍西，北對瀏水。又北，溈水從西南來注之。又北，左岸有高口水，又北，右會鼻洲。又北經陵子口，又北逕銅官山。又北逕錫口戍東，又北，枝津北出，謂之門逕。東北合門水，又北逕黃陵亭西，右合黃陵水口。又北逕白沙戍西，又北，右會東町口瀆水。又北，汨水注之。又北逕磊石山西，而北對青草湖。元和志：湘水南自衡山縣界，流入岳州湘陰縣界。又湘潭縣湘水逕縣理東。輿圖：湘江自湘潭縣南石塘鋪入境，東流會淥口，即漉水口也。又折而西北，中有鼓磉洲。又北，左會易俗河，又北逕楊梅洲，又北會湘鄉河，又北逕縣城南，繞流而東，經縣城東，又北至縣北界，左會靳江河，右傍昭山，入善化縣界，北流逕縣城西南，至府城西水陸洲，入長沙縣境。至城西北，經三沙磯東，江中有矮子洲。又北，右受瀏渭水。又北，左會新康河口。又北，右會撈塘河。又北，左會靖港。又北，右會樟樹港，左會喬口河，接湘陰縣界。湘陰縣志：湘江自上窑潭入境，江西爲喬口，稍北爲驛馬潭。又北逕文、武二洲之間，爲鯿魚潭，分流爲文涇江而西北流，其西岸名林子河，北流經舊縣治西，爲小林子河。資水至此入湘江，少北左會濠河。又北，爲楊雀潭。又北，左會掃帚口，稍東北匯爲蘆林潭，右會縣河。又北，左逕横岑口，會楊水等潭。又北，匯爲南江潭。又北，通青草湖，而右會汨羅江。

靳江。在善化縣西二十里。一名瓦官水口，一名劒江。源出湘鄉縣大舄塘，東北流逕寧鄉縣南七十里。又東北入善化縣界，至黑石渡，注於湘。過楚大夫靳尚墓前，因名。

白水江〔九〕。在湘陰縣東六十里。俗名撥水江，一名湄水。源出白鶴山，北流西折，密巖、玉池二山之水合流來會，謂之同含口。縈紆而西，又會神鼎山水，三十里至白水江口，匯爲東湖，一名澄鮮湖。又折而西南逕縣學前，亦名秀水。又西逕城南，會西湖水入湘江，水淺湖涸，則江水逶迤自流。

魁棲江。在湘陰縣南二十里。會懸藤、梅子二港水，西北流入湘。水涸時，不通舟楫。

錫江。在湘陰縣西。水經注：湘水又北，左派謂之錫水，西北流逕錫口戍北，又西北流屈而東北，注玉水焉。水出西北玉池，東南流注於錫浦，謂之玉池口。錫水又東北，東湖水注之，水上承玉池之東湖，南流於錫，謂之三陽逕〔一〇〕。水南有三戍，又東北注於湘。縣志：今縣治後二十里有上錫江、下錫江。

文涇江。在湘陰縣西，即門逕口。其流凡三十六折，又名三十六灣。水經注：湘水又北，枝津北出，謂之門逕。縣志：湘江自文、武洲分流，東北爲文涇江口。

百丈江。在湘陰縣西北。自常德府沅江縣界流入。分二派，一東流至横岑口入湘江，一南流逕後江潭而東南至掃帚口入湘。

烏江。在寧鄉縣南十里。源出湘鄉縣豐山，東北流入縣界，入潙江。臨江有石如烏，故名。

平江。在寧鄉縣南四十五里。源出金盤山，東北流二十里。江中有石如人立，一名跂石江。又二十五里入潙。

玉堂江。在寧鄉縣西五十里。大潙、芙蓉諸水合流成江。相傳宋易祓以玉堂學士歸，濯纓於此，鄉人榮之，因名。舊志：玉堂江，源出十泉峯，南流入潙。

潙江。在寧鄉縣西一百五十里。源出大潙山，東北流入長沙縣界，名新康河。又東北入湘。水經注：潙水出益陽縣馬頭山，東逕新陽縣南。又東入臨湘縣，歷潙口戍，東南注湘水。九域志：寧鄉縣有潙水。輿圖：潙水自大潙山東流至縣西，左會玉堂江，而逕孟子山南。又東，右會乾江，又東至縣西南，匯爲犀潭。又東，右會烏江，逕縣治西南爲洗馬潭，稍東爲玉潭江。折而東北流，左會紫溪，稍東，右會平江而東北流，至黄土潭，入長沙縣界。

乾江。在寧鄉縣西一百八十里。縣志：源出三角砦，水分兩支。春秋水溢，東北入潙；冬夏水涸，則細流入湘鄉縣界。

淥江。在醴陵縣南。源出江西袁州府萍鄉縣，西流入縣界。又西流入湘潭縣東南，入湘水。一名漉水，又名淥水。水經：漉水出醴陵縣東漉山西，過其縣南，屈從縣西，西北流至漉浦，入於湘。注：醴陵縣南臨淥水，水東出安城鄉翁陵山。余謂「漉」、「淥」聲相近，後人藉便以「淥」爲稱。雖翁陵名異，而即麓是同。縣志：淥江東出萍鄉縣安陵山。其水清淥，流至縣東二十里，會瀏陽水，曰雙江口。又西至縣西三十里，合攸縣水，又西至縣西九十里，名漉口。其下爲小石潙，有潭深如墨。又西十里爲大石潟，與湘水合流。舊志：淥江發源有二：一接萍鄉縣麻山水，西北至醴陵縣東五十里，名萍水；一出瀏陽縣界白沙溪，西南至雙江口會流，經醴陵縣南學前淥水池，名淥江，又西流合姜嶺水，由淥口入湘〔一二〕。

北江。在醴陵縣西南。自江西袁州府萍鄉縣，流逕攸縣東北，又西流逕醴陵縣西南，西流注淥江，名鐵江口，以水濱石黑如鐵而名。舊志：北江在攸縣東北，西流合金水。又西入醴陵縣界爲鐵江。

資江。在益陽縣南。自寶慶府新化縣流經安化縣西北，名邵河。又東北經益陽縣南，曰益陽江。又東北至常德府沅江縣界，入洞庭湖。其支流又自沅江縣東流，至湘陰縣界入湘。漢書地理志「零陵郡都梁」注：「侯國。路山，資水所出，東北至益陽入沅。」輿地廣志：唐斜山，資水出焉。蓋路山別名。水經注：資水又東北過益陽縣北注，東北出益陽縣，其間逕流山峽，名爲茱萸江，蓋水變名也。茱萸江，又東逕益陽縣北，又謂之資水。元和志：資水，一名茱萸江。南自邵州流入益陽縣南三十步。輿圖：資水自安化縣西境，東北流逕縣西北界，少東南，會敷溪而入益陽縣界。舊志：資水自益陽縣西南，會泥溪及占溪而東北流。又會桃花江、志溪而經益陽故城南。又東至縣城西南，中有雞子洲。又東至白鹿山下，匯爲白鹿潭。又東至縣東，經龜臺山、蛇山之北，而東流至羊角潭，中有工洲、千家洲。又東匯爲清水潭。又東，水中有煙波洲、三台洲，北流入沅江縣爲芷江。其支流自沅江縣瓦石磯分派，至縣西九十里，東流至林子口入湘。按：舊志安化縣載邵河，不載資水。考資水發源武岡州西南一百里，至邵水源出邵陽縣東八十里龍山，至邵陽縣東入資水，是資一江，邵又一江。及入安化，止可言資，不可言邵。以資爲九江之一，而邵僅支流也。

桃花江。在益陽縣西南六十里。源出梓梁巖，西北流逕浮丘山北，又北流四十里入資。

洣江。在茶陵州東南。自衡州府酃縣流入，西北流逕攸縣南，又西流入衡州府衡山縣界。一名洣水，又名泥水。其發源名洣泉水。漢書地理志：茶陵泥水西入湘，行七百里。水經：洣水出茶陵縣上鄉，西北過其縣西，又西北過攸縣南，又西北過陰山縣南，又西北入於湘。注：水出江州安成郡廣興縣太平山，西北流逕茶陵縣之南，又屈而過其縣西北流，地理志謂之泥水。又西北逕其縣東，又西逕歷口，又西北與洋湖水會。明統志：洣水在攸縣東七里，至朱溪與攸水合。輿圖：洣水自州南入境，西北流至州西南，稍折而東，右會顏江。又東會洮江，東流逕州城南，少東會百丈山水。遶城東而北，又會茶水。少西，會腰陂水及青溪，而西流徑城北，又西北流入攸縣界合攸水。西流經縣城南，中有白茅洲。又西至縣城西南，中有武甲洲。又西會陰山江水，又西流至縣西四十里寒婆坳，入衡山縣界。

漚江。在茶陵州東南。源出百丈山，西北入洣。

沙江。在茶陵州東南漚江之北。其地有三蛟泉，引流而西三十里入洣。

洮江。在茶陵州東南六十里，即衡州府酃縣沔渡水也。西北流八十里入洣。

顏江。在茶陵州西南六十里。源出青臺山，北流四十里入洣。

漏水。在府城内。其水有九，在長沙者六，在善化者三。又有三穿水，一東流蓮花橋，一西流大西門右，一西流草場門。名勝志：穿水源從城東，向城南西湖橋下入湘江。水伏流曰「穿」也。

涓水。在湘潭縣西，一名易俗河。源出衡山縣祝融峯之虎跑泉，流逕縣西南十五里，東北流入湘。縣志：易俗河在縣西二十里，與青石、碧泉合流入湘，傍有易俗鄉，因名。

黄水。在湘陰縣北。水經注：湘水又合黄陵水口，其水上承太湖，湖水西流，逕二妃廟南，黄水又西流入於湘，謂之黄陵口。縣志：黄水即今之羹膾湖，水流逕黄陵祠，故名。舊志：黄水在縣北四十五里，發源黄陵山，北流入洞庭。

溳水。在湘陰縣北。自岳州府平江縣流入，水經：溳水出豫章艾縣，西過長沙羅縣西，又西至磊石山，入於湘水。注：溳水又西流，積而爲陂，謂之町湖也。在羅水南，流注於湘，謂之東町口者也。按：平江縣志無溳水，而謂汨水即溳水。今考湘陰縣圖經，縣東少北有丁、傅二家湖，西流會汨水，又分流經汨羅祠之南爲穆湖潭，又西北流爲和包潭，而入青草湖，疑是溳水故道。

汨水。在湘陰縣北七十里。自岳州府平江縣流入，西注湘水，亦名汨羅江。左傳昭公五年：楚子以驛至于羅汭。又楚師濟於羅汭。史記屈原列傳：懷石自投汨羅以死。應劭注：「汨水在羅，故名。」漢書地理志「長沙羅」注：「師古曰：盛弘之荆州記云，縣北帶汨水，水源出豫章艾縣界，西流注湘。沿汨西北去縣三十里爲屈潭，即原自沉處。」水經注：汨水又西逕羅縣北，謂之羅水。又西逕玉笥山，又西爲屈潭，即汨羅淵也。汨水又西逕汨羅戍南，西流注於湘。春秋之羅汭矣，世謂汨羅口。元和志：汨水東北自洪州建昌縣流入，西逕羅縣故城，又西入湘。

玉水。在湘陰縣北七十里。發源玉笥山，西流入汨。

羅陂水。在寧鄉縣東四十里。源出羅陂溪，東北流由新康河入湘。

淮川水。在瀏陽縣城内。源出道吾山老龍潭，西流，南折至縣，西南入瀏川河。一名龍津港。

瀏水。在瀏陽縣南。源出大圍山，西北流入長沙縣界，入湘，名瀏陽水，又名瀏川河。水經：瀏水出臨湘縣東南瀏陽縣，西北過其縣，東北與澇溪水合〔一二〕，而入於湘。注：瀏水出縣東江州豫章縣首禪山，導源西北流，逕其縣南，又西北注於臨湘縣。輿圖：瀏川河，二源俱出大圍山，北曰大溪，南曰小溪，俱西流至縣東一里，合流名瀏川河。稍西右會濟川水。又徑縣城南，又西南流，左會渭水，右會淮水，亦名瀏渭河。又西至縣西七十里，入長沙縣界。舊志：瀏水徑瀏陽縣西南三十五里曰青楓浦，折而西入長沙縣，至縣西北十里駱駝嘴入湘。

渭水。在瀏陽縣南三十里。源出黄洞嶺，西北流會瀏川河入湘。

濟川水。在瀏陽縣東北三十里。發源道吾山老龍潭，東南流，又遶而西南，逕洗藥橋下，亦名洗藥港。逕孫隱山東〔一三〕，而南入瀏川水。

莊埠港水。在醴陵縣東三十里。源出桃花洞，南流入渌。

姜灣水。在醴陵縣北。縣志：小溈山有水西流三十六折，逕縣北姜嶺下，因名姜灣。又西南入淥。

益水。在益陽縣南。漢書地理志「長沙國益陽」注：「應劭曰：在益水之陽。」元和志：益水出縣東南益山，東北流入資水。

漣水。在湘鄉縣南。源出寶慶府邵陽縣龍山，東流逕湘鄉縣，入湘潭縣，西南注於湘。一名湘鄉河。水經：漣水東北過湘南縣南，又東北至臨湘縣西南，東入於湘。注：漣水東入衡陽湘鄉縣，歷石魚山。又逕湘鄉縣，又屈逕其縣東而入湘南縣。自湘南縣東流至衡陽湘西縣界，入於湘水，於臨湘縣爲西南。元和志：漣水在湘鄉縣南四十五里。煮水一石，得鹽五升。舊志：漣水自龍山北流入湘鄉縣界，至縣西折而東北，北會藍田水，又會珍漣水而東流，逕蟠山南合側水，又東逕[山加]護山北而東，又北會鴨橋水，南會荷葉市水，水流始大，遶縣治東會蕘塘水，而東流至縣東三十里，入湘潭縣界。流至縣西八十里，東流入湘。

豐溪水。在湘鄉縣南二十里。源出衡嶽，流至芭蕉山合泉心溪水，西流入漣。

荷葉市水。在湘鄉縣西南九十里。源出四角峯，北流逕荷葉市入漣。

側水。在湘鄉縣西南一百六十里。源出黃龍山，東北入漣。

珍漣水。在湘鄉縣西一百八十里。源出珍漣山，東流入漣。

温水。在湘鄉縣西北。源出安化縣東南，有二穴湧出，一清一濁，合爲一溪，四時常煖。合湄江雷鳴洞水入漣。

鳴水。在湘鄉縣西北六十里。源出白鶴山鳴水洞，南流十五里，入鴨橋水。

青陂水。在湘鄉縣西北七十里。源出靈羊山，南流會鴨橋水入漣。

鴨橋水。在湘鄉縣北四十里。源出韶山，西南流會鳴水、青陂水，又西南會黃花園水及黃竹洞水，南流入漣。

堯塘水。在湘鄉縣東北四十里。源出韶山東麓，南流入漣。

攸水。在攸縣東十五里。自江西吉安府安福縣流入，西入洣水。一名伯水。水經：攸水又西北過攸縣南。注：攸水出東南安城郡安復縣封侯山，西北流逕其縣北，縣北帶攸溪，蓋即溪以名縣也。攸水又西南流至茶陵縣入於洣水也。輿圖：攸水自安福縣東流至縣東司空山，左會銀坑水而南流，右會東江水，又南流入洣〔一四〕。

銀坑水。在攸縣東四十里。源出司空山，西流入攸水。又縣東三十里有界江，縣東七十五里有酒浦江，縣東九十里有灌田江，源出鳳嶺，俱西流入攸。

東江水。在攸縣東一百二十里。源出鸞山，西流入攸水。又縣東一百二十里有陽昇江，源出大烏山，西流合東江水入攸。

羅浮水。在攸縣東一百四十里。源出羅浮山石竇中，有羅浮魚，西流入攸。

陰山江水。在攸縣西北六十里。源出鳳凰山北，分東西二流，各繞山下，合爲一水，南入洣。

嚴仙水。在攸縣北八十里。源出嚴仙山，東流二十五里與明月水合，入金水。

明月水。在攸縣北九十里。源出明月山，東流合嚴仙水，北流入金。

金水。在攸縣東北一百十里。源出牌山，西流合明月、嚴仙二水入北江。

藍田水。在安化縣東南八十里，一名湄江。源出大步嶺，南流逕湘鄉縣西北，又南入漣。湘鄉縣志：湄江有二源，皆出安化縣界，流數里入石巖中，約五里許復出，有三穴瀵湧，匯而爲潭，又東流入漣水。亦漣水之別源也。

伊水。在安化縣南三十里。源出黄柏界山，東北流會沉香溪。又東至縣東南會梅子溪，繞縣東會巖溪，又北會仙溪入資。一名敷溪。

茶水。在茶陵州東。西流入洣水。九域志：茶陵縣有茶水。輿地紀勝：茶水源出景陽山，西北流過礲下十里，合白鹿泉。輿圖：茶水自州東西流，左會月江水、脂水，又西北會蒲江水，南入洣。

脂水。在茶陵州東南七十里。源出龍王山，北流二十里合月江水。

月江水。在茶陵州東南八十里。源出皇雩山七眼泉，北流二十里入茶。

蒲江水。在茶陵州北。源出卸山，南流二十里合背江水。

背江水。在茶陵州北六十里。源出太和山，南流二十里入茶。

腰陂水。在茶陵州北六十里。源出英田山，西南流二十里合背江水。

喬口河。在長沙縣西北九十里。自益陽縣流至縣界，入湘江，即高口水也。杜甫有入喬口詩。一名喬江。水經注：湘水左岸有高口水，出益陽縣西北，逕高口戍南，又西北，上鼻水自鼻洲上口受湘西入焉，謂之上鼻浦。高水西北與下鼻浦合，水自鼻洲下口首受湘川，西通高水，謂之下鼻口。高水又西北，右屈爲陵子潭，東北流注湘爲陵子口。舊志：喬口河自益陽縣流逕喬口鎮，達於湘江。

水渡河。在長沙縣北，亦名澇塘河。源出瀏陽縣黄泥港，西流至長沙縣北十二里，西入湘江。府志：水渡河自瀏陽縣潦滸市北，及古華山南，入長沙縣界。黄泥港是其正源，而潦滸、古華各有小溪，會流而西南入湘。

梁棧河。在善化縣西七十里。水泛時，可通竹木簰及小舟。北出長沙縣新康河入湘。

板石湖。在長沙縣西三十里。又西五里有石家湖，又五里有月池湖，西北鵞羊山有鵞羊湖。縣志：縣境有楊家、黄道、鵞羊、大塞、松林、石家、蘇廖、浣家、月池、巴茅、板石、楊柳、泉坑、齊家、朱家、大源、馬場、史家、唐家、李家、南渡、清水、順頭、大鶴、小鶴，凡二十五湖。

南湖。在善化縣南，一名東湖。府志：南湖引錫潭水通濬以成，其地舊屬納氏，又名納湖。宋張栻建城南書院，時置聽雨舫、采菱舟於內。

雲湖。在湘潭縣南六十里。縣志：雲湖舊名沿湖，受烏石等四十八泉之水，四山環遶，瀦水不洩，溉田四千餘畝。明萬曆中，堤潰水涸，遂爲良田。今地仍舊名。

涓湖。在湘潭縣西。元和志：涓湖溉良田二百餘頃，在縣西七十里。

松湖。在湘潭縣東北。

洋沙湖。在湘陰縣西南一里。自縣南黿山北入白水江。

菱湖。在湘陰縣西南六十里。西接喬江，下達湘水，互爲吐納。又縣西九十里有被湖、裏湖。

鶴龍湖。在湘陰縣西北十五里。舊名學糧湖，以廪餼所資而名。

後江湖。在湘陰縣西北三十里。又有後湖，在縣北屈潭後。又縣西北六十里有大障湖，又古湖、漉湖、石湖、白塘、新塘等湖，俱在縣北。

青草湖。在湘陰縣北一百里。南接湘水，北通洞庭湖，接岳州府巴陵縣界。元和志：湘水北入青草湖。名勝志：青草湖以多生青草，故名。水涸則見山足，水漲則與洞庭相接。南曰青草，北曰洞庭，所謂重湖也。

東滄湖。在寧鄉縣西南十里。周十餘里，有灌溉之利。又有黄浦湖，與東滄湖相接。又清湖，在縣南門外玉潭之南。

賀家湖。在瀏陽東二里，寬廣百畝。

鳳凰湖。在益陽縣東四十里。

爛泥湖。在益陽縣東五十里。南受寧鄉華林港之水，北入喬江。

茶湖。在益陽縣東七十五里。相近有東湖。

大汾湖。在益陽縣東南七十里。中有洲，曰汾湖洲。

金花湖。在益陽縣西三里。

馬良湖。在益陽縣北三里。蜀將馬良常駐此。

白泥湖。在益陽縣東北四十里。

龍化湖。在茶陵州西南十里。相傳三國吴時有赤白龍見，漂蕩成湖。今溢涸不時。

麻溪。在長沙縣北。水經注：湘水右合麻溪水口，湘浦也。

雲溪。在寧鄉縣東二十里。又化龍溪，在縣東學前。

蘭溪。在益陽縣東二十里，資水支流也。輿圖：蘭溪自三台洲南分派，東入喬江。

泉溪。在益陽縣南六十里。

浾溪。在益陽縣西南五十里。名勝志：浾溪多灘，惟通小舟。由錫山經石筍，皆至險處。縣志：浾溪源出寧鄉縣分水坳，西北流逕石筍山西，亦名七里江。又東北入資。

西溪。在益陽縣西南六十里，一名弄溪。源出梓梁巖下，北流合桃花江水入資。

白水溪。在益陽縣西南二百里。源出雲膚山下，東北流爲占溪，又東北入資。名勝志：七尖山頂，二山環合，一溪中出，峽口噴爲飛瀑，懸四十餘丈，其白如練，故名白水溪。

泥溪。在益陽縣西二百里。源出安化縣北浮泥山，名羅紋溪。經四里河入縣界，名泥溪，北流達資江。又縣東北十五里有甘溪，資水之支流也。

巖溪。在安化縣東三里。源出砦子崙，紆迴數里，至縣東北，合伊水入資江。

梅溪。在安化縣東八十里。源出東山，西北流至縣西北，與羅紋溪同出四里河，入泥溪。

梅子溪。在安化縣南二十里。源出橘子巖，北流合洞溪入伊水。

沉香溪。在安化縣西二十五里。源出浮青山，經石壁合趙溪，會伊水入資江。

仙溪。在安化縣東北三十里。源出二仙山，衆水會合，頗爲深廣，東流入伊水。

善溪。在安化縣東北一百二十五里。源出常德府武陵縣，南流入資江。

湛溪。在安化縣東北。源出燕子巖下，東南流合善溪入資江。

桃源溪。在茶陵州東。方輿勝覽：桃源溪出雲陽五洞，至縣東五十里合茶水。

青溪。在茶陵州北。源出公一山，西南流三十里入洣江。

蘭澗。在善化縣西十里清風峽下。澗畔多蘭，故名。即石瀨之所流注也。

靖港。在長沙縣西北五十里。自寧鄉縣流入，東北入湘。府志：唐李靖討蕭銑，駐兵於此。舊志：靖港有三源：一接寧鄉縣烏江水，一接寧鄉縣乾江，一接溈江水，東北入湘。

善化港。在善化縣東三十五里。北流至長沙縣榔梨市合瀏水。

瀠灣港。在善化縣西五里，可通舟楫。又西有之字港，水由靳江出。其流曲折，若「之」字然。嶽麓志：瀠灣水出麓山左，自之字港來，曲折數十里，爲瀠灣港，可通舟。濱江三里，穿孔道，繞瀠灣市北以出，將入大江，瀦爲潭。

樟樹港。在湘陰縣南四十里，西通湘江。縣境多水，有樟樹、大菱、東西黄嶺、漕溪等港，又有楊雀、白烏、三洋、屈家、驛馬、蘆林、上窑、鯿魚等潭。居民皆因以爲業，多網罟之利。

華林港。在寧鄉縣北二十里。源出壁塘，東流繞縣北下注爛泥湖。沿岸以北即益陽縣地也。

青草港。在益陽縣北一里。出馬渡西灣，自縣西繞城至縣東入資。縣志以爲即古之益水，誤。

新陂港。在攸縣西二十里。明洪武初築陂瀦水，溉田甚廣，故名。

龍洲。在長沙縣西北。合澇塘、瀏、渭三水，出湘江，有龍洲闌激而上，其水倒流，俗謂之倒流水。

橘洲。在善化縣西湘江中，俗名下洲。水經注：湘水又北逕南津城西，西對橘洲，爲南津洲尾。水西有橘洲子戍〔一五〕，故郭尚存。方輿勝覽：湘江中有四洲，曰橘洲，曰直洲，曰誓洲，曰泉洲。夏月水泛，惟此不没。上多美橘，故名。寰宇記：橘洲在長沙西南江中，時有大水，洲渚皆没，此洲獨存。湘中記：「諺云：昭潭無底橘洲浮。」又杜甫詩「喬口橘洲風浪促」，即此地也。

水陸洲。在善化縣西橘洲尾。湘水至此，入長沙縣界。舊有水陸寺、拱極樓，雍正八年建江神廟於樓前。

鼓磉洲。在湘潭縣南四十里。形如鼓磉，中扼湘流。

晚洲。在湘潭縣南一百十里石洲之北。杜甫有次晚洲詩。

興馬洲。在湘潭縣北三十餘里。又北十里有峩洲。

文武洲。在湘陰縣南三十里。文洲在江西，武洲在江東。

聚寶洲。在湘陰縣南四十里，亦名蔡家岐。舊嘗建税課局於此。

車輪洲。在湘陰縣北，湘江之要隘也。通鑑：梁承聖二年，陸納遣其將吴藏等下據車輪。注：「車輪之地，蓋據湘江之要，去長沙不遠。」

中洲。在瀏陽縣南瀏水中。

鹽洲。在瀏陽縣西瀏水中。其並峙者爲洣洲。

余家洲。在瀏陽縣西，與中洲相望。居民障水爲碓磑。

十洲。在益陽縣東南二里資水中。布列江心，宛若河圖之數，水漲時，分畫尤著。縣志：劉公、千家、黄花、清水、華林、文星、烟波、龜茗、羅溪、孟家，謂之十洲。

白茅洲。在攸縣東二里攸水中。

黄甲洲。在攸縣西二里，一名武甲洲。洲極寬廣，舊隸於學，賃民藝植，以供祭祀餼廩之用。

銅官渚。在長沙縣西北銅官山下。一作銅官浦。舊傳楚鑄錢處。杜甫有銅官渚守風詩。水經注：湘水右岸，銅官浦出焉。

鑿石浦。在湘潭縣西。杜甫有宿鑿石浦詩。

雙楓浦。在瀏陽縣南三十里瀏水中，一名青楓浦。

駱駝嘴。在長沙縣北十里。方輿勝覽：駱駝嘴在瀏口。

昭陵灘。在湘潭縣南一百四十里，接醴陵縣界。怪石屹立，水勢洶湧，即渌水合湘江處也。

三門灘。在湘潭縣南一百五十里湘水中。石峻水險，僅有三處可通舟楫，比於砥柱、三門之險，因名。

空靈灘。在湘潭縣北六十里。一名空泠峽，一名空靈岸。杜甫有次空靈岸詩。水經注：湘水又北逕建寧縣，縣北有空泠峽，驚浪雷奔，濬同三峽。梁書王僧辯傳：李洪雅自零陵率衆出空靈灘。府志：空靈灘，土人謂之空洲。兩岸石如懸鐘，因名。按：空靈灘，梁本紀及通鑑作「空靈城」，典略又作「空零城」，今從梁書王僧辯傳作「灘」。其地在三門灘、晚洲之下，鑿石浦之上。

鼓灘。在湘陰縣北七十里漣水中。相近有劒灘。

龍會灘。在益陽縣西南十五里資江中。

泉鋒灘。在益陽縣西一百里。大石嶙峋如鋒鍔，故名。又西有五埠灘、黄溇灘。

關瀨。在益陽縣西南。水經注：縣有關瀨，所謂關侯灘也。南對甘興霸故壘，昔關侯屯軍水北，孫權令魯肅、甘興霸拒之於是水。

錫山潭。在善化縣東南三里錫山下。宋真德秀請錫山龍王封爵狀，錫山在郡城外之東南一里許，山下有潭，方可數畝。潭上舊有龍神祠，其水清澈，四時旱潦，未嘗盈涸。

昭潭。在善化縣南、湘潭縣北昭山下。湘中記：昭潭其下無底，湘水最深處也。或謂周昭王南征不復，没於此潭，因以爲名。水經注：昭山下有旋泉，深不可測，故言昭潭無底也。亦謂之曰湘洲潭。元和志：昭山下有旋潭曰昭潭，州之得名以此。按：帝王世紀周昭王南征濟漢，船人惡之，以膠船進。中流膠液自解，王及祭公皆没焉。吕氏春秋季夏紀：周昭王親征荆蠻，還反涉漢，梁敗，王及祭公隕于漢。水經注其地在漢、沔之間，此引作「昭潭」，證誤矣。

蓮花潭。在善化縣西南橘洲旁。中産蓮花。

泉水潭。在善化縣西北七十里。廣袤三畝，清深不測，下有龍穴，雖盛暑，寒氣逼人。

企石潭。在醴陵縣東十里。下有潛龍。又二十里有落星潭。

沉潭。在醴陵縣南三十里。旱禱輒應。

烏洲潭。在益陽縣南六十里。相近有龍潭。

新橋潭。在益陽縣西四十里。又西有泥潭，接安化縣界。

蔡公潭。在攸縣東三里。相傳漢蔡倫於此造紙。

白鶴泉。在善化縣西十里清風峽上。泉出巖石中，僅一勺許，最甘冽，冬夏不竭。嘗有白鶴飛止其上，故名。

碧泉。在湘潭縣西南七十里。輿地紀勝：澄碧如染，溉田五千畝，南入湘。

厚泉。在寧鄉縣南九十里。灌溉甚溥。

洋泉。在寧鄉縣西南二十里者爲下洋泉，其上七里爲中洋泉，又上七里轉北爲上洋泉。

湯泉。在寧鄉縣西南九十里，亦名灰湯。三泉並湧，有一坎，上沸中熱下温。

觀音泉。在寧鄉縣東北七十里。有灌溉之利。

三停泉。在寧鄉縣東北八十里。流八十里入湘。旱則居民壅下流以灌田，亦名好塘壩。

焦溪泉。在瀏陽縣北焦溪嶺上。四時不竭，清潔異常。

醍醐泉。在醴陵縣西五里。味甘香。

醴泉。在醴陵縣北三里。名勝志：縣北有陵，陵上有井，涌泉如醴，因以名縣。

温泉。在攸縣東四十里。冬温夏涼。又攸縣東鸞山有煖水石泉，冬温可浴。

明鏡泉。在安化縣南一百二十里。水清如鏡，分流衆溪，四岸平坦，廣五丈許，深不可測。至湘鄉縣入漣水。

河灘陂。在攸縣東。縣志：縣境四面高田，賴陂塘爲蓄洩，凡陂十八，塘十七。

龜塘。在善化縣東南。延袤二十餘里，灌田數千畝。又應塘在嶽麓山前。

陽塘。在湘潭縣南十五里。中多芰荷。

調塘。在湘潭縣西四里。俗名兆塘，下有龍池，禱雨輒應。又名龍霖潭。

銀塘。在湘潭縣西四十里。相近有雲塘。

大荷塘。在湘潭縣西。溉田數十頃。

楚塘。在湘陰縣北。縣志：縣境有大荆、新塘、上塘、竹篠、松樹、月灣、楊樹、桃花、紅菱等塘，硤石、程家、杜公、大橋、虎嘯等陂。

東坏塘。在寧鄉縣南，接湘潭縣界。

壁塘。在寧鄉縣北。華林港出此。

石陂蓮塘。在瀏陽縣東。縣境以塘名者四十七，石陂、藕塘、荷葉、楊柳、石柳、煙竹、羅漢、將軍等塘爲最著。以陂名者四十二，白鷺、龍潭、百丈、新江等陂爲最著。

西山塘。在醴陵縣西靖興潭上。縣志：縣境陂塘一百餘處，而西山塘、清潭、雙紅等陂爲最要。

虎塘。在湘鄉縣西。塘上有泉四十八泓，涌爲巨浸。

靈塘。在茶陵州東南。又十一都有鶴湖塘。

蓮花池。在府城内。宋王明清揮麈前録：紹興元年，荆湖南路總管孔彦舟言，於州城蓮花池内收得玉一片，堪篆刻御寶，詔卻之。

明月池。在長沙縣北。府志：相傳池在長沙星下，故水不涸。宋政和中，命取醴陵明月石置池上，因名。

流盃池。在長沙縣北五里。五代馬希範鑿，爲上巳祓禊宴集之所。

東池。在善化縣東。唐楊憑觀察湖南時所鑿〔一六〕。

角鯉池。在醴陵縣東。一名青石潭。山堂肆考：角鯉池在醴陵東。宋天聖中，丁少連侍母，網魚得大鯉，命膾之。魚頂有角，遂放於青石潭。

洗藥池。在攸縣東四十里司空山南。相近有插劒泉，相傳張㠯插劒於此，泉遂涌出。

九龍池。在安化縣西北一百二十里。深不可測，下有潛龍。

鴛鴦井。在長沙縣北二里。清洌甘美。又善化縣治北亦有鴛鴦井，一井兩孔，四時清潔。洗胭脂者得此水，其色鮮艷，異於尋常。

白沙井。在善化縣東南二里。廣僅尺許，最甘洌，汲之不竭。

義井。在湘潭縣南二十里。井水清洌，爲行人利。

金沙井。在益陽縣南。後漢書郡國志「益陽」注：「荆州記曰：縣南十里有平岡，岡有金井數百，淺者四五尺，深者不測。俗傳云，有金人以杖撞地，輒成井。」水經注：資水南十里有井數百口，古老相傳昔人以杖撞地成井，或云古人採金沙處，莫詳其實也。

薌泉井。在湘鄉縣城内。名勝志：泉香如椒蘭，釀酒殊勝。若參以他水，則變。南齊時有水貢，後江水泛溢，失井所在。宋至道間，開鑿此井，以存其跡。

銅坑井。在湘鄉縣東距江五里。旱可禱雨。明洪武中，詔封爲神，歲一致祭。

鹽井。在湘鄉縣東南。縣志：每水一石，煎鹽五升。五代馬氏曾置場煮之，得不償費而罷。明洪武、永樂間亦嘗議煮，旋廢。

大禹拖船坳。在湘江西岸麓山左，一名禹跡溪。嶽麓志：禹跡溪在山口，距大江五里，大禹疏鑿開山之逕。

校勘記

〔一〕南北距五百里　乾隆志卷二七六長沙府（下同卷簡稱乾隆志）同。按，據下文南至衡山縣界二百三十里，北至巴陵縣界三百六十里，計南北距五百九十里。二者不合，當有誤。

〔二〕在府治西北　「治」，原作「界」，據乾隆志改。

〔三〕東西距一百二十里南北距八十里　乾隆志作「東西距一百一十里南北距八十五里」。按，據下文言東至瀏陽縣界一百里（乾隆志作「五十里」），西至寧鄉縣界六十里（乾隆志同），又言南至善化縣界五里（乾隆志同），北至湘陰縣界八十里（乾隆志同），則乾隆志所言相合，本志東西、南北里距皆不侔，當有誤。下各縣亦多不合，未知何由。

〔四〕西至安化縣界一百二十里　「安化」，原作「善化」，乾隆志同。按，善化縣在府治東南，益陽縣在府西北，善化勢不能位益陽西。考輿圖，益陽西爲安化縣。乾隆志偶誤「安化」爲「善化」，本志承訛未察。今據輿圖改正。

〔五〕控扼湘嶺　「湘」，乾隆志同，宋史卷三八九李椿傳作「湖」。

〔六〕玉海　「玉」，原作「王」。按，上引四句文字實源自唐呂温湖南都團練副使廳壁記一文，文苑英華卷八〇二收録，玉海並未收録。蓋修志者誤記文苑英華爲玉海，刻板者又偶有點畫之誤。今姑録作「玉海」，明其誤於此。

〔七〕白水溪之源也　「白」，原作「曰」，據乾隆志改。按，下文有白水溪，「在益陽縣西南二百里」與此正合。

〔八〕兩巖夾溪對峙　「兩」，原作「西」，據乾隆志改。

〔九〕白水江　乾隆志同，讀史方輿紀要卷八〇湖廣長沙府作「北水江」。

〔一〇〕謂之三陽逕　乾隆志同。按，戴震校水經注，以「逕」爲借字，改作「涇」。又沈炳巽水經注集釋訂訛卷三八云：「『陽』字疑訛。下有三津逕，或亦疑作『津』。」

〔一一〕經醴陵縣南學前渌水池名渌江又西流合姜嶺水由渌口入湘　「渌水」、「渌口」原互錯，據乾隆志移正。按，上文言渌江得名之由，下文言渌江入湘之處。

〔一二〕東北與滂溪水合　「滂」，原作「滂」，據乾隆志及水經注卷三九瀏水改。按，滂溪水，水經注或本作滂水。

〔一三〕逕孫隱山東　「孫」，乾隆志作「逊」。

〔一四〕又南流入洣　「洣」，原作「沫」，據乾隆志及上文改。

〔一五〕水西有橘洲子戍　「橘洲子戍」，乾隆志作「橘子洲戍」。按，水經注卷三八湘水作「橘洲子戍」，或以爲「子戍」乃「小戍」之謂，猶子城之類。然本志下卷關隘有橘子洲戍，與此又不同。

〔一六〕唐楊憑觀察湖南時所鑿　「楊」，原作「陽」，據乾隆志改。舊唐書卷一四六、新唐書卷一六〇有楊憑本傳，字虚受，一字嗣仁，大曆中進士，累擢湖南江西觀察使，即其人。

大清一統志卷三百五十五

長沙府二

古蹟

臨湘故城。在府城南，今善化縣界。楚青陽地。史記秦始皇紀：荆王獻青陽以西。注：「青陽，長沙縣是也。」水經注：臨湘縣治湘水濱臨川側，故即名焉。秦滅楚，立長沙郡，即青陽之地。漢高祖以封吴芮，是城即芮築。晉懷帝永嘉元年，分荆州、湘中諸郡立湘州，治此。城之西北有故市，北對臨湘縣之新治。縣治西北有北津城。隋書地理志：長沙郡，長沙舊曰臨湘，平陳，縣改名焉。按：漢時臨湘縣城爲長沙郡治者，在今城之南，而今之長沙縣治即水經所謂臨湘新治，南北朝宋所徙本在城外，隋、唐時包入城中。宋又移縣治於府城東定王臺，明洪武初移建北門内西偏，十一年改建於北門外。萬曆二十四年，復今所。

常豐故城。在長沙縣東。九域志：乾德三年，升常豐場爲縣。開寶中，省入長沙。按：宋史「常」作「長」。又五代漢乾祐三年，楚王馬希範嘗置龍喜縣，今無考。

湘西故城。在湘潭縣南。三國吴分置，屬衡陽郡。宋爲衡陽郡治。隋改衡山。唐徙治，改名湘潭，而故城廢。宋書州郡志：衡陽内史，吴太平二年，分長沙西部都尉立，領縣湘西。水經注：湘水又歷湘西縣南，分湘南置也。衡陽郡治湘南，太守何承天徙郡湘西。隋書地理志：衡山舊置衡陽郡，平陳，郡廢，并衡山、湘鄉、湘東三縣入焉。舊唐書地理志：隋衡山縣，天寶八年移治洛口，改名湘潭。九域志：湘西縣在湘潭縣南一百六十里。按：隋衡山縣有二，一隸長沙郡，舊屬衡陽者，即故湘西縣所改，得名在後。一隸衡山郡，舊屬湘東，乃吴、晉故縣，即今衡州府屬之衡山縣。或謂隋合二衡山爲一者，非也。至梁天監中，分陰山縣立湘潭縣，在今攸縣。唐天寶中，移長沙之衡山於洛口，改名湘潭。而元和郡縣志謂即陰山之湘潭，亦非也。

湘南故城。在湘潭縣西六十里。秦置湘南縣，漢屬長沙國，後漢爲湘南侯國。三國吴仍爲縣，爲衡陽郡治。齊廢。水經注：衡陽郡，吴孫亮分長沙西部立，治湘南。元和志：潭州湘潭縣，東北至州一百四十里，陸路一百二十里。本漢湘南縣地。按：舊志湘南故城，在縣西六十里，今俗名爲花石城。或以此爲建寧城，而謂縣南湘潭故城爲湘南故城者誤。

湘陰故城。在今湘陰縣西北。宋書州郡志：湘東太守領縣湘陰。元徽二年，分益陽、羅、湘西及巴峽流民立。隋書地理志：巴陵郡湘陰，梁置岳陽郡及羅州，陳廢州。平陳，廢郡及湘陰，入岳陽縣，置玉州。尋改岳陽爲湘陰，廢玉山縣入焉。十二年廢玉州。元和志：湘陰縣北至岳州二百三十里，本羅縣地。府志：劉宋湘陰故城，在縣西北五十里。隋、唐湘陰縣城，在今縣南二十里白烏潭。五代周廣順三年，遷今治。宋紹興初，遷治赤竹城。五年，復遷今治。

羅縣故城。在湘陰縣東北。漢置，屬長沙國。隋屬巴陵郡，唐省入岳州之湘陰。漢書地理志「長沙國羅」注：「應劭曰：楚文王徙羅子自枝江居此。」隋書地理志：巴陵郡，大業初改曰羅州，統縣羅。開皇九年，廢吴昌、湘濱二縣入。唐書地理志：岳州巴陵郡湘陰，武德六年，省羅縣入焉。括地及元和二志：羅縣故城，在湘陰東北六十里。

新康故城。在寧鄉縣西十里。三國吴析益陽縣地，置新陽縣。晉曰新康，屬衡陽郡。宋、齊因之。隋并入益陽。唐復置，尋省。宋復置寧鄉縣，而此城廢。宋書州郡志：衡陽内史領縣新康。吴曰新陽。晉武帝太康元年更名。隋書地理志：益陽，平陳，併新康縣入焉。舊唐書地理志：益陽，武德四年分置新康縣，七年省入。九域志：太平興國二年，析長沙縣地置寧鄉縣，在潭州西一百里。

瀏陽故城。在今瀏陽縣東。三國吴析臨湘縣北境置，屬長沙郡。隋大業初，省入長沙縣，而故城廢。唐景龍初復置，即今治。元初遷居仁鎮。明初復唐舊治。宋書州郡志：長沙内史領縣瀏陽，吴立。元和志：潭州瀏陽縣，西至州一百五十里。本漢長沙縣地，吴置瀏陽，因縣南瀏陽水爲名。隋平陳廢，景龍二年復置。

益陽故城。在今益陽縣東。漢置，屬長沙國。後漢建安二十年，孫權與蜀争荆州，遣魯肅將兵拒關忠義於益陽，是城肅所築也。晉以後屬衡陽郡。隋改屬長沙郡，唐移今治。漢書地理志：長沙國益陽，湘山在北。舊唐書地理志：益陽故城，在今縣東八十里。縣志：故城在今儒學後北路之旁，猶存遺址。相傳登之望見長沙，城邑人馬宛然，三百餘里悉可審辨。又滄水鋪，宋建炎間，曾移治於彼一載。

連道故城。在湘鄉縣西。漢置縣，屬長沙國。後漢屬長沙郡。晉屬衡陽郡。南北朝宋省入湘鄉。漢書地理志：長沙國連道。水經注：漣水逕連道縣，縣故城在湘鄉縣西一百六十里。方輿紀要：連道故城，或亦謂之龍城，唐初嘗移湘鄉縣治龍城，尋還舊治。

攸縣故城。在今攸縣東。漢置，屬長沙國。後漢、晉、宋俱屬長沙郡。梁、陳間改曰攸水。隋省入湘潭。唐復置攸縣。五代梁時徙今治，而故城廢。宋書州郡志：長沙内史領攸縣，漢舊縣。水經注：攸縣北帶攸溪，蓋即溪以名縣也。隋書地理志：湘潭，平陳，廢攸水縣入焉。元和志：攸縣西南陸路至衡州三百四十五里，本漢舊縣。武德四年，分湘潭縣置。唐書地理志：衡州攸，武德四年置南雲州，貞觀元年州廢。縣志：五代梁時，還建縣治，改屬潭州，在今城南門外。明洪武初，又遷今所。

陰山故城。在攸縣西北六十里。三國吴置，屬湘東郡。晉以後因之。隋省入湘潭縣。唐復置，尋又省。宋書州郡志：湘東太守領縣陰山，吴湘東郡有陰山縣，疑是吴所立。隋書地理志：衡山郡湘潭，平陳，廢陰山縣入湘潭。元和志：陰山縣，以縣東一百二十里陰山爲名。唐書地理志：衡州攸，武德四年，析置陰山縣，貞觀元年省。按：漢書王子侯表：陽山侯宗，長沙孝王子。初元元年，封在桂陽。地理志：桂陽郡陰山，今廣東連州之陽山縣也。水經注以爲即此陰山，誤。又唐書地理志武德四年，析攸縣置安樂、新興二縣，屬南雲州。貞觀初仍省，今無考。

湘潭故城。在攸縣西北。梁置縣，陳、隋因之。唐改爲衡山縣。隋書地理志：衡山郡領湘潭，平陳，廢茶陵、攸水、建寧、陰山四縣入焉。元和志：梁天監中，分陰山立湘潭縣。天寶八年，改爲衡山。舊志：其地當在今衡山縣東攸縣界。攸有陰山江可知也。

安化故城。在今安化縣東啓安坪。宋置，明遷今治。宋史神宗紀：熙寧五年，章惇開梅山，置安化縣。又蠻夷傳：梅山蠻恃險爲邊患，章惇招納之，檄諭開梅山，得其地，東起寧鄉司徒嶺〔一〕，西抵邵陽白沙砦，北界益陽四里河，南止湘鄉佛子嶺。籍其民户丁田，築武陽、關峽二城，置安化縣〔二〕。府志：安化故治，在伊溪之東。宋建炎中遷伊溪西。元至正中燬於兵。明洪武中始開設今治。

茶陵故城。在今茶陵州東五十里。漢置縣，屬長沙國。後漢屬長沙郡。晉屬湘東郡。宋、齊因之。隋省入湘潭，而此城廢。唐復置，即今州治。宋書州郡志：湘東郡茶陵，漢舊縣，屬長沙。隋書地理志：湘潭，平陳，廢茶陵縣入。元和志：衡州茶陵縣，西南水路至衡州三百四十五里，本長沙縣界。齊永明七年，入湘東郡。開皇九年，爲湘潭縣。武德四年，置茶陵縣，貞觀九年廢。聖曆元年，復舊，以南陵茶水爲名。寰宇記：漢茶陵故城，在攸縣東一百四十里，俗名茶王城。城塚記：古茶王城，在州東五十里。漢元朔中節侯訢所築。

建寧舊城。在湘潭縣北。三國吴置縣。隋省入湘潭。宋書州郡志：長沙内史領縣建寧。隋書地理志〔三〕：湘潭，平陳，廢建寧縣入焉。

故尉城。在長沙縣西北七十里。元和志：孫權發程普爲長沙縣西部都尉，以防關忠義，立此城。

赤竹城。在湘陰縣南十七里。府志：宋紹興初知縣胡昭建縣治於其地，謂之新縣，今遺址尚存。

馬王城。在茶陵州東八十里，茶水北岸，亦名古城。五代時馬氏所築。

鄂王城。在茶陵州。相傳宋岳飛屯兵之所。

金州城。在茶陵州北。祥符圖經：金州城，鄧宜所築。城冢記：在州北十里。

長沙舊治。在善化縣南。南北朝時治所。水經注：湘水逕船官西，北對長沙郡。郡在水東州城南，舊治在城中，後乃移此。

善化舊治。在今善化縣南。縣治舊在郡城南，明洪武四年移置城内，十四年復置於南門外，去城五里。成化十六年，始移郡治東，即今治也。

甘興霸故壘。在益陽縣南一里，又名夜月臺。水經注：關侯瀨南對甘興霸故壘。縣志：吴甘興霸屯兵之所。每夜月淒清，如聞金鐵之聲，故又名夜月臺。

關忠義故壘。在益陽縣西南。建安中，關忠義屯兵於此，與魯肅隔江相拒。

長沙舊衛。在府城内。明建。本朝康熙二十七年裁。

茶陵舊衛。在茶陵州城内。本朝康熙二十七年裁。

銀場。在瀏陽縣北焦溪嶺。九域志：縣有永興、焦溪二銀場。

茶場。在安化縣西北資江上。縣志：宋置安化縣，遂立茶場。伊溪、中山、資江、東平諸處皆産茶，比他處稍佳。

碧湘宫。在善化縣南。明統志：長沙城南門之側有碧湘宫，五代時馬希範置。

九龍殿。在善化縣德潤門外，五代馬希範建。又縣西南有文昭園，馬殷建，今俱廢。

清風閣。在湘潭縣治後。名勝志：宋張栻建。

易今名。

飛鴻閣。在瀏陽縣治後。本名歸鴻樓。山堂肆考：歸鴻樓，宋楊時建，取目送歸鴻之義，自爲圖記之。後張方邵修建，

遺經閣。在瀏陽縣南。宋李氏所建，其子弟多從張栻遊。朱子嘗爲其閣題詩。

御書閣。在醴陵縣。宋歐陽修記：縣東三十里，有宫曰登真，其前有山，世傳仙人王喬煉藥於内。唐開元間，天子書六大字，賜而揭焉。太宗時，取至京師閲焉，已而還之。又賜御書飛白字，使藏之。其後登真大火，獨飛白書存。康定元年，道士彭知一探其私笈，以市工材，復宫之舊，建樓若干尺以藏賜書。

定王臺。在長沙縣東。方輿勝覽：俗傳定王載米摶長安土，築臺於此，以望其母唐姬之墓。

八景臺。在長沙縣西。宋嘉祐中築。宋迪作圖，陳傅良建二亭於旁。八景曰：瀟湘夜雨、洞庭秋月、遠浦歸帆、平沙落雁、煙寺晚鐘、漁村夕照、山市晴嵐、江天暮雪。宋米芾、元揭奚斯俱有詩。

道鄉臺。在善化縣西嶽麓寺傍。宋鄒浩號道鄉，謫衡，過潭，爲州守温益所逐，山僧留宿於此。後張栻築臺以表之，朱子刻石曰道鄉，因以名臺。又朱子嘗改嶽麓山頂曰赫曦，亦名赫曦臺。

諭苗臺。在善化縣嶽麓山右。朱子帥潭時建。

傑靈臺。在湘潭縣東。明萬曆中建，旁有萬樓。臺高三十尺，樓高四十尺。明李騰芳有碑記。

望京臺。在湘陰縣北望京鎮。府志：元順帝爲太子時，出居靖江，迎歸即位，至此問何地名，對曰望京，乃登高北望，時蛙鳴聒耳，帝敕土神禁之，至今無聲。俗亦謂之禁蛙臺。

慕巖臺。在寧鄉縣東南九十里。宋隱士謝楚華慕巖子陵高風，因鐫「慕巖臺」三字於石。

魯肅臺。在益陽縣西門内。三國吳魯肅將兵拒關忠義之處。今馬王廟即其故址。

紫荆臺。在湘鄉縣西二里。名勝志：縣西有紫荆臺，池水環之，水起臺亦起，水落臺亦落。上有紫荆樹植臺之側，故名。

識山樓。在寧鄉縣西大潙山之南。宋易祓建，自爲記。

釣月樓。在安化縣北三十里仙溪上。宋隱士王南美建。

戴氏堂。在府治東東池上。唐戴簡築，柳宗元有潭州東池戴氏堂記。

敬簡堂。在府治後。宋張安國建，兩壁書中庸、大學，中屏篆顏淵問仁章。朱子有詩，張栻爲之記。

四絶堂。在善化縣嶽麓山下道林寺中。唐乾符中建，袁浩作記。蓋指沈傳師、裴休筆札，宋之問、杜甫篇章。宋治平中，蔣之奇謂沈、杜固無間言，裴本學歐陽詢書，寺幸有詢四大字，當爲一絶，又不應近舍韓愈詩，遠及之問，乃更爲詮次。去裴、宋，增歐、韓。其後周必大又合古今同異之論，衍四爲六，作六絶堂。

來諗堂。在湘潭縣南。宋胡穎築以奉母。宋史胡穎傳：穎官浙西提刑，移湖南，兼提舉常平，即家置司，作來諗堂，奉母居之。

百泉軒。在善化縣西，嶽麓書院右。宋朱子及張栻講學時所建。元吴澄有重修百泉軒記。

流盃亭。在府城内。馬氏修禊之所，亭下有池，文天祥有詩。

望湘亭。在長沙縣西湘江濱。亦名湘江亭。唐劉長卿、元微之、李羣玉、鄭谷俱有湘江亭詩。

湘水亭。在長沙縣西。唐魏萬成所居。

楚秀亭。在長沙縣西北。唐裴休建，亦名裴公臺。

春暉亭。在長沙縣北。宋蘇軾有題潭州徐氏春暉亭詩。

風雩亭。在善化縣西嶽麓書院南。宋劉珙建。

翠微亭。在善化縣西天馬山。宋乾道間建，有朱子題額。

望嶽亭。在湘潭縣西陶公山下。又有釣魚亭，與望嶽亭並峙。相傳皆晉陶侃所築。

泳飛亭。在湘陰縣東。宋淳熙間建，即南堤放生亭也。寶祐間重修。

杜公亭。在湘陰縣東。唐杜甫嘗泊舟江滸。宋紹興中，縣尹趙詰建亭於南堤，名清風亭。慶元中始易今名。

飛鷗亭。在瀏陽縣署二堂右，宋楊時憩息處也，取「飛鷗」以自喻。舊有額，相傳是時手蹟。後建安張方邵重葺，繪公像於其上，張栻有記。

壓波亭。在益陽縣前江濱。宋張詠爲縣令，以江水泛溢禱於神，水立退。後人建亭以祀詠。

裴公亭。在益陽縣南白鹿山。一名裴休亭，唐裴休讀書處。

犀亭。在茶陵州南洣江濱。宋縣令劉子邁築城時，以南隅水勢蕩決，用鐵鑄大犀，置江南岸以鎮之。

碧廬。在湘鄉縣南漣水上。宋董南美所居，自號碧廬居士。

賈誼故宅。在長沙縣西北濯錦坊。水經注：郡廨西陶侃廟，云舊是賈誼宅地。中有一井，是誼所鑿，極小而深，上斂下大，其狀似壺。旁有一脚石牀，纔容一人坐形，流俗相承云誼宿所坐牀。又有大柑樹，亦云誼所植也。元和志：賈誼宅在長沙縣南四十步。縣志：賈太傅故宅，今縣西北濯錦坊之屈賈祠也。

劉蛻故宅。在長沙縣城西北湘江邊。唐進士劉蛻所居。

易元吉故宅。在長沙縣西。府志：宋易元吉工畫，於舍後開園，馴養禽獸，以資畫意。

劉錡故宅。在湘潭縣北馬山下。宋張栻有詩。

易祓故宅。在寧鄉縣西大潙山。

蔣琬故宅。在寧鄉縣北。名勝志：蔣琬有宅在縣北，今爲伏虎廟，廟前有伏虎井。

陳光問故宅。在茶陵州東二十里靈巖。唐陳光問隱居讀書於此地，亦謂之讀書巖。宋侯延年有詩。

蓼園。在長沙縣。述異記：長沙定王故宫有蓼園，真定王故園也。

葵園。在長沙縣南。五代馬氏所建。又有會春園、文昭園，亦其所建。

梅園。在長沙縣東十五里。宋張栻有詩。

屈原塔。在湘陰縣北汨羅江邊。相傳宋玉、景差招屈子魂處，後人於此建塔。

關隘

陶關。在長沙縣西南。元和志：陶關在長沙縣西南五里。晉杜弢據湘州，陶侃討之，因置此關。

龍回關。在善化縣東四十五里關山。兩關相連，中僅一路。五代史楚世家：唐乾寧元年，鄧處訥發兵戍龍回關。南唐書：邊鎬破馬氏軍於龍回關。

東關。在善化縣東南三里。又南關在縣南三里，西關在縣西，俱臨江爲險。

釋陵關。在寧鄉縣東南二十五里天馬山旁。昔人因險置關，遺址尚存。

插嶺關。在醴陵縣東南三十里，接江西袁州府萍鄉縣界。

石門關。在醴陵縣北十五里。五代時湖南戍守處。

視渡關。在茶陵州南八十里。舊有巡司，今移駐高岡南關。

橋頭巡司。在長沙縣北六十里。舊設驛丞，乾隆二十六年改置。

黄茅巡司。在湘潭縣南一百四十里，接衡州府衡山縣界。

新市鎮巡司。在湘陰縣東北七十里。本朝雍正十一年置鎮，爲水陸通衢。乾隆二十三年，以新市巡司移駐縣北六十里歸義鎮。

大荆巡司。在湘陰縣北百二十里。乾隆三十六年置。

梅子園巡司。在瀏陽縣南，今移駐永安市。

渌口巡司。在醴陵縣西九十五里，並置驛。

婁底市巡司。在湘鄉縣西北一百二十里。舊有武障市巡司，在縣西南一百四十里。本朝乾隆三年移駐於此。

鳳嶺巡司。在攸縣東南四十里，爲通江西要路。舊設巡司，明崇禎中裁。本朝雍正十一年復置。

視渡口巡司。在茶陵州南關。

喬口鎮。在長沙縣西北六十里，路通益陽。明置巡司，今裁。「喬」，唐作「橋」，宋改。唐書地理志：長沙有橋口鎮。九域志：長沙有喬口鎮。

暮雲鎮。在善化縣南五十里，亦名暮雲市。

下灄鎮。在湘潭縣南三十里。舊置巡司，今裁。

朱亭鎮。在湘潭縣西南，接衡州府衡山縣界。相傳朱子訪張南軒於此。本朝雍正六年，移縣丞駐於此。

營田鎮。在湘陰縣西北六十里。

蕭婆鎮。在湘陰縣北五十里。

居仁鎮。在瀏陽縣東七十里。一名居陵鎮。

淥口鎮。在醴陵縣西。淥水入湘處也，一名淥口戍。唐書地理志：長沙府有淥口戍。

瓦湖鎮。在益陽縣東北八子腦。

虞塘鎮。在湘鄉縣西南五十里。

定勝鎮。在湘鄉縣西南一百里。

永安鎮。在茶陵州境。輿地紀勝：茶陵縣有永安、霞陽、茶陵、船頭四鎮。按：茶陵即舊縣，霞陽今爲酃縣。又有堯水鎮，在州之上十三都。

高口戍。在長沙縣西北高水口。水經注：湘水自高口戍東，又北，右會鼻洲。

橘子洲戍。在善化縣西湘江中。水經注：湘水又北逕南津城西，水西有橘子洲戍。

三石戍。在湘潭縣三石山。水經注：湘浦水北有三石戍。

花石戍。在湘潭縣西。唐書地理志：長沙有花石戍。

錫口戍。在湘陰縣西錫水口。水經注：湘水又北逕錫口戍東。

白沙戍。在湘陰縣北五十七里湘江上。唐有驛，久裁。水經注：湘水又北逕白沙戍西。杜甫詩注：白沙驛，過湖南五里。

磊石戍。在湘陰縣北磊石山。水經注：湘水又北逕磊石戍西。

潙口戍。在寧鄉縣西潙水口。水經注：潙水歷潙口戍。

瀏口戍。在瀏陽縣東南瀏水口。水經注：湘水又逕瀏口戍，西北對瀏水。

蘆塘寨。在善化縣東八都石壁嶺。

磊口寨。在湘陰縣西一百二十里。宋岳飛結寨於此。

錫江寨。在湘陰縣西北湘江西岸。宋置。

三角寨。在寧鄉縣西南一百六十里，接湘鄉縣界。高廣險阻，元至正中，鄉民立寨保禦。

蛇皮寨。在寧鄉縣西一百五十里。山勢突兀，雖不甚高峻，而四圍皆深塹，人馬難越。元至正間，鄉民因險立寨，爲保禦計。

天巖寨。在瀏陽縣東三十五里。懸崖峭壁，可容數百人。

瞿家寨。在瀏陽縣東南，接江西袁州府宜春縣界。

西山寨。在瀏陽縣西一里。一峯高聳，旁有二山夾峙，險峻難登。

龍虎寨。在瀏陽縣西三十里。二山相連，一盤一踞如龍虎，一名龍虎嶺。

建安寨。在醴陵縣北十五里。

芙蓉寨。在攸縣東十里。又東十里爲鐵釘寨，皆居民保聚處。

七星寨。在安化縣東。九域志：縣有七星鎮。舊志：宋太平興國中，平梅山蠻，因立五寨，以爲防禦。曰梅子口、七星、首溪、白沙、蜉蝣。熙寧六年，章惇開梅山，改置安化縣，改七星寨爲鎮。按：梅子口寨，今名鎮安寨，在縣南五里。首溪寨在縣北九十里，白沙寨在縣北一百二十里，蜉蝣寨在縣西南九十里，遺址俱存。

龍塘寨。在安化縣西南。縣志：宋時茶法甚嚴，縣境伊溪、資江之濱皆産茶，因議於濱江龍塘置寨，設兵戍守。

柳林堡。在寧鄉縣西，蛇皮寨南，路通安化、新化、湘鄉。明嘉靖間設指揮哨守，今裁。

大圍堡。在瀏陽縣東大圍山上。縣志：大圍山，盤踞四縣界，連江西之銅鼓營。

大洲堡。在攸縣西南。

東平堡。在安化縣東。明崇禎間立堡，設兵戍守。今爲東平市，商賈駢集。

安遠堡。在安化縣東南，接湘鄉縣界。

武穆屯。在湘陰縣北七十里。宋高宗時，楊幺據洞庭，岳飛討之，屯兵於此，因名。

湘潭驛。在湘潭縣治東。

歸義驛。在湘陰縣北六十里汨水口。古汨羅戍，後爲歸義鎮。明置巡司，復改爲驛。本朝乾隆二十一年裁。

榔梨市。在長沙縣東三十里，水道通瀏陽。舊有榔梨税課局，久廢。又竹筒市，在縣東四十里。寨頭河市，在縣西三十里。下泥市，在縣西四十里。白沙洲市，在縣西五十里。石珠市，在縣西八十里。新康市，在縣西北六十里。濛塘市，在縣北十里。楓林市，在縣東北五十里。春華市，在縣東北六十里。麻林市，在縣東北八十里。

南嶽市。在善化縣西嶽麓山南，亦稱南嶽鎮。又瀠灣市，在縣西五里，湘江西岸。又縣境有金塘、仙人、小埠等市。

涂田市。在湘潭縣南五十里。又樊田市，在縣南一百里。易俗河市，在縣西南二十里易俗河口。石潭市、朱洲市，皆在縣西南七十里。姜畬市，在縣西三十五里，路通湘鄉。花石市，在縣西六十里。中路市，在縣西七十里。山門市，在縣西一百里。昭港市，在縣東北二十五里。

蓋頭市。在湘陰縣東南。一名界頭市，路出瀏陽。

茶園市。在寧鄉縣東南二十五里，路通湘潭。又曹陂市，在縣西南二十五里。高遷市，在縣西南一百里。黄林市，在縣西南一百十里。雙江口市，在縣東三十里潙江北岸。又東十里有趙家河市。

渡頭市。在瀏陽縣東五里。又般步市，在縣東四十里。橋頭市，在縣東五十里。唐田市，在縣東六十里。東門市，在縣東一百里。路口市，在縣南三十里。其相近有吴田市。又神壇岡市，在縣南四十五里。青草市，在縣西二十里。棖沖市，在縣西三十里。

普口市。在醴陵縣東二十里。相近有雙江市。又茅田市，在縣東五十里。華富市，在縣東七十里。楚東市，在縣南二十里。普積市，在縣西七十里〔四〕。百家山市，在縣西一百里。焦溪店市，在縣北三十里。潦滸市，在縣北七十里。昭陵市，在縣西南九十里。黄粱市，在縣北二十里。楓林市，在縣北五十里。

竹頭市。在益陽縣東南。又蘭溪市，在縣南二十里。紅船埠市，在縣西南。岐頭市，在縣西五里，商賈輻輳。

銅錢灣市。在湘鄉縣東五里。又東有柘陂市。又芭蕉市，在縣南二十五里。側水市，在縣西南七十里。荷葉市，在縣西南九十里。潭頭市，在縣西北四十里。樓底市，在縣西北一百二十里。穀水市，在縣北八十里。

津梁

樂平橋。在長沙縣北。有黿爲害，其後市民李姓以章醮之，黿患遂息。

宿龍橋。在長沙縣北十四里。爲南北通衢，土名龍興橋。乾隆三年、十一年、十八年領帑重修。

學士橋。在長沙縣東北七十里。康熙間，節婦蕭趙氏捐貲獨修，改名節義橋。

麻陵橋。在長沙縣東北八十里。

回龍橋。在善化縣南四十里。

瀠灣橋。在善化縣西五里湘江西下小河上。明嘉靖中建。

白箬橋。在善化縣西五十里。

燕子橋。在湘潭縣東江畔。今名文星橋。與縣西唐興橋對峙，宋建。

白鷳橋。在湘潭縣東南二十里，路通醴陵。相近有濯纓橋。

流葉橋。在湘潭縣西南一百里隱山前。因洞山禪師至此，見菜葉流出，訪得龍山和尚而名。又山下有珂里橋。

唐興橋。在湘潭縣西十里，近大河口。

文星橋。在湘陰城南。一名魁星橋。宋淳祐中建。

梅子橋。在湘陰縣南十里。

恩波橋。在湘陰縣南。宋咸平中，鄧咸之母所建，時呼爲鄧婆橋。元至正中重修。橋之名不一，曰隱虹，曰鎮湘，曰通濟，曰澄鮮。恩波之名，自元始，余闕爲之記。

玉潭橋。在寧鄉縣東南一里。明建木橋，長四十丈，屢圮。本朝乾隆二十五年，邑人議易以石。至三十五年，橋成，長百餘丈。

魯家橋。在寧鄉縣南四十里。

紅絲橋。在瀏陽縣東舊學前。

洗藥橋。在瀏陽縣東一里孫隱山下。濟川水流經其下，相傳孫思邈洗藥於此。

雙板橋。在瀏陽縣西北七十五里。亦名界牌橋，接長沙縣界。

渌江橋。在醴陵縣南百步。宋建。明知縣朱三才重建，有記。本朝乾隆十七年重修。

泗汾橋。在醴陵縣南三十里。路出攸縣，今更名慈壽橋。

通濟橋。在醴陵縣北三里。俗名江春橋。

渌安橋。在醴陵縣北四十里。

太平橋。在益陽縣治東北。

仙風橋。在益陽縣東十里。

龍集橋。在湘鄉縣東南三十里，路通衡州府。

側水橋。在湘鄉縣西南六十五里。乾隆十八年五十一年請帑重修。

虞塘橋。在湘鄉縣西南。明成化中建，本朝康熙初修。

永豐橋。在湘鄉縣西南一百里，路通寶慶。舊名定勝橋，宋祥符中建，明成化中修。

渌溪橋。在攸縣南五十里。宋建。

重興橋。在攸縣西二十五里。宋宣和中建，明洪武中修。

開遠橋。在安化縣西南。宋熙寧中建，吳致堯有記。

仙溪橋。在安化縣北三十里。

獅子口橋。在茶陵州城内儒學西一里。

曲江橋。在茶陵州西五里。當安仁、茶陵之間，爲往來孔道。

東屯渡。在長沙縣東十里。

椰梨河渡。在長沙縣東三十里。

湘江渡。在長沙縣西城外。一達水陸洲，一達瀠灣市，爲荆、襄、黔、滇來往通津。額設渡夫，歲給工食。嘉慶十二年重修石岸。

駱駝嘴渡。在長沙縣北十里。又五里有撈塘河渡，均額設渡夫，歲給工食。乾隆三十四年增設義船。

靈觀渡。在善化縣西。江面甚濶，惟靈觀渡江心有洲，雖大風無浪，於此過渡。至洲横行百餘步，有浮橋在嶽麓書院前登岸。宋張、朱二子講學麓山，多由此渡，又名朱張渡。

觀湘渡。在湘潭縣南。舊有觀湘、通濟、下灄、竹埠四渡，今僅存觀湘、下灄兩渡。

笙竹岐渡。在湘陰縣南三里。世傳舜採笙竹於此。

香水渡。在醴陵縣東三十里。

鐵口渡。在醴陵縣西南鐵口江上。

碧津渡。在益陽縣南。

浕溪渡。在益陽縣西十里。

柘陂渡。在湘鄉縣西南七十五里，東通湘潭。又縣東有上、中、下三渡，東南有山棗渡，西有珠津渡。

側水渡。在湘鄉縣西南七十里，路達寶慶府。

攸水渡。在攸縣東十五里。

仙溪渡。在安化縣北三十里。

四里河渡。在安化縣東北，接益陽縣界。

亭子渡。在茶陵州小西門外。

隄堰

成功隄。在長沙縣城西門外。自老㘭至矮子洲，長八九里，賈舟内泊，風濤無虞。明末爲兵燹所毁，隄阯漸没江中。本朝乾隆四十五年，撫臣李湖奏請加築護岸，長一百十五丈。

澇河隄。在長沙縣北十五里，湘水之東，澇水之北。自蕭王廟起，東距桃花港，北障金牛垻田，綿亘三千三百丈。上爲長沙市鎮，民居千有餘户，歷年修築。

陸公隄。在善化縣南二十里，湘水之東。明隆慶中，知縣陸南陽築。外防江水，内障民田。

沙田圍隄。在湘陰縣南。又縣南有楊柳圍隄，縣西有軍民圍隄、荆塘圍隄、東莊圍隄，縣西有古塘圍隄、塞梓圍隄、金盤圍隄、彎斗圍隄、韓彎圍隄。縣西北有莊家圍隄、黄公垞隄、魯家垞隄、買馬垞隄、葡萄垞隄，俱本朝雍正六年發帑修。

千家洲隄。在益陽縣東。又縣東有長湖垸隄、沿河垸隄、長灘垸隄、河皮垸隄、曹埠垸隄、宋家垸隄、火田垸隄，縣東北有合興垸隄、中洲垸隄，俱本朝雍正六年發帑修。

麻林壩。在長沙縣東北八十里。

楓城壩。在寧鄉縣東六十里。

櫧林壩。在寧鄉縣西五里。

大陽壩。在寧鄉縣西四十里。

段家陂石壩。在寧鄉縣西七十里。

南嶽壩。在瀏陽縣北。又有金剛、石公、李家、羅家、赤土，凡六壩。

陵墓

虞

舜二妃墓。在湘陰縣北。括地志：二妃冢在湘陰縣北一百六十里青草山。通典：湘陰縣北，地名黄陵，即二妃所葬。

周

屈原墓。在湘陰縣北。元和志：在縣北七十一里。明統志：在汨羅山上。

漢

二姬墓。在長沙縣東。漢長沙定王發母程、唐二姬葬處。

吴芮墓。在長沙縣西北。冢旁有廟，今廢。水經注：臨湘縣有吴芮冢，廣逾六十八丈。登臨寓目，爲廛郭之佳憩也。元和志：吴芮墓在縣北四里。

古初墓。在長沙縣北。即張謂所稱「表古初之墳，足以敦素行」者也。

晉

陶侃墓。在善化縣南。元和志：在臨湘縣南三十三里。

唐

裴休墓。在寧鄉縣西大潙山。名勝志：大潙有青龍巖，在山間，世傳裴休葬此。按：明統志河南濟源縣東北裴林南亦有休墓。

五代

劉昌嗣墓。在湘鄉縣西南黄龍山。

扶氏墓。在安化縣東六十里飛霜崖絶壁上。世傳蠻王扶氏葬此。

宋

龔夬墓。在長沙縣北二里。按：宋史趙汝讜傳，汝讜提點湖南刑獄，表直臣龔夬墓。夬，瀛洲人，而葬於潭，當是自化州逢赦得歸，客潭而卒也。又宋史夬本傳不言夬有兄，而府志云夬與兄奉議，俱以直言斥嶺表，卒乾道間，夬子潞迎二柩葬此。然則夬尚有兄，可以補宋史之闕。

孝子陳道周母墓。在湘潭縣治内西北。縣志：宋陳道周事母至孝，母亡，自作墓磚，日成五甓，歷四年而冢成。道周亡，祔葬母側，人爲立碑，表曰「宋孝子母墓」。

李長庚墓。在湘潭縣東城外儒學舊址。

胡安國墓。在湘潭縣西南隱山下。楚寶：胡文定墓在湘潭隱山，承天當陽縣亦有之，不知何據。按：安國墓當以湘潭者爲是，真德秀祭文可據。又德秀尚有祭安國從子寅、子紘、子凝文三首，皆在潭州。

張浚墓。在寧鄉縣西一百五十里楓林鄉。子栻墓在其右。按：宋史浚手書付二子栻、杓曰「葬我衡山足矣」，朱子作行狀及安撫神道碑，亦稱二墓皆在衡山。考衡山並無浚父子墓，所謂楓林鄉者，衡山亦無其地。今墓地屬寧鄉，其鄉實曰楓林，或朱子集偶誤也。

吴獵墓。在醴陵縣南。

袁顯墓。在益陽縣。

彪虎臣墓。在湘鄉縣東南漣水上。子居正祔。

明

蔡道憲墓。在善化縣東南醴陵坡。知府堵胤錫招魂葬其衣冠。

夏原吉墓。在湘陰縣北鎮朔門外。

本朝

趙開心墓。在長沙縣三叉磯。康熙三年有諭祭文。

陳鵬年墓。在湘潭縣東霧山。雍正元年有御製碑文。

劉權之墓。在湘潭縣境。嘉慶二十三年有諭祭文。

校勘記

〔一〕東起寧鄉司徒嶺　「寧鄉」，原作「安鄉」，據乾隆志卷二七六長沙府古蹟（下同卷簡稱乾隆志）及宋史卷四九四蠻夷傳改。按，本志避清宣宗諱改字也。

〔二〕置安化縣　「安化」，乾隆志同。考宋史卷四九四蠻夷傳，章惇築武陽、關硤二城，「詔以山地置新化縣」，非安化縣。然宋史卷一五神宗本紀熙寧五年載「章惇開梅山，置安化縣」，又作「安化」非「新化」。以其地域按之輿圖，當以「安化」爲是。宋史蠻夷傳蓋誤。

〔三〕隋書地理志「理」，原作「里」，據乾隆志改。

〔四〕在縣西七十里　按，此下乾隆志尚有「鎮頭市在縣西七十五里」一條，此蓋誤脱。

大清一統志卷三百五十六

長沙府三

祠廟

李忠烈祠。在府治北。舊爲露仙觀，又改爲熊湘閣。宋潭州守李芾殉節處。明成化中，長沙守錢澍立祠祀之，配以尹穀、楊震、顔應炎、陳億孫，從以義士沈忠，李東陽有記。

向公祠。在府城内，祀宋制置副使向士璧，宋建。

五忠祠。在府城北門内。宋朱子帥潭時所立。祀晉譙閔王司馬承、宋潭州通判孟彦卿、趙民彦、將軍劉玠、趙聿之等五人，並考譙王本傳，象其參謀數人立侍左右，各立位版，記其官職姓名，奉祀如法。

趙公祠。有二：一在府南門，一在府北門。本朝雍正年間建，祀巡撫趙中喬。

李中丞祠。在府北門内。本朝雍正年間建，祀巡撫李發甲。

屈賈祠。在長沙縣西北，即賈太傅故宅也。又湘陰縣城内有屈原行祠，嶽麓山有三閭大夫祠，湘鄉縣南有賈太傅祠。

吴王祠。在長沙縣北，祀漢吴芮。

陶公祠。在善化縣南，祀晉陶侃。

真西山祠。在善化縣南，祀宋真德秀。

崇道祠。在善化縣西嶽麓書院内。明弘治間，長沙通判陳鋼建。舊合祀宋朱子及張南軒先生，並朱洞、周式、劉珙〔一〕，今專祀張、朱。

慕道祠。在善化縣嶽麓書院内。明嘉靖間，學使許宗魯及知府楊表建。祀宋潭州守朱洞、李允則、劉珙，山長周式，明長沙通判陳鋼、同知楊茂元，又名六君子堂。

蔡忠烈祠。在善化縣西。祀明殉節推官蔡道憲。

三賢祠。在湘潭縣西南隱山。明統志：宋胡文定父子及張南軒往來隱山而樂之，後文定葬此山，因立祠祀之。

許旌陽祠。在湘潭縣西，祀晉許遜。

包孝肅祠。在湘潭縣西楊梅洲上，祀宋包拯。又興馬洲亦有之。按：孝肅生平未至湖南，其子繶通判潭州，早卒，長沙人因祀孝肅。

張魏公祠。有二：一在寧鄉縣儒學左，祀張浚，其子栻祔祀。明楊廷和有記。一在縣西大潙山墓前。

丘公祠。在寧鄉縣北門外。祀明殉節知縣丘存忠，以同時死節紳士陶煙、劉爲邦等一百三十六人祔祀。

楊孝子祠。在瀏陽縣東門外。唐時楊孝子哭親而殁，邑人爲之立廟。按：孝子府縣志不詳何代人氏。舊稱麻衣廟，相傳七月朔致祭，老幼悉白衣冠祀之。康熙初知縣韓燝革去麻衣，改額孝子廟。

易别駕祠。在瀏陽縣西巨湖山下。祠本晉别駕易雄故居，既殉王敦之難，遂即其地建祠以祀。元封忠愍侯，明改稱宜陽別駕之神，每以八月十四日致祭。

馬伏波祠。在醴陵縣西南九十里昭陵灘，祀漢馬援。

李衛公祠。在醴陵縣西二里西山靖興寺内。唐李靖駐兵西山，後人即其地爲祠以祀。

吕成公祠。在醴陵縣北三十里。宋吕祖謙講學萊山，邑人建書院居之，後即於其地祠祀。

五賢祠。在益陽縣東南二里龜臺山。祀楚屈平、蜀漢諸葛亮，宋張詠、胡寅、張栻，元縣令李忠建。明益以蔣信，改爲六賢，後又增入漢賈誼、關忠義、晉陶侃、謝安，唐褚遂良、裴休、杜甫，宋唐介、朱子、真德秀、岳飛、李芾、辛棄疾，爲十九賢祠。

張乖崖祠。在益陽縣北門外。宋建。按：宋史本傳不載詠知益陽，或云爲益州之訛，而益陽有詠祠，又有壓波亭，相傳江水泛溢，詠禱於神，命人杖水，應時而退。張栻作乖崖松詩，亦有「當年蔽芾」之語，則詠固嘗知益陽也。宋史闕漏最多，不足盡據。

褚公祠。在湘鄉縣北洗硯池上。唐褚遂良以諫立武氏，出知潭州。後人懷之，建祠祀焉。宋魏了翁祠記：感應寺側有池，公嘗滌筆，若有浮雲滃然。人異之，即其地祀公。

雙忠祠。在攸縣城東，祀明死節蔡道憲、周二南。

王公祠。在安化縣東八十里司徒嶺上。五代楚建，祀死事將王仝。宋熙寧間，章惇開梅山，奏封嘉應侯，修祠崇祀，吴致堯有記。

張公祠。在安化縣南門外。唐勇士張抃天寶間與南霽雲同殉睢陽之難，敕封忠靖威顯靈佑王，湖、湘間多崇祀焉。

三學士祠。在茶陵州城内，祀明劉三吾、李東陽、張治。

保義祠。在茶陵州西南。又名太郎廟，祀宋義兵帥劉宗源。宗源小字太郎。

黄公祠。在茶陵州西門外，祀宋死節茶陵丞黄端卿。理宗時，立祠雲陽門，賜額「忠顯」。

岳武穆祠。有二，俱在茶陵州。一在西門外，名青雲菴；一在西郭山側，名旌忠祠。祀宋岳飛。

茶陵侯祠。在茶陵州北江上。一名福濟廟，祀漢長沙定王子茶陵節侯訢。宋尹謙孫廟碑記：漢高帝五世孫爲茶陵節侯，後屢封曰孚祐昭應英惠廣澤王。王在國寬慈，吏民追思，請立祠以祀。

炎帝廟。有二：一在府城内舊長史司；一在茶陵州北。後殿祀赤松子〔二〕，以漢張子房祔祀，不知創自何代，以赤松子家於雲陽山之下也。

福湘滋農龍神廟。在府治東北。本朝雍正九年建，每歲春秋致祭。

靈妃廟。在長沙縣東二十里。明統志：秦武陵令羅均用溺水，其女與弟尋屍不獲，沈水死。宋贈女孝烈靈妃，弟孝感侯，立廟祀之。

長沙定王廟。有二：一在長沙縣東北一里，祀漢景帝子長沙定王發。寰宇記：定王廟，俗謂之定王岡。一在湘鄉縣南，去江一里，其子湘鄉侯所立，而後人因之也。

舞陽侯廟。在善化縣西門外，祀漢樊噲。

漢文帝廟。在善化縣西嶽麓山。名勝志：漢文帝廟，景帝三年立。

江神廟。在善化縣西橘洲上。本朝雍正八年建，每歲春秋致祭。

烏程侯廟。在善化縣西。祀漢長沙太守孫堅。

洞庭龍王廟。在湘陰縣北磊石山。漢建，宋真德秀有祭龍神文。

黄陵廟。在湘陰縣北四十里。唐韓愈有記。水經注：大湖水西流逕二妃廟南，世謂之黄陵廟，言大舜之陟方也，二妃從征，溺於湘江，故名，爲立祠於水側焉。荆州牧劉表刊石立碑，樹之於廟中。按：廟嘗以六月十四日祭，至今因之。

汨羅廟。在湘陰縣北六十里汨羅江上。水經注：羅淵北有屈原廟，廟前有碑。又有漢太守程堅碑記。府志：汨羅廟，明洪武初知縣黄思讓重建，並於廟前建濯纓橋，橋畔建獨醒亭。按：益陽縣西南又有鳳凰廟，亦祀屈原。相傳此地爲原作天問處。

栗公廟。在寧鄉縣南門外。府志：五代時栗萬全戰死，葬於長沙之梅敷，鄉人立廟祀之。

蔣公廟。在寧鄉縣西南温泉鄉。俗名灰湯廟。元立，祀漢丞相蔣琬。

關瀨廟。在益陽西南五里資江北岸，祀漢關忠義。縣志：先主入蜀，忠義守荆州，吴取長沙、桂陽、零陵三郡，忠義争之，與魯肅相拒於資水。後人即其屯兵之所，立廟以祀，名曰關瀨廟。

周昭王廟。在攸縣東一里。

寺觀

泐潭寺。在長沙縣城北新開門内。唐建。

開福寺。在長沙縣北湘春門内。宋張栻集：長沙開福蘭若，故爲馬氏避暑之地，所謂會春園者。寺之西祓禊亭，下臨湖光，舉目平遠，自爲此邦登覽勝處也。

鐵佛寺。在長沙縣北湘春門外。唐法華禪師建。寺有三鐵佛，因名。本朝康熙二十二年，重加修葺。乾隆三十八年，巡撫梁國治又增修。

書堂寺。在長沙縣北五十里書堂山。唐歐陽詢及子通讀書此山，寺即其書堂故址。

智度寺。在長沙縣北五十里智度山。唐高僧慧覺居此。

太乙寺。在善化縣西南。即古上清宮，舊寺本在德潤門内。唐太乙真君鍊丹於此，與僧孤月闡性命之理。元至元十五年遷今址。

嶽麓寺。在善化縣西嶽麓山上。晉太始元年建，即古麓苑。一名慧光寺，明萬曆間又賜名萬壽寺。寺有唐李邕所書碑。荆州記：嶽麓山下有精舍，左右林嶺，迴環泉澗，旁有礬石，每至嚴冬，其水不停。

道林寺。在善化縣西嶽麓山下。有唐歐陽詢書道林寺碑。宋圓悟禪師居此。府志：宋朱、張講學，時從游者衆，建道林精舍以居學者，後歸於寺。嶽麓志：自碧虚盤紆而下，衍爲平拓之區者，道林也。林蔚茂而谷幽清，大江在其襟袖，唐馬燧作藏修精舍，名曰道林。又杜甫嶽麓道林二寺詩所謂「玉泉之南麓山殊，道林林壑争盤紆」是也。

龍安寺。在湘潭縣東。唐柳宗元龍安海禪師碑：師去於湘之西，人從之，負大木，礱密石，以益其居，又爲龍安寺焉。

三角寺。在湘潭縣東三十里。唐總印禪師所開，後人即名其山爲三角。明郭金臺三角寺記：潭之古寺，草衣、龍王、仙林、鳳凰爲四大寺，而其著於祖燈者，三角爲最焉。

方廣寺。在湘潭縣南一百二十里。酉陽雜俎：方廣寺，每四月朔日，在東壁則見維揚官府樓堞、居民宇舍，隱隱可數。

唐興寺。在湘潭縣西七里陶公山。舊名石塔寺，一名石頭寺，唐僧智巖開講於此。有石塔在寺側，因以爲名。後褚遂良都督潭州，易爲唐興寺。

保安寺。在湘陰縣西北。晉天福間建。

密印寺。在寧鄉縣西一百五十里大潙山。唐元和中，裴休奏建，賜額密印，爲靈覺禪師卓錫之所。後仰山嗣其法，天下稱爲潙仰宗。寺極壯麗，屢建屢修。

同慶寺。在寧鄉縣西大潙山麓，去密印寺二十里。唐大中間，李景讓奏建。

道吾寺。在瀏陽縣北十里道吾山。唐僧宗智建。

小潙山寺。在醴陵縣東三十里小潙山上。唐大緣禪師立。

明蘭寺。在醴陵縣東七十里。唐九華禪師道場，相傳有衣鉢砌塔中鎮寺。

靖興寺。在醴陵縣西。唐建，明王守仁謫龍場時過其地，講學於此。

泗州寺。在醴陵縣西。一名崇林寺，唐建，亦王守仁講學地。

白鹿寺。在益陽縣南二里白鹿山上。唐元和中建，裴休談禪於此。

龍牙寺。在益陽縣西一百里。唐元和間僧圓鴻所開，初名延祥寺。

慈雲寺。在湘鄉縣治南。唐天寶中建。

證果寺。在攸縣治南。梁天監中建。

保寧寺〔三〕。在攸縣東江鄉。唐長髭禪師所建〔四〕。

慈雲寺。在攸縣北一百里大川山。唐檮樹禪師建。

崇福寺。在安化縣北七十里浮泥山。宋熙寧中建。

旌忠寺。在茶陵州西。宋岳飛建，以祀征曹成戰死之士。

白鶴觀。在湘陰縣東白鶴山。相傳爲陶澹故宅。

景德觀。在寧鄉縣西一百三十里。宋至和間建，明洪武中重建。

昇仙觀。在瀏陽縣東孫隱山下。唐孫思邈修道處。

登真觀。在醴陵縣東三十里王仙山上。舊名王仙觀，相傳王喬煉藥於此，故名。唐開元時，賜御書於觀内。宋太宗又書飛白字賜之，歐陽修有御書閣記。又有金華觀，在觀東，唐建。

陽昇觀。在攸縣東四十五里。舊名朱陽觀，祀南齊司空張岊。創自唐天寶間，宋政和間重修，改今名。

洞靈觀。在攸縣三登坊。唐建。

青霞觀。在茶陵州西南。梁大同中建，舊名洞真觀。元延祐中，敕賜名青霞萬壽宫。元虞集碑文：茶陵州青霞萬壽宫，自蕭梁時有饒道亨真人仙去，即其宅爲道館，曰洞真觀。宋初，主觀事胡元雅亦有道術，香火日盛，其季年，改賜曰青霞宫。

萬壽宫。在善化縣西南。相傳晉旌陽令許遜鎮蛟於此，後人建宫祀之。

名宦

漢

賈誼。雒陽人。文帝時爲長沙王太傅，度湘水，爲賦以弔屈原。

郅惲。西平人。建武中，再遷長沙太守。先是，長沙有孝子古初，惲甄異之，以爲首舉。

張機。長沙太守。時大疫流行，機精解醫藥，治法雜出，著傷寒論、金匱方行世，民賴全活。

抗徐。丹陽人。有膽智策略，延熹八年，三府表薦。遷長沙太守，桂陽胡蘭、朱蓋等寇零陵，徐與度尚等擊破斬之。

孫堅。富春人。中平間，長沙賊區星自稱將軍，衆萬餘人，攻圍城邑。乃以堅爲長沙太守，到郡，親率將士，施設方略。旬月之間，克破星等。周朝、郭石亦率徒衆起於零、桂〔五〕，與星相應，遂越境尋討，三郡肅然。

晉

虞潭。餘姚人。清貞有檢操，大司馬齊王冏用爲祭酒，徙醴陵令。值張昌作亂，郡縣多從之，潭獨起兵斬昌別將鄧穆等。以軍功進爵都亭侯。

崔敷。長沙太守。永嘉中，益州流人汝班等作亂於湘州，執刺史苟眺〔六〕，敷遇害。

周崎。邵陵人。爲湘州從事。王敦之難，譙王丞使求救於外，被執，大呼「城中堅守」，賊殺之。

南北朝　宋

張茂度。吴郡人。爲長沙太守。素有吏能，職事甚理。

庾深之。新野人。元嘉間自輔國長史爲長沙内史。南郡王義宣爲逆，深之見害，子孫亦死，追贈冠軍將軍。

顧覬之。吴郡人。孝建、泰始間，兩爲湘州刺史，善於涖民，治甚有績。

裴昭明。聞喜人。元徽中長沙郡丞，罷任，刺史王藴之謂曰：「卿清貧必無還資，湘中人士有須一命之禮者，吾不愛也。」

昭明曰：「下官忝爲郡佐，不能光益上府，豈以鴻都之事，仰累清風？」

齊

劉坦。南陽人。和帝時，楊公則爲湘州刺史，帥師赴夏口，乃除坦長沙太守、行湘州事。坦嘗在湘州，多舊恩，道迎者甚衆。下車簡選堪事吏分詣十郡，悉發人丁運租米三十餘萬斛，致之義師，資糧用給〔七〕。王僧粲謀反，前湘州鎮軍鍾玄紹潛謀内應，坦聞，僞爲不知，因理訟如常。至夜，故開城門以疑之。玄紹詣坦問故，坦久留與語，密遣親兵收其家書，玄紹首伏，即斬之，焚其書，餘黨無所問，州部遂安。

梁

蕭修。鄱陽王恢子。元帝時拜湘州刺史。長沙頻遇兵荒，人户凋敝，修務穡勸分，未期年，流民至者三千餘家。

王琳。山陰人。湘州刺史。果勁絶人，又能傾身下士，得將卒心。所得賞物，不以絲毫入家。平侯景之亂，功爲第一。

唐

張謂。河南人。明皇時潭州刺史，有善政。著長沙風土碑記，又有湘中記。

宋

潘美。大名人。太祖時，潭州防禦使嶺南劉鋹數寇桂陽、江華，美擊走之。溪洞蠻獠不時侵略，頗爲民患，美窮其巢穴，多所殺獲，餘加慰撫，夷落遂定。

石曦。太原人。太祖時，潭州鈐轄。開寶八年領兵敗南唐軍二千餘於袁州，平梅山、板倉諸洞蠻寇，俘馘數千人。

朱洞。開寶中知潭州，始創嶽麓書院。陳傅良言自朱守作書院〔八〕，五六十載之間，教化大洽。學者振振雅馴，行義修好，庶幾於古爲吏者。

劉審瓊。范陽人。太宗時知潭州。州素多火，日調民積水爲防，民甚勞。審瓊至，悉罷之以便民。

李沆。洺州肥鄉人。太平興國進士，爲將作監丞，通判潭州。趙昌言掌漕湖外時，謂沆有台輔之量，表聞於朝。

何承矩。河南人。太平興國中徙知潭州，凡六年，囹圄屢空，詔嘉獎之。

馬知節。薊縣人。太宗時監潭州兵。時何承矩爲守鎮，以文雅飾吏治，知節慕之，因折節讀書。

李允則。盂縣人。太平興國中知潭州。初，馬氏暴斂，州人出絹謂之地税；潘美定湖南，計屋輸絹，謂之屋税；營田户給牛，歲輸米四斛，牛死猶輸，謂之枯骨税；又輸茶税，以三十五觔爲一大觔。允則請除三税，民皆便之。湖湘多山田，可以藝粟，而民惰不耕，乃下令月所給馬芻，皆輸本色，由是山田悉墾。湖南饑，欲發官廩，先賑後奏。轉運使不可，允則曰：「須報踰月，則無及矣。」明年洊饑，復欲先賑，轉運使又不可。允則請以家貲爲質，乃得發廩賤糶，因募饑民堪役者隸軍籍，得萬人。轉運使請發所募兵禦邵州蠻，允則曰：「無名益戍〔九〕，是長邊患也。且新募饑瘠，未任出戍。」乃奏罷之。

魏廷式。宗城人。至道中知潭州。湖南土地衍沃，民喜訟産，有根柢巧僞難辨者，廷式立裁之，吏民咸服。

楊覃。浙江人。景德中知潭州。王師討宜賊，軍需多出長沙。曹利用以聞，詔書褒勞。

劉師道。東明人。大中祥符二年知潭州。長沙當湖、嶺都會，剖煩析滯，案無留事。加左司郎中。

馬亮。合肥人。真宗時知潭州。屬縣有亡命卒剽攻，爲鄉閭患，人共謀殺之。事覺，法當死者四人，亮咸貸之曰：「爲民去害，而反坐以死罪，非法意也！」徙昇州。

趙抃。西安人。爲武安軍節度推官。人有赦前僞造印，更赦而用者，吏議當死，抃曰：「赦前不用，赦後不造，不當死。」遂以疑讞宥生之，一府皆服。

李若谷。徐州人。仁宗時知潭州。洞庭賊數邀商人船，殺人，輒投水中。嘗捕獲〔一〇〕，以無驗，每貸死隸他州，既而逃歸復攻掠。若谷擒致之，磔於市，自是寇稍息。

王罕。華陽人。知潭州，爲政務適人情，不加威罰。有狂婦數訴事，出言無章，前守每叱逐之。罕獨引至前，委曲徐問，久稍可曉。乃本爲人妻，夫死，妾遂逐婦而據家貲，因憤恚成疾。罕爲治妾而反其貲，婦良愈，郡人傳爲神明。事聞，詔書褒諭，賜絹三匹。

陳希亮。青城人。天聖中知長沙縣。有僧出入章獻后家，恃勢據民地，希亮捕治寘諸法，一縣大聳。郴州竹場有僞爲券給輸户送官者，事覺，輸户當死，希亮察其非辜，出之，已而果得其僞造者。

齊廓。會稽人。提點荆湖南路刑獄。潭州鞫繫囚七人爲强盜，當論死，廓訊得其狀非强，付州使劾正，乃悉免死。

唐介。江陵人。仁宗時潭州通判。時潭州諸吏有私買巨賈明珠之獄，帝曰：「唐介必不肯買。」按之果然。

余良肱。分寧人。知湘陰縣。縣逋米數千石，歲責里胥代輸，良肱論列之，遂蠲其籍。

李南公。鄭州人。知長沙縣。有嫠婦攜兒以嫁，七年，兒族取兒，婦謂非前夫了，訟於官。南公問兒年，族曰九歲，婦曰七歲；問其齒，曰去年毁矣。南公曰：「八歲而齔，尚何争？」命兒歸族。

劉元瑜。河南人。知潭州。猺人數爲寇，元瑜使州人楊謂入梅山説酋長出聽命，因厚犒之，籍以爲民千二百户。

何正臣。新淦人。神宗時知潭州。時詔州縣聽民以家貲易鹽，吏或推行失指，正臣條上其害，謂無益於民，亦不足以佐國用，遂寢之。

徐天麟。臨江人。潭州通判。興學明教，有惠政。

張頡。桃源人。知益陽縣。縣接梅山溪洞，多蠻獠出没，頡按禁地約束，召猺人耕墾。上其事，不報。熙寧中克梅山，朝使言頡昔令益陽，首建梅山之議，今日成功，權輿於頡，詔賜絹三百疋。

彭友芳。攸縣人。熙寧中茶陵主簿。時上三鄉民貧而山居，輸潭州造船木以折歲租，江行千餘里，其費數倍。友芳白護漕請均出木，即縣造舟，公私兩便。茶陵造舟上供，議自友芳始。

毛漸。江山人。熙寧中知寧鄉縣。經理五谿，因陳利害於察訪使，委以區畫，遂建新化、安化二縣。尋擢著作郎，改知安化。謂猺人畏果報之説，因俗立教，創五寺以誘化其心，苗猺始服。又立學校，明教化，作開梅山頌以紀之。

王定民。元祐中知湘陰縣。時州縣無學，肄業之士惟歸書院。定民始創學宫於南浦，於是居業有所。

楊時。將樂人。知瀏陽縣。有惠政，民思之不忘。

張運。貴溪人。靖康中遷攸縣尉。高宗南渡，劇賊王在據岐山，潭帥徵兵戍岳，運獨將二千先至，岳賊平。

趙聿之。安定郡王叔康子。建炎中爲成忠郎。金人圍潭州，帥臣向子諲率衆守城，聿之隸東壁。子諲巡城，顧聿之曰：「君宗室，不可效他人苟簡〔一一〕。」聿之感慨流涕。金兵登城，縱火，城陷，聿之巷戰，大罵而死。將官武經郎劉玠亦死之。事聞，贈聿之左監門衛大將軍，玠武經大夫。其後帥臣朱子爲請立廟，賜號忠節。

孟彦卿。洺州人〔一二〕。建炎中通判潭州。潭城中叛卒焚掠，自東門出，帥臣向子諲命彦卿領兵追之。已而招安其衆。未幾，潰兵杜彦自袁州入瀏陽，遂犯善化、長沙二縣，彦卿率民兵拒之，手殺數人，賊退還瀏陽。彦卿追戰，俄而民兵有自潰者，賊遂乘之，彥卿被害。事聞，贈直龍圖閣，官其家三人。後立廟祀之。

趙民彥。建炎中潭州添差通判。潰兵杜彥入瀏陽，通判孟彥卿死之，民彥以民兵赴，鏖戰瀏陽城南，依山爲陣，殺傷甚衆。偶爲間者折其旗，衆驚，謂民彥已敗，遂潰。民彥被執，賊殺之。事聞，贈直龍圖閣。

范如圭。建陽人。武安軍節度推官。始至，帥將斬人，如圭白其誤，帥爲已署，不易也。如圭正色曰：「奈何重易一字而輕數人之命？」帥瞿然從之。自是府中事無大小，悉以咨焉。

勾濤。新繁人。高宗時知潭州。秦檜嘗令人諭意，欲與共政，濤以書謝之。檜諷言官劾之，不報。濤上書論時事之害政者，帝嘉其忠直。

李植。臨淮人。高宗時知湘陰縣。經楊幺蕩析，植披荆棘，立縣治，發廩粟，振困乏，專以撫摩爲急。

王庶。慶陽人。紹興時知潭州。敷政寬平，民懷其德。

劉錡。德順人。以忤秦檜出荆南，或言錡名將不當久閑，乃命知潭州。六年，軍民安輯，築室昭山之下居焉。

徐夢莘。臨江人。紹興末知湘陰縣。縣少田多盜，會湖南帥括盜耕湖田者悉輸租，號增耕税，他邑多移他賦應命。夢莘獨謂邑無新田，租税無從出，帥恚其私於民，擿摭其過莫能得，由是反器重之。夢莘益務教化，湘陰士始興於學。

劉穎。西安人。孝宗時簽判潭州。王佐爲帥，負其能，盛氣以臨僚吏。穎約以中道，佐屈而改。及陳峒反，所擒賊，多穎計，帥上其功，曰：「簽判宜居臣上。」召監進奏院。

王師愈。金華人。孝宗時知長沙縣。民以事至者，降意撫循，罷無名征斂，毀淫祠，驅散妖賊，禁巫覡乳香，俗爲變。帥臣論薦，遷荆湖轉運使。

徐應龍。浦城人。淳熙中調湖南檢法官。潭獲刼盜，首謀者已繫獄，妄指逸者爲首，及獲逸盜，治之急，遂誣服。應龍閱實，爲首從不明，法當奏。提刑盧彦德將寘逸盜於死，應龍與之辨，彦德不能奪，聞者交薦之。

范機。延平人。知寧鄉縣。時漢上用兵，軍需百出，機調度有方，不使毫髮病民。是冬襄陽警，聲揺湖、湘間，父老謀徙大潙，機曰：「制動當以静，倉皇委去，是自擾也。」卒不爲動。明年江陵警，潭帥欲調民守城，機謂必不可，帥悟而止。既而饑疫並作，機爲粥食饑。

徐範。侯官人。嘉定中通判潭州。值湖、湘大旱，賑救多所裨益。

王相。嘉定中知湘陰縣。南有東、西二湖，先無有障之者，水溢則巨浸茫然，人皆病涉。相始築隄其間，延袤數里，民依以居，即所謂南隄也。

李燔。建昌人。理宗時通判潭州。真德秀爲長沙帥，一府之事，咸以諮燔。

洪天錫。晉江人。理宗時知潭州。戢盜賊，尊先賢，踰年大治。

徐經孫。寶慶中瀏陽主簿。歷臨武令，通判潭州。部牙契錢至州，有告者曰：「朝廷方下令頒行十七界會子，若此錢皆用會，少須則獲大利矣。」經孫曰：「此錢出諸公庫，吾納會而私取，外欺其民，内欺其心，奚可哉！」詰旦悉以所部錢上之。

王邁。興化軍仙遊人。潭州觀察推官。易祓聞其至，戒人曰：「此君不可犯。」清勢家冒占田數百畝。

劉子邁。紹定中知茶陵軍。强敏有志。時歲大歉，子邁設法振恤，民頼全活者甚衆。茶陵舊無城，寇至則入保山砦，子邁乃城之。又鑄鐵犀鎮水，民甚利之。

黄端卿。理宗時茶陵丞。死郴寇之難，詔進官三秩，官一子將仕郎，立廟茶陵。

李芾。廣平人。理宗時辟湖南安撫使幕官，攝湘潭令。縣多大家，前令束手不敢犯，芾稽籍出賦，不避貴勢，賦役大均。德祐初知潭州〔一三〕，元兵圍城，芾慷慨登陴，與諸將分地而守，日以忠義勉其將士，乘城殊死戰。元兵登城，衡守尹穀、參議楊霆死，芾召帳下沈忠曰：「吾分當死，吾家人亦不可辱於俘，汝盡殺之而後殺我。」忠泣諾，取酒醉其家人，徧刃之，芾亦引領受刃。忠縱火焚其居，還家殺妻子，復至火所大慟，乃自刎。幕屬顔應焱、陳億孫皆死，陳毅潰圍戰死。事聞，賜芾端明殿大學士，謚忠烈。

李長庚。湘潭縣丞。元兵入寇，冠帶坐學宫，不屈死。諸生葬之學宫旁。

元

楊處仁。冠州人。皇慶間知湘陰州。首停荒田之税，興學勸農。朞月，訟簡獄空，歷年逋賦，不迫而足，流民皆復業焉。

謝端。遂寧人。延祐初同知湘陰州事。猾吏束手不敢舞文法，豪民無賴者遠避去，使者行部，旁郡滯訟皆委端讞，剖決如流，聲譽卓然。

虞槃。仁壽人。泰定間任湘鄉州判官。有富民殺人，使隸己者坐之，上下皆阿從，槃獨不署，卒正其罪。時妖巫倡言僞火，槃奔救不遑，偵得刦火者譏之，盡得巫黨，論如法。諸吏民大服。

明

海源善。江西人。洪武初知安化縣。時新設縣治，源善勤於政事，以熟鹿皮爲鞭，使民知愧而已。民愛敬不忍欺。

史希賢。無爲州人。洪武初知瀏陽縣。開創邑治，興建學校，起頽振湮，邑人立祠祀之。

吴顯。蘇州人。洪武初改湘鄉州爲縣，顯即以知州爲令。創建縣治，招還流民，墾荒田八千餘畝。

黄思讓。淮安人。洪武中知湘陰縣。勤庶政，善斷訟獄。時兵燹之餘，思讓招流移，創營學，民至今思之。

吴履。蘭谿人。洪武中知安化縣。初豪民集衆爲兵，天下既定，兵皆散，獨豪長易氏率所部入山。江陰侯吴良議討之，履曰：「招之宜來，不來誅未晚。」易氏果至，事遂平。良籍故兵之爲農者，民大恐。履召耆老慰諭之，取其願爲兵者數人而止。

朱詡。徐州人。洪武中知湘潭縣。性廉潔，門無私謁，每食粗糲鹽豉而已。邑有虎患，民欲設穽，詡曰：「猛獸害人，令之過也，惟修德以弭之耳。」未幾虎遁去。

方慶。淮安人。洪武中知湘潭縣。時索海船價甚急，使者繫民箠楚甚酷，慶曰：「物料弗完，責在有司，徒刑民無益，請寬之。」使者弗從。慶期五日輸所負，遂悉縱之。民感其德，果如期盡償之。

廖謨。泰和人。永樂中知長沙縣。時方用師交阯，謨制置適宜，民不告病。地多虎，設機穽捕之，不能止，謨爲禱於神，虎遂屏息。

洪鈞。新城人。永樂中知長沙府。政通人和，有甘露降於郡齋，人咸賦詩紀瑞。

劉燾。安康人。永樂中知長沙府。慈祥愷弟，不施鞭朴，有不善者勸諭之，人咸悦服。

徐亨。仁和人。正統中知茶陵州。歲歉，募民之富而義者得穀五千石，並出官帑賑之，多所全活。又奏減田租，民懷其惠。

韓璟。寧德人。天順中知湘陰縣。莅政公勤，開辟田野，勸民積粟以備賑，造橋梁道路。時有芝草瑞蓮之祥，人謂善政所致。

周範。豐城人。成化初知長沙府。時藩王初就國，護從者驕横肆奪，範執法禁制，民賴以安。

盛時。樂平人。成化中知善化縣。會親藩開國，征調繁重，時悉心經畫，民不告困。縣舊治在城外，時出俸遷建入城。

陳鋼。應天人。成化中長沙府通判。除冗費，決疑獄，去之日行李蕭然。卒後，士民以鋼從祀嶽麓書院。

彭琢。吉水人。弘治中長沙推官。以俸入修嶽麓書院，置田養士。卒官，貧不能斂。

董豫。會稽人。弘治中知茶陵州。州多訟，捕其尤，寘之法。遷建學宮，士風蔚起。歲旱，奏減租賦者再，民德之。

楊茂元。鄞人。弘治間以言事謫長沙府同知。以興起斯文爲任，加意書院，表章隱德。歷官刑部侍郎。長沙人祀之六君子祠。

秦鉞。慈溪人。正德中知攸縣。廉幹機警。縣治爲流賊焚毁，鉞爲更創。

趙以敬。普安人。正德中知茶陵州。部使督數歲逋賦，時值饑饉，民不聊生，敬悉以官帑貸之。

季本。會稽人。嘉靖中以御史出知長沙府。早聞王守仁論學之旨，開講嶽麓書院，四方士多從之。罷歸，身歿幾不能殮。

蘇志皋。固安人。嘉靖中知瀏陽縣。邑糧多虚射，貧民有攤賠之苦，志皋力行保甲法，俾無田者歸於有田，公私稱便。俗尚淫祀，志皋謂非有功於民者弗在祀典，盡毁之。

張西銘。濱州人。嘉靖中知長沙府。在任六年，清操敏幹，始終如一。嘗揭一聯云：「政拙不求妻子潤，心勞惟有鬼神知。」

韓嘉會。眉州人。嘉靖中知湘潭縣。世宗幸承天，奉檄供辦，盈縮有方，民不知勞。歲旱疫，捐俸備粥藥，復請捐賑，全活甚衆。

劉漢。揭陽人。嘉靖間知安化縣。居官清苦，歲旱出禱，霖雨屢應。城南火，漢爲拜求，火隨滅。以疾去官，後令於廨舍壁中得所遺手書十數紙，皆自警語，因歎服焉。

王奇橙。惠安人。嘉靖中知益陽縣。邑有巨盜爲亂，奇橙以計招其渠魁，伏兵斬之。卒官，貧不能殮。

王相。丹徒人。嘉靖中知益陽縣。剛廉有守，嘗大書署門云：「禮義出入，惟爾之休；財貨出入，惟爾之羞。」卒之日，同官爲賻殮，其妻卻之曰：「此吾夫所不取者。」竟不受。

陳以道。永寧人。嘉靖中知湘陰縣。以直忤當道歸，行橐蕭然。邑人競遺之，不受，曰：「吾攜一片湘雲，歸作黔山清供，所受多矣！」

陸南陽。武進人。隆慶中知善化縣。捐俸築邑南隄數十里，人號陸公隄。有被枉擬辟者，力辨其冤，得免。人刻像祀之。

李實。瀘州人。隆慶中知湘潭縣。所設施悉出至誠。嘗作短歌，勸諭吏胥，弗受人錢，使人於麗譙歌之，聽者皆爲感泣。

李仕亨。銅梁人。萬曆中知善化縣。時遭旱疫，仕亨出俸錢給饘粥藥餌，置義塚以掩胔骼。又力請蠲租賑恤，得報可。

唐源。錢塘人。萬曆中知善化縣。嘗條議開南源港，利舟船以通商，禁夫馬私斂以甦民困。歲當大水，力請蠲賑，全活萬計。六年考滿，以勞卒。

何節。漢川人。萬曆中知長沙府。案無留牘，繕城堡，清賦役，興學校，覈屯伍，諸政犁然具舉。

徐可行。宣化人。萬曆中知寧鄉縣。爲政平易，與父老子弟歡若家人。時禁網疏濶，民鮮姦宄，兩臺數議調繁，可行辭曰：「吾樂縣俗淳樸，願無以易。」

朱志。宜春人。萬曆中知瀏陽縣。見民俗奢僭，志風以節儉。胥役有褒衣大袖者，即命剪截之。有履絲曳縞者，輒訶責曰：「爾非民膏，何從得此？」質獄偶施敲朴，輒泣下。秩未滿，自引去。

馮祖望。武進人。萬曆中知瀏陽縣。下車覩逃亡滿目，逋賦鉅萬，遂躬履阡陌，清勘田畝。有瀏民七苦八難之請，浮糧蕪壤，俱從輕減，民被實惠。

董翼。合江人。萬曆中知益陽縣。縣東鄉頻年患水，翼捐穀募民，建隄障水，延袤二萬餘丈，湖鄉賴之。

揭士奇。廣昌人。萬曆中知湘鄉縣。時水旱頻仍，士奇緩征弛刑，廣儲穀石，力請蠲民田租之半，得報可。後創建社倉社學。

趙彬。洛陽人。萬曆中知長沙縣。到官見户口流移，錢糧隱射，乃方田均賦，編爲十五里三廂。其荒田不可開者，另爲糧册，緩徵之。縣治孤懸北城外，請於上官，割俸緡及贖鍰遷之城内，不以累民。

晏朝寅。名山人。萬曆中知醴陵縣。却羡餘以償逋賦，請免代編沔陽、江夏銀米，邑人德之。性抗直不媚上官，部使者行縣，輒爲斂手。

王秉乾。華陽人。天啓中知湘陰縣。邊餉起，秉乾不忍派民，覈城中官地，令居民承買，得數千金充餉。秉乾對父老泣曰：「此可權一時耳，後此民困，將何極也！」

朱三才。嵩明州人。崇禎中知醴陵縣。時臨藍寇亂犯境，三才率鄉勇禦之，賊遁去。治醴陵七年，創書舍，修橋梁，率多美政。

余自怡。徽州人。崇禎中知湘陰縣。著慎刑録，薄責必記，用重刑則加圈以誌之。時臨藍寇横行長、岳間，自怡親率鄉勇堵禦，寇知有備，乃解圍去。

楊枝起。華亭人。崇禎中知湘陰縣。催科有法，内設六書，完欠之數，内書司之，外書不與。置勿欺簿，手授耆民自注荒熟，荒者設法蠲之。尤長於聽斷，民有兩母牛，共將一犢，争辨不決。枝起以三木囊犢首，一母牛獨哀號抵觸，因以犢歸之。十二年寇圍長沙，遣偵者冒差官至邑，枝起陽不知，設宴禮之，使縱觀庫藏。賊知空虚，果不復入。

楊開。大埔人。崇禎中知湘陰縣。張獻忠陷長沙，列城俱潰，開度力不能支，退守白鶴山，募鄉勇爲恢復計。賊乘間執之，誘以官，不從；脅以刃，復不屈。因驅之於河，家屬十七人皆溺死。

蔡道憲。晉江人。崇禎中長沙府推官。時多盜，偵察立獲。吉藩宗爲暴，先治而後啓王。張獻忠陷武昌，直犯長沙，道憲募兵拒守。及總兵尹先民戰敗歸，賊乘勝奪門入。先民乞降，道憲北面頓首泣曰：「臣不職，以死謝天子！」旋被執，駡不絶口。賊怒磔之，磔且死，猶作恨聲。賊詰之，曰：「恨不殺尹先民！」健卒淩國俊、陳世科等九人俱從死。事聞，詔贈太僕卿，謚忠烈，特祠祀焉。時照磨莫可及亦殉節死。

周二南。雲南人。崇禎中爲府通判，盡心職事。與蔡道憲深相得，道憲死，二南力請於上官獲請卹。久之，擢岳州知府，士民固留，以新秩還長沙。李自成自興國間道入境，二南督兵鏖戰，歿於陣。事聞，贈太僕寺卿，並祀忠烈祠。

吳士義。常州人。崇禎中長沙縣丞。獻賊陷城，被執不屈死，祀羣忠閣。

李完珍。山東人。崇禎中長沙府經歷，署益陽縣事。獻賊寇長沙，死之。

楊一位。臨湘人。崇禎中湘鄉訓導。礦寇嘯聚天王寺，一位與邑令募民抗賊，以計擒之。葺學宮，課士子，多所造就。

邱存忠。雲南人。崇禎中知寧鄉縣。流賊破湖南，存忠懷印避，爲姦吏所怨，執付賊。賊爲置酒付印，仍令宰寧，存忠抗詞泣下。賊怒縛去，至道林，被殺。

賴大雅。贛州人。崇禎中益陽教諭。爲張獻忠所執，脅之從，不屈，正衣冠端坐罵賊。賊怒，殺之，經旬面色如生。

本朝

張宏猷。奉天人。順治中知長沙府。有肆應才，當軍興時，公務旁午，一切簿書，皆手自裁定。爲政嚴明不苛，民皆稱之。

蘇宏謨。遼陽人。順治中長沙府同知。時兵民雜處，加意撫輯，甚得人和。

高天爵。奉天人。順治中知長沙府。時討李定國，綜理軍政，籌軍餉，事集而兵民帖然。以父疾解組去，老幼號泣遮留不得。

熊應昌。蘄州人。順治中知茶陵州。時流賊初平，馳招來之檄，定賦役之式，革耗外之羨，申讀法，勤月課，於發姦摘伏尤精。

朱前詒。無爲州人。康熙中知長沙縣。均賦役，勸農桑，新學校，百廢具舉。

熊學熊。南昌人。康熙中知湘陰縣。縣經水災，穀貴甚，平價反昂，學熊乃益增之，遠商踵至，價頓賤。舊牘中有寡婦一子被誣論死，欲生之，上官有難色，力争平反，罪人遂得。時方巡撫執姦民，無辜被繫者數十人，學熊盡釋之。

李玠。同州人。康熙中知湘鄉縣。清漏册，減浮派，均區編都，大吏下其治以爲各屬法。值偏災發賑，民賴全活。

梁任。順德人。知善化縣。湖南之田，自明萬曆間增築新隄，湖涌逆流，田不可耕。任悉爲清釐，豁除浮賦。以薦擢禮科給事中。

吕肅高。新安人。乾隆中知長沙府。在任七年，多惠政。修明推官蔡道憲墓，郡人建專祠祀之。

荊道乾。臨晉人。初知東安、永順兩縣，以廉明著。調善化。善化爲附省首邑，差務繁劇，莅任者率不暇留心民事，道乾非要政不趨謁大府，不爲上官設供帳。下車即問民利病，以次興革，勸農桑，明教化，風俗一振。後官至安徽巡撫。

樊寅捷。趙城人。乾隆中知湘鄉縣。政尚嚴明，姦胥土豪皆斂跡。值米貴，勸富室減價平糶，民德之。

劉善謨。鄒平人。乾隆中知寧鄉縣。持法甚恕，而治盜獨嚴。遇疑獄輒微服密訪，多得實。有宦家争地，訟久不結，善謨私以圖形勘之，一訊而服。又嘗投宿鄉間，夜半偵盜蹤，廉得謀殺巨獄。每聽訟，觀者如堵，仰若神明焉。

衛際可。濟源人。嘉慶二年由宜章調知湘潭縣，縣人聞其至，率稱慶。縣案山積，勤於聽斷，發覆若神，數月訟庭鮮跡。作勸民規約十餘條，紳民爲梓行之。去官日，買舟送至省垣者數千人。後以應賠積欠咨調至縣，縣人張錦焚香，不三日，醵金數千兩，代償之。

校勘記

〔一〕並朱洞周式劉珙　「劉珙」，原作「劉琪」，據乾隆志卷二七七祠廟（下同卷簡稱乾隆志）改。按，據宋史卷三八六劉珙傳，劉珙曾知潭州、河南安撫使，有破賊功。在任重建嶽麓書院，多興文教，此其列祀崇道祠之故歟？

〔二〕一在茶陵州北後殿祀赤松子　乾隆志作「一在茶陵州北太和山前後兩殿前祀神農後祀赤松子」。按，本志省略過當。

〔三〕保寧寺　「寧」，原作「安」，據乾隆志及雍正湖廣通志卷八〇古蹟志寺觀改。按，本志避清宣宗諱改字。

〔四〕唐長髭禪師所建　乾隆志同。按，雍正湖廣通志卷八〇古蹟志寺觀謂此寺「唐元和二年勇禪師建，長髭曠禪師繼闡宗旨，明洪武三十年僧無瑕重修」。與此不同。

〔五〕周朝郭石亦率徒衆起於零桂　「徒」，原作「將」，據乾隆志及三國志卷四六吳書孫堅傳改。

〔六〕執刺史苟眺　「苟眺」，晉書卷五孝愍帝紀同，晉書卷一〇〇杜弢傳及資治通鑑卷八七晉紀作「荀眺」。

〔七〕資糧用給　「資」，原作「支」，據乾隆志及梁書卷一九劉坦傳改。

〔八〕陳傅良言自朱守作書院　「朱」，原作「未」，據乾隆志及陳傅良止齋集卷三九潭州重修嶽麓書院記改。

〔九〕無名益戍　「名」，原作「民」，據乾隆志及宋史卷三二四李允則傳改。

〔一〇〕嘗捕獲　「嘗」，原作「當」，乾隆志作「常」，據宋史卷二九一李若谷傳改。

〔一一〕不可效他人苟簡　「不可」，原作「可不」，據乾隆志及宋史卷四五二忠義傳乙。

〔一二〕洺州人　「洺州」，原作「洛州」，據乾隆志及宋史卷二四三孟皇后改。按，孟彥卿爲孟忠厚從父，孟忠厚乃哲宗孟皇后兄也。

〔一三〕德祐初知潭州　「祐」，原作「佑」，乾隆志同，據宋史卷四五〇李芾傳改。

大清一統志卷三百五十七

長沙府四

人物

漢

梅鋗。益陽人。高帝時爲長沙王吴芮將。時帝攻南陽，遇鋗，與偕攻析、酈，降之。及項羽相王，以芮率百越立爲衡山王。其將梅鋗功多，封十萬户，爲列侯。羽死，上以芮、鋗有功，從入武關，徙芮爲長沙王。鋗從之，家益陽，因姓所居曰梅山。芮得江漢民心，皆鋗之力。

古初。長沙人。父喪未葬，鄰人失火，初匍匐柩上，以身捍火，火爲之滅。太守郅惲甄異之，以爲首舉。

祝良。長沙人。并州刺史。性勇決。永和二年，日南徼外蠻反，李固薦之，拜九真太守。良單車入賊中，設方略，降者數萬，嶺外復平。

羅宏。長沙人。爲交州刺史。春行冬息，偏歷所部，咨詢疾苦。太守多解綬請罪，宏廉實舉發，貪殘斂迹。

劉壽。長沙人。順帝時爲洛陽令。歲旱祈雨不得，暴身階庭，告誡引罪，遂得雨。人爲之頌曰：「天久不雨，蒸人失所。精誠感應，滂沱下雨。」

虞芝。長沙人。州辟南陽從事。太守張忠連姻王室，罪名入重，芝依法執按。刺史畏勢召芝，芝曰：「吾年往志盡，譬如八百錢馬，死生同價，且欲立效於明時耳。」遂投傳去。

三國　漢

蔣琬。湘鄉人。從先主入蜀，諸葛亮嘗稱蔣琬社稷之器，非百里才。亮住漢中，琬統府事，常足兵食相給。亮每言：「公琰託志忠雅〔一〕，當共贊王業。」密表後主云：「臣若不幸，後事宜以付琬。」亮卒，累官尚書令，封安陽亭侯。時亮初喪，遠近危悚，琬舉止如常，衆望漸服。延熙初，詔琬屯軍漢中，又命開府加大司馬。九年卒，謚曰恭。

魏

桓階。長沙人。祖超歷典州郡，父勝尚書，皆有名南方。階仕郡功曹，太守孫堅舉階孝廉，除尚書郎。父喪還鄉里，會堅擊劉表戰死，階冒難詣表乞堅喪，表義而與之。久之，辟爲從事祭酒，欲妻以妻妹蔡氏，階自陳已結婚，拒而不受，因辭疾告退。魏太祖定荆州，辟爲丞相掾主簿，遷趙郡太守。魏國初建，爲虎賁中郎將侍中。時太子未定，而臨菑侯植有寵，階數陳文帝德優齒長，宜爲儲副。公規密諫，前後懇至。遷尚書，典選舉。文帝踐阼，遷尚書令，封高鄉亭侯，卒謚曰貞。子嘉，尚公主，死王事。孫陵，有名於晉，官至滎陽太守。

吴

桓彝。階弟。仕吴爲尚書。孫綝議廢其主亮〔二〕，彝不肯署名，綝怒，殺之。

晋

虞悝。長沙人。與弟望並有士操。少仕州郡，兄弟更爲治中别駕。譙王承臨州，會王敦作逆，承乃命悝爲長史，望爲司馬，督護諸軍。湘東太守鄭澹，王敦姊夫也，不順承旨，遣望討之。望率衆一旅，直入郡，斬澹以狥。及魏乂來攻，望力戰死，城破，悝復爲乂所害。敦平，贈悝襄陽太守，望滎陽太守。

桓雄。長沙人。少仕州郡，譙王承爲湘州刺史，命爲主簿。王敦之逆，承爲敦將魏乂所執，佐吏奔散。雄與西曹韓階、從事武延並毁服爲僮竪，隨承向武昌。乂見雄姿貌，知非凡人，因害之。

韓階。長沙人。性廉謹篤慎，爲閭里所敬愛。刺史譙王承辟爲儀曹祭酒，轉西曹書佐。及承爲魏乂所執，送武昌，階與武延等同心隨從，在承左右。桓雄被害之後，二人執志愈固。及承遇禍，階、延親營殯殮，送柩還都，朝夕哭奠，葬畢乃還。

鄧騫。長沙人。少有志氣，爲鄉鄰所重。刺史譙王承命爲主簿，使説甘卓。卓留爲參軍，以母老辭。騫節操忠信，庾亮稱爲長者。歷武陵、始興太守，遷大司農，卒於官。

鄧粲。騫子。少以高潔著名，不應州郡辟命。荆州刺史桓沖卑詞厚禮，請粲爲别駕，粲嘉其好賢，乃起應召。後患足疾求去，不聽，令卧視事。以病篤乞骸骨，許之。粲以父騫有忠信言，而世無知者，乃著元明紀十篇行於世。

易雄。瀏陽人。仕郡爲主簿。張昌之亂，執太守萬嗣將殺之，雄與賊争論曲直，賊怒，叱使牽雄斬之。雄趨出自若，賊乃舍之，由是知名。舉孝廉，爲州主簿，後爲舂陵令。刺史譙王丞拒王敦，雄承符馳檄，募衆千人。敦遣魏乂、李恒攻之，力屈城陷，遇害。

南北朝　齊

王矩。長沙人。父毅，廣州刺史，甚得南越之情。矩初爲南平太守，豫討陳恢有功，遷廣州刺史。

孫普濟。長沙人。居喪未葬，鄰家火延及舍，普濟號慟伏棺上，以身蔽火。鄰人往救，已悶絶，累日方蘇。

陳

歐陽頠。長沙人。公正有匡濟才，歷官鎮南將軍、廣州刺史，進號征南將軍。陽山郡公。時頠弟盛爲交州刺史，次弟邃爲衡州刺史，合門顯貴，名振南土。天嘉四年卒，謚曰穆。子紇。

唐

歐陽詢。紇子。敏悟絶人，博貫經史。高祖微時，數與遊，既即位，累擢給事中。詢初倣王羲之書，後險勁過之。貞觀初，歷太子率更令，弘文館學士，封渤海男。卒年八十五。

歐陽通。詢子。儀鳳中，累遷中書舍人。居母喪，詔奪哀，入朝徒跣，非公事不語，還家輒號慟。居廬四年，不釋服。冬月家人以氊絮潛置席下，通覺即撤去。天授初，轉司禮卿，判納言事。輔政月餘，會張嘉福請以武承嗣爲太子，通與岑長倩等固争，忤諸武意，下獄死。神龍初，追復官爵。

戴簡。長沙人。以文行累爲連帥所賓禮，貢之澤宫。而志不願仕，好孔氏書，旁及莊、老，莫不總覽。嘗有堂，因東城爲池，環之九里，遊覽之勝，於是爲最。柳宗元作記。

楊祥。醴陵人。太平節度使漢公之裔，因避地遷於此。事親孝，親亡，哀毁，泣盡繼以血。廬墓終身，有白芝、白兔、白烏之瑞。事聞於朝，詔植坊墓道以表之。

劉蜕。長沙人。咸通進士，爲左拾遺。與起居郎張雲疏論右拾遺令狐滈，貶山陽令。垂老，瘞文爲塚，刻石爲銘。

王璘。長沙人。詞富學贍，應日試萬言科，請十書吏皆給筆札，口授十書吏，手不停札。未亭午，已就七千言。時路巖當軸，召之，璘不往。巖怒，亟罷萬言科，後放浪山水間，隱於詩。

五代　漢

劉昌嗣。湘鄉人。漢時爲磁、相二州刺史。隱帝遇害，昌嗣避地衡山。馬氏招以賓禮，不赴。周行逢逼以僞禄，昌嗣曰：「我嘗致身漢氏，縱不能爲夷、齊，獨不可效梅福乎？」遂改姓范，號愚叟，躬耕饘粥自給。

楚

王仝。湘鄉人。仕馬氏，爲上軍指揮使。嘗與梅山猺戰，乘勝逐北〔三〕，孤軍無援，力戰而死。里人感其忠義，爲之立廟。

徐仲雅。自關中遷居長沙。爲馬氏十八學士之一，累諫馬希範不用。周行逢累欲用之，仲雅不屈。

廖偃。長沙人。父光圖，馬氏十八學士之首。馬希萼之廢也，偃與彭師暠據衡山，奉之請命南唐。南唐以爲道州刺史，死於王逵之難。

宋

蒙延永。長沙人。五代末，知賓州。宋初以捍賊死節。子少連，補左班殿直，以邕州功加殿前承旨。

李耕。潭州人。聚居至七百餘口，累數十百年。真宗時旌表，蠲其課調。

孫景修。長沙人。少孤，受教於母。咸平中，舉進士，官至太常少卿。老而念母之心不忘，撰賢母録。又集古今家誡四十九人，蘇軾爲之序。

畢田。長沙人。博學工詩。真宗朝以吏部郎兼侍講。一日居經筵，值天寒，奏蠲臨湘七郡科調，里人德之。

周式。湘陰人。以行義著，爲嶽麓書院山長。大中祥符間，召拜國子主簿，詔留講諸王宫，式固謝，還山教授。

丁雋。醴陵人。習春秋，時稱「丁三傳」。兄弟十七人，義聚三百口，五世同居，家無間言。大中祥符中，詔旌其門，曰義和坊。

彭介。湘陰人。天禧進士。歷官柳州刺史，有廉聲。

劉琦。長沙人。生二歲，母陷於兵，及長，請於父，往求母，徧歷河南北、淮東西，數歲後得於貴池，迎以歸養。十五年父没，又三年，母没，終喪蔬食。有司以聞，表其門曰「孝義」。

狄棐。長沙人。舉進士，知廣州。代還，不以南海物自隨，人稱其廉。拜右諫議大夫、龍圖閣學士，歷知陝鄭州、河中河南府。棐在河中時，有中貴過郡，言將援棐於上前。棐答以他語，退謂所親曰：「我湘潭一寒士，今官侍從，可以老而自汚耶？」其爲政愷悌，不爲表襮，死之日，家無餘貲。

狄栗。棐弟。嘗知穀城縣。民多豪猾，以法繩之。歲饑米貴，發常平倉以賑。有司劾其擅，帝原之。歷官大理寺丞。歐陽修稱爲廉吏，志其墓。

胥偃。長沙人。少力學，舉進士。累遷工部郎中，入翰林爲學士，權知開封府。忻州地震，偃上言宜選將練師以防邊塞，未幾卒。偃未仕時，家有良田數十頃，既貴，悉以予族人。嘗與謝絳受詔試中書吏，大臣有以簡授偃者，偃不發視，亟焚之。歐陽修始見偃，愛其文，召至門下，妻以女。子元衡，有學行，爲尚書都官員外郎。

狄遵度。棐子。少穎悟，篤志於學。以父任爲襄縣主簿，居數月，棄去。好爲古文，著春秋雜説，多所發明。有集十二卷。弟遵禮，試秘書省，知蘄縣，有能聲，陟駕部郎。黄庭堅志其墓。

董南美。湘鄉人。隱居漣水，極爲蘇、黄所重。

鄧忠臣。湘陰人。居玉池山，學者稱玉池先生。神宗時進士，累官考功郎中。入元祐黨籍，卒贈祕閣修撰。弟孝臣，宣和間累辟不起。

彭天益。攸縣人。元祐中鄉薦，後爲太學博士，以議論不合，出爲湖南提舉。大觀初，上封事，力言權姦誤國。年五十，致仕，居司空山，翛然有物外意。所著有瑞麟集。

鄧淵。湘陰人。登崇寧三年第。初仕鄜延經略使，入奏邊機，徽宗嘉其敏練，除國子丞，遷虞部員外郎。大觀初，值星變，求言，淵上封事，言多剴切。蔡京惡之，左遷監酒税，知懷州。

畢贊。長沙人。仕郡爲引贊吏。性至孝，父母皆年八十餘，轉運使表其事，詔贊解職終養。

譚世勣。長沙人。元符進士，教授郴州。時王氏學盛行，世勣雅不喜，卻其書不觀。又中詞學兼茂科，除祕書省正字。時蔡京子攸領書局，同舍郎多翕附以取貴仕，世勣泊如也，六年不遷。蔡京罷，爲司門員外郎，稍遷吏部。京再相，復罷。久之還吏部，擢中書舍人。以謹命令、惜名器、廣言路、吝賜予、正上供、省浮費六事言於上，爲當路所嫉。徽宗禪位，請釋奠先聖，不當以王安石配。再扈車駕，至金帥帳，以十害説其用事者，言講和之利，詞意忠激，金人聳聽。張邦昌僭國，稱疾不起，以憂卒。建炎初，贈端明殿學士，謚端潔。從父申，政和進士，官王府贊讀。張邦昌以爲屯田郎中，力辭不起。紹興四年，知筠州，以歲饑請緩征，忤監司降秩，遂致仕歸。民祠祀之。

丁仁。醴陵人。登進士第，累遷淮蜀制幕。及高沙之變，仁諭以順逆，降之。知無爲軍，依城築堰，郡人感德，名曰丁公堰。

王以寧〔四〕。湘潭人。父長孺守靖州，因言事落職。以寧在太學，抗章申冤，尋佐鼎澧帥幕。靖康之難，以寧走鼎州乞師，躬率入援，解太原圍。建炎元年，以宣撫參謀制置襄鄧，招諭桑仲等。以老乞歸養母。

孫方武。長沙人。爲州學正。金人入城，方武率居民連日巷戰，金人四面縱火，方武挺身駡不絶口，死之。後祠於學。

袁顯。益陽人。勇敢過人。建炎間，湘寇楊幺猖獗，顯團鄉兵以捍，力盡爲賊所得。賊欲用之，顯駡賊不屈，赴鼎鑊死。

謝淳。瀏陽人。建炎三年，潰兵杜彦自袁州入瀏陽，害潭州通判孟彦卿。添差通判趙民彦，以民兵赴之，淳以才勇，衆推之，率民兵爲前鋒，助民彦戰。淳手殺十數人，力屈被執。事聞，贈成忠郎，官其子晞古。

丁公膺。醴陵人。紹興初，爲高郵尉。金兵至，力戰死之。朝廷嘉其忠，官其子倚，終衡山令。弟公億，與兄公萬，當靖康時，避難於鄉，賊得公萬縛之，將就炮烙，公億願以身代。賊義而釋之，一家獲全。

王玠。善化人。蘄黄鎮撫使孔彦舟叛，玠開陳百端不聽，玠駡曰：「恨不斬汝萬段！」彦舟怒，并玠家屬沉之龍眼磯。

盧元亮。安化人。居資江濱，積學能文，操行純固。兄弟九人，元亮居長，盡以産業分給諸弟，己纖毫無所取。

王南美。安化人。隱伊溪之桂巖。博洽經史，尤邃於易。執經問難者，不遠數百里而至。置義莊以養族屬之孤貧者，其所居有釣月樓、耕雲堂。

謝英。寧鄉人。隱居教授，著書自娱。孝宗時，累辟不就。所著有志伊録。

湯璹。瀏陽人。淳熙進士。上疏言：「初召朱熹爲侍講官，四方仰望啓沃之益，曾未踰時，輒聽其去，必駭物論，宜追召熹還，仍授講職。」疏上不報，由是寖忤權相意，而璹之直聲亦大聞於時。歷禮部、駕部郎中，出知常州。入爲大理寺少卿〔五〕，進直徽猷閣，卒。璹負直槩，與韓侂胄、陳自强不合，故起復制詞，有「清風峻節」之語。然屢爲奸黨中傷，生平奉祠閒居之日多於敭歷。

劉子駒。長沙人。多聞彊記，清貧苦節。乾道中，朱子與張栻謁之，時子駒已老，尚能談説往事，衮衮不休。氣貌醇古，自然有前輩風度。子姪無欲無咎，閉門安貧，謹守家法。

李作乂。瀏陽人。淳熙間，官迪功郎。與其子曰南擇縣南建遺經閣，藏書萬卷，朱子及張栻賦詩美之。孫之傳，能守其業，三世以學行稱。

吴獵。醴陵人。登進士第。光宗以疾，久不覲重華宫，獵上疏詞甚切。又白宰相留正，乞召朱熹、楊萬里。慶元初，除監察御史。會僞學禁興，獵又上疏諫，尋劾罷。久之，除户部員外郎，總領湖廣、江西、京西財賦。獵計金人懲紹興末年之敗，今其來必出荆襄踰湖，乃輸湖南米於襄陽五十萬石。又以湖北漕司和糴米三十萬石，分輸荆、郢、安、信四郡，蓄銀帛百萬計，以備進討。拔董逵、孟宗政、柴發等分列要郡，後皆爲名將。除祕書少監，首陳邊事。旋以四川安撫制置使，兼知成都府。嘉定六年召還。卒，家無餘貲。蜀人思其政，畫像祀之。獵初從張栻學，乾道初，朱子會栻於潭，獵又親炙。湖湘之學，一出於正，獵實表率之。

卒，謚文定。

瞿景鴻。潭州人。五世同居，詔旌其門。

鄭應龍。長沙人。慶元中進士。調潭州功曹掾。有兵士盜帥金，下獄，株連數人，皆坐流。應龍力争，帥意未解。應龍曰：「若使罪及無辜，有去官而已。」帥歎曰：「其人若不勝衣，乃能直如此！」

楊大異。醴陵人。從胡宏受春秋。嘉定中，登進士。授衡陽簿，調龍泉尉，皆有惠政。移安遠尉，除四川制置司參議官。元兵入成都，大異巷戰，身被數創死，越宿復甦，部曲負以逃。擢大理寺丞，平反冤獄者七。召對，極言時政得失。理宗曰：「是四川死節更生楊大異耶？論事剴切，有用之才也。」進直祕閣，提點廣東刑獄。廣海幅員數千里，道不拾遺，報政爲最。年未六十，即乞致仕，除祕書修撰，提舉崇禧觀。歸田里，居醴陵鄉，與民居無異。學者從之講肄，相與發明經旨，條析理學，食祠禄者二十四年，卒年八十二。

彪虎臣。湘鄉人。嘗從胡安國父子遊，講明正學，不事進取。子居正，受業張栻之門，充嶽麓書院山長，人稱爲彪夫子。

劉宗源。茶陵人。以義兵破郴寇李全黨二十餘萬。淳熙中於北湖塘戰死，自持其首，跨馬仗劒，還至其家，馬嘶三聲而仆。詔贈保義郎，祠祀。

王容。湘鄉人。淳熙間，登進士第一。累官禮部侍郎，卒贈銀青光録大夫。登第有詩云：「名實兩言雖樸語，始終一節悉真誠。」

龔輿。湘陰人。乾道進士。從朱子遊，爲湘東檢法。按郡不受餽遺，官終福建運幹。

易祓。寧鄉人。淳熙進士第一，歷官禮部尚書。著有周禮、周易總義、禹貢疆理記、易學舉隅、周禮釋疑、漢南北軍制等書。寶慶三年，封寧陽縣男。

黎貴臣。醴陵人。性淳確。從朱子遊，一時士類多宗之。

鍾震。湘潭人。師事朱子，築主一書院以講學。真德秀帥潭，延典郡教，稱爲主一先生。端平初，詔授侍讀。

周奭。湘鄉人。張栻講學潭州，奭受業於門，稱高弟。嘉定間，真德秀帥潭，命縣令徐質夫作漣溪書院，以奭主教事焉。

胡顯。湘潭人。勇力絶人，其母趙方女弟也。方在襄陽，每出兵，必使顯及其子葵各領精兵，分道赴戰，摧堅陷陣，前無勁敵。累官檢校太尉。弟穎，亦嘗從舅氏趙范討李全。紹定五年，登進士第。歷浙西提點刑獄，移湖南，兼提舉。嘗平毀淫祠數千區以正風俗。衡州有靈祠，吏民素所畏事，穎撤之。遷廣東經略安撫使，移節廣西。尋遷荆湖，總領財賦。穎臨政善斷，不畏强禦。咸淳間卒。

歐海。茶陵人。師事楊萬里。淳熙五年，授零陵令，作勸農十詩，真德秀稱爲循良之遺。

皮龍榮。醴陵人。淳祐進士。除祕書郎，擢著作郎。入對，因及真德秀、崔與之之廉，願陛下崇奬之，以風天下。遷吏部員外郎，兼直講。入對，言忠王之學，願陛下身教之於内，帝皆嘉納。景定二年，拜參知政事，咸淳元年免。帝偶問龍榮安在，賈似道恐其召用，劾徙衡州居住，未至而没。龍榮少有志略，精於春秋，有文集三十卷。

楊霆。大巽子。少有遠志，以世澤補將仕郎，辟荆湖制置司幹官。吕文德爲帥，密薦諸朝，除通判江陵府。德祐初，起湖南安撫司參議，與李芾協力戰守，出奇應變。帥府機務，芾一以委之。城破，霆及妻妾皆死。

顔應焱。茶陵人。第進士。潭帥李芾薦爲湖南安撫節度判官。德祐中，元兵圍潭州，城將陷，應焱謂芾曰：「事勢至此，奈何？」芾曰：「吾分甘死，諸君自爲計。」既而芾舉家以火自焚，應焱亦赴火死。

尹穀。長沙人。性剛直壯厲。第進士，調常德推官，知崇陽縣，所至廉正有聲。丁内艱，家居教授，不改儒業。潭城受兵，帥臣李芾禮以爲參謀，共畫備禦策。三月援兵不至，穀知城危，與妻子訣，召弟岳秀使出以存尹氏祀，乃積薪扃户，朝服望闕拜已，先取歷官誥身焚之，即縱火自焚。鄰家救之，火熾不可前，但於烈焰中遥見縠正冠端笏危坐，闔門少長皆死焉。

譚端伯。茶陵人。平生以忠義自許，文天祥舉贛兵勤王，端伯亦起兵應之。後爲元兵所獲，不屈而死。

王夢應。攸縣人。咸淳進士，廬陵尉。臨安失守，夢應率同邑吴希奭、陳子全起兵勤王，馳疏奏聞。又遣使通桂帥，遂復袁州。既而兵敗，夢應奔永新，卒。

胡復三。湘鄉人。理宗時，領鄉薦。德祐乙亥，挈家避元兵於上符山，爲遊騎所執，降之不可，遂遇害。

劉榮叔。湘潭人。起兵於貞女山拒元，兵潰，舉家飲藥死。惟遺二子竄匿，以全宗祀。

陳仁子。茶陵人。宋末膺薦舉，不仕於元。博學好古，輯文選補遺四十卷，營别墅於東山，市人因呼爲東山陳氏。同時有王顯謨者，亦抗節隱鶩山。

丁開。長沙人。負氣敢言。安撫向士璧被問，開獨詣闕上疏，具陳士璧功大，軍府小費，不宜推究。書奏，羈管揚州。

元

張康。湘潭人。早孤力學，旁通術數。宋亡，隱衡山。至元中，世祖召授著作佐郎，禮遇殊厚。帝欲征日本，命康以太乙推之。康奏曰：「南國甫定，民力未蘇，且今年大乙無筭，舉兵不利。」帝嘗賜太史院錢，分千貫以與康，不受，衆服其廉。遷祕書監丞。

謝一魯。瀏陽人。至元進士，嘗爲石林書院山長。賊陷潭州，一魯奉親匿巖谷中，官兵復郡邑，亡者稍歸，乃還理故業。俄而賊復至，生縛一魯，一魯罵賊甚厲，舉家咸遇害。

劉履泰。益陽人。博通經史。仁宗時，詔授慶州書院山長，仕至靖州通道令。

歐陽原功。瀏陽人。八歲能日記數千言，及長，經史百家，靡不研究，伊洛諸儒源委，尤爲淹貫。延祐中登第。原功性度雍容，處己儉約，爲政廉平。歷官四十餘年，三任成均，兩爲祭酒，六入翰林，三拜承旨。修實録、大典，遼、金、宋三史，屢主文衡，兩知貢舉，凡宗廟朝廷文册制誥，多出其手。海内名山大川釋老之宫，王公貴人墓隧之碑，得其文詞以爲榮。卒年八十五，封楚國公，謚曰文。有圭齋集數百卷。

周鏜。瀏陽人。泰定進士，授衡陽縣丞，再調大冶縣尹，治行爲諸縣最。擢翰林院國史編修官，遷四川儒學提舉。便道還家，盜起湖南北，郡縣皆陷。瀏陽無城守，盜至，鏜告其兄弟使遠引，自謂我受國恩當死，毋爲相累也。賊至，得鏜，欲推以爲主。鏜怒目厲聲大駡，賊知其不可屈，乃殺之。

陳泰。茶陵人。舉於鄉，官龍泉簿。以詩名，有所安遺集。

劉畊孫。茶陵人。至順中，歷建德、徽州、瑞州三路推官，所至有政績。至正十二年，蘄黄賊攻破湖南，畊孫傾家貲募義丁以援茶陵，賊至輒卻，故茶陵久不失守。十五年，轉寧國路推官，會長鎗鎖南班等來侵境，畊孫率兵乘城固守。援絶城陷，與弟燾孫、長子碩，皆殉節。

李祁。茶陵人。元統進士，累官浙江儒學副提舉。元將亡，隱居永新山。明初徵聘不起。所著有雲陽集。

明

陳寧〔六〕。茶陵人。元末從軍至金陵，代諸將言事，太祖異之。歷中書省參議，出知廣德州，歲大旱，奏免租，從之。遷兵部尚書、浙江行省參政，復召爲御史中丞。以嚴見憚，人比汲長孺云。

陳南賓。名光裕，以字行。茶陵人。元末，官全州學政。洪武二年，除無棣縣丞，轉膠州同知，所至以教化爲先。十八年，拜國子助教，入見，上命講洪範九疇，辨晰甚詳。教國士尤善訓迪，窮日無惰容。擢蜀府長史。蜀王好學禮士，南賓隨事規諫，王益敬禮之。年八十卒。作詩清勁有法，蜀人至今傳誦之。

賀興隆。安化人。元至正間，率民兵保障鄉閭。陳友諒兵起，授興隆參軍。後歸太祖，仍予故官。隨徐達取辰州，又隨胡海克寶慶路，獲元元帥唐隆，即授寶慶指揮同知。會邵陽賊周文貴等侵境，率兵與戰，衝其前鋒，援兵不至，死之。贈湖廣行省參知政事。

黄英。醴陵人。元末，授修武校尉。率孤軍克復武昌，取糧安慶，以衆歸附太祖，充先鋒守江陰。從大軍討樅陽，卒於陣。追封江夏縣男。

劉三吾。名如孫，以字行，茶陵人。仕元爲廣西副提舉。洪武十八年，始召爲左贊善，遷翰林學士，年七十三矣。三吾博覽善記，應對詳敏，屢承顧問。御製書成，多使爲序。時編輯故典及禮制等書，皆所鑒定，賜賚寵渥。永樂初卒。

彭友信。攸縣人。洪武初，廷試至京，遇上微行，見虹霓，口占詩，命友信續之。信不知是帝，應聲成詩，上大悦。明晨召對，上曰：「此秀才有學有行。」命爲北平布政使。

夏原吉。湘陰人。洪武舉人，官户部主事。太祖器之，擢本部右侍郎。建文初，遷福建採訪使。成祖即位，進左侍郎，拜尚書，尋命治水蘇松，著勞績。後以議北征忤上意，繫獄。仁宗立，復官，加太子少保，兼太子太傅。宣宗立，原吉與蹇義、三楊同心輔政，中外以安。宣德中，命解部事入閣，預機務。卒，贈太師，謚忠靖。原吉清端寬厚，歷事五朝，未嘗有過，爲時名臣。子瑄，敏悟喜讀書。原吉卒，拜尚寶丞，屢陳邊事，終南京太常寺少卿。瑄子崇文，有文學，成化進士，歷右通政，論事慷慨，多見采行。

周幹。瀏陽人。洪武中，以貢生授江西布政司照磨。廉慎有爲，累擢御史。永樂中，歷江西右布政使，有惠政。瀏陽初開鐵冶，鍊造官鐵解京，鐵不堪用，而解難足額，幹建言免之。

易先。湘陰人。永樂中，由國子生授交阯諒山知府，有善政。歲滿當遷，士民相率乞留，命晉二秩還任。宣德中，黎利反，陷交阯，攻破其城。先佩印自縊，妻孥十八口同日死。謚忠節，復其家。

張武。瀏陽人。豁達有勇力，稍涉書史，爲燕山護衛百户。從成祖起兵，累功封成陽侯。卒，贈潞國公，謚忠毅。

王偉。攸縣人。隨父戍宣府。年十二，仁宗北巡，獻安邊頌。正統間，舉進士，改翰林，授户部主事。英宗北狩，偉糾集士民守廣平有功，遷兵部職方郎。時文移填委，偉援筆立就，少保于謙專任之。擢兵部右侍郎，視邊，有小田兒本中國人，陰爲邊患，偉與謙謀以計賺至陽和城，伏勇士於道，殺之，自是邊境肅然。天順初，爲石亨嗾歸，尋召復原官。五年，以病歸。

張驥。安化人。永樂舉人，入國學。宣德初，授御史，出按江西。慮囚福建，平反及千人，陞大理少卿，巡撫山東。設法賑饑，全活甚衆。又奏罷撫民官，百姓便之。調浙江巡撫，擊斬礦賊蘇牙等，招降賊首陳鑑胡，所至咸有建樹。景泰初召還，卒於道。

李鑑。安化人。正統進士，博學工詩。歷官惠州知府，政事精敏。所著有慎庵集。

唐震。醴陵人。正統進士。歷官户部侍郎，兩署尚書事，公勤廉慎。參議四川，督建昌邊餉，修城建堡，政績最著。有土官争地殺人，暮夜以金賂震，震卻之，捕置於法。以參政歸，越嶲民立祠祀之。

羅琥。茶陵人。正統中，通判南陽，積粟麥二十萬石，撫流民萬餘户，築封邱隄八十餘里。改衢州，以捕寇功進侍郎。子鑑，弘治進士，授户科給事，歷廣東參議、四川布政，有能績。以忤劉瑾落職，瑾敗，起巡撫，尋致仕。

李東陽。茶陵人，以戍籍隸京師。四歲能書大字，景帝召見，賜楮、筆、果、鈔。中天順進士，入翰林，累遷禮部侍郎、文淵閣大學士，預機務，多所匡正。受顧命，輔翼武宗，所疏論皆治忽大計。已而慶藩叛，霸州賊起，悉如東陽言，卒賴其畫，討定之。劉瑾用事，一時善類賴以保全者甚多。瑾誅，加特進。後以議調邊軍入衛，陳十不便狀，不聽，遂累疏乞休。東陽文章典麗，樂府有漢魏風。卒，贈太師，謚曰文正。

黄寶。長沙人。成化進士，歷吏部郎，典選事，公慎廉明。歷官太常卿，擢都御史，巡撫陝西。時潼關大饑，城堡多圮，寶肅紀律，清壁壘，儲饋餉，遠烽燧，秦地以安。以忤劉瑾罷歸，瑾誅，復起巡撫山東，移疾歸。有東岡集。

劉憲。益陽人。成化進士，拜監察御史，歷遷都御史，巡撫寧夏。值北邊有警，憲募士兵禦之。捷聞，賜金帛有差。後忤劉瑾，逮繫詔獄，卒。

羅安。益陽人。成化進士，授户部主事，使兩廣。以清幹名，中貴不能干。爲山東僉事，舉屯政，毁淫祠。轉四川副使，苗蠻兇虐，懼罪，以金賂安，安卻而誅之。改貴州參政。普安兵起，督餉有功。

邵敏。湘陰人。成化進士，官户部主事。母喪廬墓，一夕虎至，忽數鹿逐之去。旁産芝數本，人謂孝感所致。事聞，詔旌其門。

徐廷用。醴陵人。弘治進士，任户部主事，督收諸倉場芻税，剗剔姦弊，人莫敢干以私。宣、大用兵，以廷用理軍餉，區畫有方，陞郎中。

楊志學。長沙人。弘治進士，歷官都御史，巡撫大同。邊卒桀驁，帥弗能戢，志學諭以至誠，恩威兼濟，一軍帖然。擢户部侍郎，晉尚書。扈世廟巡幸興都，乘間奏免貧民租税。卒，贈太子太保，謚康惠。

蘇純。湘陰人。弘治中舉人。事父母及繼祖母盡孝，先後居喪，不入内寢者七載。葬母百事躬親，中寒疾卒。正德中旌表。

孫泰。醴陵人。弘治舉人，知銅梁縣，多惠政，鄰邑詞訟，咸質成焉。持身清苦，在任十年，惟一僕自隨。拜監察御史。

賀憲。益陽人。弘治舉人，知四川灌縣，致仕。事父母盡孝，生事祭葬，動循古禮。年九十，語及輒淚下。弟被溺，求尸弗得，哭江上再晝夜，聲不息，尸爲湧出。張孚敬秉國，招之不起。

易舒誥。攸縣人。弘治進士，授檢討。劉瑾擅權，人争趨附，舒誥獨不屈。改南京户部主事。瑾敗，復入翰林，以親老乞歸，杜門卻掃，家居十四年，卒。

龍誥。攸縣人。正德進士，知臨川縣。時東鄉多盜，久不能平，誥詣賊壘諭降之。遷户部主事，歷郎中。督賦江西，疏免逋累。出守廬州，歲饑出賑。疏罷馬價茶牙諸税，酌常平濟糶諸法，著爲令。累遷廣西參政，以病歸。

張治。茶陵人。正德會試第一，選庶吉士，授編修。嘉靖時，歷兩京吏部侍郎、南京吏部尚書。持身方正，鋭然以辨邪正爲己任。累進禮部尚書、文淵閣大學士，進太子太保。治博學有文詞，明習典故。及秉政，時嚴嵩專權，悒悒不自得，遂病卒，謚文隱。隆慶初，改謚文毅。

楊守謙。志學子。嘉靖進士，歷都御史，督保定軍務。嘉靖十年，都城被困，守謙不候調發，即提兵入援。晉兵部侍郎。督戰益急，援兵未至，守謙欲堅壁以待，中貴嫉其功，謗爲逗遛，下獄論死，時論惜之。隆慶初，贈尚書，謚慤愍。

魏焕。長沙人。嘉靖進士，授嘉興府推官，歷兵部員外郎，擢四川僉事。明習世務，留心邊防。所著有九邊圖考、蜀東撫苗實録。

周之屏。湘潭人。嘉靖進士，歷官布政使。初知吉安，有譁卒入府門，僚吏散走，之屏即嚴鼓升堂，語之曰：「若輩有所訴，守能爲若白；若爲亂，則守不懼死，汝曹罪不貸矣。」卒皆釋戈拜，一郡獲安。

胡廷輔。瀏陽人。嘉靖進士，授户部主事，轉工部員外郎。嘗奏罷蘇、杭監造歲費，省數千金。陞廣東南雄知府。

羅尹凱。益陽人。嘉靖舉人。父養二鶴，父既殁，聞鶴唳，則仰天大哭。初令饒平，政簡無私，在官未嘗肉食，饒人祀之。遷鬱林知州，清操益勵，歸槖蕭然。

廖希顔。茶陵人。嘉靖進士，知高安縣，陞工部主事。扈駕承天。尋遷郎中，擢山西提學，講學河汾書院。時寇氛甚熾，御史檄令勦捕，殲之。進浙江按察使。

陳葵生。茶陵人。賊寇嚴溪，父其鼎被執，索貲不獲，將刃之。葵生號泣入營請貸，紿賊云：「歸父執我，可得重賂。」賊信而釋之。及賂不至，賊詰之。葵生曰：「我貧安從得賂？吾代父死耳。」賊怒殺之。

周策。寧鄉人。任貴縣知縣。盜刼永淳庫，長吏思自脱，以平民抵罪，郡守以上亦幸得盜，不復問。策疑之，出誣服劉紀等二十四人於獄。後賓州果得真盜，人服其神。

周采。策子。嘉靖進士，任禮科，敷奏務持大體。陞四川布政、雲南巡撫，以清介聞。假歸卒，賜祭葬。

鄧巍。瀏陽人。嘉靖進士，授溧水知縣，入爲御史。疏劾權貴，拜杖，直節凜然。奉命巡邊，嘗以單騎按行營伍。歷鳳陽知府，歲饑賑䘏，全活者數萬。致仕歸，年八十五卒。

李棠。長沙人。嘉靖進士，授禮部主事，歷僉都御史。宣大總督王崇古以諳達就撫條封貢八事，廷議紛紜，獨棠極言當許，帝從之。巡撫南贛，討平韶州山賊。終南京吏部右侍郎。仕宦三十年，不營生産，以介潔稱。天啓初，追謚恭懿。「諳達」舊作「俺答」，今改正。

洪懋德。湘鄉人。萬曆舉人，爲宿松令，以清慎著。事父至孝，罷官歸，授徒自給。經營諸弟婚學，周悉豐贍。礦賊破湘鄉，肆掠入其家，懋德整衣待之，容色無變，賊無所犯。賊退，人怪之，懋德曰：「吾不見有賊，賊固不吾害也。」

劉弘化。長沙人。萬曆進士。歷刑科給事，首糾輔臣附權貴、内臣僭批答，有直聲。議移宫、紅丸之案，侃侃不阿。會熊廷弼論死，弘化力争之，坐受熊賄罷官。崇禎初，起兵科都給事，累遷南大理寺卿，以疾歸。

羅其綸。茶陵人。萬曆舉人，授太康教諭，徵修熹宗實録，遷瓊州推官。黎人騷動幾二十年，其綸單騎宣諭，殲其渠，入其地爲水會所，璽書褒奬。讞嶺東北獄，釋冤辟八十三人。累擢郎中。年八十四卒，笥篋蕭然，僅有遺稿。

李騰芳。湘潭人。萬曆進士，入内閣，掌制誥，以忤魏忠賢削籍歸。忠賢誅，擢禮部侍郎。召對，條奏悉稱旨，晉尚書。卒，贈太子太保。

胡應台。瀏陽人。萬曆進士，官兵科給事中，轉吏科。以直忤時相，出爲江西督學，稱得人。歷太僕卿，巡撫應天，振綱肅紀，執法不阿。旋督兩廣，威名益著。召爲南京刑部尚書，以忤璫奪職。崇禎初，起南京兵部尚書，疏乞終養歸。

羅喻義。益陽人。萬曆進士。天啓初，官南京國子祭酒。諸生陸萬齡等請爲魏忠賢立祠太學右，喻義懲其倡率者三人，乃止。忠賢聞之大怒，削籍。崇禎中，歷官禮部左侍郎，充日講官，撰尚書講義，於正文外旁及時事，以違例革職。卒，謚文介。

洪雲蒸。攸縣人。萬曆進士，累官嶺南道副使。崇禎六年，粤寇張文斌等憑險四掠，誘擒之，平九連山。題建連、平州，賜賚有差，擢按察使。七年，海寇劉香老圍海豐，屢挫其衆，香老懼，乞撫。雲蒸單騎按其壘，賊留之。雲蒸陰檄閫將鄭芝龍進勦，兵至，以雲蒸在，不即攻。雲蒸方在賊船，急揮手曰：「毋以我爲念，滅此以報朝廷可也！」香老怒之，沈屍海中。越五日，浮屍沙口，有鶴張翼覆之。舟人特祀焉。

黄洽中。善化人。萬曆進士。標格孤介，初知歸安縣有聲，歷户部郎。知太原、南安二府，所至畏其清强。在太原，奏蠲地畝荒税二萬餘兩；在南安，蠲木價五萬緡。屢薦邊才不就，家居杜門不出，課諸子，悉有文名。

陶汝礪。寧鄉人。早聘吴氏，將娶，吴病瞽，吴氏請絶婚，汝礪曰：「既盟而棄，婦將安歸？」卒娶之。親迎之日，吴目復明。後知泰順縣。以愷悌聞。

王柱。長沙人。爲諸生時，教授生徒，動循禮法。太守葛登知其名，延爲子師。有同里被誣人命者，已抵罪，柱力白其冤，得釋，絶口不言。逾時其人始知，願以身供役，柱力辭之。天啓中，以貢生授德安教諭，遷知繁昌縣。在官六載，有清名。水溢堤潰，捐俸修築。陞無爲知州，未赴卒，民立祠祀之。

郭都賢。益陽人。天啓進士，授行人。出爲江西提學，稱得士。累遷都御史，巡撫江西，黜貪墨，奬循良，風骨凜然，人不敢犯。凡關國計民生，章疏反復，待可乃已。晉兵部侍郎。

石萬程。湘潭人。天啓進士，授户部郎中，出守徽州。值魏忠賢榷黄山開採，歲利以數萬計，萬程力争不得，即掛冠去，遂奪職。崇禎間，起知常州，遷温處兵備副使，降海寇張宏銘等萬餘人。以病乞休去。

周堪賡。寧鄉人。天啓進士，知永春縣，調福清。治行爲八閩冠，擢御史。巡按真、順等處，持法平允，多所全活。歷遷府尹。時河工屢潰，以工部侍郎兼副都御史往治，數月功成，省帑金三十萬，上大嘉賚。假歸卒。

陳來學。攸縣人。天啓舉人。臨藍賊破攸縣，來學率家丁捍禦，不克，死之。

婁琇。湘陰人。天啓舉人。崇禎中知涇州。李自成犯城，琇招募義勇爲拒守計，邑人感其忠，協力固守。賊悉衆攻之，城陷被執，慷慨就戮，罵不絶口。妻亦不屈，被殺。事聞，贈太僕卿。

楊會英。寧鄉人。天啓舉人，歷國子學録，擢兵曹。闖賊陷京師，不屈死。又同邑彭日浴，獻賊脅授僞職，不受，死之，有罵賊詩十數首。

馮一第。善化人。天啓舉人，以詩文名。張獻忠陷長沙，一第將乞師他方，賊縶其母兄以招之，乃歸。賊斷其兩手置營中，一夕死，母兄獲免。從祀忠烈祠，有史發二十卷。又同邑吴愉，崇禎舉人，從知府周二南禦賊被殺，附祀二忠祠。

廖國遴。長沙人。崇禎進士，授揚州推官。時内官楊顯名奉使作威，國遴糾其專擅。調保定，修城賑濟，備嘗勞瘁。擢户科給事中，上守邊諸策。後同鄉熊開元劾周延儒，忌者謂疏出國遴手，以他事下詔獄，尋釋歸。

謝肇元。湘潭人。天啓進士，知嘉定州。請裁溢額税，著祥刑息訟録。轉户部郎，累遷按察使，鎮潁、壽。時獻賊蹂躪城邑，肇元躬擐甲横戈冒矢石，賊多授首，境内獲安。以勞卒，贈太僕寺卿。

蕭偉。長沙人。崇禎中武舉，授王會都司。峒蠻爲寇，偉單騎深入，陷蠻死之。姪鍵，武學生，亦以勇力著。獻賊陷郡，不屈死。

彭友元。益陽人。崇禎中，母病篤，友元痛哭呼天，剖胸割肝一片，烹以進母，母食而愈。久之，餘肝迸出如瘤，見者泣下。

洪法臣。攸縣人。崇禎中拔貢。叛將張克成縱掠，法臣責以忠義，指陳利害，被執，駡不絶口，死之。又同邑王景熙爲總兵，鎮武岡，亦抗節死。本朝乾隆四十一年，俱賜謚烈愍。

龍孔蒸。湘鄉人。崇禎舉人。流寇破長沙，授僞職，誓死不屈。尋扶母避寇山中，已奮躍上峻坂，顧老母在坂下，援之，遂遇害。

吴從明。湘陰人。崇禎舉人。知遵義縣，多惠政，擢蘇州同知。督運爲闖賊所得，死之。本朝乾隆四十一年，賜入忠義祠。

陶顯位。寧鄉人。年十六，讀易有疑，聞豐城李氏家傳易學，遂裹糧往受業。三年學成，始歸。後任桃源訓導，又嘗攝縣篆，有暮夜投金者，卻不受。既歸後，以易學授里中，年近八十，嗜學不衰。著有周易學旨。

李有斐。善化諸生。左兵抄掠，挈家潛山中，爲所執，身被數創。夜忍痛負母走，母渴，取血飲之。復被執，索金不獲，乃殺之。

唐韻。湘潭諸生。張獻忠陷城，與父鶴翔、母錢氏俱被執，賊殺錢，韻拊屍慟哭求死，賊憐而釋之。韻終抱屍不去，泣血數日，死母旁。本朝乾隆四十一年，賜入忠義祠。

黄鳳德。湘陰人。張獻忠陷長沙，知縣楊開退保白鶴山，爲恢復計。鳳德左右擁衛，佐召募。賊怒，先捕開并家屬十七人，沈於河，乃磔鳳德，并戮其妻。同時死難者，諸生譚景悦、蕭贊、黄文炳、黄甲、甲之子先炳、譚孔昭。本朝乾隆四十一年，俱賜入忠義祠。

周敏中。益陽人。知清流縣。張獻忠破城，爲賊所執，敏中不屈，索冠帶，賊弗與，敏中厲聲駡賊，死之。本朝乾隆四十一年，賜謚節愍。又同邑鍾鳴謙、吉藩内使吕公還，並殉獻賊之難。本朝乾隆四十一年，賜入忠義祠。

易應達。益陽諸生。獻賊之亂，舉家避山中。父咸寧被執〔七〕，應達挺身求代，因遇害，父得不死。又諸生温崑來、潘若洙及弟若鴻，俱死難。本朝乾隆四十一年，俱賜入忠義祠。

文昌拱。醴陵人。性孝友，喜讀書，爲賊所執，詞氣慷慨，抗節而死。本朝乾隆四十一年，賜入忠義祠。

譚思敬。湘潭人。與子清遠俱以義勇聞。張獻忠陷湘潭，大掠村落，思敬父子力戰潰圍去，後被執，爲賊所磔。本朝乾隆四十一年，賜入忠義祠。

謝承任。茶陵人。襲指揮使，崇禎末，調貴陽。粤寇萬餘，蹂躪猖獗，令委城去，承任督羸卒誓守，城陷被執，駡不絶口，遂遇害。事聞，敕建廟祀之。本朝乾隆四十一年，賜謚烈愍。

胡湛。攸縣人。三中武舉，官把總。崇禎末，臨藍賊犯攸，湛率鄉勇力戰死。賊亦潰遁，不敢逼。詔贈官。本朝乾隆四十一年，賜入忠義祠。

張孟。寧鄉人。儒家子，以貧傭書於孝廉楊某家。獻賊至，楊被執，孟於萬軍中突呼而前，求代死。賊爲感動，遂得釋。

本朝

胡爾愷。長沙人。明進士。洪承疇薦爲吏科給事中，在職一年，章數十上，其言湖南凋敝尤切。歷禮部左侍郎，遺疏猶陳平催徵、禁營造、抑侵漁、革夫轎四事。

趙開心。長沙人。由進士任御史，歷官工部尚書，兼督倉場。居官有鯁直聲。

陳六禮。攸縣諸生。順治三年，有山賊之警，六禮率鄉勇禦之，被執，罵賊死。妻朱氏亦自縊。詔旌其門。

尹惟日。茶陵人。順治進士，知和平縣，才識敏練。九連山寇猖獗，四省會勦不克，惟日單騎深入，招降之，請設官駐守岑岡，以安反側。以勞瘁卒官，民祀之王守仁祠。

張愫。湘陰人。張獻忠之亂，愫甫十齡，扶其祖奔城。賊欲殺其祖，愫以身翼蔽，連受數刃，賊義而舍之。父歿，廬墓三年，詔旌之。

温世儒。益陽人。父崑來死獻賊之難，世儒甫六歲，哀毀過人。康熙十一年，舉於鄉。吴逆搆亂，徵世儒，逃避不辱。

陳鵬年。湘潭人。康熙進士。初知西安縣，復流民，雪冤婦。旋守江寧，革重耗，去闒藿。後守蘇州，攝藩篆，平糶濬河，鋤兇理枉。雖疊遭吏議，而聖眷愈優。以修書總裁，臨視河道，值武陟馬營口決，兼漕渠淺淤，鵬年躬親相度，請於馬營上流及王家溝、官莊峪諸處，各開引河，以殺水勢。壩埽旋合旋潰，官民悉力，竟告成功。實授總河，以勞卒於官。諭賜祭葬，謚恪勤，祀賢良祠。

王之鈇。湘陰諸生。積學篤行，舉動必依禮法。授徒玉笥山，先課以小學、近思録，始及五經、百家、子史，一時遊其門者，皆彬彬可觀。

易貞言〔八〕。湘鄉人。天性純和，父卒，廬墓三年。事母盡色養，終身不懈。著周易講義、家訓等書。康熙五十一年旌。

王文清。寧鄉人。雍正進士，官宗人府主事。篤實淳厚，年九十餘，猶嗜書不倦。與修三禮義疏，著考古源流數百卷。卒祀鄉賢祠。

張璨。湘潭舉人。官無錫令，以清潔休養爲治。不數月，丁内艱，邑人哭送。雍正甲辰特旨赴京，賜御府物，授河間知府。

相在室。

未幾授副使道銜，未行，改長蘆運使，璨繪災民圖以奏，上動色咨嗟。旋擢大理寺少卿。璨工古文詞、書法，嘗自題其小齋曰相在室。

王岱。湘潭人。官順天府教授。博涉羣籍，卓犖自負，好金石、圖書之屬。放遊山水，所至與賢豪交。著有了菴集。

李文炤。善化舉人。生而穎悟，年十歲，隨父遊學宫，即慨然有志聖賢之學。凡六經傳注、程朱緒言，以及天文、地理，離騷、參同契諸書，無不推究精詳。主講嶽麓書院，謹守朱子教人之法，一時從遊之士甚衆。著有周易本義拾遺、周禮集傳、春秋集傳、近思録集解、通書解拾遺、西銘解拾遺、正蒙集解、家禮拾遺、恒齋全集。乾隆三年，賜入鄉賢祠。

郭焌。善化人。舉鄉試第一。乾隆間薦舉學行，累官國子監助教。爲人孝友，工詩古文，著有羅洋草。

陳之駓。攸縣人。貢生。穎博絶倫，才名震一時。

陶排七。安化人。事父至孝，父病狂，投身資江中，排七急援之，遂同溺死，時年甫十四也。後尋得其屍，猶兩手持父臂弗脱。

羅源漢。長沙人。乾隆進士，官至工部尚書，敭歷五十餘年，寅清端恪。工書翰，得米南宫筆法，一時推重。

羅典。湘潭人。乾隆進士，官至鴻臚寺少卿，督學四川。進諸生，勗以敦品力學，士習文風爲之一振。主講嶽麓書院二十餘年，出其門者皆知以學行自重，特旨紀録。年九十餘，重赴鹿鳴。著有五經管見數百卷。

陶之典。寧鄉人。由拔貢生考授中書。父殁，廬墓三年，未嘗見齒。著有冠松巖全集、嶽麓志、陶甁子史録。

彭思眷。茶陵人。父彦病篤，籲天願減己算延親壽，夢神許延三紀，果符其數。母殁廬墓，有負債將鬻妻以償者，適妻暴病，窘欲自溺，思眷爲代償之，問姓名不以告。子維新，官兵部尚書，時思眷年踰八十，猶能燈下作小楷。

陶士僙。寧鄉舉人。初官崇仁令，屢雪寃獄，有神明稱。值水災，不俟報開倉發賑，全活無算。上知其才，擢柳州知府。

甫三月，丁母艱。服闋，授蘇松太道，旋擢福建按察使。有叛案株連甚衆，士儐至，即日釋無辜七十餘人。未一載，洊歷閩藩司，盡發吏胥諸姦弊，豪猾皆斂手屏息。以勞瘁卒於官。士儐性精敏，遇事一本樸誠，故所至有聲。

唐煥。善化人。乾隆辛酉鄉舉，知平陰縣。修學校，繕城隍，明慎折獄，逾年邑大治。調知昌邑縣，築土爲隄，遏濰水之衝，又設土牛，植櫸柳，爲久固計，民利賴焉。著有尚書辨譌、石嶺詩集等書。

黄立隆。寧鄉人。乾隆癸酉拔貢生，初知鉅鹿縣，後擢大名府。時山東賊王倫擾臨清，與府接壤，立隆募鄉勇，分屯團練，賊不敢窺。調知天津府，值歲旱辦賑，不冒不遺，全活無算。以勞疾告歸，卒。子湘南，諸生，奉繼母章佳氏至孝，鞭撻皆跪受，年二十九卒。

張九鉞。湘潭人。乾隆壬午舉人，知峽江縣，旋調南豐、南昌，俱有政聲。後因公降職，游嵩、洛間，詩文益雄奇渾古，總督畢沅雅重之。主昭潭講席，游其門者多所成就。著有陶園文集、詩集等書行世。

李芳熼。湘鄉人。幼遭賊亂，父母俱被掠，芳熼棄家尋親，至貴州營，負父歸。復求其母於寶慶鄉村，得生還。其兄弟三人，俱殁於兵，哭覓其屍以葬。乾隆七年，敕祀鄉賢，入忠孝祠。

劉其淑。攸縣歲貢生。父病目幾盲，其淑每夜泣禱北斗，一夕方拜祝，忽流星墜垣，父目頓明。乾隆初，旌表建坊。

歐陽再思。攸縣諸生。事親能養志，療孤字貧，久而不倦。乾隆初，旌表建坊。

周碩勳。寧鄉人。官潮州知府，勸課農桑，留心民事。敕祀鄉賢祠。

張九思。善化人。邃於經史，性方嚴，取與不苟。

陳夢元。攸縣人。乾隆進士，授檢討。明習掌故，居官淡於進取，同館諸城竇光鼐、大興朱筠輩皆雅重之。

謝振定。湘鄉人。乾隆進士，授編修，轉御史。巡視南漕，糧艘入瓜儀阻風，禱於神得濟，因請建風神廟。嗣是渡江者輒得順風，京口人呼爲「謝公風」。嘉慶丙辰，巡視東城，有勢家奴乘車違制，振定焚之，被劾落職。己未，由特恩起爲禮部主事，應詔言事，條陳甚悉。

賀德瀚。寧鄉人。乾隆鄉舉，官山東知縣，所至有聲。最後署定陶，值河南教匪倡亂，闌入縣境，戰不勝，德瀚冠帶坐堂，厲聲罵賊死。事聞，贈知府銜，給祭葬，予雲騎尉世職，祀昭忠祠。

余廷燦。長沙人。乾隆進士，授檢討，充三通館纂修。尋以母老陳請歸養，母卒，啜粥寢苫，值暴雨入倚廬，地沮洳，家人藉以片板，麾去之。廷燦學有原本，於天文、律曆、勾股、六書之學，俱鈎元提要，成一家言。尤工古文，著有存吾文集。

劉權之。長沙人。乾隆進士，由編修洊官都御史。丁未，大挑各直省舉人，權之奏派王大臣，命下之日，即赴内閣，部寺司員均令迴避，不得持稿入閣畫諾。並派科道以司糾察，而吏胥無所售姦。晉體仁閣大學士，以原官致仕。卒，賜祭葬，謚文恪。

張九鐔。湘潭人。乾隆進士，授編修，年已六十，人以耆宿重之。四十時，喪偶不復娶，亦不置妾，居官日惟閉户著書。晚年以子世浣知曲沃縣，迎養官署。著有笙雅堂文集行世。

鄧永亮。長沙人。乾隆間，由千總隨征金川，屢次捕賊，功列頭等，洊升廣東南雄協都司，署增城營參將。五十三年，隨征安南，奮勇擊賊，力竭陣亡。事聞，議䘏，廕雲騎尉。

季光德。善化人。乾隆間隨征金川，累次殺賊受傷。又隨勦臺灣有功，由外委洊升鎮筸鎮標守備。六十年，隨征黔楚逆苗，擊賊於鴉酉，陣亡。同時長沙人官千總宋開範、官外委穆上得，俱以追捕苗匪力戰陣亡。事聞，議䘏，均廕雲騎尉。

鍾名諒。善化人。嘉慶間官撫標右營把總，五年隨總兵明亮擊甘肅逆賊於烟燉集，力戰歿於陣。事聞，議䘏，廕雲騎尉。

羅愈顯。益陽人。孝友肫摯，曲體親心，捐金給産，爲族叔延後。歲饑，積粟賑貧，鄉黨賴以生活。嘉慶十五年旌。

陶必銓。安化人。爲諸生有名，淹貫經史，留心經濟，尤長於天文、禮制、樂律、開方諸法，學者稱爲萸江先生。少貧，嘗拾薪摘茗莽易米以就學。值儉歲，躬操欙梩畚鍤以瘁道殍。篤於孝友，父殁，母李氏病危，取糞嘗之，以驗甘苦。夜夢其父孝信謂曰：「爾母即愈，毋自苦。」已而果然。里有虎患，爲文牒土神，虎尋去。民居有祟，乞文祭之，亦無患。人以比昌黎之驅鱷。著有莫江詩存、古文存等書。嘉慶二十二年，敕祀鄉賢祠。

流寓

周

屈原。名平，楚同姓也。爲懷王左徒，上官大夫讒而疏之。頃襄王立，令尹子蘭與上官大夫短原於王，遷之江南，於是作漁父諸篇以見志，懷石自投汨羅以死。湘中記：屈潭之左有玉笥山，屈平之放棲於此。

晉

陶淡。鄱陽人，侃之孫。於長沙臨湘山中結廬居之，養一白鹿以自偶，親故有候之者，輒移渡澗水，莫得近之。州舉秀才，淡聞，遂轉逃羅縣埤山中。

南北朝　齊

孫淡。太原人，居長沙。事母孝。母疾不眠食，以差爲期，母哀之，後有疾，不使知也。豫章王領湘州，辟驃騎行參軍。建元三年，蠲租税，表門閭，卒於家。

唐

裴休。濟源人。乾符中，由太子少保分司東都〔九〕，歷荆南節度使，因僑寓焉。嘗講道益陽，有白鹿啣花而聽。過瀏陽霜華寺，留象笏鎮山門。

宋

李植。臨淮人。秦檜當國，凡帥府舊僚率皆屏黜。植即乞祠奉親，寓居醴陵十有九年，杜門不仕。

胡宏。崇安人，安國次子。安國提舉湖南學事，遂居衡山。宏遊寧鄉而樂之，築室講道其間。

張栻。綿竹人。紹興間，隨父浚知潭州，因寓城南。後又築城南書院於妙高峯，與朱子講學。

胡大履。宏子。與弟大時俱受業張栻之門，而大時則其婿也，世其家學。大履兄弟俱嘗學於朱子，大時又嘗學於陸九淵。

李安國。洪都人。悦安化山水靈奇，卜築伊溪側，隱居讀書，自號梅山老人。

歐陽新。吉州人，寓居長沙。聞宗人歐陽守道至，往訪之，初猶未識也，晤語相契，守道即請於轉運副使吴子良，禮新爲嶽麓書院講書。新講禮記「天降時雨，山川出雲」一章，守道起曰：「長沙自有仲齊，吾何爲至此？」仲齊，新字也。

鄧得遇。邛州人，徙居湘鄉。累官靖州知府。元兵至，得遇朝服南望拜辭，書幅紙云：「宋室忠臣，鄧氏孝子，不忍偷生，甘於溺死。彭咸故居，乃我潭府。三閭大夫，吾之儔侶。優哉遊哉，吾得其所。」竟自沈於水。

列女

晋

尹虞二女。長沙人。虞以始興太守起兵討杜弢，戰敗。二女爲弢所獲，並有國色，弢將妻之，女曰：「我父二千石，終不能爲賊婦，有死而已。」弢並害之。

唐

歐陽通母徐氏。長沙人。通少孤，母教以父書，懼其惰，常遺錢使市父書。通遂刻意橅放，數年，書亞於父，號「大小歐陽體」。

宋

張氏。安化人。嘉定間，遇賊蔡六脅以利刃，欲污之，不從，遇害。

胥氏三節婦。長沙人。胥偃子元衡有學行，爲尚書員外郎，並其子茂諶，俱早卒。偃妻，直史館刁約之妹，與元衡婦韓、茂諶婦謝寡居丹陽，閨門有法，江淮人稱之。

趙淮妾。長沙人，逸其姓氏。德祐中從淮戍銀杏壩，淮兵敗，俱執至瓜洲。元帥阿珠惡淮不肯招降李庭芝，殺而棄其屍江濱。妾俘一軍校帳下，乃解衣中金，遺其左右告之曰：「妾夙事趙運使，今其死不葬，妾誠不能忘情，願因公言掩埋，當終身事相公無憾矣。」軍校憐其言，使數兵舁如江上，妾聚薪焚淮骨，置瓦缶中，自抱持，操小舟，至急流，仰天慟哭，躍水而死。「阿珠」舊作「阿术」，今改正。

元

歐陽原功母李氏。瀏陽人。原功幼岐嶷，母親授孝經、論語、小學等書，遂成大儒。

于同祖妻曹氏。茶陵人。父德夫教授湖湘間，同祖在諸生中，因以女妻焉。至正二十年，茶陵陷，曹氏聞婦女多被驅逐，謂其夫及子曰：「我義不受辱，顧舅年老，汝等善事之。」遂自刎死，妾李氏亦自刎。

劉頙妻段氏。茶陵人。至正末，紅巾賊起，被獲，自沉於水。賊救之，大罵死之。數日，家人得其屍，面如生焉。

明

駱文吾妻車氏。長沙人。避兵山中，被執，逼告夫所匿處，佯許諾。引至油鋪橋，投水死。翌日，面如生。同縣黎天俊妻王氏、蔡三逵妻趙氏同被執，亦逼告夫所匿處，二氏終不言，俱遇害。諸生謝三台妻王氏，同姑嫂子女七人溺水死。

長沙女子。崇禎末，張獻忠陷城，兵吏皆逃，惟女子執戈登陴。賊入，持戈擊賊，賊曰：「官兵失守，汝一女子何能爲？」女曰：「吾以愧天下之爲男子者！」大罵，以戈逐之，遂遇害。

王醇宇妻郭氏。善化人。二十早寡。崇禎十六年，避兵山中，與子以程相失，俱被執。郭投楓樹渡死，以程至王家坪，聞母溺，亦赴水死。後數日，家人覓其屍，母子攜手如生。

石麒妻周氏。善化人。年二十，麒死，左兵肆掠，爲所獲，懼污，陽欣然就道，行經龍洞潭，忽振躍投水死。

文在中妻張氏。湘潭人。張獻忠之亂，男婦共匿一山，賊至，疾驅諸婦下。張獨抱一木大呼曰：「死即死此耳，移一步不得。」賊殺之。

唐世起妻歐陽氏。湘潭人。張獻忠之難，世起及妻子俱爲賊所得，歐陽氏語世起曰：「汝與子逸去，我自爲計。」明旦，賊詰之，以實告，怒而殺之。其子覓至屍所，閲一月，面如生。同縣諸生王載及妻闕氏被執，夫婦皆不屈死。

唐吉會妻錢氏。湘潭人。張獻忠之亂，吉會爲賊所執，將刃之，錢在山中，急出。賊縱其夫，欲污之。錢大罵，賊怒，乃殺之。

胡士柱妻蔣氏。湘陰人。崇禎末，兵寇相掠，挈室逃竄，猝被執。士柱以蔣故，逡巡不忍去，被殺。蔣奮身而前，伏屍旁痛哭。賊械繫之，罵哭益厲，賊怒，殺之。

何敏遜妻潘氏。湘陰人。張獻忠搜山，潘行絶壁下，度不能免，顧敏遜使速避。行不數武，潘以頭觸石死。

黄昌妻蔡氏。寧鄉人。昌死，哀毁數絶，父兄勸慰之，不從。一日自經死，是日昌冢裂，遂合葬焉。

楊才英妻胡氏。寧鄉人。爲左兵所執，逼之解衣，搶地大罵，賊怒剖其腹死。

王某妻詹氏。益陽人。張獻忠之難，被執，行經絶壁，奮身躍入深淵死。

何一蕃妻王氏。益陽人。張獻忠破城被執，殺一蕃，欲污王氏，王曰：「待瘞夫從汝。」瘞畢，乃大罵，赴水死。

廖某妻謝氏。湘鄉人。崇禎末，爲亂兵所俘，求脱不得，乃指懷中子紿軍校曰：「吾夫匿葦中，吾以子付之，當從汝去。」賊以爲然，謝至河旁，抱子投水死。

王用器妻羅氏。安化人。年二十二，夫亡誓不再適。有謀奪其節者，斷一指以絶之。

張逵妻王氏。安化人。逵爲流賊所執，欲并執王，乃以首飾投賊脱去。俄報逵被拷幾死，曰：「夫死我生何爲？」自沈池中死。

王道純妻譚氏。茶陵人。夫死自縊。

劉大焕妻彭氏。茶陵人。避亂黄塘，夫婦俱被執，彭厲聲曰：「殺夫不如殺我！」言未竟，奪刃自刎。賊大驚，大焕因得免。

本朝

郭凌雲妻王氏。湘潭人。值流賊肆掠，據地駡不起，遂遇害。順治年間旌。

譚伯生妻陳氏。茶陵人。遇流寇偪污之，奪刀自刎死。順治年間旌。

劉宗唐妻柳氏。長沙人。夫亡守節。同縣節婦蕭楷妻趙氏、甘士俊妻李氏，均康熙年間旌。

唐大年繼妻俞氏。善化人。夫亡守節，康熙年間旌。

唐公弼妻姜氏。湘潭人。夫亡守節。同縣節婦吴士觀妻馬氏，均康熙年間旌。

黄士亨妻陳氏。湘陰人。夫亡守節。同縣節婦易仁壽妻葛氏、蔣之棻妻黄氏〔一〇〕、蔣效儒妻胡氏、李象珠妻王氏，均康熙年間旌。

黎復淳妻黄氏。寧鄉人。夫亡守節。同縣節婦黄夢弼妻楊氏，均康熙年間旌。

汪天溥妻魯氏。瀏陽人。遇賊不污，遂受害。同縣節婦尋諸妻首氏、羅大恭妻彭氏、蕭朝貢妻李氏、魯元禄妻李氏、周天遜妻王氏，均康熙年間旌。

廖登宸妻唐氏。醴陵人。夫亡守節。同縣節婦文其蔚妻張氏，均康熙年間旌。

温逢光妻徐氏。益陽人。夫亡守節，同縣節婦蕭明銓妻周氏、熊超妻鄧氏，均康熙年間旌。

易道生妻鄧氏。湘鄉人。葬夫日，土寇突至，鄧持刀誓死，賊義之，弗犯而去。同縣節婦王之藩妻賈氏、張元輝妻章氏、許國柱妻聶氏、劉鉉生妻郭氏、葛之光妻李氏，均康熙年間旌。

劉詢妻周氏。攸縣人。夫亡守節，同縣節婦陳六禮妻朱氏、謝啓元妻李氏、劉鐸妻蔡氏，均康熙年間旌。

柳同一妻金氏。長沙人。夫亡守節。同縣節婦謝昌裔妻唐氏、李枝芳妻黎氏、楊有德妻蕭氏、任可鳳妻楊氏、黄自色妻王氏、王枚吉妻某氏，均雍正年間旌。

劉學孔妻譚氏。善化人。夫亡守節。同縣節婦黄士珍妻劉氏、鄧緯章妻陳氏，均雍正年間旌。

陳鶴年妻何氏。湘潭人。夫亡守節。同縣節婦賓諦命妻宋氏、闕問明妻魯氏、馬尚乾妻程氏、王又珣妻劉氏、錢世瑞妻王氏、何象鼎妻莫氏、劉長祚妻鄭氏、金振聲妻張氏、張先發妻馬氏、李軼羣妻姜氏、媳張氏、劉大堯妻羅氏、宋紹妻李氏、陳子睿妻朱氏，均雍正年間旌。

易廣生妻殷氏。湘陰人。廣生家甚貧，父母既受聘，欲改盟，殷吞一環，誓自盡，以救甦。既嫁而廣生卒，父母又欲奪其志，截髮毁容，日哭於夫冢，冢樹爲枯。同縣節婦黄日暹妻周氏、朱之辰妻王氏、劉云鳳妻蕭氏、戴而藻妻周氏、蔣之蓉妻彭氏、楊枝亨妻黄氏、李天東妻周氏、彭志怡妻文氏、江啓賢妻胡氏、曾啓文妻鍾氏、黄道法妻蘇氏、蔣之衮妻殷氏、楊之拔妻蔣氏、萬惠方妻傅氏、向廷獻妻朱氏，均雍正年間旌。

黄光璉妻許氏。寧鄉人。夫亡守節。同縣節婦裔坤妻黄氏、陶顯永妻李氏、黄煌妻喻氏，均雍正年間旌。

羅文清妻朱氏。醴陵人。夫亡守節，雍正年間旌。

王德俊妻盛氏。益陽人。夫亡守節。同縣節婦曹廷濬妻卜氏、趙明昱妻劉氏、曾德教妻歐陽氏、曹耀祥妻曾氏、魏耀祖妻劉氏、莫簡蔭妻曹氏、徐曰豫妻陳氏、熊應台妾李氏、徐曰復妻曹氏、郭宏受妻張氏、曹景衛妻劉氏、丁苞邦妻何氏、張晉毓妻聶氏、夏逢唐妻徐氏、熊輶妻郭氏，均雍正年間旌。

曹泰賢妻鄧氏。湘鄉人。夫亡守節。同縣節婦歐陽象清妻王氏、賀郊芳繼妻歐陽氏、葛世堂妻張氏，均雍正年間旌。

羅蔚妻譚氏。攸縣人。夫亡守節。同縣節婦劉大德母周氏、劉楚英妻謝氏、夏茂秀妻褚氏、劉成邦妻胡氏、彭宏憲妻夏氏、劉三烈妻譚氏、劉誠妻胡氏、文鼐妻賀氏，均雍正年間旌。

劉茂資妻譚氏。茶陵人。夫亡守節。雍正年間旌。

戴子質妻陳氏。長沙人。夫亡守節。同縣節婦李生茂妻陳氏、周正坎妻李氏、陳元越妻朱氏、侯天培妻劉氏、張問仕妻王氏、李斐文妻柳氏、李年馥妻張氏、劉之謨妻林氏、張維周妻徐氏、張臨周妻吴氏、金玉輝妻程氏、康自甯妻黄氏、沈遠羔妻朱氏、梁彰章妻柳氏、舒從龍妻龔氏、謝枝蕡妻蕭氏、唐振文妻吕氏、師元淳妻杜氏、馮文合妾彭氏、吴濂妻桂氏、林月丹妻劉氏、楊和春妻陳氏、林之翱妻周氏、劉大猷妻梁氏、饒先培妻吴氏、曹椿妻石氏、宋桓楷妻黄氏、宋昌祺妻鄧氏、魏琭妻車氏、劉正佳妻陳氏、楊世熀妻周氏、侯國學妻李氏、譚逢知妻程氏、譚顯聲妻黄氏、號文梓妻陳氏、王文甲妻朱氏、王昭德妻彭氏，貞女戴文迪聘妻楊氏，均乾隆年間旌。

徐宏表妻沈氏。善化人。嫁未及期而寡，投繯以殉，遺書族人請立嗣。同縣節婦裴大儀妻晏氏、李元勳妻雷氏、龔學良妻何氏、蕭運昌妻祝氏、汪秉元妻胡氏、黄文業妻王氏、劉士仰妻馮氏、郭湜妻楊氏，烈婦尹盛貴妻巢氏，均乾隆年間旌。

謝作山妻段氏。湘潭人。夫亡守節。同縣節婦董瑚妻袁氏、齊晉臣妻馬氏、方東沛妾韓氏、謝洪恩妻王氏、劉惇妻唐氏、姜兆展妻黄氏、陳天錫妻金氏、趙昌真妻丁氏、趙昌順妻蔡氏、石崙森妾劉氏、陳淵溥妻周氏、李濱妻張氏、秦文芝妻蔡氏、王世班妻萬氏、王昭芙妻周氏、周子臣妻唐氏、何鼎妻歐陽氏、王昭炘妻蕭氏、張心良妻馬氏、陳鶚年妻楊氏、李孟清妻王氏、周昭德妻何氏、唐登愷妻鄭氏、蕭洙守妻趙氏、曾榮生妻高氏、唐紫綬妻李氏、馬振沛妻張氏、唐廷理妻勞氏、吴登簡妻李氏、李士鯁妻賴氏、潘作棨妻尹氏、文湘妻唐氏，烈婦張銀漢妻馬氏，貞女劉滿姑、文序八聘妻唐氏、曾佺宗聘妻石氏，均乾隆年間旌。

吴美珍妻夏氏。湘陰人。夫亡守節。同縣節婦陳應武妻吴氏、甘元吉妻楊氏、李家從妻黄氏、蔣常濂妻翟氏、蔣之贊妻楊氏、楊應鵬妻孟氏、劉中德妻胡氏、張正學妻楊氏、吴翼邦妻蔣氏、方繼忠妻席氏、熊逢智妻周氏、熊逢朝妻徐氏、黎之鉉妻孫氏、胥以佐妻廖氏、楊應品妻何氏、李天相妻楊氏、霍爨士妻許氏、蕭士燿妻何氏、季景山妻熊氏、鄭先正妻劉氏、何柏舟妻蕭氏、舒伍翰妻吴氏、舒之璋妻胡氏、舒永治妻巢氏、吴紹蕣妻黄氏、蔣常義妻謝氏、蔣繼柯妻蕭氏、徐之忠妻蔣氏、蔡秉成妻周氏、徐萬國妻駱氏、楊茂榮妻李氏、甘如霖妻吴氏、任元謨妻段氏、周尊常妻吴氏、楊枝擢妻龍氏、龍之芬妻周氏、吴翼民妻陳氏、楊啓藝妻謝氏、顔懋榮妻田氏、張文衡妻盛氏、劉本善妻王氏、李懋揚妻黎氏、蔡之煌妻羅氏、姜萬程妻張氏、王大照妻胡氏、李夾安妻吴氏、易宗曜妻陳氏、單邦材妻湛氏、單永安妻霍氏、王立廣妻盧氏、李逢順妻謝氏、劉世鳳妻羅氏、鍾道熾妻傅氏，均乾隆年間旌。

陶士偁妻蔣氏。寧鄉人。夫亡守節。同縣節婦黄元璋妻姜氏、張翌樞妻胡氏、張學宏妻彭氏、張堪彝妻廖氏、張錫鳳妻廖氏、周振樞妻秦氏、唐繼漢妻彭氏、程織文妻曹氏、張志濬妻鄧氏、周申極妻譚氏、秦安修妻張氏、黎希軾妻邱氏、張興慧妻鄧氏、魏雋妻姜氏、何配武妻彭氏、陳萬猷妻謝氏、黎希億妻賀氏、張興恕妻黄氏、胡九瑞妻張氏、彭璉妻張氏、程卓犖妻孫氏、胡朝蔭妻喻氏、胡錫璜妻黎氏、賀嘉會妻黄氏、黎希煊妻喻氏、陳心學妻蕭氏、盛朝遇妻唐氏、潘順昌妻余氏、晏孔昭妻楊氏、劉兆之妻胡氏、周憲錦妻程氏、黄錫爵妻劉氏、黄錫綬妻彭氏、黄錫躬妻李氏、裴廷繼妻黄氏、姜堂妻蔡氏、周思本妻蕭氏，貞女孟氏女，均乾隆年間旌。

曾常清妻歐陽氏。瀏陽人。年十七，里人欲污之，不從，自縊。同縣節婦劉祐祚妻黄氏、楊家植妻戴氏、陶輝洛妻劉氏、許明仕妻李氏、曾國傑妻梁氏，均乾隆年間旌。

易彬芳妻謝氏。醴陵人。夫亡守節，同縣節婦淩嵩生妻易氏、劉儒先妻李氏、陳仕俠妻李氏、郭仕煌妻賀氏、何天衡妻鍾氏、何鑛妻譚氏、瞿瑩繼妻劉氏、劉婦黄氏、何欽妻丁氏、何鏞妻謝氏、劉丹國妻易氏、游文佐妻張氏、張文明妻周氏、陳美珍妻謝氏、劉紹祖妻賀氏、羅其桂妻胡氏、阿德滓妻張氏，均乾隆年間旌。

汪公諧妻蔣氏。益陽人。夫亡守節，同縣節婦王克成妻羅氏、蔡渶妻曾氏、高言妻曾氏、周宗武妻曾氏、王子罕妻葉氏、夏世仕妻徐氏、陳吉言妻徐氏、賀文菁妻苻氏、劉士富妻淩氏、華起倫妻李氏、熊聲溢妻蕭氏、熊輅妻李氏、楊焕龍妻陳氏、卜希天妻周氏、夏澤清妻唐氏，貞女陳睿才聘妻劉氏，均乾隆年間旌。

周國璟妻易氏。湘鄉人。夫亡守節。同縣節婦李秉彝妻葛氏、賀懿德妻謝氏、譚鴻祧妻聶氏、熊明仁妻蕭氏、簡自采妻葛氏、彭宗子妻陳氏、李必穎妻姚氏、羅宗詩妻吴氏、陳舜績妻李氏、胡國顯妻羅氏、王天鍾妻鄧氏、孔廷衡妻周氏、王載詠妻劉氏、田大有妻楊氏、朱國璐妻彭氏、王鉉成妻陳氏、劉士培妻張氏、黄銑永妻蕭氏、陳紹禹妻彭氏、歐陽晃妻易氏、甯嘉炳妻彭氏、王光揚妻汪氏、彭逢源妾熊氏、陳德錫妻朱氏、葛鉅妻唐氏、彭經古妻葛氏、黄宜悍妻曾氏、鄧定織妻劉氏、趙軒妻黄氏、王公楫妻傅氏、左厚澤妻黄氏、尹坤夫妻彭氏、沈之鵬妻王氏、朱隆攀妻李氏、朱隆魁妻歐陽氏、文國誌妻楊氏、陳祖昂妻彭氏、李鍾妻朱氏、左七澤妻黄氏、謝再理妻易氏、羅萬遜妻唐氏、李仁化妻朱氏、朱蹈妻曾氏、蕭振仁妻羅氏、王明燭妻彭氏、謝隆圭妻陳氏、王學勝妻彭氏、潘祖德妻陳氏，烈婦戴再見妻周氏，均乾隆年間旌。

王玠妻陳氏。攸縣人。夫亡守節。同縣節婦陳上簡繼妻劉氏、劉士臨妻湯氏、劉其淑妻李氏、蔡祖佺妻覃氏、王士卓妻謝氏、陳如寔妻譚氏、歐陽一純妻陳氏、陳學古妻劉氏、劉餘力妻洪氏、皮獻易妻陳氏、賀士弁妻蔡氏、劉光詔妻賀氏、劉際亨妻周氏、劉楚翼妻皮氏、劉昭備妻歐陽氏、劉誠妻胡氏、費燕克妻徐氏、歐陽永景妻夏氏、蔡儼妻譚氏、劉章燦妻覃氏、陳夢任妻賀氏、張月桂妻唐氏、蔡渭濱妻費氏、蕭文彬妻朱氏、陳繡章妻賀氏、譚金相妻侯氏、郭志定妻謝氏、易宗茂妻洪氏、尹咸寧妻賀氏、皮啓沂妻劉氏、鄒紹湘妻王氏、譚其倫繼妻賀氏、譚啓蛟妻劉氏、譚有禮妻胡氏、劉輝五妻洪氏、譚際舉妻劉氏、鄧朝倬妻陳氏、皮起鳳妻劉氏、歐陽再思妻譚氏、張某妻朱氏，均乾隆年間旌。

周宗望妻賀氏。安化人。里人逼污之，不從，被殺。同縣節婦陳文昌妻傅氏、蔣琢妻龔氏、楊應珧妻李氏、段再鳳妻譚氏、姚瑞生妻李氏、林德崇妻簡氏、湛孝源妻蔣氏、吴榮璋妻鄧氏，貞女譚氏女，均乾隆年間旌。

尹夢稷妻譚氏。茶陵人。夫亡守節。同縣節婦譚夢燕妻胡氏、陳英偉妻賀氏，均乾隆年間旌。

姚基舉妻佘氏。長沙人。基舉外出，族人偪污之，拒罵被毆死。同縣節婦劉恩妻王氏、劉世琠妻陳氏、周塏妻陳氏、劉知嵩妻盧氏、劉治朝妻熊氏、袁尚志妻羅氏、許光漢妻湯氏、成某妻黄氏、饒賢銑妻陳氏、丁祚棠妻李氏、王澤妻鮑氏、左培遠妻蔣氏、吴之禮妻饒氏、彭連登妻易氏，烈婦熊光思妻馬氏、王緜菁妻彭氏，均嘉慶年間旌。

唐志松妻王氏。善化人。夫亡守節。同縣節婦陳錫奎妻黄氏、陳錫炳妻王氏、張超本妻黄氏、唐超韓妻蕭氏、郭鼎書妻劉氏、俞祖明妻熊氏、俞孔思妻宋氏、周召南妻孫氏、周召南子婦某氏、陳文新妻楊氏、陳文輝妻謝氏、張玉振妻譚氏、李毓義妻蔣氏、陳哲仁妻周氏、陳玉聲妻彭氏、張映藻妻周氏、張肇盛妻龍氏、向廷懋妻羅氏、胡霖妻陳氏、流寓李青照妻張氏、黄之楷妻朱氏，貞女王達聘妻周氏，均嘉慶年間旌。

石曰琳妻吴氏。湘潭人。夫亡守節。同縣節婦汪忠煌妻李氏、子婦某氏、高孝發妻張氏、子婦某氏、孝發孫傳賢妻鄧氏、趙曰薩妻陳氏、石衛南妻潘氏、齊安杞妻王氏、張官懋妻馮氏、曾觀民妻張氏、李宗瑚妻陳氏、王繼祖妻陳氏、王序條妻李氏、吴學洋妻丁氏、王繼榮妻胡氏、王繼榮子婦吴氏、胡臨妻郭氏、楚麟玉妻羅氏、楚中山妻胡氏、王之秀妻成氏、劉璿妻周氏、宋銘箴妻吴氏、王序彰妻胡氏、流寓蔡受湜妻徐氏，烈婦龍南芳妻周氏，均嘉慶年間旌。

盛永坤妻李氏。湘陰人。夫亡守節。同縣節婦蔡大祚妻龔氏、周賢書妻鄭氏、傅之齡妻黎氏、黄流漢妻王氏、仇紹發妻徐氏、陳之璣妻吳氏、劉嗣遠妻郝氏、吳成澍妻許氏、吳成秀妻文氏、何啓圖妻駱氏、易焕權妻吳氏、羅士文妻湛氏、鍾仰珩妻易氏、楊培椿妻李氏、李如祚妻袁氏、趙永鎡妻戴氏，貞女任孔紹聘妻傅氏，均嘉慶年間旌。

袁慶雲妻范氏。寧鄉人。夫亡守節。同縣節婦劉起生妻楊氏、黎祚高妻喻氏、張瑞武妻陶氏、袁承世妻張氏、張志域妻李氏、張文淮妻夏氏、洪世楨妻姜氏、周天成妻樊氏、周天合妻楊氏、彭舉世妻周氏、張國濂妻彭氏、黎祚瑜妻黄氏、黄湘南妻劉氏、宋盛雯妻黄氏、姜黄氏、黄世滉妻黎氏、趙鴻儒妻陳氏、彭垂澤妻何氏、彭濟川妻高氏、姜源瀆妻何氏、姜大猷妻喻氏、袁名翰妻黎氏，烈婦周萬里妻李氏、周某妻張氏，均嘉慶年間旌。

羅羲文妻彭氏。瀏陽人。少寡，守節六十八年，五世同堂。同縣節婦余開第妻陶氏、周平奠妻黎氏、羅顯涣妻周氏、周世弼妻歐氏、李宗仍妻江氏、何生達妻李氏、王良治妻周氏、李儒彬妻張氏、歐化淳妻鄧氏、劉家琦妻歐陽氏、唐開第妻湯氏、宋洪鑑妻周氏、邱業璋妻陳氏、唐宏道妻黄氏、劉光嵩妻李氏、孫叔棟妻周氏，均嘉慶年間旌。

王士嵒妻竺氏。醴陵人。夫亡守節。同縣節婦黄玳妻許氏、吳文衡妻胡氏、王堯則妻何氏、張思涵妻黄氏、郭光宗妻易氏、王道隆妻張氏、張光烈妻譚氏、翟槐妻胡氏、湯象樞妻瞿氏、劉雲鴻妻潘氏，貞女劉新玉聘妻張氏，均嘉慶年間旌。

蔡道禧妻曾氏。益陽人。夫亡守節。同縣節婦郭光鶴妻尹氏、劉克緒妻吳氏、吳朝選妻聶氏、陳紓之妻王氏、周俊勳妻劉氏、夏澤坊妻李氏、徐其昂妻陳氏、丁盛佑妻羅氏、賀家廉妻曾氏、文賢韜妻莫氏，烈婦郭德明妻張氏，貞女李二姑，均嘉慶年間旌。

朱祖熙妻劉氏。湘鄉人。夫亡守節，同縣節婦王宗誥妻彭氏、劉廣大妻熊氏、熊金鈞妻曾氏、江維清妻龔氏、姚興湘妻謝氏、李祖舉妻陳氏、蕭智湳妻葛氏、陳英位繼妻張氏、張光尹妻李氏、陳修棣妻王氏、劉藏庵妻陳氏、羅耀清妻徐氏、王隆旭妻劉氏、丁光瓊妻黄氏、譚皋妻黄氏、丁中焕妻黄氏、郭代纘妻李氏，烈婦彭榮輝妻王氏，貞女譚家禮聘妻成氏，均嘉慶年間旌。

洪開俊妻譚氏。攸縣人。夫亡守節。同縣節婦洪承烈妻尹氏、朱榮選妻易氏、陳登元妻張氏、劉起枝妻賀氏、皮起翰妻尹氏、陳性寬妻胡氏、王廷佩妻劉氏、劉芳妻謝氏、蔡受苐妻顔氏、洪開健妻謝氏、陳自明妻歐陽氏、余文才妻何氏，均嘉慶年間旌。

黄雲瞻妻陶氏。安化人。夫亡守節。同縣孝女兩江總督陶澍女瓊姿，母病，割左腕肉和羹以進，母頓愈。貞女王中發聘妻吴氏，均嘉慶年間旌。

譚世鼒妻尹氏。茶陵人。夫亡守節。同州節婦藍明祥妻羅氏、尹宗冕妻譚氏、譚士顔妻羅氏、陳世能妻譚氏，均嘉慶年間旌。

仙釋

南北朝　齊

張岊。清河人。明帝時，歷官至司空。後棄官入攸縣温泉山，結廬修道，白日乘雲鶴去，因名其山曰司空山。

唐

緱仙姑。長沙人。修道於衡嶽，有青鳥飛來爲伴。每有人遊山，青鳥必預説姓氏，及期，一一皆驗。後入九疑山仙去。

懷素。長沙錢氏子。疏放不拘，喜飲酒，善草書。酒酣興發，遇寺牆里壁，靡不書之。貧無紙，乃種芭蕉萬株，以供揮灑。自云得草書三昧，棄筆堆積埋山下，曰筆塚。

隱山。洞山與密師行脚，見溪流菜葉，乃披草行五七里，見師羸形異貌，因相與問答。師作偈曰：「一池荷葉衣無盡，滿地松花食有餘。剛被世人知住處，又移茅屋入深居。」遂燒庵不知所之，人稱爲隱山和尚。

善覺。華林寺主。嘗念觀世音菩薩號，有二虎爲侍者，呼以「大空」、「小空」，虎即應聲而至。

檮樹。不知何時人。唐廣德間寄衣鉢檮樹中趺坐，越七日，喝開檮樹取衣鉢，入大川山，搆慈雲寺以居。

慧朗。參馬祖有悟，居招提寺，時稱大朗。又有振朗，參石頭有悟，居興國寺，時稱小朗，皆長沙人。

景岑。長沙人。嘗言：「我若一向舉揚宗教，法堂前須草深一丈。事不獲已，向汝諸人道。」本朝雍正十一年，封洞妙朗淨禪師，遣有司致祭。

洪諲。長沙人。嘗與數耆宿至襄、沔間，一僧舉論宗乘，頗敏捷，論説不已，洪諲語曰：「參須實參，悟須實悟。閻羅大王，不怕多語。」僧拱而起。

如海。周氏子。曾爲成都主簿，後爲僧。晚居長沙，在定十四日，人即其處而成室宇，遂爲寶應寺。去至湘西，人又從之，負木礱石，爲龍安寺。柳宗元爲之碑。

疏言。道林寺僧。武宗會昌時，沙汰浮屠，盡焚其書。宣宗立詔徐復之，而書籍已盡。疏言至太原，求遺經得五千四十八卷，輦自河東而歸。李節爲之序。

靈祐。福州趙氏子。遊江西，參百丈，遂居參學之首。後住潙山七載，裴休爲建寺居之。奏請賜額曰「密印」，爲五宗第一。大中年，盥漱趺坐，怡然而逝，謚大圓禪師。本朝雍正十一年，封靈覺大圓禪師，遣有司致祭。

慶諸。新淦陳氏子。住潭州石霜山，後參道吾有省，避世混俗於長沙瀏陽，人莫能識。洞山曰「瀏陽乃有古佛」，居石霜二十年，常坐不卧。僖宗聞其名，專使賜紫，堅辭不受。光啓四年，坐化。

齊已。本姓胡，名得生。潭州人。與貫休並有聲，同師石霜。

五代　周

草衣。不知何許人。居草衣巖上，足不履地，口不嘗味，三十餘年，坐一繩牀而已。

宋

洪蘊。長沙人。本姓藍，習方技之書，以醫術知名。太祖召見，賜號廣利大師。尤工診切，每先歲時，言人生死，無不應。

真如。大溈山僧，臨川聞氏子。戒律精嚴，放參後，輒自作務。

希白。潭州人。作書有晉人風度。慶曆中，嘗以淳化閣帖模刻於潭之郡齋。有古法帖十卷。

邵琥。湘陰人。少與兄玘、弟珪同遊太學，遇至人，後歸都嶠山，卓庵修煉。元符初，蘇軾自嶺表歸，訪琥於庵，留旬餘。琥後立草庵西蜀峩眉山，遁去，不知所終。

元

易公。居影珠山下。日執畚修路，至今巖上鐫「至正壬戌，易公修路」八字。及老，織屨易食，餘則惠人。每負稈於坐旁，焚之，且織且焚，晝夜不輟。一日稈烟不散，結爲白雲，遂乘之去。今名其地爲草鞋灣，立石屋祀之。

明

逸僧。不知其名。嘗題詩於安化縣西之石城橋寺壁云：「手把青苗插野田，低頭便見水中天。六根清浄方成道，退步分明是向前。」又云：「粗布縫衣禦雪冬，一鍼一綫要從容。如今世路多荆棘，休得郎當大樣縫。」後不知所終。

土産

鐵。明統志：瀏陽、攸、安化、茶陵、寧鄉、醴陵六縣出。

鉛。醴陵縣出。

硃砂。水銀。明統志：俱安化縣出。

海金砂。明統志：長沙、善化、攸、湘潭四縣出。

苧布。府志：湘鄉、攸、瀏陽、茶陵四州縣出。

茶。府志：安化縣出。

鸕鷀。府志：湘陰縣出。

玉面貍。明統志：安化縣出。

校勘記

〔一〕公琰託志忠雅　「琰」，原作「炎」，據乾隆志卷二七七長沙府人物（下同卷簡稱乾隆志）及三國志卷四四蜀書蔣琬傳改。按，本志避清仁宗諱改字。

〔二〕孫綝議廢其主亮　「孫綝」，原作「孫琳」，據三國志卷六四孫綝傳改。下文同改。

〔三〕嘗與梅山猺戰乘勝逐北　「乘」，原脱，據乾隆志補。

〔四〕王以寧　「寧」，原作「凝」，據乾隆志及雍正湖廣通志卷五五人物志改。按，本志避清宣宗諱改字。

〔五〕入爲大理寺少卿　「少」，原脱，據乾隆志及宋史卷四一一湯璹傳補。

〔六〕陳寧　「寧」，原作「凝」，據雍正湖廣通志卷五五人物志改。按，本志避清宣宗諱改字。

〔七〕父咸寧被執　「寧」，原作「凝」，據乾隆志改。按，本志避清宣宗諱改字。

〔八〕易貞言　乾隆志作「易正言」。

〔九〕由太子少保分司東都　「東都」，原作「東郡」，據乾隆志及新唐書卷一〇七裴休傳改。

〔一〇〕蔣之棻妻黄氏　「蔣」，原作「將」，據乾隆志改。

岳州府圖

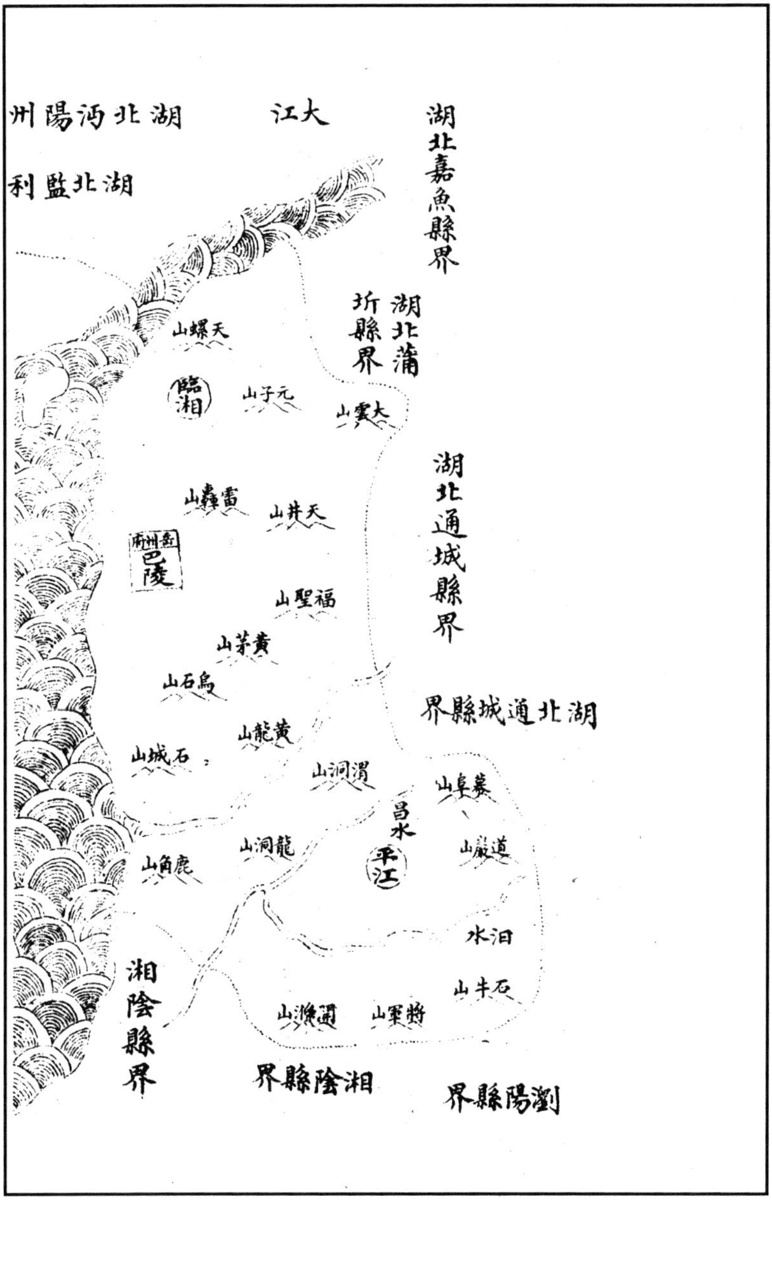
湖北沔陽州
大江
湖北嘉魚縣界
湖北監利
湖北蒲圻縣界
天螺山
臨湘
元子山
大雲山
雷轟山
天井山
岳州府
巴陵
湖北通城縣界
福聖山
黃茅山
烏石山
湖北通城縣界
黃龍山
石城山
渭洞山
幕阜山
昌水
龍洞山
鹿角山
平江
道巖山
汨水
石牛山
湘陰縣界
通溪山
將軍山
湘陰縣界
瀏陽縣界

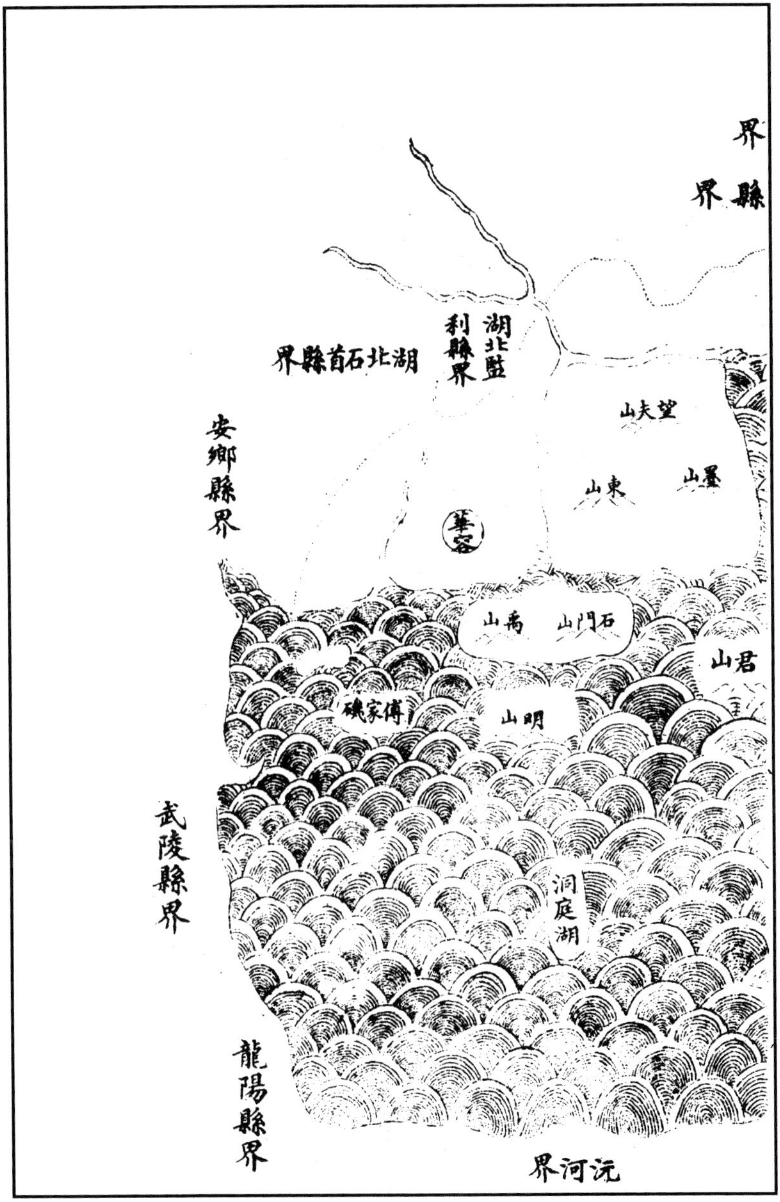
界
縣界
湖北監利縣界
湖北石首縣界
安鄉縣界
望夫山
東山
墨山
華容
禹山
石門山
君山
傅家磯
明山
武陵縣界
洞庭湖
龍陽縣界
沅河界

岳州府表

	岳州府	巴陵縣	臨湘縣
秦	長沙郡地。		
漢	長沙國地。後漢長沙郡地。	下雋縣地，屬長沙國。後漢屬長沙郡。	下雋縣地。
三國	屬吳。		
晉		巴陵縣置縣，屬長沙郡。	巴陵縣地。
南北朝	巴陵郡宋元嘉中置，屬湘州，尋屬郢州。齊因之。梁置巴州。	巴陵縣宋巴陵郡治，齊因之。梁巴州治。	
隋	巴陵郡初廢郡改岳州，大業初曰羅州，尋又改郡。	巴陵縣郡治。	
唐	岳州巴陵郡初復置巴州，尋改屬江南西道。	巴陵縣州治。	
五代	岳州初屬楚，後屬周行逢。	巴陵縣	唐清泰中馬氏置王朝場。
宋	岳州巴陵郡岳陽軍屬荊湖北路，紹興二十五年改純州華容軍，三十一年復故。	巴陵縣	臨湘縣淳化初置王朝縣，屬岳州。至道初更名。
元	岳州路屬湖廣行省。	巴陵縣路治。	臨湘縣屬岳州路。
明	岳州府屬湖廣布政司。	巴陵縣府治。	臨湘縣屬岳州府。

續表

華容縣	平江縣
孱陵縣地，屬武陵郡。	長沙國羅縣地。後漢末置漢昌縣。
南安縣 吴置，屬南平郡。	吴昌縣 吴更名，屬長沙郡。
南安縣	吴昌縣
安南縣 宋更名，齊因之。梁置南安湘郡，後廢。	吴昌縣 梁屬岳陽郡。
華容縣 開皇十八年更名，屬巴陵郡。	開皇九年省入羅縣。
華容縣 屬岳州。垂拱二年更名容城，神龍初復名。	昌江縣 神龍三年置，屬岳州。
華容縣	平江縣 唐更名。
華容縣 徙治，屬岳州。	平江縣 屬岳州。
華容縣 屬岳州路。	平江州 元貞初升州，屬岳州路。
華容縣 屬岳州府。	平江縣 復降縣，屬岳州府。

大清一統志卷三百五十八

岳州府一

在湖南省治東北三百里。東西距三百八十里，南北距一百五十里。東至湖北武昌府通城縣界一百四十里，西至澧州安鄉縣界一百八十里〔一〕，南至長沙府瀏陽縣界二百九十里，北至湖北荆州府監利縣界三十里。東南至江西南昌府義寧州界三百六十里，西南至常德府龍陽縣界三百十五里，東北至湖北嘉魚縣界二百一十里，西北至湖北石首縣界二百里。自府治至京師三千二百八十五里。

分野

天文翼、軫分野，鶉尾之次。

建置沿革

禹貢荆州之域，爲三苗國地。通典：今長沙、衡陽，皆古三苗國地。春秋時屬楚，亦爲麇、羅二國地。

戰國爲楚。秦爲長沙郡地。漢屬長沙國。後漢屬長沙郡。三國屬吴。晉始置巴陵縣，屬長沙郡。宋元嘉十六年，分長沙置巴陵郡，屬湘州，尋屬郢州。齊因之。梁兼置巴州。隋平陳，郡廢，改巴州曰岳州。大業初又改羅州，尋曰巴陵郡。唐武德四年，復置巴州，六年仍曰岳州。天寶元年，改爲巴陵郡。乾元元年，復曰岳州，屬江南西道。五代屬楚，後屬周行逢。宋曰岳州巴陵郡、岳陽軍，宋史地理志：宣和元年，賜軍額。屬荆湖北路。紹興二十五年，改曰純州華容軍。三十一年，復故。元至元十二年，爲岳州路，屬湖廣行省。明洪武二年，改爲岳州府，九年降爲州，十四年復爲府，隸湖廣布政使司。明統志：岳州府，領州一，縣七：巴陵縣、臨湘縣、華容縣、平江縣、澧州、石門縣、慈利縣、安鄉縣。本朝因之。康熙三年，屬湖南省治。雍正七年，升澧州爲直隸州。領縣四。

巴陵縣。附郭。東西距二百五十里，南北距一百五十里。東至湖北武昌府通城縣界一百四十五里，西至華容縣界一百二十里，南至長沙府湘陰縣界一百二十里，北至湖北荆州府監利縣界三十里。東南至平江縣治二百四十里，西南至湘陰縣治二百四十里，東北至臨湘縣治七十里，西北至監利縣治一百五十里。古麇子國。漢長沙郡下雋縣地。晉太康元年，置巴陵縣，仍屬長沙郡。南北朝宋元嘉十六年，爲巴陵郡治。齊因之。梁爲巴州治。隋爲巴陵郡治。唐爲岳州治。宋因之。元爲岳州路治。明洪武九年，省入州，十四年復置爲岳州府治。本朝因之。

臨湘縣。在府東北九十里。東西距一百二十五里，南北距一百五十里。東至湖北武昌府蒲圻縣界九十里，西至湖北荆州府監利縣界二十五里，南至巴陵縣界六十五里，北至武昌府嘉魚縣界七十里。東南至武昌府通城縣界一百二十里，西南至巴陵縣治七十里，東北至嘉魚縣界七十里，西北至監利縣界十五里。漢下雋縣地。晉以後爲巴陵縣地。五代唐清泰中，馬氏於此置王朝場。宋淳化五年，升爲王朝縣，屬岳州。至道二年，改臨湘縣。元屬岳州路。明屬岳州府，本朝因之。

華容縣。在府西一百八十里。東西距一百里，南北距一百三十里。東至巴陵縣界四十五里，西至澧州安鄉縣界六十里，南至常德府沅江縣界九十里，北至湖北荆州府石首縣界四十里。東南至巴陵縣治一百六十里，西南至常德府龍陽縣界一百六十里，東北至荆州府監利縣治一百二十里，西北至荆州府公安縣治一百八十里。古雲夢地。漢孱陵縣地，屬武陵郡。三國吴置南安縣，屬南平郡。南北朝宋曰安南，齊因之。梁置南安湘郡，尋廢。隋開皇十八年，改縣曰華容，屬巴陵郡。大業初，屬羅州，尋屬巴陵郡。唐屬岳州，垂拱二年，更名容城。神龍元年，復曰華容。宋至和元年，徙今治屬岳州〔二〕。元屬岳州路。明屬岳州府，本朝因之。

平江縣。在府東南二百四十里。東西距二百四十里，南北距一百四十里。東至江西南昌府義寧州界一百一十里，西至長沙府湘陰縣界一百二十里，南至長沙府瀏陽縣界六十里，北至巴陵縣界七十里。東南至江西義寧州界一百里，西南至長沙府瀏陽縣界一百九十里，東北至湖北武昌府通城縣治一百六十里，西北至巴陵縣治二百四十里。古羅子國。漢長沙郡羅縣地。後漢末，分置漢昌縣。三國吴改吴昌縣，仍屬長沙郡。晉及宋、齊因之。梁屬岳陽郡。隋開皇九年，省入羅縣。唐武德八年，又省羅縣入湘陰。神龍三年，復分湘陰置昌江縣，屬岳州。五代唐改曰平江。宋因之，屬岳州。元元貞初，升爲平江州，屬岳州路。明洪武初復爲縣，屬岳州府。本朝因之。

形勢

左洞庭，右彭蠡，史記吴起傳。兼有江湖之勝。馬子嚴岳陽志。北通巫峽，南極瀟湘，宋范仲淹岳陽樓記。重山複水，視他區爲勝。元張崇德修華容城記。

風俗

刀耕火種，網罟爲業。郎蔚之圖經。人性悍直，士習禮義，俗尚樸，不事華麗。明統志。士知義而好文，俗信巫而尚鬼。府志。

城池

岳州府城。周七里，門四，三面有濠，西濱大湖。宋元嘉中因吳舊址築。唐天寶中重築。明洪武中，又加拓築。本朝康熙五十一年修，乾隆五年、二十九年重修。巴陵縣附郭。

臨湘縣城。周五里，門四。明成化十一年築。本朝康熙二十四年、雍正二年屢修。

華容縣城。周三里有奇，門西。明成化十三年因舊址築，二十年覆以甎。本朝康熙初年修，乾隆二十五年重修。

平江縣城。周五里有奇，門四。明成化八年築。本朝康熙七年修。

學校

岳州府學。在府治東南。宋治平中建，胡寅爲之記。本朝順治中修，熊伯龍有記。康熙、乾隆中重修。入學額數十五名。

巴陵縣學。在縣治西南。明洪武中建。本朝康熙、雍正中屢修。乾隆十年、十八年、三十三年重修。内有五賢堂，宋建，祀宋儒周子、二程子、張子、朱子。入學額數二十名。
臨湘縣學。在縣治西南。明洪武中建。本朝康熙中屢修，乾隆三年重修。入學額數十五名。
華容縣學。在縣治北。明洪武四年建。本朝康熙、雍正中屢修，乾隆十二年重修。入學額數二十名。
平江縣學。在縣治東百步。宋紹興中建。本朝康熙、雍正、乾隆中屢修，嘉慶十五年重修。入學額數十二名。
天岳書院。在府治東。宋建。
岳陽書院。在府治東南。本朝康熙五十九年建。
湘湄書院。在臨湘縣南門外。本朝乾隆五年因人文書院舊地建，易今名。
龍峯書院。在華容縣東十五里。明黎淳、劉大夏讀書處。
沱江書院。在華容縣學北。本朝乾隆二十五年建。
昌江書院。在平江縣城西五龍山。舊名天岳書院，在小天岳峯，康熙五十九年建。乾隆十一年遷建城東，四十年改遷城西，嘉慶九年遷建今所，易今名。
陽坪書院。在平江縣東鳳棲鄉。宋邑人吴雄從朱子遊，建此講學。

户口

原額人丁九千六百九十一，今滋生男婦共一百七十萬九千四百九十七名口，計二十九萬四千七百三户。岳州衛屯户男婦共六萬八千六百六十二名口，計八千八百六十八户。

田賦

田地山塘二萬二千三十七頃九十一畝八分七釐，額徵地丁正、雜銀八萬三千八百六十二兩二錢三分三釐，南糧二萬二千一百三十九石九升三合零，漕糧二千八百八十石九斗五升四合。又岳州衛屯田五百一十一頃一十八畝二分一釐，額徵銀三千二百四十九兩一錢九分一釐。

山川

巴丘山。在府城内西南隅。亦名巴陵，又名天岳。書禹貢：過九江至於東陵。蔡傳曰：「東陵，巴陵也。」水經：湘水又北至巴丘山，入於江。注：山在湘水右岸。元和志：昔羿屠巴蛇於洞庭，其骨若陵，故曰巴陵。府志：三國吴魯肅以萬人屯巴丘，即此。

青岡山。在巴陵縣東四十五里。

千聚山。在巴陵縣東百里，蟠亘數十里，衆山拱聚。

福聖山。在巴陵縣東一百十里。一名福聖臺，松柏暢茂。宋、元時兵過伐其木，斧斤不能入，人以爲神異。

相思山。在巴陵縣東一百三十里。上有仙人搗藥池及四面石，相近有風雨山，雲起輒有風雨。

白鶴山。在巴陵縣東南。方輿勝覽：巴陵縣白鶴山，山南有兩池，有呂翁仙跡。又有紫荆臺，江叟吹鐵笛，響震林谷，有兩女子出授神藥。方輿紀要：山在城南二里，與巴丘相峙。舊志：山在縣東南三里。又二里爲九龜山，九山相連，形如龜，濱洞庭，以形似名。

黄茅山。在巴陵縣東南三十里。盤亘數里，壁立干霄。

五龍山。在巴陵縣東南五十里。亦名烏石山。岳陽風土記云：溪下有石如墨，可愈喉疾，亦可代墨作書。下有石墨溪，南流入游港。

黄龍山。在巴陵縣東南一百五十里，接平江縣界。上産藥草，旱可禱雨。

金鶚山。在巴陵縣南二里。相傳有異鳥飛集於山，其色如金。

九馬嘴山。在巴陵縣南四十里。有九峯出湖上，舟行甚險。

鹿角山。在巴陵縣南五十里洞庭湖濱。明成化中置哨於此。

石城山。在巴陵縣南六十里。亦名石磯山。宋楊么嘗結寨其上。

艑山。在巴陵縣南。水經注：洞庭湖中有艑山，多篤竹。岳陽風土記：湘人以吴船爲艑，山形類之，故名。上有啞女塔，舊傳有商女祟病，至此忽能言，指其山可置塔，其家爲之置塔，因以名焉。上有神人跡，其下有龍窟。君山之東，艑山之西，名黄石灣，有石伏江中，舟人危之。

甑箄山。在巴陵縣西南七里，濱洞庭，以形似名。

君山。在巴陵縣西南洞庭湖中。一名湘山，亦稱洞庭山。方輿紀要：山方六十里，狀如十二螺髻。道書：君山，第十一福地。史記：黄帝南至於江，登熊、湘。即湘山也。山海經：洞庭之山，帝之二女居之。史記：秦始皇二十八年，浮江至湘山祠，逢大風，問湘君何神，博士曰：「聞之堯女舜之妻葬此。」始皇大怒，使刑徒三千人，伐湘山樹，赭其山。水經注：洞庭湖中有君山。山有石穴，潛通吳之包山，郭景純所謂「巴陵地道」者也。是山湘君之所游處，故曰君山。漢武帝登之，射蛟於是山。山東北對艑山，兩山相次，去數十里，迴峙相望，孤影若浮。元和志：君山在巴陵縣西三十里。府志：君山上有酒香山，即漢武求仙酒處。岳陽風土記：庾穆之湘州記云，君山上有美酒數斗，得飲之，即不死爲神仙。寺僧云，春時往往聞酒香，尋之莫知其處。又君山後有響沙，躡足聽之有聲。

樊駝山。在巴陵縣西北一百二十里，接華容縣界。有泉可雩。

雷轟山。在巴陵縣北三里楓橋湖畔。相傳爲吳孫權祖鍾葬處。

七里山。在巴陵縣北七里，故名。宋岳飛討楊么屯兵於此。

九峯山。在巴陵縣東北一百里，東接大雲山。勢甚高聳，有九峯並峙，可南望洞庭湖。

大雲山。在巴陵縣東少北一百五十里。高亘數百丈，連接七十餘峯。上有雞子石，高四百丈，周圍險峻，惟一面可登。頂上有井，明末民多保此。其北接臨湘縣界。

黄皋山。在臨湘縣東十五里。峯巒聳拔，林木蔥蒨，一名黄岡山。又應科山，在山東五里，黄岡之支屬也。

金鷄山。在臨湘縣東三十里。其山盤礴峻麗，中有洞穴深邃，相傳有金鷄出入其中。又南有一石狀如鷹，俗呼爲鷹石。

金竹山。在臨湘縣東三十里。上有小竹，枝幹純黄，遇冬愈鮮潤，色黄類金。相傳神人所種。

石珠山。在臨湘縣東四十里。一名石龜山。相近有道觀山，兩山勢甚峻拔，草木蓊翳。

樓閣山。在臨湘縣東七十里。羣峯疊出，秀拔如樓閣，登眺可盡洞庭諸景。上有神祠，旱禱多應。

藥姑山。在臨湘縣東九十里。最高峻，雲幕其巔則雨。

天井山。在臨湘縣東一百二十里，接巴陵縣界。

旋風山。在臨湘縣東南九十里。高峻多林木，風至此則旋轉。相近有尖山，一峯特出，上有石洞。

龍窖山。在臨湘縣東南。輿地紀勝引岳陽志云：其山峻極，上有雷洞、石門洞，山猺居之。府志：在縣東南百里，爲邑鎮山，跨通城、崇陽、蒲圻三縣界，上有龍湫。

魚梁山。在臨湘縣南一里。山下有湖，産魚特美。

石灰山。在臨湘縣南二十里。山石黑，可以燒灰。

望城山。在臨湘縣南四十里。登之可望郡城，下有泉，溉田千頃。

鳳凰山。在臨湘縣南六十里。高秀盤礡，亦名太微宫山。

寡姑山。在臨湘縣南八十里。高峻侵雲。

響山。在臨湘縣南九十里。四山環聳，有響則應。又十里有龍潭山，崖壁嶄絶，有龍潛焉。

漿山。在臨湘縣南一百里響山東。上有泉，旱可溉田，俗呼爲漿水，下流爲黄荆港。

萬峯山。在臨湘縣南一百十里。峯巒層疊，其最高者，俗名雷打尖。

象骨山。在臨湘縣西南三十里。岳陽風土記：山海經云巴蛇吞象，暴其骨於此。象骨港出其下。

團山。在臨湘縣西南三十五里瀕江。山下舊有鼉鳴驛，今没水中，冬春猶彷彿可見。

天螺山。在臨湘縣北二里。

如山。在臨湘縣東北八里。水經注：江水自彭城磯東逕如山北，即此。

元子山。在臨湘縣東北十五里，楊圻湖之下口。

東山。在華容縣東十里。明統志：峯巒秀麗，連亘百餘里，古松夾道，驛路經其中。縣志：有白竹圻在縣東南二十里。其北爲東山，茂林修竹，多故家居址。舊志有石伏山，在縣東七里，多巨石，一名石佛山。又龍峯山，在縣東十里，二峯卓立最秀。有竹圻山在縣東二十里，有徑通墨山，統名曰東山云。

黄湖山。在華容縣東三十里，下臨華容河，産蕨薇，多雉兔。其上隆然一峯曰章華臺，相屬者爲小爾山。

墨山。在華容縣東四十五里，接巴陵縣界。岳陽風土記：墨山謂之元石山，楚辭曰：「驅予車兮元石，步予馬於洞庭。」

桃花山。在華容縣東五十里。縣志：山延袤數十里，甚高峻。有水碓可造紙，産蘭茝、杜蘅等藥草。又五里有石龍山，山有獅子崖、水簾洞。

石門山。在華容縣東南三十里。亦名仙廬山，甚幽邃。傍有七女峯，最高。

層山。在華容縣東南四十里。屹峙水中，非舟莫能至。

鼓樓山。在華容縣東南五十里，接巴陵縣界。岳陽風土記：山上有石室，下瞰洞庭，中容數千人，俗名分金洞。

寄山。在華容縣東南七十里。湖水周遭，浮峙如寄。並峙者爲團山，多赭石，可研以書字。

南山。在華容縣南三十里，臨洞庭湖。蒼翠如屏。

禹山。在華容縣南三十里。輿地紀勝：禹濬川時，嘗登其巔。縣志：下有水碓，造紙甚佳。其南有明山，上有洞庭神廟。

方臺山。在華容縣南。元和志：在華容縣南三十二里。出雲母石，掘時忌有聲響，則所得麤惡。岳陽風土記引荆南志云：土人採雲母石，先候雲所出處，在其下掘之，無不大獲。有長五尺者，可爲屏風。

菜花山。在華容縣東北六十里。蔓生野菜，民多採食。

密巖山。在平江縣東二十里。石壁削立，中有巖，可藏數百人。

盧山。在平江縣東五十里。亦名獨石山。上有七仙井，盧水出焉。

道巖山。在平江縣東九十里。一名香爐山。岳陽風土記：下有老子祠，上有仙壇丹竈，有池，歲旱祈禱有應。有許旌陽試劍石。輿地紀勝：山在梅仙山之東四十里。有兩峯，南曰席帽，北曰雲蓋。又有巨石，中竅而邃，東西可輿馬往返，容屋百楹，上下流泉不竭。縣志：中有七星石，有龍湫、龍影洞，巖之後有艾仙壇。

三峯山。在平江縣東一百里。三峯突起。

石牛山。在平江縣東一百里。輿地紀勝：有大砦石、小砦石，在平江縣石牛山側五里。大者可容萬人，小者可容千人，上有井泉。明統志：山上多岑石，其狀類牛。

昌山。在平江縣東南四里。輿地紀勝：平江縣有魯德山，即魯肅屯兵之所。府志：昌山在縣東南四里。下臨昌水，故名。舊志：魯肅屯兵於此，後人德之，改名魯德，并立廟祀焉。

福石山。在平江縣東南五十里。高數百丈，山巔寬敞，上有古刹，下有小溪，旱可禱雨。

明山。在平江縣南五十里。亦名奉國山，高七十餘丈，周迴三十餘里。三面峭絶，惟一徑可通。

連雲山。在平江縣南五十里。水經注謂之純山。岳陽風土記：連雲在幕阜之南，峭拔萬丈。嘗有雲氣覆其上，有吴真人煉丹壇。下有石壁廣數丈，昔有田先生隱焉，曰田翁巖。舊志：連雲山有石室，中有石硯、石槃、石竈，皆形肖。有笋石白雪瑩然，簇如蜂房，尖類削成。有潭在玉清宫前，深不可測。

湖源山。在平江縣西南九十里。高數百丈，頗稱幽邃。

太平山。在平江縣西二十里。四山環合，巇崒如削。旁有井澗，清冽不涸。又西十里有將軍山，山勢高峻，汨水遶其下，梅水出其右。

岱華山。在平江縣西八十里。高數百丈，盤據三十餘里。多桃花，其支爲黄茅諸山，鵞籠水發其左。又西十里有狼洞山。

梧桐山。在平江縣北十五里。舊多梧桐，上有龍泉，可禱雩。相接者爲黄蘗山，峯巒秀特，産黄蘗。

梅仙山。在平江縣北三十里。高二百餘丈。岳陽風土記：梅仙山在幕阜山之麓。層巒疊嶂，望之極葱翠，子真舊隱也。有井曰子真丹井，有水出焉，謂之梅仙水。

九峯山。在平江縣北少西四十里。相傳昔人避盜於此，有黄沙霧蔽之，賊不能攻。因亦名黄沙尖。

五角山。在平江縣北五十里。爲天岳之支山，上有五峯山，頂有趙家砦，三面險絶，惟一路可登。

籟山。在平江縣北九十里。石壁峭立，四圍懸絶，有小徑可通，上多竹。

永寧山〔三〕。在平江縣北九十里。輿地紀勝：四壁削成，倚以雲梯，續以飛棧，而後可躋。其巔沃衍可耕，土中時得斷戈朽鏃。

道章山。在平江縣東北三十里。四峯高聳，秀出諸山，周圍磊石如城。

龍門山。在平江縣東北一百里。汨水經其下，亦名曰土龍山。

幕阜山。在平江縣東北九十里，接江西義寧州界。九域志：平江縣有幕阜山，亦曰昌江山。岳陽風土記：幕阜山洞天，天寶中改名昌江山。山有石壁刻銘，上言禹治水登此。有巨石名繫舟峯，又有列仙寶壇在其側，傍有竹兩本，隨風掃拂。其上有葛仙翁煉丹井，藥臼尚存。山無穢草，有石如丹砞，絶頂有石田數十畝，塍渠隱然，非人力所能爲。地絶高險，莫能上，有僧園曰長慶，有宫曰玉清。左黄龍，右鳳凰，皆在山麓也。輿地紀勝：幕阜亦謂之天岳，州據其陽，故曰岳陽。有仙人艾君居之，有石壇、金線洞、飛仙石、温泉巖。山名之别出凡五，曰天岳、雷臺、雷公、天柱、幕府。方輿勝覽：山周亘五百餘里。石崖壁立，飛鳥莫息，壁有篆文，夏禹治水嘗至此。明統志：山在縣東北九十里。道書以爲第二十五洞天。府志：山之西有石甃通途十五里，名山西嶺。後一山名後幕阜，山之産可入藥者百餘種，異草怪木，人不盡識。

火夾嶺。在巴陵縣東南三十里。兩山夾峙，故名。

五斗嶺。在臨湘縣東五十里。山形如斗，高聳突出。又乘風嶺，在縣東五十里。

佛嶺。在臨湘縣東南四十里。港頭水所出。

雁嶺。在臨湘縣東南九十里。相傳雁過時，每於此棲遲數日。

石城嶺。在臨湘縣東南一百里。

孟城嶺。在臨湘縣東南一百里，接巴陵縣界。

巖嶺。在臨湘縣南四十里，接巴陵縣界。稍下曰小崖嶺，有數峯連絡，怪石壁立，纔通一綫，爲長沙間道。

虎嘯嶺。在平江縣東四十里。形勢突起，雄踞一方。

九嶺。在平江縣東一百里。高數百丈，九嶺水出其下。

浯江嶺。在平江縣西六十里。浯水出其下。

姜源嶺。在平江縣北三十里。梅水出其下，道出通城縣界。

長嶺。在平江縣北六十里。相近有新開嶺、岡隴相接，又縣東北桃花洞上亦有新開嶺。

北斗嶺。在平江縣北七十里。甚高峻。

回謝嶺。在平江縣北七十五里。巉巖峻拔，路出巴陵，行者病其險隘，明正德間鄉民陳萬松開鑿，始爲通道。

楞伽峯。在巴陵縣東南五里。唐無姓和尚所居，柳宗元有碑。

集雲峯。在巴陵縣東南三十里。層巒疊嶂，爲縣之勝。

仙女巖。在平江縣南三十里。輿地紀勝：平江縣南三十里仙郎洞下有石室，曰仙女巖。

倒馬崖。在華容縣東北，接荆州府石首縣界。

城陵磯。在巴陵縣北十五里。水經注：江水東逕忌置山南，江之右岸有城陵山，山有故城。舊志：在巴陵縣北，蜀江口也。岷江西來，洞庭南注，合流於此，爲一郡水口，半隸臨湘界。

彭城磯。在臨湘縣西江中。水經注：江水又東逕彭城口，水東有彭城磯。元和志：彭城磯，在巴陵縣東北九十四里。

道人磯。在臨湘縣西南十五里江濱。一名微落山。水經注：城陵山東接微落山，亦曰暉落磯。輿地紀勝：道人磯中有二洲，南爲黄金瀨，北爲黄金浦，浦中有白石高丈餘，其光可鑑，名曰鏡石。府志：有石高十餘丈，如道人北面而立，故名。

隱磯。在臨湘縣東北。宋書謝晦傳：到彦之退保隱磯。水經注：如山北對隱磯。

白馬磯。在臨湘縣東北十里。水經注：彭城磯、隱磯之間，大江之中，有獨石孤立山東江浦，世謂之白馬口。唐李白詩：「側疊萬古石，横爲白馬磯。」縣志：白馬磯在白馬口旁。

鴨欄磯〔四〕。在臨湘縣東北十五里。水經注：江水右歷鴨欄磯北。岳陽風土記：鴨欄磯，吴建昌侯孫慮鬭鴨之所，與白螺山相望。

梅坪洞。在巴陵縣東一百里。有坪産梅。又柘港洞，在縣東一百五十里，有港流出，旁産柘。

溟水洞。在巴陵縣東南一百里。洞門有泉可溉。

渭洞。在巴陵縣東南一百二十里。周圍如城，廣袤一里許，内多古木。一名渭洞山。

虎洞。在巴陵縣西南君山上。岳陽風土記：君山虎洞石穴，夏秋水漲即没，春冬水落即露，朝廷嘗遣使投龍於此，歲旱，邦人往往祈禱焉。

龍洞。在巴陵縣東北一百二十里。相傳許旌陽逐蛟至此，衝斷山岡。

石龍洞。在臨湘縣東南一百二十里龍窖山下。輿地紀勝：中有石伏如龍，吐乳泉，注於龍窖溪。舊志有頭陀洞，在縣東一百二十里。兩山壁立，中通石徑，進二三里得平原。

石鼓洞。在平江縣西十五里。有石如鼓，澗中有龍湫。

龍隱洞。在平江縣西北。岳陽風土記：龍隱洞在縣西北，有影如繪，望之鱗角皆具。

印石。在臨湘縣東一百里。石方如印，下有印石港。

大江。自荆州府石首縣流入，經華容縣，與監利縣分界。又東南流經巴陵縣，會洞庭諸水，東經臨湘縣界，又東入武昌府嘉魚縣界。水經注：大江右逕石首山北，又東逕赭要，江水左得飯筐上口，秋夏水通下口，間相距三十餘里〔五〕。赭要下即楊子洲，在大江中。江之右岸，則清水口，口上即錢官也。水自牛皮山東北通江，北對清水洲，洲下接生江洲。南即生江口，水南通澧浦。江水右會飯筐下口〔六〕，江浦所入也。又右得上檀浦，江浛也。又東逕竹町南，江中有觀詳浛，浛東有大洲。洲東分爲爵洲，洲南對湘江口。又東至長沙下雋縣北，湘水從南來注之。江水又東，左得二夏浦，俗謂之西江口。又東逕忌置山南，山東即隱口浦。江之右岸有城陵山，南畔名黃金瀨，瀨東有黃金浦。又東逕彭城口，水即玉潤水，出巴丘縣東玉山，玉溪北流注於江。江水東逕如山北，北對隱磯。山東江浦世謂之白馬口。江水又左逕白螺山南，右歷鴨蘭磯北，東得鴨蘭、治浦二口，夏浦也。左逕上烏林南。岳陽風土記：樂史言大江在巴陵縣東北，流入洞庭，今洞庭水會於江，非江流入洞庭也。荆江出巴蜀，自高注下，濁流洶湧，夏秋暴漲，則逆泛洞庭，瀟湘清流頓皆混濁，岳人謂之「翻流水」。南至青草湖，或三五日乃還。岳陽井邑舊皆瀕江，郡城西數百步，屢年湖水漱齧。今去城數十步，即江岸，父老相傳今江心舊闤闠也。北津舊去城角數百步，今逼近石嘴，蓋荆江日漱而南，湘江日漱而東也。華容縣志：縣東南有新河諸水，北流至縣東入江。江中有楊子洲，又北二十里有王家、白沙、水嶼等洲，今大半沉於江。踰江則監利境，東境接巴陵，北境鄰石首。舊志：大江在巴陵縣北，從荆州府監利縣流過城陵磯下，合洞庭諸水入臨湘縣界。臨湘縣志：大江自城陵磯入縣界，徑縣北二里，東至高家墩，入嘉魚縣界。

澧水。在華容縣南。自澧州安鄉縣流至縣境，入洞庭湖。楚辭：「捐余佩兮澧浦。」又：「沅有芷兮澧有蘭。」水經注：澧水又東逕安南縣南，又東與赤沙湖水會，又東南注於沅水，曰澧口，蓋其支瀆耳。又東至長沙下雋縣西北，東入於江。澧水流注洞庭湖，俗謂之澧江口也。岳陽風土記：據水經注，澧水會於沅，然後入湖。今澧水注於洞庭，謂之澧口；沅水注於洞庭，謂之鼎口。豈歲月之久，遂遷變至此耶？按：沅、澧不相通，爲洞庭湖所隔。

白鉛水。在平江縣東九十里。源出長沙府瀏陽縣大圍山，北流合汨水。

曲溪水。在平江縣東一百里。發源荷陂洞，逕茅灣入汨水。

盧水。在平江縣東南。源出盧山，西北入汨水。又有清水，在縣南二十五里，至魯德山入汨水。

純水。在平江縣東南。水經注：純水源出吳昌縣東南純山，西北流，又東逕其縣南，又北逕其縣故城下，又右會汨水。舊志：純水源出連雲山東北，流繞福石山東，又折而西北，至縣東南昌江山北，入汨水。

汨水。在平江縣南。自江西南昌府義寧州流入，至縣東，合純、盧二水，經縣西會昌水，又西流至鵞籠江，入長沙府湘陰縣界。水經注：汨水西南逕吳昌縣北，與純水合。元和志：汨水在昌江縣東北四十里。府志：自寧州桓山流四十里至長壽村，與白鉛水合爲雙江。又經榔木潭、義口，則舟方水合焉。至闊田，横江入焉。至塔水橋，純水入焉。至潭灣淺灘，大坑、小坑水入焉。至香團石潭，新江水入焉。至白湖口，中洞水入焉。至江口，盧水入焉。至横槎、金窩而下，遲江、秀野、小泉坑、朱樹坑諸水入焉。至魯德山，清水入焉。至縣治右，淩源水、九曲池水入焉。至澄清駟馬橋，晉坑水入焉。至將軍山，梅仙水入焉。其他如甕江、梓江、黄塘江、涪水，皆自縣治而下合汨水者也。又流逕湘陰歸義市，至磊石山歸洞庭。

潰水。在平江縣南。西流入長沙府湘陰縣界。

浯溪水。在平江縣西七十里。發源湘陰縣白石山，南流入汨水。

淩源水。在平江縣西。北流逕忠孝橋，合九曲池入汨水。

中洞水。在平江縣北九十里。源出幕阜山，南流入汨水。

昌水。在平江縣北。名勝志：源出幕阜山，西南入汨水。山澗中有巨石，水遶其旁，形類「昌」字，故名。按：府志有梅仙水，在縣北八十里，源出幕阜山，西南入汨水，即此。又有石塘水，在縣北三十里，流合梅仙山水。

新牆河。在巴陵縣南六十里。源出臨湘縣相思山，其上流名乾沙港，在縣東一百二十里。西南至縣南少東三江嘴，會游港而西爲新牆河。又西入洞庭爲新牆河口，亦名灌口。

華容河。在華容縣東。大江分流，自石首縣調絃口入縣界，逕城東而南流，合蔣家、黄蓬諸湖水，東會沙港，南入洞庭湖。亦名沱水、夏水，蓋是河亦自江出，冬竭夏流，故當時均以沱、夏爲稱也。按：此即水經注之生江口水南通澧浦者也。

焦圻河。在華容縣西，接流石首縣焦山河，南入洞庭。亦名紫港湖。岳陽風土記：紫港湖在縣西，今曰私港，夏秋水漲，與赤沙湖會，北通於江。今曰藕池，南通於湖，水經謂之清水口。府志：紫港上通青湖，下接縣港，入於洞庭，宋謂之私港。其南爲御池。

微湖。在巴陵縣東南。水經：湘水過下雋縣西，微水從東來流注之。注：湘水東對微湖，世或謂之麋湖也。右屬微水，即經所謂微水經下雋者也。西流注於江，謂之麋湖口。

滙湖。在巴陵縣城南。一名翁湖，其東隅名角子湖。水經注：湘水右會翁湖口水，上承翁湖，左合洞浦。元和志：滙湖在縣南十一里。左傳定公四年：吴人敗楚於雍澨，即此。唐張説滙湖詩序：巴丘南滙湖者，蓋沅、湘、澧、汨之餘波，淪匯洞庭，溢爲此湖。按爾雅云：「水返入爲滙。」斯名之作有由耳。岳陽風土記：滙湖在州南，春冬水涸，昔人謂之乾湖。水經謂之翁湖。夏秋水漲，即渺瀰勝千石舟，通閣子鎮。又閣子湖，本角子湖，以其在洞庭之角，故名。滙湖亦謂之角子湖，楊行密以木籠鎖舟之地。或謂瀕湖地卑，歲苦水患，民多重屋以居，故謂之閣子湖。府志：角子湖，一名鴿子湖，楚許德勳潛軍鴿子湖，即此。

古冢湖。在巴陵縣南五十里。

洞庭湖。在巴陵縣西南。宋儒以爲禹貢九江也。爲湖南衆水之匯，巴陵居其東，華容及澧州之安鄉二縣居其北，常德府之龍陽縣居其西南，沅江縣居其南，長沙府之湘陰縣居其東南。每夏秋水漲，周圍八百餘里。其沿邊則有青草湖、翁湖、赤沙湖、黄驛湖、安南湖、大通湖，并名合爲洞庭。至冬春水落，衆湖俱涸，則退爲洲汊溝港。尚書禹貢「九江孔殷」蔡傳：「九江即今洞庭也。」水經注言九江在長沙下雋西北，今岳州巴陵縣，即楚之巴陵，漢之下雋也。沅水、漸水、元水、辰水、敘水、酉水、澧水、資水、湘水，皆合於洞庭，意以是名九江也。山海經：「洞庭之山，帝之二女居之，是常游於江淵。澧、沅之風，交瀟湘之淵，是在九江之間。」注：「長沙巴陵縣西有洞庭陂，潛伏通江。」水經：湘水又北過下雋縣西，微水從東來流注之，又北至巴丘山入於江。注：湘水左會水青口，資水也。世謂之益陽江。湘水左逕鹿角山東，又北合查浦，又北得萬浦。湘水左則沅水注之，謂之橫房口；右屬微水，西流注於江，謂之麋湖口水。湘水左則澧水注之，世謂之武陵江。凡此四水，同注洞庭，北會大江，名之五渚。戰國策曰：秦與荆戰，大破之，取洞庭五渚也。湖水廣圓五百餘里，日月若出没其中。湖之右岸有山，世謂之笛烏頭石。石北右會翁湖口水，上承翁湖，左合洞浦，所謂三苗之國，左洞庭者也。又北對養口，水色清異。東北入於大江，有清濁之别，謂之江會也。元和志：洞庭湖在巴陵縣西一百五十步。北夢瑣言：湘江北流，至岳陽，達蜀江。夏潦後蜀江漲勢高，遏住湘江，讓而溢爲洞庭湖，凡數百里，而君山宛在水中。秋水歸壑，則此山復居於陸，唯一川湘水而已。按：以洞庭爲禹貢之九江，始於宋渤海胡氏、曾氏，而折衷於朱子，近世多主其説。但九水中，元水之「元」字，乃「无」字之訛。无水在今辰州府，下流入洞庭湖。

青草湖。在巴陵縣西南。湘水所匯，爲洞庭之南涘，接長沙府湘陰縣界。亦名巴丘湖。荆州記：巴陵南有青草湖，湖南有青草山，故因以爲名。水經注：湘水又北得九口，並湘浦也。湘水又東北爲青草湖口，右合苟導涇北口，與勞口合。又北得同拌口，皆湘浦右迤者也。元和志：巴丘湖，又名青草湖，在縣南七十九里。周迴二百六十五里，俗云即古雲夢澤也。岳陽風土記：青草湖，冬春水涸，皆青草也。與洞庭相通。方輿紀要引祝穆曰：青草湖，北連洞庭，南接瀟湘，東納汨羅之水，自昔與洞庭並稱。

白石湖。在巴陵縣北五里。又後湖，在縣北十里。

翟家湖。在巴陵縣北七里。

魚苗洋湖。在巴陵縣北十五里。

蓴湖。在臨湘縣東五里，接流白泥湖水，東流入連家湖。岳陽風土記：岳陽雖水鄉，絶難得蓴菜，唯臨湘東蓴湖間有之。

連家湖。在臨湘縣東十里，接流蓴湖水，東入冶湖，下通青江口，入大江。縣志：連家湖西南，諸湖浩漫，略相連接，自連家湖以北，東流而匯於冶湖。

楊圻湖。在臨湘縣東二十里。有南港流入焉。

冶湖。在臨湘縣東三十里，即水經注之冶口，流入大江。

涓田湖。在臨湘縣東四十里。其西南有小魚湖，在縣東四十五里。陳家湖，在縣東五十里。合流東北爲沅潭，會楠木港，又東北入黄蓋湖。

白泥湖。在臨湘縣南五里。夏秋水泛，上接雲溪港，下流入蓴湖。

港頭湖。在臨湘縣南十五里。源出佛嶺，西北流入白泥湖。

松楊湖。在臨湘縣南二十五里。上通雲溪，下連象骨港。

楓橋湖。在臨湘縣西南二十里。其西爲魯家湖，亦名蓮湖。又雙牛湖，在縣西南二十五里。皆在象骨港之東北入江。

西湖。在臨湘縣西北一里。

黄蓋湖。在臨湘縣東北九十里。分屬武昌府嘉魚、蒲圻二縣，由石頭清江口入江。

延湖。在華容縣東南三十里。

澌城湖。在華容縣東南七十里。

長灃湖。在華容縣南二十里。

赭塘湖。在華容縣南二十五里。府志：湖秋冬水落，漁舟鱗次，所在成市。

赤沙湖。在華容縣南。亦謂之赤亭湖。水經注：澧水東與赤沙湖水會，湖水北通江而南注澧，謂之沙口。元和志：赤亭湖在華容縣南八十里。岳陽風土記：赤沙湖，夏秋水漲，與洞庭湖通。又赤亭湖，本赤湖，梁太清六年，湘東王遣胡僧祐、陸法和誅侯景將任約，於此爲亭，因名焉。

狼跋湖。在華容縣西南六十里，流通澧州安鄉縣景港水。

城西湖。在華容縣西一里。

田家湖。在華容縣西十里。饒菱芡荷魚，溉田千頃。

蔡田湖。在華容縣西二十五里。又有蘇家湖、鄧家湖，由長瀘至黄洋渡，凡六七十里，莽蕩無涯，民多架木編茅以處其中。

御池湖。在華容縣西。輿地紀勝：御池湖在岳州，産蚌珠。

安津湖。在華容縣西北三十里。亦名蹋西湖，繞徑五十里，南接濤湖、菱溪湖。

下津湖。在華容縣北三十里。

大荆湖。在華容縣東北九十里。方輿紀要：華容縣境低窪，湖澤環繞，凡數十處。故繞境爲隄，亦以數十計。

中方溪。在臨湘縣東南雁嶺下。相傳溪中曾産黄金。

游港。在巴陵縣東一百四十里。自臨湘縣龍窖山發源，西流入界，逕三江嘴會沙港、新牆河水入洞庭。

石墨港。在巴陵縣東南五龍山下。岳陽風土記：五龍山下有港曰石墨港，水中石如墨，磨嚥之可愈喉膈壅熱之疾。或云又可代墨用。

南津港。在巴陵縣南五里。西通洞庭，爲泊舟之所，旁有隄。又有長港，在縣西北五里。

徐師港。在巴陵縣西北。岳陽風土記：徐師港在三江口北三十里。

柏港。在巴陵縣東北十五里。又有龍灣港，在縣東南五十里。涒港，在縣東六十里。

涇港。在臨湘縣東七里。臨湘諸水之口也。

南港。在臨湘縣東四十里。源出金竹山，流入楊圻湖而注治湖。

灘頭港。在臨湘縣東一百里。發源縣東南楊梅山，經新店，歷馬公溪，出黃蓋湖入大江。

爬兒港。在臨湘縣東南六十里。源出尖山，流經聶家市，入楠木港。

楠木港。在臨湘縣東南。源出萬峯山，逕縣東長安橋，北流至聶家市，會黃荆港及爬兒港，北入涓田湖。

雙港。在臨湘縣東南六十里。受中方、土城二港水，出桃林逾西井，過灌子口入洞庭。

潭灣港。在臨湘縣東南九十里。發源藥姑山，流入巴陵縣之新牆河。

黃荆港。在臨湘縣南五十里。源出漿山，東北流至聶家市，入楠木港。

雲溪港。在臨湘縣西南四十五里。源出巖嶺，西北流匯爲松楊湖，又北流合象骨港入江。象骨港源亦出巖嶺，西流入江。岳陽風土記：象骨山旁湖謂之象骨港。

縣港。在華容縣南。一名沙港，西通焦圻河，南通華容河。縣志：焦圻河之東爲拖船埠，由拖船埠歷黃封堤，其下爲白泥河，東逕潭子灣，即水經注之檀浦。舊名安南港，縣治在焉。洲渚平曠，利畜牧。又歷褚塘湖，又數里出縣港口，入華容河。

黃洋港。在華容縣西南三十五里。

舵艄洲。在洞庭湖中。向爲行旅泊舟之所，本朝雍正九年特發帑金二十萬兩，於洲上建造石臺，址廣三十丈，袤九十六丈，高六丈，頂二十丈。北如弓背，浪至易分；南爲偃月堤，以備行舟遇風棲宿。乾隆九年，督臣履勘石臺不便泊舟，奏停每年修築。

曹公洲。在巴陵縣南，洞庭湖中。元和志：洞庭湖口有一洲，名曹公洲。岳陽風土記：通典云曹洲即曹公燒船處。考之地理，與周瑜、曹公相遇處絶不相干，不知何據。

金沙洲。在巴陵縣南。一名龍堆。杜甫詩：「龍堆擁白沙。」

釣洲。在巴陵縣西南洞庭湖中。述異記：洞庭湖中有釣洲，昔范蠡乘扁舟至此，遇風止釣於洲上，刻石記焉。有一陂，陂中有范蠡魚，昔范蠡釣得魚放於陂中。陂邊有范蠡石牀、石硯、鈷鉧，范蠡宅在湖中。

新生洲。在巴陵縣西。岳陽風土記：丁晉公南遷，還岳陽，見江西新生洲云：「此洲生，當有真人臨此。」皇祐二年，英宗以團練使鎮岳州，及登位，果符其說。縣志：江湖之交有新生洲，與鼉鶴灘相連，洲舊有藝植之利。

忌置洲。在巴陵縣北。相近有忌置山。水經注：江水又東逕忌置山南。

彭城洲。在巴陵縣東北五里。宋書謝晦傳：晦至江口，到彥之已至彭城洲。

潦滸洲。在臨湘縣東北三十五里。又有荷葉洲，江湖夾流，二洲中峙，可耕植。

楊子洲。在華容縣東北大江中。水經注：赭要下即楊子洲，在大江中。二洲之間，常苦蛟患，昔荆佽飛濟此，遇兩蛟斬之，自後罕有所患矣。

三湘浦。在巴陵縣北城陵磯。一名侯景浦。元和志：侯景浦在縣東北十二里。本名三湘浦。景既克建業，自統兵西趨荆峽，先遣其將宋子仙、任約襲郢州，湘東王繹令王僧辨拒之。景軍大敗，燒營退走。天監中，寶誌道人爲符書云：「起自汝、蔡，訖於三湘。」侯景果起於懸瓠，汝水之南，而敗於巴陵三湘之浦也。府志：三湘浦，在臨湘縣西南四十五里。以湘水合瀟水，亦曰瀟湘，合烝水，亦曰烝湘，合沅水，亦曰沅湘，故名三湘也。

青菱套。在臨湘縣東北三十五里。其西爲荷葉套，水漲則合爲一，水消則隔爲二。有魚利，産菱。

荆江口。在巴陵縣北，洞庭水入江處也。亦名西江口，又名三江口。水經注：巴陵西對長洲，其洲南歷湘浦，北届大江，三水所匯，亦或謂之三江口矣。元和志：巴陵城對三江口。岷江爲西江，澧江爲中江，湘江爲南江。通鑑注：大江自蜀東流入荆州界，謂之荆江。荆江口，即洞庭之水與大江之水會處。

宜春口。在巴陵縣西北。岳陽風土記：洞庭山之北，宜春口出焉。韓退之詩「朝發宜春口」，即此地也。

鼉鶴灘。在巴陵縣西北鱘魚洲下，湖水入江處。岳陽風土記：岳陽樓舊岸有港名鼉鶴，商人泊船於此地，勝千石載。今已湮没如平陸，不復通舟。尾通君山、後湖。縣志：今其地去岳陽甚遠，蓋爲江水所衝齧也。亦名鼉鶴夾，與新生洲相屬。

黄金瀨。在巴陵縣東北。水經注：江之南岸名黄金瀨，瀨東有黄金浦。

鱘魚嘴。在巴陵縣西。岳陽風土記：江西沙洲，舊長洲，今名鱘魚嘴。

龍窖源。在臨湘縣東一百二十里。産茶。

石壁潭。有二：一在巴陵縣東白荆隄下。岳陽風土記：石壁潭亦謂之釣絲潭，其深莫測。夏秋水漲，一日之間，或增或減。土人謂龍出入此潭，其中多蛟蜃，爲行旅之患。滕子京作碑堤上，以戒往來者使陸行。一在平江縣東三里，下有龍湫，深不可測。

啞潭。在巴陵縣東白荆堤北。

楊林潭。在巴陵縣南七十里。

沅潭。在臨湘縣東五十里。青山、鐵爐、聶家市諸水會此，出黄蓋湖。

鐵船潭。在臨湘縣東五十里。相傳神人運鐵船於此，至今猶在水底。其下流爲碧峯潭，中有穴，深不可測。

青絲潭。在臨湘縣東九十里。又潭西有石山潭，距縣治七十里。

壁潭。在臨湘縣東南四十五里。深黑多魚。

龍潭。在臨湘縣東南一百里。其上崖壁嶄絶，下臨方潭。有聲如鈴，則歲旱，土人謂之龍捲水。

石井泉。在臨湘縣南二十里土門山内。石泉如井，方圓一丈，四時不竭。溉田百頃，流入白泥湖。

斷山泉。在臨湘縣西九十里。泉瀉斷崖間，灌田百餘頃。

雲母泉。在華容縣東南墨山下。唐李華雲母泉詩序：「洞庭湖西玄石山，俗謂墨山。山南有佛寺，寺倚松嶺，下有雲母泉。泉出石引流分渠，周遍庭宇。發源如乳湩，末派如醇漿，烹茶、淅蒸、灌園、漱齒皆用之。大浸不盈，大旱不耗。自墨山西北至石門，東南至東陵，廣輪二十里，盡生雲母。牆堦道路，炯炯如列星，井泉溪澗，色皆純白。鄉人多壽考。」

剪刀池。在巴陵縣治東北，有橋曰勿剪。岳陽風土記：剪刀池在郡城東北隅，或云池中有鼎，耳高數尺。其中容人往來，上有識文，善泅者常見之。

白鼉池。在巴陵縣北月城内。

白鶴池。在巴陵縣東南三里。方輿勝覽：白鶴山陽有兩池，池潛巨蟒，吕巖過此招之，出化而爲劍。今白鶴池舊迹是。

明月池。在巴陵縣西南。輿地紀勝：在郡圃東，爲李羣玉遊息處。

大城池。在巴陵縣北八十里。又鰕鬚池，在縣北二十里。

蘆陂池。在臨湘縣東七十里山巔。四時不竭，旱可禱雨。

天池。在平江縣南。屈曲九折，亦名九曲池。上有古木，槎枒偃蹇如虬。

巴蛇井。在巴陵縣南。相傳巴蛇出此。

莊山井。在巴陵縣南。岳陽風土記：永慶寺莊山頂有井，水泉清澈。

秦王井。在巴陵縣南。岳陽風土記：洞庭湖岸有石井二，相去數百步，俗號秦土井。其泉甚甘美。

滬湖井。在巴陵縣南滬湖側。岳陽風土記：滬湖井，唐人嘗稱甘水，今荒穢不治，汲者亦少，當不逮昔也。

柳井。在巴陵縣西君山上。亦名橘井。輿地紀勝：柳井在君山寺側，俗謂之柳毅井。

校勘記

〔一〕西至澧州安鄉縣界一百八十里　「一百八十里」，乾隆志卷二七九岳州府（下同卷簡稱乾隆志）作「二百四十里」。按，本志本府縣四至里距與乾隆志多不同。

〔二〕徙今治屬岳州　「今」，原脱，據乾隆志補。

〔三〕永寧山　「寧」，原作「安」，據乾隆志改。按，本志避清宣宗諱改字。

〔四〕鴨欄磯　「欄」，原作「蘭」，據乾隆志及本志下卷古蹟建昌侯鎮條改。

〔五〕間相距三十餘里　乾隆志同。按，戴震校水經注，於「間」上補「上下口」三字，是也。

〔六〕江水右會飯筐下口　「右」，乾隆志同。按，戴震校水經注，改「右」爲「左」。熊會貞云：「飯筐上口在左，水與下口相通，則下口亦在左無疑。」

大清一統志卷三百五十九

岳州府二

古蹟

巴丘故城。即今府治。本名巴丘。晉置巴陵縣，歷代因之。三國志吴孫權傳：建安十九年，使魯肅以萬人屯巴丘。注：巴丘，今曰巴陵。宋書州郡志：巴陵郡領縣巴陵，晉武帝太康元年立。水經注：巴丘山有巴陵故城，本吴之巴丘邸閣城也。城跨岡嶺，濱阻三江。元和志有陶侃城，在縣東北八里。城塚記：巴陵城，吴魯肅所立。唐天寶間，裴光贊重加板築。

安南故城。在華容縣西。本漢孱陵縣地。晉置南安縣，屬南平郡。宋書州郡志：南平内史領南安令，晉武帝分江安立。隋書地理志：巴陵郡華容舊名安南，梁置南安湘郡，尋廢。開皇十八年，縣改名焉。唐書地理志：華容，垂拱二年去「華」字曰容城。神龍元年復曰華容。岳陽風土記：隋大業十年，移縣於今地。按：元和志云：華容，漢孱陵縣地，吴分置南安縣，舊唐書又謂劉表改置，皆與宋書異。

漢昌故城。在平江縣東。漢末置縣，屬長沙郡。三國吴改曰吴昌，宋、齊以後俱因之。隋省入羅縣。唐改置昌江縣。五代後唐改曰平江。三國志吴孫權傳：建安十五年，分長沙爲漢昌郡，以魯肅爲太守。又周瑜傳：建安十三年，瑜領南郡太守，以漢昌爲奉邑。宋書州郡志：長沙内史領縣吴昌。隋書地理志：巴陵郡羅，開皇九年廢吴昌縣入。元和志：神龍三年，析湘陰於故吳昌城，改置昌江縣。岳陽風土記：唐神龍三年，置昌江，嘗隸潭，今隸岳，後唐改平江。通鑑注：五代改曰平江，蓋後唐既滅梁，楚人爲之避廟諱「昌」字也。府志：舊縣址在今縣東故縣鄉，後遷縣東太平鄉。唐元和中遷今治。

麇城。在巴陵縣東南三十里。左傳定公五年：秦師敗吳師，吳師居麇。又楚王使王孫由于城麇。輿地紀勝：麇有東、西二城，楚王使王孫由于所築。

劉備城。在巴陵縣北六十里。岳陽風土記：劉備既與魯肅畫湘爲界，遂築城烏沙鎮對壘，在州北六十里。俗謂之金門劉備城。

君山古城。在巴陵縣。湘中記：君山有地道，楂渚對岸古城，孫權遣程普所築。

陸城。在臨湘縣東南三十里。吳陸遜屯兵下雋。建昌侯孫慮築土城以居之，故名。今板橋里土城，是其遺址。

赤亭城。近赤亭湖，故名。元和志：赤亭故城在華容縣西南七十里。城據絶原，三面臨水，極爲阻隘。梁胡僧祐據此以擒任約。

蕭城。在華容縣南赤沙湖。岳陽風土記：方臺山在縣南蕭城。舊志疑亦蕭梁所築。俗稱功畢城，意陸法和既擒任約城此也。

岳城。在華容縣西北四十里。明統志：岳城，宋岳飛征楊么時所築。其城凡三，各距四十里。今人呼爲岳城、穆城、湖城。

潑張城。在華容縣西北安津湖側。明統志：相傳陳友諒參政張雄所築。縣志：湖有田數千畝，民聚而居者數十百家。中有潑張城，僞漢儲粟地也。又縣南有三郎城，在赤沙湖内，相傳宋時所築。

王朝場。今臨湘縣治。岳陽風土記：唐清泰年置王朝場。九域志：淳化五年，升王朝場爲縣。至道二年，改王朝縣爲臨湘。

金場。在平江縣境。九域志：平江縣有土竈一金場。

建昌侯鎮。在臨湘縣東北鴨欄磯。名勝志：吴孫權子慮封建昌侯，食邑於此。今鴨欄司後傅家塘，即孫慮作鬬鴨欄處。

三孝坊。在華容縣東門外。爲宋林氏、楊氏、周氏三孝女建，舊名孝感。

楚澤門。即府城舊南門也，今存故址。又碧湘門爲西門，會泉門爲北門，今俱不可考。岳陽風土記：楚澤門、碧湘門，舊甕城門也。楚澤門經火，不復完治，今但有遺址。又楚澤門，舊南樓也，今廢。

細腰宫。在華容縣東。述異記：楚故宫有宫人草，狀如金荳，而甚芬氳，花色紅翠，俗傳楚靈王時宫人多怨曠，故後宫地悉生此草。

陸法和刹。在華容縣南赤沙湖。北史陸法和傳：任約逃竄，不知所之。法和曰：「吾前於此洲水乾時建一刹，語檀越等此雖爲刹，實是賊標。今何不向標下求賊也？」如其言，果於水中見約抱刹，仰頭裁出鼻，遂擒之。

郊天壇。在巴陵縣内。唐書蕭銑傳：銑築壇南城祀上帝，自稱梁王，有異鳥至，建元鳴鳳。府志：郊天壇即今南壇也。

洞庭南館。在巴陵縣南。唐張祜詩：「地盤雲夢角，山鎮洞庭心。」又有古巴陵館、古岳陽館，今俱無考。

西閣。在巴陵縣東。岳陽風土記：龍興寺舊有西閣，爲登覽之勝，見滕公詩咏。皮日休、陸龜蒙亦有觀步之什。今治平寺江路，兩山間林木邃密，故基存焉。

紫荆臺。在巴陵縣南灉湖上。一名紫溪臺。岳陽風土記：紫溪臺亦名紫荆臺，在灉湖上。下有石高四尺，曰紫溪石。岳陽紀勝：昔有江叟遇樵夫，遺以鐵笛，吹之無聲。一日登白鶴山，吹於紫荆臺，響振林谷。忽有兩女子出授神藥，曰服此當爲水仙。女子，蓋龍女也。

章華臺。在華容縣城内。

食成臺。在華容縣西南四十五里。相傳宋岳飛築以望楊么軍者，終食而成，故名。

岳陽樓。在府城西門上。范仲淹岳陽樓記：慶曆四年春，滕子京謫守巴陵郡。越明年，重修岳陽樓，增其舊制。岳陽風土記：岳陽樓，城西門樓也。下瞰洞庭，景物寬闊。唐開元四年，中書令張説除守此州，每與才士登樓賦詩，自爾名著。其後太守於樓北百步復創樓，名曰燕公樓。三才圖會：岳陽樓其制三層，四面突軒，狀如「十」字，面各二溜水。方輿勝覽：岳陽樓，宋滕宗諒作而新之，范希文爲之記，蘇子美書丹，邵竦篆額，時稱「四絶」。府志：岳陽樓，自明成化以後屢圮，本朝康熙二年重建，乾隆五年復修，始還舊觀。按：唐張説詩止有南樓，並無稱岳陽樓者，其與趙冬曦登南樓詩有云「危樓瀉洞湖，積水照城隅」，是樓在城隅而臨湖岸，所登即岳陽樓也。又唐崔魯詩稱洞庭樓，李羣玉又稱洞庭驛樓，意其時樓未定名。岳陽樓於郡署爲南，而洞庭則以湖稱耶。舊志分岳陽與南樓爲二，非也。

後樂樓。在府治内。宋建，取范仲淹岳陽樓記中語。

八仙樓。在巴陵縣北七十里。

岳陽二樓。在華容縣城樓。宋建。明萬曆間改爲宴會之所。八窻玲瓏，江山在望，亦勝地也。本朝康熙三十二年重建。

去思堂。在巴陵縣南。宋時郡守范宗建。

省堂。在臨湘縣南五里。通志：元時爲行省治所。

東山草堂。在華容縣東沙渚港北。明劉大夏乞休時所居。

明山草堂。在華容縣南百里。明王儼讀書處。

讀書堂。在華容縣北五里石磯山下。明何景明讀書處。

四望亭。在巴陵縣城内。初名四望觀，宋太守滕宗諒創。

朗吟亭。在巴陵縣西南君山。因吕巖題岳陽樓有「朗吟飛過洞庭湖」之句，故名。

仙梅亭。在巴陵縣西南岳陽樓側。明崇禎間岳陽樓毁，土人於湖濱沙磧中得石一方，石上枯梅一幹，别無枝葉，共二十四萼，皆自成文理，不假人爲，因構亭覆之。

夕波亭。在巴陵縣北三江口。亦名合江亭，宋建。取唐白居易詩「夕波紅處近長安」之句。

魚梁亭。在臨湘縣南一里魚梁山下。旁多垂柳，水盡蒹葭，每當新晴山霽時，漁歌欸〔二〕乃，牧笛村煙，亦一邑之勝遊也。

楚觀亭。在華容縣東北。宋縣令胡綰建。今爲後山祠。

翔輝亭。在平江縣治西。元延祐五年，判官常從仕建。

王公亭。在平江縣治西山之巔。亦名上公亭，宋建。明統志：宋王旦宰是邑，既去，民思之不忘，爲建是亭。

秀野亭。在平江縣治北晝錦亭橋畔。宋羅孝芬致政後所建，爲奉母之所。

屈原宅。在巴陵城東十三都。今爲太平寺。岳陽風土記：太平寺，舊傳爲屈原宅，蓋屈原被逐寓此。

裴隱宅。在臨湘縣東北白馬磯。唐裴隱所居。李白嘗憩此，有詩。

田遊巖宅。在平江縣南連雲山。岳陽風土記：連雲山有石室，號田公巖。名勝志：後唐吴澄，婺源人，初隱岳州之穆家塘，慕田遊巖之爲人，遂卜宅於其故居平江之田巖。其地有連雲山川之勝。

洞庭别業。在巴陵縣西南洞庭湖上。皮日休詩：「他日若修耆舊傳，爲余添取此書堂。」

橘園。在巴陵城西南君山寺中。相傳即柳毅傳書處。山海經：洞庭之山，其木多橘。宋陳襄文昌雜録：國子朱司業言南方柑橘雖多，然亦畏霜。每霜時，亦不甚收，唯洞庭霜雖多亦無所損。詢彼人云，洞庭四面皆水，水氣上騰，猶能避霜，所以洞庭柑橘最佳，歲收不耗，正謂此耳。

太守園。在華容縣小北門外。有池有臺，緑柳夾道，故延平守陳能闢之，建寧守謝上箴增飾，以二公咸太守，因目焉。

銅鼓。在巴陵縣東永慶寺中。岳陽風土記：靈妃廟有銅鼓，元豐中永慶莊耕者得之。圓口方耳，下有跋，皆古篆雲雷文。色正青緑，形制精巧，非近世所能爲也。太守李觀遂移置廟中。方移置時，護持不謹，因誤毀損，今已不完。初獲鼓時，同獲銅鐸一枚，以其完好，輦致禮部，今藏祕書省。鼓以毀壞，遂流永慶寺。

鐵枷。在巴陵縣岳陽門外洞庭湖濱。岳陽風土記：岳陽江岸沙磧中，有冶鐵數枚，俗謂鐵枷，重千斤，古人鑄鐵，如燕尾相向，中有大竅徑尺許。或云以此厭勝辟蛟龍之患，或以爲植木其内，編以爲柵，以禦風濤，皆不可知。

關隘

巴陵關。在巴陵縣北荆江口。岳陽風土記：巴陵縣對長洲，夾洲立關，謂之巴陵關。

岳州衛。在巴陵縣東。明洪武初建。本朝因之，設守備駐此。

長安巡司。在臨湘縣東南五十里。舊爲驛，有丞，乾隆二十七年裁，移城陵巡司駐此。

桃林巡司。在臨湘縣南一百里。明嘉靖十九年置，本朝因之。乾隆四十一年移駐縣南四十里雲溪驛。

黄家穴巡司。在華容縣東北九十里。明初置，本朝因之。舊有驛，今廢。

長壽巡司。在平江縣東九十里。明置，本朝因之。

鹿角鎮。在巴陵縣東南五十里洞庭湖濱。明置巡司，本朝因之。乾隆四十七年，改爲主簿，仍駐鹿角。舊有驛，今裁。唐韓愈集「避風太湖，七日鹿角」注：「鹿角，洞庭湖中地名。」通鑑：後梁開平元年，淮南將李業進屯郎口，楚將許德勳追至鹿角鎮。

白田鎮。在巴陵縣北。九域志：巴陵郡有白田鎮。方輿紀要：五代梁開平四年，高季昌敗馬殷兵，遂至白田，即此。

城陵磯鎮。在臨湘縣西南六十里，接巴陵縣界。明置巡司，今移駐長安。

鴨欄磯鎮。在臨湘縣東北十五里。舊置巡司，今裁。

鼓樓鎮。在華容縣南六十里明山。一名鼓樓砦。九域志：縣有鼓樓砦。縣志：在洞庭湖濱。明置巡司及哨。又有水驛，今俱裁。

金浦戍。在巴陵縣東。水經注：微水又北過金浦戍，北帶金浦水。

謹亭戍。在巴陵縣南。水經注：湘水右逕謹亭戍西。

萬石戍。在巴陵縣南。水經注：側湘浦北，有萬石戍。

大屯戍。在巴陵縣北。岳陽風土記：巴陵縣，吴初置大屯戍，使魯肅守之。

楊幺砦。在巴陵縣南五十里石城山。

石牛砦。在平江縣東一百里石牛山。

楓橋堡。在巴陵縣東北三里。

洞庭水卡。在臨湘縣。乾隆四十九年，督臣舒常奏稱：「湖南巴陵縣當長江、洞庭湖交會之衝，所管湖面向有塘汛。保甲稽查所管江岸，西至荆河脳，東至城陵磯，下至荷葉洲九十里。西隸湖北監利縣，東隸湖南臨湘縣，水面則均隸巴陵。所有觀音洲、白螺磯、象骨港、道人磯等處，商船停泊，匪徒搶竊，巡緝難周。請將該處水面於江心分界，西歸監利，東歸臨湘，各設卡派兵巡查。」從之。

青岡驛。在巴陵縣南六十里。本朝順治十六年置此。舊有驛丞，乾隆二十六年裁，歸縣管轄。

楊林街。在巴陵縣東北一百二十里。本朝乾隆十八年，移駐縣丞於此。

廟前市。在巴陵縣東三十里。又梅子市，在縣東南四十里。潼溪市，在縣東南七十里。白楊市，在縣東南八十里。新牆市，在縣南六十里。城陵磯市，在縣北十五里，接臨湘縣界。

聶家市。在臨湘縣東南四十五里。有上、下二市。又沅潭市，在縣東五十里。灘頭市，在縣東九十里。新店市，在縣東北九十里，接湖北武昌府蒲圻縣界。臣山市，在縣南十五里。松楊市，在縣南二十五里。戚家灣市，在縣南一百二十里。

皇觀市。在華容縣東十里石嘴鋪前。又中港市、赭塘市，皆在縣南二十五里。萬庚市、五田市，在縣北十五里。塔子市，在縣東北九十里，接荆州府石首縣界。

回田市。在平江縣東太平鄉。相近又有横槎市。又九州市，在縣東故縣鄉。獻鐘市、義口市，皆在縣東永安鄉。長壽市、大橋市，皆在縣東棲鳳鄉。

津梁

落馬橋。在巴陵縣東門内。

楓橋。在巴陵縣東五里，通武昌大路。
岳陽橋。在巴陵縣東十里。
萬年橋。在巴陵縣東南十五里。宋建，名通和橋，一名隄頭渡橋。明泰昌元年，改名萬古橋。本朝順治十一年，改今名。
鎮湖橋。在巴陵縣南門外。
廣通橋。在巴陵縣北七里山下，南通白石湖。又永濟橋，在縣北城陵磯，通翟家湖，一名李公橋。以上二橋俱跨永濟隄，明成化十九年知府李鏡建。
迎恩橋。在臨湘縣東一里。一名封公橋。乾隆五十七年重修，改名義興橋。
長安橋。在臨湘縣東五十里。
永興橋。在臨湘縣南二里。舊名教廣橋，明嘉靖中重建，更名。
太平橋。在臨湘縣西南四十里。
陳石橋。在華容縣東三里。舊名永昌。
磨鏡橋。在華容縣東四里。相傳有神女磨鏡於此。
青紫橋。在華容縣東五里。
德政橋。在華容縣治北。初名惠政橋。宋縣令趙希哲重修，易名龍津，旁建亭。元改名通津，明初改今名。華容雜志：宋趙希哲重修龍津橋，掘地獲軒轅祠斷碑云：「漢太保胡公重修。」
忠孝橋。在平江縣治西。宋淳祐間，縣令楊英建。

畫錦橋。在平江縣治北。宋羅孝芬建。

鹿鳴橋。在平江縣東。舊名緑波橋，每賓興餞士於此。

君港渡。在巴陵縣南五十里，通鹿角鎮。

新牆渡。在巴陵縣南六十里，路出長沙。

大江渡。在巴陵縣西北，路出華容。

上游渡。在巴陵縣南五十里，路出臨湘。

長安渡。在臨湘縣東五十里。

太平渡。在臨湘縣西南四十五里，通巴陵路。

沙窩渡。在臨湘縣西二里，通監利路。

南河渡。在華容縣東南一里。

狼跋渡。在華容縣西南三十里。

黄洋渡。在華容縣西三十里。

北河渡。在華容縣東北一里。

浮橋渡。在平江縣東，通長沙路。

澄清渡。在平江縣西十里，通岳州官路。

長樂渡。在平江縣西十里，通岳州官路。

隄堰

白荆隄。在巴陵縣東十五里。一名紫荆隄，宋築。岳陽風土記：閣子鎮有白荆隄，石壁潭在其下。

南津隄。在巴陵縣南洞庭湖濱。明弘治中知府張金築。

偃虹隄。在巴陵縣西洞庭湖側。宋慶曆間，知軍州滕宗諒築此限捍之，歐陽修有記。

江村隄。在巴陵縣西北二十里，接荆州府監利縣界。明築，止二百五十丈。本朝順治十二年加修七百六十丈有奇，康熙五十五年，發帑修竹莊河、何家壋、瓦子灣、魯家埠四處，共一千十二丈六尺。雍正六年復發帑修，高厚倍前。

永濟隄。在巴陵縣北十五里城陵磯。明成化十九年，知府李鏡築，李東陽有記。隄長四千丈，廣二丈，旁夾樹柳二萬以固積壤。爲橋二，甃石爲閘於二橋之北，高丈二尺，長丈五尺，廣五尺，架木梁以通車馬。本朝順治十年，康熙十年、五十三年相繼築修。

趙公隄。在臨湘縣東南五里。元泰定間，知縣趙憲築。

朱家垸隄。在華容縣東三里。又縣東十五里有兔湖垸隄，又東南十里有蔡田隄，縣南三里有黄篷垸隄、張家垸隄，縣西有蔡家垸隄、官垸隄，縣西北四十里有楊李垸隄、南北垸隄，縣北二十五里有安息垸隄，縣北三十五里有劉陳垸隄，縣北三十七里有吴小垸隄、胡家小路隄、林家垸隄，縣北六十里有合工垸隄、周小垸隄，縣北六十五里有乙酉垸隄、蔡劉垸隄，縣東北十五里有濤湖垸隄，縣東北十七里有凌溪垸隄，縣東北十九里有張家垸隄，縣東北二十五里有伍家垸隄，縣東北三十二里有余家垸隄，縣東北三十三里有黄家垸隄、江黄垸隄，縣東北三十四里有馬家垸隄，縣東北三十五里有東皮垸隄、線家垸隄、桃樹垸隄，縣東北三十七里有永固垸隄，縣東北三十八里有嚴蕭垸隄，縣東北四十五里有黄湖垸隄，共三十二處。本朝康熙五十三年發帑修築，雍正五年重修，乾隆七年復修。

黄封隄。在華容縣東華容河側。宋知縣黄照築。

安津隄。在華容縣西北三十里。方輿紀要：安津隄内有十臺九堰，皆利灌溉。

陵墓

周

楚靈王墓。在華容縣東陳石橋北五十餘步。

陶朱公墓。在華容縣西。

屈原墓。在華容縣北。元和志：屈原冢在湘陰縣北七十一里。

三國　漢

劉巴墓。在巴陵縣西北。

唐

秦公墓。在巴陵縣東北三里楓橋堡。岳陽風土記：楓橋堡有古塚，歲久傾圮，耕者得磚，上有文曰「大唐秦公之墓」，堂皇扃固不可發。縣令秦光亨爲封完之。

徐安貞墓。在平江縣三都石陂洞。岳陽風土記：平江有徐安貞墓，在下臺。

宋

石光墓。在臨湘縣南大雲山。

明

鄧廷瓚墓。在臨湘縣南大雲山。

劉大夏墓。在華容縣東二十里。

王儼墓。在華容縣北石磯山下。

祠廟

五賢祠。在巴陵北門月城内，祀三國吴周瑜、魯肅，唐張説，宋滕宗諒，明陶宗孔。

七先生祠。在巴陵縣西南君山上。祀湯陰岳少保，其用武地也；容城劉時雍，山陰張陽和，公安袁中郎，南城羅近谿，襄陽嚴橘園，武彝李磊英，皆其登臨處也。

岳武穆祠。在巴陵縣城北七里山下。明成化中建。

賈烈婦祠。在巴陵縣城北七里，祀宋賈瓊妻韓氏。

石公祠。在臨湘縣東南大雲山，祀宋岳州判官石光。

胡處士祠。在華容縣儒學内，祀漢胡綱。

馬伏波祠。在華容縣南門外。岳陽風土記：馬援征諸溪蠻，病死壺頭山，民思之，所到處祠廟俱存。

王文正公祠。在平江縣，祀宋王旦。葉適記祠故在長慶寺，去縣八十里。嘉定六年，永嘉陳君觀令平江，遷建學前。岳陽風土記：王文正公嘗宰平江，治有異政，邑人爲立生祠，至今尚存。

九君子祠。在平江縣界東儒學左。亦稱九君子堂，元至正中建。祀宋李儒用、吴雄、毛友城、方暹、許炳、魯仕能、萬鎮、方輗、鄒輗。

三賢祠。在平江縣界西。明建。祀楚屈原、宋王旦、唐介。

老子祠。在平江縣東道巖山。

宋公祠。在平江縣東南，祀明死節知縣宋鑑，以典史張澄配。

吴王廟。有二：一在府治東，一在華容縣倒馬崖下。俱祀三國吴主孫權。

洞庭廟。在巴陵縣南金沙洲上。本朝康熙十八年大兵駐此，波濤不驚，舟師克濟，捷奏，御製祭文，遣官致祭，著爲典。虞喜志林：洞庭湖神，過客祈禱必驗，分風送船。湘水元夷：鹿角西岸有沙聚起十餘丈，名曰龍堆，即洞庭廟也。

孝感廟。在巴陵縣南南津港北。岳陽風土記：孝烈靈妃孝感侯廟，秦武陵令羅君用因督鐵運溺水死，其女挈弟尋父屍不獲，亦赴水死。邦人哀而祀之，謂之羅娘廟。靈響浸著，凡有舟楫往還，祈之利涉。後唐明宗天成二年丁亥，湖南馬殷承制列姊在左，弟在右。元豐中始賜令封，岳人禱祠無虚日。舊在烏龜渡南，祀者以爲不便，託言神意，遂移今廟。

康大尉廟。在巴陵縣南三十里茅栗坪，祀宋康保裔。保裔三世俱死王事。

三閭廟。有二：一在巴陵縣南六十里新牆市，一在平江縣南。明正德間建，祀楚屈原。

雷將軍廟。在巴陵縣南七十里東陵，祀唐雷萬春。明總督鄧廷瓚征蠻，夢萬春助戰，疏請崇祀。

愍忠廟。在巴陵縣南。宋淳祐間，孟珙建，以祀荆襄死事之臣。

湖山廟。在巴陵縣西南君山，祀君山之神。岳陽風土記：洞庭上有洞庭真君廟堂。

湘妃廟。在巴陵縣西南君山，祀堯二女。楚辭湘夫人：「帝子降兮北渚。」王逸注：「言堯二女娥皇、女英隨帝不返，墮於湘水之渚，因爲湘夫人。」後漢書郡國志：羅縣有黄陵亭。湘中記亦云二妃之神，劉表爲之立碑。唐韓愈黄陵廟碑：堯之長女娥皇，爲舜正妃，故曰「君」，其二女女英自宜降爲「夫人」也。故九歌辭謂娥皇爲君，謂女英帝子，各以其盛者推言之也。縣志：宋元豐五年，知岳州鄭民以祈禱有應請諸朝，封湘君爲淵德侯。嘉定五年，重建湘君祠於君山，以湘夫人配之。按：湘君、湘夫人，韓愈説最當。宋封淵德侯，及以湘妃配，似以湘君爲男子，皆不學者之所爲也。今釐正仍稱湘妃廟。

魯將軍廟。有二：一在巴陵縣北。岳陽風土記：魯將軍廟在會泉門外，乃魯肅廟也。孫權使肅守巴丘，後人祀之。一在平江縣東。

中公廟。在華容縣東陳石橋，祀楚申亥。

洪山廟。在華容縣南門外，祀唐張巡。

大禹廟。在華容縣南禹山上。岳陽風土記：禹山上有禹廟。

漢昭烈帝廟。在華容縣東北十五里鼎山。明初建。

荆佽飛廟。在華容縣東北楊子洲。

石瀨廟。在平江縣東。岳陽風土記：石瀨廟乃關公廟。湘州記云，石子山溪西有小溪〔二〕，溪水映澈，關公南征，嘗憩此，因名關瀨〔三〕，今廟亦以此名之。隨軍土地、三軍廟、助順廟〔四〕，圖經皆以爲關公并吕蒙行軍所置。

寺觀

圓通寺。在巴陵縣東。晉建，明楚昭王重建。寺内有羅漢井。荆州記：圓通寺僧房牀下忽生一木，旬日勢凌軒棟，僧移房避之，木長便遲，但極秀。有外國沙門見之，謂曰此娑羅樹也。僧所憩之蔭長著花，細如白雲。元嘉十二年，忽生花，狀如芙蓉。

白鶴寺。在巴陵縣東南二里白鶴山上。唐建。岳陽風土記：白鶴僧園有茶十餘本，頗類北苑所出茶。一歲不過一二十兩，土人謂之白鶴茶，味極甘香，非他處可比。

聖安寺。在巴陵縣東南五里楞伽北峯。唐無姓和尚所居，楊憑建寺。唐柳宗元岳州聖安寺無姓和尚碑：師始居房州龍興寺中，後徙居是州，作道場於楞伽北峯。

乾明寺。在巴陵縣南。五代時建，一名乾元寺。岳陽風土記：乾明寺，舊永慶寺也。内有古柏，相傳是大禹手植。名勝志：永慶寺在東山頂，井泉清洌。又宋太平興國五年，改賜寺額，名乾元寺，又謂之新開寺。岳陽古蹟志：乾元寺基，晉參軍蔡勳捨園宅爲之，後唐灝鑑道人爲道場是山。及宋太平興國間，賜藏經及旃檀像一軀。今唯藏經存焉，内有灝鑑道人塔銘。

慈氏寺。在巴陵縣西南。內有塔，晉創。岳陽風土記：慈氏塔，口出之初，影射重湖，以鎮洞庭水孽云。

君山寺。在巴陵縣西南君山上，據湖山之勝。晉建，即崇勝寺也，舊名楚興寺。

廣教寺。在巴陵縣西南君山上。岳陽風土記：廣教寺，後唐永安寺，舊爲聖善寺故基。昔吕雲卿遇江叟於聖善寺，吹笛召洞庭諸龍，即其地也。

慈音寺。在華容縣東北。輿地紀勝：華容縣大荆湖尾有慈音寺，俗傳是劉備中軍砦。

天慶觀。在巴陵縣東一百里。亦名龍興觀，又名新興觀。岳陽風土記：龍興觀故基在太平寺東，天禧中賜名天慶。

大皇觀。在華容縣治東北。岳陽風土記：華容令宅東北有老子祠，曰大皇觀。

寶慈觀。在華容縣東南三十里石門山。觀中有煉丹池、飛昇臺、凌空亭、衣冠塚、仙人洞、倒插柏諸勝蹟。

玉清宫。在平江縣東南。張君房雲笈七籤：環幕阜有道宫，曰松林，曰紫青，曰崇虎，曰玉清。玉清視餘山水爲勝。

名宦

晉

潘京。武陵漢壽人。弱冠爲郡主簿，太守趙廞甚器之。歷巴丘令。京明於政術，路不拾遺。

陳

雷道勤。巴陵内史。周兵大出，道勤拒戰死之。

唐

張説。洛陽人。由宰相再徙岳州刺史。説爲文屬思精壯，長於碑誌，世所不逮。既謫岳州，而詩益悽惋，人謂得江山助云。

五代　梁

許德勳。馬殷時爲岳州刺史，吴將泠業屯平江，德勳將兵拒業，至朗口，使善游者五千人以木葉覆首，持長刀浮江而下，夜犯其營。業軍驚擾，大破之，擒業。

宋

王旦。大名莘人。太平興國初知平江縣，其廨舊傳有物怪憑之，居多不安。旦將至，前夕守吏聞羣鬼嘯呼，曰：「相君至矣，當避去。」自是遂絶。就改將作監丞。趙昌言爲轉運使，屬吏屏畏，入旦境，稱其善政，以女妻之。

唐介。江陵人。調平江令。縣民龍氏以分田訟，冤死，介爲雪之，而均其田。民李氏富而吝，吏有求不厭，誣爲殺人祭鬼。

岳守捕其家，無少長楚掠不肯承，更屬介訊之，無他驗。守怒，白於朝，遣御史方偕徙獄别鞫之，究與介同。守以下得罪，偕受賞，介未嘗自言。

衛塾。以祕書丞知臨湘縣，多善政。邑故多盜，塾曰：「吾不能使民不爲盜，又不知禁其已然，尚曰爲政耶？」乃籍八十人，作閲武亭，以時視其藝，使之捕盜，一境肅然。劉摯爲之記。

楊畋。太原人。慶曆三年知岳州。湖南猺人唐和等劫掠州縣，以殿中丞提點本路刑獄，專治盜賊，乃募材勇深入洞討擊，兵潰，畋踣巖下，藉淺草得不死。卒厲衆平六洞，以功遷太常博士，未幾降知太平州。歲餘盜益肆，帝遣御史按視，還言殄賊非畋不可。乃授荆湖南路兵馬鈐轄。賊聞畋至，皆恐畏踰嶺南遁。明年賊復出，畋即領衆出嶺外，涉夏秋凡十五戰，蠻平。

滕宗諒。河南人。仁宗時知岳州軍。建學育才，百廢俱舉。作偃虹隄於城西，又重修岳陽樓，文章政事，岳人誦之。范仲淹爲記。

朱壽昌。天長人。仁宗時權知岳州。州濱湖多盜，壽昌籍民船，刻著名氏，使相伺察，出入必以告。盜發，驗船所向窮討之，盜爲少弭，旁郡取以爲法。後以韓琦、富弼薦使湖南恤民，奏罷邵州金冶，從之。

石光。徂徠人，介子。通判岳州，有惠政，民爲立祠。後居州之大雲山，子孫遂家焉。

范致明。建安人。徽宗時監岳州酒税。窮博經史，以直道不容於時。覽山川，考古今人物風俗，撰岳陽風土記。

汪愷。婺源人。岳州録事參軍。平江民以競渡鬬死，獄上於州，守𤋮令，欲深探其獄，株連數百人。時大暑，牢户皆滿，愷止繫其當罪者數人，餘悉平反出之。守大怒，引法力争不能屈。

張汝明。真州人。徽宗時知岳州。屬邑得古編鐘，求上獻，汝明曰：「天子命我以千里，懼不能仰承德意，敢越職以倖賞乎？」卒於官。

方擴。莆田人。知岳州。時兵興學散，士多流徙，擴爲之增復舊額。條陳沿江利害十三事，以内治爲急，次及攻守之計。

趙善待。濮王後。知岳州。剖煩決滯，冤獄多平反，仁聲四達。春秋都試義勇，藝精者厚賞，卒徒争奮。

李軏。浮梁人。知巴陵縣。俗父子多異居，軏躬示孝弟以化之，俗遂變。

程絢。餘姚人。調巴陵尉，攝縣事，能理冤獄。

胡綰。乾道間爲平江令，政尚廉平。

李熘。建昌人。紹熙中授岳州教授，教士以古文六藝，不因時好。且曰：「古之人皆通材，用則文武兼焉。」即武學諸生，文振而識高者拔之，闢射圃令其習射。廩老將之長於藝者，以率偷惰。

元

歐陽原功。瀏陽人。延祐中授岳州路平江同知，處己儉約，爲政廉平。

汪澤民。婺源人。延祐中同知平江州事。時州民李氏以貲雄，其弟死，婦不肯他適，兄利其財，嗾族人誣婦以姦，獄成而澤民至，察其枉，直之。

明

馬傑。洪武中知臨湘縣。奏除荒田絶糧之累民者，共二萬二千有奇，民德之。

王士華。鄞人。正統中知華容縣。築圩四十餘，隄百五十，墾田數萬頃，九載績成，水患乃息。

楊燧。昆明人。正統間知華容縣。奏築四十八垸，水患悉除。

陳介。銅梁人。正統中知臨湘縣，興學勸農，政績茂著。在官六年，歲歉上疏乞寬租，章數上，詔蠲之。縣有舟丁六百戍江淮，役重，率多逃亡。介又乞免百人，政績稱最。

李鏡。弋陽人。成化中知岳州府。築湖隄，通城陵磯，墾隰爲田，引水灌溉，利民甚溥。洞庭君山爲水寇淵藪，鏡擒其渠帥，餘黨解散。

卜馬祥。永清人。成化中任岳州衛指揮同知。湖賊陷洞庭，奮身督戰，死之。

宋鑑。許州人。成化中知平江縣。流賊逼境，率典史張澄、縣吏王和等禦寇，援兵不至，力盡死之。

韓士英。南充人。知岳州府。政尚明恕，重創郡堂，修葺諸廢，民不知勞。

張舉。欒城人。弘治中知岳州府。毁諸淫祠，爲書院、便民倉。作諭屬法一册，皆便民。發姦摘伏，人稱「神明太守」焉。

張金。廣德人。弘治中知岳州。築南津港隄禦水，尤勤荒政。

陸垹。嘉善人。嘉靖中知岳州府。寬逋賦，省訟獄，巡行屬縣，歲必再周，田疇盡闢。值歲旱，諸路遏糴，垹罄府屬倉儲，復借之藩庫，設法賑濟。先發後聞，全活數十萬。事聞，超擢太僕少卿。

劉凱。臨桂人。嘉靖中知臨湘縣。清介自守，周恤民隱。時有「劉少川不要錢，百姓有飯官無鹽」之謡。

王夔龍。雲南人。萬曆初知巴陵縣，外明内寛，濟敏以勤。先是，賦役項款紛多，吏緣爲姦，夔龍力行一條鞭法，聽民自輸，未嘗以符役勾攝，民皆争先輸納。尋擢御史，民立祠祀之。

李紹箕。雲南人。萬曆中知平江縣。愛民如子，三年獄無繫囚。

張明儒。江陰人。萬曆中知臨湘縣。建義倉，廣社學，蠲除逋賦。後令眉州張大齡亦務德化，遇旱禱雨立至，人稱爲前張、後張云。

孫春芳。揭陽人。萬曆間知華容縣。值歲歉，春芳請罷征斂，復請移旁郡粟，親歷窮鄉散之。旋調去，百姓惜焉。

蔣元敬。無錫人。萬曆中爲平江令。作敬事堂以聽政，教民表德。定賦均徭，息訟獄，捐義冢。比代，士民歌思之。

李雲階。閩人。萬曆中知華容縣。大修隄防，宏奬士類，購書儲之學宫。歲饑，賑活無算。

陶宗孔。全州人。崇禎中任岳州府推官。九年，狷介廉正，始終如一日。郡人祀之四賢祠，稱「五賢」。

林不息。莆田人。崇禎末知臨湘縣。張獻忠陷城，被執，索印不肯與，遂遇害。

楊如雲。紹興人。崇禎間平江主簿。張獻忠陷城，欲授以僞職，如雲不從，駡不絶口。賊怒，投之石壁潭。

本朝

王國英。奉天人。康熙中知巴陵縣。瀕湖多水災，國英以時賑濟，清理墾荒，豁無著田千七百餘頃，歲減糧萬三千石。

伍士琪。阿迷州人。知平江縣。縣多逋賦，士琪寬與之期，使民感愧自輸。平訟牒，必俟兩造意解乃止，甚得民心。建倉汨水之涯，人民成聚，曰伍公市。以趙申喬薦，擢知桂陽州，平江民祠祀之。

王國祐。奉天人。康熙中知華容縣。縣利病以時條陳上官，諸垸潰，請修復。日履工所，教役者歌以忘勞，犒之餅餌。隄成，士民爲建碑。

蘭第錫。吉州人。乾隆中知岳州府。屏供帳，罷燕會，躬行節儉，苞苴不敢至其門。

宗霈。會稽人。嘉慶中知華容縣。禁械鬬，斥淫祠，設五田渡船，築萬庾諸垸以便民。力行保甲，大吏檄他邑以爲法。捐置沱江書院膏火田，士皆感勵。

人物

唐

裴隱。臨湘人。居白馬磯，與李白相友善。官侍御，掛冠歸，與岫道人鼓琴自娱，李白亦嘗至其處，相與倡和宴遊。

宋

黄誥。平江人。神宗初進士，授長沙簿。章惇開梅山，請增畝税，誥力請罷之。後知益陽縣，中使採木至益陽，遣二卒勾典押而無引牒，誥杖而遣之。丁父憂，廬墓三年，芝生墓前，凡六十餘本。哲宗時賜帛五十匹，官至太府卿。

李瀫。臨湘人。博學通經，性至孝。葺養浩園，隱居不仕，自號默堂居士，授徒數百人。晚年尤精内典，著詩文五千篇，名兑齋編。

李璠。平江人。朱子帥長沙，璠往受業。

李祀。平江人。從朱子游，輯池州語録。

李儒用。平江人。長於春秋。朱子帥長沙，時與邑人吳雄同受業於門，往復辨難。今語類中多其問答，學者稱練谿先生。

吳雄。平江人。居臨安，師朱子，深明性命之學。歸建陽坪書院，日講學於其中。平江之知學者，皆雄教之，學者稱陽坪先生。

毛友誠。平江人。聞康叔臨得伊洛之傳，避地岳陽，因從家巴陵，往從之。時李璠分教岳陽，極爲敬禮，學者稱竹簡先生。

方暹。平江人。李璠弟子，與饒伯輿、張元簡同門相善。元簡極重暹，嘗遺書曰：「伯輿明理而達於事，明甫見事而中於理。吾以斯道望伯輿，以斯世望明甫。」學者稱連雲先生。

許炳。平江人。嘉定進士。通春秋，好學不倦，篤志力行。及卒，無以爲殮。

魯仕能。平江人。淳祐進士，歷官監利令。從饒魯學，終身不見喜愠之色。歸講道寶潭，時稱寶潭先生。

萬鎮。平江人。學於方暹、饒魯，與魯仕能齊名。饒魯謂仕能曰：「天下讀書者，伯易第一，子静次之。」子静，鎮之字。伯易鄱陽人，亦魯弟子也。

鄒輗。平江人。朱子帥長沙，道出平江，以書謁者甚衆，輗獨見禮。甘貧悦道，力學不事生産。其卒也，方輗爲之棺殮。

方輗。平江人。受業李璠，與饒伯輿友善。安貧樂道，前後徵聘皆不赴，魏了翁題其所居曰「學齋」。

方興。臨湘人。宋亡，與張世傑、文天祥共圖恢復，以功加招討使，死崖山之難。

徐偉。臨湘人。宋末舉孝廉，事母至孝。有司累辟不赴，去之野潭山中，隱居教授，依以居者三百餘家。歲荒，貧不舉子者，悉資給之。人感其惠，子多以「徐」爲名。有子八人，後皆知名，時號「徐氏八龍」。

嚴珽。華容人。累官劍南節度使。僚寀服其能，兵民懷其惠。文章政事，咸著於時。

元

張琦。臨湘人。生二歲，母劉遭亂陷於兵，父必達不復娶。琦稍長，思其母，輒歔欷泣下。及冠，請於父，往求其母，徧歷湖南、北，淮東西，後求得之貴池，迎歸奉養。其後十餘年，父母相繼殁，終喪猶蔬食。事聞，旌其門曰「孝義」。

胡天游。平江人。博學高志，元季隱居不仕，養晦巖谷，著有傲軒吟稿。

明

蕭授。華容人。以千户從成祖起兵，積功至都督僉事。永樂中，充總兵官，鎮守湖廣、貴州，在鎮二十餘年，討平苗蠻數十部，威信大行。進左都督。卒，贈臨武伯，謚靖襄。

方廷玉。巴陵人。父必壽，洪武進士，歷官按察使，以政績著。廷玉永樂進士，改庶吉士，遷工部郎中。時燕京創造，上節儉、休養二疏。擢浙江右布政使，致仕。楊溥稱其質實而文，和易有守。

魏文昌。華容人。事親至孝。洪武時父獲罪，繫武昌獄，文昌詣闕上疏，願以身代，報可。臨刑謂其弟曰：「謹事二親，如吾生存時也。」遂伏法，時年十有八。

劉仁宅。華容人。永樂舉人，知瑞昌縣。蠲赤湖課二萬緡，免沿江之逋米十餘萬，減民税之耗於巨室者數千石。晉廣西按察副使。景泰中，思明都指揮黄玹殺其兄瑚〔五〕，仁宅廉得狀，玹懼，使人奉十金爲壽，且擁兵數萬相挾制。仁宅至南寧，玹子來謁，伏甲縛之，論玹死。玹陰遣人京師營幹，得釋罪，既益横，乃摭他事中仁宅。仁宅委政去，歸裝惟七金。楊榮過其家，見牀上只蒲薦布被，喜曰：「所操若是，可稱真御史矣！」以子大夏貴，贈兵部尚書。

李嵩。華容人。宣德中，由鄉貢歷官彰德知府。趙王每出郭禱祀，遊獵數百里，嵩上疏言之。上遣内使逮治，并賜敕褒獎。解綬歸，卜居黄湖山，足跡不入城中。

鄧廷瓚。巴陵人。景泰進士，知淳安縣，有惠政，遷太僕丞，擢知貴州程番府。政令平和，民苗感悦。弘治初，累遷右副都御史，巡撫貴州。有平苗功，進右都御史，掌南院。尋提督兩廣軍務，兼巡撫，亦有聲績。復召掌南院。廷瓚有雅量，世稱長者。其所設施，動中機宜，屢督軍務，出必成功。卒，贈太子少保，謚襄敏。

董廷珪。華容人。景泰進士，拜監察御史，守白羊口，劾守帥横暴者。清軍河南，檢出逋伍五萬人，又疏陳弭災十事。升山東副使，清理滯獄，廉正持躬，家無長物。

黎淳。華容人。天順初進士第一，官至南京禮部尚書。爲人狷介寡合，鮮所依附。敦倫紀，崇節儉，其所樹立，即幽隱無愧。有門生知華亭，遺以紅雲布，淳卻之，題其緘曰：「古之爲令，植桑拔麻。今之爲令，織布添花。」人服其操。卒，謚文僖。

劉大夏。仁宅子。天順進士，累轉兵部職方司郎中。時汪直開邊，欲乘間取安南，憲宗命索永樂討安南故牘，大夏亟匿之，事得寢。弘治初，爲兵部尚書，孝宗方鋭意太平，屢被宣召。大夏忠誠懇篤，忘身徇國，所陳時政，立見施行，羣小深嫉之。武宗立，數上章不用，遂乞歸。劉瑾用事，逮下詔獄，戍肅州。瑾誅，復官。大夏常曰：「居官以正己爲先，不獨當戒利，亦當遠名。」朝鮮、安南使至，輒問劉尚書安否，其爲外邦所重如此。卒，贈太保，謚忠宣。

楊一清。本雲南安寧人，父景徙家巴陵。成化進士，歷山西提學副使，轉督陝學凡八年。弘治中擢左副都御史，督陝西馬政十七年〔六〕。河套告急，尚書劉大夏薦一清撫陝，經略防禦，創紅古等城以捍之。清有謀善斷，所居之處，時演習營陣。安化王寘鐇反，拜陝西總制，與太監張永共出師，寘鐇就擒。與永計誅劉瑾，入内閣，加少傅。尋致仕，遂依婦家居鎮江。久之，世宗嗣位，詔以故相行邊，後復入閣。上方勵精圖治，中外事一咨委焉。八年請老，賜金帛，明年削籍。卒，謚文襄，贈太保。

王儼。華容人。成化進士，授工部主事，統理呂梁洪，鑿石開渠，便舟楫，徙居民瀕河者數百家。升四川成都知府，治行爲天下第一。歷官陝西右布政，寇逼西固城，儼督餉區畫，旬日得芻粟九十餘萬。擢户部右侍郎，攝太倉事，革中官常例錢。崇王訟民田，又請黄河退灘，及寧陵免税地，上命儼往覈，田當爲民者咸歸之。復疏河灘實民産，免税非祖訓不可許，皆如其議。轉左侍郎，覈外戚侵民官地數萬畝，奏成其監奴於邊。武宗即位，儼上疏乞致仕，得歸。居無何，劉瑾亂政，捕繫詔獄，鍛鍊無所得，矯詔謫遼東戍。瑾誅，赦還。

嚴永濬。華容人。成化進士，授户部主事，督餉宣、大。陝西大饑，奏蠲税四十萬，接濟邊儲，全活數萬人。擢郎中，出守西安府，以禮化導，俗漸循謹。文案立剖，庭無宿牒。先是，西安歲織絨服進用，中官横取，百姓苦之。永濬疏論其害，不報。擢浙江參政，卒。

胥文相。巴陵人。弘治進士，知漳浦縣。蝗螟爲災，禱之越境去，歲更稔。又疏罷銀坑之税，累遷南户部郎中。歷汀州、柳州知府，多政績。子焯，官鄱陽知縣，有惠政，工詩文。

黄昭道。平江人。弘治進士，知長山縣。歲蝗，禱於神，雨雹立作，蝗盡死。遷南京御史，正德中論劉瑾，廷杖除名。瑾誅，擢江西僉事。宸濠招亡命，刦彭蠡諸處，昭道捕獲數百人，訊治如法。旋遷雲南參政，諭曉緬甸諸蠻，咸懼修貢。分守普安，討賊有功，遷布政使。

顔頤壽。巴陵人。弘治進士，授寶坻令，改淇縣，拜監察御史。宸濠謀不軌，副使胡永清發其姦，上命崔元偕頤壽往勘，會師事平。遷刑部侍郎，進禮部尚書，改户部。尋遷左都御史，掌刑部。隆慶初，加太子太保。

白起旦。華容人。由貢生知雞澤縣，有廉幹名。興起文學，濬開井渠，民賴焉。比入覲，坐卧一牛車，不宿旅舍，夜大雪盈車中，晨起敝篦短衾皆沾濕，起旦無忤色。

孫繼芳。華容人。正德進士，授刑部主事。東廠獲數人，誣爲盜，下刑部論法。繼芳白其冤，改兵部員外。武宗將南巡，繼芳偕武選郎黄鞏率諸部寺屬百餘人諫止，捕繫廷杖。武庫郎陸震笞死，繼芳裹瘡力治震喪。官終雲南提學副使。子宜，爲文千言立就。舉於鄉，以父喪哭泣損目，遂不復會試，自號洞庭漁人，構亭著書。興至，把筆書所爲詩，奇逸飛動。所著詩三四百卷。宜子斯億，七歲能賦詩，年十四爲諸生。事祖母及母以孝聞，以著述自任。隱玄石山中，誅茅蔬食，充然自得。學使董其昌稱之曰「德範如太丘，豪俠如朱游」云。

蕭一中。華容人。正德進士，知新城縣，擢監察御史。疏援馬録，逮繫詔獄，謫廣西按察使照磨，遷分宜知縣。忤大學士嚴嵩，幾罹禍，遷東昌同知，歷南刑部郎中。復以在新城時劾夏良勝大禮疏草，再貶饒州府通判。後歷官右副都御史，巡撫四川。

周廷用。華容人。正德進士，知宜黄縣，拜監察御史。倜儻豪岸，言事多觸時忌。未一載，備兵四川，進江西按察使，請囑不行。入覲，汪鋐摘黜之。著有八厓集。

傅尚文。華容人。正德進士，任大理評事。武宗南巡，與同舍郎上疏諫，捕繫錦衣獄，跪午門廷杖，左遷户部照磨。嘉靖初還舊職，累遷江西副使。

方鈍。巴陵人。正德進士，由華亭令累官户部尚書。時邊費浩繁，苦心節濟，在部六年，題疏數十萬言。嚴嵩中之，詔改南，乞歸。卒，贈太子少保，謚簡肅。

姜廷頤。巴陵人。嘉靖進士，知餘干縣，擢御史，按通州。京師告警，與都御史王忬乘城三日〔七〕，疏七上。遷淮揚兵備副使。是時江北取民無制，廷頤行一條鞭法，遂爲善政。累官兵部侍郎。

謝登之。巴陵人。嘉靖進士，累官工部尚書。立朝清介自持，同列咸憚之。

艾穆。平江人。嘉靖舉人，累遷刑部主事，録囚陝西。時政尚嚴苛，詔決不如額者罪，穆據爰書情確者決二人。張居正奪情，穆與主事沈思孝抗疏極論，忤旨廷杖遣戍。久之，起員外郎，累進僉都御史，巡撫四川，有平寇功。

姜性。廷頤子。萬曆進士，歷刑科給事中。居諫垣兩歲，前後疏凡百八上，皆切中時弊。又請於清泥灣水次置倉廒，免湖南歲兑武昌、蘄州漕費，鄉里稱便。

唐世柱。巴陵人。少孤，事母至孝。萬曆舉人，知濟寧州。歲旱步禱，雨立降。增先賢仲氏祭田，振興名教。官終户部員外郎。

蕭露豐。臨湘人。張獻忠陷城，與妻沈氏奉父母走避。其父爲賊所執，露豐挺身救父，賊釋其父而執之。沈氏聞夫被執，亦奔救，俱爲賊所害。

劉希文。華容人。天啓中以貢生授興文教諭。流賊陷城，縣令張振德被害，希文暫署縣事。賊復至，誓死不去，與其妻白氏同殉。本朝乾隆四十一年，予入忠義祠。

李興瑋。巴陵人。崇禎時拔貢。獻賊破岳州，同父詣所在請兵，其母泣止之，不顧，後一家俱遇害。興瑋隨巡撫章曠圖恢復，死難於衡陽。本朝乾隆四十一年，予入忠義祠。

本朝

黎大觀。華容人。康熙舉人，知宜黄縣。築永豐陂，建通津橋，葺學宫，置學田，盡罷諸陋規。擢刑部主事。

單國成。平江人。事繼母孝，嘗寇至，負母遠奔，趾皆裂。其妻亦勤於奉養，爲姑所愛。妻喪，以母故終身不再娶。雍正十一年旌。

孫祐岐。華容人。康熙鄉舉，知歷城縣。併糧倉以省催科，浚縣東小清河以備旱潦。卒，祀名宦。

張召華。華容人。康熙進士，歷知晉江、金雞二縣，多善政，以忤上官罷歸。華容濒湖，土卑賦重，明季百姓多流亡，國初定賦，準原額每十畝損爲六畝餘，其後稍稍增墾。而清丈令下，有司指爲欺隱，將以原額上，召華曰：「我無中人之産，顧里人不勝病。」因詣縣官白其事，謂此皆湖岸荒餘，十常八九浸於水，宜準湖湘下地例，畝糧一升。縣官知召華素長者，以其言申報，華容人至今蒙其利。

許伯泰。巴陵諸生。康熙中，父聖行客長沙病疫，伯泰奔侍湯藥，嘗糞以驗瘥劇。父少愈，母復病疫於家，伯泰兼程馳歸，值水漲溺死。是夜其母猶夢伯泰以藥飲之。乾隆四年旌。

何一獻。臨湘人。乾隆中由貢生知黔江縣。時土寇初平，户口流散，一獻招徠撫綏，民德之。祀名宦。

方顯。巴陵人。由貢生任湘鄉教諭，擢恭城知縣。雍正初舉賢員，超授鎮遠知府。值郡饑，捐俸煮糜，活民數萬。總督鄂爾泰奇其才，檄理九股各苗，顯詣峝曉譬，投誠者十餘萬户。授貴東道，總理苗務。尋升貴州按察使。九股、台拱爲諸苗出入要地，奉命與總兵營新城，而墨引、羊翁等苗不利之，結衆攻擾，圍六十九日，糧盡宰馬以食。衆請潰圍出，顯曰：「台拱失守，則古州、清江諸寨皆煽動矣，況苟免失臣節，脱不濟，有死已耳。」於是人人感奮，已而援兵至，圍解。後官至廣西巡撫，以病乞歸，卒於家。

許伯政。巴陵人。乾隆進士，知彭縣，有惠政，擢部曹。歷山東道御史，致仕。伯政經術湛深，著有易深、詩深、春秋深、全史日至源流等書。

王大順。巴陵人。官長沙協把總。嘉慶三年，川匪竄入楚境，大順迎擊於石牌，力戰陣亡。事聞，議卹蔭雲騎尉。

侯三錫。華容歲貢生。一門孝友，自處以厚，對人未嘗有忤色。卒，祀鄉賢。

余昌祖。臨湘人。乾隆鄉舉，權判涿州。委辦河工，克著勞績。後知欒亭縣，調福清，屢決疑獄。在任數年，囹圄幾空。

嘉慶十七年卒，入祀鄉賢祠。

流寓

唐

韓注。貞元間諫議大夫，以言事貶岳州。杜甫寄韓諫議詩有「濯足洞庭望八荒」之句。

宋

蘇轍。眉山人。徽宗時岳州安置。

劉寶。東平人。以都統制從岳飛破楊么，飛遇害，遂家華容，隱東山。大夏其十世孫也。

列女

宋

賈瓊妻韓氏。名希孟，巴陵人，琦五世孫。少明慧，知讀書。年十八，適瓊。開慶己未，元兵破岳州，爲卒所掠，將挾以獻其主將，氏誓不辱。書五言古二十九韻於衣帛，赴水死。

徐君寶妻某氏。巴陵人。同韓氏被執至杭州。自岳至杭數千里，主者數欲犯之，終以計脱。一日主者怒甚，將强焉。氏度不得免，因南向再拜泣下，題詞一闋於壁上，投大池中死。

李孝女。平江人。年十四，侍母遭火變，家人遠避，女獨守火舍不去。火止，闔宅皆焚，惟二舍巋然。後適吴樵。

明

方可璉妻沈氏〔八〕。巴陵人。少寡，一子尚幼，舅姑欲奪其志，沈刺面守節，教子成立。有司請於朝，旌焉。

姜振德妻劉氏。巴陵人。崇禎中，闖賊陷城，夫與姑俱被害，氏自縊死。

許某妻康氏。巴陵人。事姑孝。夫婦俱爲賊所執，恐夫不免，乃紿賊曰：「釋吾夫則當從汝。」賊釋其夫，遽躍水死。有司旌其門曰「義烈無雙」。

張氏女。臨湘人。許嫁諸生何惟寅，後惟寅得癩疾，父欲令改適，以死誓。有司歲給粟帛奬之。

楊寶朝妻丁氏。臨湘人。崇禎末，流寇張獻忠渡江，避亂山中，嘗語夫曰：「若遇賊至，誓不受辱。」後果爲所執，不屈死。

余所藴妻湯氏。臨湘人。崇禎中，流賊張獻忠寇掠，湯避白泥湖，被執。將加刃，其子禾兒甫八歲，跪挽賊刃，求免其母。賊不應，遂相抱赴水死。

甘氏女。名元秀，華容人。許嫁里人魏文昌，文昌以父獲罪，詣闕請代死，報可，遂繫獄。女父欲改嫁之，輒赴井求死，以救免。文昌伏法，女沐浴具衣服，自縊以殉。

鄧于旬妻李氏。華容人。年二十，于旬死，觸槐以殉。

嚴循閑妻羅氏。華容人。年十八，歸循閑，貌寢，爲夫所棄，不入其室者十餘年。夫病，侍湯藥，誓以身殉。比夫死，縊於棺側。

本朝

李宜禄妻陳氏。平江人。夫亡守節，康熙三十六年旌。

陳之遇妻劉氏。臨湘人。夫亡守節，康熙四十八年旌。

嚴衆妻張氏。華容人。夫亡守節，康熙五十五年旌。

趙萬卷妻唐氏。巴陵人。夫亡守節。康熙六十一年旌。

沈士炳妻丁氏。臨湘人。夫亡守節，同縣貞女張大傑聘妻聶氏，均雍正年間旌。

王正愷妻蔡氏。華容人。夫亡守節。同縣節婦閔士元妻白氏，均雍正年間旌。

魯文江妻潘氏。平江人。夫亡守節，同縣節婦凌之鶚妻李氏、妾鍾氏，張禮行妻彭氏，均雍正年間旌。

許伯泰妻傅氏。巴陵人。夫亡守節。同縣節婦尹隆彩妻張氏、陳如文妻熊氏、李廷誨妻熊氏、李泰然妻彭氏、丁德裕妻馮氏、袁天秩妻許氏、張定邦妻龍氏、龍用周妻汪氏、陳商書妻沈氏、張演渭妻晏氏，貞女熊宗輔聘妻張氏，均乾隆年間旌。

柳洪根妻謝氏。臨湘人。夫亡守節。同縣節婦沈士瓊妻吳氏、彭熙爲妻沈氏、李堅妻方氏、周之衡妻沈氏、謝名標妻沈氏、張能建妻余氏、華獻魁妻李氏、朱淑旗妻元氏、瞿宗文妻林氏、張士榮妻鄭氏、方梅妻沈氏、余昌絅妻沈氏，烈婦李四娃妻吳氏，貞女范振聘妻鄭氏、姚琢章聘妻沈氏，均乾隆年間旌。

王師文妻嚴氏。華容人。夫亡守節。同縣節婦程自洞妻董氏、劉士賢妻伍氏、李以符妻何氏、李永襄妻傅氏、涂子超妻段氏、張召修妻敖氏、潘士棟妻魏氏、侯三宅妻蔡氏、程文英妻張氏、陳半璧妻花氏、涂雲安妻雷氏、涂恪誠妻施氏、魏璧萬妻黄氏、鄧宏禄妻李氏，均乾隆年間旌。

何乾服妻陳氏。平江人。夫亡守節。同縣節婦喻汲妻袁氏、彭昌華妻王氏、張禮成繼妻李氏、李承筠妻唐氏、陳汝弼妻何氏、余名士妻李氏、唐成綱妻湯氏、魯行道妻童氏、鍾聖逢妻張氏、王大純妻童氏、李保四妻吳氏、江慶璜妻黄氏、單光遠妻童氏，烈婦周義文妻郭氏，均乾隆年間旌。

趙啓汴妻費氏。巴陵人。夫亡守節。同縣節婦李永泳妻方氏、周嗣錦妻許氏、謝晉颺妻杜氏、李應貢妻鄒氏、李銓妻程氏、許忠大妻方氏、李大榮妻方氏、張啓延妻費氏、張啓第妻潘氏、方功鏞妻熊氏，均嘉慶年間旌。

方敦大妻李氏。臨湘人。夫亡守節。同縣節婦蔣求俸妻趙氏、劉志焕妻費氏、陳震道妻沈氏、陳維宜妻某氏、沈榮清妻范氏、彭德瑞妻方氏、沈榮冕妻楊氏，貞女劉善問聘妻丁氏、方大桂聘妻沈氏，均嘉慶年間旌。

田光玉妻曾氏。華容人。夫亡守節。同縣節婦吳開溥妻張氏、孟文祚妻涂氏、歐陽啓增妻徐氏、徐東曙妻黎氏，烈婦季志成妻張氏，均嘉慶年間旌。

朱正妻李氏。平江人。夫亡守節。同縣節婦何彰謨妻李氏、余光廷妻姜氏、周與珩妾劉氏、吳義協妻童氏、余德垕妻陳氏、趙之珂妻李氏，烈婦何錫佑妻吳氏，均嘉慶年間旌。

仙釋

唐

杜蘭香。岳州有漁父，於洞庭湖聞兒啼聲，四顧無人，惟三歲女子在岸，漁父憐而舉之。十餘歲，天姿奇麗，忽有青童自空而下，集其家攜女去。臨昇，謂其父曰：「我仙女杜蘭香也，有過謫於人間。會期有限，今去矣。」其後降於包山張碩家，授以舉形飛仙之術，碩仙去。漁父亦學道不食，後不知所之。

無姓和尚。居巴陵縣東南楞伽北峯，足不出閫者五十年。柳宗元爲之記。

湘中老人。唐呂雲卿嘗夜泊君山側，命酒吹笛數曲。忽見一老人棹舟來，於懷袖中出笛三，其一大如合拱，其次如常人所蓄，其一絶小如細筆管。雲卿請吹之，老人曰：「大者諸天之樂，不可發；其次對洞庭諸仙合樂而吹，小者乃老身與朋儕可樂者，試爲子吹之。」於是抽笛三弄，湖上風動，波濤滉瀁，魚龍跳噴。至五六聲，君山上鳥獸呼噪，月色昏晦，舟人大恐，遂止。

王廓。咸通中，廓自荆渚將過洞庭，泊舟君山下。登山而行，見石窪中有酒，掬而飲之，陶然以醉。自此無疾，漸厭五穀。後看仙經云：「君山有仙酒，飲之昇仙。」廓所遇者此酒也。

五代　周

灝鑑。雲門法嗣，住巴陵新開院。一日作三轉語呈雲門，故寺中至今有三語軒。又有鑑旨，亦乾明寺僧，一日上堂説偈，有「横塘柳影魚吞樹，覆徑槐陰馬踏枝」之句。又陸道人、機道人皆乾明寺僧之有聲者。

明

無相。名普實。年十一歲出家，參東林、幽谷二老。洪武初，南遊荆湘，居圓通寺。升座演法，天花飛墮，仙鶴翔空。長沙旱，迎祈雨，四百里程半日即至，三日果大雨。一日示其徒曰：「某日吾當歸矣。」及期，沐浴説偈而逝。

土産

蓴菜。出臨湘縣蓴湖。府志：葉如萵苣，面紫，背青，莖黄，花白。秋間開浮水上。

橙橘。巴陵縣出。

菱芡。華容諸縣出。

茶。諸縣俱出，君山爲上，臨湘爲多。岳陽風土記：㴩湖諸山産茶，李肇所謂「岳州㴩湖之含膏」也。

斑竹。博物志：洞庭之山，帝之二女啼，以涕揮竹，竹盡斑。今下雋有斑竹。

方竹。巴陵縣君山出。

絹。巴陵、平江出爲多。

苧。諸縣皆出。

葛。平江縣出。

文魚。臨湘縣沅潭出。一名春魚。府志：細如針，長一二分，惟立夏、小滿間有之。

鰉魚。大江出。岳陽風土記：岳州人極重鰉魚子，每得之，瀹以皂莢水少許鹽漬之，即味甘美。

鼈甲。唐書地理志：岳州土貢。又舊志載巴陵縣出鐵，查四邑並無鐵礦。府志載巴、平二邑徵有金砂，明史成化中開湖廣金場，得金僅五十三兩，於是復閉，則亦無裨開採。附識於此。

校勘記

〔一〕漁歌欸乃　「欸」，原作「欵」，乾隆志卷二七九岳州府古蹟（下同卷簡稱乾隆志）同，顯係誤刻，據意逕改。

〔二〕石子山溪西有小溪　「有小溪」，原脱，文意不全，據乾隆志及岳陽風土記補。

〔三〕因名闕瀨　「瀨」，原作「賴」，據乾隆志及岳陽風土記改。

〔四〕助順廟　「助」，原作「取」，據乾隆志及岳陽風土記改。

〔五〕思明都指揮黄玹殺其兄珊　乾隆志同。按，焦竑獻徵録卷一〇一有李東陽撰劉仁宅行狀，其文云：「景泰辛未守潯州，都指揮黄竑殺其異母兄思明知府堈及其家七百人以滅口。」黄氏兄弟名與此皆不同。「玹」蓋避清高宗嫌諱改，「珊」、「岡」之異則不詳其委。

〔六〕督陝西馬政十七年　「陝西」，原作「山西」，據乾隆志及明史卷一九八楊一清傳改。

〔七〕與都御史王忬乘城三日　「王忬」，原作「王杼」，據乾隆志及明史卷二〇四王忬傳改。

〔八〕方可璉妻沈氏　「璉」，原作「連」，據乾隆志改。按，本志蓋避乾隆皇太子永璉諱改。

寶慶府圖

安化縣界
安化縣界
邵河
壺瓶山
獨山
黃楊山
湘鄉縣界
青雲山
新化
梅山
牛頭山
牛山
黎山
洛陽山
天堂山
文仙山
七里花山
金仙山
寶慶府
邵陽
邵陵浦口
東山
文竹山
高崧山
烝水
衡陽縣界
棋盤嶺
杏岡山
余湖山
西游山
高霞山
四望山
高掛山
東安縣界
祁陽縣界
東安縣界

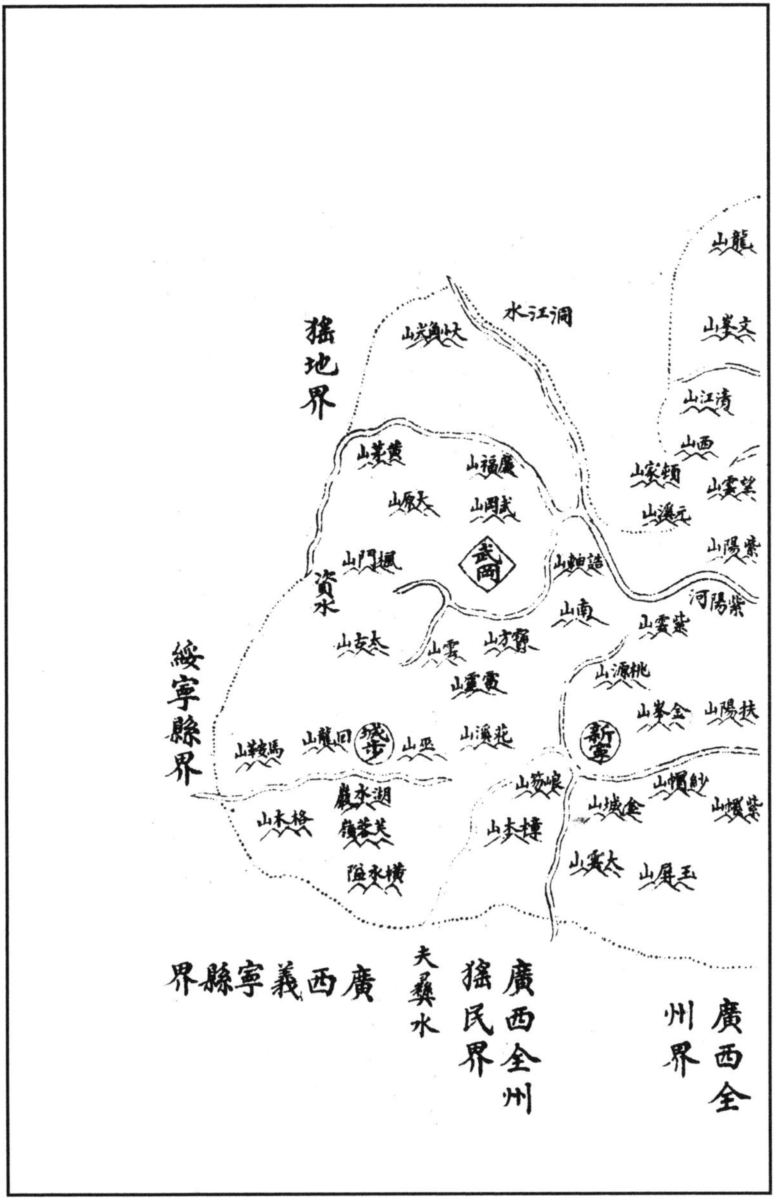
洞江水
猺地界
廣福山
武岡山
楓門山
資水
武岡
綏寧縣界
城步
回龍山
馬鞍山
巫山
花溪山
新寧
格木山
芙蓉嶺
橫水隘
龍山
文峯山
清江山
西山
元溪山
紫陽山
紫陽河
南山
紫雲山
桃源山
金峯山
扶陽山
紗帽山
金城山
玉屏山
廣西義寧縣界
夫夷水
廣西全州猺民界
廣西全州界

寶慶府表

	寶慶府	邵陽縣
秦	長沙郡地。	
漢	長沙國及零陵郡地。後漢長沙、零陵二郡地。	昭陵縣屬長沙國。後漢屬長沙郡。 昭陽侯國。後漢屬零陵郡。
三國	昭陵郡吴置。	昭陵縣吴爲郡治。 昭陽縣吴置，屬昭陵郡。
晉	邵陵郡太康中更名，屬荆州。永嘉初屬湘州。咸和中仍屬荆州。	邵陵縣更名，爲郡治。 邵陽縣更名，屬邵陵郡。
南北朝	邵陵郡	邵陵縣 邵陽縣梁併入邵陵縣。
隋	廢爲長沙郡地。	邵陽縣更名，屬長沙郡。
唐	邵州邵陽郡初置南梁州，貞觀十年更名，屬江南西道。	邵陽縣州治。 武德四年於邵陽舊治改置邵陵縣，七年省。
五代	邵州晉天福中改曰敏州，漢復。	邵陽縣晉天福中馬希範改曰敏政，爲敏州治。漢時馬希廣仍曰邵陽，爲邵州治。
宋	寶慶府初爲邵州邵陽郡，屬荆湖南路。寶慶初升府，淳祐中升軍。	邵陽縣府治。
元	寶慶路屬湖廣行省。	邵陽縣路治。
明	寶慶府復爲府，屬湖廣布政司。	邵陽縣府治。

續表

新化縣	城步縣	武岡州
益陽縣地。	零陵郡都梁縣地。	
高平縣 吴置，屬昭陵郡。		
高平縣 太康初改南高平，後復故，屬邵陵郡。	武岡縣地。	武岡縣 屬邵陵郡。
高平縣 梁省。		武岡縣 梁改曰武强。
		省。
		武岡縣 武德四年復置，屬邵州。
新化縣 熙寧五年置，屬邵州，後屬寶慶府。	武岡及綏寧縣地。熙寧中置城步砦，屬武岡縣。	武岡軍 崇寧五年置，屬荆湖南路。 武岡縣 軍治。
新化縣 屬寶慶路。		武岡路 屬湖廣行省。 武岡縣 路治。
新化縣 屬寶慶府。	城步縣 弘治十七年置，屬寶慶府。	武岡州 洪武初爲府，九年降州，屬寶慶府。 省入州。

	新寧縣
都梁侯國 屬零陵郡。後漢爲都梁縣，仍屬零陵郡。	夫彝侯國 屬零陵郡。
都梁縣 屬昭陵郡。	夫彝縣
都梁縣 屬邵陵郡。 建興縣 屬邵陵郡。	扶縣 屬邵陵郡。東晉更名。
都梁縣 建興縣 梁省。	扶縣 宋、齊曰扶縣。梁改扶陽，後仍曰扶彝。
省。	省入邵陽。
武德四年復置，尋省入武岡。	武岡縣地。
	新寧縣 紹興中置，屬武岡軍。
	新寧縣 屬武岡路。
	新寧縣 景泰初移治，屬武岡州。

大清一統志卷三百六十

寶慶府一

在湖南省治西南五百里。東西距六百六十里，南北距六百三十里。東至衡州府衡陽縣界一百二十里，西至靖州綏寧縣界三百二十里，南至永州府東安縣界一百一十里，北至辰州府漵浦縣界二百八十里。東南至永州府治三百里，西南至廣西桂林府全州治四百二十里，東北至長沙府治四百五十里，西北至辰州府治二百里。自府治至京師四千八十五里。

分野

天文翼、軫分野，鶉尾之次。

建置沿革

禹貢荆州之域。春秋、戰國屬楚。秦爲長沙郡地。漢屬長沙國及零陵郡地。後漢屬長沙、零陵二郡地。三國吴分置昭陵郡。晉太康中改爲邵陵郡，屬荆州。永嘉初，改屬湘州。咸和三年，仍屬荊州。南北朝宋屬湘州，齊因之。隋平陳，郡廢，屬潭州。大業三年，屬長沙郡。開皇十年，置建州。唐武德四年，置南梁州。貞觀十年，改曰邵州。開元二十一年，屬江南西道。天寶初，曰邵陽郡。乾元初，復曰邵州。五代時屬楚。晉天福中，馬氏改曰敏州。漢復故。宋仍曰邵州邵陽郡，屬荊湖南路。寶慶元年，升爲寶慶府。宋史地理志：寶慶元年，以理宗潛藩升府。淳祐六年，升寶慶軍節度。元至元十三年，立安撫司。十四年，改寶慶路總管府，屬湖廣行省。明洪武初，復曰寶慶府，屬湖廣布政使司。

本朝因之。康熙三年，屬湖南省治。乾隆三年，以城步縣隸靖州，七年復隸府。領州一、縣四。

邵陽縣。附郭。東西距二百四十里，南北距一百七十里。東至長沙府湘鄉縣界一百二十里，西至武岡州界一百二十里，南至永州府東安縣界九十里，北至新化縣界七十里。東南至衡州府衡陽縣界一百二十里，西南至東安縣界一百里，東北至長沙府安化縣界一百里，西北至辰州府漵浦縣界二百里。漢置昭陵縣，屬長沙國。後漢屬長沙郡，又分置昭陽侯國，屬零陵郡。三國吳置昭陵郡治，分置昭陽縣。晉改縣曰邵陵，爲邵陵郡治，更昭陽縣爲邵陽縣，屬郡治。宋、齊因之。隋平陳，郡廢，改縣曰邵陽，屬潭州。大業三年，屬長沙郡。唐爲邵州治。五代晉天福中，楚馬希範改曰敏政，爲敏州治。漢時，楚馬希廣仍曰邵陽，爲邵州治。宋寶慶初，爲寶慶府治。元爲路治。明仍爲府治，本朝因之。

新化縣。在府北一百八十里。東西距一百八十里，南北距二百里。東至長沙府湘鄉縣界一百里，西至辰州府漵浦縣界一百里，南至邵陽縣界一百里，北至長沙府安化縣界九十里。東南至邵陽縣界一百里，西南至武岡州界二百里，東北至安化縣治一百二十里，西北至漵浦縣界二百六十里。漢長沙國益陽縣地。三國吳分置高平縣，屬昭陵郡。晉太康元年，改曰南高平，後復故，屬邵陵郡。宋、齊因之。梁以後省。隋、唐爲蠻地。宋熙寧五年收復，置新化縣，屬邵州。寶慶初，屬寶慶府。元屬寶慶路。明屬寶慶府，本朝因之。

城步縣。在府西南四百二十里。東西距一百十里，南北距二百六十里。東至新寧縣界五十里，西至靖州綏寧縣界六十里，南至廣西桂林府義寧縣界一百八十里，北至辰州府溆浦縣界二百五十里。東南至義寧縣界一百十里，西南至綏寧縣界二百五十里，東北至武岡州治一百十里，西北至綏寧縣治一百二十里。漢都梁縣地，晉以後爲武岡縣地。宋爲武岡及綏寧縣地。熙寧八年，置城步寨，屬武岡縣。明洪武初，置城步巡司，弘治十七年，析武岡州及綏寧縣置城步縣，屬寶慶府。本朝因之。

武岡州。在府西南二百八十里。東西距一百九十里，南北距一百八十里。東至邵陽縣界一百五十里，西至靖州綏寧縣界三十里，南至廣西桂林府全州界一百六十里，北至辰州府溆浦縣界一百四十里。東南至新寧縣界四十里，西南至城步縣界三十里，東北至邵陽縣界一百五十里，西北至沅州府黔陽縣治四百七十里。漢置都梁侯國，屬零陵郡。後漢爲都梁縣，仍屬零陵郡。吴屬昭陵郡。晉武帝分置武岡縣，與都梁俱屬邵陵郡。宋、齊因之。梁改武岡爲武强。隋二縣俱省。唐武德四年，復置武岡縣，屬邵州。宋崇寧五年，升爲武岡軍，治武岡縣，屬荆湖南路。元至元十三年，置安撫司。十四年，升武岡路總管府。明洪武元年，曰武岡府。九年，降爲州，以州治武岡縣省入，改屬寶慶府。本朝因之。

新寧縣。在府西南三百十里。東西距二百十五里，南北距一百二十五里。東至永州府東安縣界一百四十五里，西至武岡州界七十里，南至廣西桂林府全州界八十里，北至武岡州界四十五里。東南至東安縣界九十里，西南至全州界四十里，東北至邵陽縣界九十里，西北至武岡州治九十里。漢置扶彝侯國，屬零陵郡。後漢因之。吴置夫彝縣。晉改屬邵陵郡，東晉改曰扶縣。宋、齊因之。梁改爲扶陽，後仍曰扶彝縣。隋省入邵陽。唐爲武岡縣地。宋紹興二十五年，復分置新寧縣，屬武岡軍。元屬武岡路。明屬武岡州。本朝屬寶慶府。

形勢

接九疑之形勢，據三湘之上游。土穰地靈，實南楚之望地。宋僧希白開元寺塔記。東距洞庭，西連五嶺，介長沙、零陵之間，有唇齒輔車之勢。方輿勝覽。自納梅山，通道置驛，爲湖嶺衝要。宋侯延慶修門記。

風俗

尚氣而貴信，喜直而惡欺，節儉而不奢，樸厚而不恌。宋郡志序。其水宜稻，其陸饒黍稷麻麥。宋呂稽中豐年堂記。地接溪峒，好勇尚儉。圖經。

城池

寶慶府城。周九里有奇，門四。東北以資江爲塹，西南有濠。明洪武六年，因舊址修築。本朝順治十五年重葺，乾隆十二年十七年重修。邵陽縣附郭。

新化縣城。周四里有奇，門四。明洪武初築，正德十四年甃石。本朝順治十三年修，康熙十二年、乾隆二十四年重修。

城步縣城。周五里有奇，門四。明弘治中築，嘉靖中重修，萬曆中拓南城臨江，增東西各二十四丈。本朝乾隆十三年修，二十五年復修。

武岡州城。周七里有奇，門六，有濠。明洪武初因舊址築。初僅有門五，正德十三年闢新南門。嘉靖二十九年，添東北土城一座，設東、南、北三門，呂調陽爲之記。隆慶二年，復增建外城，設門五。崇禎十二年，再展北城。本朝乾隆二十三年修，嘉慶二年、二十二年重修。

新寧縣城。周二里，門四。明景泰二年築，成化六年甃石。本朝順治五年修，乾隆二十六年復修。

學校

寶慶府學。在府治西。舊在府治東，宋治平四年建，紹興中徙入城。乾道初復故，嘉定中始遷今所。明洪武初重建。本朝順治、康熙中屢修，乾隆元年二十三年增修。入學額數二十名。

邵陽縣學。在縣邵水東。明洪武中因元故址建，薛瑄有記。本朝順治、康熙中重修，乾隆十二年遷府治右，二十二年復遷今所。入學額數二十名，新童一名。

新化縣學。在縣治東。舊在縣西南，明成化中遷建今所。本朝順治、康熙、雍正中屢修，乾隆十五年二十四年增修。入學額數二十名。

城步縣學。在縣北門外。舊在縣治東，明正德中建，萬曆中遷城西南隅。本朝康熙八年遷建縣東，五十八年復遷今所。入學額數八名，新童三名。

武岡州學。在州内城外鼇山之左。舊在譙門西，明洪武初因宋、元故址建，萬曆中遷建今所。本朝順治中葺，雍正十三年遷建岷藩故址，乾隆二十六年遷復今所。入學額數二十名，新童三名。

新寧縣學。在縣東門内。舊在東門外，宋紹興初建，明正德中遷建縣東，嘉靖中遷縣治西，萬曆中遷金城村，又遷南關外，天啓中仍遷縣東。本朝順治、康熙、乾隆中屢葺，嘉慶十六年遷建今所。入學額數十二名，新童三名。

愛蓮書院。在邵陽縣城内。

濂溪書院。在邵陽縣東東山。方輿勝覽：周敦頤於治平五年以永倅來攝郡事，遷學郡東。郡學有祠，朱元晦爲記。縣志：紹興中建。明嘉靖中改名濂溪書院。本朝順治十五年重建。康熙、乾隆中屢修。

梅溪書院。在新化縣城内。乾隆五年建。

正誼書院。在新化縣城内。乾隆四十二年建。

白雲書院。在城步縣東。乾隆七年建。

諫議書院。在武岡州東紫陽山。宋諫議周儀讀書處。明成化中重建。

儒林書院。在武岡州西。元建。

鼇山書院。在武岡州城内。舊在鼇山左，明嘉靖中建。本朝乾隆二十六年遷建今所，嘉慶二年修。

蓮潭書院。在新寧縣東關外。乾隆二十二年建。

户口

原額人丁五萬四千一百三十八，今滋生男婦共一百六十二萬四千一百五十五名口，計二十九萬九千八百六十四户。

田賦

田地塘二萬七千六百八十六頃一畝六分五釐，額徵地丁正、雜銀八萬四千九十二兩三錢九分，本色米一萬一千六百三十七石九斗七勺。

山川

東山。在邵陽縣東半里。坌起城左，形如覆盂。

洛陽山。在邵陽縣東二里。資、邵二水會流其下，有石室。

小佘湖山。在邵陽縣東三里。高峙峻拔，唐時祀申泰芝於佘湖山，以去縣遠，改祠於此，因名其前爲馬鞍山。

高崧山。在邵陽縣東三十里。

孤山。在邵陽縣東四十里。平壤突起，下有石洞殊宏敞。

天堂山。在邵陽縣東五十里。石室宏敞，可容數十人。

祥雲山。在邵陽縣東五十里。一名望嶽山。

月湖山。在邵陽縣東七十里。怪石磷砌，嵌空峭異，上有雲巖。

龍山。在邵陽縣東八十里，接長沙府湘鄉縣界。明統志：山頂有龍池，泉如湧潮。分爲二派，一入湘鄉爲漣水，一入邵陽爲邵水。

金仙山。在邵陽縣東一百十里。有泉水，即桐江之源。

桃林大山。在邵陽縣東一百二十里。深林叢薄，明設分水堡於此。

文竹山。在邵陽縣東南五十里。一名扶陽山。湘中記：邵陵高平縣有文竹山，上有石牀，四面綠竹扶疏，常隨風委拂此牀。

佘湖山。在邵陽縣東南一百二十里。山勢飛舞，其形若鳳。頂有雷祖巖，履之空洞有聲。上又有一臺，臺側有石如懸几，禱雨視石上滴水以爲雨候。

邪薑山。在邵陽縣東南一百三十里，跨衡州府衡陽、永州府祁陽二縣界。一名大雲山，又名七星山，又名白雲峯，爲南嶽七十二峯之一。有石巖可坐數十人，瀑泉從巖隙瀉下不絶。

金華山。在邵陽縣東南一百三十里。高百仞，嵬峻嵌空，林木蓊鬱。

六亭山。在邵陽縣治南。名勝志：前人以城中有六山，各豎亭以眺遠，因目爲六亭山。縣志：城中六山，曰天池，上有池，山腹有泉；曰鐵局；曰望仙；曰六一；曰八角；曰棲真，下有飲鶴池。

希夷山。在邵陽縣南三十五里。山下出泉分流，一入邵水，一入資水。

小眉山。在邵陽縣南九十里。聳拔如筍，高近十里。

高霞山。在邵陽縣南一百里，接永州府東安、祁陽二縣界。

四望山。在邵陽縣南一百二十里，接永州府東安、祁陽二縣界。

金紫山。在邵陽縣西南五里。

西遊山。在邵陽縣西南一百里。山林叢雜，明隆慶中設永靖等堡於此。

西山。在邵陽縣西北一百八十里。高廣而衍奥，民多火耕，有腴産。

望雲山。在邵陽縣西北一百八十里，接新化縣界。府志：橫亘數十里，高二十里。頂有天池，流衍百派，其大者曰金灘，曰銀坑，會於寨上，西南流百里入資水。山多産蕨，山後爲高平舊縣，今屬新化縣。

元溪山。在邵陽縣西北一百九十里，接新化縣及辰州府溆浦縣界。上有紙錢堡。

頓家山。在邵陽縣西北二百里，接辰州府溆浦縣界。極峻峭，即古鄜梁山。

麻塘山。在邵陽縣西北二百里，接溆浦縣界。

石門山。在邵陽縣北四十里。兩山相夾如門，資水經此。

白雲山。在邵陽縣北五十里。上有白雲巖。

七里花山。在邵陽縣北五十里。上多古木異卉。

崙山。在邵陽縣東北一里。前匯資、邵二水，後繞獅潭，其左爲砥柱磯。

八字山。在邵陽縣東北二十里魚溪。

朗概山。在邵陽縣東北七十里。峻不可陟，石級僅容一趾，攀引而上，其頂甚闊。

漣河山。在邵陽縣東北八十里。兩山如帶，夾漣水。

尖山。在邵陽縣東北一百里，接長沙府湘鄉、安化二縣界。高三十里，頂多民居，桑麻田園，無異平土。
崇陽山。在新化縣東一里，下臨資水。
青雲山。在新化縣東二十里。巉巖屹立，石徑盤旋。
福景山。在新化縣南四里。
梅山。在新化縣南五里。一名上梅山，五代及宋初爲洞蠻蘇氏巢穴。熙寧五年，湖南北察訪章惇遣使招降之，遂爲内地。
維山。在新化縣南三十里。珂溪出此。
火旗山。在新化縣南四十里。一名火溪山，峭拔擁峙，狀若綴旗。
黎山。在新化縣南四十里。山麓有崖，清泉湧出，每日三潮，高數丈，時刻不爽。
石槽山。在新化縣南六十里。半山有飛瀑。
牛山。在新化縣南一百里，接邵陽縣界。一名長龍山，又名牛欄山。九域志：新化縣有長龍山。
文仙山。在新化縣南一百里。一名文斤山。唐書地理志：邵陽有文斤山。方輿勝覽：上有三峯，石壁峭絶，半山之間有石室，傍有龍池。名勝志：石室拔地五丈，天生石梁可陟而登。旁有石竈，又有石牀，高一丈四尺。茂林修竹，蔽蔭左右，乃晉高平令文斤修煉之所。
仙姑山。在新化縣西南五里。
牛頭山。在新化縣西南八十里。舊置寨於其上。
羅洪山。在新化縣西南八十里。洋溪所出。

金鳳山。在新化縣西南一百里。

清口山。在新化縣西南一百里。

花山。在新化縣西五里。立石崚嶒，宛如花萼。又西二十五里有南山。

黄楊山。在新化縣西四十里。府志：峭壁高聳，上有九井、十三峯，峯似蓮花。其巔平廣，元末置寨其上。

靈源山。在新化縣西八十里。上有白旗峯。

壺瓶山。在新化縣西北五十里。三峯並峙，左一峯有石人，右一峯有石旗、石鼓。

清虚山。在新化縣西北七十里。亦名西山，諸山蜿蜒，一峯突出，四面陡絶〔一〕，山巔平衍。

熊膽山。在新化縣東北一百里。一名熊山。方輿勝覽：昔黄帝登熊山，意即此。明統志：多出異獸，其山邐迤延袤，西接巴、黔。

飛山。在城步縣東半里。其右有小石泉，相近有筆架山。

羅漢山。在城步縣東十里。有十八峯相連，故名。

黔峯山。在城步縣東二十里。自麓上五里，左有龍鬚巖，二峯相對，四望寥遠。中有雷神石潭，禱雨輒應。

紫雲山。有二：一在城步縣東二十里，亦名雲霧嶺。高三里，上有紫霄宫、紫雲菴、潛龍書舍。一在武岡州東一百二十里，接新寧縣及永州府東安縣界。山産紫芝，頂有映天湖，泉湧如潮，流出老雪巖外，溉民田。

巫山。在城步縣東四十里。上有峯十二，巫水出此。

花溪山。在城步縣東五十里，接新寧縣界。獠猺諸峒環居其下，盆溪界其地。兩岸春花簇錦，一溪迴繞，因名。

大獅山。在城步縣東南半里。一名寺巖山，倚城臨水，下有龍潭。

梅花山。在城步縣東南五里。

聚秀山。在城步縣南一里。

格木山。在城步縣西南十里。猺、苗分界處。

隘頭山。在城步縣西一里。上有石壁、石泉，下有巖洞，春水漲出，可以溉田。相近有回龍山。

舊宅界溪山。在城步縣西。又斜頭山亦在縣西，皆通大水峒苗路，有兵戍守。

覺古山。在城步縣西北十五里。

蓮荷山。在城步縣西北四十里。四面峻闊，中多茂林深樹，險阻幽深。通靖州綏寧縣界。

團倉山。在城步縣北九里。形如囷倉，高峻而險。相近有崆峒山。

白竹山。在城步縣北二十五里。有白竹隘。

𪚩山。在城步縣北七十里。

楠木山。在城步縣東北十里。多產楠木，其下爲温塘村，居民數百家。又東北三十里有雷尖山。

布穀山。在城步縣東北六十里。山有亂石丈餘，石中有泉，如米汁，味甘美。

太古山。在城步縣東北九十里。茂林深箐，極幽而阻。

青角山。在城步縣東北一百里。上有三十六峯，最高險，此山出雲則雨，里人每以爲占。

鼇山。在武岡州城内。俯瞰渠水，下有龍湫。

詁軸山。在武岡州東八里。按：詁軸山有二，一在西北二十里。

紫陽山。在武岡州東一百五十里。方輿勝覽：紫陽山有千尋石室，宋諫議周儀讀書處。陳簡齋謂雷霆鬼神之所爲，非人力之所能就者是也。

寶方山。在武岡州東南五里。一名寶勝山，亦名資勝山，又名法相巖。明統志：寶方山有巉洞八所，曰棲真、上屏、太保、朝陽、迎陽、芙蓉、隱仙、花乳。其中龍甲神像皆滴乳所成。

南山。在武岡州東南十里。山腰有泉，溉田千頃。

禮仙山。在武岡州南五里。下有洞。

古山。在武岡州南五里。上有瀑布，下有深潭，相傳龍潛其中。

連山。在武岡州南十二里。石壁陡險，其頂寬平。

雲山。在武岡州南十五里。方輿勝覽：山爲一郡勝處，有月華峯、杏花塢、投龍洞、猿藤水、道者巖、侯公洞。州志：自麓至頂十餘里，有峯七十一。唯紫霄、日華、月華、芙蓉、香爐最著。道書第六十九福地。

雷霆山。在武岡州南二十里。明統志：上有石壇，水旱民禱於此。

唐糾山。在武岡州西南一百里，接靖州綏寧縣界。一名路山。後漢書郡國志：都梁有路山。水經注：資水出武陵郡無陽縣界唐糾山，蓋路山之別名也。九域志：武岡縣有唐糾山。

竹坪山。在武岡州西南一百八十里。明統志：山勢高峻，爲一州偉觀。

黃茅山。在武岡州西二十五里。

大原山。在武岡州西四十里。一名太原山。名勝志：岡原平衍，泉流不絶，美沃之地。

楓門山。在武岡州西六十里。一名風門山，又名風門嶺，又名風陽山。接城步縣及靖州綏寧縣界，黔、楚通衢也。

天尊山。在武岡州西二十里。中有石室，山下出泉，流爲渠水。

武岡山。在武岡州北五里。唐柳公綽平蠻於此山，柳宗元有銘。水經注：武岡縣左右二岡對峙，間可二里。後漢伐五溪蠻，蠻保此岡，故曰武岡。一云東漢伐五溪蠻，與民同保此山，故又名同保。

廣福山。在武岡州北三十里。中有石洞，曰雲霽洞，深邃莫測。

白馬山。在武岡州北一百三十里。

望鄉山。在武岡州北一百四十里。

角尖山。在武岡州北一百四十里。明統志：有大角尖、小角尖，其狀如角，周圍森聳，路通辰、沅。

都梁山。在武岡州東北。水經注：都梁縣西有小山，上有渟水，既清且淺。其中悉生蘭草，緑葉紫莖，芳風藻川，蘭馨遠馥，俗謂蘭爲「都梁」，山因以號，縣受名焉。元和志：在武岡縣東北一百三十里。

金峯山。在新寧縣東五里。名勝志：山有芙蓉嶺，嶺側有飛瀑泉，四旁陡險。絶頂正平，可容數百人，石屋、石牖若天生成。

紗帽山。在新寧縣東十里。一名小金峯。

扶陽山。在新寧縣東十五里。扶陽縣以此得名。

紫螺山。在新寧縣東九十里。其狀如螺，林木蓊翳。前有獅象山，又有天馬山。

高挂山。在新寧縣東南九十里。高三十里。

筆架山。在新寧縣南二里。三峯並峙，下有巖洞。

髻子山。在新寧縣南十里。青碧如髮。

金城山。在新寧縣南十五里。道書第六十八福地。府志：由縣渡江，鳥道縈迴，度三天門直至其巔，可二十里。巖洞高敞，石巷幽敻。有泉二，鍊丹池一。上有七星橋，又有一石橫亘，絶頂有石碁盤，平如砥，石碁子八，石凳二。旁有古樹屈曲，上如偃蓋。有一石竇，名曰鈴子洞，舊構乾坤一覽亭於其上。

芙蓉山。在新寧縣南二十里。一峯尖秀，有石室可容百人。

大雲山。在新寧縣南三十里。白水所出。

玉屏山。在新寧縣南三十里。中有一石，如魚躍狀，俗名鯉魚石。

八十里山。在新寧縣南四十里，接廣西桂林府全州界。名勝志：山之南抵全州，北抵本縣，各四十里，連亘八十里，崎嶇類於蜀道。

樟木山。在新寧縣西南四十里，滑溪、盆溪之間。其下猺民雜處，明時建堡山南以鎮之。

崀笏山。在新寧縣西十五里。一石突起，峭削如笏，矗立千尋。頂廣數尺，四面諸山，獨此最高。

崀山。在新寧縣西二十里。名勝志：頂有三石，如巨人狀。

三欄山。在新寧縣西二十里。三峯拱翼，若欄楯然。

桃源山。在新寧縣北三十里。山勢磊落，溪流縈迴。

棋盤嶺。在邵陽縣東五里。有石盤廣六尺，黑白子痕宛然。漢諸葛亮嘗犒師於此。又名祭旗坡。
錫茅嶺。在邵陽縣東八十里。一名錫山。高挺獨秀，水泉清冽，下流入桐水。
九龍嶺。在邵陽縣東南六十里。槎水出此。
王瓜嶺。在邵陽縣南四十里。延亘五十里，高數百仞。山頂平衍，負山而居者數百家，地宜菽麥。
插花嶺。在邵陽縣北五十里。
黄茅嶺。在邵陽縣東北六十里。墨溪出此。
大坡嶺。在邵陽縣東北一百里。
朱梅嶺。在邵陽縣東北一百二十里，接長沙府湘鄉縣界。
插旗嶺。有二：一在城步縣東三十里，相傳馬援征蠻經此；一在新寧縣東二十里，有舊營壘址。
赤木嶺。在城步縣東五十里。多楓，經霜如繪。
矮嶺。在城步縣南三十里。猺蠻於此立界。
鴉飛嶺。在城步縣西北八里。其峯甚秀，常有疾風甚雨。
魚窩嶺。在城步縣西北十里，接靖州綏寧縣界。
金紫嶺。在新寧縣東南五里。上産雲母石，日暮望之，如冰鏡懸空，照耀人目。
雷劈嶺。在新寧縣東南五十里，接永州府東安縣界。府志：奇峯崪屼，阻絶行人。明時忽雷劈成衢，可通商賈。石壁有「庚申」二字，筆畫遒勁，不知何人所書。

河北嶺。在新寧縣東南九十里。五峯連峙，高插雲霄。其下即龍宫崖。

獨石嶺。在新寧縣西南二十里。一名魚峯。

扇坡嶺。在新寧縣西南三十里。盆溪南有口，廣數百畝，形斜墮如扇，多生芝草細樹。

摩訶嶺。在新寧縣北半里。登其巔，可覽一縣之勝。

古城峯。在邵陽縣東南一百二十里，接衡州府衡陽縣界。爲南嶽七十二峯之一。

滿堈鐘峯。在新化縣東二十里。縣志：平原一望，爲堈四十有八，諸峯若擁若侍。中一峯亭亭静峙，形如覆鐘。

大淩峯。在新化縣南四十里西溪，一名西溪峯。府志：高十餘里，上有瀑布，奇石茂林相間。絶巘一池，廣數畝，泉流澄碧，經夏愈溢。

三尖峯。在新化縣南四十里。三峯相接，峭聳十餘里。

彩山巖。在邵陽縣東三十里。一名石鼓書洞。洞口宏敞，其中寬平，有石書、石鼓、石牀、石几，旁有圓孔，傴僂而入，復有一洞，幽異莫測。

鹿角巖。在邵陽縣東南。巖水成溪，下入烝水。

吐秀巖。在邵陽縣北五里。巖石徒峻，俯瞰洞穴，深窈不可測。昔人鑿石爲棧道，題「吐秀巖」三字，其下有石如鹿形。

月照巖。在新化縣東五里。石壁臨江，形如初月，下爲月塘，溉田甚溥。

青峯巖。在新化縣東南十里。石壁峻絶，臨資水，有一孔寬明平浄，深九丈，闊二丈許。

馬蹄巖。在新化縣南十五里。峭壁臨江，一石如馬蹄。

鴻雲巖。在新化縣南四十里。高百丈，有二洞。上洞懸絶，鳥道盤旋，高敞可容千人。下洞深邃。

八字巖。在新化縣西五里。巖石峭聳，壁立如「八」字。溪流其下，樹林幽邃。

笋巖。在新化縣北一百二十里。山嶺小石形如笋，故名。

石燕巖。在城步縣東七里漁江渡口，産石燕。

伏燕巖。在城步縣南十五里。每冬燕伏其中。

仙橋巖。在城步縣西五十里。兩崖如石磴。

石幕巖。有二：一在城步縣西北五里，上有仙人掌跡；一在新寧縣東七里，巨石覆空如幕，綿亘里許，夫彝水經其下。

麟趾巖。在武岡州南四里。三洞相連，中區敞闢，有梅花、凝雲二洞。

銅鼓巖。在武岡州北三十里。深廣可容千人。

雙壁巖。在武岡州北九十里。州志：澗水出洞口。兩山峭削，爲小橋以通行人，中開石洞，無徑可躋。從洞後石竇而入，構龍王閣於中。下爲深潭，舟過其處，望之如島。

鬼子巖。在新寧縣東二十里。壁立千尋。

半天巖。在新寧縣東二十五里。中有洞，可容數百人。

潮水巖。在新寧縣東九十里。巖内廣闊千尺，每晨夕水湧如潮，溉田數百畝。

石脚巖。在新寧縣東九十里，靖位鎮北。磴道屈曲，由小竇入數武，出石坡，寬二丈餘，居民構樓其中。

穿巖。在新寧縣東一百里。兩巖相對，東曰天巖，外築石城，由小竇登巖上，一洞如樓窗然。西曰地巖，深入土窟。石坡廣數十丈，相隔二里，中通一溪，深不可涉。

嘯巖。在新寧縣東一百里，接永州府東安縣界。洞門高敞，中有泉水。宋末，粵寇犯縣，居民壘石爲城，横截洞口。寇攻之經旬，料其乏水，内以生魚投之，寇去。

滴水巖。在新寧縣南三里。中一洞，四時泉滴如雨。

燕子巖。在新寧縣南十五里。

汆水巖〔二〕。在新寧縣西二十里。洞扉低窄，水從石壁湧出成溪。土人乘竹筏入内，廣闊深邃，必秉炬方能進。禱雨輒應，目爲神巖。

桃仙巖。在新寧縣北二十里。一名下棋巖。

羅洪巖。在新寧縣北三十里。洞門高迥，水從巖底流出，中一小竇，拳曲可入。内如樓閣三層，皆可容數十人。其源幽邃，莫能窮也。

紅石巖。在新寧縣東北五十里，接武岡州界。

龍宫崖。在新寧縣東九十里。府志：由江口溯流而登，達象王峯，石磴嶔嵚，約三十里許，得騎虎石，上有層樓疊閣，一泉從空中瀑下如簾。

三雲島。在新化縣東七十里。過花橋北去，地名崖口，異石參差，三島並峙。大可數十畝，中曰屯雲，北曰起雲，南曰迴雲，統名三雲島云。

砥柱磯。在邵陽縣東北三里。資、邵二水夾城而來，直注磯下。明顧璘題「底柱磯」三字。

雲根石。在府城南七里。名勝志：雲根石在桃花洞後，巍然一石，中題「古雲根」三大字。縣志：旁構賓峯亭。

牌樓石。在新寧縣東十五里大白村江滸。石壁高數丈，五色相兼，如牌樓然。中有門，廣數丈。

將軍石。在新寧縣東九十里。腹有孔可容數百人，下一石盆，深不可測。

籟枝石。在新寧縣西三十里。

桃花洞。在邵陽縣南七里官道左。洞扉高丈餘，石室宏敞。頂有一竇通明，中有石牀、石竈，右有石磴，盤旋可出峯頂。洞前多桃樹，花落水中，從山後小溪中流出。

白水洞。在邵陽縣北四十里。兩山對峙如門，旁有二小洞，望之幽邃，近復開爽。有溪從山峽出，泝流而入半里許，大山環列如壁，有居民數家。泉流瀉繞洞下，爲唐溪，入於茱萸灘。

覓水洞。在邵陽縣西北一百六十里。洞口水流成河，旁有數巖，可以棲止。

干雞洞。在邵陽縣西北一百六十里隆回鄉。石立如雞形。

福壽洞。在新化縣南三十里珂溪。門僅容人，中則高廣，有小溪自內流出。

潮源洞。在新化縣南八十里。石巖峭立，旁通一竅，寬平可入，中有石乳。

生氣洞。在城步縣東一里。夏涼冬暖。

白雲洞。在城步縣東三里。中有清泉曲潭，幽深莫測，内有石牛、石月諸像。

石門洞。在城步縣西三十里。兩崖壁立如門。

温泉洞。在城步縣東北二十五里清溪側。中有池，夏涼冬暖。

清風洞。在城步縣東北四十里。一名生風洞。洞口時有風生，石徑九曲，水從中出。

圓通洞。在武岡州東三十里。明統志：其巖甚勝，垂乳交結如寶蓋。

接仙洞。在新寧縣東五里。其中寬廣，一竅貫頂。旁有泉，四時温暖，上構蹲獅庵。

石門洞。在新寧縣東三十里。兩崖對峙如門，鳥道中通，旁有小溪，内即麻林等猺洞。

風洞。在新寧縣東八十里。深數里，四時風從洞出。

資水〔三〕。今名資江。源出武岡州西南唐糾山，東北流入邵陽縣界，又北流入新化縣界，又北流入長沙府安化縣界。水經：資水出零陵都梁縣路山，東北過夫彝縣，又東北過邵陵縣之北，又東北過益陽縣北。注：資水出武陵郡無陽縣界唐糾山，謂之大溪水。東北逕邵陵郡武岡縣南，逕建興縣南，又逕都梁縣南，邵陵縣南臨大溪，水逕其北，謂之邵陵水。東得高平水口，又東會雲泉水。東北出益陽縣，其間逕流山峽，名之爲茱萸江，蓋水變名也。府志：資江發源武岡州西南一百里。西流逕黄茅山西北，又東北過青坡司南，又東過花園嶺南，又東過蓼溪司南，又東南逕銅鼓巖東北，又東南逕高沙市東。又南，濟水從西來注之。又東，洞口水自西北來注之。又東南至紫陽山南，名紫陽河。入邵陽縣界，東流四十里至邵陵浦口，覓水自北來注之，夫彝水自南來注之。又東流逕響鼓嶺南，又東逕梅子嶺南，又東逕府城北，又逕城東北，邵水自東南來注之。又北流，石馬江水自西來注之，又北流逕石門山東，又東北流入新化縣界。求溪水自西來注之，又西北，珂溪水自西來注之，又北逕月照巖東，又北逕崇陽山東，又繞縣城北，又西北三江水合流入資水。又東北流，横溪自東來注之，又東北流入長沙府安化縣界。

邵水。在邵陽縣東。發源龍山，西流會桐江、檀江，至縣東入資水。方輿勝覽：邵水去郡一里。明統志：源出龍山，經馬鞍山諸葛孔明廟下，號相公潭，深不可測，流至此合資水。

烝水。在邵陽縣東南。東流入衡州府衡陽縣界。烝，古作「承」。水經注：承水出衡陽重安縣西邵陵縣界邪薑山，東北流至重安縣。府志：烝水有二源，一出中鄉大雲山，一出梅塘鄉鹿角巖，合流至長山江口，出佘田，至石灣，入衡陽縣界。

佘水。在邵陽縣東南。荆州記：昭陽縣東有佘水。

桐江水。在邵陽縣東南。源出金仙山，北流至董家灣，合槎水，又西北入邵。

槎水。在邵陽縣東南。源出九龍嶺，歷仙槎橋、迴龍橋下，流入桐江。

雲泉水。在邵陽縣南。今名檀江，源出高霞山，北流入邵。水經注：雲泉水出零陵永昌縣雲泉山，西北流逕邵陽縣南，又北注邵陵水，謂之邵陽水口。府志：檀江有二源，一出永州府東安羅漢、雲霞諸山，一出邵陽縣上賢鄉小眉諸山，至花橋合流，歷轂洲，至白馬口合邵。

夫彝水。在邵陽縣西南。一名夫水，自廣西桂林府全州流入新寧縣界，又東北流入邵陽縣界，入資。水經注：夫水出夫彝縣西南零陵縣界少延山，東北流逕扶陽縣南，又東注邵陵水，謂之邵陵浦水口。府志：源出全州寶鼎山，北流百里，至新寧縣東爲大羅江。與武岡渠、濟二水合流入資，可通舟楫。

高平水。在邵陽縣西北。水經注：高平水出武陵郡沅陵縣首望山西南，逕高平縣南，又東入邵陵縣界，南入於邵陵水。

覓水。在邵陽縣西北。源出覓水洞，東南入資。

隆回鄉水〔四〕。在邵陽縣西北。源出元溪山，北流入新化縣洋溪。

石馬江水。在邵陽縣西北。源出望雲山，穿大華山，歷三渡水，至歷山牛丫潭入資。

漣水。在邵陽縣東北。流入長沙府湘鄉縣界。一名漣河，亦名湘鄉河。水經：漣水出連道縣西。注：資水之别水，出邵陵縣界。逕連道縣，控引衆流，合成一谿，東入衡陽湘鄉縣。府志：漣水源出龍山老龍潭，東北流六十里，入湘鄉縣界。

真良水。在城步縣東三十里。下流入巫。

石井水。在城步縣東五十里石嶺中，引流溉田，下流入巫。

巫水。在城步縣南。今名巫山江。府志：源出城步縣巫山，分東、西二派。東流者至縣東北八十里爲威溪，又北至武岡州界入資。西流者逕縣東南五里冷水坪，爲一渡江，又逕縣城南爲南江，又西合背界、扶城二水，又西北逕縣西三十里爲烏龍江，又西北逕昌塘入靖州綏寧縣界，至會同縣入洪江。

三渡江水。在城步縣北三十里。西流入巫。

濟水。在武岡州西南。源出城步縣角山，東流合威溪。

渠水。在武岡州西。一名都梁水。方輿勝覽：都梁水出都梁縣西南百里。州志：都梁水源出天尊山，東南流至城西入城，從東門出爲渠江，入資。

洞口水。在武岡州北一百六十里。發源猺峒諸小溪，至州境成河，東南入資。

三渡水。在新寧縣東南。源出高挂山，北流入夫彝。

白水。在新寧縣東南。源出大雲山，東北流入夫彝。

新寨水。在新寧縣西。源出花溪山，東流入長湖水。

長湖水。在新寧縣西。源出縣北羅洪巖，西南流合新寨水入夫彝水。

便河。在城步縣内。明萬曆二十六年，於城東南引巫水入城。四十二年，知縣汪察因開便河，引水東入西洩，後淤。本朝康熙二十六年重濬。

爽溪。在邵陽縣東。源出三溪鄉爽溪洞，下入漣水。

禹溪。在邵陽縣南十五里。下流入檀江。
楓江溪。在邵陽縣北三里。下流入資。
漁溪。在邵陽縣東北二十里。源出西平鄉蔡家洞盧峯凹諸山，合於杉木橋，歷長定水，流爲漁溪，西入資水。
墨溪。在邵陽縣東北。源出黄茅嶺，流逕藍田，入長沙府湘鄉縣界。
化溪。在新化縣東二十五里。西流入資。
青峯溪。在新化縣東南十里。西流入資。
蓮溪。在新化縣東南三十里。西流入資。
麻溪。在新化縣東南六十里。西流入資。
珂溪。在新化縣南三十里。源出維山，東流入資。
求溪。在新化縣南六十里潮源洞。東北流逕石槽山入資。
龍溪。在新化縣南九十里。東流入資。
鼎溪。在新化縣西南十五里。東北入資。
女溪。在新化縣西南十五里。水自茶盤垛逕桃林入三江口。
金家溪。在新化縣西二里。東北入資。
洋溪。在新化縣西三十里。源出羅洪山，逕三江口，東北入資。
思澧溪。在新化縣西三十里。源出壺瓶山，南流入資。

葦溪。在新化縣西北三十里。東流入資。
油溪。在新化縣北三十里。源出維山，西流入資。
白溪。在新化縣北八十里。西流入資。
澧溪。在新化縣北一百里。西流入資。
横溪。在新化縣北一百一十里。西流入資。
清溪。在城步縣北二十五里。源出插旗嶺，至縣北入巫。
宋溪。在城步縣北五十里。源出太古山，至縣北合清溪入巫。
滑溪。在新寧縣西南。
盆溪。在新寧縣西南。地近猺苗。
朱公港。在武岡州西。府志：資水支流，自渡頭橋分派於縣西慶城門外，轉北數十丈，鑿竇穿城，至武陵橋始合渠水。明萬曆初知州朱諭改從慶城門外開港數百丈，直北達清渠門左入渠水，因名。
狀元洲。在府城西二里資水中。廣二十五畝，上有清輝亭。明統志：相傳水没其洲，必出狀元。
止水洲。在武岡州西南一里資水中。平衍二十餘畝，水分兩界，周圍皆修篁叢竹。
邵陵浦口。在邵陽縣西九十里，夫彝水所經。
孔雀灘。在府治西四十里資水中。
白羊灘。在邵陽縣西資水中。

茱萸灘。在邵陽縣北四十里資水中。兩山夾峙，資江北流而下，亂石横阻，激出洶湧。昔人鑄銅柱於岸側，以固牽挽。一名銅柱灘，郡稱五十三灘，此其首也。

清溪灘。在邵陽縣北四十五里資水中。峭石密布，水流甚險。自此而下，在縣境者二十一灘，皆稱險阻。

蘆埠灘。在新化縣東資水中。資江流徑萬山中，有蘆埠、柳葉、叵耐、浪系、孃意、黄會、三洲、中渡、大洋、長石、赤石、新黄、白沙、扦篙、烟田、崇勝等灘，即古所云三百里灘也。石屹中流，波濤洶急，上水以繩牽挽，下水以招竿撥之，旋轉石間，其險過於呂梁。

牛角灘。在新寧縣東二十五里夫彝水中。又東五里爲石羊灘，又東四十里爲亂石灘，又東五里爲上樓灘，又東三里爲下樓灘，又東二里爲楊梅灘，又東五里爲雙灘。

酒濾灘。在新寧縣東南夫彝水中。

蔣家灘。在新寧縣西南十五里夫彝水中。又西南十五里爲高灘。

雙清潭。在邵陽縣東北三里。資、邵二水匯其下，清澈無底。上即砥柱磯。

獅子潭。在邵陽縣東北十里。深不可測。

龍潭。在武岡州東北一百二十里。有石洞軒敞如屋，内有潭，相傳有龍藏其下。洞外建閣爲往來驛道，乃夫彝水入資水處。

蓮潭。在新寧縣北。石崖下深千尺，宋周惇頤鐫「萬古隄防」四字於崖上。

濂泉。在邵陽縣治南。一名沃泉，水出六亭山石罅。方輿勝覽：濂水在通道坊，以周茂叔得名。

巖泉。在城步縣東半里。水從石洞出，復從石洞入，前後居民相資汲引。

龍泉。在新寧縣西南新寨村。從石中湧出，流成小溪，溉田數千畝。

彩塘。在邵陽縣東南三十里富陽鄉。溉田三千餘畝。

没底井。在邵陽縣南三十里官道旁。方廣一畝，澄澈深碧。

龍井。有二：一在城步縣東二里白雲洞後，一在武岡州南五里。相傳源通廣西，旁有一竇，衍流溉田千餘畝。

武陵井。在武岡州治前百步，前臨渠水。明統志：舊傳與武陵溪源相通。

校勘記

〔一〕四面陡絶 「陡」，原作「陡」，據乾隆志卷二七八寶慶府山川（下同卷簡稱乾隆志）改。本卷「陡」字多訛作「陡」，下皆徑改。

〔二〕氽水巖 乾隆志作「氽水巖」，未知孰是。

〔三〕資水 乾隆志作「澬江」。

〔四〕隆回鄉水 「隆回」，原作「回隆」，乾隆志同。按，本卷上文千雞洞條云：「在邵陽縣西北一百六十里隆回鄉。」其地作「隆回」，是也，今昇作隆回縣。此「回隆」乃誤倒，因據乙。

大清一統志卷三百六十一

寶慶府二

古蹟

昭陵故城。即今府治。漢置縣。隋改曰邵陽。唐爲邵州治。宋以後爲寶慶府治。漢書地理志：長沙國昭陵。宋書州郡志：邵陵太守領縣邵陵。吴志：屬長沙。吴録：屬邵陵。水經注：邵陵縣治郡下，南臨大溪，縣故昭陵也。隋書地理志：長沙郡邵陽，舊置邵陵郡，平陳郡廢。元和志：邵陽縣在邵水之陽爲名。

建州故城。在邵陽縣北二里。隋置建州於此。唐移置邵陵舊治。舊唐書地理志：邵陽，隋始建州，武德四年改置南梁州。

新化故城。在新化縣北八十里。九域志：熙寧六年收復梅山，以其地置新化縣，屬邵州。府志：舊縣在今縣北石馬鄉，地名白溪白石坪，紹聖初遷縣治於此，尋還今治。至今名白溪爲舊縣。

都梁故城。在武岡州東北。漢置侯國，屬零陵郡。後漢爲縣。晉屬邵陽郡。隋省。漢書地理志：零陵郡，都梁侯國。隋書地理志：長沙郡邵陽，并都梁郡入焉。

夫彝故城。在新寧縣東北。漢置侯國，晉爲縣。東晉改曰扶縣。梁改曰扶陽，後仍曰扶彝。隋省入邵陽。漢書地理志：零陵郡夫彝。宋書州郡志：邵陵太守領扶縣。漢舊縣曰夫彝，今云「扶」者，疑是避桓温諱去「彝」，「夫」不可爲縣名，故爲「扶」云。水經注：夫水東北流，逕扶陽縣南，本零陵之扶彝縣也。隋書地理志：長沙郡邵陽，併扶彝縣入焉。

新寧舊城。在新寧縣東二里。宋置縣。明景泰間移今治。宋史地理志：武岡軍，南渡後增新寧，漢夫彝地。紹興二十五年於水頭江北立今縣。府志：新寧舊治在今縣東金城村。明正統四年，峒蠻楊文伯作亂，總兵李震討平之，縣以荒廢。景泰二年，知縣唐榮奏徙於舊治西二里沙州原〔一〕。

昭陽廢縣。在邵陽縣東南五十里。漢侯國。吴置縣。晉改曰邵陽，宋、齊因之。南北朝梁以後，併入邵陵。唐武德四年，於邵陽舊治復置邵陵縣，七年省。漢書王子侯表：昭陽侯賞，長沙剌王子，元始五年封。後漢書郡國志：零陵郡，昭陽侯國。宋書州郡志：邵陽，吴立曰昭陽，晉武帝改。水經注：雲泉水逕邵陽南，縣故昭陽也。唐書地理志：邵州邵陽，武德七年省邵陵縣入焉。

高平廢縣。在新化縣西南。吴置縣，晉、宋、齊因之。南北朝梁省。宋書州郡志：邵陵太守領縣高平。吴立。晉武帝太康元年改曰南高平，後更曰高平。府志：在新化縣西南一百里永寧鄉，地名石腳，故址猶存。

建興廢縣。在武岡州東北。晉置縣。南北朝梁省。唐武德四年復置，尋省入武岡。宋書州郡志：邵陵太守領縣建興，晉武帝分邵陵立。唐書地理志：邵州武岡，武德七年省建興縣入焉。按：水經注建興在武岡之東、都梁之西，唐志亦曰省入武岡，宋志云分邵陵立，似誤。

雲漢閣。在府學内。宋徽宗御書「雲漢爲章之閣」。

七十一峯閣。在武岡州南雲山上。宋州守汪中立建。

奎文閣。在武岡州南儒學右。明統志：宋景定間，知軍楊巽建，文天祥爲之記，王亞夫書。

風月臺。在府治中。以周子「光風霽月」命名。

法華臺。在邵陽縣東三里。明統志：在東山絶頂，下瞰長江，乃邵陽之勝概。

晝錦樓。在邵陽縣東。明統志：宋時李傑爲湖南帥，歸建此樓。

雲山不夜樓。在武岡州東。方輿勝覽：樓在郡治。

宣風樓。在武岡州治東。宋建。

虚遠樓。在武岡州治北。明統志：在武岡州後圃，宋建。

希濂堂。在府治西。宋紹興間郡守潘燾建，朱子書額，楊萬里有記。

豐年堂。在府治。宋建，吕稽中作記。

思政堂。在府治。明統志：宋建。在府治者又有進思、鎮雅、荷恩、松桂等堂。

集瑞堂。在府治。宋建，徐與可有記。

議道堂。在府學。宋建。

永慕堂。在邵陽縣東南一百三十里金華山。宋羅宗之建。

望楚亭。在府治。明統志：在府治舊通判廳。宋建。

六亭。在府城内六亭山。宋建。有理宗御書「江山一覽，烟雨奇觀」八字，各建亭貯之。

雙清亭。在邵陽縣東北三里砥柱磯上。明統志：宋建。資、邵二水匯於其下，故名。

梅山亭。在新化縣南五里。宋建。

回仙亭。在城步縣東五里。今改爲勸農亭。名勝志：城東五里爲仙人掌石，宋淳祐間建回仙亭於其右。

問月亭。在武岡州治。宋建。

漁父亭。在武岡州東。方輿勝覽：即屈原見漁父處。

九曲亭。在武岡州東。明統志：有流泉，昔人作亭其上以流杯，又名萬玉亭。

岷王府。在武岡州城内東隅。明永樂初，徙封太祖子莊王楩於此。

陶侃手植樹。在武岡州治前。州志：州前有銀杏樹一株，相傳晉陶侃爲武岡令時手植，今尚存。

關隘

白馬關。在邵陽縣東六十里。

巨口關。在邵陽縣北六十里。

花橋關。在新化縣東南九十里，接長沙府湘鄉、安化二縣界。

靈官廟關。在新化縣北白溪。

牛羊隘關。在新化縣北石馬五都。

相思關。在新化縣北石馬三都。

油溪關。在新化縣東北八十里，接長沙府安化縣界。

石羊關。在武岡州東三十里。

楓木嶺關。在新寧縣東一百二十里，接永州府東安縣界。舊爲戍守處。

箄子隘。在城步縣東南一百里，接廣西桂林府全州界。

排子隘。在城步縣南八十里。

皮水隘。在城步縣南一百二十里。

附子隘。在城步縣西南一百六十里，接廣西桂林府義寧縣界。

梅子隘。在城步縣西南。又有横水隘、武川隘，皆苗猺出入要路。

白竹隘。在武岡州境。又有嚴家、廣子、旋崖、芭蕉、神童、寨前等隘，俱在州境。

西喉隘。在新寧縣東南九十里。

魚峒隘。在新寧縣西南。設千長，統制麻林等峒諸猺。

石田隘。在新寧縣西南。設千長，統制深沖、羅繞二峒。

盆溪隘。在新寧縣西南。設千長，統制黄卜峒。

黄桑隘。在新寧縣西六十里。

石門隘。在新寧縣西。有土城，明嘗移武岡州巡司於此。後巡司仍歸州，設隘長，統制大絹等峒。

黑田巡司。在邵陽縣東七十里黑田市。舊駐武岡州蓼溪，乾隆二十五年改駐於此。

隆回巡司。在邵陽縣西北一百八十里。明洪武五年置，本朝因之。

江頭巡司。在城步縣南九十里莫宜峒，乾隆六年增置。

橫嶺巡司。在城步縣西南長安營城内。乾隆二年設寨頭巡司，六年更名移駐。

石門巡司。在武岡州南六十里。明置，本朝因之。

硤口巡司。在武岡州北一百二十里。一名峽口砦。宋史地理志：武岡，大觀元年置峽口砦。

蘇溪鎮。在新化縣北百里。舊設巡司，乾隆四十年裁。

靖位鎮。在新寧縣東南九十里，接永州府東安縣界。

牛欄峒。在城步縣東南。領城溪等九砦。

蓬峒。在城步縣南。領横水等十一砦。

莫宜峒。在城步縣西南。領大猴、大地、茶園等十三砦。

扶城峒。在城步縣西南。領石羊、漿凹、桃林等九砦。

横嶺峒。在城步縣西南。領石牛等六砦。以上是爲五峒四十八砦，皆苗峒，與廣西桂林府興安縣西延苗峒接壤。

麻林峒。在新寧縣西南。

深沖峒。在新寧縣西南。相近有羅繞峒。

黄卜峒。在新寧縣西南。

桃盆峒。在新寧縣西南。

茶沖峒。在新寧縣西南。

圳源峒。在新寧縣西南。

大絹峒。在新寧縣西。麻林以下八峒皆猺峒，以熟猺爲峒長，約東諸猺。

長安營。在城步縣西南横嶺峒。乾隆七年移本府同知駐此，並設遊擊、守備、千總防守。

唐隆道砦。有二：一在邵陽東一里，一在縣東七十里黑田鋪，皆元守將唐隆道所築，故以爲名。

羊田凹砦。在邵陽縣東六十五里。

羊阿砦。在邵陽縣東八十里。

五百砦。在邵陽縣南三十五里。

同保砦。在邵陽縣西二十里。相近有竹林砦。

雲飛砦。在邵陽縣西八十里。

大争砦。在邵陽縣北八十里。

梅砦。在邵陽縣北八十里。

杉木江砦。在邵陽縣東北五十里。

石柱砦。在新化縣東七十里。有石嵯峨如柱，里人置砦於此。

横坡砦。在城步縣西南一百六十里。苗所居。

白沙砦。在武岡州西南近威溪。宋史地理志：武岡，熙寧八年廢白沙砦。

神仙砦。在武岡州境。宋史地理志：武岡，紹興元年置神仙砦。

先鋒砦。在新寧縣東五里。

赤木砦。在新寧縣東五十里。宋史地理志：武岡，元祐四年置赤木砦。縣志：石千尋壁立江滸，半崖横架一木於左右。石孔長丈許，如屋梁高不可攀。

蔣公砦。在新寧縣東九十里。相傳有蔣公壘砦於此。

螺子砦。在新寧縣西南二十里。

新砦。在新寧縣西二十里。

大對砦。在新寧縣西二十里。兩砦相對，中平廣。

唐家砦。在新寧縣西北三十里新砦之上，小麥田之下。兩崖壁立，一徑曲折，沿溪約十里許，石圳環繞。

分水堡。在邵陽縣東安平鄉。明嘉靖間置。

永靖堡。在邵陽縣東南中鄉。明嘉靖間置。

花街堡。在邵陽縣南上賢鄉。明萬曆間置。

白水堡。在邵陽縣西北隆回鄉。相近有沙平堡，皆明萬曆間置。

紙錢堡。在新化縣西南一百二十里。明嘉靖中置。

新安堡。在新化縣西北一百四十里，接辰州府溆浦縣界。明嘉靖中置。

白倉堡。在武岡州東一百五十里。

太平堡。在武岡州東南十里。

九溪堡。在武岡州南六十里。

鳳凰堡。在武岡州西七十里。

安樂堡。在武岡州西北五里。

山口堡。在武岡州西北五十里。

桐木堡。在武岡州北一百三十里。

歇嶺堡。在武岡州境，去城八十里。

樟木堡。在新寧縣西南樟木山下，接廣西桂林府全州界。

花橋堡市。在邵陽縣南八十里，接永州府東安縣界。

和尚橋市。在邵陽縣西一百十里，接武岡州界。

洋溪市。在新化縣西南三十里。

白溪市。在新化縣北八十里。舊名白沙鎮，臨資水。九域志：新化縣有白沙鎮。

光遠寺市。在武岡州西三十里。

洞口市。在武岡州北八十里。

津梁

青龍橋。在邵陽縣東門外。跨邵水百丈，民居夾澗，肩摩踵接，邵邑要津也。唐乾寧五年建。宋重修，鑄鐵柱鐵犀，後没於水。明重建。本朝順治、康熙間屢修。

洪橋。在邵陽縣東四十里。

棠下橋。在邵陽縣東南。桐江水經其下。

通濟橋。在新化縣東門外。明建。

古塘橋。在新化縣西南二十五里。明嘉靖間建。尋圮，改爲渡。本朝乾隆十七年重建。

慶豐橋。在新化縣西門外。

濟川橋。在武岡州東二十五里。宋淳祐中李友直建。今名石羊橋。

安濟橋。在武岡州南門外。一名水南橋，黔、粵通衢。宋郡民唐日宣建。後圮，明萬曆中知州宋純仁重建，改名梯雲。

油溪橋。在新寧縣東七十里。

江口橋。在新寧縣西三里。其水一出硤山口，一出石門，至此合流，入夫彝水。

會龍橋。在新寧縣西十里。相近有飛山橋。

銈田橋。在新寧縣東北九十里。

三江口渡。在新化縣西十五里。

巫江渡。在城步縣南。

紫陽渡。在武岡州東一百五十里。

水西渡。在新寧縣南盆溪村，通盆溪要路。

隄堰

蒙公隄。在武岡州東。明嘉靖四十年，州同蒙大賚甃石築。

朱公隄。在武岡州西南半里。明萬曆四年，知州朱諭築。自架峴頭至城東渠水合處，綿亘數里。

城東壩。在武岡州東一里。俗名王家壩，溉田三千餘畝。

渡頭壩。在武岡州西五里。地名昇平，溉田三千餘畝。

黄塘壩。在武岡州西木瓜橋。溉田四千餘畝。以上三壩，皆明洪武二十七年建。

陵墓

唐

胡曾墓。在府城西三十里。名勝志：漢南從事胡曾墓，在縣西狄田村。曾，邵陽永成鄉人，有咏史詩百首傳於世。

宋

李傑墓。在邵陽縣東五里龍窩橋。

楊勳墓。在新化縣東北石馬三都。

明

車大任墓。在府城東五里白馬田。

江川王墓。在府城南梅子井北石馬江。

劉孔暉墓。在府城西九十里。

唐鳳儀墓。在邵陽縣北猫兒塘。

伍佐墓。在新化縣西山塘、龍溪之間。

鄒廷望墓。在新化縣西猫兒山。

方孝子墓。在武岡州水關橋。

岷莊王墓。在武岡州北同保山。

祠廟

二先生祠。在府學内，祀宋周濂溪、張無垢二先生。

二忠祠。在邵陽縣東關，祀宋通判曾如驥、明指揮同知賀興隆，羅洪先有記。後又附新城縣知縣劉孔暉，改稱三忠祠。

四先生祠。在邵陽縣東山，祀宋周濂溪、張無垢、朱晦庵、陸子壽四先生。

忠孝祠。在邵陽縣東山，祀明劉孔暉。

濂溪祠。在邵陽縣南，祀宋周子。

文仙翁祠。在新化縣南文斤山，祀晉文斤。

楊公祠。在城步縣東北石井鋪，祀明楊海清。

陳馬二公祠。在新寧縣東二里，祀唐陳志業、馬瓚。

十賢祠。在新寧縣東金城村，祀宋周子、二程子、張子、邵子、司馬温公、朱子、張南軒、吕東萊、許魯齋十先生。

普濟廟。在邵陽縣東龍山下，祀龍神。

大禹廟。有四：一在邵陽縣東八十里龍山，一在邵陽縣北四十里，一在新化縣北蘇溪關，一在新寧縣北二里。

武侯廟。有二：一在邵陽縣南馬鞍山，一在武岡州治右。宋淳祐間建，祀蜀漢諸葛亮。

岳武穆廟。在邵陽縣治南，祀宋岳飛。

張桓侯廟。在邵陽縣西南大安門外，祀蜀漢張飛。

帝舜廟。在邵陽縣北十里，唐張謂有碑。

英祐廟。在新化縣東一里資江西，祀江神。

雷神廟。有二：一在新化縣西南金鳳山，一在新寧縣北三里。

飛山廟。在城步縣東，祀宋誠州刺史楊通寶之祖再思。

伏波將軍廟。在城步縣南，祀漢馬援。

昭潭廟。在武岡州南古山之麓，祀龍神。

安遠廟。在武岡州南二十里。州志：神姓劉，名錫。宋熙寧二年寇叛，神征討有功，没於王事，贈上將軍，立廟祀之。元賜廟額。

渠渡廟。在武岡州西北二十里，祀土神。

寺觀

東山寺。在邵陽縣東山。一名太平寺。明統志：有呂仙遺跡。

雲巖寺。在邵陽縣東七十里。唐元和中建。有宋咸淳間碑，蕭應聰書。

北塔寺。在邵陽縣北。明建。有塔對砥柱磯，塔旁有古松。

普和寺。在城步縣城南。山門一柱，木屑合成，無斧斤迹。上覆鐵瓦，留墨斗曲尺於中，盛夏無蛛網，自宋至今不圮。門外石鼓二，光明如鏡，臨巫水。

天寧寺〔二〕。在武岡州治南。梁武帝建。宋徽宗改曰報恩。

龍潭寺。在武岡州東一百二十里龍潭上。名勝志：龍潭上有寺，即唐鄧處訥所居。處訥爲唐武安節度使，龍紀元年誥敕猶存。

勝力寺。在武岡州南十五里雲山芙蓉峯上。宋建。一名雲山梵刹。

棲真觀。在邵陽縣東。一名白鶴觀。下有飲鶴池。名勝志：唐吕仙遺跡，在城東白鶴觀，有所題絶句真跡。

開元觀。在邵陽縣北。唐建。明冷謙嘗寓此。

紫極宫。在邵陽縣西。宋端平中建。女仙楊道圓羽化於此。

名宦

三國　漢

習珍。襄陽人。爲零陵北部都尉。孫權襲荆州，珍與樊胄舉兵。權遣潘濬討珍，珍曰：「吾必爲漢鬼，不爲吴臣！」月餘糧盡，曰：「受漢厚恩，報之以死。」遂伏劍自殺。先主聞之哀悼，贈邵陵太守。

晉

潘京。武陵人。樂廣稱其天才過人。爲邵陵令，明於政術，道不拾遺。

陶侃。潯陽人。惠帝時補武岡令，與太守吕岳有嫌，棄官歸。

鄭融。永嘉中邵陵太守。益州流人汝班等作亂於湘州，破零、桂諸郡，融遇害。

南北朝　梁

劉棻。承聖末，爲邵陵太守。西魏圍江陵，棻將兵入援，至三百里灘，爲部曲宋文徹所殺。

唐

王鍔。太原人。從曹王皋誘降武岡叛將王國良，以功擢邵州刺史。

呂師周。爲邵州刺史。乾寧四年，辰州蠻酋宋鄴、溆州蠻酋潘全盛，恃其所居深險，數擾楚境。至是鄴寇湘鄉，全盛寇武岡，楚王因遣師周將衡山兵討之。逾年，師周引兵攀藤緣崖，入飛山峒，襲全盛，擒送武岡斬之，移兵擊鄴。

宋

李繼隆。開寶中梅山峒蠻反，寇潭、邵，繼隆領雄武卒三百戍邵州。蠻數千截其道，繼隆力戰，蠻乃遁去。太祖聞其勇敢，器重之。

邵日華。桂陽人。太平興國中爲邵陽主簿，有惠政。

危祐。南城人。天禧中知邵州，有惠政。部使者至索賂，祐即納笏曰：「不敢固位擾民。」遂辭官歸，百姓遮留，不聽。

周敦頤。營道人。治平四年判永州，攝邵州事〔三〕，遷郡學於城東，講學其中。孔延作邵州遷學記，敦頤自爲釋奠文。

楊勛。靖康時爲新化令。金人南侵，勛率兵勤王，至襄陽，卒於軍。

張九成。開封人，徙錢塘。以忤秦檜謫守邵州。既至，倉庫虛乏，僚屬請督酒税宿負、苗絹未輸者，九成曰：「縱未能惠民，其敢困民耶？」是歲賦入更先他時，乃計羡以養貧瘼無歸者，所活甚衆。約束蠻酋，寬其苛細，皆相飭與齊民等。

王彦。上黨人。紹興中知邵州。彦入辭，帝撫勞甚厚，曰：「以卿能牧民，故付卿便郡，行即召矣。」居官甚廉，九年卒於官。

張球。紹興中知武岡軍。墾土田，興水利，獻助迎兩宫錢數萬緡，時論韙之。

何季羽。於潛人。淳熙中知武岡軍。敦尚教化，增葺郡縣學，修書院，時稱良吏。

鄭汝諧。淳熙中知武岡軍。修學，建常平倉，貸民以錢，使市瓦覆屋，民德之。

林夢英。閩人。徙撫州，師事陸九淵。紹熙初知武陵縣，通判靖州。尋知武岡軍，討平岡蠻。愛民葺姦，篤意學校，訓誨諸生，稱房山先生。

潘燾。東陽人。紹熙時權知邵州。崇尚學校，首以教化爲務。由是訟日簡，郡圄屢空。修建先賢周敦頤祠，朱子爲記。

史彌寧〔四〕。溧陽人〔五〕。嘉定中知武岡軍。見軍學頹腐，葺而新之。增學田，行鄉飲酒禮，文教大興。初，邵州防禦久隳，屢致蠻寇，因條請置砦堡，增戍兵，民用安堵。周必大薦之於朝。

葉莫。嘉定中以僉書武岡軍判官權軍事，操行修潔。時悍卒蔣宗叛，莫以防火爲名，團結什伍，殲宗等而定其亂，民慶更生。

楊巽。景定中以太府寺丞知武岡軍。申明孝弟，勸學興禮。

曾如驥。泰和人。以吕文德等薦，爲寶慶僉判。德祐二年，元兵徇寶慶，遣弟如駿歸，曰：「吾既以身許國，不得顧先人宗祀矣。」城將陷，左右請迎降，叱之。驅家口七人，投資水同死。贈敷文閣待制，謚忠愍。

羅開禮。吉水人。宋末爲武岡教授，致仕家居。德祐二年，起兵復永豐縣，已而兵敗被執，死於獄。文天祥聞其死，制服哭之。

元

歐陽原功。瀏陽人。泰定初，武岡縣尹。赤水、太清兩峒聚衆相攻，原功單騎從二人徑抵其地，皆羅拜馬前，乃喻以禍福，爲理其訟，獠人遂安。

李朝端。泰定間爲新寧縣尹。有遺愛在民。

柳不華。順帝時爲武岡路總管。時蠻獠爲寇，不華率義兵屯同保山，守境衛民幾二十年，闔郡賴之。

聶炳。江夏人。元統初寶慶路推官。會峒猺寇邊，湖廣行省右丞圖齊統兵討之，屯於武岡，以炳攝分省理問官。悍卒所至，掠民爲俘，炳言於圖齊，釋其無驗者數千人。按：「圖齊」舊作「秃赤」，今改正。

唐隆道。爲元將，守寶慶，城陷死之。

明

吴良。洪武四年鎮寶慶，築武岡城。五年，帥寶慶衛指揮胡海等攻銅鼓、五開、潭溪、曹滴、騰浪、篤莫、洪州、古州等蠻，誅其渠魁，撫其餘黨，俱使復業。

胡海。鳳陽定遠人。太祖時爲寶慶衛指揮僉事，遷指揮使。增埤濬湟，兵民欣服。從江陰侯吴良調捕武岡雲飛山寨，梟其反者數人，武岡以安。又攻下五開、潭溪、太平山及皮林等峒，部内舉安。

薛得中。武功人。洪武初知邵陽縣。愛民訓士，人稱儒吏。

白素。真定人。洪武九年知武岡州。興禮義，厚風俗，省刑罰，教化大行，峒民畏服。

周舟。永嘉人。洪武時爲邵陽縣丞。覈民貧富爲三等，均其徭役，訟獄不假手吏胥，數年流亡盡復。擢吏部主事，民詣闕乞再任，帝賜宴遣之。

儀智。高密人。永樂元年知寶慶府，爲政寬厚。民俗雖悍，皆不忍欺。

周冕。湖口人。永樂中知寶慶府。凡有勾攝，以木牌代役，民便之。

何永芳。四川人。永樂中知邵陽縣。歲饑，勸富民輸積，得數萬石以賑。先是，資水湍急多險，運舟歲苦漂没，永芳力請於朝，得罷京運爲改折。

蕭岐。吉水人。永樂中知新化縣。教民種桑麻桐椶及茶，民享其利。擢知本府。

徐彝。永樂中武岡州判官。峒苗叛，彝死之。

康信。隴西人。寶慶衛鎮撫。永樂初，武岡蠻叛，信追及於干平山，大破之。蠻遁入靖州者十餘年，後復熾，信復破其團勇十餘，追至綏寧界之白巖，後援不繼，猶手刃六人，竟遇害。

王玉。永樂中，以都指揮使將衡、永兵數千，入城步欄牛山巖，獲其大憝楊壯子等，餘寇悉降。

戴新。山東人。宣德初知寶慶府。留心撫字，清節著聞。擢雲南布政使。

潘金。松陽人。宣德中知新化縣。時出郊教民種植，民感其惠，爲立勸稼亭。

唐榮。全州人。景泰二年知新寧縣。邑治毁於兵燹，榮奏徙今治，甃城垣，建壇壝，興學校，創制之功懋焉。

劉信。寶慶衛指揮使。景泰六年，蒙能煽苗峒爲變，策應不利，信力戰死之。

莊榮。天順中，以都指揮使督兵，及左參將高瑞、右參將李文，攻入城步之西延十八團，破一百三十七寨。成化中守備武岡，復破苗兵於龍里鄉，餘寇悉平。

謝省。黄巖人。成化間，知寶慶府。手書真德秀「四事十害」，以誡寮屬。春秋巡行郊野，勸耕省斂，暇則課生徒誦讀，毀淫祠，汰僧道。三年政教大行，民祠祀之。

胡永清。仁和人。弘治中知寶慶府。岷王多受訟，繫人取財，乃下教曰：「王有所逮，必告我。」治其官校，王爲斂跡。中官王潤丐請不應，械其從人爲姦利者，潤不敢逞。後仕至少保。

陳柟。上虞人。嘉靖中知寶慶府。妖賊李承賢倡亂，元溪諸賊及武岡州蠻皆應之，柟勒兵討平之。

周後叔。太倉人。嘉靖中，以忤嚴世蕃由員外郎謫武岡州同知，攝知府事。岷藩横虐，一切以法繩之。

胡采。嵊縣人。隆慶中知城步縣。粤苗闌入縣境，采武備嚴整，而苗不敢犯。夷苗密邇縣治，多自相攻殺，采親履其地，諭以禮讓，苗遣子弟入學向化。

林培。東莞人。萬曆中，知新化縣。廣置社學教民。值歲大祲，捐俸賑饑，修水利，立義倉，免貢潞邸茶〔六〕。民有死於盜者，捕不得，禱於神，即獲，咸感戴若神明焉。

彭商英。臨安人。萬曆中知新寧縣。建古賢坊，置義冢，創橋梁，表節烈。以母老退，民祠之雲路亭。

熊茂松。高安人。崇禎中知寶慶府。黜墨吏，興學勸農，士民祀之，稱清正太守祠。

李夢日。東莞人。崇禎中寶慶府推官。湘鄉賊犯境，部勒鄉勇直前勦禦，賊遁去。已而偕副將尹先民討平之，赦其脅從者。

張軏端。華亭人。崇禎中知邵陽縣。湘鄉寇警，晝夜守城，以勞勩死。

李振斑。鄞縣人。崇禎中知寶慶府。張獻忠破城，被執至衡陽，不屈，赴湘水死。

何三傑。定州人。崇禎中寶慶府通判。張獻忠陷城，衣帶間書「舍生取義」四字，赴水死。

譚文祐。蓬溪人。崇禎中知武岡州。時宗藩横虐，文祐以抗直庇民。土寇袁有志等聚衆攻城，文祐招義勇圖恢復，與劉承應破其壘，平之。以功擢僉事。

劉佐。嶍峨人。分守寶慶，明末殉節死。

王紱。貴州人。崇禎中邵陽教諭。張獻忠陷城，不屈死之。

王世定。福建人。爲寶慶府學教授。明末死節。

蔣虎。爲寶慶鎮將。明末與諸將孫華、聶鳴鶴、張承明、張大勝，皆力戰死。蕭曠、劉大翰，皆兵敗自刎死。

陶珙。姚安人。明末知寶慶府。時流寇告警，珙率鄉勇勦之，以忤岷王罷歸，中途爲寇所害。

本朝

何衡泗。順天人〔七〕。順治初知武岡州。賊陳友龍來攻，與鎮將賀雲拒守三月餘，食盡城陷，衡泗與雲登清渠門樓，縱火自焚死。

傅鸞祥。藺陽人。順治中知寶慶府。歲旱賑濟，多所全活。粵鹽價昂，爲民病，條易淮引，民甚便之。

王蔚。邢臺人。順治中知新寧縣。革重耗，輯苗猺，繕完城郭，振興學校，治績稱最。

梁碧海。藺陽人。康熙中知寶慶府。歲饑講求荒政，分給牛種，去任，民罷市泣送，爲立遺愛碑。

崔錡。沁源人。康熙中知新寧縣。折獄平允，不事鉤校，洞中隱微。尋常不苟嚬笑，而誘掖士子，片善不遺。

陳珙。邵武人。康熙中知新化縣。值歲饑，罷供應，開廩賑民。湖南仰給淮鹽，新化僻遠，鹽不至，力請貯鹽長沙，聽民轉販，遂著爲令。縣有虎患，焚牒於社，虎爲出境。

蔣德重。貴筑人。雍正中知城步縣。峒猺蒲寅山倡亂，德重隨營進勦，擒渠魁於應聲巖。邑人立祠祀之。

杜珣。直隸新安人。乾隆五年知城步縣。值横嶺苗猺犯順，邑境戒嚴，珣招集流亡，募鄉勇，增城守，民恃以無恐。及大軍集，役夫運餉，數月不解帶。苗平，以勞瘁卒。蒙恩卹廕一子入監。

鄭子僑。潮陽人。乾隆中知寶慶府。政成民和，改建濂溪書院，以身董率，文化大興。門人蔣士銓送以詩曰：「名宦從來兼教養，清才自古説沅湘。」

高應遴。任丘人。乾隆中知邵陽縣。坦易不求立異，而興利除弊，毅然自任。以調任去，人皆思慕。

王淦。錢塘人。乾隆五年任城步横嶺巡檢。值龍家溪苗負嵎抗拒，淦同營弁歐國璋等往撫，爲苗所執，大駡不屈。苗怒，投淦深箐，遇害。事聞，廕一子入監，建祠致祀。

人物

晉

周崎。邵陵人。爲湘州從事。王敦之難，譙王丞使崎求救於外，與周該俱爲魏乂偵人所執。乂謂崎曰：「汝爲我語城中，稱大將軍已破劉隗、戴淵，甘卓住襄陽，無復異議，外援理絶。如是者我當活汝。」崎僞許之。既到城下，大呼曰：「王敦軍敗於湖，甘安南已克武昌，即日分遣大衆來赴此急，努力堅守，賊今散矣！」又於是數而殺之。

唐

鄧處訥。龍潭人。僖宗時從欽化軍節度使閔頊。頊以爲邵州刺史。周岳陷潭州，頊爲淮西將黄皓所殺，處訥哭受諸將弔，礪甲訓兵，積八年，結朗州雷滿爲援，攻岳斬之。昭宗詔拜武安軍節度使。劉建鋒、馬殷來攻，處訥遣蔣勛等禦之。殷説降勛，建鋒用邵州旗鎧趨潭州，守者以爲勛軍納之，處訥遂爲建鋒所殺。　按：通鑑僖宗時授閔勗節度使，以鄧處訥爲邵州刺史。應作「閔勗」，此作「閔頊」似誤。

宋

李傑。邵陽人。神宗初進士，歷守永州、絳州〔八〕，提刑東川。元豐中以金部大夫出師湖南，所至皆有能聲，官至大理卿。買書萬卷，以遺郡庠，置田數千畝，以贍同族。吴潛有義莊記、同莊後記，侯延慶有同莊記。

周欽。武岡人。宣和中峒蠻叛，欽挺身往諭，苗感激輸誠，以功擢德州刺史。金兵南下，帥師勤王，死之。

楊再興。武岡人。從岳飛屯襄陽，破業陽衆二千，殺孫都統及統制滿在，復長水縣。盡復西京險要，中原響應。復蔡州。飛敗金人於郾城，金人合兵逼飛，再興單騎直入，殺數百人而還。金人復至，再興以三百騎禦於小商橋，殺二千餘人，戰死。獲屍焚之，得箭鏃二升。

金彦。邵陽人。力學善屬文，天資敦厚，喜振困窶，而敦孝友。邵人號「義門金氏」，胡寅嘗記其事。

聶致堯。邵陽人。事親孝，臨財廉，周給貧困，鄉人列其事，守宰以聞。詔旌其門，張栻爲之題額。

王元春。邵陽人。慶元進士，初爲零陵令，有治績。歷官吏部侍郎，有清譽。

李友直。武岡人。淳祐進士。家傍石羊渡，水險急，雨至更甚。友直父世楫始造舟以渡往來者，友直以舟險，更捐資建橋，鄉人德之。

元

李璋。新寧人。至元間爲平江州吏目。捐鈔十五萬，買膏腴田四百畝，助贍學校。

楊完者。城步人。世爲土官，至正時招至淮南，勦賊有功。累官江浙行省參政。擊破張士誠，復杭州城，遷江浙右丞。士誠屢爲所敗，請降。丞相達識鐵睦爾忌其功，授士誠太尉，復據城如故，惟憚完者。達識鐵睦爾尤忌其專兵，計誘殺之。士誠遂據杭不可制。事聞，贈完者潭國公，謚忠愍。

明

梁德遠。邵陽人。洪武進士，時父任郎中，有罪繫獄，德遠辭不赴宴。及父謫戍，又請以身代。太祖憫其孝，赦父罪而授德遠給事中，有直聲。後謫太平知縣，民感其惠，肖像祀之。

劉必榮。武岡人。洪武中歷鴻臚少卿，永樂間交阯黎季犛叛，命必榮撫安之。至境，季犛已竄。必榮冒險涉遠，直抵其穴。季犛聞之，遽出迓，表獻金人方物，兼贈必榮金綺，卻不獲，還悉獻於朝。

于子仁。武岡人。洪武進士，授庶吉士，改知昌樂縣。驅虎患，有惠政。遷知登州府，以事被逮，登人詣闕訟冤。弟子禮亦上疏乞兄養母，願以身代。太祖嘉其孝友，特免子仁，令復職，子禮偕之任。

方觀。武岡人。性至孝，年十四喪母，哀慟倍常。事繼母若所生。父疾，籲天乞代，及卒，絶粒三日。負土築墳，廬墓三年，終身不飲酒食肉。歲時、忌辰、朔望，奠墓所，悲號竟日。繼母卒，居廬不歸。墓門偶爲牛踐，觀擗踴呼號，牛忽斃。有鼠齧祭器，觀以不善護自責，一鼠來伏器中，若輸罪狀，舉而釋之。有司以事上聞，詔建坊旌。

楊海清。城步人。有勇略，爲衆所推。景泰八年苗寇掠邵州，海清與妻姜氏率其徒迎戰於龍王橋，殺賊數十，援絶遇害。

林璧。武岡人。天順進士，授御史，斷疑獄，釋重罪八十餘人。遷四川僉事，陳時政六事，有討定松潘功。

伍佐。新化人。弘治舉人，授河南府通判，遷贛州府同知。征龍南叛獠，深入力戰，斬獲有功，擢知思南府。居官二十年，力持廉介。

康憲。邵陽人。幼孤，事母至孝。弘治中知廣元縣，有循聲。居家謹厚，以禮法自持。

唐鳳儀。邵陽人。正德進士，授御史，累擢僉都御史，巡撫四川。時芒部跳梁，溽暑出師，鳳儀疏請息兵，而計擒渠魁沙保，其患遂已。遷副都御史。

楊益。新化人。正德貢生。奏免本縣浮糧。任桐城丞，督兵拒宸濠，以功賜銀幣。

胡景隆。邵陽人。素負氣誼，爲鄉里推重。嘉靖三年，流寇入境，郡守委景隆督民兵勦禦，至燕子巖，衆奔潰，景隆獨力戰，格殺五六人，陷重圍，死之。

陳恭。新化人。幼孤，傭身供母。每得食品，未歸獻不敢先嘗。及母喪，以傭得資殮葬。晝工作，夜廬墓側，哭泣盡哀，如是者三年。

賀冕。邵陽人。嘉靖十年，流寇刼掠，冕率弟璋、祥、珍共禦賊，援絶死之。

朱志清。邵陽人。嘉靖二十年，妖賊李承賢倡亂，志清與同縣彭珊奮力擒之，不克，俱死。

鄒廷望。新化人。嘉靖進士，累官户部主事，榷税臨清，秋毫無所私。知鳳翔府，捐俸賑饑，遷甘肅行太僕寺卿。致政歸，惟圖書數篋。

楊軒。城步人。嘉靖末任重慶府通判。遇事敢爲。土酋譚紹乾、鳳繼祖相繼背叛，巡撫檄軒督勦之，相機設伏，賊遂就擒。

車大任。邵陽人。幼穎悟，稱奇童。萬曆進士，授南豐知縣。縣自嘉靖寇災後，户多棄田，大任力請召民便買，以甦賠累。疏入，報可，且檄各州倣行之。累遷知福州府。時日本弗靖，乃練軍實，繕城隍，首行常平社倉法。歷温、處參政，六載海氛盡息。旋乞養歸。

楊思謙。新化人。萬曆進士，知銅梁縣。有平播州功，擢知泉州府，累遷山東副使。

楊逵。城步人。少孤，事母至孝。爲童子師，以所入供甘旨。母過書館，必送至家。間止之，則跪於館外，度母至乃興。母疾篤，刲股以進，疾乃甦。母卒，哀毁骨立。及葬，廬墓三年。

羅可錦。新化人。天啓舉人。應鄉試時有友人病，衆皆畏避，可錦獨親藥餌。及殁，買舟載櫬以歸。

聶興詔。新化人。歲授徒，積館穀二百餘石，崇禎時歲饑，盡出以賑鄉里。鄰人黄姓者鬻妻養母，興詔如其直酬之，全其伉儷。其好義樂施，皆此類。

劉孔暉。邵陽人。天啓舉人，授新鄭知縣。時中州流寇蹂躪，守令望風解組，孔暉獨慷慨就道。比至，增埤浚池，爲固守計。崇禎十四年，李自成臨城呼降，孔暉登陴大駡，爲賊所傷。民感憤拒守，悉力相持。自成怒，悉大衆攻之。孔暉曰：「是我致命之日也!」告吏民:「死必葬我子產廟側。」及城陷被執,罵不絶口,遂遇害。事聞,贈尚寶卿。時從死者,俠士鍾寬、門生楊芳、僕劉登、劉忠、劉儀、楊時。本朝乾隆四十一年,賜謚烈愍,鍾寬等俱予入忠義祠。

劉源澄。邵陽人。爲諸生,負才慷慨。崇禎十六年,張獻忠陷城,率鄉兵拒戰,死之。同事死者,諸生曾士選、彭養生,儒童劉大儼,義民陳邦基。巡撫李乾德嘉其節,俱配食三忠祠。本朝乾隆四十一年,俱予入忠義祠。

盧大受。邵陽人。爲羅田訓導。流寇陷城,死之。本朝乾隆四十一年,予入忠義祠。

陳君寵。新化人。萬曆四十七年鄉試第一,歷官潼川知州。張獻忠陷城,殉節死。本朝乾隆四十一年,予入忠義祠。

何大衢。武岡人。知彭山縣。力禦强寇,城陷,不屈死。本朝乾隆四十一年,予入忠義祠。

彭承孟。武岡人。爲諸生,有聲。崇禎末,土寇袁有志陷州,率其子諸生夢麟督鄉勇勦賊,先登陷陣,援兵失期,爲賊所蹙,投潭死。夢麟曰:「吾父死,吾忍獨生?」力戰死之。明日次子夢龍以他師復戰,獲賊首。

本朝

侯國弼。邵陽人。順治初流寇未平,執其兄,國弼奔告曰:「我能爲導,釋我兄,惟命是聽。」兄得脱,國弼罵賊遇害。

蕭士煥。武岡人。洞口水溢,漂没廬舍,士煥母年八十,爲水漂去。士煥倉猝得一椽赴救,溯洄二十里,至石柱江,始及岸,母得免。

王元復。邵陽貢生。究心皇極經世書、洪範内篇、律吕新書,皆有新得之義。善啓牖後學,士人尊師之。著有榴園集。

車无咎。邵陽貢生。讀書無淺深,必精心研閱。夜則擁衾瞑坐,默誦所習。所著述,經百思乃出。與人交不設畛域,非意相干,泰如也。

舒加冠。武岡人。有隱德。門庭雍肅，内外無間言。卒年九十餘，祀鄉賢。

車萬育。邵陽人。康熙進士，選庶常，改户科給事中，轉兵科掌印，掌登聞院事。歷諫垣二十餘年，所言皆切時務。拒請謁，發積弊，當路嚴憚之。

鄧岐山。武岡人。任城步分防把總。乾隆五年横嶺逆苗叛，結連諸峒，勢張甚。岐山奉檄入峒撫諭，苗衆以兵脅降，岐山大駡不屈，遂遇害。事聞，卹如例，廕一子。

祝正倫。武岡人。官湖北鄖陽協把總。乾隆三十八年，隨征金川，擊賊於日旁山，力戰陣亡。同時遇害者，守備羅禮、朱言，把總張文陞。事聞，均照例議卹。

劉昇。邵陽人。官寶慶協把總。乾隆六十年，隨征黔、楚逆苗，擊賊於長落坡。同縣人把總祁大禮勦賊於鴉酉，俱以力戰陣亡。事聞，議卹，均廕雲騎尉。

王大勇。邵陽人。任四川城守營守備。嘉慶四年，隨經略額勒登保往征金川，勦賊於石門口，屢獲勝仗。嗣進勦於忠州，力竭陣亡。事聞，議卹，廕雲騎尉。

流寓

宋

李安國。洪都人。神宗時徙新化。事母孝，邵州人重其行，請入學教子弟，未幾辭歸。

列女

陳與義。洛陽人。建炎初避地邵陽，後爲參知政事。

芮華。吳興人。官從政郎，忤秦檜，安置邵州。

留正。永春人。慶元初，韓侂胄黨張釜傾陷之，由觀文殿大學士謫授中大夫、光禄卿，分司西京，邵州居住。

明

楊世昌妻張氏。邵陽人。許聘未嫁，世昌病躄，舅姑願退婚，女誓不從。至十四齡，密白祖母，願歸世昌。已而知父與翁皆欲奪其志，陰持聘書置懷中，夜從高樓躍赴池水死。

王某妻胡氏。邵陽人。居近資江，值大水夜至，衆奔避，胡整衣後起，不可復出。其叔蹈水大呼，胡閉目摇手曰：「汝露體，慎勿相近。」水勢愈急，遂死。握柳枝不仆，顔色如生。

劉源澄妻莫氏。邵陽人。源澄督鄉勇復城，不克而死。柩至，莫一慟而絶。人謂夫婦節義云。

劉文標妻歐陽氏。邵陽人。夫婦爲賊所掠，歐陽紿卒曰：「家有金帛，可縱吾夫歸取以獻。」卒信之，夫得脱。度行已遠，拔刀自刎。

楊烈妻姜氏。邵陽人。爲亂兵所掠，欲污之，姜怒駡堅拒，賊以刃加其頸曰：「所不與我者齒此劍！」姜抽刃自殺。

劉有長妻留氏。邵陽人。夫爲賊所殺，留自剄死。

蔣惟芬妻吕氏。邵陽人。夫婦爲賊所執，至水東壖，相攜赴水死。後得其屍，猶兩手相挽。

李渾妻唐氏。邵陽人。爲賊所迫，赴水死。

周世顯妻王氏。邵陽人。與同縣伍一鳴妻劉氏先後遇賊，皆投崖死。

尹卿選妻劉氏。邵陽人。年二十夫亡，子生甫數月，事姑孝，撫子及孫。年七十，死於賊。

雷大莊妻陳氏。邵陽人。途遇亂兵殺其夫，陳度不能脱，赴水死。

李孟佐妻韓氏。邵陽人。年十八而寡，張獻忠破城，整衣自縊。

柯大林妻楊氏。新化人。兵亂，與夫俱被執，楊赴水死。

李載柯妻康氏。新化人。被賊執，不辱，死之。

郭在中妻唐氏。新化人。罵賊不絶口，引頸受刃死。

楊文熼妻李氏。新化人。夫爲賊所執，以手扼吭而死。時同縣張翼宿妻楊氏、安文翼妻曹氏、張斂翼妻聶氏、張遴相妻姚氏，皆倉卒遇難，潔身赴水死。

彭恭妻周氏。新化人。姑歐陽氏卧病九載，周以意時其起居，罔不歡愜。五開蠻獠作亂，周爲賊所執，義不受辱，赴水死。

聶萬衿妻陳氏。新化人。避兵於金鳳砦，忽失火，萬衿病不能興，陳負夫出，力不支，遂抱夫同焚死。

梁大新妻陶氏。城步人。年二十二，大新卒，殮畢自刎。

王萬年妻陶氏。城步人。流寇肆掠，與夫挈子女避山中，俱爲賊所得。陶義不受辱，厲聲罵賊，遂俱遇害。

劉宏功妻蕭氏。武岡人。夫卒，有營弁欲娶之，蕭割鼻及左耳，血淋漓被面，全節終身。

劉孔安妻龍氏。武岡人。夫病劇，霤指剪肉，焚之以告神祈病愈。比卒，治殮畢自縊。

王之璠妻張氏。武岡人。與其女適李姓者俱爲亂兵所獲，行至威溪，同赴水死。

王鈞臣妻袁氏。武岡人。攜子女三人，爲亂兵所執，俱赴水死。

朱養正妻蕭氏。武岡人。兵亂，避於母家，賊搜得，驅之行。蕭紿賊還取貲裝，以剪刀自刺死。

朱企鏻妻陳氏。武岡人。避亂於鄉，爲兵所獲，義不受辱，自剄死。

鄧文祖妻何氏。武岡人。夫殁，撫二幼子，避亂，懷利刃自隨。寓洪田，聞兵逼，遂自剄。時同州蕭漢友妻夏氏同遇難，亦赴水死。

劉承健妻楊氏。武岡人。避兵荊嶺，爲賊所獲，至清水塘，躍入水死。女釁大，甫九歲，亦俱死。

喬濟聖妻段氏。武岡人。避亂魯塘，爲遊兵所執，自刺死。

劉越妻鄭氏。武岡人。遇亂，同妾何氏投巖死。

劉用戡妻王氏。武岡人。兵逼，赴水死。

管聲宣妻張氏。武岡人。被賊掠，不辱，逼之行，至南門，躍水死。

孫敬妻林氏。名菊秀，新寧人。許字敬，年甫十二，聞敬溺死，閉户自縊。

蔣正謨妻莫氏。新寧人。年二十八，夫死，父逼之嫁，投蓮花池死。

劉氏女。新寧人。名玉梅，許聘李棠。隨母鄧氏避亂，嘗謂母曰：「遇賊即死，慎勿苟免。」鄧果爲賊所害，玉梅即赴水死。

蔣爾誠妻羅氏。新寧人。賊斬扃入，羅從後閣投水死。

本朝

王霞舉妻陳氏。邵陽人。夫亡守節。同縣節婦車萬藻妻馬氏、陳允建妻蔡氏、簡伯鼎妻陳氏、黃桂蓁妻唐氏、歐陽輝妻譚氏、歐陽灝妻某氏，均康熙年間旌。

周自新妻李氏。新化人。夫亡守節，康熙年間旌。

劉迪哲妻粟氏。武岡人。夫亡守節，康熙年間旌。

鄔大藩妻黃氏。新寧人。夫亡守節，康熙年間旌。

王元澤妻車氏。邵陽人。夫亡守節，同縣節婦劉斐妻彭氏、孫順甫妻劉氏、羅璵妻高氏，均雍正年間旌。

周開祚妻柯氏。新化人。夫亡守節。同縣節婦李子芳妻劉氏、袁章妻彭氏、袁如松妻周氏、毛自成妻李氏，均雍正年間旌。

邱崇岳妻駱氏。武岡人。夫亡守節。同州節婦劉應蘭妻雷氏、張熹妻尹氏、劉迪琛妻鄧氏、王佐妻曾氏、蕭艾彬妻楊氏、何宗玫妻喬氏、張宏緒妻蕭氏、劉近安妻蕭氏、鄧集玉妻朱氏、翟啓信妻王氏，均雍正年間旌。

彭德配妻陳氏。邵陽人。夫亡守節。同縣節婦趙大伊妻晁氏、石大紳妻王氏、谷鳳騰妻譚氏、黃中立妻王氏、吳文奎妻楊氏、岳廣妻陳氏、蕭啓憲妻粟氏、陳常妻謝氏、黃正名妻譚氏、黃道濬妻劉氏、曾載迪妻申氏、張本鑑妻蕭氏、鄧國品妻賀氏、扈芳妻劉氏、郭君晛妻王氏、周景頤妻梁氏、唐之絳妻孫氏、楊文質妻劉氏、劉子翼妻甯氏、陳正緯妻王氏、周有芳妻謝氏、曾體乾妻歐陽氏、謝爾位妻黃氏、姜守岳妻李氏、蔣棟妻黎氏、歐陽正鐸妻王氏、張民舜妻李氏、申國安妻王氏、蕭禹南妻劉氏、尹寅妻金氏、車湘妻魯氏、尹義龍妻易氏、周又新妻毛氏、曾萬藻妻王氏、車梁妻蕭氏、江鳳騰妻田氏、劉正漸妻歐陽氏、唐應璇妻馮氏、歐陽正朗妻劉氏、朱萬明妻王氏、劉正遴妻羅氏、尹思崴妻楊氏、岳啓道妻宋氏、劉永怡妻甯氏、黄啓元妻孫氏、扈鞠芳妻尹氏、陳開光妻黄氏、劉上招妻蔣氏、鄭守準妻宋氏、周信昶妻鄭氏、尹嚴妻申氏、簡光操妻孫氏、魏正明妻劉氏、郭越妻簡氏、曾載衡妻陳氏、唐萬新妻李氏，烈婦胡永坤妻蔣氏、劉某妻雷氏，貞女歐陽道杰聘妻劉氏，均乾隆年間旌。

鍾逢耀妻黄氏。新化人。夫亡守節。同縣節婦曾達朝妻胡氏、楊開麗妻吳氏、周尚玉妻王氏、鄒茂顯妻楊氏、王曰威妻鄒氏、羅光經妻譚氏、周之瑛妻何氏、李之桂妻曹氏、鍾相吉妻蘇氏、吳萬茲妻李氏、萬方選妻袁氏、鄒祖詰妻曾氏，烈婦陽添文妻李氏，貞女李長春聘妻賀氏，均乾隆年間旌。

唐應選妻陳氏。城步人。夫亡守節。同縣節婦唐洪韜妻蘇氏、唐時暐妻楊氏、楊盛周妻王氏、楊翼皇妻劉氏、饒開泰妻謝氏、饒夢鼇妻謝氏、蕭公森妻楊氏、楊士美妻孟氏、其仲子妻陽氏，均乾隆年間旌。

鄧光珩妻曾氏。武岡人。夫亡守節。同州節婦舒宏緒妻趙氏、唐敕如妻張氏、周金榮妻陳氏、尹道能妻吳氏、張大禮妻傅氏、劉士濬妻許氏、王思茂妻夏氏、夏有略妻周氏、蕭大威妻劉氏、馬安龍妻錢氏、鄭一遜妻項氏、田生珣妻易氏、王啓稷妻汪氏、王國選妻某氏、夏宏瀾妻莊氏、吳上儼妻唐氏、吳上儀妻唐氏、譚登治妻陳氏，均乾隆年間旌。

周學武妻陳氏。新寧人。夫亡守節。同縣節婦林某妻陳氏、劉芳教妻李氏、林發盛妻陳氏、周印妻李氏，均乾隆年間旌。

熊厥良妻李氏。邵陽人。夫亡守節。同縣節婦曾世盛妻劉氏、黄中烈妻唐氏、唐太仁妻胡氏、唐帝臣妻劉氏、曾世枚妻申氏、譚世銑妻龐氏、魏達勷妻劉氏、尹百復妻劉氏、匡翹華妻蕭氏、魏達楷妻李氏、魏達程妻廖氏、魏綱領妻劉氏、周世鐸妻歐陽氏、王榮鳳妻申氏、魏志道妻陳氏、歐陽佣妻馬氏、莫德沼妻陳氏，貞女蔣璜聘妻劉氏、曾朝覲聘妻熊氏，均嘉慶年間旌。

吳文鳳妻鄒氏。新化人。夫亡守節。同縣節婦曾艾妾余氏、陳氏，馬祖受妻歐陽氏，均嘉慶年間旌。

劉秀儒妻王氏。武岡人。夫亡守節。同州節婦劉文珍妻王氏、譚東川妻李氏、夏廷範妻王氏、張大杰妻夏氏、銀友棟妻朱氏、蔣時相妻鄧氏、夏宗仁妻郭氏、夏汝瑛妻胡氏，貞女尹崇崙聘妻歐陽氏，均嘉慶年間旌。

王寅妻陳氏。新寧人。夫亡守節。同縣節婦林時瑾妻蔣氏，均嘉慶年間旌。

仙釋

秦

盧、侯二仙。世傳秦始皇遣盧生入海求神仙藥，不獲，盧與侯生隱邵陵雲山。今山有侯仙蹤、盧仙影、秦人古道、煉丹井、飛昇臺、掃壇竹，皆其遺跡也。

晉

文斤。南昌人。咸康中爲邵陵郡高平令。嘗遇異人，授以丹訣，遂棄官修煉，號「超然子」。後仙去。

元

楊道圓。楊氏女也，爲女道士。郡守有子，兩手拳合，醫不能療，道圓以果與之即開。後自寫遺像，留詩於紫極宮，尸解去，僅存隻履。葬於開元觀左。

土產

麻布。邵陽縣出。元和志：邵州貢。

黄蠟。邵陽縣出。元和志：邵州貢。

鐵。新寧縣出。

茶。新化縣及武岡州出。

煤。新寧縣出。

都梁香。荆州記：都梁縣有山，山上有水，其中生蘭草，因名「都梁香」，形似藿香。

校勘記

〔一〕知縣唐榮奏徙於舊治西二里沙州原　「沙州原」，乾隆志卷二七八寶慶府古蹟（下同卷簡稱乾隆志）同，明史卷四四地理志作「沙洲原」。

〔二〕天寧寺　「寧」，原作「安」，據乾隆志改。按，本志避清宣宗諱改。

〔三〕攝邵州事　「攝」，原作「搆」，據乾隆志改。

〔四〕史彌寧　「寧」，原作「凝」，據乾隆志及明一統志卷六三寶慶府名宦改。按，本志避清宣宗諱改。

〔五〕溧陽人　乾隆志作「鄖陽人」，似皆誤。考史彌寧，宋史無傳，明一統志亦不言其籍貫。四庫全書收録其友林乙稿一種，提要謂其「鄞縣人，丞相浩之從子也」。史浩宋史卷三九六有傳，史浩四子，彌大、彌正、彌遠、彌堅，蓋與彌寧同屬「彌」字輩，提要所言可信。今存民國六年華陽高氏蒼茫齋景宋刊石印本友林乙稿一卷，署作「四明史彌寧」，則其籍貫爲鄞縣無疑。清一統志謂其鄖陽人、溧陽人，不知何據。

〔六〕免貢潞邸茶　「潞」，原作「路」，據乾隆志及雍正湖廣通志卷四六名宦志改。

〔七〕順天人　「順」，原空闕，據乾隆志及雍正湖廣通志卷六一忠臣志補。

〔八〕歷守永州絳州　「絳」，原作「鋒」，據乾隆志改。按，清光緒邵陽縣志卷一一雜志録宋故朝散大夫宜人茹氏墓誌銘，茹氏即李傑夫人，墓誌謂李傑「知永州，又知絳州」，「入爲金部郎中，出知潭州，兼湖南安撫鈐轄」。可爲輔證。

衡州府圖

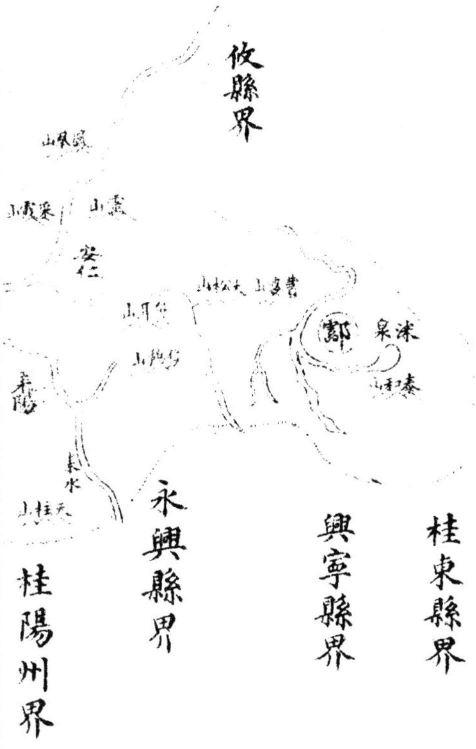
攸縣界
安仁
大松山
酃
沭泉
耒陽
耒水
天桂山
永興縣界
興寧縣界
桂東縣界
桂陽州界

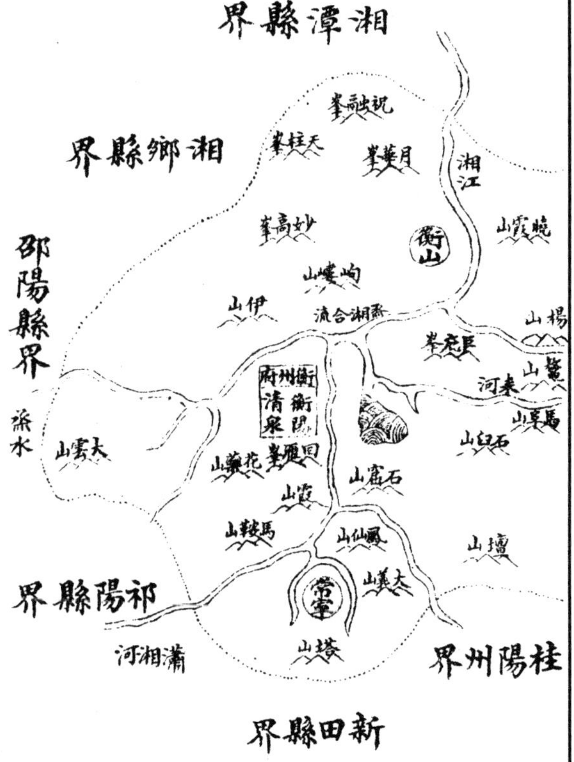
湘潭縣界
湘鄉縣界
邵陽縣界
祁陽縣界
新田縣界
桂陽州界
祝融峯
天柱峯
月華峯
湘江
妙高峯
衡山
岣嶁山
伊山
烝湘合流
楊山
衡州
衡陽
清泉
耒河
大雲山
回雁峯
花藥山
馬鞍山
太義山
常寧
瀟湘河

衡州府表

	衡州府	衡陽縣
秦	長沙郡地。	
漢	長沙國及桂陽郡地。後漢長沙、桂陽二郡地。	酃縣地。 承陽縣 前漢屬長沙國，後漢改烝陽侯國，屬零陵郡。
三國	湘東郡 吴分置，又分置衡陽郡。	臨烝縣 吴置，屬衡陽郡。 烝陽縣
晉	湘東郡	臨烝縣 初屬湘東郡，後移郡治此。 烝陽縣 屬衡陽郡，後省。
南北朝	湘東郡	臨烝縣
隋	衡山郡 初改置衡州，大業初改爲郡。	衡陽縣 更名，爲郡治。
唐	衡州衡陽郡 天寶初更名，屬江南西道。	衡陽縣 武德四年復曰臨烝，開元二十年復名，仍爲郡治。
五代	初屬楚，後屬周行逢。	衡陽縣
宋	衡州衡陽郡 屬荆湖南路。	衡陽縣
元	衡州路 屬湖廣行省。	衡陽縣 路治。
明	衡州府 屬湖廣布政司。	衡陽縣 府治。

續表

	清泉縣	衡山縣	耒陽縣	常寧縣
鍾武縣前漢屬零陵郡，後漢改重安侯國。	酃縣屬長沙國。後漢屬長沙郡。	湘南縣地。	耒陽縣屬桂陽郡。	耒陽縣地。
重安縣屬衡陽郡。		衡陽縣吴置，屬衡陽郡。	耒陽縣	新寧縣吴置。
重安縣	省入臨烝。	衡山縣更名，仍屬衡陽郡。	耒陽縣	新寧縣屬湘東郡。
重安縣齊改屬湘東郡。		衡山縣	耒陽縣	新寧縣
省入衡山。		省，又改湘西爲衡山，屬長沙郡。	洡陰縣更名，屬衡山郡。	新寧縣屬衡山郡。
	衡陽縣地。	衡山縣復屬衡州。	耒陽縣復舊名，屬衡州。	常寧縣天寶初更名，屬衡州。
		衡山縣	耒陽縣	常寧縣
	衡陽縣地。	衡山縣改屬潭州。	耒陽縣	常寧縣
	衡陽縣地。	衡山縣屬天臨路。	耒陽州至元十九年升州，屬湖廣行省。	常寧州至元十九年升州，屬湖廣行省。
	衡陽縣地。	衡山縣屬衡州府。	耒陽縣復降縣，屬衡州府。	常寧縣復降縣，屬衡州府。

續表

	安仁縣	酃縣
	湘南縣地。	茶陵縣地。
新平縣 吳置。		
新平縣 屬湘東郡，後省。	衡山縣地。	
	安仁縣 乾德三年置，屬衡州。	酃縣 嘉定四年置，屬茶陵軍。
	安仁縣 屬衡州路。	酃縣 屬衡州路。
	安仁縣 屬衡州府。	酃縣 屬衡州府。

大清一統志卷三百六十二

衡州府一

在湖南省治南三百八十里。東西距四百六十里，南北距二百九十五里。東至江西吉安府永寧縣界三百四十里，西至寶慶府邵陽縣界一百二十里，南至桂陽州界一百六十里，北至長沙府湘潭縣界一百三十五里。東南至郴州治三百里，西南至永州府治三百五十里，東北至吉安府治八百七十里，西北至長沙府湘鄉縣界一百六十里。自府治至京師三千九百六十五里。

分野

天文翼、軫分野，鶉尾之次。

建置沿革

禹貢荊州之域。春秋、戰國屬楚。秦屬長沙郡。漢初屬長沙國南境，又分屬桂陽郡。後漢屬長沙、桂陽二郡地。三國吴分置湘東、衡陽二郡，晉以後因之。通典：宋爲衡陽國。齊改衡陽國爲郡。隋廢湘東、衡陽二郡，改置衡州。元和志：晉以湘東郡屬湘州。開皇九年罷郡爲衡州，以衡山爲名。按：隋書地理志：梁置衡州于含洭，又置東衡州于始興。隋始以衡陽置衡州，而改含洭爲洭州，始興爲廣州。蓋梁時東、西衡州，皆不在今府境也。大業初州廢，置衡山郡。唐武德四年，復曰衡州。天寶元年，改衡陽郡。乾元初，復曰衡州。至德中爲衡州防禦使治，屬江南西道。五代時屬楚，後爲周行逢所據。宋曰衡州衡陽郡，屬荆湖南路。元至元十四年，改衡州路，屬湖廣行省。明洪武二年，改爲衡州府，屬湖廣布政使司。本朝因之。康熙三年，屬湖南省治。乾隆二十二年，析衡陽置清泉縣。領縣七。

衡陽縣。附郭。在府治西北。東西距一百二十一里，南北距一百五十五里。東至清泉縣治一里，西至寶慶府邵陽縣界一百二十里，南至永州府祁陽縣界一百里，北至衡山縣界五十五里。東南至清泉縣界七十里，西南至邵陽縣界一百二十里，東北至清泉縣界五十里，西北至長沙府湘鄉縣界一百里。漢酃縣地。三國吴析置臨烝縣，屬衡陽郡。晉初屬湘東郡治。太元二十年，省酃縣入臨烝，移郡治焉。宋、齊以後因之。隋改縣曰衡陽，爲衡山郡治。唐武德四年，復曰臨烝。開元二十年，又曰衡陽，仍爲衡州衡陽郡治。五代及宋因之。元屬衡州路治。明屬衡州府，本朝因之。

清泉縣。附郭。在府治東南。東西距一百里，南北距一百五十五里。東至耒陽縣界一百里，西至衡陽縣治一里，南至常寧縣界七十五里，北至衡山縣界八十里。東南至耒陽縣界九十里，西南至祁陽縣界八十五里，東北至安仁縣界一百一十五里，西北至衡陽縣界四十里。漢置酃縣，屬長沙國。後漢屬長沙郡。三國吴爲湘東郡治。晉太元中，縣省入臨烝。隋改臨烝曰衡陽。唐、宋、元、明俱爲衡陽縣地。本朝乾隆十二年，析衡陽東南鄉置清泉縣。

衡山縣。在府治北一百里。東西距二百里，南北距八十里。東至長沙府攸縣界一百三十里，西至長沙府湘鄉縣界一百十里，南至衡陽縣界五十里，北至長沙府湘潭縣界三十五里。東南至安仁縣界一百二十里，西南至衡陽縣界四十五里，東北至長沙府醴陵縣治一百七十里，西北至長沙府湘鄉縣治一百九十里。漢湘南縣地。三國吴太平二年立衡陽郡，兼置衡陽、湘西二縣。晉改衡陽縣曰衡山，仍屬衡陽郡。宋、齊因之。隋初郡廢，省衡山，改湘西曰衡山，屬長沙郡。唐復屬衡州，五代因之。宋乾德三年，改屬潭州。元屬天臨路。明屬衡州府，本朝因之。

耒陽縣。在府東南一百五十里。東西距一百四十里，南北距一百十里。東至安仁縣界八十里，西至常寧縣界六十里，南至郴州永興縣界五十里，北至清泉縣界五十五里。東南至永興縣治九十里，西南至桂陽州治一百八十里，東北至酃縣治一百八十里，西北至衡陽縣界六十里。漢置耒陽縣，屬桂陽郡。晉以後因之。隋改曰洡陰，屬衡山郡。唐武德四年，復曰耒陽，屬衡州。五代及宋因之。元至元十九年，升爲耒陽州，屬湖廣行省。明洪武三年，降縣，屬衡州府，本朝因之。

常寧縣。在府西南一百二十里。東西距八十里，南北距八十里。東至耒陽縣界五十里，西至永州府祁陽縣界三十里，南至桂陽州界五十里，北至清泉縣界三十里。東南至桂陽州治一百五十里，西南至永州府新田縣治一百五十里，東北至安仁縣治一百六十里，西北至寶慶府邵陽縣界一百二十里。漢耒陽縣地。三國吴析置新寧縣，分置新平縣。晉屬湘東郡。南北朝俱因之。隋屬衡山郡。唐天寶初，改曰常寧，屬衡州。五代及宋因之。元至元十九年升爲常寧州，屬湖廣行省。明洪武三年，降縣，屬衡州府，本朝因之。

安仁縣。在府東一百五十里。東西距六十五里，南北距九十里。東至長沙府茶陵州界二十五里，西至清泉縣界三十里，南至郴州永興縣界五十里，北至衡山縣界三十里。東南至酃縣界八十里，西南至耒陽縣界七十里，東北至長沙府攸縣界九十里，西北至衡山縣治一百四十里。漢湘南縣地。晉以後爲衡山縣地。宋乾德三年，析置安仁縣，屬衡州。元屬衡州路。明屬衡州府，本朝因之。

酃縣。在府東三百里。東西距七十里，南北距一百二十里。東至江西吉安府永寧縣界三十三里，西至安仁縣界七十五里，南至郴州桂東縣界一百五里，北至長沙府茶陵州界十五里。東南至吉安府龍泉縣界一百十里，西南至郴州興寧縣界八十里，東北至永寧縣治一百四十里，西北至茶陵州治七十里。漢茶陵縣地。宋嘉定四年，析置酃縣，屬茶陵軍。元屬衡州路。明屬衡州府，本朝因之。

形勢

東傍湘江，北枕烝水。元和志。郡直雁峯之北，瀟湘帶其左。圖經。

風俗

湘川之澳，民豐土閑。南齊書州郡志。民以漁獵爲業，輿地志。俗尚農桑，民知教化。方輿勝覽。

城池

衡州府城。周七里有奇，門七，東以湘水爲池，南、西、北各有濠。宋景定中築。本朝順治中修，乾隆二十六年重修。衡陽、清泉二縣附郭。

衡山縣城。周七里有奇，門六。明正德中築。本朝乾隆二十年修。

耒陽縣城。周二里有奇，門五。明正德中築。本朝康熙五十四年修，乾隆二十七年重修。

常寧縣城。周三里有奇，門四。明正統八年築。本朝康熙七年修，雍正、乾隆中屢修。

安仁縣城。周二里有奇，門五。明正德十二年築。本朝康熙三十三年重築，改門四。乾隆二十七年重修。

酃縣城。周二里有奇，門四。明嘉靖二年築。本朝康熙三十一年修。

學校

衡州府學。在府治西南。明李東陽記：學舊在石鼓山，宋開慶間燬於兵，徙今金鼇寺地。元至正中，改建城西南。成化中遷建左旁隙地，即今學所。本朝順治、康熙、乾隆中相繼修葺，嘉慶八年重修。入學額數十七名。舊額二十名，雍正十一年裁三名，歸桂陽州學。

衡陽縣學。在縣西城外。明洪武初因宋故址建，後圮。本朝康熙元年重建，雍正、乾隆中屢修，嘉慶元年重修。入學舊額二十名。乾隆二十一年分設清泉縣學，裁十名。五十年，復增二名，今額十二名。

清泉縣學。乾隆二十一年，分衡陽縣學設。入學原額十名，五十年增二名，今額十二名。

衡山縣學。在縣治左。唐建。明洪武初重建，隆慶中遷建南門外，萬曆中改遷今所。本朝康熙中屢修，乾隆二十年重修。入學額數二十名。

耒陽縣學。在縣治南。舊在縣治東，明洪武二年移建縣治北，隆慶中移建南門外。本朝康熙四十八年遷建今所，嘉慶十七年重修。入學額數二十名。

常寧縣學。在縣治北。舊在縣南門外，本朝康熙中改建今所。雍正、乾隆中屢修，嘉慶十六年重修。入學額數十五名，新童三名。

安仁縣學。在縣治東。舊遷徙無常，明弘治中改建縣東南。本朝康熙中屢修，雍正五年遷建今所。入學額數十二名。

酃縣學。在縣治東。元至正中建。本朝順治、康熙中屢修，乾隆四年重修。入學額數八名。

石鼓書院。在衡陽縣北二里石鼓山。唐元和中州人李寬建。宋淳熙中重建，朱子爲記。内有石鼓高六丈，前孔子燕居殿，後韓昌黎、周濂溪、朱子、張南軒祠堂。韓昌黎貶陽山，曾寓此。景祐二年，集賢校理劉沆請額，賜名。本朝順治十四年重建，康熙中屢修，乾隆二十六年、嘉慶二十年重修。按：書院舊爲尋真觀，元和中州人李寬讀書其中，刺史呂温訪之，有過尋真觀訪李秀才書院詩是也。宋至道三年，邑人李士真請於郡守，即尋真觀故址創建書院，以居學者。景祐中賜額。開慶中提學黄幹出公帑置廩以贍生徒，與睢陽、白鹿、嶽麓稱「四大書院」。

蓬湖書院。在衡陽縣西。舊爲臨烝書院，在縣西北。乾隆二十八年建，四十二年遷建今所，易今名。

嶽屏書院。在清泉縣城南望嶽亭。乾隆四十年建。

韋宙書院。在衡山縣南十五里。宙仕唐爲永州太守，退居衡山，創書院於浄福山，今遺址猶存。

清獻書院。在衡山縣南。宋趙抃寓居其地，明嘉靖中因建書院。

文定書院。在衡山縣西北紫蓋峯下。宋胡安國著書於此。明弘治中建，李東陽有記。

南軒書院。在衡山縣南嶽後。宋張栻與朱子同遊，講學於此。

集賢書院。在衡山縣西北集賢峯下。明萬曆中，禮部郎中耒陽曾鳳儀創建，祀唐韓愈、李泌，宋趙抃、周敦頤，其後又益以朱子、張栻。

白沙書院。在衡山縣紫雲峯下。明嘉靖中湛若水建，祀陳獻章。

甘泉書院。在衡山縣紫雲峯下。明嘉靖中，湛若水於此講學。

東郭書院。在衡山縣祝融峯下。明嘉靖中鄒守益建。

杜陵書院。在耒陽縣北二里。唐建。明嘉靖中重修。

青麓書院。在耒陽縣東北。本朝乾隆二十年建。

鷟湖書院。在常寧縣西一里。祀張、朱二子。

雙蹲書院。在常寧縣南關外。本朝康熙二十五年建。

清溪書院。在安仁縣西南清溪。宋周必大讀書於此。

臺山書院。在酃縣西二十里。山高二十餘仞，平曠若臺。宋邑人尹沂讀書、講學其上，置田以供祀焉。

户口

原額人丁十二萬八百九十〔二〕，今滋生男婦共二百三十二萬一千四百三十一名口，計三十六萬九千五百四十二户。

田賦

田地塘堰三萬八千四百五十一頃六十八畝七分二釐，額徵地丁正、雜銀一十六萬七百八兩九錢七分三釐，南糧三萬四千八百六十九石六斗六升一勺，漕糧四千九百一十八石二升三合一勺。

山川

西山。在衡陽縣西南五十里。

大托山。在衡陽縣西四十里。

大雲山。在衡陽縣西一百十里。一名七星山，又名邪薑山，接永州府祁陽、寶慶府邵陽二縣界。

石盤山。在衡陽縣西一百二十里。輿地紀勝：山有盤石，故名。

伊山。在衡陽縣北三十里。括地志：伊山，晉桓伊讀書處。一名桓山。

石窟山。在清泉縣東三十里。湘水記：昔有人掘山作穴，高十丈，長一里。溪水過其下，故名。

清泉山。在清泉縣東三十五里。山有清泉，灌田數十頃。

界浦山。在清泉縣東一百里。以其在耒陽縣界，上接浦口，故名。

花光山。在清泉縣南十里。

雨母山。在清泉縣南二十里。一名雲阜山，周四百里。荆州記：山有祠壇，每祈禱無不降雨澤，以是名之。

霞山。在清泉縣南四十里。又縣南五十里有蜘蛛山，田塍縈帶，如經絡然。

花藥山。在清泉縣西南二里。上有花藥寺。

石鼓山。在清泉縣北二里。水經注：臨烝縣有石鼓，高六尺，湘水所逕，鼓鳴則主有兵革之事。羅君章云扣之聲聞數十里，此鼓今無復聲。輿地紀勝：石鼓山有東巖、西溪。

四峯山。在衡山縣東八十里。中有絶澗，下視深黑。

馬頭山。在衡山縣東一百里。以形似名。

靈山。在衡山縣東一百二十里。山多楠木，茶、攸、安、酃之水，環流其下。

楊山。在衡山縣東南四十里。自衡岳分脈，臨茶陵江。府志：即武陽山也。文獻通考：衡山縣有武陽山。

衡山。在衡山縣西三十里，五嶽之一也。周禮職方氏：正南曰荆州，其山鎮曰衡山。易氏注：「凡酃縣之東北，以至湘南之東南，皆衡山也。」山海經注：衡山，南岳也，一名岣嶁山。徐靈期南嶽記：南嶽周迴八百里，回雁爲首，嶽麓爲足。水經注：湘水又北逕衡山縣東，山在西南，丹水湧其左，澧泉流其右。東、南二面，臨映湘川，自長沙至此，沿湘七百里，中有九向九背，故漁者歌曰：「帆隨湘轉，望衡九面。」元和志：南岳記曰，上如車蓋及衡軛之形，山高四千一十丈。衡山縣志：衡山七十二峯，在衡陽境者凡六，曰岣嶁、回雁、碧雲、白玉、仙上、九嶺〔二〕，在長沙、湘鄉、湘潭、善化縣境者凡七，而在縣境者凡五十九。其大者有六，曰祝融、紫蓋、天柱、石廩、芙蓉、雲密。自此而外，有五十三峯，合在別縣者十三峯，共七十二峯，而嶽麓不與焉。又有十五巖、十洞、三十八泉、二十五溪、九池、九潭、六源、八橋、九井。按：爾雅釋山云：「江南衡。」李巡曰：「南岳衡山也。」下文又云：「霍山爲南岳。」郭璞曰：「霍山，今在廬山灊縣，灊水出焉。別名天柱山，漢武以衡山遼曠，故移其神于此。」乃爾雅疏又云：「泰與岱，衡與霍，一山皆有二名。」考徐靈期記云：「衡山爲南岳，其來尚矣。至於軒轅，乃以灊霍之山爲其副焉。故爾雅以霍山爲南岳。」據此則衡與霍本是二山，但因霍山爲衡山之副，故爾雅亦有「南岳」之稱。而疏中謂衡與霍一山有二名，是出於邢昺傅會之說。

鳳凰山。在衡山縣東北，接長沙府攸縣界，周二百餘里。又安仁縣東南二里亦有鳳凰山，一名鳳岡嶺。

鹿岐山。在耒陽縣東四里。有二峯如筆，俗名童子山，亦名羊角峯。山形如掌，多井。相近有虎踞山。

侯計山。在耒陽縣東七十里。亦名侯憩山。水經注：漢水東出侯計山。明統志：山以諸葛武侯嘗於此憩息計籌兵事得名。

侯曇山。在耒陽縣東八十里。輿地紀勝：巉峻獨出，不與衆山相連。明統志：一名侯堂山，接安仁縣界。

天門山。在耒陽縣東南四十里。上有石巖，中有流泉，祈雨多應。又南亭山，在縣南一里。

天柱山。在耒陽縣南六里。聳秀甲於諸山。

南塔山。在耒陽縣南四十里。上有二石井，下有拔公亭，旁有石塔。又石峯山，在縣南六十里。

五雷山。在耒陽縣南六十里。又金錢山，在縣南六十餘里。高聳端凝，望之如錢，故名。

五凹山。在耒陽縣西二里。五嶺逶迤，爲縣之勝。

石臼山。在耒陽縣西二十里。明統志：山上有石臼及巨人跡。

城岡山。在耒陽縣西北五十里。東西有銀瓶、毘帽二峯，若拱若翼。峯北有清溪。

馬阜山。在耒陽縣北二里。府志：縣城以爲後扆，一邑之鎮山也。

葡萄山。在耒陽縣北二十五里。

青麓山。在耒陽縣東北。形勢環抱，爲水口捍門。

鷲山。在耒陽縣東北四十里。山色竦秀，特出不羣，有桀鷲之狀，故名。

相公山。在耒陽縣東北四十里。明統志：漢相諸葛亮嘗駐兵於此，故名。

湘山。在常寧縣東。亦名盤龍山。

大義山。在常寧縣東三十五里。一名東山。又逍遥山，在縣東南六十里。

塔山。在常寧縣南六十里。輿地紀勝：山腰有白石七級如疊，高七十餘丈。縣志：東跨大、小猛峒，西連犓石洞，南拱泗洲砦，北抱湘江，宜水從山麓而下。

石羊山。在常寧縣南六十里。

坡山。在常寧縣西三里。又太平山，在常寧縣西五里。兩山對峙。

白竹山。在常寧縣西十五里。山産竹筍白如玉，亦名白竹峯。

液麻山。在常寧縣西四十五里。

環秀山。在常寧縣北五里。一名樟木嶺。

棲霞山。在常寧縣北二十里。多松柏。

憩山。在常寧縣北三十里。相近有風仙山，一名鳳仙山。上有石人，高三丈。

白面山。在常寧縣北三十里。爲一邑水口，山産白石，可爲礎。又縣北十五里有烏髭山，一名烏土山。

盟山。在常寧縣北七十里。

寶塔山。在安仁縣東南五里。山上有石堆，望之如塔。

排山。在安仁縣東南七里。峯巒延亘，如排列然。

大松山。在安仁縣東南三十里。舊多喬松。其南里許有江夏山。

曹婆山。在安仁縣東南五十五里。山徑巉巇，路極幽僻。

熊耳山。在安仁縣東南七十里。九域志：其山高峻，狀若熊耳。

大湖山。在安仁縣南六十里。下有大湖。

仙山。在安仁縣南七十里。中有紫金泉。一名九女仙山。

大坳山。在安仁縣西南十五里。

金紫山。在安仁縣西八里。日映之色如金紫。又西二里有侯王山。

軍山。在安仁縣北十里。峯巒森列，狀若軍屯。

團蒼山。在酃縣東七十里。有泉自石罅流注小池，不盈不竭。

萬洋山。在酃縣東南八十里。一名石含山，延亘三百里，中多古木怪石。接江西吉安府龍泉縣、永寧縣，南安府崇義縣，長沙府茶陵州，郴州桂東縣界。又南有大株山。

鷄冠山。在酃縣東南萬洋山右十里。峯巒層疊如鷄冠。

泰和山。在酃縣南十五里。相近有羊橋山，山有雙禾樹，禱雨其下輒應。

雷山。在酃縣南八十里。自北斗嶺盤曲而上，鳥道插天。

黄楊山。在酃縣西南四十里。兩峯相對如幢蓋。

雲秋山。在酃縣西南四十里。煙雲黯淡如秋。寰宇記：嘗有雲屯其上，經日不散。

九潭山。在酃縣西南六十里。

吾登山。在酃縣西二里。舊名湘山，明嘉靖四年知縣易宗周改名。

崖陰山。在酃縣西十五里。又西十里有白鶴山。

青臺山。在酃縣北十里。羣峯攢翠，狀若樓臺，迢遞三十里。亦名筆架峯。

百丈嶺。在衡陽縣北四十里。

弛馬嶺。在衡山縣北十里，路通湘鄉。山多苦竹，林深泥滑，馬艱於行，故名。

樟樘嶺。在耒陽縣南。一名姜王嶺。

母子嶺。在耒陽縣南六十里。有錫冶。

蓮花嶺。在常寧縣東十五里。

平山嶺。在常寧縣南三十里。

黄龍嶺。在安仁縣東二十里。

大石嶺。在安仁縣東南十里。

黄牛嶺。在安仁縣東南十五里。以形似名。

風仙嶺。在安仁縣東南二十五里。

覆船嶺。在安仁縣南二里。以形似名。

長岡嶺。在安仁縣南四十里。

竹篙嶺。在安仁縣南七十里。

大嶺。在安仁縣西南二十里。

西岡嶺。在安仁縣西北二十里。

大風嶺。在酃縣東四十里。

鵞公嶺。在酃縣南七十里。

茆花嶺。在酃縣西南四十里。

牛嶺。在酃縣西南七十里，接郴州興寧縣界。

月嶺。在酃縣西三十里。四面阻險，其上寬平。

夾石嶺。在酃縣西三十里，接安仁縣界。

橋陽嶺。在酃縣西北二十五里，接安仁縣界。四面嶄絶，鳥道羊腸，約十里許，爲往來要衝。

新開嶺。在酃縣西北四十里，接安仁縣及長沙府茶陵州界。

犁壁嶺。在酃縣北三十里。峭拔嶐起，狀若犁嘴。嶺北即長沙府茶陵州界。

三座峯。在衡陽縣西一百里。

佩石峯。在衡陽縣西一百二十里。

岣嶁峯。在衡陽縣北五十里。鄭常洽聞記：岣嶁山有響石，呼唤則應，如人共語。湘水記云：衡山南有峯曰岣嶁，東西七十里，南北三十里。又曰：峯在縣北五十二里，頂有雷池。縣志：岣嶁峯，衡山主峯也，故衡山亦稱岣嶁山。十道山川記：郭璞曰：「衡山別名岣嶁山。」山海經中山經「衡山」注：「南嶽也。俗謂之岣嶁山，上有神禹碑。」按：衡山禹碑，博雅云衡山南岳有岣嶁峯，上有神禹碑。輿地紀勝亦云在岣嶁峯。潛確類書則云雲密峯有大禹巖，峯半有禹碑，皆科斗文字。唐劉夢得寄呂衡州詩又云：「嘗聞祝融峯，上有神禹銘。」此碑真贋既無定評，箋釋又多歧説，而藏弆之所復言人人殊。惟韓愈岣嶁山詩：「岣嶁山尖神禹碑，字青石赤形模奇。」宋方翥石鼓詩：「蟲文鳥篆不可識，如讀岣嶁神禹碑。」本郭氏衡山別名岣嶁山而言，不指實藏於何峯。韓詩云：「事嚴跡祕鬼莫窺，道人獨上偶見之。千搜萬索何所有，森森緑樹猨猱悲。」是韓子僅得之道人之口，銘文仍未之見也。宋嘉定中有何致良遊於祝融峯下，樵子導之至碑所，手摹其文以歸，刊於嶽麓書院。鄱陽張世南作記以紀其事，見朱彝尊書岣嶁山銘後。

巨庇峯。在清泉縣東七十里。石磴盤互，林木周蔽，頂有天池，冬夏不涸。

回雁峯。在清泉縣南一里。南嶽七十二峯之首也。宋范成大驂鸞録：回雁峯，郡南一小山也，世傳陽鳥不過衡山，至此而返。

華靈峯。在清泉縣南二里回雁峯右。

城基峯。在清泉縣南五十里。怪石層疊，如城基然。

楊梅峯。在清泉縣南六十里。又安仁縣西北十里亦有楊梅峯，壁立數十仞，絶頂有泉有池。五代時，曾於此峯立寨屯兵以備南漢。

芙蓉峯。在衡山縣西北十里。古稱容峯。水經注：衡山容峯，最爲竦傑，自遠望之，蒼蒼隱天，故羅含云：「望若陣雲，非霧不見。」

天柱峯。在衡山縣西北十五里。高四千一百丈。亦名雙柱峯，又名柱括，下有獅子峯。明統志：峯形如雙柱聳拔，西北有香岡，出香白芷。

石廩峯。在衡山縣西北十六里。形如倉廩，有二户，一開一闔。

擲鉢峯。在衡山縣西北十七里。下有隱身巖、卓錫泉。又有船石，其狀如船，人經其下，造講經臺，因呼爲「飛來船」。本朝順治七年，兵備副使彭而述過之，因題其上曰：「此物飛來，會當飛去。」次年，忽失此石所在，時人傳爲異焉。

金簡峯。在衡山縣西北十八里。峯東有大禹巖。衡岳志：吴越春秋云，禹傷父功不成，乃處衡山，血馬以祭天。夕夢一人，自稱元夷蒼水使者，謂禹曰：「欲得我神書者齋焉。」禹乃退齋一日，遂獲金簡玉字之書。

紫蓋峯。在衡山縣西北二十里。荆州記：衡山有三峯極秀，曰紫蓋、石囷、芙蓉。衡山記：紫蓋峯，常有白鶴集其上，神芝靈草生焉。有石室在其下，香爐、臼杵、丹竈俱存。劉燾樹萱録：南嶽諸峯，皆朝于祝融，獨紫蓋一峯，勢轉東去。

祝融峯。在衡山縣西北三十里，乃七十二峯最高者。上有青玉壇，方五丈，湘水環帶山下，五折而北去。峯顛有風穴，東有望日臺，西有望月臺。

金紫峯。在耒陽縣南五十里。

雲蓋峯。在耒陽縣東北二十里。有道士巖。

昆帽峯。在常寧縣東六十里。高數千尋。

興泉峯。在常寧縣東南郭外。形勢聳秀，峯頂可坐百人，中有清泉，故名。

泉峯。在常寧縣南三十里。蜿蜒聳秀，直上五里許，山頂有泉甚清潔。又白瀑峯，在常寧縣南六十里，有飛瀑如練。

玉峯。在安仁縣東二十里。三峯疊起，形如筆架，石色多白。

黄龍岡。在衡陽縣西北三十里。府志：有黄龍見此。

曾青岡。在衡陽縣西北。明統志：岡產曾青，可入藥。

分水岡。在衡陽縣北百餘里，接湘鄉縣界。

靈壽岡。在衡陽縣境。多靈壽木。

愁思岡。在清泉縣東四十里。其岡高峻，行旅登其上，輒易感懷，故名。

馬嶺岡。在清泉縣東南五十五里。以形似名。高二百丈，周迴五里。

靖居巖。在衡陽縣西三里。有飛泉、古木及羅漢果樹。

觀音巖。在耒陽縣東北五十里。有石洞，深數十丈。香爐峯拱其前，羅帶山繞其後。

獅子巖。有二：一在耒陽縣西三十里。輿地紀勝：宋嘉祐中道人穿石竅得之。一夕雷雨，竇大開明，見四壁。第二巖有石乳滴成獅子狀，高五尺。明統志：宋時有侯彭老隱此，亦名侯公巖。一在常寧縣西三十里。

雲巖。在常寧縣南十五里。南向塔山、泉峯，岡巒掩映，爲縣之勝。又漿田巖，在縣南三十里。

天倉巖。在常寧縣南五十里。東江源出此。又金龍巖，在縣南五十里。中有古觀，因石架梁棟。

飛鳳巖。在酃縣東南七十里。又天河巖，在縣北十里青臺山右。

虎崖。在衡陽縣東八十里。怪石怒立，高可十丈。上多黄荆，右有石壁峭列，中通一縫，纔容人度。蒼藤亂石，蒙茸陰覆。

直釣崖。在耒陽縣南六十里。

鹿原陂。在酃縣西三十里，炎帝陵所在。

朱陵洞。在衡山縣北。一名水簾洞。山上有泉，至洞門作垂簾狀。

印石。在衡陽縣北石鼓山北。水經注：印石在衡陽縣南，或大或小，臨水而石悉有跡，方如印，纍然行列無文字，如此可二里許，因名爲「印石」也。

試心石。在衡山縣西北會仙橋青玉壇下。一石突出，下臨萬仞。又沖退醉石，在縣北水簾洞前，刻「沖退醉石」四大字，在洞門石浪中。

秦石。在耒陽縣南四十里。明統志：舊傳秦王驅石塞海，至今不去。

巨人跡石。在安仁縣東大石嶺溪畔。石上有足跡二尺許。

湘江。自永州府祁陽縣流入常寧縣西北界，又東北入衡陽縣，又東北入衡山縣東界，又北入長沙府湘潭縣界。水經：湘水過重安縣，又東北過酃縣西，承水從東南來注之。注：湘水北又歷印石，又北逕衡山縣東，又東北逕湘南縣東，又歷湘西縣南。元和志：常寧縣，湘水在縣北六十里。衡陽縣，湘水西南自永州祁陽縣界入。衡山縣，湘水在縣東。衡陽縣志：湘水自祁陽縣東逕常寧縣界，逕衡陽縣南八十里松柏鋪南，又東北至江口入衡陽境，又北流，歸水自東流注之。又北逕霞山東，又北逕花光山東，又北逕回雁峯東，又北逕衡州府城東，又北過石鼓山東，烝水自西來注之。湘水合烝水，名曰烝湘水，轉東流至耒河口。耒河水自南注之，又北至九里鋪南，入衡山縣境。自江口至此，北流三百一十里。府志：湘水入衡山縣界，合洣江，北流一百七十里，入湘潭縣。

茶陵江。在衡山縣東，即洣水也。自長沙府攸縣西流至縣東八十里寒婆凹入境。有赤石、楓樹、楊柳、獅子、横道等灘，有支港名苦竹港。其正流西逕靈山下，一名草市江，又西流至縣東雷家埠入湘江。水經：洣水西北過陰山縣南，又西北入於湘。

永樂江。在安仁縣南。自郴州永興縣流入，又西北流逕城南，又西北流逕衡山東義塘入洣。

武水。在衡陽縣西南五十里。自永州府祁陽縣流入，東北入烝。今名白唐河。水經注：武水出鍾武縣西南表山，東流至鍾武縣故城南，東北流至重安縣，注於烝水。

演陂水。在衡陽縣西南一百里。源出金蘭鄉，東北入烝。

清陽水。在衡陽縣西三十里。會烝水，可通小舟。

梁江水。在衡陽縣西一百里。源出寶慶府邵陽縣界，北流入烝。

柿江水。在衡陽縣西一百六十里。一名柿花水，一名豉江水，源出雲阜山，入於烝。又縣西南有潭邢水，亦出雲阜山。

烝水。在衡陽縣北二里。自寶慶府邵陽縣流入，東北入湘。「烝」古作「承」。水經注：承水出衡陽重安縣西邵陵縣界邪薑山，東北流至重安縣，逕舜廟下，廟在承水之陰。又東合略塘，又東北逕重安縣南，武水入焉。至湘東臨承縣北，注於湘〔三〕，謂之承口。輿地紀勝：水氣如烝，故名。有青草渡，在縣北一里，烝水渡也。明統志：烝水出寶慶府邵陽縣邪薑山，東北流至衡陽縣界，會清陽水，又東流經府城北會於湘。

上潢水。在衡陽縣北三十里。源出岣嶁峯，屈曲流六十里，會湘水。又有白露江，亦入湘。

梅浦水。在清泉縣東三十里。源出龍岡山，會耒水。府志：今爲泉溪渡。

斜陂水。在清泉縣東四十里。源出石窟山，北流入湘。

耒水。在耒陽縣東南。自郴州永興縣流入，又北至衡陽縣東北耒河口，又西北入湘。一名日華水。水經：耒水又西北過耒陽縣東，又北過酃縣，東北入於湘。注：耒水西北至臨承縣，而右注湘水，謂之耒口。

肥水。在耒陽縣東南六十里。發源侯憩山，西流入耒。水經注：耒陽縣有溪水東來，出侯計山，其水清徹，冬温夏冷，西流謂之肥川。川之北有石盧塘，塘池八頃，其深不測。川水西注耒水。隋書地理志：耒陰有肥水。

平陽水。在耒陽縣西三十里。

潯江水。在耒陽縣西北四十里。源出安仁縣界，西北逕鶩山鄉大陂市，繞流而西南入耒水。又名大別水。水經注：關駰十三州志曰，大別水南出耒陽縣太山，北至酃縣入湖。名勝志：大別水，即潯江水，抵大陂市。「別」、「陂」字聲近而譌也。

馬水。在耒陽縣東北七十里。源出馬水鄉，西流入耒水，爲小江口。有潭深不可測，亦爲馬口潭。

舂水。在常寧縣東。今名焦源河，自桂陽州流入，逕逍遥山東，又自縣東北折而西，逕盟山及風仙山北入湘。水經注：舂水又北逕新寧縣東，又西北流注於湘水。隋書地理志：新寧有舂江。

東江水。在常寧縣東。一名潭水。元和志：常寧縣東臨潭水。輿地紀勝：潭水源出桂陽軍，流至常寧縣與宜水會。縣志：東江水，源出天倉巖，亦名源石水。逶迤而北繞縣治北，亦名北河。西會西江水入湘。又縣東有滋陂江，可通舟楫，東江之支流也。

吴水。在常寧縣西。源出永州祁陽縣，北流經縣界入湘水。

宜水。在常寧縣西。一名宜溪水。水經注：宜溪水出湘東郡之新寧縣西南新平故縣東，衆川瀉浪，共成一津，西北流，東岸山下有龍穴，宜水逕其下。天旱則擁水注之，便有雨降。又西北注於湘。隋書地理志：新寧有宜溪水。府志：宜江之源分而復合，順流百餘里，貫闤闠之中又七十里，鑿石爲九曲，達其流於湘江，蓋神禹之遺跡也。按：輿地紀勝有樟水，源出常寧縣，會宜水。又縣志縣南有黄沙江、伊陂江、上白水，縣西有藍江，縣北有獨石江，皆宜水之支流也。

沔渡水。在酃縣東。源出萬洋山，西北流至縣北名洮水，入長沙府茶陵州界。

瀘渡水。在酃縣東南一百十里。自郴州桂東縣西流入，過煙竹堡北，復西南流入桂東縣界。

河漠渡水。在酃縣南。源出萬洋山黄孥潭。亦名常平鄉水，西北流百二十里，至陂江合洣。

洣泉水。在酃縣西洣水上流也。源出縣東桃花沖，一名桃花澗。西南流合泰和山水，又北會河漠渡水，又北會雲秋水，又北入長沙府茶陵州界。

雲秋水。在酃縣西四十里。源出雲秋山，東北流，復折西北入洣。明統志：雲秋水經雲秋山下，東北流經縣東，折而北流合洣。

西湖。在衡陽縣西儒學前。又耒陽縣西二里亦有西湖。

東湖。在衡陽縣西六十里，通烝水。又耒陽縣東亦有東湖。

酃湖。在清泉縣東。水可釀酒，名酃渌酒。湘中記：衡陽縣東二十里有酃湖，周二十里，深八尺，湛然緑色，土人取以釀酒，其味醇美。輿地紀勝：湖水冬夏不竭。縣志：酃湖今作零湖，與耒水通，可溉田百頃。

煙竹湖。在常寧縣東三十里。

琉璃湖。在常寧縣東四十里。又四十三里有沙磯湖，又四十五里有龍泉湖。

倒湖。在常寧縣南一里。

湄水湖。在常寧縣南五十里。

藥湖。在安仁縣東南四十里。

三角湖。在安仁縣南十里。

潭湖。在安仁縣北三十里。

西溪。有二：一在衡山縣西二里，一名鰍溪。源出巾紫峯，東入湘。一在石鼓山。范成大石鼓山記：西廊外石磴緣山，謂之西溪，有窪樽及唐李吉甫、齊映題刻。

易口溪。在耒陽縣南。

清溪。在安仁縣西南。

桃源溪。在酃縣西。輿地紀勝：源出雲陽五洞，北流至桃源江口二百里，合雲秋水。過三江口，春夏勝五十石舟，秋冬半之。

雨瀨。在耒陽縣西南。荆州記：耒陽有雨瀨，時旱，百姓共壅塞之，甘雨普降。若一鄉獨壅，雨亦偏降。應隨方所，其信若符刻。

跳魚瀧。在酃縣西三十里。有瀑布飛流，每值春月，魚皆逆水騰躍，可拾取也。

靈澗。在衡山縣西北。源出天柱峯，懸注而下，流三十餘里，入興樂江。山田受溉，俱爲沃壤。又有壽澗，出紫蓋峯，經嶽廟、靈壽橋，灌田可五百頃。

黄版橋港。在衡山縣東一百里。源出鳳凰山，石壕、分坳、泉湖諸水皆匯流於此。

烏石港。在衡山縣西南十里。源出衡山，東入湘。

龍隱港。在衡山縣西二十五里。一名龍隱江，源出衡山嶽廟東，繞流廟北，又東南流，過縣南入湘。

甘溪港。在衡山縣東北七十里。又夏浦港，在衡山縣東北八十里，接埠港，在衡山縣東北一百里。

白茅洲港。在衡山縣東北一百三十里。

白沙港。在衡山縣東北一百七十里。又縣東北有清涼港。

排山港。在安仁縣東南五里。源出茶陵州大市鎮，西流入永樂江。又灘頭港，在縣東南二十里，源出酃縣界，西北流二十里，入永樂江。油陂港，在縣南三十五里，源出永興縣界，東北流入永樂江。

浦陽港。在安仁縣南七十里。源出興寧縣界，北流至黄沙田合油陂港。又宜陽港，在安仁縣南，源出耒陽縣界，北流至草塘橋入永樂江。

層田浦。在衡山縣治南。又夏浦，亦在縣治南。雷家浦，在縣南三十里。

白沙洲。在清泉縣南十里。又小漁洲、蓮洲，並在城南。

韡洲。在耒陽縣北。一名花洲。

銅鑼洲。在耒陽縣北十里鷔山水口。周十里，耒水直流，此爲之障。

石灣。在衡山縣東北八十里。

江河灘。在衡陽縣北十里。又北二十里有七里灘。

茅葉灘。在清泉縣南十里。

紫流灘。在耒陽縣北五里。土色多赤。

滑石灘。在常寧縣南二十里。水勢搏急，險不容舟。

七里灘。在常寧縣北三十里，當北河西入西江處，淺流飛瀉，勢若吕梁。灘長七里。又鱠魚灘，在縣北六十里，近西江入湘江處。

洞靈源。在衡山縣西北。水源出朱陵洞，亦名真瀑布，下有潭曰投龍潭。

斷石源。在衡山縣西北雲密峯下隱真坪。水源有石，高數丈，濶數丈，而中斷。

三角潭。在衡陽縣東一百里。水甚深黑，旱可禱雨。

雲集潭。在衡陽縣南三十里。

龍祖潭。在衡陽縣南一百里。春水盛時，魚皆沿湘而上，至此旋復東下，所遺子滿湘陂間。居民編竹爲槎，施罛舫頭，逆流而取之，越宿化爲魚，自柏坊至雷家埠止。

馬口潭。在清泉縣東北。府志：縣東北有來馬水，流至小江口入耒水，匯爲潭，深不可測，名馬口潭。又石鼓潭，在石鼓山下，即烝、湘合流處。

曲潭。在常寧縣東十里。

晏公潭。在酃縣西五里。潭上巉巖壁立，淵深不測。下有黄家灘。

龍潭。在酃縣東北五十里。兩岸石壁嶔嵌，潭深如墨，其上常有寒霧。

陰陂。在衡陽縣西四十里。

筠陂。在衡陽縣西七十里。

斗陂。在清泉縣南十里。舊産茶。

竹陂。在清泉縣南十五里。

湯池。在耒陽縣東六十里。一名湯井。明統志：湯井有二泉，春夏温和，秋冬滾沸。

蔡子池。在耒陽縣西南二里。荆州記：蔡倫故宅旁有池，名蔡子池。倫始以魚網造紙，縣人至今多能作紙，蓋蔡倫之遺業也。縣志：蔡子池南有石臼，即倫舂紙臼。唐别駕李懸以臼入貢，今池存宅廢，臼跡尚存。

四十八池。在常寧縣東十五里。

應龍池。在常寧縣城南山巔。四時不涸。

大漁塘。在衡陽縣南五十五里。周二百餘畝。

略塘。在衡陽縣西九十里，周迴十里許。水經注：承水東合略塘。府志：此塘中有銅神。今猶時聞鐘鼓於水，水輒變緑作銅腥，魚爲之死。

九曲泉。在衡山縣西流杯池。又有一環泉、偃月泉、垂練泉，俱在流杯池側。

懶殘泉。在衡山縣西北懶殘巖下。

白龜泉。在衡山縣北壽安宫故址。其泉自崖竇迸出，清泚甘洌。其色早晚兩變，飲之無疾，中有白龜大如錢，隱於石竇之間，人罕得見。相近又有白鶴泉。

洗心泉。在衡山縣北水簾洞前。

知時泉。在常寧縣南。夏洌冬温。

洋泉。在常寧縣西四十里。

鏡泉。在酃縣南。澄瑩如鏡。

金烏井。在衡陽縣北二十里。常淺不滿。

甘井。在安仁縣西北慧日寺側。水甚甘洌。

古蹟

臨烝故城。今衡陽縣治。後漢置縣，隋省。唐武德四年復置，開元二十年改曰衡陽。「烝」一作「承」。零陵先賢傳：漢建安中，先主使諸葛亮督零陵、桂陽、長沙三郡，駐臨烝。宋書州郡志：湘東太守領縣臨烝。吳屬衡陽。晉太康地理志：屬湘東。水經注：臨烝，即古酃縣也，縣即湘東郡治，郡舊治在湘水東，故以名郡。隋書地理志：衡山郡衡陽，平陳，省臨烝縣入焉。舊唐書地理志：隋改臨烝爲衡陽。武德四年復爲臨烝，開元二十年復爲衡陽。元和志：衡陽縣城，東傍湘江，北背烝水。

鍾武故城。在衡陽縣西南。漢置縣，屬零陵郡。後漢改置重安侯國。三國吳屬衡陽郡，晉、宋因之。齊改屬湘東郡。隋省入衡山縣。唐武德四年復置，七年省。後漢書郡國志：重安侯國，故鍾武，永建三年更名。隋書地理志：衡山郡衡山，舊置湘東郡，平陳，郡廢，省重安縣入焉。舊唐書地理志：武德四年，置衡州，領重安。輿地紀勝：鍾武故城，在衡陽縣西八十里。漢末賊區星嘗據此，孫堅平之。按：水經注武水東流至鍾武縣故城南，又東北流至重安縣，是後漢時已徙縣治。重安尚在鍾武之東北，今其地不可考。

承陽故城。在衡陽縣西。漢置，屬長沙國。後漢屬零陵郡，改烝陽侯國。晉屬衡陽郡，後省。漢書王子侯表「承陽侯景」注：「師古曰：承，音烝，或作『烝』。」又地理志「長沙國承陽」注：「應劭曰：承水之陽。」元和志：承陽故城，在衡陽縣西一百七十里。

酃縣故城。在清泉縣東十二里。漢置，屬長沙國。後漢屬長沙郡。晉太和中省入臨烝。水經注：酃湖邊有酃縣故城，西北去臨承縣十五里。寰宇記：酃縣故城，在衡陽東十二里。按：晉初湘東郡治酃縣，太元時移郡治於臨烝，故省酃縣入之。

衡山故城。在今衡山縣東北。三國吴置衡陽縣。晉改曰衡山，屬衡陽郡，宋、齊因之。隋省入長沙郡之衡山縣。唐天寶中復置。宋書州郡志：衡陽内史領縣衡山，舊置衡陽郡，晉惠帝更名。隋書地理志：長沙郡衡山，舊置衡陽郡，平陳，郡廢，省衡山縣入焉。紀纂淵海：衡山，石晉屬潭州，後復屬衡州。九域志：淳化四年，以衡山縣屬潭州，在州西南三百十里。府志：衡山縣，隋大業六年移治白馬峯下。唐神龍三年還舊治，後以水患移治白茅鎮，即今治也。按：隋書地理志長沙郡領衡山，此衡山乃晉、宋湘西縣地。平陳，郡廢，省衡山縣地入焉，此衡山乃晉故縣，即今治也。蓋隋廢故衡山，改湘西爲衡山，乃别有湘潭縣在今攸縣界。唐天寶中始移湘潭之名于隋衡山縣，因又移衡山之名還晉故衡山縣也。

耒陽故城。在今耒陽縣東北四十五里。輿地紀勝：耒陽縣，梁、陳間移治鷩山口。縣志：耒陽縣，唐武德四年復還漢、晉故治，即今治也。

新平故城。在常寧縣西南。三國吴置縣，晉省。晉書地理志：湘東郡新平。宋書州郡志：晉孝武太元二十年，省新平。注：張勃吴録有此縣。名勝志：晉以新平省入新寧。

新寧舊城。在常寧縣西北。三國吴置縣，屬湘東郡，晉及宋、齊以後俱因之。隋屬衡山郡。唐改曰常寧。舊唐書地理志：衡州常寧，吴分耒陽立新寧縣，屬湘東郡。舊治三洞，神龍二年移治麻州，開元九年治宜江，天寶元年改爲常寧。縣志：常寧舊城在縣西北三里，唐開元九年移于今治。

新城廢縣。在耒陽縣北五十里。陳置，隋省入衡陽。唐武德中復置，尋省入臨烝。隋書地理志：衡陽，平陳，省新城縣入焉。舊唐書地理志：武德四年，置衡州，領新城。唐書地理志：衡陽本臨烝，武德七年省新城入焉。府志：元至元三年，因衡陽繁劇，復分東鄉爲新城縣。明洪武初，省入衡陽，即今新城市也。

桂陽郡城。在耒陽縣西。水經注：耒水東、肥水南有郡故城。明統志：桂陽郡城，在耒陽縣治西。東漢建武中，徙郡治于此，即今之西門城址云。按：舊唐書謂後漢郡理耒陽，尋還郴，此後漢初治所也。

金州城。在耒陽縣北。輿地紀勝：在州北八十里。

霞陽舊鎮。今酃縣治。宋置。宋史地理志：茶陵軍，嘉定四年析康樂、霞陽、常平三鄉置酃縣。明統志：縣本漢茶陵縣地，宋置，取古酃縣爲名。漢酃縣在今衡陽縣。府志：宋嘉定四年，安撫使曾彦約以諸峒遼遠，難于鎮壓，議設縣以制之，于是置縣于耒水之陽，即今治也。

方田舊驛。在耒陽縣北。唐以前，梅嶺路未開，赴嶺者道必出此，故置驛以通往來，蓋在新城市地，今廢。

黄簳銀場。在衡山縣西。宋史地理志：衡山有黄簳銀場。

安仁場。在安仁縣西南三十里。本唐安仁鎮，後唐置場。宋乾德間升爲縣，淳化中徙治永安鎮之香草坪，今爲宜陽鄉。九域志：乾德三年，陞安仁場爲縣。咸平五年，又析衡陽、衡山二縣地益之，屬衡州。輿地紀勝：縣本安仁鎮，後唐清泰二年割潭州地置安仁場。

錢監。在衡山縣境。宋史地理志：衡陽有熙寧錢監。

會真閣。在衡山縣西北祝融峯。南唐建。

穹林閣。在衡山縣西北上封寺。宋建，胡寅題額，取韓子「雲碧潭潭，穹林攸擢」之義。朱子、張栻俱有詩。又瑞應閣，在衡山縣南臺寺内，亦宋建。

仰天臺。在衡山縣金簡峯。

巾臺。在衡山縣西三里。臺徑三丈。昔禹南巡，望九疑而祭舜于此。

金簡臺。在衡山縣黄庭觀右。相傳神禹藏書處。又望日臺，在衡山縣祝融峯上。

開雲樓。在衡山縣北。明統志：樓在南嶽行祠，唐韓愈舊經處，宋蘇軾云：「公之精誠，能開衡山之雲。」樓名以此。

思政堂。在府治中。宋建。明統志：堂後有浮香堂，其左有坐嘯堂，右有珠玉堂，又有濯清、緑陰、與春三堂，皆宋建。

白雲先生藥堂。在衡山縣九真觀西。唐開元中，司馬承禎居此，號白雲先生。

雪霽堂。在衡山縣嶽廟前。相傳宋朱子偕張栻登此，適雪霽，故名。

練光亭。在府治中。宋建。

思杜亭。在衡陽縣南十五里。明統志：唐杜甫葬耒陽，宋郡守劉清之登花光山望之，慨然有感，遂建亭，題曰「思杜亭」。

望嶽亭。在清泉縣南。一名雁峯亭。輿地紀勝：唐天寳二年，採訪使韋虛舟建。東望清湘，北瞻碧嶽。

合江亭。在清泉縣北。輿地紀勝：在石鼓山後。唐刺史齊映建。明統志：在烝、湘二水合流處。

鳳雛亭。在耒陽縣治内。昔龐統曾爲耒陽令，故建此以表之。

飛香亭。在酃縣西南炎帝陵旁。

桓伊宅。在衡陽縣西北三十里伊山。輿地紀勝：晉桓伊讀書于此，宋向子忞居焉。

諸葛亮宅。在衡陽縣北石鼓山。

趙抃宅。在衡山縣治南。抃以太子少保致仕，其子屼奉抃遍游諸名山，遂于衡山卜居。

劉凝之宅。在衡山縣南。

胡安國宅。在衡山縣西南。明統志：安國嘗提舉湖南學事，後寓衡嶽，結廬居之。

宗炳宅。在衡山縣西。

鄧郁宅。在衡山縣西北祝融峯頂。南史隱逸傳：南嶽鄧先生名郁，隱居衡山極峻之巔，立爲板屋兩間，足不下山，斷穀三十餘載。梁武帝起五嶽樓居之。

李泌宅。在衡山縣西北煙霞峯下，後建鄴侯書院。明統志：唐李泌隱衡山，肅宗詔治室廬于此。

廖融宅。在衡山縣西北紫蓋峯下。

蔡倫宅。在耒陽縣西南。水經注：蔡洲西即蔡倫故宅。

銅柱。在衡山縣西北。名勝志：吴黄武二年，都督程普與蜀關公分界，共立銅柱爲誓，即此。

石柱。在耒陽縣西。明統志：在縣西五十里，高五六尺。上有字多磨滅，可識者「天寶十一年」五字而已。

校勘記

〔一〕原額人丁十二萬八百九十　「丁」，原脱，據乾隆志卷二八一衡州府户口(下同卷簡稱乾隆志)及本志敘例補。

〔二〕在衡陽境者凡六曰岣嶁回雁碧雲白玉仙上九嶺　「仙上」、「九嶺」，乾隆志作「安上」、「九女」。按，讀史方輿紀要卷八〇湖廣謂在衡陽縣境者有七峰，分别是岣嶁、回雁、碧雲、華靈、白石、仙上、九嶺。

〔三〕至湘東臨承縣北注於湘　乾隆志同。按，水經注卷三八湘水「注」字上有「東」字。

大清一統志卷三百六十三

衡州府二

關隘

下關。在衡陽縣北三里。

樟木關。在衡陽縣北三十里，路出衡山縣。

上關。在清泉縣南二里。

鐵關。在清泉縣南四十里，路出常寧縣。

新城巡司。在清泉縣東九十里新城市。

草市巡司。在衡山縣東南一百里，接攸縣界。

永壽巡司。在衡山縣西北嶽廟前。

寒溪鎮。在衡陽縣西一百里。九域志：縣有寒溪、西渡、泉溪、白竹四鎮。

雷家市鎮。在衡山縣南十里，湘江北岸。

羅渡鎮。在耒陽縣西南五十里。舊有巡司，今裁。

安平鎮。在安仁縣南三十里。

潭湖鎮。在安仁縣北三十里。

平陽戍。在耒陽縣西南五十里，今爲平陽舖。唐書地理志：衡州有戍分、洞口、平陽三戍。按：洞口在常寧，戍分無考。

鶩公砦。在耒陽縣西四十里。元末置。

曹婆山砦。在安仁縣南五十五里。

楊梅峯砦。在安仁縣西北十里。五代馬氏將歐陽頵于此立砦，以備南漢。宋沈通亦保障于此。元至元間流寇起，沈濟才立砦設備，率民聚居，賊不能犯。

湘山砦。在酃縣西二里。

月嶺砦。在酃縣西三十里。明正德六年，峒賊竊發，縣人羅宓明設砦于嶺東南面，寇至發藥矢，斃巨魁三人，賊大懼，遁去。

水口堡。在衡陽縣西八十里慕化鄉。

沙坪堡。在衡陽縣西一百里長樂鄉。

三合橋堡。在衡陽縣西北一百里。水口、沙坪、三合橋三堡爲衡陽、祁陽、湘鄉、邵陽四達之路，一郡之要害也。

象江堡。在常寧縣東五十里，接耒陽縣界。

白沙堡。在常寧縣東南七十里，接耒陽縣及桂陽州界。

杉樹堡。在常寧縣西四十里。爲諸峒猺要路。

黄煙堡。在酃縣東三十里。四面皆山，惟東路稍平，接江西吉安府永寧縣界。明天順中設兵戍守，後裁。

煙竹堡。在酃縣南一百里，接郴州桂東縣界。羣山崱岁，中分一道，溪峒相接。舊設千户駐守，後裁。

柏坊。在清泉縣南七十里，接常寧縣界。産煤。元至正間，紅巾寇起，縣人王汝榮督義兵萬人守禦，羣盜莫敢入。舊有驛，今裁。

陰坡市。在衡陽縣西四十里。又臺源市，一名紫霞市，在縣西五十里。又金塘市，在縣西一百四十里。渣江市，在縣西北八十里。

泉溪市。在清泉縣東三十里，瀕耒水。又茶皁市，在縣東五十里。小江市，在縣東八十里。和田市，在縣東南三十里，路出耒陽縣。車江市，在縣南三十里。松柏市，在縣南七十里。

大埠市。在衡山縣西南八十里。又甘溪市，在縣東北七十里。

嶽市。在衡山縣西北三十里嶽廟前。四方人民環廟而居，爲嶽市。舊有巡司，今裁。

竹塔市。在耒陽縣東二十里。又竈頭市，在縣南八里。地産煤炭，當往來通衢，多商賈貿易。黄岡市，在縣南二十里。上堡市，在縣南四十里。地多岡陵，産鉛錫，有錫坑三十餘所。肥田市，在縣北四十里。大陂市，在縣東北，即故縣治也。

新城市。在耒陽縣北五十里，接衡陽縣界。古新城縣，宋爲鎮。九域志：縣有新城鎮。

客鋪市。在常寧縣東二十里。又有梅埠橋市、衡頭市，産錫，俱在縣東三十里。白沙堡市、煙竹湖市，皆在縣東五十里。

焦源市〔一〕、陽隔洲市，皆在縣東六十里。回龍市，在縣南六十里，産錫。河洲市，在縣西二十五里。舊有河洲驛，今裁。江口市，在縣西北三十里。

杉坊市。在安仁縣東南四十里。又彭蠡市，在縣西南三十里。相近有古城市。又渌田市，在縣北二十里，接長沙府攸縣界。

嶽路。在衡山縣西北嶽廟前，入嶽大路也。

津梁

松亭橋。在衡陽縣西十里。

渣江橋。在衡陽縣西八十里。

青草橋。在衡陽縣北一里，跨烝水上，即古青草渡也。宋淳熙中建木橋，明嘉靖中盡易以石，更名永濟。今仍稱爲青草橋。

上横江橋。在衡陽縣北三十里。相近有下横江橋。

龍潭橋。在衡陽縣北五十里。又縣東五十里有龍溪橋。

小江口橋。在清泉縣東七十里。

玉泉橋。在清泉縣東南十五里。

瀟湘浮橋。在清泉縣東北。明萬曆間造舟爲梁，左泊瀟湘門，右連江東岸，連舟七十二艘。

龍影橋。在衡山縣西南二十里。

會仙橋。在衡山縣西北。

伍相橋。在耒陽縣治北。

杜陵橋。在耒陽縣北杜陵祠前。一名洞陽橋。

廉政橋。在常寧縣西門外宜水上。當往來衝衢。宋淳祐中建。元皇慶中重建，疊石爲址，釃水爲六道，架梁以渡，廣三百尺。明天啓初重建。

步雲橋。在常寧縣北北江上。明成化中建。崇禎中通判薛之奇重修，名薛公橋。

樟橋。在安仁縣東南三十里。

南橋。在酃縣南溪。

安濟橋。在酃縣西溪。宋紹定中建。

柘里渡。在衡陽縣西十里烝水上。

白馬渡。在常寧縣東四十里，接耒陽縣界。

柏坊渡。在常寧縣北三十里，接衡陽縣界。

隄堰

馬王塘。在衡陽縣西。大可百畝，五代時馬殷所鑿。

石盧塘。在耒陽縣東。水經注：肥川之北有石盧塘。塘池八頃，其深不測。有大魚，常至五月輒一奮躍，水湧數丈，細魚奔迸，隨水登岸，不可勝計。輿地紀勝：湘水記云，縣東北有漢太守谷昕築塘貯水，名瀘塘。

陵墓

古

炎帝陵。在酃縣西三十里。輿地紀勝：炎帝墓在茶陵縣南一百里康樂鄉白鹿原。乾德五年始訪得，開寶四年詔置守陵七户。縣志：炎帝陵林木茂密，有兩杉蒼然，逾四十圍。本朝屢次遣官致祭。

祝融墓。在衡山縣祝融峯上。水經注：衡山南有祝融塚。楚靈王之世，山崩毀其墳，得營丘九頭圖。

漢

羅訓墓。在耒陽縣南六十里樟楻嶺。

胡騰墓。在耒陽縣南六十里。

晉

羅含墓。在耒陽縣南四十里。

唐

李勣墓。相傳在衡山縣沙泉。按：唐史，英公薨，詔贈太尉，謚貞武，給東園祕器，陪葬昭陵。葬日，高宗幸未央城，登樓臨送，望柳車慟哭，所築墳，一準衛、霍故事。則英公非葬于衡審矣。沙泉之墓，或相沿之誤耳。

杜甫墓。在耒陽縣北鞞洲上。舊唐書杜甫傳：甫卒于耒陽。元和志：宗武子嗣業，自耒陽遷甫柩，歸葬于偃師縣。按：元微之誌云子美歸葬偃師。考韓愈詩及宋韓維詩，似柩雖遷，而塚未嘗毀也。平江志甫卒于潭、岳之間，旅殯岳陽。長子宗文卒耒陽，次子宗武貧病不克葬，命其子嗣業遷甫柩祔於偃師，則耒陽之殯恐爲甫子宗文，後世因「牛酒」之語，從而附會之也。

五代　楚

馬殷墓。在耒陽縣北。五代史楚世家：殷卒，葬上潢。

譚將軍墓。在酃縣康樂鄉。楚將譚進頗之墓。

宋

趙抃墓。在衡山縣城南。

明

王詔墓。在衡陽縣南五十里蜘蛛山。李東陽譔誌。

祠廟

六賢祠。在衡陽縣城内。明統志：宋劉清之建，祀張九齡、韓愈、寇準、周惇頤、胡安國于朱陵道院之左，名五賢。後又增祀清之於内，改名六賢。

三賢祠。有二：一在衡陽縣儒學内，祀宋李迪、劉摯、劉攽，皆以忠直謫衡者。一在衡山縣城内，祀宋胡康侯、朱子、張南軒。

向公祠。在衡陽縣東。祀宋向子忞，胡寅有記。

趙公祠。在衡陽縣東。明統志：趙汝愚爲韓侂胄所忌，謫永州，道卒於此。旅殯於湘東開福寺，後得旨歸葬，人爲立祠。

胡公祠。在衡陽縣西。宋胡銓謫衡陽，講學於此，因立祠。

二守祠。在衡陽縣北石鼓山，祀晉死節太守劉翼、南北朝宋死節内史王應之。初，宋劉清之建於朱陵道院，嘉定中遷此。

南嶽行祠。在衡山縣北開雲嶺上，爲歲時望祭之所。

龐公祠。在耒陽縣西南四里，祀蜀漢龐統。

羅公祠。在耒陽縣西南四里，祀晉羅含。

伍公祠。在耒陽縣北伍相橋側，祀楚伍員。

杜工部祠。在耒陽縣北二里，祀唐杜甫。

忠節祠。在安仁縣儒學内。明建，祀宋陳億孫。

帝嚳廟。在衡陽縣西南二十里雨母山。湘中記：雨母山上有帝嚳祠，每祭嘗有雲氣。

帝舜廟。在衡陽縣西仙上峯。宋建。

諸葛武侯廟。在衡陽縣北。輿地紀勝：在石鼓山。先主鎮荆州，諸葛亮嘗駐守臨烝，後人立廟祀之。張栻爲之記。

南嶽廟。在衡山縣西北三十里。本朝屢次遣官致祭。康熙四十六年，奉旨重修，御製碑文，并御書扁額二，一曰「光輔紫宸」，一曰「永峙南維」。雍正十年奉敕修，御書「功宏育物」扁額。乾隆十六年，奉敕修，御書「靈曜南雲」扁額。嘉慶九年復修，御書「宅南標極」扁額。元和志：南嶽廟在衡山縣西三十里。南嶽記曰，南嶽宫四面皆絶，人獸莫至。漢武帝移於江北霍山，隋文帝復移於今所。文獻通考：宋太祖建隆四年平湖南，命給事中李昉祭南嶽。又乾德六年，有司言：「祠官所奉止四嶽，今按祭典，請祭南嶽於衡州。」縣志：南嶽秩視三公，唐加王爵，宋崇帝號。明洪武中改曰南嶽衡山之神，商輅有記。

靈顯廟。在耒陽縣東北。明統志：廟在鶩山。唐末，鄉民廖思文兄弟保障鄉閭。宋乾德四年，立祠賜額。

高長官廟。在安仁縣西五里，祀宋知安仁縣高岳。

炎帝廟。在酃縣西炎陵旁。輿地紀勝：炎帝廟在陵側，宋乾德五年建。六年，以祝融配食。九年，詔移廟就縣，去縣五里。淳熙十三年，仍移陵側。

寺觀

上國清寺。在衡陽縣城北。縣志：劉宋時，思大禪師道場。宋徽宗重修。明成化、弘治、萬曆間屢修。本朝康熙以來屢修。又有中國清寺，寺有千僧。

太平興國寺。在清泉縣南。梁海尊者道場。唐建能仁寺，宋改名。

雁峯寺。在清泉縣南。舊名乘雲寺。明統志：寺在回雁峯下。唐天寶初建，無量壽佛道場。

華光寺。在清泉縣南十里太平都華光山。昔有悟禪師養白雞，每誦經則登座而聽。鷄死，埋寺側，上生白蓮花。花謝，泉湧，因名白鷄泉。有僧華光善畫梅，居此，因名。

衡嶽寺。在衡山縣西紫雲峯下。梁天監中建。本名善果寺，陳改曰大明寺。隋大業中，復改爲衡嶽寺。

勝業寺。在衡山縣西北嶽廟前。唐建。初名彌陀臺，大曆末賜號「般舟道場」。貞元間，賜名彌陀寺，後改今名。宋黄庭堅南行録：勝業寺有唐柳子厚般舟和尚第二碑。

上封寺。在衡山縣西北祝融峯上。舊爲光天觀，隋大業中始易爲寺。宋張栻集：上封寺門外寒松，皆拳曲擁腫，樛枝下垂，冰雪凝綴，如蒼龍白鳳然。方輿勝覽：寺在祝融峯絶頂，早秋已冰，夏亦夾衣。木之高大者，不過六七尺，謂之矮松。上有雷池，題詠甚多。

横龍寺。在衡山縣西北祝融峯後。唐貞元間建。宋天禧間建于寺右二里。

福嚴寺。在衡山縣西北祝融峯前。有唐太宗御書梵經二十卷，今無存。

丹霞寺。在衡山縣西北祝融峯前南天門下。

雲峯寺。在衡山縣西北祝融峯左。明統志：寺在雲密峯，即宋所建功德寺也。

靈寶觀。在衡陽縣學右。宋祥符九年建。

太平觀。在衡山縣西北彩霞峯。明統志：褚伯玉隱南山，齊高祖召之不起，建此觀以居之。

南嶽觀。在衡山縣西北祝融峯南。衡嶽志：按舊碑，晉太康八年建。梁天建二年再加修葺，武帝賜莊田三百户。唐貞觀二年，太宗重書額。觀中碑文，隋學士曹憲撰，今存。

九真觀。在衡山縣嶽廟東十里。梁元帝有碑。

崇真觀。在安仁縣西門外。宋建。

名宦

漢

衛颯。河内修武人。建武中桂陽太守。修庠序之教，設婚姻之禮，期年間，邦俗從化。先是，民居深山，濱溪谷，習其風土，不出田租。去郡遠者，或且千里，吏事往來，輒發民乘船，名曰傳役。每一吏出，徭及數百家，百姓苦之。颯乃鑿山通道五百餘里，列亭傳，置郵驛，于是役省勞息，姦吏杜絶，流民稍還，漸成聚邑，使輸租賦，同于平民。耒陽出鐵石，他郡民聚會，多姦盜。颯乃上起鐵官，罷斥私鑄。颯理卹民事，居官如家，其所施政莫不合于物宜。視事十年，郡内清理。

茨充。宛人。代颯爲桂陽太守，有善政。教民種植桑柘麻紵之屬，勸令養蠶織屨，民得利益焉。按：水經注、舊唐書、明統志謂後漢初桂陽郡治耒陽，尋移郴，故獨入二人于此。

晉

滕育。永嘉五年爲衡陽内史。益州流人汝班、梁州流人蹇撫等作亂於湘州，破零桂諸郡，育遇害。

楊邠。武陽人。永嘉初衡陽内史。流民叛，攻没長沙、湘東，邠救助被獲，不屈。伺間急走，收餘軍欲投荀眺圖進取，會眺降賊，邠孤軍無援，遂死城中。時明帝爲鎮東大將軍，嘉其忠節，板贈淮南内史。

劉翼。淮陵人。大興初衡陽太守。王敦搆難，與譙王承起義師拒之，戰死。

南北朝 齊

顧憲之。吴郡人。爲衡陽内史。郡境連歲疾疫，死者悉裹以笙席，棄之路傍。憲之下車，分告屬縣，求其親黨，悉令殯葬。又土俗山民有病，輒云先人爲禍，剖棺洗枯骨，名爲除祟。憲之爲陳生死之别，事不相由，俗遂改。刺史王奂初至〔二〕，惟衡陽獨無訟者，乃歎曰：「顧衡陽之化至矣。若九郡率然，吾將何事！」

梁

周鐵虎。事河東王譽，爲臨烝令。侯景之亂，譽拒戰大捷，鐵虎功最，譽委遇甚重。

陳

任瓌。合肥人。年十九試守靈溪令，遷衡州司馬，都督王勇盡以州務屬瓌。陳亡，瓌勸勇據嶺外，立陳後輔之。勇不從，以地降隋，瓌棄官去。

唐

李皋。太宗五世孫。嗣封曹王、衡州刺史，尋爲觀察使，貶潮州。會楊炎爲相，知皋直，復用爲衡州。皋之貶也，懼憂其母，以遷入告，至是乃言其實。

齊映。瀛州高陽人。貞元中以宰相貶衡州刺史。建合江亭於烝、湘二水匯流處，韓愈合江亭詩「邦君實王佐」註即謂映。

吕温。河中人。元和中衡州刺史。撫傷殘，詢閭里，除疲民亡户，治有善狀。其卒也，湖南人上戊重社，去樂廢酒，哭於神所而歸。

五代　南唐

廖匡濟。帥衡山，時黔南有警，鏖戰死。馬希範遣弔，其母曰：「廖氏三百口，受温飽之賜，舉族死，未足爲報，况一子乎？願勿爲念。」希範賢之，厚恤其家。

宋

張齊賢。曹州人。太宗時通判衡州。時州鞫刼盜皆論死，齊賢至，活其失入者五人。自荆渚至桂州，水遞鋪夫數千户，困于郵役，論奏減其半。

韓丕。華州鄭人。太平興國間通判衡州。能以清介自持，時人稱長者。

高岳。淳化中知安仁縣。徙縣治于香草坪，爲治有體，户口增益。

魏瓘。婺源人。真宗時知衡山縣。明吏事，治法精審。

劉沆。永新人。仁宗時知衡州。大姓尹氏欺鄰翁老子幼，欲竊取其田，乃僞作賣券，及鄰翁死，遂奪之。其子訴州、縣二十年，不得直。沆至，復訴之，尹氏持積歲税鈔爲驗，沆曰：「若田千頃，歲輸豈特此耶？爾始爲券時，嘗持敕問鄰乎？其人固多在，可訊也。」尹氏乃伏罪。

周堯卿。永明人。天聖中衡州司理參軍。居官盡職，禄雖薄，必以周濟宗族朋友。

劉摯。東光人。神宗時，監衡州鹽倉。先是，倉吏與綱兵姦利相市，鹽中雜以僞惡，遠人未嘗食善鹽。摯悉意核視，且儲其羨以爲賞，弊減什七。父老目爲「學士鹽」。

王定民。亳人。元祐中知衡陽縣，兼權教諭。修葺學宫，撰勸學文以告多士，一時士皆知奮。

孔平仲。新喻人。紹聖中知衡州。以倉粟腐惡，乘饑歲減價發之，提舉董平劾其不推行常平法，平仲疏言：「米貯倉五年，半陳不堪食，若非乘民闕食，隨宜泄之，將成棄物矣。倘以爲非，臣不敢逃罪。」

余剛。崇寧間知耒陽縣。大毀淫祠，誅巫覡，民始愕駭，久更安之。

向子忞。開封人。建炎中知衡州。首鋤擊外臺大胥姦贓十餘人，豪强斂迹，民情始通。時大旱，米價騰湧，子忞遣人糴于鄰州，歸糶之，所活萬計。尋以誣坐斥，士民羣聚提刑司擊鼓舉留。及戒途日，闔郡遮擁，至不得行。

向子諲。臨江人。紹興元年，移鄂州主管，安撫荆湖東路。劇盜曹成據攸縣，子諲軍于安仁，遣使招之，成聽命。子諲又遣將西扼衡陽，南守宜章。成逡巡不敢南向者百餘日，諸郡遂得割穫。

蔣静。宜興人。安仁令。俗好巫，静悉論巫罪，聚其所事淫像，得三百軀，毀而投之江。

劉清之。臨江人。孝宗時，差權發遣常州，改衡州。衡自建炎軍興，有所謂大軍月樁過湖錢者，歲送漕司，以四邑麴引泉及畸零苗米折納充之，無慮七八萬緡。清之請於朝，願與總領所酌損補移，漸圖蠲減，不報。遂戒諸邑，董常賦，緩雜征，禁預折。嘗作諭民書一篇，簡而易從，非理之訟，日爲衰息。念士風未振，每因月講，復具酒殽以燕諸生，相與輸情論學，來者日衆，增築臨烝精舍居之。

傅夢泉。建昌人。紹熙中爲衡陽教授。善教人，士子歸之。陸九淵最稱其教。

李修己。豐城人。慶元中衡陽令。有政聲，當路交薦。將召之，以哭故相趙汝愚入黨禁。

李肅。臨川人。衡州教授。善教士，齋舍無所容，闢武侯祠以居之。

趙逢龍。鄞縣人。歷知衡州。每至官，有司例設供帳，悉命撤去。日具蔬飯，坐公署，事至即面問决遣。爲政務寬恕，撫諭惻怛，一以天理民彝爲言，民不忍欺。居官自常俸外，一介不取，民賦有逋負，悉爲代輸。尤究心荒政，以羡餘爲平糴本。

薛寘。昌國人。衡陽主簿。時史彌堅帥湖南，寇起黑風洞，檄寘往撫，賊聞其姓氏，遂投戈退。

楊文仲。彭山人。以忤賈似道出知衡州。運餉有法而民不擾，以所得米八千石立思濟倉。

穆演祖。天彭人。爲衡陽尉。元將烏蘭哈達自雲南大理入廣南道，其先鋒破永州，衡守令聞之皆走。時演祖戍石灣，聞難馳入城，收散亡以守。俄而烏蘭哈達兵大至，進駐青草灣，欲絶湘夾攻。演祖提兵江東岸楊林廟，相拒七晝夜，募死士沉所聚舟，烏蘭哈達遁去，城賴以完。　按：烏蘭哈達，譯改見前統部名宦門。

王興。真定人。衡州鎮將。駐安仁，元兵至，力拒不屈死。

元

趙宏偉。潁川人。至元十七年，授衡州路總管。府治中羣盜出没其境，宏偉計其地，興屯田，民既足食，盜亦爲農，郡遂安謐〔三〕。

趙忠。至正間衡山令。政急所先，南嶽書院圮壞，竭力修復。

劉燾孫。至正末爲常寧州儒學正。湖南陷，常寧長吏棄城走，民奉印請燾孫爲城守，城賴以完者一年。外援俱絶，城遂陷，死之。

明

高從訓。洪武初通判衡州。克平其政，視民如子，轉同知，擢知府事。時庶事草昧，從訓定章程，創郡治，興學校，課耕桑，恩信久而愈孚。

紀惟正。洪武中衡山主簿。剛正有爲，廉潔自守。坐事，以部民乞宥，立擢陜西参議。

余鐸。池州人。初任安仁主簿，邑多流亡逋負，鐸奏撥茶陵屯糧籌補，民稍安集。當代，父老詣闕乞留，遷知本縣，益多惠政。

方素易。樂平人。永樂初爲衡州同知。有鋪卒訴年老惟一子，爲虎所噬，素易爲文檄山神，明日虎死道側。

史中。德化人。永樂中衡州通判。守法卹民，不畏强禦，擢知本府。有中貴人黷貨虐民，中廉其歸裝，執以聞，上命戮之，由是名震中外。在郡九年，遷陝西參政。

胡湜。蕪湖人。永樂間知鄠縣。正大廉公。有虎傷人，湜告于神，其虎立斃。

鄒良。樂安人。正統初以薦擢知衡州府。歲饑，便宜發粟賑濟。性鯁直，不憚豪貴，而撫小民以慈。

陳善。弋陽人。知安仁縣。愛惜民力，一無所擾。尤嚴于治盜，境内安戢。毀禁淫祠，以培文教爲己任。編户逃亡，征徭重累，奏減十五里爲七里，民尤德之。

張自守。内江人。成化中耒陽縣丞。清逃絶軍戍八十户，除飛洒錢糧二百石。聽斷明允，有當笞者，輒先泣下。薦擢常德通判。

王鵬。祥符人。弘治中知衡州府。郡有獄，株繫六百餘人，寘重典者數十。鵬悉爲讞定，多所平反。廣西土官岑濬叛，調土兵征勦。過衡需餉，咄嗟應之，禁兵不得入城，作浮橋以濟，民得安堵。

蔡汝柟。德清人。嘉靖間知衡州府。恤民察吏，不務深文，郡内大治。尤加意庠序，與諸生講學于石鼓、雁峯間，父老以爲宋劉清之以來罕有。在郡五年，陞四川按察副使。

楊儲。廬陵人。嘉靖中衡州府推官。寡言笑，折節甘貧，嘗種園蔬爨馬通以自給，官舍蕭然若逆旅，折獄一本平恕，民無冤抑，人呼之爲楊青天。

彭簪。安福人。嘉靖中知衡山縣。以育人才、正風俗、恤貧弱、修廢墜爲務。輯衡岳志。

陶敬圖。華亭人。隆慶末知常寧縣。歲久城圮，敬圖爲修築堅好，一邑賴以保障。

李燾。河源人。萬曆間知衡州府。清强節儉，常取四大禮，度民所能行者，輯爲簡儀。又手書司馬光儉訓，刊布民間。閭里惡少皆廉得其姦狀，事發，悉寘之法，民稱神明。

田興吴。思南人。萬曆間衡陽縣丞。居官廉静，惟一子、一僕從，食皆粗惡。嘗奉檄勘災，自擕供具往，倦則蔭樹下，不入民舍，遂暍死，百姓皆爲流涕。

鄧國材。横州人。萬曆中知衡山縣。始至，即教民樹桑，禁人毁折，人指爲鄧公桑。嘗微行田間，見民之藝桑多者，親勞之。聞織紝聲，賜以茶米。在任數年，田野增治，人恥游惰，吏不敢犯，民不忍欺。

潘甲第。新安人。萬曆中知耒陽縣。和介愛民。解綬歸，猶以差繁賦重，痛陳於憲司，人稱之曰潘父。

朱學忠。萬曆末知耒陽縣。嘗録囚，見獄舍卑隘，重犯與輕犯同居，囚多疾疫。學忠遷賓館于儀門之左，即以其地創外監十餘房，别處輕犯其中。凡所需竈厠寢舍，一一整潔，故獄亦然，由是囚無疫死者。

莊大化。霑益州人。天啓中知酃縣。性介，不妄取民一錢。衙齋清冷，晨炊往往不繼。六載考滿，貧無以治歸裝，士民醵金贈行，力卻之。

張鵬翼。西充人。崇禎中知衡陽縣。張獻忠來攻，諸司皆委城去，鵬翼獨守空城，執賊偵者數人斃之，亂稍定。飛檄請援，吏持檄散去。賊至，脅之降，不屈，大駡。賊縛而投之江，妻子俱赴水死。

董我前。富順人。崇禎中知衡山縣。歲祲爲民祈雨，暴行烈日中，月餘不懈，時雨洊至。及獻賊寇衡山，城陷，同教諭分宜彭允中俱抗節死。

本朝

趙廷標。錢塘人。順治七年，任衡州府同知。請免荒田賦，捐俸煮糜賑饑，全活甚衆。

王鸞翀。長垣人。康熙初知衡陽縣。縣有逋賦七千餘石，皆里民代償，鸞翀懇請于上官題免。勤于勸課，田疇闢而賦亦充，至今縣人德之。

姚克欽。夏人。康熙中知衡山縣。時苦科派，里甲有軟擡名目，姦胥巧爲浮征。克欽歎曰：「民困如此，尚忍因以爲利乎？」乃令民自輸納，額外者悉蠲之。任四年去，民皆流泣。

王仕雲。歙縣人。康熙五年爲衡州推官。府有流民逋賦，皆坐見户輸官，連引逮繫，仕雲皆釋之。蠹役作姦者，杖而械諸市，縣鉦于門，訴冤者擊之，懲勢宦家僕之尤横者。以裁缺去職，合郡歌思。

顧奕芬。長洲人。康熙五年知常寧縣。值大兵凱旋，軍需孔亟，奕芬催科撫字，民賴不困。尤加意造士，在任十六年，民愛之如慈父，祀名宦。

張翼。山西人。雍正二年知衡山縣。悃愊無華，廉潔自愛，悉除陋規。嘗署公堂云：「衾影何慚，此事敢盟衡嶽廟；肝腸略轉，他年難過洞庭湖。」以抗直被議，方解任，即晨炊不繼。士民攜蔬果焚香送之，號泣之聲徹江干。事白，起用豫省縣令，節概如故。

謝仲坃。陽春人。乾隆中知常寧縣。峻卻餽遺，履勘至鄉，自裹行糧，至嚼生萊菔供饌。月兩課士，兢兢以節行戒勉。後七年過縣，民歡呼迎之者數十里。

人物

漢

谷朗。耒陽人。事繼母以孝聞，仕至大中大夫。交南叛，朗往征之，恩威大著，遷九真太守。

蔡倫。耒陽人。永平末，給事宫掖。和帝即位，轉中常侍，與參帷幄，盡心敦慎，數犯顏匡弼得失。以竹簡不便於人，乃造意用樹膚、麻頭及敝布、魚網以爲紙。帝善其能，天下咸稱「蔡侯紙」。

羅訓。耒陽人。東漢處士，隱居邑之樟桯嶺。

三國 漢

劉巴。烝陽人。少知名，荆州牧劉表辟茂才不就。諸葛亮數稱薦之，先主辟爲左將軍西曹掾。先主爲漢中王，代法正爲尚書令。躬履清儉，不治産業，恭默守静，退無私交。先主稱尊號，凡諸文誥敕命，皆巴所作。

晉

羅含。耒陽人。嘗晝卧，夢一鳥文采異常，飛入口中，自此藻思日新。刺史庾亮以爲江夏從事，桓温臨州，補征西參軍，轉州别駕。以廨舍喧擾，于城西池小洲上立茅屋，布衣蔬食，晏如也。俄遷宜都太守，轉廷尉、長沙相。

李義。酃縣人。有勇力。明帝時，盜起荆、湘，義傾貲市兵器，率鄉民追擊，大破之，境賴以安。荆州牧陶侃召至麾下，分兵擊賊，力戰有功。鄉民歲時祀之，名其地曰太尉原。

南北朝 陳

鄧正直。衡陽人。永定初，刺史歐陽頠知其賢，辟爲盧陽令。罷征弭盜，修城濬河，興學校，人多稱之。

唐

趙知微。衡山人。穆宗朝，以布衣上言時政，詞旨激切。帝命宰相慰諭之，宰相因賀天子納諫，然竟不能用。

曹松。衡州人。學賈島爲詩，天復初及第。同時王希羽、劉象、柯榮、鄭希彥皆已七十餘，時謂「五老榜」，授校書郎。

五代　南唐

廖凝。衡陽人。隱居南岳。南唐李景聘爲彭澤令。慕陶元亮高風，視事未幾，嘆曰：「昔淵明不以五斗折腰，吾何久爲人役，惻愴若轅下駒耶？」即解印歸。復起爲連州刺史，尋歸隱。

楚

譚進頗。酃縣人。具文武才。馬殷召爲左殿大將軍。殷死，子希範立，進頗父喪母疾，乞治喪，不許，遂歸。希範怒，自將兵討之，進頗不爲備，曰：「生以忠，死以孝，吾何恨焉？」乃血指寫書，自陳無叛意，書畢而刎。

廖融。衡陽人。隱居衡山，與任鵠、凌幨、王正己相友善，皆一時名士。不樂進取，不徇勢利，獨耽山水。

蜀

歐陽彬。衡山人。博學能文。先以所著書詣馬氏，不用。乃走入蜀，獻賦，蜀王悦之，擢居清要。後官至尚書左丞，出爲夔州節度使，尋解官歸衡山。

宋

朱昂。其先京兆人。父葆光，寓潭州，遂家衡山。周世宗南征，韓令坤統兵揚州，時昂北遊江淮，謁見，陳治亂方略，令坤器之。令攝永正縣，有治蹟。宋初爲衡州録事參軍，累官峽路轉運使。真宗即位，遂知制誥，入翰林爲學士。請老，以工部侍郎致仕，賜宴玉津園。閒居自稱退叟，于所居建二亭，曰知止，曰幽棲。弟協，仕爲主客郎中，後亦告歸。時人以比二疏。

曹裕。耒陽人。舉進士第，爲潭州司録參軍，能辨枉獄。後宰溧水，值歲旱蝗，漕使以歲計不足諷諸邑。裕曰：「吾能忍視其死而不救乎？」卒以實聞。裕子洪，第進士，爲永興令。邑小民貧，正供匱乏，洪歎曰：「吾八歷縣，未嘗横斂，豈以暮年倒行逆施乎？」遂棄官歸。

侯友彰。衡山人。皇祐進士，爲臨武尉，改桂林丞。廉謹儉約，取與不苟，居官十年，布衣蔬食，無異寒士。有同年生訪之，輿從綺麗，友彰飯以蔬糲。客去，其子以貧約爲羞。友彰曰：「寇平仲位兼將相，而宅無樓臺，彼何人也〔四〕！」因爲詩，有「遺汝不如廉」之句，人傳誦之。

鄭向。衡陽人。大中祥符進士，官龍圖閣學士。教其甥周子成大儒。撰五代開皇紀三十卷，又起居注故事三卷。

鄭平。衡陽人。天禧進士，永州判官，兼監衡州茭源銀冶。歐陽修稱其自信不疑，知命不惑，得失不累其心，喜愠不見其色。

廖偁。衡山人。天禧進士。好古能文，手所著有朱陵編。弟倚，舉於有司不第，歐陽修嘗爲文送之。

趙棠。衡山人。少從胡宏學，慷慨有大志。嘗見張浚於督府，浚雅敬其才，欲以右選官之，棠不爲屈。累以策言兵事，浚奇之，命子栻與棠交。

龔蓋卿。常寧人。以明經擢第，從朱子明義理之學，爲右正言。以直事君。朱子池州語録，蓋卿所纂。

王居仁。常寧人。執經張栻之門，深有造詣。既登進士，遂隱居不仕，自號習隱。

廖謙。衡陽人。從朱子講學於南嶽。朱子教以打破舉子程文，應用詩文之厄理會學問，謙毅然承之。

侯宣。衡山人。少遊四方，好與名士交。還家，築室一區，俾遊學者往來館焉。時湖南學道最盛，遊學之士踵至如歸，宣館延二十餘年不倦，遠近稱爲松林處士。

趙方。棠子。從張栻學。淳熙中進士，知青陽縣，累官顯謨閣學士，擢刑部尚書。俄得疾，貽書宰相論疆埸大計。卒贈太師，謚忠肅。方起自儒生，帥邊十年，以戰爲守，留意人才，知名士皆拔爲大吏，諸名將多出其麾下，推誠擢任，致其死力，使朝廷無北顧之憂。故其殁也，人皆惜之。

趙范。方子。嘉定十三年，與弟葵殲金人於高頭。十四年，又敗金人於久長〔五〕。授制置安撫使〔六〕。彭義斌請范合謀討李全，范告於制置使，不報。史彌遠訪將材於葵，葵以范對，進范直敷文閣、淮東提點刑獄。范曰：「弟而薦兄，不順。」以母老辭。乃上書彌遠，具言江淮戰守機宜，朝廷乃召范稟議。紹定中又請罷調停之議，朝旨許范刺射陽湖兵就聽節制。於是討賊之謀決，遂戮全。進范兵部侍郎，加工部尚書。

趙葵。方子。嘉定中屢敗金人。紹定中李全攻揚州，葵親出搏戰，屢戰皆捷，遂殺全。六年知揚州，留揚八年，墾田治兵，邊備益飭，拜右丞相。尋出爲宣撫使，封冀國公。卒，贈太傅，謚忠靖。

李芾。衡陽人。生而聰警，少自樹立，以蔭補南安司户。咸淳元年，入知臨安府。賈似道誣以贓罪，罷之。元兵取鄂，始起爲湖南提刑。未幾，似道兵潰蕪湖，乃復芾官知潭州，兼湖南安撫使。元兵既下江陵，以大兵攻潭，芾舉家死之。贈端明殿學士，謚忠節。

陳億孫。安仁人。咸淳進士，除湖南安撫司參議。與李芾同死潭州之難。

趙淮。葵從子。李全之叛，屢立戰功，累官至淮東轉運使。德祐中，戍銀樹壩，兵敗，與其妾俱被執至瓜州，元帥阿珠使淮招李庭芝，許以大官。淮陽許諾，至揚州城下，乃大呼曰：「李庭芝，男子死耳，毋降也！」元帥怒，殺之。「阿珠」，改見長沙府列女門。

張堂。其先綿竹人，僕射浚之後，徙居衡山。益王即位於福州，詔天下勤王，堂起兵衡州，移檄安化諸獠，得民兵數千。文天祥督兵梅嶺，相與接應，復衡山等縣。既而兵敗被執，元參政崔斌欲降之，堂罵曰：「今日降，何以見我祖魏公於地下？」斌命述起兵始末，堂奮筆斥罵千百言，斌怒殺之。

趙璠。衡山人。登進士第。與其叔父溧起兵湘鄉，應文天祥，授軍器監。

元

曾圭。衡山人。世業儒，爲零陵縣尉。慕顏真卿、元次山風節文采，命其子堯臣捐家貲，建浯溪書院祀之。又割私田三百餘畝，以廪學者。

趙洪。其先臨淄人，徙家衡山。八歲中童子科，累官右文殿修撰、刑部侍郎。

劉彭壽。衡山人。辟本縣教諭，其教以五經四書爲本。延祐登進士第，授桂陽縣丞，後陞淳安縣尹。每月吉陞座講書，士庶聽講不倦，風俗爲之一變。

明

李存。安仁人。穎悟該博，與貴溪祝蕃遠遊上饒陳立大之門〔七〕，有司以高蹈丘園舉者三，皆辭。朝臣薦之，又辭。洪武中卒。有《竢菴集》。

茹瑺。衡山人。洪武中由國子監生除承敕郎，累官兵部尚書、太子少保。建文時，改吏部，與黄子澄不相能，出掌河南布政司事，尋復召爲兵部尚書。永樂初封忠誠伯，旋遣歸里。過長沙，以谷王橞陰蓄異志，遂不謁王。王以爲言，陳瑛劾瑺違祖制，下獄死。人皆惜之。

王詔。衡陽人。正統進士，授禮科給事中。在諫垣二十餘年，多所建白。進通政司右參議，敕視易州工廠，興利釐弊，具有成績。擢工部左侍郎，出浚運河，以疾請老。

劉文。衡陽人。天順進士，官給事中。彈劾不避權貴，人皆憚之。成化中論宫闈事落職，直聲大震。

謝文祥。耒陽人。成化進士，改庶吉士，授御史。數上封事，指斥時政，謫南陵縣丞。李東陽、劉大夏、陳獻章輩俱壯其節，贈以詩。年三十七，即掛冠歸。

歐陽涵。安仁人。成化舉人，知儀真縣。歲旱，竭誠祈禱，澍雨三日，忽有一鶴自天而下，馴繞於庭，民咸以爲清節所感。

謝海。安仁人。童時父爲猺賊所掠，每念其父，輒泣血。成化中第進士，親詣苗疆贖父。知父已歿，乃想象刻木，針取指血漬之。歸葬，廬墓三年，誓不禄位。母强之，始仕，授惠州通判。苗賊叛，平之。

黄瓊。安仁人。成化中知槀城縣。滹沱河溢，幾没城，瓊登城祭禱，水立退。欒城、高陽二縣民饑將爲亂，瓊白郡守，發廩往賑，亂乃已。以剛直忤上官，遂投劾歸，家居三十年，壽八十二卒。貧無以殮，妻子至不能自給。

胡文璧。耒陽人。弘治進士，正德中歷天津兵備副使。中官張忠督直沽田莊，縱羣小牟利，商民失業，文璧捕治之。遂爲忠所搆，械繫詔獄，謫延安府照磨。嘉靖初累官四川按察使。

謝訥。文祥子。弘治進士，授户科給事中。奉敕稽兩廣糧儲，人不敢干以私。遷刑科給事中，值逆瑾專擅，糾合言路，首發大姦，武宗嘉其直。瑾誅，擢工科都給事，道卒。

劉𦿛。衡陽人。正德進士，授行人。武宗南巡，上疏切諫，受杖，改南京國子監學正。世廟繼統，詔復𦿛官，授御史。按蜀有威望，未幾，疏請終養。所著有易卦變、兩州奏議、童訓及詩文若干卷。

甯欽。衡陽人。官御史。武宗南巡，抗疏力請回鑾，又奏革吉府漁税，定遞馬之制，減帶徵之數。郡人至今德之。

朱炳如。衡陽人。嘉靖進士，官行人。奉使藩府，餽遺無所受。進御史，按鹺兩淮，積贖鍰三萬金，牒漕司以佐邊備賑。後出守泉州，單騎入境，與一老蒼頭相卧處。好奬拔士類，泉士比之真德秀、王十朋。歷兩浙運使、陝西布政使，益勵名節。坐不附張居正罷。

周廷參。衡山人。嘉靖進士，知海寧縣。時倭寇海上，聲言取錢塘一路，廷參遣素所練壯士密投入倭中，誘之先渡，設伏邀擊，所遣壯士從中起，賊衆奔潰，遂擒其渠。

劉穩。酃縣人。嘉靖進士，歷南詔兵備道。獞賊猖獗，穩單騎至賊壘，諭解之。計擒山寇馬五等，進本道副使。賊帥官祖政狡而勇，穩密令其所親圖之，而故洩其事於祖政，果相猜忌，格鬭死者六百人。旋出師會勦，殺祖政於黄岡，築英德城以扼賊吭，南詔以安。以疾歸，再起廣東參政，晉南太僕寺卿。

祝詠。衡陽人。嘉靖進士，歷户、兵二科給事中。以方鯁忤倖臣，會星變應詔，有黨執政者故指事應爲解，詠力破其姦。出按甘肅諸夷誣訐撫鎮大臣事，驗覆得實，不復株連。論列邊事，如燒河套、復屯田諸議，當事尤忌之。出爲太平知府，左遷兩淮鹽運同知，皆有直聲。陞四川松潘兵備副使，撫視籌畫，洞悉利弊。擢陝西左參政，疾卒。

伍讓。衡陽人。隆慶進士，官刑部員外郎。有緹騎捕諸平民爲盜者，白釋之。累遷河南參議。時汝南經馬鞍山賊叛後，道殣相望，讓悉心安集，所活甚多。餘黨據高老山，讓出奇兵捕之，斬獲略盡。遷南贛道副使。

陳宗契。衡陽人。萬曆進士，選庶吉士，改御史。時陝西税璫梁永蠹害按臣徐懋恒，宗契專疏請誅永以伸國法，又糾遼左税監高淮擅預兵機，乞正其罪，直聲震輦下。天啓初，歷通政參議。魏忠賢擅政，諷使附己，即日上疏乞歸。年九十餘卒。

江朝翰。衡陽人。七世同居，與弟朝林皆至孝。母黄氏疾，凡四割股，母壽八十七乃終。里中父老欲聞於當路，朝翰力辭，士論益尚之。又衡陽縣有甯允伯、甯維成，酃縣有潘體，皆爲親割股，以孝稱。

吴邦卿。常寧人。父喪廬墓，妻死終身不再娶。捐田助學，以孝義聞。

阮以頤。常寧人。少孤，母胡氏撫以成立。崇禎末寇變，母卧疾不能起，以頤侍母側，以死衛之，旋爲兵所傷，而母得全。

王世宗〔八〕。衡陽人。事繼母篤孝，病侍湯藥，至爲嘗糞以驗疾淺深，母病頓愈。又安仁縣有曾宗卷，亦爲母嘗糞，以孝聞。

本朝

譚振萃。酃縣諸生。值大疫，母殁，時流寇未靖，棺不得具，振萃號慟三日，卒。

王夫之。衡陽人。父朝聘以貢遊北雍，當得官。會温體仁當國，選郎承意旨索賂，朝聘曰：「仕以榮親，而賂以取辱，可乎？」遂投袂歸。夫之舉崇禎壬午鄉試。性至孝，以文章志節重於時。精研六經，尤神契横渠正蒙之説。康熙間吴逆踞衡、湘，夫之逃入深山。吴逆平，巡撫餽粟帛請見，夫之病，辭帛受粟。著有五經稗疏、四書讀大全説、説文廣義等書。兄介之、參之，俱以孝行聞。

廖聯翼。衡陽人。順治進士，知孟津縣。到官即廉得姦宄伏法，縣人畏服。值旱蝗，捐俸賑饑，全活甚衆。擢内閣中書舍人。

詹象鼎。常寧諸生。縣人卜遷學宫，皆曰象鼎宅地吉。象鼎曰：「果吉，吾當毁宅，不願獨利也。」由是新學遂成。

陳國寶。常寧人。母羅氏病不起，徧謁醫，有道士畀藥少許，言得人乳頭共烹可愈。國寶籲天割乳和藥奉母，病果痊。

唐崇勳。衡山人。康熙舉人，知靖安縣。歲饑不待報，發廩賑民。有盜殺寺僧，劫其貲，遺一扇，與寺中舊傭工名字同，遂捕繫之，獄已具。崇勳廉其枉釋之，後獲盜於隣界，則遺扇人姓字也，一縣稱神。官至户部員外郎。

歐陽紹修。衡山人。奉父母避兵山中，猶手一卷自隨，崎嶇巖谷間，定省未嘗廢禮。父母殁，諸弟中有欲蕩其産者，紹修掩户自撾，由是感悟。課子若孫甚嚴，家門整肅，信義著於鄉里。孫正焕，乾隆進士，授編修，改御史，在諫垣，敷陳皆關大體。父殁，哀毁成疾。生平束身禮法，克紹家聲焉。

丁懷德。衡山人。事親孝。父殁，廬墓三年。母老且病，飲食起居必身親省。五世同居，百口無間言。病革，呼家人泣曰：「吾不能終養老母，雖死不瞑目。其勿殮於正寢，以彰不孝之罪。」聞者惻然。

海鳳翥。衡陽人。康熙進士，知直隸龍門縣。首革私派，勒石永禁，繕城勸學，諸務畢舉。外艱，再補錢塘縣，歲饑設法賑濟，以疾歸，卒於家。祀龍門名宦。

聶燾。衡山人。乾隆進士，知鎮安縣。會大兵征金川，軍需馬匹，燾即於龍駒寨捐貲雇用。大兵遄行，居民安堵。舊置社倉，遠者或四五百里，民馱負維艱，燾酌於野珠、土茅二坪移建兩社，民咸稱便。考最第一，調知鳳翔，以内艱歸。家居養父數十年。

彭齡。衡山諸生，精春秋學，淹貫三傳，折衷程氏、胡氏，所批閲不下數十家。性恬淡，喜吟詠，每出一篇，曠然有絶塵想。

潘世洪。衡陽人。官衡州協中營外委。乾隆六十年，隨征黔、楚逆苗，追捕龍團附近苗匪，陣亡。同縣人夏尚惠官外委，以兵護高村，殺賊甚多，奮勇衝擊，力竭殁於陣。事聞，議卹，均廕雲騎尉。

劉正麒。衡陽人。官湖北鄖陽協右營守備。嘉慶三年，隨勦川省邪匪，屢獲戰功，蒙賞戴藍翎。是年十二月，追捕邪匪於墊江、長壽等處，奮力爭先，受傷陣亡。事聞，議卹，廕雲騎尉。

劉教五。衡山人。性敦孝友。親亡廬墓終喪，鄉里重之。其妻彭氏亦克盡婦道，均嘉慶二十五年旌。按：彭氏並載列女門。

流寓

晉

劉驎之。南陽人。好遊山澤，志存遁逸。嘗採藥至衡山，深入忘返，見一澗水，水南有二石囷，一閉一開。水深廣不得過，欲還，失道，遇伐弓人問徑，僅得還家。或説囷中皆仙靈草藥諸襍物，驎之欲更尋索，終不復知處也。

南北朝　宋

宗炳。涅陽人〔九〕。好山水，愛遠遊。西涉荆巫，南登衡嶽，因結宇衡山。欲懷尚平之志，有疾還江陵。

劉凝之。枝江人。性好山水。一日攜妻子泛江湖，隱居衡山之陽。登高嶺，絶人迹，爲小屋居之，採藥服食，妻子皆從其志。

唐

李泌。京兆人。肅宗時隱衡山，有詔給三品禄，賜隱士服，爲治屋廬。

杜甫。襄陽人。大曆中出瞿塘，下江陵，泝沅、湘以登衡山，因客耒陽，遊嶽祠。大水遽至，涉旬不得食，縣令具舟迎之，乃得還。尋卒於衡。

朱葆光。南陽人。梁祖代唐，葆光與唐舊臣顔蕘、李濤數輩挈家南渡，寓潭州。每正旦、長至，必序立北望號慟，殆二十年。後濤北歸，葆光樂衡山之勝，遂家焉。

五代　漢

劉昌嗣。湘鄉人。隱帝遇害，避居衡山。馬殷、周行逢招之，皆不屈。乃改姓范，號愚叟，躬耕終身。

宋

趙抃。蘭谿人。神宗時罷相，居衡山。

鄒浩。常州人。第進士。蔡京當國，忌浩，使其黨爲僞疏以激上怒，謫衡州。

胡安國。崇安人。哲宗時提舉湖南學事，患居當兵衝，徙於荆，再徙於衡。從子寅以忤秦檜，退居衡山，著書講學。子宏居衡山二十年，玩心神明，不舍晝夜。張栻師事之。又從子實與朱子、張南軒遊。

胡銓。廬陵人。建炎中，疏斥秦檜，編管新州。檜死，量移衡州。嘗寓西湖，與衡士講學其中。

曾幾。河南人。避地衡嶽。又從胡安國遊，其學益粹，爲文純正雅健，詩尤工。

張栻。綿竹人。受學於胡宏。居衡山，時朱子勾管南嶽廟，栻與往來講學，并唱和詩文。

周必大。廬陵人。遊學安仁，讀書於清溪及縣東之玉峯。

吴翌。建陽人。遊學衡山，師事胡宏。復與張栻遊，遂買田築室於衡山之下，一以明理修身爲要，謝絶科舉之學。當路聘爲嶽麓書院山長，不就，自稱南嶽居士。

李椿。永年人。避地南嶽、耒陽，貧無以爲養，不得專志於學。年三十，始學易。官至敷文閣直學士。朱子嘗銘其墓，稱其不阿主好，不詭時譽。

明

陳獻章。新會人。遊衡山，始與衡諸生講學於兜率寺，從者至不能容。再遊南嶽，復與諸生講學其上。

列女

明

包有榮妻鍾氏。衡陽人。姑病疽，吮之而愈。

鄒榮華妻楊氏。衡陽人。崇禎中，臨藍寇逼，楊年二十一，倉惶走避，突與賊遇，度不免，遂赴水死。

倪民恒妾劉氏。衡陽人。張獻忠陷衡州，劉時年二十，被執，挈之上馬。劉大罵不從，賊怒，刳其心而死。同時殉節者，孫鳴衡妹孫氏、鄒應昌妻劉氏、張若瓊妻沈氏、劉思文女、胡遵典妻譚氏，皆罵賊不屈死。

劉廷耀妻朱氏。衡山人。年十七，廷耀以五日競渡溺死，其母兄納賂，强朱改適富家子。朱聞之，大慟，密自檢飭，走江濱，躍水死。

董惟嶽妻歐陽氏。衡山人。流寇夜焚其家，惟嶽鬬死，歐陽率子弟敵賊，不勝，奮身赴火死。

康國妻賓氏。衡山人。早寡。崇禎間衡、湘寇作，舉家被執，賓紿賊曰：「舍我父與弟，願奉百年。」賊釋之。賓至柳樹塘，遽躍水死。

蔣閭妻鄭氏。耒陽人。閭任訓導，卒於嶺南，鄭扶櫬歸葬。經理家務畢，入室自縊死。時衡陽縣諸生朱武英妻王氏，亦抗節死。

謝士珍妻劉氏。耒陽人。夫亡，殉節死。

羅文繡妻聶氏。常寧人。父庭鳳嘗授以内則、女誡諸篇。文繡挈妻經月浦，溺於水，聶挽之不及，亦投水中，舟人亟舉篙援之，却篙而沉。越七日，兩屍並浮，有司葬而表之。

李在公妻鄧氏。常寧人。崇禎中礦寇攻城，鄧被執，將污之，以死拒不從。瞯守者失防，遂赴江死，其尸逆流三里。

陳思詩妻劉氏。安仁人。值猺賊攻縣，被執，將污之，劉引首就刃曰：「吾死不辱也。」賊怒，置薪兩袖中，火發膚裂，越七日死。

尹文光妻劉氏。酃縣人。值流寇至，居民走避，劉年甫十八，侍姑病，匿山澤中，爲賊所執，欲污之，不從。賊以刃加其頸，卒不屈。賊怒，殺之。

本朝

羅興恒妻譚氏。酃縣人。紅賊至，被執，投湘水死。順治年間旌。

唐嶷勳妻劉氏。衡山人。夫亡守節，康熙年間旌。

謝賜梅妻梁氏。耒陽人。夫亡守節，康熙年間旌。

李開美妻周氏。常寧人。夫亡守節。同縣節婦李祐臣妻詹氏，均康熙年間旌。

謝義立妻侯氏。安仁人。夫亡守節。同縣節婦李任賢妻唐氏、劉復舉妻謝氏、侯一德妻呂氏、侯徽妻蔡氏，孝女何新秀養親守貞，均康熙年間旌。

廖章妻魏氏。衡陽人。夫亡守節，雍正年間旌。

文爾篤妻顏氏。衡山人。同縣節婦單坤笠妻沈氏，均夫亡守節，俱雍正年間旌。

段昌紀妻鄒氏。常寧人。夫亡守節。同縣節婦譚繼誦妻胡氏，均雍正年間旌。

謝尚金妻許氏。衡陽人。夫亡守節。同縣節婦王羕予妻曾氏、周如章妻鍾氏、譚德愈妻范氏、丁奇珍妻史氏、王乃吉妻歐陽氏、子婦蔣氏、周氏、楊耀祖妻唐氏、范廷燕妻劉氏、周若儼妻曾氏、劉維忠妻胡氏、祝維藩妻歐陽氏、楊正冕妻彭氏、周楊沛妻彭氏、李升庠妻唐氏、王仁懷妻徐氏、唐少伯妻曾氏、唐端邇妻劉氏、王百訓妻劉氏、魏藻妻李氏、陶作楷妻胡氏、周若燦妻李氏、王之福妻全氏、王百拙妻唐氏、吴興鍾妻許氏、楊永緒妻蕭氏、鄒萬和妻李氏、盛時治妻李氏、劉盛光妻陳氏、宋圖學妻周氏、楊興憲妻夏氏、常明漢妻劉氏、蔣國植妻王氏、黄鈞妻鄒氏、聶以德妻常氏、王百寧妻蔣氏、李源富妻鄒氏，均乾隆年間旌。

羅大科妻王氏。清泉人。夫亡守節。同縣節婦徐福八妻楊氏、劉紹瑄妻陸氏、蔣文詠妻張氏、楊乃敘妻許氏、劉承堯妻蕭氏、楊朝林妻劉氏、王蘭妻盛氏、蕭炳緒妻王氏、彭安湘妻黄氏，均乾隆年間旌。

茹某妻何氏。衡山人。夫亡守節。同縣節婦陳元龍妻王氏、黄登宸妻文氏、劉自順妻張氏、歐陽次元妻胡氏、喻良臣妻何氏、曠庭本妻趙氏、蕭懋枚妻董氏、曠騰升妻姚氏、曠嵩本妻陶氏、曹學山妻李氏、譚緒文妻樊氏、文麟書妻羅氏、喻景南妻彭氏、蕭兆淳妻李氏、李豈凡妻劉氏、楊元瓏妻羅氏、鄭紱周妻羅氏、趙履遂妻左氏、羅萬里妻楊氏、羅以選妻蕭氏、成之烈妻王氏、蕭世敏妻羅氏、胡本佳妻王氏，均乾隆年間旌。

伍大倫妻李氏。耒陽人。夫亡守節。同縣節婦蔣志遠妻雷氏、文水操妻陳氏、梁盛楚妻陳氏，均乾隆年間旌。

胡威妻尹氏。常寧人。夫亡守節。同縣節婦楊開升妻張氏、廖成能妻鄔氏、唐有亮妻吕氏、唐有相妻詹氏、劉巡勝妻滕氏、段昌作妻彭氏、段昌嵩妻尹氏、段垢生妻周氏、段闢生妻曾氏、劉安國妻王氏、劉琰妻陳氏〔一〇〕、廖際旦妻李氏、劉嗣向妻蕭氏、崔良鵬妻唐氏、譚朝進妻范氏、滕繼誦妻胡氏、陳思閣妻楊氏、劉登瑛妻詹氏、詹顯緝妾姚氏、詹顯經妻李氏、陳平心妻詹氏，均乾隆年間旌。

尹尚絅妻劉氏。安仁人。夫亡守節。同縣節婦張祖琳妻盧氏、謝斐文妻劉氏、伍承偉妻虞氏、歐陽瑜妻侯氏，貞女鄒逢生聘妻蕭氏、陳邦讓女，均乾隆年間旌。

羅國相妻李氏。酃縣人。夫亡守節。同縣節婦羅國楨妻萬氏、羅國梁妻陳氏及娣姒李氏、萬氏、尹之珩妻陳氏、李慶首妻萬氏、陳詩妻孟氏、譚振宇妻尹氏〔一一〕、羅炯妻譚氏、譚豫瑶妻劉氏，貞女李宗琳聘妻譚氏，均乾隆年間旌。

王啓瑚妻常氏。衡陽人。夫亡守節。同縣節婦淩漢鵬妻魏氏、魏忠心妻鄭氏、馮祖紳妻蔣氏，烈婦易氏子婦張氏、鄢國達妻周氏、周宗超妻李氏，均嘉慶年間旌。

歐陽濟川妻張氏。清泉人。夫亡守節。同縣節婦周世昌妻譚氏、周世緒妻顔氏、李克厚妻謝氏、廖承漢妻謝氏、姚智本妻王氏，烈婦陸某妻劉氏、唐氏婦龍氏，貞女李文藻聘妻陳氏，均嘉慶年間旌。

彭傳信妻譚氏。衡山人。與弟傳恭妻羅氏，俱夫亡守節。同縣節婦周芳麓妻羅氏、譚登甲妻朱氏、文茂妻夏氏、唐楨思妻朱氏、單彰國妻董氏、曹良明妻劉氏，孝婦劉教五妻彭氏，均嘉慶年間旌。

蕭啓書妻袁氏。常寧人。夫亡守節。同縣節婦吴恩崇妻劉氏、吴山柏妻詹氏、吴山焘妻段氏、吴山浚妻段氏、段紹琨妻黎氏、吴南崇妻江氏、詹顯權妻蕭氏，烈婦雷氏婦劉氏、王曾興妻吴氏，均嘉慶年間旌。

歐陽厚穉妻周氏。安仁人。夫亡守節。同縣節婦蔣志伊妻李氏、妾韓氏，均嘉慶年間旌。

仙釋

漢

劉根。不詳何許人。遊觀四方，晚歸南嶽之東峯，煉真服氣，後仙去。

成武丁。臨武人。爲縣小吏。至長沙，遇異人授以藥，遂通鳥獸言語。後乘白騾仙去。

賣薑翁。不詳何許人。日在嶽市賣薑，取擔上薑納口中，吐出成金。自是不復見。

晉

魏夫人。任城人，司徒魏舒之女也。名華存，幼而好道，志慕神仙，嘗棲衡山，仰天峯、白雲潭，其遺跡也。後託劒化形而去，爲南嶽夫人，比秩仙公。陶弘景真誥所謂南真，即夫人也。

南北朝　宋

徐靈期。修道於南嶽。歲久遍遊嶽之巖洞及諸山谷一十五年，無不周覽，作衡山記。能制服虎豹，役使鬼神。元徽中白日昇舉。

梁

鄧郁。荆州建平人。居衡山洞靈臺，辟穀三十餘年，惟飲澗水，服雲母屑。天監十四年，乘鶴去。

陳

慧思。姓李氏。頂有肉髻，牛行象視。光大六年，自大蘇山趨南嶽，曰：「吾寄此山十載，以後必事遠遊。」自此道化彌盛。太建元年示寂。本朝雍正十二年，封圓慧妙勝禪師，遣有司致祭。

唐

惠日。姓慶氏，濮陽人。早歲達道，隱居衡嶽寺。盧藏用作十八高僧序，惠日其一也。

懷讓。姓杜氏，金州人。先天二年至衡嶽，居般若寺。天寶二年示寂，謚大慧禪師。

司馬承禎。字子微。開元初自海山乘桴鍊真南嶽，結菴於觀北一里許，張九齡屢謁之。明皇令其弟承禕招之，校正道德經。

希遷。姓陳氏，端州高要人。直造曹谿，得度，未具戒，屬六祖圓寂，禀遺命謁青原。天寶初之衡山，南嶽寺東有石狀如臺，乃結菴其上，號石頭和尚。本朝雍正十二年，封智海無際禪師，遣有司致祭。

薛季昌。河東人。遇正一先生司馬承禎於南嶽，授以玉洞經籙，研真窮妙。明皇召入禁掖，延問道德，談及精微。明皇喜之，恩寵優異，尋即還山。

王旻〔一二〕。號太和先生，居衡山。貌如三十餘，長於佛教。明皇與貴妃楊氏禮謁，拜於牀下，訪以道術。文隨事教之，大約以修身、儉約、慈悲爲本。在京累年，天寶中請於高密牢山合鍊，許之。

懶殘。天寶初居衡嶽寺，爲僧衆執役，食退，即收所餘，性懶而食殘，因名懶殘。李泌寓衡，嘗夜往見之，懶殘方撥牛糞火煨芋，出半芋食之曰：「慎勿多言，領取十年宰相去。」後果然。

慧海。方廣寺開山祖師。每誦經時，有五白衣長者列坐聽聞，慧海詢其姓，白衣自稱乃此山龍王也，願獻寺基。慧海諾之。一夕擁沙爲平地，遂建刹焉。

承遠。始學於成都唐公。至荆州，進學於王泉真公，師授以法。至衡山爲教魁，人從而化者萬計。弟子法照，在代宗時爲國師，言其師有異德。天子名其居曰「般若道場」。德宗朝，詔立爲彌陀寺。貞元十八年，終於寺。柳宗元爲碑，刻於寺門。

曇藏。住南嶽西園蘭若。本受心印於大寂禪師，後謁石頭希遷，瑩然明徹。貞元二年，遁衡嶽之絶頂，人罕參訪，尋以脚疾移止西園。

譚峭。唐國子司業洙之子。好黄老、諸子及周穆、漢武、茅君、列仙内傳，靡不精究。一日出遊，歷名山，後居南嶽，煉丹成，服之，入水不濡，入火不灼。著譚子化書。

白椿夫。僖宗時人。居南嶽，能役鬼神，祛妖怪，又能爲人已病，人尊信之。

行明。姓魯氏，吳郡人。初歷五臺、峨嵋，文殊、普賢爲現金銀色相。後入衡嶽，遁祝融峯下，與泰布納交契。

宋

率子廉。衡山道士。居南嶽紫虛閣，有道術。

谷泉。泉南人。造汾陽，謁昭禪師，昭奇之，密受記。別昭南歸，放浪湘中，聞慈明住道吾，往省覲焉。後登南嶽，住懶殘巖，移居芭蕉菴，郴人至今祠焉。

何尊師。不知何許人。居衡嶽，人問其氏族、年壽，但曰「何何」。問其鄉里，亦曰「何何」。人因號曰何尊師。頗喜繪事。

土產

錫。府志：耒陽、常寧二縣出。

葛。府志：耒陽、常寧二縣出。

綿紙。唐書地理志：衡州土貢。明統志：耒陽縣出。

蠟。府志：酃縣出。

山礬。府志：各縣俱出。

地榆。衡嶽志：衡山出。

萬年松。長髮草。府志：各縣俱出。

三色石榴。酉陽襍俎：衡山石榴花，有紫、碧、白三色，花大如牡丹。亦有無花者。

校勘記

〔一〕焦源市　「焦」，乾隆志卷二八一衡州府關隘（下同卷簡稱乾隆志）作「蕉」。按，元豐九域志卷六及宋史卷八八地理志皆載常寧縣有茭源銀場，蓋其地。

〔二〕刺史王奐初至　「王奐」，原脱姓，據乾隆志及南史卷三五顧憲之傳補。

〔三〕郡遂安謐　「謐」，原作「謚」，據乾隆志改。

〔四〕彼何人也　「彼」，原作「被」，據乾隆志改。

〔五〕又敗金人於久長　「久長」，原作「天長」，乾隆志同，據宋史卷四一七趙范傳改。按，久長鎮屬黄州，與揚州之天長易混。

〔六〕授制置安撫使　乾隆志同，皆誤。按，宋史卷四一七趙范傳言趙范與弟葵「俱授制置安撫司内機」，同卷趙葵傳所載同。其職與「制置安撫使」顯爲統屬關係，且下文言「范告於制置使」，豈非自相牴牾？一統志史臣之疏謬於此可見。

〔七〕與貴溪祝蕃遠遊上饒陳立大之門　「陳立大」，原作「陳明遠」，乾隆志同。考宋元學案卷九三有隱君陳静明先生苑傳，載陳苑字立大，江西上饒人，其高弟子曰祝蕃（字蕃遠）、李存、舒衍、吴謙，所稱「江東四先生」者也。同卷亦有李存傳，謂存字明遠，一字仲公。乾隆志與本志皆以李存之字誤植於陳苑，今據以改正。

〔八〕王世宗　乾隆志作「王世忠」，謂「字國愛」，疑是。

〔九〕宗炳涅陽人　「涅陽」，原作「涅縣」，據乾隆志及宋書卷九三隱逸傳改。按，涅縣屬上黨郡，「涅陽」屬南陽郡。

〔一〇〕劉琰妻陳氏　「琰」，原作「炎」，據乾隆志改。按，本志避清仁宗諱改字。

〔一一〕譚振宇妻尹氏　「宇」，原漫漶不清，據乾隆志録。

〔一二〕王旻　「旻」，原作「文」，據乾隆志及太平廣記卷七二道術改。按，本志避清宣宗諱改字。

常德府圖

洞庭湖
香爐山
金雞山
赤山
沅江
浪山
益陽縣界

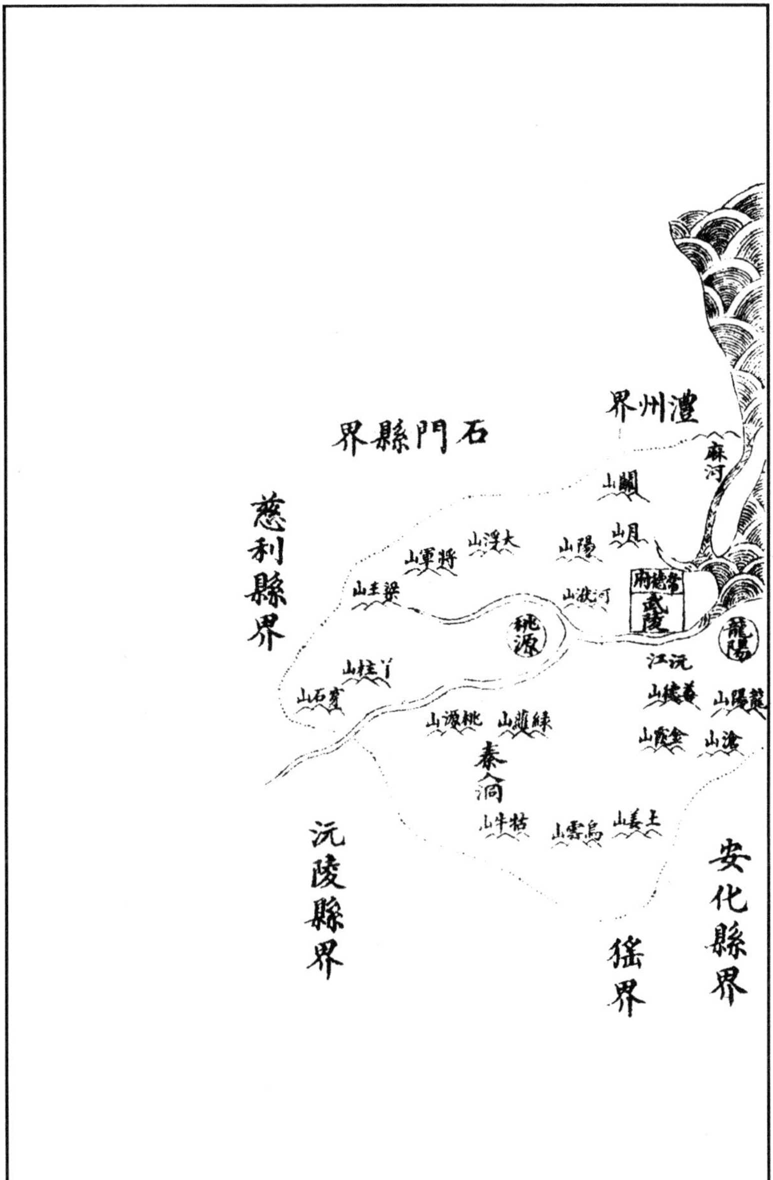
澧州界
石門縣界
慈利縣界
沅陵縣界
安化縣界
猺界
常德府
武陵
桃源
龍陽
麻河
沅江
秦人洞
關山
月山
陽山
大浮山
將軍山
梁主山
河洑山
丫柱山
寶石山
桃源山
綠蘿山
善德山
龍陽山
金霞山
滄山
枯牛山
烏雲山
上姜山

常德府表

	常德府	武陵縣
秦	黔中郡地。	
漢	武陵郡	臨沅縣 後漢郡治。 漢壽縣 前漢索縣，爲武陵郡治。後漢順帝更名。
三國	武陵郡 屬吴。	臨沅縣 吴壽縣 吴更名。
晉	武陵郡 屬荆州。	臨沅縣 漢壽縣 武帝復名。
南北朝	武陵郡 宋、齊屬郢州。梁置武州，後廢。陳天嘉初復置，太建中更名沅州武陵郡。	臨沅縣 漢壽縣
隋	武陵郡 初廢郡，改朗州，大業初又改郡。	武陵縣 更名，仍爲郡治。 省入武陵。
唐	朗州武陵郡 初置朗州，屬江南西道。天寶初仍曰武陵郡。	武陵縣 州治。
五代	朗州 屬楚。梁太祖時升爲永順軍，後周行逢改武平軍。	武陵縣
宋	常德府 初爲朗州武陵郡，大中祥符中改鼎州，政和中改常德軍節度，乾道初升府，屬荆湖北路。	武陵縣 鼎州治，後爲府治。
元	常德路 屬湖廣行省。	武陵縣 路治。
明	常德府 復爲府，屬湖廣布政使司。	武陵縣 府治。

續表

桃源縣	龍陽縣	沅江縣
沅南縣 前漢臨沅縣地。後漢分置，屬武陵郡。	前漢索縣地。後漢漢壽縣地。	長沙國益陽縣地。
沅南縣	龍陽縣 吴置，屬武陵郡。	
沅南縣	龍陽縣	
沅南縣	龍陽縣	藥山縣 梁置，兼置藥山郡。 重華縣 梁置。
省入武陵。	龍陽縣	沅江縣 開皇中廢郡，改縣曰安樂，後又改曰沅江，屬巴陵郡。 省。
	龍陽縣 屬朗州。	橋江縣 屬岳州，乾寧中更名。
	龍陽縣	橋江縣 改屬朗州。
桃源縣 乾德初析置，屬鼎州，後屬常德府。	龍陽縣 初屬鼎州，大觀中更名辰陽，紹興三年復名。五年置軍使，三十年復爲縣，屬常德府。	沅江縣 乾德初復舊名，屬岳州。南宋還屬鼎州，乾道中復屬岳州，尋屬常德府。
桃源州 元貞初升州，屬常德路。	龍陽州 元貞初升州，屬常德路。	沅江縣 元貞初改屬龍陽州。
桃源縣 復降縣，屬常德府。	龍陽縣 復降縣，屬常德府。	沅江縣 洪武十二年併入龍陽，十三年復置，仍屬常德府。

大清一統志卷三百六十四

常德府一

在湖南省治西北四百十五里。東西距四百二十里，南北距六百二十里〔一〕。東至長沙府益陽縣界一百六十里，西至辰州府沅陵縣界二百六十里，南至長沙府安化縣界一百二十里，北至澧州界九十里。東南至益陽縣界一百三十五里，西南至沅陵縣治三百八十里，東北至岳州府治四百五里，西北至澧州石門縣治二百二十里。自府治至京師三千二百六十里。

分野

天文翼、軫分野，鶉尾之次。

建置沿革

禹貢荊州之域。春秋、戰國時屬楚。秦黔中郡地。漢高帝置武陵郡，後漢因之。三國屬吴。晉屬荊州。南北朝宋、齊屬郢州，梁置武州，後廢。陳天嘉元年復置武州，大建七年改曰沅州武陵郡。隋平陳，郡廢，改曰朗州。大業初仍曰武陵郡。唐武德四年，平蕭銑，置朗州。開元中屬江南西道。天寶初仍曰武陵郡，改屬山南東道。乾元初復曰朗州。五代時屬楚，升州爲永順軍。後周行逢據其地，改武平軍。五代史楚世家：梁太祖時，馬殷請升朗州爲永順軍。又周廣順三年，劉言請升朗州爲武平軍。宋建隆間，爲朗州武陵郡。大中祥符中改曰鼎州，政和七年置常德軍節度。宋史地理志：建炎四年，升鼎、澧州鎮撫使。紹興元年，置荆湖北路安撫使，治鼎州，領鼎、澧、辰、沅、靖州。三十二年罷。乾道元年升爲常德府，宋史地理志：以孝宗潛藩升府。八年依舊提舉五州。屬荆湖北路。元爲常德路，屬湖廣行省。明復曰常德府，屬湖廣布政使司，本朝因之。康熙三年屬湖南省，領縣四。

武陵縣。附郭。東西距一百里，南北距七十五里。東至龍陽縣界四十里，西至桃源縣界五十里，南至長沙府安化縣界一百二十里，北至澧州界九十里。東南至龍陽縣界四十里，西南至桃源縣界九十里，東北至澧州安鄉縣界一百三十五里，西北至澧州石門縣治二百二十里。漢置臨沅縣，屬武陵郡。後漢爲武陵郡治，順帝更名漢壽縣。三國吴更吴壽縣。晉復名漢壽，宋、齊因之。隋改置武陵縣，仍爲郡治。唐爲朗州治。宋爲鼎州治，後爲常德府治。元爲路治。明復爲府治，本朝因之。

桃源縣。在府西八十里。東西距二百四十里，南北距四百里。東至武陵縣界五十里，西至辰州府沅陵縣界二百里，南至長沙府安化縣界一百八十里，北至澧州慈利縣界二百一十里。東南至安化縣界二百五十里，西南至沅陵縣治三百里，東北至澧州治二百二十里，西北至澧州慈利縣治二百里。漢臨沅縣地。後漢建武二十六年，分置沅南縣，屬武陵郡。晉以後因之。隋省入武陵。宋乾德元年，析武陵地置桃源縣，屬鼎州，後屬常德府。元元貞初升爲州，屬常德路。明洪武二年，復降爲縣，屬常德府，本朝因之。

龍陽縣。在府東少南八十里。東西距五十五里，南北距一百八十里。東至沅江縣界七十里，西至武陵縣界三十里，南至長沙府益陽縣界八十里，北至澧州安鄉縣界一百里。東南至沅江縣治一百二十里，西南至長沙府安化縣治二百三十里，東北至華容縣治一百六十里，西北至武陵縣界三十五里。漢索縣地。後漢漢壽縣地。三國吴析置龍陽縣，屬武陵郡。晉以後因之。唐屬朗州。宋初屬鼎州，大觀中改曰辰陽，紹興三年復故，五年置軍使，三十年復爲縣，屬常德府。元元貞初升爲州，屬常德路。明洪武九年復降爲縣，屬常德府，本朝因之。

沅江縣。在府東北二百七十一里。東西距一百里，南北距一百四十里。東至長沙府湘陰縣界七十里，西至龍陽縣界三十里，南至長沙府益陽縣界七十里，北至龍陽縣界四十里。東南至湘陰縣治一百一十里，西南至益陽縣治一百一十里，東北至岳州府巴陵縣界四十里，西北至龍陽縣治一百二十里。漢益陽縣地。梁置藥山縣，兼置郡。隋開皇中郡廢，改縣曰安樂，十八年又改曰沅江，屬巴陵郡。唐屬岳州，乾寧中改曰橋江。五代時改屬朗州。宋乾德元年復曰沅江，仍屬岳州。南渡後還屬鼎州，乾道中復屬岳州，尋屬常德府。元元貞初改屬龍陽州。明洪武十二年併入龍陽，十三年復置，仍屬常德府。本朝因之。

形勢

沅水演迤，陽山雄峙。宋袁申儒三亭記。南楚上游，重湖舊壤。方輿勝覽。荆渚唇齒。元統志。左包洞庭之險，右控五溪之要。武陵志。山林蓊鬱，湖水濬闊。武陵集。

風俗

民食魚稻，以漁獵山伐爲業。漢書地理志。人氣和柔，多淳樸，少宦情，有虞夏遺風。梁伍安貧武陵記。信鬼而好巫。宋朱子九歌注。居民務本，勤於耕織。元統志。

城池

常德府城。周九里有奇，高二丈五尺，門六。南臨大江，東、西、北三面有濠。明洪武時因元舊址築。本朝康熙九年修，乾隆三十一年重修。武陵縣附郭。

桃源縣城。土城，門四。明成化中築。

龍陽縣城。周八百八十七丈，門五。北瀕江，東、西、南三面有濠。明成化中因元舊址築。本朝康熙十二年重建城樓，乾隆三十一年重修。

沅江縣城。土城，周五里，門四。明成化中築。本朝嘉慶十二年修。

學校

常德府學。在府治西南。宋咸淳八年建。本朝順治中重建，康熙、乾隆中修，嘉慶五年增修。入學額數二十名。

武陵縣學。在縣治西北隅。宋紹熙二年建，陸九淵有記。明洪武初重建。本朝康熙五年又重建，雍正、乾隆中重修。入學額數二十名。

桃源縣學。在縣城南。宋慶曆中建。明洪武六年重建。本朝康熙三年又重建，嘉慶四年、九年又增修。入學額數二十名。

龍陽縣學。在縣城東。明洪武初因宋、元舊址建。本朝康熙七年重建，乾隆十二年、嘉慶八年重修。入學額數十二名。

沅江縣學。在縣治東。舊在縣西，明洪武二年遷建縣東，萬曆中復遷縣右。本朝順治十六年重建，雍正八年遷建縣西，乾隆十九年遷建今所，嘉慶元年增修。入學額數八名。

朗江書院。在府城南。本朝乾隆十六年建。

沅陽書院。在府城東北。宋丁易東建。

龍川書院。在桃源縣南三十里。舊名桃溪書院，本朝乾隆十九年重建，改今名。

沅南書院。在桃源縣治西。舊名漳江書院，本朝嘉慶九年改今名。

龍津書院。在龍陽縣西南。宋周德元建。

龍池書院。在龍陽縣西滄港上。本朝乾隆十一年建，名滄浪書院，乾隆四十四年改建東關外鎮龍閣，嘉慶二年重修，改今名。

瓊湖書院。在沅江縣治西。本朝乾隆四十五年建。

户口

原額人丁三萬五千七百五十四，今滋生男婦一百二十一萬九千七百五十五名口，計二十萬四千一百一十二户。

田賦

田地塘三萬五百七十二頃三畝四分八釐，額徵地丁正、雜銀十萬七百七十六兩五錢七分二釐。

山川

木瓜山。在武陵縣東十五里。李白流夜郎，經此有詩。

善德山。在武陵縣東南十五里。一名枉山，亦名枉人山。水經注：枉渚東里許，便得枉人山。山西帶循溪一百餘里〔二〕，茂竹便娟，披溪蔭渚，長川逕引，遠注於沅。唐書地理志：武陵郡有枉山。元和志：善德山在縣東九里。本名枉山，開皇中刺史樊子蓋以善卷嘗居此，改名善德。明統志：山有白龍井。

古城山。在武陵縣南七十里。前有古隄，城蹟宛然，蓋即古沅南縣。

霞山。在武陵縣南八十里。一名金霞山，有淘金場。

滄山。在武陵縣南一百二十里。與霞山相對，滄水所出。

塔山。在武陵縣西南九十里。亦有淘金場。

花山。在武陵縣西二十里。多杜鵑花。

平山。在武陵縣西三十里。一名武山，一名太和山，又名武陵山，一名河洑山。水經注：沅水又東逕平山西，南臨沅水，寒松上蔭，清泉下注。寰宇記：武山頂有耆闍寺、道德觀，其下有德勝泉。名勝志：武山旁有西山仙井、白雲洞遺跡，即張虚白醉卧處。

高吾山。在武陵縣西三十里。一名西山，接桃源縣界。其下即武陵溪入沅水處。

鹿山。在武陵縣西三十里。下有鹿穴。

善濟山。在武陵縣西八十里。山昔有妖女祠，唐袁暎焚之，妖遂息。後人因名山曰善濟，而立袁烈士祠。

長坡山。在武陵縣北二十里。前臨諸河，背枕陽山，爲諸山之秀。名勝志：其坡特長而秀。

陽山。在武陵縣北三十里。水經注：澹水出漢壽縣西陽山。方輿勝覽：梁山舊名陽山，唐天寶六年改名。漢梁松廟食於此，故名。名勝志：山前有池，其下有靈泉寺，旁有飛泉瀑布，觀者忘暑。府志：陽山有風、雷、雨三洞。

大龍山。在武陵縣北三十里。山勢蜿蜒若龍。

風門山。在武陵縣北三十里。鮑堅武陵記：山有石門，去地百餘丈。將欲風起，此門隱隱有黑氣上，須臾黑風競起。又黄閔武陵記：山上有葱，畦壠成行，人欲取者，先禱山神乃取，氣味甚美。府志：即陽山之風洞。

茶林山。在武陵縣北三十里。一名茶山，以多産美荈，故名。

龍山。在武陵縣北六十里。隋書地理志：武陵縣有龍山。

紱紫山。在武陵縣北七十里。

鼇山。在武陵縣北七十里。一名虎齒山。武陵記：虎齒山形如虎齒，民常六月祭之，不然輒有虎害。

文殊山。在武陵縣北八十里雁門村。舊有雙松亭。

七姑山。在武陵縣北八十里。又十里有藥山，相近有浮山，又有龍巖山。中有石橋，崖壁嵌空，白乳如筍。行可五里許至其穴，泠然水流，不可俯視，禱雨輒應。

緑蘿山。在桃源縣南十五里。下有潭。水經注：沅水東帶緑蘿山，緑蘿蒙冪，頽巖臨水，實釣渚漁詠之勝地。其迭響若鐘音，信爲神仙之所居。

牿牛山。在桃源縣南一百里，接長沙府安化縣界。一名古溶山，怡望溪出此。

桃源山。在桃源縣西南三十里。有桃源洞，相傳即陶潛所記桃花源也。武陵記：武陵山中有秦避世人居之，號曰桃花源。舊志：山周三十二里。西南有桃源洞，一名秦人洞。洞口流泉瀑布千丈，落石壁下，流里許，伏地不見，至北三里與桃花溪合流入沅。按：今桃源山在烏道村孔道之側，所指爲桃源洞者，未必晉時遺跡也。

聞山。在桃源縣西南三十五里。下臨桃花溪。

欽山。在桃源縣西南六十里。瀕江，其東爲漁仙洞，有寺。名勝志：山如屏壁，其下有二石室，相傳馬援避暑所鑿。

穿石山。在桃源縣西南七十里。下有大竇，東西洞達，春夏水溢，江水自中流過。相傳馬援征五溪蠻，會暑甚，士卒多困，乃穿岸爲室以避炎暑於此。按：明袁宏道遊記：「由漁仙寺數里至穿石，石三面臨江，鋒稜怒立，突出諸峯上，石腹南北穿如天闕。」據此，穿石山在欽山西數里。明統志以爲在縣西一百五十里者誤。

夷望山。在桃源縣西南一百二十里沅江中。今名水心崖。水經注：沅南縣西有夷望山，孤竦中流，浮險四絶，昔有蠻民避寇居之。隋書地理志：武陵縣有望夷山，疑即「夷望」之譌。府志：水心崖南逼江岸，夷望溪横齧其趾，兩峯骨立，高數千丈，奇險難登。

焦林山。在桃源縣西南一百四十里。羣山周遭，有如城闕，巷陌歷歷。

高崖山。在桃源縣西三十里。延溪水出此。

萬陽山。在桃源縣西一百二十里。一名安陽山，又名蘇黄山。雲氣開合，可占晴雨。相近有九首山，在大數溪上。上有九峯，故名。九溪水出此。又有丫柱山，小敷溪水出焉。

壺頭山。在桃源縣西二百里，接辰州府沅陵縣界。詳見辰州府。

闞下山。在桃源縣西。今名腳底巖。水經注：沅水又東，得闞下山。

靈巖山。在桃源縣北七十里蘇溪村。山有五洞相連，洞中有小河並龍潭，水清可鑒。石壁上有天然大士像，昔人評桃源勝景，首推靈巖。

方山。在桃源縣北八十里。頂有石洞。相近有仙人山，莫溪港水出焉。又十里有纛旗山，又十里有觀穀山。

軍山。在龍陽縣東八十里。明統志：吴潘濬討武陵都尉樊伷，屯兵於此。

金牛山。在龍陽縣南六十里。上有仙翁洞、風洞，下有龍池。

龍陽山。在龍陽縣南九十里。九域志：龍陽縣有龍陽山。明統志：舊名横山，唐天寶中改名。

浪山。在龍陽縣西南九十里，與武陵縣滄山相連。下有水與滄山水合，謂之滄浪水。按：明統志載龍陽縣西南九十里有良山，良水出焉，蓋即「浪山」之誤。

寶臺山。在龍陽縣北十五里。前對橘洲，後連内隄。

看竈山。在龍陽縣東北一百二十里鼎港口。相傳黃帝鑄鼎，其竈在此，故名。又西十里有團山，在洞庭湖中。

裨牛山。在龍陽縣境。酉陽雜俎：龍陽縣裨牛山南有青草槐，叢生高尺餘，花若金燈。

赤山。在沅江縣東北近洞庭湖邊。一名赤山嶺，綿亙數十里。上有范蠡廟，下有金雞山。唐天寶間改名蠡山。赤山廟碑記：唐光宅二年立，以祀范蠡者。山上有白鶴池，山色純赭，映入湖水。相近有明山，接長沙府湘陰縣界。

湘山。在沅江縣東北，接岳州府巴陵縣界。漢書地理志：益陽湘山在北。括地志：湘山在洞庭湖中。

倒水巖。在桃源縣西南六十里欽山之東甕子灘上。龍家溪自北出流其下。水經注：沅水東歷三石澗，鼎足均峙，秀若削成。其側茂竹便娟，致可玩也。明楊嗣昌三石澗詩序云：今漁仙寺倒水巖是。

燕子巖。在桃源縣西南一百五十里。名勝志：燕子巖連壺頭山，下有深峽，冬時蟄燕於此，故名。又縣西三十里亦有燕子巖。

何仙巖。在桃源縣西四十里。經石梁數百步始至，兩山翼巖，巍然蔽天，上有何仙洞。

龍潭坡。在桃源縣西南一百六十里，有路可通辰州府沅溪縣。

燕子洞。在武陵縣南一百二十里，接長沙府安化縣界。

龍門洞。在武陵縣西北六十里。名勝志：龍門洞有石巖，中通一門，門外有橋，其中深邃，約二里許。下有龍潭，禱雨輒應。

白馬洞。在桃源縣西南二十五里桃花溪北。洞中有濤湧出，奇怪如神物之狀。縣志：白馬山下，濤湧如雪，桃源八景中曰「白馬雪濤」此也。

漉魚洞。在桃源縣西一百二十里大數溪上。下有石穴可漉魚，中聞溪流聲。

高靈洞。在桃源縣西北一百五十里，近湯泉。府志：三面皆白，俯仰五十尺，横廣有加。洞右有小門，僅二尺許，初入沈黑，燃炬入數十折，得若堂若房者數間，朗然有光。後有長灘，四五折爲十曲巖。又數步爲仙界坡，坡右有瓊田十二，溝塍儼然。相傳又十里通赤霞洞，人不能至。

金鶴洞。在桃源縣西北一百五十里。三面皆絶人跡，一面臨水，據石而上，凡三折爲小室，再折爲石門，門内斜狹，昏杳不可入。

沅水。在武陵縣南。今謂之沅江，自辰州府沅陵縣東流入桃源縣界，又東入武陵縣界，又東入龍陽縣界，又東入沅江縣界，入洞庭湖。漢書地理志「武陵郡臨沅」注：「應劭曰：沅水出牂牁，入於江。」水經注：沅水東北過臨沅縣南，與沅南縣分水，有夷望水注之。又東得關下山，又東歷臨沅縣西，爲明月池、白壁灣。又東歷三石澗，又東帶緑蘿山，又東逕平山西，又東逕臨沅縣南，又東歷小灣，謂之枉渚。又東歷龍陽縣氾洲，又東逕龍陽縣北，又東合壽溪，又東至長沙下雋縣西北，下注洞庭湖，入於江。府志：沅水入桃源合大、小敷溪，夷望、沈水諸溪，逕白馬洞，爲白馬江，亦名桃川江。又東合延溪、鄒溪，又自沅江縣富池徑新窖，至倒水港。

枉水。在武陵縣南。一名蒼溪，源出金霞山，東北流逕善德山入沅。楚辭涉江：朝發枉渚兮，夕宿辰陽。方輿勝覽：源出武陵縣南蒼山，名曰枉渚，善卷所居。按：名勝志「枉水源出縣東南十五里枉山」，明統志因之。而水經注「沅水東歷小灣，謂之枉渚。渚東里許，便得枉人山，山西帶循溪一百餘里」，則枉山乃水流所逕，非水源之所出也，以爲源出枉山者誤。

漸水。在武陵縣北。流入龍陽縣西北入沅。一名澹水，一名鼎水，亦謂之鼎江。漢書地理志：武陵郡索，漸水東入沅。水經注：澹水出漢壽縣西楊山，南流東折逕其縣南。闞駰以爲興水所出，東入沅，而是水又東歷諸湖，方南注沅，亦曰漸水也。水所入之處謂之鼎口。方輿勝覽：武陵縣有水名鼎口，尤多魚。按：朗陵地圖曰，昔有神鼎出其間。府志源出梁山西麓靈泉寺側石罅中，東北徑崆巃城下，又東北歷諸湖而出鼎港。龍陽縣志鼎口旁有小江，亦曰小港，在縣西北四十里，去武陵縣亦四十里，即鼎水入沅處。

潛水。在武陵縣東北。一名麻河，一名從河。有二源，一自澧州安鄉縣流入，一出月山，東南流至縣城北，合漸水入沅。

滄浪水。在龍陽縣西。源出武陵城南滄山，東北流至此，與浪水合。寰宇記：滄、浪二水合流，乃漁父濯纓之處。府志：滄、浪二水合流出滄港入江。

芷水。在龍陽縣西。方輿勝覽：即資水之别派。兩岸多生杜蘅、白芷，故名。

資水。在沅江縣西南。自長沙府益陽縣流入，又北流入洞庭湖。其支流自縣南瓦石磯分流，東流至長沙府湘陰縣界入湘水。水經：資水又東與沅水合於湖中，東北入於江。注：湖即洞庭湖也，所入之處謂之益陽江口。按：資水在縣南，自益陽縣流入，沅水在縣北，自龍陽縣流入，於沅江縣東北同流入於洞庭。自方輿勝覽以沅水爲芷水，而芷、資聲近，後人遂以資水爲芷水，因即以資水爲沅水，而三水經流各異，未可牽附也。

玉帶河。在武陵縣西北一里。一名秀水河。名勝志：宋端拱間太守龔穎嘗篆「秀水斗門」四字。

便河。在武陵縣北門外。府志：元郡監哈商以民難於輸運，乃從北門起至潛水十五里開河以便之。歲旱因以溉田，民甚賴焉。「哈商」舊作「哈珊」，今改正。

東湖。在府城内，屬武陵縣。

笠湖。在武陵縣東七十里。湖中有沙洲浮起如笠，故名。

白馬湖。在武陵縣西北。一名白蟒湖。曾鞏歸老橋記：武陵之西北有湖屬於陽山者，白馬湖也。

柳葉湖。在武陵縣北。

鷹湖。在武陵縣東北六十里。漸水所經。相近有土橋湖。

青草湖。在武陵縣東北七十里紱紫山下。相近有衡天湖、寺場湖，又五十里有馬頸湖。

大滄湖。在龍陽縣東十五里。古名白查湖。隋書地理志：龍陽縣有白查湖。

太白湖。在龍陽縣東八十里。西南會天心湖，東北通洞庭湖。

蠡湖。在龍陽縣東南三十里，跨沅江縣界。一名赤沙湖，一名赤鼻湖。寰宇記：范蠡遊此，故名。

天心湖。在龍陽縣東南六十里。有上、下二湖，接沅江縣界，東連洞庭湖。又縣南安樂湖與此湖通。

陡門湖。在龍陽縣西十五里。一名陡明湖。又相近有潭明湖。

山湖。在龍陽縣北七里。東會高公橋湖，西通黄城港，入小江。

洞庭湖。在龍陽縣東北一百六十里，跨沅江縣及岳州府巴陵縣、華容縣，澧州安鄉縣界。府志：湖方八九百里，龍陽、沅江所屬特西南一隅耳。

鶴湖。在沅江縣東三十里。

石溪湖。在沅江縣南半里。又三十里有龍池湖。

千子湖。在沅江縣西南二十五里。

馬子溪。在武陵縣西十里。

武陵溪。在武陵縣西三十里。源出平山，南流入沅。唐孟浩然有詩。方輿勝覽：武陵溪亦名德勝泉。

延溪。在桃源縣東五里。源出高崖山，東南流入沅。寰宇記：延溪有柘樹千餘頃，枝條茂暢。昔有烏集其上，枝下垂著地，烏去，枝偶振折，羣烏號嘯。楚人取其枝爲弓，名曰「烏號」。

鄒溪。在桃源縣東四十里。源出縣東北八十里水田村，南流入沅。

梅溪。在桃源縣南五里。

桃花溪。在桃源縣西南二十五里。源出桃花山，北流入沅。又十里有水溪，一名鼠溪，源出縣南五十里大安村。又二十五里有沈溪，一名後溪，源出長沙府安化縣界，俱西北流入沅。

夷望溪。在桃源縣西南一百二十里。俗訛爲怡望溪，又訛爲漁網溪。水經注：沅南縣西有夷望山，山南有夷望溪，水南出重山，遠注沅。

清湘溪。在桃源縣西九十里。一名新湘溪，源出高橋村。又十里有小敷溪，源出高橋村丫柱山。又二十里有大敷溪，源出安陽山。溪口有大敷洲。上三溪俱南流入沅。

闞溪。在桃源縣西一百二十里。一名仙人溪。水經注：沅水又東得闞下山，東帶闞溪，瀉注沅瀆。府志：仙人溪在水心崖東。源出高橋村，南流入沅。一名千人溪，相傳隔岸有石，用千人拽之，故名。

蘇溪。在桃源縣北一百里。上合黄石溪，南流二十里爲善溪，以善卷所遊而名。流逕花巖、白陽，至呂真渡入沅。

蘭溪。在桃源縣北一百里。相近有九溪。又二十里有黄石溪。源出香山村，下合蘇溪。

壽溪。在龍陽縣東北。水經注：沅水又東合壽溪，内通大溪口，有木連理，根各一岸，而淩空交合。其水上承諸湖，下注沅水。

流花港。在武陵縣東四十里。府志：循大江旁由此北出，通華容交港以達荆江，可避洞庭之險。

花葉港。在武陵縣南四十里。又二十里有官倉港，又相近西南有兩汊港，接桃源縣界，通花葉、官倉二港，故名。南流入沅。

黄城港。在龍陽縣西。宋紹興中嘗移縣治於此。

永泰渠。在武陵縣北萬金村。唐書地理志：武陵北有永泰渠，光宅中刺史胡處立開，通漕且爲火備。

白沙洲。在武陵縣東三十里。

陳家洲。在武陵縣西十五里，上有民居。又五里有丹洲，相傳掘土得丹砂，因名。

氾洲。在龍陽縣西。一名橘洲，一名九洲。水經注：沅水又東歷龍陽之氾洲，洲長二十里。襄陽耆舊傳：吴李衡漢末爲丹陽太守，遣客十人往武陵龍陽氾洲上作宅，種橘千株。吴末，衡柑成，歲得絹數千匹，家道富足。晉咸康中，其宅上枯樹猶在。通典：沅水入龍陽界，歷九洲，即李衡種橘所。名勝志：氾洲有大、小隄二，小者去縣西二十五里，周迴四十丈；又十五里爲大氾洲隄，周迴一千八百丈。

湄洲。在龍陽縣西四十里。亦曰眉州，狀如蛾眉。

洪沾洲。在龍陽縣東北一百八十里。亦曰洪沾口。自岳州府巴陵縣渡湖至常德府必經此。

闗洲。在沅江縣東南五十八里。元和志：建安二十年，孫權遣呂蒙襲長沙、零陵、桂陽三郡，先主引兵五萬下公安，令闗公入益陽，此洲蓋其屯兵處，故名。

洞庭夾。在龍陽縣東北一百二十里洞庭湖濱。舟楫泊此候風，水大則由洪沾，水小則由夾入湖。其南七十里爲沅江縣。

按：舊志載洞庭夾有二：一在龍陽縣東北，一在沅江縣東。查洞庭夾在洞庭湖濱，自龍陽東北去一百二十里，自沅江北去七十里，其界相連，非有二也。又其地在沅江之北，舊志以爲在東者誤。

長江潭。在龍陽縣西南八十里。

崇神潭。在龍陽縣西三十里。舊名九潭。

寒潭。在沅江縣南一里。

萊公泉。在武陵縣北六十里甘泉寺中。湘山野録：鼎州甘泉寺，介官道之側。寇萊公南遷日，題於東楹曰：「平仲酌泉經此。」回望北闕，黯然而行。方輿勝覽：淳熙中，南軒張敬夫榜曰「萊公泉」。

湯泉。在桃源縣西北一百四十里。從石穴出，熱不可留手。

西洋陂。在武陵縣北五十里。有九十九汊，灌田千頃。

粘牛陂。在武陵縣東北八十里。灌田千頃。

槎陂。在武陵縣東北。唐書地理志：武陵東北三十五里有槎陂，崔嗣業所修以溉田。後廢。大曆五年，刺史韋夏卿復治槎陂，溉田千餘頃。十三年，以堰壞遂廢。

崔陂。在武陵縣東北。唐書地理志：武陵東北八十里有崔陂，亦嗣業所修。

純紀陂。在武陵縣境。通典：純紀陂，今名白馬陂。隋開皇中刺史喬難陀修，其利不減鄭、白二渠。

柳映池。在武陵縣治東。名勝志：城東報恩觀有柳映池，以楊柳交映隄上，故名。

龍池。在武陵縣治前。名勝志：郡城前有龍池。劉宋時，謝承爲武陵守，有黄龍見水中，因上表賀。

火星池。在武陵縣治西北。

學書池。在武陵縣東北九十五里。晉高士伍朝别墅，水色微黑。

明月池。在桃源縣西南。水經注：沅水歷臨沅縣西，爲明月池、白壁灣，灣狀半月，清潭鏡澈。上則風籟空傳，下則泉響不斷，行者莫不擁楫嬉遊，徘徊愛玩。

采菱澗。在武陵縣西北。歸老橋記：青陵之西二百步有泉出於兩崖之間，而東注於湖者，曰采菱之澗。

丹砂井。在武陵縣治北一百步。泉赤如絳。抱朴子：余祖鴻臚，少時嘗爲臨沅令，云此縣有民家，世壽考，後徙去。他人居其故宅，亦累世壽考，乃覺是宅所爲。試掘井左右，得古人埋丹砂數十斛，去井數尺，此丹砂汁因泉漸入井，是以飲其水而得壽。武陵廖氏譜：廖平以丹砂三千斛，置所居井中，飲是水以祈延齡。

胡家井。在武陵縣東南六十里中湌村，地名牛橋。四時湧溢不竭，至除夕則枯，次年元日子時復滿。

崔婆井。在武陵縣西三十里平山下。府志：宋時道士張虛白嘗館於酒媼崔氏，氏嘗飲以醇酒，經年不責償。詢媼以所欲，媼以江水遠，不便汲爲詞。張指舍傍隙地爲井，掘不數尺，得泉甘冽，人争市之。今尚存。

校勘記

〔一〕南北距六百二十里　乾隆志卷二八〇常德府（下同卷簡稱乾隆志）作「南北距二百一十里」。按，本志在四至里距上雖未必盡取乾隆志，但懸殊如此，頗可疑。考之輿圖，常德府境南北里距遜於東西，此反遠過之，疑有誤。

〔二〕山西帶循溪一百餘里　「循」，乾隆志同，戴震校水經注，以「循」爲「脩」之誤刻。

大清一統志卷三百六十五

常德府二

古蹟

沅南故城。在武陵縣西南七十里古城山上。後漢置。隋併入武陵。後漢書郡國志：武陵郡沅南，建武二十六年置。水經注：沅南縣，在沅水之陰，因以沅南爲名。縣志：故城，馬援所築也。

臨沅故城。在武陵縣西。漢置縣。隋改爲武陵。宋書州郡志：武陵太守領縣臨沅，漢舊縣。水經注：縣南臨沅水，因以爲名。隋書地理志：武陵，并臨沅、沅南、漢壽三縣置。按：沅水逕平山，即逕臨沅縣，然後歷枉渚。臨沅故城當在今府城西，或謂在府城東者非。

索縣故城。在武陵縣東北六十里。漢置縣。後漢改曰漢壽。隋併入武陵。漢書地理志「武陵郡索」注：「應劭曰：順帝更名漢壽。」宋書州郡志：武陵太守領縣漢壽，吴曰吴壽，晉武帝復舊。水經注：漢壽縣治索城，即索縣之故城也。通考：荆州初理武陵郡漢壽縣，今武陵郡武陵縣也。明統志：今爲漢壽鄉。府志：崆巃城，即古漢壽城舊址也。

龍陽故城。在今龍陽縣西。宋史地理志：常德府龍陽，紹興五年移治於黄城寨。府志：後復還故治。

重華故城。在沅江縣東。通典：沅江縣，梁置重華縣。隋廢。有重華城，亦謂之虞舜古城。元和志：沅江縣，本漢益陽縣地，梁元帝分置重華縣。

藥山故城。在沅江縣西。梁置縣。隋改曰安樂，尋改曰沅江。隋書地理志：巴陵郡沅江，梁置曰藥山，仍爲郡。平陳，郡廢，別改曰安樂。十八年改曰沅江。府志：今樂山鄉是也。

張若城。在武陵縣東。明統志：秦白起伐楚，楚遣其將張若築此城以拒之。後漢梁松重修。

南城。在武陵縣東南善德山上。明統志：宋宣撫使韓宣以常德城守不固，築城於上。府志：今名望城坡。

司馬錯城。在武陵縣西。明統志：秦使錯伐楚黔中，與張若相對，各築一壘，以扼五溪咽喉。後馬援又修之。

采菱城。在桃源縣東北。方輿勝覽：采菱城在桃源縣。武陵記云：其湖產菱，殼薄肉厚，味特甘香。楚平王嘗采之，有采菱亭。

劉公城。在沅江縣西三里。明統志：漢昭烈嘗略武陵、長沙、零陵、桂陽四郡，因築此城。

善卷壇。在武陵縣東。方輿勝覽：善德山有善卷壇，善卷先生所遊處也。

寓賢閣。在武陵縣西門外。府志：明王守仁謫龍場驛，時過武陵，與郡人蔣信、冀元亨講學於此，後人因名曰寓賢。

沈約臺。在武陵縣西南五里。名勝志：沈公臺碑在城西光福寺竹林中，今猶存古碑題額六字云。重遊沈公臺記碑字漫滅。記謂沈約爲沅南令。按約傳未嘗令沅，然傳之已久。府志：沈約臺在光福寺古樟樹下。劉禹錫詩「沈約臺榭故，李衡墟落存」是也。按：宋時武陵屬郢州，蔡興宗爲郢州刺史，引沈約爲安西外兵參軍兼記室，約必曾至武陵，故有此臺，非以令沅故也。

教子堂。在武陵縣治内。宋唐介作尉時，建以教子。趙明誠金石録：唐介教子堂碑，韓琦作記，蔡襄書。

白鶴軒。在府治後堂左。唐刺史李翶建，前有池曰白鶴池。

棲雲軒。在沅江縣西。元顧阿瑛有詩。

招屈亭。在武陵縣南沅水濱。唐劉禹錫、汪遵有詩。方輿勝覽：招屈亭在城南。相傳三閭大夫以五月五日由黔中投汨羅，土人以舟救之，爲何由得渡河之歌，其音咸呼云「何在斯」，招屈之義也。

雙松亭。在武陵縣北八十里文殊山上應天寺後。宋黄庭堅有詩。

野春亭。在桃源縣城内。陶穀清異録：武陵儒生苗彤事園池以接賓客，有野春亭者，雜植山花，五色錯列。

清斯亭。在龍陽縣西十五里滄浪水上。

楚貢亭。在沅江縣西二里。縣志：宋祥符間，祀泰山，貢包茅，因建此亭。

伍朝宅。在府城東。又有别墅在江陵縣東北九十五里。

春申君宅。在府城南。方輿勝覽：春申坊，即春申君故宅。明統志：今開元寺址。

柳拱辰宅。在武陵縣西三里。即所謂青陵橋也。

周行逢西府。在武陵縣内。相傳即今府治。三楚新録：行逢以武陵爲西府。

關隘

河洑關。在武陵縣西三十里東流村河洑山麓。

七里關。在武陵縣北萬金村，即古七里澗。南史沈約傳：司馬休之黨郭亮之屯據武陵，武陵太守王鎮惡出奔，沈林子率軍討之，斬亮之於七里澗，以納鎮惡。後因設關於此。

白馬關。在桃源縣西南二十五里。其下即白馬渡，舊有巡司，今裁。

大龍巡司。在武陵縣北六十里。明洪武十五年，以蹇家坪驛丞遷此。本朝因之。乾隆四十一年改置巡司。

鄭家店巡司。在桃源縣西七十里。舊置驛丞，乾隆四十一年改置巡司。

新店巡司。在桃源縣西南一百三十里。明洪武四年置驛，後裁。本朝康熙二年復置，乾隆三十二年改置巡司。

龍潭橋巡司。在龍陽縣。乾隆中置。

崇孝鎮。在武陵縣東北八十里。一名崇孝街。九域志：武陵縣有崇孝鎮。府志：崇孝街，相傳孝子傅羅卜居此。

高都鎮。在桃源縣西南一百二十里。明置巡司，今裁。

蘇溪鎮。在桃源縣北八十里。元置巡司，明廢。

麻溪鎮。在桃源縣東北一百里。元置巡司，明廢。府志：麻溪、盤塘諸處，介於澧州石門、慈利二縣間，通永定諸蠻路，小而僻，防守最切。

小江鎮。在龍陽縣西北四十里小江口。舊有巡司，今裁。

鼎口鎮。在龍陽縣東北。明置巡司，今裁。

社木寨。在武陵縣東三十里。疑即荆州記所謂光武樹木處。荆州記：武陵郡社中木鹿樹，是光武種至今也。府志：宋爲戍守處。紹興四年，楊么寇鼎州破社木寨，即此。

黄石寨。在桃源縣西北一百三十里。

白甎寨。在桃源縣北一百二十里。宋史地理志：常德府，元豐三年，廢白甎、黄石二寨。

楊口寨。在桃源縣内。又有白崖寨。宋史地理志：大中祥符五年，廢桃源、楊口、白崖三寨。

黄庭堡。在龍陽縣南三十里。

黄港堡。在龍陽縣西。相近又有梅溪堡。

龍渡堡。在龍陽縣北。縣境又有軍山、金牛、横山、小江諸堡，凡二十有一云。

洪沾哨。在龍陽縣東北洪沾口。府志：府濱洞庭，明初立洪沾、沅江、明山三哨，分軍防守。自府東德山潭，歷龍陽天心、小河，抵沅江哨，又自沅江之鄒家窖，歷洞庭夾，而至洪沾哨。又自洪沾越南石潭，而至明山哨，凡小江、鼎港諸巡司胥屬焉。隆慶初復設水軍，戍守洪沾、明山諸處。

沅江哨。在沅江縣北。

明山哨。在沅江縣東北五十里明山。

瓦石磯汛。在沅江縣南七十里。本朝設水塘汛三，屬龍陽水師營。一駐白沙，在縣北三十里，後移駐富池。一駐大神潭，在縣南。一駐瓦石磯，專管江湖防守巡汛。内唯瓦石磯與長沙府交界，府境以瓦石磯爲頂塘，長沙營以八字汛爲頂塘，適中有彭池港，爲交會巡哨之地。前此互諉不決，康熙二十五年勘明，以兩營通行汛防。又有旱塘汛二：一駐縣市，一駐毛角口。

湯家坪。在桃源縣西南四十里。相近有項家坪。

桃源驛。在桃源縣西南二里。水驛。明洪武十四年置，本朝因之。又有緑蘿水驛，明嘉靖七年併以桃源驛。

渡口市。在武陵縣東十五里。

蔡家港市。在武陵縣南十五里。又縣西五里有新口市，又西五里有余家港市，又西十五里有河洑市。

瓦屋市。在武陵縣南三十里。又南十里有草茶市。

土橋市。在武陵縣北二十五里。又北二十五里有石公渡市，又北二十里有周家店市。

栗岡市。在武陵縣東北三十里。

滄港市。在龍陽縣西十五里。

津梁

新陂橋。在武陵縣東十里。又石門橋，在縣東南三十里。

仁智橋。在武陵縣南門外。城内東湖貯水難洩，此橋以通城下陰溝。又縣南六十里有官滄橋。

莫公橋。在武陵縣西門外。又縣西北有歸老橋，一名拱辰，以宋柳拱辰得名。曾鞏有記。又七里有萬相橋，馬子溪入沅之口。又十里有南湖橋。

會節橋。在武陵縣西北。火星池、玉帶河二水合流於此。

七里橋。在武陵縣北七里。其水源出浮山麓，入柳葉河，合漸水。又八里有潛水橋，麻河所經。

利兵橋。在桃源縣東二里。相傳馬援駐兵處。又二十八里有長樂橋，又十里有黄鈞橋。

福地橋。在桃源縣西南十五里。一名覆斗橋。又十五里有遇仙橋。

龍潭橋。有三：一在桃源縣西十五里，一在縣北四十里，一在龍陽縣南七十里。

雙溪橋。在桃源縣西四十里。

會仙橋。在桃源縣北香山村。

文步橋。在龍陽縣東南二十里。又三十里有查塘橋。

洞婆橋。在龍陽縣南七里。又十三里有石塘橋，又三十里有東滄橋。

車塘橋。在龍陽縣西十五里。

下瓊橋。在沅江縣西。相近有上瓊橋。又三十里有白駝橋。相近有横龍橋，隋劉仁恩擒鄖居業處。

麻河渡。在武陵縣東北一百二十里，去澧州安鄉縣界四十里。

白沙渡。在沅江縣北三十里，通岳州府華容縣界。

隄堰

柳隄。在武陵縣東門外，直通北門，即便河岸也。

烏雞隄。在武陵縣東十里。又東五里有東田隄，又東五里有長江隄，又東十里有皂角隄，又東五里有屠家隄。又有伍家隄、龍裏隄、馬家窖隄、陽雀隄、上東隄、下東隄、接官亭隄、四老口隄、新陂隄、觀音莊隄，俱在縣東。

金雞隄。在武陵縣西南二十里。又槐花隄，在縣西門外。南湖隄、趙家隄，俱在縣西二十里。又有花貓隄、鐵窯湖隄、易家隄、落路口隄、蓮花庵隄、白頭湖隄、唐家灣隄、菖蒲隄、明月隄、罩沙隄、曲尺灣隄、南湘鋪隄、洗手堰隄，俱在縣西。以上武陵縣諸隄皆本朝康熙二十一年修，雍正六年發帑重修，加高三尺，寬五尺。又水府廟白沙隄，乾隆五十二年發帑重修，並加子隄一道。

杉木隄。在龍陽縣東一里。又東十四里有蕭公大隄。

南城隄。在龍陽縣東南半里。又殷隄，在縣東南五里。古隄，在縣東南十五里。

新隄。在龍陽縣南一里。又南九里有曲隄，又南五里有夾隄。

河洪隄。在龍陽縣西一里。又西二里有斗䕶隄，又西二十二里有小汎洲隄，又西十五里有大汎洲隄。

李公隄。在龍陽縣北二十五里。

大圍隄。在龍陽縣北。綿亘一百二十里，計三萬五千八百餘丈。上接辰、沅諸水，下濱洞庭湖，有水堷七座〔一〕。又有栗公隄、承春隄、楓橋隄、中隄、大隄，俱在縣北。以上龍陽縣諸隄，俱本朝康熙八年修，雍正六年發帑重修，加高三尺，寬五尺。

新興垸隄。在沅江縣東十里。又東十里有西湖垸隄，又東二十五里有長山垸隄，又東二十五里有太平垸隄，又東二十里有永安垸隄，又縣南半里有西湖隄，俱本朝雍正六年發帑修。

宿郎堰。在武陵縣東九十里。

北塔堰。在武陵縣西北十五里。唐書地理志：武陵西北二十七里有北塔堰，開元二十七年刺史李璡增修，接古專陂〔二〕，由黄土堰注白馬湖，分入城隍及故永泰渠，溉田千餘頃。

右史堰。在武陵縣北萬金村。即後鄉渠，一名石英渠。唐書地理志：武陵有右史堰，長慶二年刺史温造增修，開後鄉渠九十七里，溉田二千頃。造以起居舍人出爲刺史，故以官名。

考功堰。在武陵縣東北。唐書地理志：武陵東北八十九里有考功堰，長慶元年刺史李翱因故漢樊陂開，溉田千一百頃〔三〕。翱以尚書考功員外郎出爲刺史，故以官名。

蘆洲障。在武陵縣東。縣東又有姚家障、王家障、文子障、黄溪南障、黄溪北障、木瓜障、德遠障、烏汊障、張家障、永益障、保安障、黄花扁草障，俱本朝康熙二十一年修，雍正六年發帑重修，加高三尺，寬五尺。

南溪障。在武陵縣東北。又東北有官隄障，俱本朝康熙二十一年修，雍正六年發帑重修，加高三尺，寬五尺。

辰陽障。在龍陽縣東。又東有車横障、連五障、三汊障、灰步障、七荊障、銅盆障、雙家障、茶塘障、南隄障，俱本朝康熙八年修，雍正六年發帑重修，加高三尺，寬五尺。

油陂障。在龍陽縣東。又東有青步障、乾陂障，俱本朝雍正六年發帑創築，共長二十四里。

北益障。在龍陽縣南。本朝康熙八年修，雍正六年發帑重修，加高三尺，寬五尺。

菖蒲障。在龍陽縣南。又南有横隄障，俱雍正六年發帑創築，共長十九里。

冷水障。在龍陽縣西。又西有大有障、白子障、馬家障、張家障、莊浦障、永恒障、豐收障，俱本朝康熙八年修，雍正六年發帑重修，加高三尺，寬五尺。

金石障。在龍陽縣西。本朝雍正六年發帑創築，長五十里。

南港障。在龍陽縣北。又北有保安障、黄花障、絲茅障、彭家障、廖家障，俱本朝康熙八年修，雍正六年發帑重修，加高三尺，寬五尺。

連三障。在龍陽縣北。本朝雍正六年發帑創築，長五里。

陵墓

古層冢。在武陵縣西。朗州圖經：古層冢，在武陵縣北十五里，亡其姓名。故老相傳云，昔有開者，見銅人數十枚，張目視。俄聞冢中擊鼓大叫，竟不敢進。後看冢上，還合如初。

周

楚黄歇墓。在武陵縣南。方輿勝覽：春申君墓，在開元寺，春申坊即其故宅。

晉

龔玄之墓。在武陵縣南。名勝志：晉龔玄之墓，在武陵縣南，太元中車武子書銘。

本朝

羅江鱗墓。在桃源縣南緑蘿山。乾隆五十年，有諭祭文。

祠廟

四賢祠。在府學泮宫前，祀楚屈原，漢馬援，宋唐介、岳飛。

雙忠祠。在武陵縣城内，祀唐張巡、許遠。

三閭大夫祠。在武陵縣東二里。每年五月五日競渡，以祀楚屈原。

善卷祠。在武陵縣東南善德山上。有古壇并讀書臺，即今之孤峯頂。宋李燾有記。

馬伏波祠。有三：一在武陵縣南沅水上，一在桃源縣東高吾鋪，臨沅水，一在桃源縣南二里，祀漢馬援。

袁烈士祠。在武陵縣西八十里善濟山，祀唐袁暎。

陶靖節祠。在桃源縣西南桃源洞，祀晉陶淵明。

忠惠祠。在龍陽縣東二百步，祀明典史青文勝。

忠佑廟。在武陵縣城内，祀宋刺史程昌寓。

舜二妃廟。在武陵縣西。

陽山廟。在武陵縣北陽山，祀山神，以梁松配。

洪沾水神廟。在龍陽縣東一百八十里洪沾洲上，濱湖西，祀洞庭湖神。

潘將軍廟。在龍陽縣西半里，祀吴將潘濬。

郭公廟。在沅江縣角碧口，祀唐郭子儀。

湖西廟。在沅江縣西，祀水神。

蠡山廟。在沅江縣東北赤山，祀越大夫范蠡，唐光宅間建。

寺觀

木瓜寺。在武陵縣東十五里木瓜山。唐建。相傳李白流夜郎時宿此。

乾明寺。在武陵縣東南十五里善德山下。唐咸通間建。初名德山精舍，又名古德禪院。道書稱爲第五十三福地。

開元寺。在武陵縣城南。武陵記：梁普通中，沅水大溢，忽有巨木長十餘丈流泊於此，夜光明數里。郡人丁提因捨宅爲寺，號寶應寺。唐開元中改今名。

觀音寺。在武陵縣北三十里陽山。東晉建。

甘泉寺。在武陵縣北六十里。内有萊公泉，淳熙中張栻書其榜。

浄照寺。在桃源縣西一里。東晉時建，號香積寺。唐咸亨間重修。宋淳熙間賜額浄照寺。方輿勝覽：龍陽浄照寺有小池，昔張旭學書於此，人號「張顛墨池」。

漁仙寺。在桃源縣西四十里沙蘿村。一名餘仙寺。名勝志：欽山旁有餘仙寺。

靈巖寺。在桃源縣北一百里靈巖山下。

烏龍寺。在沅江縣西三里。名勝志：劉公城内有烏龍寺，有卧龍墨池，諸葛武侯曾滌硯於此。

雙竹院。在武陵縣西三十里。筍譜：武陵山西舊有雙竹院，中所産修篁嫩篠，皆對抽出。相傳兹寺自永泰以來有之，馮翊、嚴諸爲之記。

天王院。在武陵縣境。名勝志：天王院碑，宋建隆初丞相范質書。

玄妙觀。在武陵縣西一里。名勝志：玄妙觀在城西。初名龍興，宋祥符間改今額。唐王昌齡有龍興觀問易詩。

天慶觀。在武陵縣西。唐建。初名乾明。名勝志：天慶觀碑，白雲先生管師復集柳公權書。

桃花觀。在桃源縣西南桃源山。玉海：淳化元年，朗州官奉詔修桃源觀五百仙人閣成，賜名望仙閣。宋景壁劇談録〔四〕：淵明所記桃花源，今鼎州桃花觀也。自晉、宋來，由此上昇者六人。山十里間無禯禽，惟二鳥往來觀中，未有增損。每有貴客來，鳥輒先號鳴庭間，人以爲占。

名宦

漢

馬援。扶風茂陵人。建武二十四年，援爲伏波將軍，率中郎將馬武等將十二郡募士及弛刑四萬餘人，征五溪。明年，軍至臨湘，遇賊攻縣，援迎擊破之。三月進營壺頭，賊乘高守隘，水疾船不得上，會暑盛，士卒多疫死。援亦病困，乃穿岸爲室以避炎氣。賊每乘險鼓譟，援輒曳足觀之。左右哀其壯意，莫不流涕。未幾病卒。

李進。順帝時武陵太守。永和元年冬，澧中、漊中蠻反，明年春，蠻二萬人圍充城，八千人寇夷道。進討破之，斬首數百級，餘皆降服。進乃簡選良吏，得其情和。在郡九年，梁太后臨朝，下詔增進秩二千石〔五〕，賜錢二千萬。

應奉。汝南南頓人，武陵太守郴子也。桓帝元嘉元年，武陵蠻詹山等四千餘人叛，屯結連年。永興初，拜奉武陵太守，到官，慰納山等，皆悉降散。於是興學校，舉側陋，政稱變俗。坐公事免。延熹中，武陵蠻復寇亂荆州，車騎將軍馮緄以奉爲蠻夷所服，請與俱征。拜從事中郎，奉勤設方略，賊破，軍罷。緄薦爲司隸校尉。

陳奉。延熹中武陵太守。武陵蠻攻郡，奉率吏人擊破之，斬首三千餘級，降者二千餘人。

陸康。吴郡人，績之孫。光和元年，遷武陵太守，轉守桂陽，所在稱之。靈帝斂民田畝出十錢鑄銅人，康以百姓貧苦上疏諫，免歸。

三國　吴

黄蓋。零陵泉陵人。武陵蠻亂，乃以蓋領太守。時郡兵裁五百人，因開城門，賊半入，乃擊之，斬首數百，餘皆奔走。誅討渠帥，附從者赦之。自春訖夏，寇亂盡平。諸幽邃巴、醴、由、誕邑侯君長，皆改操易節，奉禮請見，郡境遂清。後長沙益陽縣爲山賊所攻，蓋又討平。加偏將軍。病卒於官。蓋當官決斷，事無留滯，國人思之。

鍾離牧。會稽山陰人。永安六年，蜀并於魏，乃以牧爲平魏將軍，領武陵太守，往之郡。魏遣漢葭縣長郭純試守武陵太守〔六〕，率涪陵民入蜀遷陵界，屯於赤沙，誘致諸夷，進攻酉陽縣，郡中震懼。牧敕外趣嚴，即率所領晨夜進道，緣山險行，垂二千里，從塞上，斬惡民懷異心者魁帥百餘人及其支黨千餘級。純等散，五溪平。以前將軍假節領武陵太守。卒於官，家無餘財，士民思之。

南北朝　宋

劉悛。彭城人。明帝時遷安遠護軍，武陵内史。郡南古江隄久廢，悛修未畢，江水忽至，百姓棄役奔走，悛親率厲之，於是乃立。及還都，吏人送者數千萬人，悛各執手，繼以泣涕，百姓感之。

齊

樂藹。南陽淯陽人，廣六世孫。爲龍陽相，以父憂去職，吏民詣州請之，葬訖起官。時武陵太守蕭嶷雅善藹爲政。相傳曾爲武陵令，治圃廣植桃李，去後百姓愛之，不忍翦伐，因名樂令園。今縣治後隙地是也。

隋

喬難陀。朗州刺史。修純紀陂，今名白馬陂，民享其利。

唐

胡處立。光宅中朗州刺史。開永泰渠通漕，且爲火備，溉田九百頃。

崔嗣業。聖曆中武陵令。開津石陂及槎陂，又復放鶴陂，民賴其利，名曰崔陂。

李璡。宋王成器子。開元二十七年，朗州刺史。嘗修北塔堰，接古蕁陂，由黄土堰注白馬湖，分入城隍及故永泰渠，溉田千餘頃。

韋夏卿。京兆萬年人。大曆五年朗州刺史。復治槎陂。

宇文宿。朗州刺史。永貞初沅水泛溢，壞廬舍，明年大旱。宿至，郡巷鮮居人，請於廉使條白上聞，詔賜賑濟，閭里喜得生活。

劉禹錫。中山人。元和中貶朗州司馬。州接夜郎諸夷，俗喜巫鬼，每祠歌竹枝，鼓吹裴回，其聲傖儜。禹錫謂屈原居沅、湘間，作九歌，使楚人以迎送神，乃倚其聲作十餘篇，於是武陵夷俚悉歌之。

李翺。隴西人。長慶元年，以考功郎爲朗州刺史，因故漢樊陂開渠，名考功堰。

温造。并州祁人。穆宗時以起居舍人出爲朗州刺史。開後鄉渠百里〔七〕，溉田二千頃，號右史渠。并修津石陂，民獲其利。

宋

薛居正。開封浚儀人。建隆中知朗州。亡卒數千人聚山澤爲盜，監軍使疑城中僧千餘人皆其黨，議欲盡捕誅之。居正以計緩其事，因率師滅羣寇，擒賊帥汪端，詰之，僧皆不與，賴以得免。

張鑑。范陽人。咸平中知朗州。溪峒羣蠻數寇擾，鑑招酋豪喻以威信，皆俯伏聽命。

胡翔卿。崇安人。嘉祐中武陵尉。值湖右旱饑，人相食，翔卿以郡委檢視，乞分減賦稅，發常平倉以濟之，民賴以活。

唐介。江陵人。爲武陵尉，剛直不阿。

余良肱。洪州分寧人。爲鼎州推官。鼎州蠻叛，良肱運糧境上，周知其利害，上書言此彈丸地，不足煩朝廷費，不如就而撫之。當時是其議。

王延禧。知沅江事。清介慈惠，政績稱最。

錢景持。建炎中知桃源縣事。賊累犯界，景持力戰，遂被害，事聞贈官。

張觷。福州人。知鼎州，奏鼎、澧、辰、沅、靖等州弓弩手廢闕，率被豪强以僮奴竄名占額，請汰去，别募溪峒兵，加以習練，處分要害，以時耕戰。上從其言。

程昌寓。建炎中知鼎州，兼鼎澧鎮撫使。時楊么、楊華出没不常，境内騷動，昌寓傳檄勤兵以禦之，郡人始安。

張運。信州貴溪人。紹興五年通判鼎州。賊楊么、黄誠擁衆數萬，跳梁湖北，率輕鋭徑趨武溪、南興，以臨鼎州，城中大震。運與太守程昌寓勤兵登城，控扼上下，以張其勢，賊宵潰。澧賊雷德進栅險稱亂，運率兵直擣其巢，破四十二栅，降其衆。

王樞。豐城人。紹興中爲鼎州丞，會茶寇騷擾，道路不通，有欲焚山絶茶，或欲官自便賣。樞建議爲長短引，以便負販，至今賴之。

鮑粹然。處州人。知常德府。俗尚淫祀，粹然閲訟，見民有横死者，疑爲祭鬼，即審覈伏其辜，焚祠毁像，由是訖息。在官重湖清謐，商舟安行，庭訟不留，貪猾吏爲之絶迹。

劉邦翰。乾道八年知常德府。言江北之民困於酒坊，至貧之家不捐萬錢，則不能舉一吉凶之禮，乃檢乾道重修敕令，申嚴抑賣之禁。

李燾。眉州丹稜人。孝宗時知常德府。初澧、辰、沅、靖四州置營田刀弩手，募人開邊，范世雄等附會擾民。建炎間罷之，乾道中有建請復置者，燾爲轉運使，嘗奏不當復。已而提刑尹機迫郡縣行之，田不能給。燾至是又申言之，請度田立額，且約帥臣張栻列奏，詔從之。境多茶園，異時禁切商賈，率至交兵。壽曰：「官捕茶賊，豈禁茶商？」聽民自便，訖無驚擾。

林文仲。鼎州司法參軍。政事確實，不阿權貴，州守李燾薦之於朝。

姚孳。知桃源縣。興利除害，知無不爲。縣有虎患，孳默禱於社，諭以文三日，虎自死於社祠。

劉龜年。祥符人。淳熙中知武陵縣。境多荒田，冒耕者衆，展轉訴訟，龜年予奪公平，訟爲少息。邑有淫祠曰潘仙，人惑之，龜年命撤屋毀像。部使者以治行聞，詔注姓名中書，龜年竟不肯謁時相，歸。

王銖。紹熙元年知常德府。言沿邊城寨官廩禄既薄，給不以時，孤寒小吏熟視姦猾，狥私受賕。弓手土軍戍卒傭值，糧食累月不支，致迫於饑寒，侵漁蠻獠。乞嚴飭州軍，按月廩給，如其未支，守倅即不得先請己俸，俾城寨官兵有以存濟，安邊弭盜，莫此爲急。

林夢英。臨川人。紹熙元年知武陵縣。寬愛黎民，嚴戢姦宄。武陵舊無學，夢英創立之。嘗誨諸生曰：「今之士涉獵以爲博，組繪以爲工，不知治心，非學也。」聞者感發。稱房山先生。

吕午。歙縣人。嘉定中知龍陽縣。豪民陶守忠殺人，正其獄，誅之。以循吏稱。

桂萬榮。理宗朝以朝散大夫直寶章閣，知常德府。盡心民事，尤精刑獄。

龔日昇。咸淳五年知常德府。除苛政，寬徭賦，修學校。遇旱禱雨，甘霖隨至。

尹穀。長沙人。爲常德府推官。廉正有聲。

元

倪德政。蘇州人。至元間以常德路總管兼尹事，朝廷命造戰艦三百餘艘，仍令運餉千餘萬斛。德政委官輦材於所産，造舟如數，又私僱賈人巨艘以運餉，事集而人不告勞。

必特雅。乃蠻部人。至元十六年，爲常德路副達嚕噶齊。會李明秀作亂，以單騎往招，直抵賊壘，諭以朝廷恩德，使爲自新計。明秀素畏服，遂與俱來，因聞於朝。明秀伏誅，賊遂平。「必特雅」舊作「別的因」，「達嚕噶齊」舊作「達魯花赤」，今改正。

哈商。常德府判官。開北門外至灊水十五里，使濟旱利民，至今賴之。

苗益。知龍陽州。歲洊饑，峒寇侵掠，益請於朝，以所受宣命貸鈔三十餘錠賑濟。後擢常德路總管。

明

張子俊。洪武初知常德府。興學延師，選俊秀入學教育之，舉鄉飲酒禮，使民知禮義。

青文勝。四川人。洪武間龍陽縣典史。邑濱大江，田成巨浸，催科額凡三萬七千餘石，民不堪命。文勝詣闕請免，章凡三上，不報，遂自縊登聞鼓下，因得盡免積逋定額一萬三千石，民立廟祀焉。萬曆間詔名爲惠烈祠。

應履平。奉化人。永樂中知常德府。歲苦麥税，履平以非土産，請易以米，詔許之。

嵇都。建昌人。宣德中知桃源縣。寬徭緩賦，民樂其平易。

王績。華亭人。成化中知常德府。持身峻潔，人不敢干以私。歲大旱，禱於龍門洞，洞幽邃，績縋而下，必窮其處，乃大雨，士民感悦。考滿入覲，卒於途。妻子貧不能歸，同知胡琮率民賻之，乃得還。

胡琮。長洲人。成化間常德府同知。邑罹旱潦，而龍陽圍隄尤甚。琮倍加賑恤，奏免税租什之七。

黄珂。遂寧人。成化間知龍陽縣。興學校，理冤滯。歲饑，請於主者，得銀萬餘兩賑恤之。以治行擢御史。

狄雲漢。太倉人。成化間授沅江縣。縣俗樸野，雲漢尚寬静，民愛信之。巡撫嘗按部至，無一人訟者，歎其德化而去。秩滿，行槖蕭然。

應龍。西安人。弘治間知武陵縣，有治劇才。時藩封初建，龍供億精辦，民忘其役。每邨設義囤，積穀備賑，考績最，士民赴闕奏留。詔增其秩，令復任。

王禾。宛平人。正德中知常德府。質直嚴明。榮王始之藩，内侍多所求索，少拂意則加窘辱。禾曰：「府庫皆財，欲則取之，剥民以悦人，吾不能也。」竟不能奪。

張鉞。平度人。嘉靖中知沅江縣。性剛直，有清操。時世宗南巡，臺省委令支應，鉞精辦詳嚴，宦官不敢横索。去任日，破釜木筯，檢給還民。後知常德府。

黄鳳翔。雲南人。嘉靖中知桃源縣。政先德化，聽訟不事箠楚，或涉倫理，輒自引責，民皆感愧。時陵工急，鳳翔爲民代輸，及去，皆流涕送之。

張澤。桐城人。嘉靖中知沅江縣。境多曠土，招民耕墾，給牛種。時巡阡陌，省民疾苦。兼攝武陵縣事，峒蠻爲患，以奇兵擣賊巢，生縶其魁。

朱國柱。雲南安寧人。崇禎末同知常德府。流賊由長沙來寇，國柱力不能禦，正冠帶而死。

蔣道亨。永明人。崇禎末常德府學教授，攝武陵縣事。賊陷城，抱印駡賊死。

本朝

劉舜濬。桂林人。順治七年知常德府。招撫殘黎，守城有功，百姓德之，爲建祠祀焉。

胡向華。兩當人。康熙間知常德府。修葺學宫及壇宇陂隄，釐剔徵收，招撫流亡，盡心經畫，境内乂安。

王興禹。奉天人。康熙元年常德府推官。置義冢，廣賑濟，居官廉正，民建祠以祀。

王許。蓬溪人。康熙中知常德府。歲旱，竭誠露禱。及饑，加意賑恤。值提督出撫苗，城中兵譟，許大呼曰：「朝廷負若耶？知府與民一體，欲傷民，知府先當之。」譟者立解散。事後，衹誅首亂者。平時課農興學，周饑寒，茹疏飲水，以民事留心。

郭連城。福建人。康熙中知龍陽縣。清慎自矢，歲旱步禱，大雨隨至。吴逆寇縣，誓以死守，人稱一時砥柱。

呂又祥。沭陽人。乾隆中知常德府。敏於吏事，訟至立予讞結。以「循理」二字揭於堂，戒屬勿操切。學門講院修治一新，士民祀之。

沈華。吴縣人。乾隆中知武陵縣。郡隄潰，居人震恐，華親督甃石捍之，隄固如初。課書院士，夏結棚障日，冬致鑪炭，有文行者尤優禮之。行保甲，恤罪囚，置義冢七所。河街火，率役撲滅傷足。未幾南門火，復躬救之，投品服火中，願以身代，火頓熄。祀名宦祠。

王永芳。寶坻人。乾隆中知武陵縣。沅水泛溢，民居多漂没，永芳極力賑救，請修塞之。曰：「諱災病民，吾不忍也。」平邊街水勢尤急，甃石岸爲禦，至今賴之。

應先烈。宜黄人。嘉慶十三年知常德府。修學宫，築石隄，募捐書院膏火、育嬰堂經費，民德之。郡多火災，鑿火星池、建水星樓以厭之。吏才敏給，日理數十訟，發姦摘伏如神。卒祀名宦祠。

人物

三國 漢

廖立。臨沅人。昭烈帝領荆州牧，辟爲從事，擢長沙太守。帝入蜀，諸葛亮鎮荆土，孫權遣使於亮，因問士人誰相經緯，亮答曰：「龐統、廖立，楚之良才，當贊興世業者也。」權遣吕蒙掩襲南三郡，立脱身歸，帝以爲巴郡太守。帝爲漢中王，徵爲侍中。後主襲位，徙長水校尉。坐怨望，亮奏廢爲民，徙汶山郡。立躬率妻子耕植自守，聞亮卒，垂涕歎息。後終徙所。

吴

潘濬。漢壽人。荆州牧劉表辟爲江夏從事。時沙羨長贓穢不修，濬按殺之，一郡震悚。後爲湘鄉令，治甚有名。孫權并荆土，拜輔軍中郎將，授以兵。遷奮威將軍，累封劉陽侯，遷太常。五溪蠻叛，權假濬節督軍討之，斬首獲生，蓋以萬數。自是羣蠻衰弱，一方安静。與陸遜俱駐武昌，共掌軍事。子祕，權以姊女妻之，調湘鄉令。後爲尚書僕射，代習温爲荆州大公平，甚得州里之譽。

晉

潘京。漢壽人。弱冠辟郡主簿，有機辯。後舉秀才，至洛，與尚書令樂廣共談累日，深歎其才。謂京曰：「君天才過人，若學必爲一代談宗。」京感其言，勤學不倦。時武陵太守戴昌亦善談論，與京共談，以爲不如己，笑遣之。令過其子若思，京方極其言論，昌竊聽歎曰：「才不可假。」遂父子俱屈焉。歷巴丘、邵陵、泉陵三令，明於政術，路不拾遺。遷桂林太守，不就歸家。

伍朝。漢壽人。少有雅操，閒居樂道，不修世事。性好學，以博士徵不就。刺史劉弘薦爲零陵太守，朝復不就，終於家。

龔玄之。漢壽人。州舉秀才，公府辟不就。孝武帝下詔徵之，苦辭疾篤不行。弟子元壽亦有德操〔八〕，舉秀才及州辟召，並稱疾不就。孝武帝以太學博士、散騎侍郎、給事中累徵，不起。卒於家。

南北朝　宋

龔祈。漢壽人。從祖玄之、父黎民，並不應徵辟。祈風姿端雅，容止可觀。中書郎范述見之，歎曰：「此荆楚仙人也。」自少及長，徵辟一無所就。

齊

邵榮興。武陵人。八世同居，州縣交辟不就。宋明帝時，刺史劉悛表其廬，建元三年，復表門閭，蠲租税。

文獻叔。武陵人。八世同居。同郡范安祖、李聖伯、范道根五世同居。建元三年大使巡行天下，俱表門閭，蠲租税。

梁

伍安貧。武陵人。博雅嗜學。梁屢降玄纁之禮聘之，固以疾辭。嘗撰武陵圖志。

黄閔。武陵人。博學能詞藝，嘗撰沅江志。唐章懷太子注郡國志，取以爲證。

唐

韓約。武陵人，本名重華。志勇決，略涉書，有吏幹。歷兩池榷鹽使、虔州刺史。交阯叛，領安南都護，再遷太府卿。太和九年，代崔鄯爲左金吾衛大將軍，與李訓謀誅宦官仇士良等，不克死之。

五代 周

周行逢。武陵人。事馬希萼爲軍校。别將兵破益陽，殺李景兵二千餘人，擒其將李建期。王進逵爲武安軍節度使，拜行逢集州刺史，爲進逵行軍司馬。顯德元年拜武清軍節度使，權知潭州軍府事。行逢能儉約自勉勵，而性勇敢。麾下將吏素恃功驕慢者，一以法繩之，一境畏服。

宋

陳起。沅江人。景祐進士，調寧鄉令，歷秭歸、湘鄉、萍鄉等縣，皆有政聲。在秭歸日，疏鑿新灘，舟行以安。歐陽修銘其功於石。

柳拱宸。其先青州人，避地荆楚，爲武陵人。通判鄂、岳州，有惠政。年六十，即有掛冠之志。創亭於青陵館，名橋曰歸老，曾鞏爲之記。

管師復。武陵人。經明行修，陳襄嘗稱之，與程頤同薦於朝，號白雲先生。弟師常，亦知名，人稱「二管」。

張頡。桃源人。第進士，調江陵推官。歲旱饑，朝廷遣使安撫，頡獻十事，活數萬人。知益陽縣，有善政，累遷廣西轉運使。時建廣源爲順州，將城之，頡謂無益，朝廷從其議。後知桂州，海南黎人請出兵自效，命頡處其事。頡使一介往呼之出，補牙校，喜而去，尋罷兵，海外訖無事。歷官河北都轉運使，徙知瀛州。湖北溪猺叛，朝廷以頡素望，復徙知荆南，至都門，暴卒。

鍾正甫。武陵人。治平進士，與李芾友善。後爲廣東轉運使，有美政。蔡京置其名黨籍中，坐謫。

楊繽。武陵人。志在泉石，棄官隱桃源山。徽宗時，賜號沖真處士。

王在。武陵人。治周禮。端平初，真德秀知貢舉，擢冠本經，成進士。後攝施州倅，城陷死之。

丁易東。龍陽人。咸淳進士，官編修。入元，屢徵不仕。築石壇精舍，教授生徒，捐田千畝以贍之。著周易傳疏。事聞，授以山長，賜額沅陽書院。

明

馬汝舟。武陵人。元末四方兵起，團聚義兵以爲保障。明初歸附，總兵徐達令權知府事。汝舟收集流亡，勸課耕稼，興建學校，民獲安堵。

蘇彬。桃源人。以縣多荒田，科額累民，上疏請蠲，不報。洪武二十八年，擊登聞鼓，自縊其下，得疏懷中。詔免糧二萬二千石，併里爲五十六。萬曆間，有司立廟以祀。

馮貴。武陵人。洪武進士。性剛直。官給事中，不避權幸。歷遷交阯參議，勤設方略。黎利叛，貴力戰，兵少不支，曰：

「忠臣事君，有死無二。今力屈矣，當死何疑！」卒爲賊所害。洪熙元年，建忠臣祠以祀之。

郝敬。沅江人。永樂舉人，知永寧縣。濬萬箱等渠，溉田千餘畝，民賴其利。

李顯。桃源人。成化進士，授户部主事，監庫督倉，俱以清慎著聞。出知南康府，倣朱子白鹿洞規，興學勸士。後乞休歸。

劉璟。武陵人。成化進士，知霑化縣。禁戢豪强，請囑不行，邑無逋賦，民困亦蘇。進監察御史，出按山西，貪吏望風解綬去。宗藩奪民田，璟判還之，貴戚斂手。代去，士民號泣以送。

楊褫。武陵人。弘治進士，歷四科給事。時外藩以方士進，褫上言羽流幻術，不宜蠱惑聖心，不報。忤劉瑾歸，構聞山精舍，講明正學。瑾敗，起吏科，終太僕卿。

陳洪謨。武陵人。弘治進士，正德時知漳州府，有惠政，累擢雲南按察使。神采嚴重，不畏彊禦。嘉靖初巡撫西江，節財愛民。終兵部侍郎。

冀元亨。武陵人。正德舉人。受業王守仁，命主濂溪書院。宸濠貽書守仁問學，守仁欲曉以大義，使元亨往報。既見，宸濠以語挑之，元亨佯不喻，獨與之論學。宸濠厚贈遺之，不受。及宸濠敗，張忠、許泰欲誣守仁與通謀，捕元亨搒掠，終不承。世宗初，事白出獄。

蔣信。武陵人。嘉靖進士，歷四川僉事。盡心民事，遷貴州提學僉事。迪士以實行，不事虚談，學者咸信從之。

陳仲録。武陵人。嘉靖進士，知新城縣。有廖氏兄弟争訟十年，仲録取二人手足共械之，出入與俱。閲月，兄弟情好如初。葬暴骨數百棺。歷官山東按察使。

唐鍊。武陵人。嘉靖進士，知寶坻縣。有守城功，擢工部主事，出董吕梁洪。鍊相水勢，豫築鯉魚山缺口，衝激勢漸衰，捍防遂減，約省帑金萬餘。以才改御史，官至徐州兵備副使。

鄧壐。龍陽人。事母盡孝。嘉靖中舉於鄉，官户部員外郎。治孝烈皇后喪，力排中貴，裁冗費。遷工部郎中，浚清河四十里，奏減額設夫若干。致仕家居，足跡不入公府。

王佐。武陵人。萬曆進士，授吉安府推官，擢給事中，疏諫剴切。光宗立，召爲太僕卿。

江盈科。桃源人。操行純篤，推遺田以與兄弟，授徒自給。萬曆中成進士，知長洲縣，擢吏部主事，歷官四川提學僉事。著雪濤閣集。

史贊舜。龍陽人。清端有德量。萬曆進士，官户部郎，當安、藺交訌，湘、沅之間疲於奔命，贊舜疏減辰、常、沅、靖加餉四萬二千有奇，運夫三萬餘名。歷遷川東副使，治兵松潘，恢疆三百四十餘里。官至南京太常卿。卒，贈侍郎。

楊鶴。武陵人。萬曆進士，授雒南令，擢御史。極言京營虛耗，人才摧折，公私匱乏，東方羣盜數事，且曰：「陛下宜令東宫知勞知危，知憂知懼，安可與宦官宫妾處，而不見士大夫乎？」疏不省。出巡貴州，還朝，乞停皇税，釋纍臣，登遺逸，納諫諍，發内帑，收人心，不報，乃引疾去。崇禎初，拜左僉都御史，上書言圖治在培元氣，一切民生國計，宜遵祖宗成法，語極詳懇。拜兵部右侍郎，總督陝西三邊軍務。卒，贈太子少傅。

劉汝林。武陵人。年十歲，父病篤，母亦抱疾。汝林夜禱於天，刲股以進，父母俱瘥。

胡永順。武陵人。萬曆進士，授太平推官，入爲兵科給事中。屢上疏言時政得失，直聲大振。魏忠賢初竊柄，永順劾其必爲國患，以疾歸里。崇禎初起禮科給事中。

唐紹堯。武陵人。天啓進士，知高陽縣。其地建魏忠賢生祠，日奏樂上食，紹堯下車禁之。中官姪冉世魁與叔争産相屠，紹堯因籍其貲充餉。忠賢積恨，乃逮紹堯下獄，搒掠幾斃。崇禎初，起武選郎中，累遷户部侍郎。

柳三錫。武陵諸生。流寇張獻忠至，脅之降，三錫厲聲曰：「讀書明理，豈向汝求活？」掣梃擊賊。賊怒，剖其腹死。時同鄉紳士楊鷺、萬國寧〔九〕、李嗣先、楊時生、王大年、丁昌期、周笏、柳之彦、羅三才〔一〇〕、張維翰、楊夢鼎，俱同時罵賊死。本朝乾隆四十一年，俱予入忠義祠。

段光啓。武陵諸生。偕弟光遠避流賊，賊騎數十追之，光遠手利刃步鬬，連殺數賊，賊反走。光啓追之，被執。光遠奔救，遇他賊格戰，不能前。光啓罵不絶口，遂被殺。光遠見兄遇害，痛憤戰益力，力不支，乃還保其孥遁去。

熊應鵬。武陵諸生。有瞽母年八十二，爲賊獲，應鵬懇以身免其母，遂見殺，而母獲全。

本朝

劉體安。武陵人。歲貢，爲黄陂訓導。著祀典輯要，具言禮器、樂舞之制。改茶陵，值草寇陳丹書爲亂，體安唾賊大罵，自刎不殊，賊遁復蘇。

羅人琮。桃源人。順治進士，知朝邑縣，行取四川道御史。有禁重耗、策備荒、勵風節、立勸懲、籌鼓鑄、薦舉人才，纂修前史諸疏。尋告歸，年九十卒。篤於内行，爲鄉人所稱。

彭之鳳。龍陽人。順治進士，改庶吉士，遷監察御史，歷户、禮、刑科給事中。丰采端凝，練達時務。議靖西山賊，籌積貯，奏緩征，禁獄中塵羹土飯，及獄卒拷掠諸疏，奏入從之。晉光禄寺少卿。

楊超曾。武陵人。康熙進士，授編修，由侍講學士任奉天府尹，晉刑部侍郎，巡撫粤西，歷兵、吏二部尚書，總督兩江。敭歷中外，端己率屬。以丁外艱歸，卒於家。賜祭葬，謚文敏，祀鄉賢祠。

陳養元。武陵人。康熙舉人。居家孝友，鄉里稱之。任寧國縣知縣，悉心奉職，著有勞績。以治最内擢主事，邑人感其惠，立祠祀之。

唐祚培。武陵人。選貢。奉孀母左右就養惟謹，遭明季家蕩析，一門孤寡，皆藉以衣食。康熙三十五年旌。

譙衿。沅江諸生。自明正德時至衿凡七世，同居合爨，親支一百十九人。衿以祖命主家事，每食男女異席，終事無譁，積二百餘年，喪祭無失禮。值鄰家火起，衿兄弟先入祠堂，抱神主避火，火隨息。家蓄耕牛，每出入亦以齒先後，在牧地行列不亂。作家訓二十條，子孫咸遵守之。雍正十年，建坊旌表，賜額「世篤仁風」。

文鵠。桃源人。穎異博學。早歲以通五經補諸生，後授永興訓導。課士必先德義，士林則之，祀鄉賢。子志鯨，康熙進士，授檢討，督學浙江，典廣西順天鄉試，得人稱盛。累官順天府尹。

羅江鱗。桃源人。乾隆武舉，由貴州千總從征大、小金川，累官至鶴麗鎮總兵。嗣逆回不靖，調赴蘭州，攻賊營，生擒六十人，盡殲餘黨。尋以積年創發，卒於官。事聞，廕一子，祀昭忠祠。

陳長鎮。養元子。雍正中舉孝廉方正，乾隆中舉博學鴻詞，成進士，改庶吉士。乞假省視，至家聞母喪，大慟，嘔血數升卒。長鎮幼篤學，博覽羣書，與人處有面規，無後言。卒之日，識與不識，俱悼惜之。

朱景英。武陵人。乾隆庚午鄉試第一。少精文選之學，已而窺尋夾漈、伯厚諸書，著作甚夥。官至臺灣同知。撰海東日札，於習俗移易、利弊因革之原，尤拳拳致意。

鄔翼麟。武陵人。乾隆三十八年，由候補守備隨征金川，歿於陣。同縣人官黃平營把總郭崑、官右營把總姚應鳳，均以奮力殺賊，受傷陣亡。事聞，議卹如例。

葉攀鳳。武陵人。由外委升守備，乾隆六十年隨勦黔、楚逆苗，攻砲木山，直入賊寨，獲賊頭目，因功擢升都司。攻克烏隴巖，進抵楊柳坪，受傷陣亡。同城守備朱慶錦擊賊於夯尚，千總彭正綱擊賊於潭江河口，把總王得鳳、周上友、楊方進擊賊於喜鵲山梁，外委劉大升、何四海擊賊於墨寨，俱力戰歿於陣。事聞，議卹，均廕雲騎尉。

王萬岱。武陵人。嘉慶二年，由外委隨征黔、楚邪匪，奮勇有功，洊升守備。六年隨勦川省賊匪於竹山縣，衝入賊隊，以傷重陣亡。同縣人官都司吴經國，守雙泉子卡隘，力戰爲賊所害。事聞，議䘏，均廕雲騎尉。

鄭憲恩。武陵人。嘉慶七年由守備隨勦楚北邪匪，賊目蒲家寶盤踞鮑家山，憲恩奮勇攻擊，擒斃甚多。後營卡爲賊衝破，遂遇害。同縣人把總王朝宗、黄勝照俱以力戰陣亡。事聞，議䘏，均廕雲騎尉。

唐世皞。武陵人。少敦孝弟，母殁，哀毁過人。事繼母，能得親歡，鄉里俱重之。嘉慶二十五年旌。

流寓

後漢

王儁。汝南人。少爲范滂、許章所知，公車徵之不至。避地武陵，歸之者百餘家。獻帝都許，徵爲尚書，復辭。終於武陵。曹操之下荆州，自臨江迎其喪，改葬江陵。

宋

劉安世。魏人。紹聖中爲章惇所陷，謫居鼎州。

張庭堅。廣安軍人。以不附蔡京列黨籍，編管鼎州。

列女

晋

羅氏。父羅均用，令曲陵，溺水死，羅氏尋屍不獲，亦赴水死。宋嘉其孝，賜號孝烈靈妃，立廟祀之。

五代　楚

馬希萼妻苑氏。楚王馬殷子希萼與弟希廣争立，苑氏諫曰：「兄弟相攻，勝負皆爲人笑。」希萼不聽，苑泣曰：「將禍及予，不忍見也。」赴井死。

周行逢妻嚴氏。行逢性勇敢，果於殺戮，民過無大小皆死。嚴氏諫曰：「人情有美惡，安得一概殺之？」行逢怒曰：「此外事，婦人何知！」嚴氏紿曰：「家田佃户以公貴，頗不力農，多恃勢侵民，請往視之。」至則營居以老，歲時衣青帬，押田户送租入城。行逢往就見之，勞曰：「吾貴矣，夫人何自苦？」嚴氏曰：「公思作户長時乎？民租後時，常苦鞭朴。今貴矣，宜先期率衆，安得遂忘隴畝間乎？」行逢强邀之，以羣妾擁升肩輿，卒無留意，因曰：「公用法太嚴，失人心。所以不欲留者，一旦禍起，田野間易逃死耳。」行逢因少損。

明

冀元亨妻劉氏。武陵人。元亨被逮，家屬并繫獄，劉氏與二女治麻枲不輟。事且白，守者欲出之，曰：「未見吾夫，出將安往？」按察諸僚婦聞其賢，召之，辭不赴。已而來就見，則因服而見，手不釋麻枲。問其夫之學，曰：「吾夫之學，不出閨門袵席間。」聞者悚然。

潘澍妻史氏。武陵人。年二十餘，流賊破城，史趨赴橫港，賊起之，勒令上馬。史怒罵不止，賊斫其口，即以口血噴賊面，遂磔死。

鮑啓登妻楊氏。武陵人。年二十餘，夫死，勵操數十年。流寇至，長子、幼孫俱亡，楊呼天泣曰：「吾爲夫後故稱未亡人，今子孫俱亡，當早見夫於地下。」因積薪屋下，先置二屍火中，尋躍入死。

周笏妻譚氏。武陵人。爲賊所執，不辱，罵賊死。同縣羅三才妻亦爲賊所獲，賊欲殺其夫，其子以身蔽之，俱遇害。三才妻即赴水死。

趙昌年妻熊氏。武陵人。流寇陷城，熊被執，不從，賊以刀斫其兩臂。熊罵曰：「殺則殺耳，何斫爲？」賊剖其腹而死。

吴某妻陳氏。武陵人，吴崇教子婦。賊陷城，與其姒賀氏見獲，兩人俱罵賊。賊先殺陳以脅賀，賀罵愈厲，賊復殺其子。賀閉目大罵，賊怒，刲其腹死。

楊鶴妻鄭氏。武陵人。鶴官三邊總督，謫戍死。崇禎末流寇至武陵，鄭率二妾走避，遇賊，叱令跪。鄭曰：「我朝廷命婦，肯跪賊耶？」謂二妾曰：「而等遭辱，何以見而主於地下？」兩妾俱伏劍死，鄭亦觸城死。

熊某妻何氏。武陵人。舉家陷賊中，何謂其夫曰：「君當與兒脱歸以存嗣，妾請死，無爲俱屠。」次日，伺賊他出，見夫負子行且遠，投水死。

鄭人玫妻鍾氏。武陵人。年十九，爲賊所掠，逼之，不從，拔髪齧肉以寄其夫云：「誓不辱身虧節！」賊怒刲之。

鄒張魯妻郭氏。桃源人。魯殁，郭哀號廢飲食，三月而殞。天啓初旌。

胡養沖妻燕氏。桃源人。崇禎末，避亂黃溪港，賊斷養沖手，執燕欲污之，燕赴火死。

彭祖眉妻唐氏。桃源人。爲叛將所執，載至舟中，欲逼之。唐紿曰：「此緑蘿崖，即妾祖墓，願一拜之。」從之，命舟泊岸，唐整衣拜畢，躍入江潭死。

本朝

唐諧妻譚氏。武陵人。夫亡守節。同縣節婦蕭宗蔭妻栗氏、楊山榛妻陳氏、張玉璿妻靳氏、劉醴寅妻熊氏、龍之濤妻謝氏、歐陽應爕妻石氏、徐昌盛妻潘氏，均康熙年間旌。

唐廷采妻楊氏。武陵人。夫亡守節。同縣節婦王國勳妻黄氏、皮士正妻黄氏、趙偉妻高氏、陳之鸞妻譚氏、楊系妻常氏，均雍正年間旌。

剪如菼妻張氏。桃源人。夫亡守節。同縣節婦羅宏烈妻伍氏，均雍正年間旌。

樊維都妻龔氏。武陵人。夫亡守節。同縣節婦羅應章妻彭氏、梁國朗妻陳氏、劉和義妻梅氏、聶蘇民妻萬氏、楊之岠妻余氏、聶官成妻黄氏、顧其言妻夏氏、顧應松妻張氏、梁維勤妻周氏、黄啓翼妻余氏、龍昭明妻楊氏、吴世紳妻劉氏、吴卓妻唐氏、陳士漢妻李氏、曾之玥妻貴氏、龍英明妻邢氏、李如楫妻陳氏、蔣文魁妻陳氏、鄧聰妻楊氏、張方解妻裴氏、趙啓昌妻邱氏、陳人龍妻周氏、張鼇妻楊氏、吴自元妻梅氏，烈婦談可由妻張氏，烈女石氏女，貞女龍剛明聘妻戴氏，均乾隆年間旌。

季方泰妻邱氏。桃源人。夫亡守節。同縣節婦聶之泰妻薛氏、張士經妻劉氏、周成章妻艾氏、童鶴年妻聶氏、于心安妻聶氏、陳世琳妻周氏、姚銓妻戴氏、鄔之璜妻胡氏、程志道妻孫氏、康士璉繼妻李氏、孔傳成妻熊氏、孔傳典妻張氏、張天模妻楊氏、張士恭妻楊氏，李翔鳴妻宋氏、胡南容妻沙氏、胡士寧妻陳氏，烈女李萬忠女珍秀，均乾隆年間旌。

葉逢茂妻童氏。龍陽人。夫亡守節。同縣節婦張紋妻王氏、彭光炳妻唐氏、胡獻琛妻張氏、張輝斗妻劉氏、彭錧妻劉氏、羅洪倫妻胡氏，均乾隆年間旌。

吴才崙妻楊氏。沅江人。夫亡守節。同縣節婦祝如婉妻劉氏、秦家煥妻郭氏、曹芝蕊妻劉氏，均乾隆年間旌。

李昌叔妻龔氏。武陵人。夫亡守節。同縣節婦魯自誼妻李氏、張嗣增伯母羅氏、妻王氏、楊夢鼎妻龍氏、王瓊友妻楊氏、韋大德妻茅氏、談氏婦張氏、周氏婦楊氏、龍氏婦劉氏、戴大芸妻白氏、戴大善妻蕭氏、唐志英妻蕭氏、方文蘇妻石氏、趙璋妻葉氏、顧昌運妾朱氏、陳九騏妻胡氏、其子婦程氏、陳文衡妻梅氏、劉維簡妻蕭氏，烈婦王仲馨妻蕭氏，均嘉慶年間旌。

燕邦定妻李氏。桃源人。夫亡守節，嘉慶年間旌。

王克容妻黄氏。龍陽人。隨夫寓澧州，有彭雲者因索逋詈之，恚甚，投繯死。嘉慶年間旌。

楊世利妻鍾氏。沅江人。暨子尚璜妻李氏，皆夫亡守節，均嘉慶年間旌。

仙釋

晉

黄道真。武陵人。晉時棄俗居高吾山修道，乘白鹿去，不知所終。

唐

瞿柏廷。辰州人。大曆間，武陵人黄洞源學道於桃源宫，柏廷師事之。尋遇一老，遂辭洞源曰：「去後十八年當相見。」過期，洞源往潤州茅山，柏廷忽至，洞源曰：「吾將蹈滄海。」次日亦化去。

宋

李正。武陵人。學道，見東皇公，教之十七年，後死，家人埋之武陵，冢上有樹高七尺，能生花。人遇見此花，皆聰明能文章，號聰明樹。

張虚白。不知何許人。舉進士，遊武陵仙去。郡人余安復遇之揚州，因寄詩於嘗所沽酒媪崔婆。

土産

包茅。沅江縣出。書禹貢「荆州包匭菁茅」，即三脊茅也。宋史：祥符元年，遣使沅江采三脊茅。府志：此間出者。

蠟。府境出。府志：境産蠟樹，其葉常青。即冬青樹，綴蟲生蠟，故亦名蠟樹。

黄精。府境出。根葉大概似薑。張華博物志：太陽之草名黄精，食之長生。

翡翠。府境出。

鮆魚。府境出。郭璞山海經所謂「刀魚」也。

鮰魚。生江中。無鱗骨，即蘇軾詩所詠者。

蒟醬。即漢書西南夷傳所稱蜀蒟醬，俗名鬼芋。葉如天南星，子如桑椹。

校勘記

〔一〕有水塍七座　「塍」，乾隆志卷二八〇常德府隄堰（下同卷簡稱乾隆志）同雍正湖廣通志卷二一水利志作「滑」，讀史方輿紀要卷八〇湖廣六作「堰」。按，「塍」字字書不載，蓋方音擬造字。

〔二〕接古蓴陂　「蓴」，乾隆志同，新唐書卷四〇地理志作「專」。

〔三〕溉田千一百頃　「千」，原作「十」，據乾隆志及新唐書卷四〇地理志改。

〔四〕宋景壁劇談録　雍正湖廣通志卷一一九雜紀二引同。按，考所引文字，今見諸宋鄭景望蒙齋筆談，四庫全書總目提要謂景望乃永嘉鄭伯熊字，其書全録葉夢得巖下放言之文，但删其十分之三四而顛倒其次序。明陸楫編古今説海，收録蒙齋筆談，署作宋郭景璧，又與之異，蓋流傳訛異，難究其實。

〔五〕下詔增進秩二千石　「增」，原作「贈」，據乾隆志及後漢書卷八六南蠻西南夷列傳改。

〔六〕魏遣漢葭縣長郭純試守武陵太守　「漢葭」，原作「漢復」，乾隆志作「漢髮」，據三國志卷六〇鍾離牧傳改。

〔七〕開後鄉渠百里　「後鄉渠」，原作「鄉渠」，據新唐書卷四〇地理志及本卷前文隄堰補。乾隆志訛作「後門渠」。

〔八〕弟子元壽亦有德操　「元壽」，原作「元嘉」，乾隆志同，據晉書卷九四龔玄之傳改。

〔九〕萬國寧　「寧」，原作「凝」，據乾隆志及欽定勝朝殉節諸臣録改。按，本志避清宣宗諱改字。

〔一〇〕羅三才　「才」，原作「十」，據乾隆志及欽定勝朝殉節諸臣録改。

辰州府圖

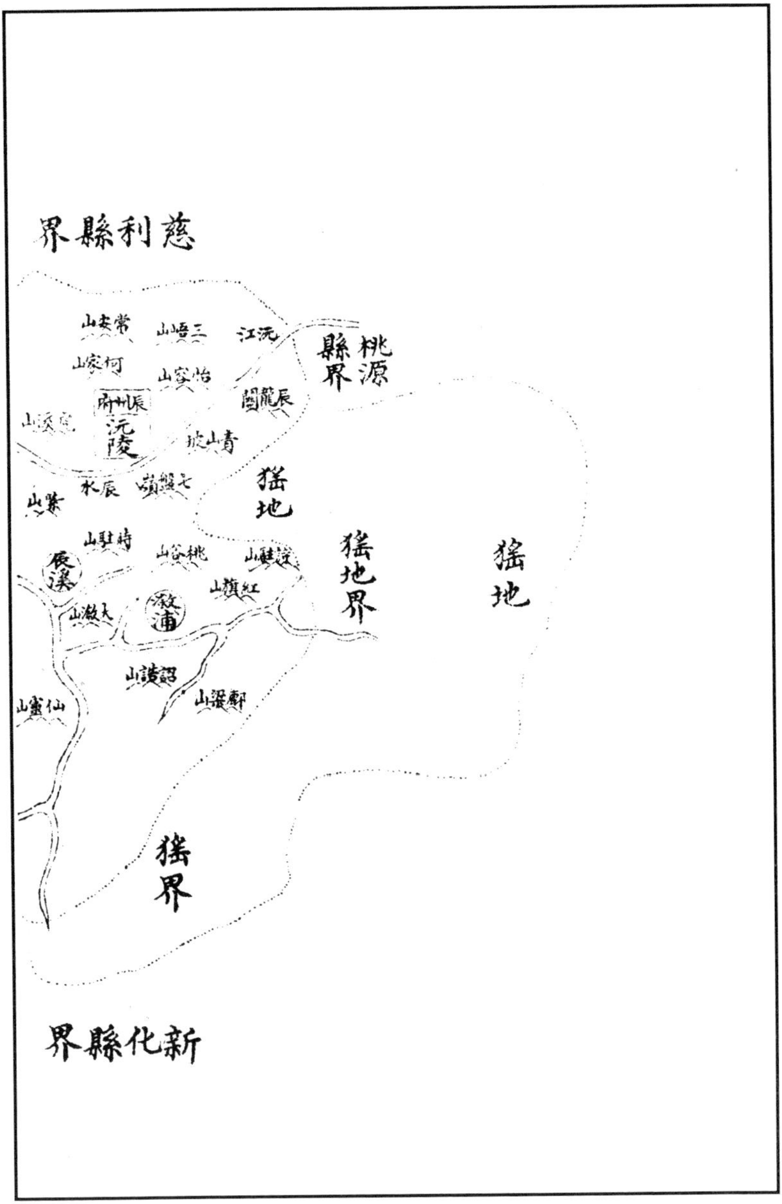
慈利縣界
桃源縣界
常安山
沅江
辰州府
沅陵
青山坡
七盤嶺
辰水
猺地
桃谷山
猺地界
猺地
辰溪
溆浦
紅旗山
猺界
新化縣界

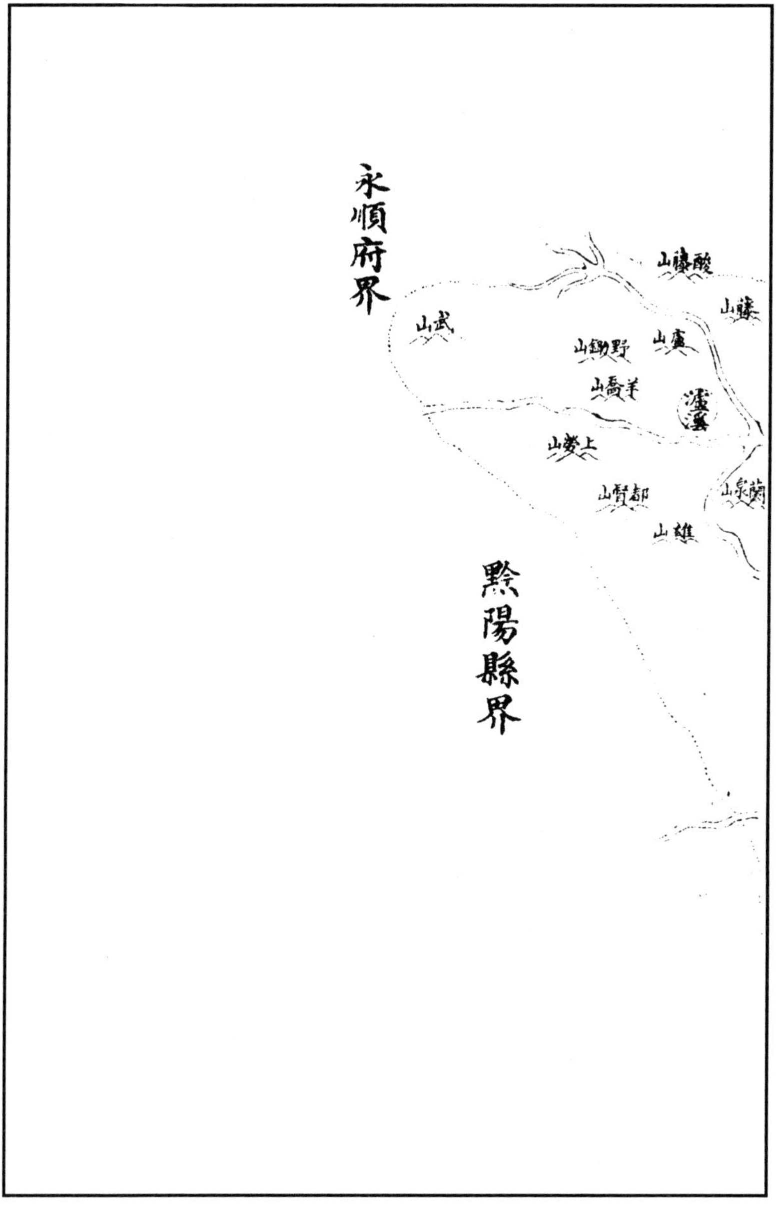
永順府界
酸棗山
武山
羊喬山
瀘溪
都賢山
黔陽縣界

辰州府表

	辰州府	沅陵縣	瀘溪縣
秦	黔中郡地。		
漢	武陵郡地。	沅陵縣屬武陵郡。	沅陵縣地。
三國		沅陵縣	
晉		沅陵縣	
南北朝	沅陵郡陳天嘉初置沅州，通寧郡。太建中廢州，改置。	沅陵縣陳徙爲沅陵郡治。	盧州梁天監十年置，尋廢。
隋	沅陵郡初廢郡置辰州，大業初仍改郡。	沅陵縣	大業末蕭銑置盧溪縣。
唐	辰州盧溪郡復置州，天寶初改盧溪郡，屬江南西道。	沅陵縣州治。	盧溪縣屬辰州。
五代	辰州屬楚，後屬周行逢。	沅陵縣	
宋	辰州盧溪郡屬荆湖北路。	沅陵縣	盧溪縣屬辰州，乾道中移治。
元	辰州路屬湖廣行省。	沅陵縣路治。	盧溪縣屬辰州路。
明	辰州府屬湖廣布政司。	沅陵縣府治。	盧溪縣屬辰州府。

續表

辰溪縣	溆浦縣
辰陽縣 屬武陵郡。	義陵縣 前漢置，屬武陵郡。後漢省入辰陽。
辰陽縣	
辰陽縣	
辰陽縣 南陽郡 梁置，又置建昌縣。陳廢縣。	
辰溪縣 改辰陽名，移治，屬沅陵郡。 開皇初廢郡，置壽州。十八年改曰充州，大業初廢。	
辰溪縣 屬辰州。	溆浦縣 武德四年置，屬辰州。
辰溪縣	溆浦縣
辰溪縣 屬辰州。	溆浦縣 屬辰州。
辰溪縣 屬辰州路。	溆浦縣 屬辰州路。
辰溪縣 屬辰州府。	溆浦縣 屬辰州府。

大清一統志卷三百六十六

辰州府一

在湖南省治西八百五里。東西距三百五十里，南北距六百五十里。東至常德府桃源縣界百六十里，西至乾州廳界百九十里，南至寶慶府武岡州界四百十里，北至澧州永定縣界二百四十里。東南至寶慶府邵陽縣界四百十里，西南至沅州府芷江縣界二百五十里，東北至澧州慈利縣治三百里，西北至永順府永順縣界百六十里。自府治至京師三千六百五十里。

分野

天文翼、軫分野，鶉尾之次。

建置沿革

禹貢荆州之域。戰國屬楚，爲黔中。秦置黔中郡。漢爲武陵郡地，後漢以後因之。陳天嘉元年，分置沅州、通寧郡，大建七年州廢，改置沅陵郡。按：陳宣帝紀是年改武州爲沅州，蓋移沅州之名於臨沅，即今常德，而沅陵之州廢也。隋開皇中郡廢，改置辰州。大業初仍曰沅陵郡，屬荆州。唐武德三年，復曰辰州。景雲二年置都督府，開元二十七年府罷。天寶初改爲瀘溪郡，乾元初復曰辰州，屬江南道。五代時屬楚。宋亦曰辰州瀘溪郡，屬荆湖北路。元曰辰州路，屬湖廣行省。明曰辰州府，屬湖廣布政使司。本朝因之，屬湖南省。康熙四十三年，以府境鎮溪所地置乾州廳。四十八年，以鎮筸鎮地置鳳凰廳。雍正九年，以吉多營地置永綏廳。嘉慶二年，均升直隸廳。今領縣四。

沅陵縣。附郭。東西距一百九十里，南北距一百七十里〔一〕。東至常德府桃源縣界一百六十里，西至瀘溪縣界五十里，南至溆浦縣界八十里，北至澧州永定縣界二百四十里。東南至溆浦縣治八十里，西南至辰溪縣治一百十里，東北至澧州慈利縣界一百五十里，西北至永順府永順縣界一百六十里。漢置沅陵縣，屬武陵郡，晉及宋、齊因之。陳爲沅陵郡治，隋因之。唐爲辰州治，宋因之。元爲辰州路治。明爲辰州府治，本朝因之。

瀘溪縣。在府西南七十里。東西距一百三十里，南北距一百六十里。東至溆浦縣界四十里，西至乾州廳界一百一十里，南至辰溪縣界六十里，北至沅陵縣界二十四里。東南至辰溪縣治八十里，西南至沅州府麻陽縣界八十里，東北至沅陵縣界一百里，西北至永綏廳界二百里。漢沅陵縣地。梁天監十年，置盧州，尋廢。隋大業末，蕭銑析置盧溪縣。唐屬辰州，宋因之。元屬辰州路。明屬辰州府。本朝改「盧」爲「瀘」，屬辰州府。

辰溪縣。在府南一百七十里。東西距六十里〔二〕，南北距一百五里。東至溆浦縣界一百三十里，西至沅州府麻陽縣界二百三十里，南至沅州府芷江縣界二百二十里，北至瀘溪縣界十五里。東南至溆浦縣治一百里，西南至沅州府治二百十里，東北至沅陵縣治一百十里，西北至瀘溪縣治八十里。漢置辰陽縣，屬武陵郡。晉及宋、齊因之。梁置南陽郡。隋開皇初廢，改置壽州。平陳後，改縣曰辰溪。十八年，改州曰充州，大業初州廢，縣屬沅陵郡。唐屬辰州，宋因之。元屬辰州路。明屬辰州府，本朝因之。

漵浦縣。在府南二百七十里。東西距二百里，南北距四百二十里。東至寶慶府新化縣界九十里，西至辰溪縣界一百二十里，南至寶慶府武岡州界二百四十里，北至沅陵縣界一百八十里。東南至武岡州界一百八十里，西南至沅州府黔陽縣界八十里，東北至長沙府安化縣界八十里，西北至辰溪縣治一百里。漢置義陵縣，屬武陵郡。後漢省入辰陽。唐武德四年，分置漵浦縣，屬辰州，宋因之。元屬辰州路。明屬辰州府，本朝因之。

形勢

內控諸蠻咽喉，外爲武陵障蔽。宋辰州風土記。重岡複嶺，截然險峻。同上。水行則石峻湍急，舟楫多阻；陸行則重岡曲隴，車難方軌。爲西南要害固寨之地。府志。

風俗

夷獠雜居，頗雜猺俗。宋郡縣志。少鬬訟，寡盗賊。風土記。舊俗尚治屋宇，連甍接棟，覆以板竹。圖經。地界山谿，刀耕火種。同上。

城池

辰州府城。周五里有奇，門七，有濠。明洪武初因舊址築。本朝康熙二十年、四十四年，雍正八年、十二年屢修。沅陵縣附郭。

瀘溪縣城。周三里有奇，門四。明崇禎十三年築。本朝雍正十一年修。

辰溪縣城。周二里有奇，門五。明正統間因舊址築。本朝康熙年間修。

溆浦縣城。周三里有奇，門四。元至正間築。明萬曆初修。本朝雍正年間重修。

學校

辰州府學。在府治東。舊在府治東南，本朝康熙中改建今所。乾隆中屢修，嘉慶二十三年重修。入學額數十五名。

沅陵縣學。在縣治東。明洪武初建。本朝康熙、雍正中屢修。入學額數十五名。

瀘溪縣學。在縣治東。元至正中建。本朝順治、雍正中屢修，乾隆十八年重修。入學額數八名。

辰溪縣學。在縣治東南。宋寶祐初建，元、明因之。本朝康熙、雍正年間屢修，乾隆中重修。入學額數十二名，猺童照應試人數酌量取進。

漵浦縣學。在縣治東。明洪武初建。本朝康熙、雍正中屢修，乾隆二十四年重修。入學額數十五名，新童三名。

虎溪書院。在沅陵縣西虎溪山。舊名白雲軒，明正德間王守仁謫貴州經此，與郡人唐愈賢於此講學。嘉靖中，通判徐珊遂建書院，內有當仁堂。本朝康熙四十五年重建，雍正十一年易今名。乾隆十一年重修。

崇文書院。在沅陵縣。本朝乾隆二十年建。

文峯書院。在瀘溪縣南。本朝乾隆二十八年建。

浦陽書院。在瀘溪縣南浦市。本朝嘉慶十二年建。

大酉書院。在辰溪縣西大酉山麓。本朝乾隆二十四年建。

盧峯書院。在漵浦縣城內。本朝乾隆十九年建。

户口

原額人丁一萬三千六百七十五，今滋生男婦八十九萬八千九百五十四名口，計十三萬一千六百八十户。

田賦

田地山塘七千九百五十六頃二十九畝一分九釐，額徵地丁正、雜銀五萬九千四百四十八兩一錢四分九釐，又瀘溪縣苗疆屯田五十三頃八十二畝五分。

山川

天寧山〔三〕。在沅陵縣治東。相近有北泉山。

怡容山。在沅陵縣東一里。峯巒奇秀。

三峿山。在沅陵縣東二里。一名懷德山。府志：三峯鼎峙，萬木陰秀。

馬鞍山。在沅陵縣東一百里。山形起伏，以形似名。

漱流山。在沅陵縣東一百四十里。以溪流湍激而名。此與明月山皆壺頭之支阜，接桃源縣界。

明月山。在沅陵縣東一百五十里。元和志：下有明月池。沅陵記云：兩岸素山，崖石若披雪，寒松如插翠。

茗山。在沅陵縣東南。水經注：東溪水南出茗山。山深逕險，人獸阻絶，溪水北瀉沅川。

南山。在沅陵縣南一里。名勝志：一名客山，週迴十餘里。北瞰大江，有石磯高廣百尺，名曰南巖。下有箭潭，其深不測。相傳馬援投矢於潭，故名。

香爐山。在沅陵縣南二里。郡人名曰文筆峯。

龍騰山。在沅陵縣西南七里。高聳特出。

洪山。在沅陵縣西南三十里。有層巒疊嶂之勝。

虎溪山。在沅陵縣西二里。虎溪水出焉。

白田頭山。在沅陵縣西十里。亂峯嵯峨，每雪霽後，山頭積素，望若圖畫。

光明山。在沅陵縣西五里。一名龍門山。方輿勝覽：山有砂井，土人採取，入井把火行二里，燒石取之。名勝志：下有龍爪崖，以形似名。

羅星山。在沅陵縣西北十里。

小酉山。在沅陵縣西北二十里。一名烏速山，亦名酉陽山。荆州記：小酉山石穴中有書千卷，相傳秦人於此學，因扃之。梁湘東王謂訪酉陽之逸典是也。方輿勝覽：小酉山在酉溪口，昔秦人避地之所。堯時善卷、唐張果，皆嘗隱居於内。

大酉山。在沅陵縣西北四十里。明統志：上有龍湫，禱雨即應。又辰溪縣西二十里有大酉山。

壺頭山。在沅陵縣東北一百三十里，接常德府桃源縣界。後漢書郡國志：沅陵有壺頭山。注：「馬援軍渡處。」又馬援傳：援進營壺頭，賊乘高守隘，水疾，船不得上。會暑甚，士卒多疫死，援亦中病，乃穿岸爲室，以避炎氣。水經注：壺頭山高一百里，廣圓三百里。山下水際，有新息侯馬援征五溪蠻停軍處。壺頭徑曲多險，其中紆折千灘。明統志：以山頭與東海方壺相似，故名。去桃源縣二百里。

芋山。在沅陵縣境。寰宇記：沅陵縣芋山，有蹲鴟如兩斛大，食之終身不饑，今民取之。

葱山。在沅陵縣境。寰宇記：沅陵縣葱山，有葱如人植，人往取之輒絶。禱神而求，不拔自出。武陵記謂之葱嶺。

稱鉈山。在瀘溪縣東一里，沅水東岸，橫塞水口，爲縣鎮山。山右隅水傍有石長三尺許，每春夏水漲，洪濤不能没，秋冬水涸，汙泥不能侵。俗傳昔有人移之潭底，後復見於舊所，邑人謂之神石。

蘭泉山。在瀘溪縣南二十里。上有飛泉，直下如練。下有蘭泉洞，一名響水洞，洞左有水月崖。

連竭提山。在瀘溪縣南四十里。峯巒聳拔，一名展誥山。

踏湖山。在瀘溪縣西南一百八十里，接麻陽縣界。

羊喬山。在瀘溪縣西十里。尖峯無倚，下有女仙洞。又西五里有蠟燭山，又西五里有馬腦山，又西三十五里有古城山。

巖牛山。在瀘溪縣西七十里。山頂有巨石如牛。

居住山。在瀘溪縣西八十里。山有石室，苗獠所居。

河谿山。在瀘溪縣西九十里。河谿水所出。

頭悌山。在瀘溪縣西一百二十里。施溪徑其下。

上勞山。在瀘溪縣西一百二十里。府志：左有洪洞，右有蠟洞，産蠟。頂上有錬沙泉，沙色如金。山腰有石，擊之如鐘鼓聲，土人名鐘鼓石。

無時山。在瀘溪縣西一百二十里。明統志：此山多茶樹，鄉俗當吉慶之時，親族歌舞聚會於此。按：九域志載漵浦縣有無時山，而方輿勝覽引坤元録云在漵浦縣西北三百五十里，今瀘溪縣西界東南至漵浦，中隔辰溪，相去殊遠。

思門山。在瀘溪縣西一百二十里。二峯對立，峭壁如門，最爲險要。

武山。在瀘溪縣西一百二十里。後漢書南蠻傳：昔高辛氏有犬戎之寇，募有得犬戎吴將軍頭者，妻以少女。帝有畜狗名槃瓠，銜人頭造闕下，乃吴將軍首也。帝以女配槃瓠，負入南山石室中，生六男六女，自相夫妻，衣服斑斕，言語侏離。帝賜以名山廣澤，其後滋蔓，今長沙武陵蠻是也。注：「今辰州瀘溪縣西有武山，高可萬仞。山半有槃瓠石室，中有槃瓠行跡。」按：羅泌路史極辨槃瓠之妄。

虎頭山。在瀘溪縣北五里。雄踞溪上，路峻石危，頂乃平敞，可坐萬人。上有虎頭寨。

三台山。在瀘溪縣東北二里。爲今縣治後主山。

五城山。在辰溪縣東一里。元和志：武陵記云，楚威王使將軍莊蹻定黔中，因山造城，故名。

時住山。在辰溪縣東三里。相傳諸葛武侯行師駐此。

觀音山。在辰溪縣東二十里。懸崖垂磴，石壁飛泉，旁有香爐峯。

房連山。在辰溪縣東四十五里。連峯接岫，狀如房屋。

鳳凰山。在辰溪縣南七十里。有仙門洞，石竇如城門，水自外流入竇，伏而不見，約里許，復自洞後竇中出。

仙靈山。在辰溪縣南七十里。巉崖峭壁，仙靈所居。下有白沙洞、仙靈澗。

軀山。在辰溪縣西南一里。下有鐘鼓洞，深里許。

五峴山。在辰溪縣西南四十里。有五峯相峙，一名五硯山。

紫山。在辰溪縣北一里。上多紫石。

熊頭山。在辰溪縣北二十里。以形似名。

羅子山。在辰溪縣東北一百二十里，接沅陵、漵浦二縣界。辰溪所出。

桃花山。在漵浦縣治後。一名華蓋山，高險可以守望，山多桃樹，今呼桃花圃。

鶴鳴山。在漵浦縣東一里。舊志：相傳有仙人嘗止鶴鳴山石室中，以鶴自隨，後乃乘之而去。

紅旗山。在漵浦縣東二十五里。高數百丈，山脊平曠，可屯數萬人。亦名紅旗洞。名勝志：湖南馬希範收武陵蠻至此，見洞中隱隱有紅旗，遂屯兵其上。

詩住山。在漵浦縣東五十里。空洞玲瓏，每風月良夜，嘗聞吟咏聲。

金井山。在漵浦縣東南十二里。舊有淘金坑，今廢。

鄜梁山。在漵浦縣東南一百五十里。今名頓家山，接寶慶府邵陽縣界。漢書地理志：武陵郡義陵鄜梁山，序水所出。縣志：頓家山，遠近貨茶者多佃於此，故茶以漵浦名。

詔誥山。在漵浦縣南十五里。又南二十五里有波滿山，巖巒層疊，勢如波浪。又南十里有鳳凰山。

靈翠山。在漵浦縣西一里。一名靈萃山。

盧峯山。在漵浦縣西十里。周八十餘里，山西有龍池洞，洞中有池，其深莫測。

大豐山。在漵浦縣西十二里。峯巒秀異，縈繞如障。

大漵山。在漵浦縣西三十里。一名十漵山。上有十小峯，森然競爽，漵水所經。又西二十里有漵溪山。

嵯峨山。在漵浦縣西北六十里。盤旋聳秀，一名磨嵯山。

桃谷山。在漵浦縣北一里。即桃花山之北岡，一名桃谷岡，溪流繞其下。

鬼葬山。在漵浦縣東北三十里。山有石巖，遥望巖中有棺長可十丈。

七盤嶺。在沅陵縣東南四十里。崒嵂當道，行者側足。

九峯嶺。在辰溪縣西南三十里。有九峯層疊。

瞿仙峯。在辰溪縣東北二十里。相傳有瞿童於此修道。

兩丫峯。在溆浦縣東六十里。

穿雲峯。在溆浦縣北六十里。山峯高聳，徑路陡峻，下有巨石孔，狀若城門。麻溪出此。

燕子巖。在沅陵縣西三里虎谿山下。石穴如屋，土人貿易，皆聚於此。

白巖。在沅陵縣北二十里。一名白巖界山。山多白石，望之有如積雪。

觀音巖。在瀘溪縣東二十里。

銅馬巖。在瀘溪縣南十五里。綿亘數里。

高巖。在瀘溪縣西北一百里。嶄然高出衆山。

馬嘴崖。在瀘溪縣東二十里。稍上爲觀音巖。

辛女崖。在瀘溪縣西南三十里。奇峯絶壁，高峻插天，有石屹立如人，相傳高辛氏女化石於此，傍有石牀。

錦雞崖。在辰溪縣西北三里。石壁横江，爲縣水門，上有塔。

巖門。在溆浦縣東三十里。兩崖夾峙，爲行旅必由之道。

乃始坡。在沅陵縣東一百十里。又縣東南四十里有青山坡。

甕子洞。在沅陵縣東一百四十里。其形如甕，水流洄洑，舟行甚險。

白霧洞。在沅陵縣東南五十里。巖壁峻險，洞深五里。

柘溪洞。在沅陵縣東南九十里。上有風、雨、雪三穴，前有石池，相傳龍蟄其中，池水湧沸，即雨。

妙華洞。在沅陵縣西北二十里小酉山。一名偏崖洞，與大酉山相連。方輿勝覽：唐瞿柏廷兒時戲躍入井〔四〕，忽自妙華洞中出，已去縣十里。

女娘洞。在沅陵縣西北百餘里。水自洞中出，入明溪。

玉田洞。在瀘溪縣東十五里。洞中幽邃，在畔石坂上如田狀者千餘，俗呼爲千坵田。

玉華洞。在瀘溪縣南三十里船溪驛路右。舊名偏巖，明萬曆初知縣王京改名朝陽洞，後又改今名。

金井洞。在瀘溪縣南六十里浦市村。宏敞可容數百人，有泉可資灌溉。

白牛洞。在瀘溪縣南八十里。有白石如牛形。

飛水洞。在瀘溪縣南九十里。水從半山湧出，飛瀑而下。

風雷洞。在瀘溪縣西。懸崖千仞，二洞並立，左風右雷，更有一洞介乎其中，水泉翻浪而出。天每欲雨，則風雷發於二洞中。

仙人洞。在辰溪縣南四十里。洞門高廣，横石如樓，可坐數百人。

白沙洞。在辰溪縣西南。崖石峭險，龍門溪出焉。

大酉洞。在辰溪縣西二十里。深廣二里，石筍倒垂，泉水沸湧，相傳昔産丹砂，自洞中流出。

黑巖洞。在漵浦縣東十里。其中深黑，有水下流，溉田甚廣。

明月洞。在漵浦縣東六十里。巖上有水瀠洄，其狀如月。

通仙洞。在漵浦縣西三十里。洞門有石，下垂如柱，相傳中深三十里，爲神仙所居。

楠木洞。在漵浦縣西三十里盧峯山西。石壁峭立，梯竹以登。有水曰龍池，其深莫測，洞門有楠木羅蔽，中深五里，有楠木泉，下流爲無盡溪。又沅陵縣西北二百里亦有楠木洞，元時叛蠻嘗據此寇掠府境。

對馬洞。在溆浦縣西北二十里。

諸魚水。在沅陵縣東七十里。今名蒸魚澗。水經注：諸魚溪水，北出諸魚山，南流會於沅。

夷水。在沅陵縣東。水經注：夷水南出夷山，北流注沅。

沅水。在沅陵縣南。一名沅江。自靖州會同縣東北流入沅州府黔陽縣界，又東北流入辰溪縣界，又北流入瀘溪縣界，又東北流入沅陵縣界，又東北流入常德府桃源縣界。水經：沅水東至鐔成縣，東逕無陽縣。注：沅水東逕無陽縣，又東逕辰陽縣，溠水注之。又東與序溪合，又東合柱水，又東逕辰陽縣南，東合辰水。又逕沅陵縣西，武水注之。又東施水注之，又逕竇應明城側，又合東溪水，又東與諸魚溪水合，又東夷水入焉。元和志：沅水在沅陵縣南六十步。又沅江水，在辰溪縣南一百步。九域志：黔陽縣有沅水。府志：沅江在黔陽縣名清江，亦名黔江。自會同縣流入，至托口與郎江合，又東至縣西與無水合，又東徑城南，至縣東與洪江合。又自會同縣流入黔陽，至縣東北一百里銅灣，入辰溪縣界，合溆水。至縣東南折而西北，至縣城西南合辰水。又北流至瀘溪縣東南，合武溪，折而東至府城，東過百曳、高湧、九磯、横石諸灘，又東過北斗灘，又東過結灘，又東過清浪、雷洄二灘，入桃源縣界。

施黔水。在沅陵縣西南。一名施溪。水經注：水南出施山。溪源有陽欺崖，崖色純素，望同積雪。細泉輕流，望川競注，北流會於沅。

酉陽水。在沅陵縣西二十里。源出小酉山，東北流入酉水。

酉水。在沅陵縣西北。自永順府永順縣流入，合會溪入沅。一名酉溪，又名北河。水經注：酉水東逕沅陵縣北，又東南逕潘承明壘西，又南注沅水。闞駰謂之受水，其水所決入，名曰酉口。

高巖水。在瀘溪縣西一百二十里。自巖穴中出，流入鎮溪。

辰水。在辰溪縣西南。一名錦水，亦名辰溪，又名錦江。自貴州銅仁府銅仁縣東南流入鳳凰營及沅州府麻陽縣界，又東北流入辰溪縣，西南入沅。武陵五溪之一。漢書地理志：辰陽三山谷，辰水所出，南入沅，七百五十里。水經注：辰水出三山谷，獨母水注之，又逕辰陽縣北。按：此水逕古錦州，故謂之錦水。沅陵縣東一里亦有辰水，源出三峿山，南流入沅，與此水名同實異。

漵水。在漵浦縣南。離騷「入漵浦余邅迴兮，迷不知吾之所如」是也。古名序水，「序」亦作「敘」，亦名序溪，又名雙龍江，亦曰漵川。源出縣東南頓家山，西北流入辰溪縣南。水經注：序溪水出武陵郡義陵縣鄜梁山，西北流逕義陵縣，又西北入於沅。府志：漵水發源處名龍灣溪，至漵浦縣東合龍潭溪，西流至縣南二里之龍堆，又西逕大漵山，入辰溪縣南界江口入沅。

容溪。在沅陵縣東南一百里。西北流合縣東怡溪入沅。即古東溪。水經注：東溪水南出茗山，北瀉沅川。

藍溪。在沅陵縣南七里。源出白霧洞，西北流至縣西南入於沅。又有春伊溪，在縣西南七里。明萬曆四十二年，叛苗劫縣之深溪浦口至春伊溪，去郡城僅三里。

麻溪。在沅陵縣西南四十里。源出漵浦縣穿雲峯，西北流入沅。

楊溪。在沅陵縣西南。源出洪山，西北流入沅。舊志有茘溪，在縣西南四十五里。又西南五里有淘金溪，又西南二十里有野溪，又西南五里有舒溪。

虎溪。在沅陵縣西二里。南流入沅。

明溪。在沅陵縣西北一百里。源出永順府永順縣，南流入酉水。古名橗溪，五溪之一也。

會溪。在沅陵縣西北一百十里。源出永順府永順縣高望山，西南流入酉水。又縣西北一百三十里有羅油溪，亦入酉水。

白土溪。在瀘溪縣東一里。源出三台山。又仲溪，在縣東三十里。

土橋溪。在瀘溪縣南六十里。相近又有浦溪。

洗溪。在瀘溪縣西南二十里。舊建縣治於此。本朝嘉慶五年，設守備一員駐守。

武溪。在瀘溪縣西。源出武山，合小河，逕縣城南合沅水。一名武水，一名盧水。後漢書南蠻傳：建武二十三年，精夫相單程等據險隘寇郡縣，武威將軍劉尚發南郡、長沙、武陵兵萬餘人，乘船泝沅水入武溪擊之。又馬援征蠻亦至此。水經注：武水源出武山，南流注於沅。通典：瀘溪縣有武溪水。元和志：盧水在盧溪縣西二百五十里，即武溪所出。

古迪溪。在瀘溪縣西五里。又小船溪，在縣西北一里。

潭溪。在瀘溪縣西五十里。又縣西六十里有熊溪，又縣西九十里有河溪，源出河溪山，俱南流入武溪。

歐溪。在瀘溪縣北三十里。分上、下二處。新志又有楊劉溪，在縣治後。

桑溪。在辰溪縣東二十里。西流至縣南入沅。

辰溪。在辰溪縣東南十里。源出羅子山，西南流入沅。

市溪。在辰溪縣南二十里。匯衆水入沅，爲縣巨溪。

柱溪。在辰溪縣南。水經注：柱水導源柱溪，北流牟沅。

嵩溪。在辰溪縣南六十里。

洞水溪。在辰溪縣西十五里。源出大酉洞，流入辰水。

雄溪。在辰溪縣西三十里。源出雄山，東南流入辰。

鄭家溪。在漵浦縣東二十五里。西南流入漵水。

柳溪。在漵浦縣東三十里。源出兩峯，西南流入漵水。

來溪。在漵浦縣東三十里。西南流入漵水。

順溪。在漵浦縣南六十里。源出黔陽縣界分水隘，東北流入龍潭溪。舊名鬧溪，宋神宗改今名。

龍潭溪。在漵浦縣南一百二十里。源亦出分水隘，東流過龍潭巡司前，匯而爲潭，由地中行二里復出，又東北流至縣東入漵水。

黄沙溪。在漵浦縣南一百五十里。流入龍潭溪。

桃溪。在漵浦縣西八里。源出盧峯山，流繞縣治，南入漵水。

河上洲。在沅陵縣東五十里。一名金魚洲，塞五溪水口，上有民居。

武口洲。在瀘溪縣東南武溪入沅處。延袤五里許，田地廣闊數百畝。

鮎魚洲。在瀘溪縣西南二里。

上保洲。在瀘溪縣西南五里。

玉沙洲。在辰溪縣南沅江中。

木洲。在辰溪縣南十里沅水中。一名牧洲。名勝志：江水中有牧洲，洲頂有大石，自江心突出，形若小山，獨峙水面，水漲不没。後改名曰中洲。

百曳灘。在沅陵縣東十里沅水中。相傳後漢劉尚征蠻至此，江流峻急，令百夫曳之，舟不能進。又東十里有高湧灘。

九磯灘。在沅陵縣東三十里沅水中。長可二里，磯凡有九，盤曲中流。
横石灘。在沅陵縣東四十里沅水中。有石梁横架水底。亦名横水洞。
北斗灘。在沅陵縣東八十里沅水中。有怪石七，隱列水底，若斗杓然。又東二十里有結灘。
清浪灘。在沅陵縣東一百二十里沅水中。灘口有三門灘、電洲。
雷洄灘。在沅陵縣東北一百四十里沅水中。江流觸石，怒濤湍激，其聲若雷。
清江洞灘。在瀘溪縣西十里。石峻水急，最爲險惡。
横崖灘。在瀘溪縣西一百十里。又西二十里有夾船灘。
鸕鷀灘。在辰溪縣南八十里沅水中。亂石横江，舟航所畏。
大沈漉灘。在溆浦縣西二十里溆水中。相近有小沈漉灘，又西有莎衣、曲眉、米倉等灘。
龍門澗。在辰溪縣南。水經注：獨母水南出龍門。舊志：龍門澗接麻陽縣界。
柳潭。在瀘溪縣西十里。
石馬潭。在辰溪縣西二十里。
大潭。在溆浦縣東五里溆水中。居民用木石作壩，壅水灌田。
青江潭。在溆浦縣西五十里。相近有盧深潭，溉田甚溥。
鹿泉。在瀘溪縣東鹿兒巖下。
白蓮池。在溆浦縣東四十里。旁有觀蓮亭。

古蹟

沅陵故城。在今沅陵縣西南。漢置縣。陳天嘉初置沅州，徙縣今治。漢書地理志：武陵郡沅陵。又功臣表：沅陵頃侯吴陽，高后元年封。水經注：沅水又東逕沅陵縣北，北枕沅水。沅水又東逕縣故治北，移縣治縣之舊城，置都尉府。因岡傍阿，勢盡川陸〔五〕，臨沅對酉，二川之交會也。

黔中故城。在沅陵縣西。史記秦本紀：昭襄王二十七年，使司馬錯發隴西，因蜀攻楚黔中，拔之。三十年，蜀守伐取巫郡及江南爲黔中郡。括地志：黔中故城，在辰州沅陵縣西。元和志：秦黔中郡所理，在辰州西二十里。漢改黔中爲武陵郡，即今辰州漵浦縣。自宇文周以故涪陵縣置黔州，隋改黔安郡。因周、隋州郡之名，遂與秦、漢黔中郡犬牙難辨。其寔今辰、錦、敘、奬、溪、澧、朗、施等州，是秦、漢黔中之地，與今黔中及夷、費、思、播，隔越峻嶺。東則沅江，東注洞庭湖，西則涪陵江，北注岷江。以山川言之，巴郡之涪陵，與黔中故地炳然分矣。

下雋故城。在沅陵縣東北。後漢書馬援傳：援征五溪，軍次下雋。注：「下雋，縣名，屬長沙國。故城，今辰州沅陵縣。」通典：沅陵縣，漢下雋縣也。按：漢書地理志：武陵郡充縣，澧水所出，東至下雋入沅。計其地當在今澧州安鄉縣。然歷代地志俱以今武昌府通城縣及岳州府巴陵、臨湘二縣當之。馬援軍次下雋，進壺頭，武昌、岳州與壺頭相隔千里，必非其地。然即以沅陵縣爲下雋，亦屬可疑。沅陵在武陵之西，下雋屬長沙郡，不應反在武陵西也。今以後漢書注及通典可據，遂繫於此。

盧溪故城。在今瀘溪縣西南。隋末置縣。宋南渡後，縣徙今治。元和志：盧溪縣，本漢沅陵縣地。梁天監十年置盧州。隋末蕭銑於此置盧溪縣，以南溪爲名，武德後因而不改。宋史蠻夷傳：乾道七年，前知辰州章才邵上言，盧溪諸蠻以靖康多故，縣無守禦，犵狑乘隙焚刦，後徙縣治於沅陵縣之口。府志：舊縣址在縣西南二十里洗溪口，今名院場坪。

辰陽故城。在辰溪縣西。戰國時楚地。漢置縣。隋改曰辰溪。五代時楚析置辰陽縣，尋省。宋書州郡志：武陵太守領縣辰陽，漢舊縣。水經注：辰水逕辰陽縣北，舊治在辰水之陽，故名。隋書地理志：沅陵郡辰溪，舊曰辰陽，平陳改名。按：晉志無辰陽，而宋志不云晉省，蓋晉志多漏略也。又水經注有辰陽舊治，是六朝時已嘗徙治矣。

兗州廢郡。在辰溪縣西北。隋書地理志：沅陵郡辰溪，梁置南陽郡。開皇初廢，置壽州。十八年改爲兗州，大業初廢。

建昌廢縣。在辰溪縣西北。隋書地理志：辰溪，梁置建昌縣，陳廢。

義陵廢縣。在漵浦縣南三里龍堆隴。漢置縣，後漢省。漢書地理志：武陵郡義陵，常林義陵記：項羽殺義帝，武陵人縞素哭於招屈亭，高祖聞而義之，故曰義陵。水經注：義陵縣，王莽之建平縣也，治序溪。其城劉備自秭歸出五溪撫綏蠻夷，諸葛亮率諸蠻所築也。所治序溪，最爲沃壤，良田數百頃，特宜稻，修作無廢。按：括地志謂漢初武陵郡治義陵。考前漢書武陵郡治索，而義陵爲屬邑。後漢書注引先賢傳潘京言，有「武陵本名義陵」之説。劉昭已疑其無據，或初治義陵，後徙索，至後漢又徙治臨沅耶？然不可考矣。

會溪城。在沅陵縣西一百八十里。名勝志：唐天授中置溪州於此。宋熙寧中廢州，設知城巡檢使。

劉尚城。在辰溪縣東南五里。府志：後漢建武中，尚討武陵蠻，屯兵於此築。

車靈城。在漵浦縣南一里。元和志：靈，吳之叛臣，入漵浦以自保，號曰車王。後爲吳將鍾離牧討殺之。

洛陽城。在漵浦縣西門外。周一里，門一。明時築以護城。

淘金場。在沅陵縣西北。府志：麩金出辰州沅陵等縣，開礦採取，民多苦之。明薛瑄以御史監礦辰州，奏請罷之。

憑虛樓。在沅陵縣西二里。明王守仁謫龍場，過此寓焉。亭中古松一樹，因榜其旁曰松雲軒。

見江樓。在沅陵縣西二里虎溪山。

懷遠樓。在瀘溪縣西。

玉芝亭。在沅陵縣西二里虎溪山。相傳其地産靈芝，建亭以志。

企仰亭。在沅陵縣沅江南伏波祠内。

鷹渚。在漵浦縣西二里。府志：渚間有石突出，其狀若鷹，故名。

銅柱。在沅陵縣西北一百十里會溪城對江。五代時馬希範置。宋史太平興國七年，詔辰州不得移馬氏銅柱，即此。通鑑注：會溪城西南一里。演繁露：柱高丈二尺，入地六尺，以銅五千斤爲之。本朝朱彝尊溪州銅柱記跋：銅柱記，楚王馬希範與溪州刺史彭士愁立誓，范金爲柱，命掌書記天策府學士李弘皋作記。柱高一丈二尺，入地六尺，重五千斤，環以石蓮花臺。在今辰州溪蠻境上，去府治百餘里。又續題記後：溪州静邊都向化立誓，狀具於天福五年正月，記撰於是年五月，柱鑄於七月，字鐫於八月，立於十二月。宋天禧元年十二月移豎今所。

校勘記

〔一〕南北距一百七十里　乾隆志卷二八四辰州府建置沿革（下同卷簡稱乾隆志）作「南北距三百二十里」。按，本志下文云「南至漵浦縣界八十里，北至澧州永定縣界二百四十里」，以此計南北實距與乾隆志合，疑本志有誤。

〔二〕東西距六十里　乾隆志作「東西距三百六十里」。按，本志下文云「東至漵浦縣界一百三十里，西至沅州府麻陽縣界二百三十里」，以此計之，東西實距恰與乾隆志合，疑本志有脱誤。本府四至里距多不從乾隆志，然自相牴牾，難以取信。

〔三〕天寧山　「寧」，原作「安」，據乾隆志改。按，本志避清宣宗諱改字。

〔四〕唐瞿柏廷兒時戲躍入井　「瞿」，原作「翟」，乾隆志同，據明一統志卷六五辰州府仙釋及本志上卷常德府仙釋「瞿柏廷」條改。

〔五〕勢盡川陸　「陸」，原作「路」，據乾隆志及水經注卷三七沅水改。

大清一統志卷三百六十七

辰州府二

關隘

芙蓉關。在沅陵縣東八十里。

辰龍關。在沅陵縣東一百三十里。其高插天，猿鳥莫踰，長里許，其廣僅容雙馬。其西爲亂石關，山少林木，高峯複嶺，逾數里則萬木森羅。又西爲馬鞍關，峻巖萬仞，下臨深澗，隔岸峯巒對峙，盤紆深曲。

武勝關。在沅陵縣南六十里。

烏泥關。在瀘溪縣南三十里。

黑巖關。在瀘溪縣西十五里。

龍潭關。在瀘溪縣西六十里。

辰陽關。在辰溪縣南五里。

木州關。在辰溪縣西二十里。

盧峯關。在溆浦縣東五里。

龍堆關。在溆浦縣南十里。

鑽木隘。在瀘溪縣西二十里。

大凹隘。在瀘溪縣西二十里。

苦竹隘。在瀘溪縣西二十里。

柳木隘。在瀘溪縣西北二十五里。

巖門隘。在瀘溪縣北二十里。有守備駐防。

乾義隘。在瀘溪縣北二十里。

思溪隘。在溆浦縣東六十里。

油良隘。在溆浦縣東八十里。

苦練隘。在溆浦縣東一百里。相近有黄梅隘。

桶溪隘。在溆浦縣南五十里。

順溪隘。在溆浦縣南六十里。

龍旗隘。在溆浦縣南一百二十里，接猺地界。

長坡隘。在溆浦縣北二十里。

白霧隘。在溆浦縣北六十里。亦名白霧團，宋置驛，元廢。宋史蠻夷傳：天禧二年，辰州都巡檢使李守元率兵入白霧團，擒蠻寇十五人，斬首百級，降其酋二百餘人。

瀼口隘。在漵浦縣東北六十里。

馬底鎮巡司。在沅陵縣東六十里。元爲堡。明洪武中置驛，本朝乾隆二十六年改設巡司。

船溪巡司。在沅陵縣南六十里。明洪武中置驛，本朝乾隆二十六年改設巡司。

黄溪口巡司。在辰溪縣。本朝乾隆四十七年設。

龍潭巡司。在漵浦縣南一百二十里，接黔陽縣界。宋爲堡。明置巡司，本朝因之。宋史地理志：漵浦，元豐二年置龍潭堡。

渡口鎮。在辰溪縣南一里。

普市鎮。在辰溪縣南三十里。

長律鎮。在漵浦縣東。九域志：漵浦縣有長律鎮。

酉溪砦。在沅陵縣西北二十里。五代時置，宋廢。元復置巡司，今俱省。

新店砦。在沅陵縣西北四十里。元置巡司，明廢。

明溪砦。在沅陵縣西北一百里。五代時置，宋廢。明置巡司，今裁。

池蓬砦。在沅陵縣東北一百三十里。宋置，後廢。明置巡司，今裁。

麻伊洑砦。在沅陵縣東北一百三十里。宋置，後廢。元置巡司，明初廢。

雲頭砦。在瀘溪縣西北八里。

鸞溪堡。在瀘溪縣南三十里。又南十里爲新池堡，又南爲浦口堡。

鎮寧堡〔二〕。在漵浦縣東北六十里。即宋之懸鼓砦。元置堡，改名。明置巡司，今裁。宋史地理志：辰州漵浦有懸鼓砦。

院場坪。在瀘溪縣西南二十里。明置巡司，今裁。

界亭驛。在沅陵縣東一百三十里，接常德府桃源縣界。舊有驛丞，今裁。

辰陽驛。在沅陵縣南沅水南。明洪武中建，舊有驛丞，今裁。

山塘驛。在辰溪縣南三十里。有集。舊有驛丞，今裁。

洞溪集。在辰溪縣西。

龍門溪集。在辰溪縣西。

斜灘集。在辰溪縣境。

新田集。在辰溪縣境。

浦市。在沅陵縣西南。嘉慶初倡立石堡，駐通判於此。

津梁

永安橋。在沅陵縣南。

通和橋。在沅陵縣西。

宏遠橋。在瀘溪縣東四十里。明建。本朝康熙四十四年重修，覆以亭八間。

浦溪橋。在瀘溪縣南六十里。

長潭橋。在瀘溪縣西。

新濟橋。在瀘溪縣北巖門溪上。

接龍橋。在瀘溪縣東北，跨白土溪。

中和橋。在辰溪縣南六十里，當雲、貴孔道。本朝雍正六年重修。

洗砂橋。在辰溪縣西大酉洞前。

雲洞橋。在漵浦縣治東。下有石巖，常生雲霧。

北河口渡。在沅陵縣北一里。

下都渡。在瀘溪縣西十里。

張家溜渡。在辰溪縣西十里。

隄堰

蓮花塘。在沅陵縣西北三十里。五代時馬希範將向元和所浚。

歐溪湖池塘。在瀘溪縣城西。

大龍溪陂。在瀘溪縣城東。

虎迪溪陂。在瀘溪縣城西。

永安陂。在辰溪縣西。

古壟堰。在漵浦縣東。

大潭壩。在漵浦縣東。

陵墓

古

善卷先生墓。在辰溪縣西南。宋時封塋立祠。方輿勝覽：在辰溪縣西南龍溪觀。

明

夏銘善墓。在漵浦縣東。

祠廟

忠臣祠。在沅陵縣城内，祀明辰州衛指揮同知王夢騏。

尹公祠。在瀘溪縣治西，祀周尹吉甫。

善卷祠。在辰溪縣西大酉山。

伏波將軍祠。有三：一在沅陵縣沅江南；一在漵浦縣治北，宋建，内有大觀樓、流芳閣；一在辰溪縣西二里。均祀漢馬援。

南公廟。在瀘溪縣治東，祀唐南霽雲。

寺觀

報恩寺。在府治東。舊名天寧萬壽寺〔二〕。其址即天寧山也。宋紹興間改今名。

普安寺。在府治東。元大德中建。

三峿寺。在沅陵縣東二里。唐貞觀初建。

廣福寺。有二：一在沅陵縣東十里，上有九級浮圖；一在漵浦縣南二十里，宋熙寧中建，名聖壽寺，紹興中改今名。

龍興寺。在沅陵縣西二里。明王守仁寓處，旁有虎溪精舍。

浦峯寺。在瀘溪縣西武溪東。一名石林精舍，唐郎士元有詩。

廣恩寺。在辰溪縣西觀音山下。初在縣南五觀山下，名萬壽寺，宋淳熙七年更名。元時遷於此。

普化寺。在漵浦縣治東。宋元豐中建。

玄妙觀。在沅陵縣治東。舊名紫極宫，宋至道初改名天發，元改今名。内有瞿柏廷丹臺遺跡〔三〕。

開元觀。在沅陵縣治東。一名北極宫。

延禧觀。在瀘溪縣治北。舊名三清觀。

大酉觀。在辰溪縣南大酉山下。宋祥符間建。

龍溪觀。在辰溪縣西南山。今名龍興觀，善卷墓在内。

景星觀。在漵浦縣治東。

香鑪菴。在瀘溪縣北三里。菴踞山巔，林木陰翳，俯瞰江流，遠看山色，邑勝境也。

名宦

漢

宗均。南陽安衆人。建武初補辰陽長。其俗少學者而信巫鬼，均爲立學校，禁淫祀，人皆安之。後爲謁者。會武陵蠻反，圍武威將軍劉尚，詔使均乘傳發江夏奔命三千往救之，既至而尚已没。會伏波將軍馬援至，詔因令均監軍，與諸將俱進。賊拒阨不得前，及馬援卒於師，軍士多温濕疾病，死者大半，均慮軍遂不反，乃與諸將議曰：「今道遠士病，不可以戰。欲權承制降之何如？」諸將皆伏地莫敢應。均曰：「夫忠臣出境，有可以安國家，專之可也。」乃矯制調伏波司馬吕种守沅陵長，命种奉詔書入虜營，告以恩信，因勒兵隨其後，蠻夷震怖，即共斬其大將而降。於是入賊營，散其衆，遣歸本郡，爲置亭長而還。光武嘉其功，迎賜以金帛。按：宗均後漢書作「宋」，通鑑考異辨其爲「宗」字之訛。

唐

王翃。晉陽人。天寶中辰州刺史，與討襄州康楚元有功〔四〕，加兼祕書少監。

趙淵。饒陽人。爲盧溪丞。剛潔不羣，精明獨斷，雖在幽暗，鬼神不欺。民翕然同辭，乞爲父母，詣闕投疏至再三，朝廷允之，更盧溪令。淵聿副誠請，增修德化。比代，闔邑慕號。張九齡稱爲「古之遺愛」。

五代　晉

馬希範。天福五年溪州刺史。彭仕愁率錦、延諸蠻叛，楚天策將軍馬希範遣指揮使劉敕等以步騎五千擊之，仕愁大敗，納土求盟，乃立銅柱爲信。按：彭仕愁，五代史楚世家作「士愁」。本朝朱彝尊銅柱記跋：崑山葉奕苞有銅柱記拓本，彭士愁作「士然」，自當以記文爲正。

宋

張綸。潁州汝陰人。太宗時，辰州谿洞彭氏蠻内寇，以綸知辰州，綸至，築蓬山驛路，賊不得通，乃遁去。後蠻復入寇，綸爲辰州、澧、鼎等州緣邊五溪十峒巡檢安撫使，諭蠻酋禍福，購還所掠民，遣官與盟，刻石於境上。

李守元。天禧初爲辰州都巡檢使。溪州蠻寇擾，守元率兵入白霧團，擒蠻寇十五人，斬首百級，降其酋二百餘人。

錢絳。天禧初知辰州。溪州蠻寇擾，絳入破砦柵，斬六十餘人，降老幼千餘。刺史彭儒猛亡入山林，執其子仕漢赴闕。

李允則。并州盂人。爲左班殿直。溪州蠻田彦伊入寇，遣詣辰州，與轉運使張素、荆南劉昌計事，允則以蠻徼不足加兵，悉招輯之。

史方。開封人。真宗時知辰州，兼沿邊溪洞都巡檢使，修南、北江五砦。

雷簡夫。郃陽人。仁宗時，辰州蠻酋彭仕羲内寇，李參、朱處約安撫不能定，繼命簡夫往。至則督諸將進兵，築明溪上、下二砦，據其險要，拓取故省地石馬巖五百餘里，仕羲内附。

竇舜卿。安陽人。湖北蠻猺彭仕羲叛，徙爲鈐轄，兼知辰州。建議築州城，不擾而辦。帥師取富州，蠻將萬年州據石狗巖，舜卿遣壯卒奮擊，蠻矢石交下，卒蒙盾直前，發强弩射萬年州斃於巖下，遂拔之。左右欲盡剿其衆，舜卿不許曰：「仕羲願内附，特爲此輩所脅。今死矣，何以多殺爲？」引兵入北江，仕羲遂降。

謝麟。甌寧人。熙寧中通判辰州。由薦爲守，猺賊犯辰溪，麟且捕且招，一方以安。詔使經制宜州獠，褒賜甚渥。

陶弼。永州人。隨楊畋平莫猺唐和，神宗時累官知鼎州。詔使按治辰州南江諸溪蠻，舉爲辰州守，遷皇城使，降北江彭師晏，歸其地。

吴審禮。哲宗時知辰州。猺數爲寇，審禮至，即解甲撤備，一以誠信結之。猺人感悦，一境晏然。

張建侯。政和間知辰州。黄安俊叛，圍鎮江砦，建侯與王憲之率兵救之。衆潰，俱被執，賊迫使諭砦中人出降。建侯佯諾，至砦下大呼曰：「爲人當識順逆，我萬不求生，汝等堅守，勿懷二心！」賊怒，俱殺之。郡人哀其忠，立祠祀焉。

趙蕃。信州玉山人。高宗時受知於楊萬里，調辰州司理參軍。與郡守争獄罷，人服其直。始蕃受學於劉清之，清之守衡州，蕃乃求監安仁贍軍酒庫。及至衡而清之罷，即丐祠從清之歸，其於師友之際如此。

邵隆。紹興中知辰州。論事無隱，守正不阿。

楊抗。辰州通判。蠻剽掠，抗置大樓伺其出入，鳴鼓爲號，遠近相攻。蠻震駭，遂屏迹。

董熠。德興人。知辰溪縣。值歲饑，荒政備舉，進所撰救荒活民書，寧宗手敕褒之。

李起渭。閩人。爲辰州教授。辰士荒於文藝，起渭改建學舍，使師弟子相親，朝夕誨之。

元

王柔克。汴梁人。盧溪縣尹。興學化俗，得牧民之體。

明

詹彦中。臨淮人。洪武初以參軍鎮守辰州。創立衛所，增浚城池，軍政嚴肅，民賴以安。

孫應龍。洪武初盧溪縣主簿。苗猪侵掠，應龍深入招撫，諭以恩信，苗衆懷服。縣令以其事聞，遂開鎮溪千户所，陞爲鎮撫，息靖苗夷，輯安邊境。

陳尚明。洪武中知辰溪縣。縣舊分五十八里，田少役繁，重爲民困，尚明奏請歸併，民至今賴之。

張子登。洪武中沅陵丞。清操率下，遷學宫，課農桑，士民蒙其惠。

劉叔毖。廬陵人。洪武中知沅陵縣。縣界溪峒，民拙耕種，又當雲南驛道，困於傜役。叔毖經制節省，悉歸復業。永樂初以薦内擢，縣人詣闕奏留，復出爲辰州府同知。

林洪。永樂初知辰溪縣。縣自五十八里併爲二十四里，民猶稱困，乃再請併爲八里，賦役始均。民甚德之。

張鼎新。永樂中知沅陵縣。爲政寬猛適宜，甚得民心。秩滿乞留，歷三十三年，卒於官。

傅翔。卭人。宣德中沅陵主簿。勤於政事，門無私謁。正統初陞零陵令，百姓遮道攀留。

吴迪。正統初知溆浦縣。修築陂堰，至今民賴其澤。

孫浩。利津人。正統中知辰州府。廉節簡重，其妻偶食梨，問其所自，曰馬户饋也，浩變色曰：「汝微物尚私受，况其厚者乎？」立遣還家。

周溥。正統中知沅陵縣。慈祥明敏，廉慎有才，修學校，賑貧窮，士民感之。

王矩。平陽人。天順初知辰州府。盡心民事，加意學校。病且困，有饋金者，矩曰：「吾生平無私，豈以困易操耶？」卒卻之。

解榮。四川灌縣人。弘治初知沅陵縣，清廉有善政。

虞球。崇寧人。弘治中辰州府通判。先是，郡糧羡餘，主者咸以爲己利，球至，一無所取，不妄笞一人，公事悉辦。過辰溪，見高田水涸，禾苗已槁，親詣田間相視水道，令民開鑿陂塘瀦水，咸受其利。

蕭圯。平湖人。弘治中知辰溪縣。持己清廉，讞獄明決，以疾卒於官。士民皆爲出涕。

戴敏。婺源人。正德初知辰州府。時箄賊猖獗，敏率小隊馳賊營，大呼：「太守來活汝！」賊驚懾不敢動，遂示以利害，賊羅拜乞降。

蒙亨。西充人。正德中知盧溪縣。清廉有威，暇則進諸生講易，士皆嚮風。

楊紳。正德中知漵浦縣。遇訟立斷，皆中情理，常五日一詣學，課試諸生，由是歌誦聲滿閭巷。

吴勳。武進人。辰州衛指揮同知。正德七年，流寇劉六、劉七南下，勳從都指揮湯輔剿禦。時承平久，衆畏葸不前。勳憤曰：「吾當獨身死賊耳！」遂戰死應山。事聞，諭祭。

游震得。婺源人。嘉靖中爲辰沅道參議。時復議採金，震得力止之。

胡晟。婺源人。嘉靖中知沅陵縣。榮藩督租，率爲民害，晟悉以法繩之。又革辰、沅夫役，均民勞逸。

高昇。南昌人。嘉靖中知沅陵縣，有清操。時苗蠻入寇，昇調度糧餉，民無流離。

秦淮。無錫人。嘉靖中知辰溪縣。修學校，毀淫祠，招撫流移，悉除姦蠹。以老去任，士民祀之。

王夢麒。武進人。嘉靖中辰州府指揮同知。調至福建征倭，斬獲數百，力戰死。其僕王安、王壽亦從死。事聞，贈都督同知，蔭子世襲指揮僉事。

瞿汝稷。常熟人。萬曆中知辰州府。永順彭元錦助其弟保靖土司象坤，與酉陽土司冉御龍相讐殺，汝稷馳檄諭之，遂解兵，三土司皆安。撫按議剿紅苗，汝稷力陳不可，乃止。

吴一本。蘭谿人。萬曆中知盧溪縣。行方田令，均平户口，民服其公。

張後甲。江寧人。辰州府推官。有諸生以事忤豪右，文致傅獄，亟釋之。姦民斃其女以誣人大辟，立白其冤。

侯加地。解州人。萬曆中辰州府推官。纂修郡志，留意邊防，利弊皆條奏興剔。

彭先儁。平鄉人。天啓中知盧溪縣。時逆苗刦掠，先儁與遊擊鄧祖禹多方剿撫，民賴以安，爲立德政碑。

樊良樞。江西人。崇禎中分守湖北道，駐辰州。重建薛瑄、王守仁祠，朔望集諸生講道勸學，士皆向風。

林龍采。同安人。崇禎中知漵浦縣。值獻賊攻掠，龍采躬率民兵死守，恢復安化、新化二縣，以功擢寶慶知府。

王祚久。平越人。崇禎末知漵浦縣。時四方不靖，軍儲缺乏，將帥恣爲剽劫。有何將軍者，領衆萬人駐其境，祚久以己貲八百金、布八百疋及米芻牲酒，遣使犒軍。何乃整衆去，一城獲全。

本朝

劉昇祚。陝西人。順治九年，任湖北參議，駐辰州。黔寇犯城，與總兵遼東徐勇悉力拒守。城陷，一門百口死之。勇亦殉節死。

王任杞。大興人。順治中知辰州。黔中告警，任杞與戰，克之，擢兵備副使。越二年寇復大至，力屈城陷，闔門殉節。事聞，贈太僕寺卿，蔭一子。

楊來鳳。四川人。順治九年知沅陵縣。黔寇來攻，城陷，死之。同時瀘溪令李之秀亦拒叛苗死。

周晉英。仁和人。順治中知瀘溪縣。奉檄招撫土寇，率子之篚入賊巢，諭以大義，不應，與其子及僕十三人俱被害。

江維新。歙人。順治中知瀘溪縣。亂定，大旱，招徠安戢，以勤死官，百姓感泣。

劉應中。井陘人。康熙十九年，隨大將軍蔡毓榮征吴三桂，克辰龍關，拊循黎庶，還集流亡，增造甕子洞鐵索以挽舟。尋有紅苗之警，檄攝辰沅靖道僉事，安戢三十餘砦。應中廉介有守，爲政條理秩然，辰民至今德之。

李慶祖。奉天人。康熙中知辰州府。表貞除暴，革驛遞派累，勤於課士，豐其飲饌，四載政聲卓然。卒於官，民建祠祀之。

翁煌。侯官人。康熙中知辰溪縣。清浪衛一田兩賦，煌力請豁免，薦循良第一。民遮留，數十里不絕。

余繩武。鄱陽人。康熙中知辰溪縣。編都甲，建河橋，除驛累，興起邑士，請廣學額，民咸鼓舞。

潘眉。宜興人。康熙中知漵浦縣。時大軍勦滇逆，縣境江口民以協濟辰溪驛遞甚苦，眉繪圖卒請免之。民爲祀之縣左。

張佳晟。廣濟人。康熙中沅陵教諭，教士以河津姚江爲法，袪故習，挽頹波，以期至於古。其平昔論學十議，士皆尊信之。

陳家穀。江寧人。乾隆中知辰州府。訟無巨細，必親爲剖决。捐俸延師教士虎谿書院，郡人德之。卒於官，爲祀於書院側。

顧奎光。無錫人。乾隆中知瀘溪縣。歲歉，設法救荒，徵税悉除火耗。修志興學，遇士有禮，政暇博覽羣書，曰：「以補政之不及也。」

人物

宋

秦再雄。猺人。武健多謀。在周行逢時，屢以戰鬭立功，蠻黨皆服之。太祖召至闕下，察其可用，特擢辰州刺史，官其子爲殿直，賜予甚厚，乃使自辟屬吏，予一州租賦。再雄感知遇之恩，誓死報效。至州日訓練士兵，得三千人，皆能披甲渡水，歷山飛塹，捷如猿猱。又選親校二十人，分使諸蠻，宣朝廷懷來之意。於是蠻黨悦服，莫不從風而靡，各得降表以聞。太祖大喜，復召至闕，面加奬激，改辰州團練使，又以其門客王允成爲辰州推官。再雄盡瘁邊圉，五州連袤數千里，不增一兵，不費帑庾，終太祖世，邊境無患。

張翹。辰州人。神宗時上言：「南江諸蠻雖有十六州之地，惟富、峽、敘僅有千户，餘不滿百，土廣無兵，加以洊饑。近向永晤與繡、鶴、敘諸州蠻自相讐殺，衆苦之，咸思歸化。願先招降富、峽二州蠻，俾皆納土來歸，則餘州不煩加兵而自投順。」詔下知辰州劉策商度，策請如翹言。明年，富州向永晤來歸順，繼而敘、峽諸州舒光銀、光秀等亦降〔五〕。

元

向良嗣。溆浦人。至正中，縣人王七作亂，煽惑居民，一時遠近多蠭起從賊。獨良嗣守正不肯附逆，賊恚憤，於是糾黨縱火，燒其廬。忽大雨滅火，賊乃釋之，遂得免於難。

明

夏銘善。溆浦人。洪武進士，擢御史。善論事，守正不阿。凡有大政，上輒謂左右：「召夏御史來。」後坐事死。帝嘆曰：「失吾直臣。」乃命有司治殮歸葬。

荆政芳。溆浦人。永樂進士，任交阯僉事，分巡沱江。缴員山有神常見怪，民祈走如騖，政芳爲勒碑禁止，其怪乃息。

李震。瀘溪人。宣德中御史薛瑄以賢良方正薦，固辭不起。

嚴秀。溆浦人。正統十四年，貴州香鑪苗叛，命將征討，募敢死士，縣令以秀應。秀爲軍前鋒，累獲賊級，聞於朝，將官之。秀曰：「吾爲地方驅亂耳，豈以軀命博一官耶？」不就歸。

胡璁。沅陵人。正德中推官。剛方耿介，執法不阿。歷二歲，以疾致仕歸，道經巫峽，水漲，舟幾危。仰天誓曰：「吾行李蕭然無長物，止室人金環在耳，得無此物爲祟乎？」令投水中，舟遂濟。比及黄陵廟，買魚祀神，剖魚腹，金環在焉。人咸異之。

鄧顯芳。盧溪人。爲縣諸生。正德七年，鎮筸叛苗肆侵掠，衆皆避匿，顯芳戀母柩不去。苗至，挾顯芳爲導，不從，苗怒殺之，碎其尸於母柩前。聞者哀之。

潘棠。辰州衛人。弘治進士。上疏請以鎮筸爲州，控治苗獠，寢不行。後鎮筸苗猖獗，因設守備，用棠議也。授懷慶推官，擢南吏科給事中。寧藩請益護衛，棠疏言其有異志，尋叛，舉朝服其先見。歷官雲南僉事。

宋瑛。沅陵人。由貢生爲平樂通判。正德八年，郴州諸洞苗猖獗，撫臣洪範檄瑛討捕。至楊頭砦，苗合九砦餘黨攻之，身被數創。越二日，援兵不至，遂遇害。

宋儒。瑛子。痛父陣亡，奮身隨官軍剿賊，搗其穴。轉戰三日，擒其渠魁，負父尸還，力盡死。時人哀之。

蕭璆。辰州衛人。嘉靖進士，吏部主事。典試中州，督學黔省，爲當事模範。

唐愈賢。沅陵人。嘉靖進士，授寧海令，擢御史。因抗言時政，乞養歸。

袁鳳鳴。沅陵人。嘉靖進士，擢御史，巡視居庸，申飭邊防，劾將帥弗戢兵者再。巡四川，建議征白草苗，平之。以戇直爲時所忌，出知潮州，尋謫思州。潮民立祠祀之。

李棟。盧溪人。嘉靖進士，累官文選員外郎。二十九年，北兵入京師，戒嚴，令選百僚才猷宣著、練達老成者，疏名以聞。大學士徐階首以棟應，分守正陽門有功。以忤當路謫兩淮運判，歷雲南兵備，苗蠻讋服。

向淇。沅陵人。嘉靖進士，累官南户部郎。聚四方同志，講學於甘泉書院，以體認爲宗。後遷廣西參議，分守潯州。時桂林苗肆刧，淇董兵攻散之。歷雲南兵備，號令嚴明，諸蠻懾服。

張文燿。沅陵人。萬曆進士，歷任四川布政使，平貴州銅仁土蠻。

余永鸞。辰溪人。由貢生授巴縣知縣。清介無私，有饋遺，永鸞盡卻之。歷三年免歸，力田授徒以老。

本朝

瞿應頡。沅陵人。順治四年，爲本道中軍守備。值瀘溪姦民姚啓唐等煽亂，應頡單騎直入賊巢，招撫四十六寨。賊恨，以計擒之，罵賊不屈死。

米元倜。辰谿人。康熙中與弟元侗同膺鄉貢，杜門著書，足不踰塾者數十年。德行文詞，爲一邑冠。

劉恂。辰谿人。康熙進士。淹貫經史，所著作多可傳。性篤孝，通籍後，痛父母不及見，涕零如雨。其積德務善，自先世萬檑以來，至恂四世，曾無異焉。

龔世遠。沅陵人。幼嗣叔父國鳴後。國鳴曾以酒後笞之，惟抱杖慟泣。事母至孝，母卧病八載，日夕侍側，哀禱祈代。及事繼母俱孝謹，爲鄉閭矜式。雍正十一年旌。

張齊歐。瀘溪人。母喪，哀毁骨立，三年未嘗見齒。雍正十二年旌。

楊鴻謹。瀘溪庠生。家貧，課徒以供子職，三十餘年，色養不懈。乾隆二年旌。

晉啓祥。沅陵人。九歲失怙，母哀痛失明。啓祥以舌餂之，母目復明。母病，求以身代，病遂愈。

毛國芳。沅陵人。年十五，父卒，追摹父像，設奉書室，數十年哀慕不忘。母病痢，嘗糞以驗差劇。乾隆六年旌。

謝純臣。沅陵人。乾隆八年歲貢。值鄰家火，母病在牀，純臣號泣籲天，風返火息。嘗作十二忍辭以化導家人，故家近百口，猶不析箸。卒年八十五。

羅廷弼。沅陵人。由武進士洊陞副將。嘉慶元年，甘肅逆回滋事，派赴西安勦捕。駐兵衆山之尾，奮勇攻擊，嗣因賊衆直撲糧臺，力戰陣亡。事聞，議卹，廕雲騎尉。

流寓

宋

王廷珪。盧陵人。秦檜黨羅汝楫誣劾胡銓，編管新州，廷珪以詩贈行，爲人所訐，流辰州。

明

宋昌裔。唐州人。洪武中寓居沅陵。善書畫，人得其墨蹟，皆藏弆之。

列女

明

鮑氏。名賽賽，辰州衛人。從父之良斫畬，遇虎攫之良去，賽賽舉畬刀追及虎，與相持。虎傷刀折，賽賽亦死於虎。

潘燿卿妻賈氏。沅陵人，賈瀾女。燿卿父棠官南畿，燿卿挈賈省父，至湖口卒。賈抵南畿，絶食累日，聞家衆來取夫喪，遂自剄死，遺詩一絶。事聞，旌表。

李太麒秉張氏。沅陵人。張新寡而其姊死，父母將以張改適其姊夫。張聞之，縊死。

李宏妻陳氏。沅陵人。許字李宏，聞宏訃至，不食死。

武玉瑾妻賀氏。沅陵人。夫卒，賀年十八，兄、公欲嫁之。賀自縊，救之得免，以節終。

李棟妾張氏。盧溪人。棟官至按察副使，張年二十，棟卒。張無子，毁容守節，年七十餘終。事聞，旌表。

舒宏謨妻向氏。辰溪人。年二十二，夫歿，含殮畢，自盡死。

余永鸞妻。辰溪人，亡其氏。永鸞爲廉吏，一日偶受人瓜，妻恚曰：「君苦節自勵，一瓜雖細，亦損清操。」永鸞欣然曰：「人謂予清，不知汝乃過予。」

王允明妻蔣氏。辰溪人。年十八，值土寇亂，賊入其門，蔣連殺三賊，乃自剄。

夏學程妻丁氏。名美音，漵浦人。未嫁，學程死，美音齧指出血，誓不他適。當事獎之，賚以銀幣百金，美音鬻田事舅姑，孝養終身。鄉人名其田曰「貞女田」。

向達妻文氏。漵浦人。達爲邑諸生，早卒，文年甫二十，富家争謀娶之。遂自割其鼻，守志終身，年八十卒。

本朝

廖緡妻尹氏。沅陵人。夫亡守節，康熙年間旌。

李枝奐妻張氏〔六〕。瀘溪人。枝奐弟枝英、枝衍、枝永、枝晟相繼卒，張偕娣張氏、龔氏、劉氏、楊氏，均同志守節。康熙年間旌。

姜文煥妻張氏。沅陵人。夫亡守節。同縣貞女舒慭聘妻余氏、顏三台聘妻吴氏，均雍正年間旌。

李躍龍妻石氏。瀘溪人。夫亡守節。同縣節婦龔錫球妻糜氏、石祚煥妻張氏、石祚煜妻文氏，均雍正年間旌。

劉虔妻朱氏。辰溪人。夫亡守節，雍正年間旌。

郗某聘妻張氏。溆浦人。順治四年，潰賊掠縣，女隨父避山中，爲賊所執，驅之行，父往阻，賊脅以刃，女以身蔽父，罵不絶口，賊怒殺之。同縣貞女向俊民聘妻張氏，均雍正年間旌。

李維屏妻郭氏。沅陵人。夫亡守節。同縣節婦吴應兆妻韓氏、吴應元妻黄氏、李國儒妻姜氏、李開膺妻鄧氏、鄒啓旟妻印氏、姚天明妻周氏，其子婦熊氏、陳上表妻戴氏、常尚勳妻王氏、張德旋妻楊氏、朱大國妻李氏、張珗妻唐氏及子婦鄧氏、冉俊德妻張氏、顔國輝妻李氏、劉子賢妻向氏、熊容生妻梁氏、龔景孳妻彭氏、劉星祖妻張氏、陳大用妻程氏、向淞妻唐氏，子婦唐氏、晉之綱妻張氏、袁世茂妻陳氏、唐朝坤妻胡氏偕其姒蔣氏、石昭妻謝氏，烈婦張士奇妻蕭氏，均乾隆年間旌。

李文命妻黄氏。瀘溪人。夫亡守節。同縣節婦劉文明妻鄧氏、胡啓科妻李氏、文炳國妻蔡氏、譚世揆妻羅氏、周之緒妻陳氏、唐宣學妻吴氏、宋文標妻熊氏、金先賢妻楊氏、先聖妻吴氏、張榮斗妻李氏、龔錫侯妻楊氏、李潭妻宋氏、劉永桂妻曾氏，均乾隆年間旌。

李自瓊妻劉氏。辰溪人。夫亡守節，同縣節婦米云苾妻朱氏、其子繼妻姚氏、麻昌佑妻潘氏，均乾隆年間旌。

舒爾傑妻鄧氏。溆浦人。夫亡守節。同縣節婦梁以燦妻龔氏、其子建基妻吴氏、建基子婦周氏、項勝光妻向氏、其子婦彭氏，烈婦舒德潮妻賀氏，貞女舒爾謨聘妻武氏、吴光乾聘妻徐氏，均乾隆年間旌。

熊維周妻石氏。沅陵人。夫亡守節。同縣節婦姚世浚妻黄氏、姜正傑妻劉氏，貞女唐某聘妻張氏、汪德寬聘妻萬氏，均嘉慶年間旌。

唐上球子婦張氏、陳氏。瀘溪人。暨女酉姑，乾隆六十年殉苗難死。嘉慶年間旌。

蕭某妻舒氏。辰溪人。里人偪污之，不從，被毆死。嘉慶年間旌。

張文燮妻舒氏。漵浦人。夫亡守節。同縣節婦戴尚絅妻向氏、夏澤濟妻舒氏，烈婦蕭氏婦張氏，貞女鍾毓宗聘妻陳氏、張宗教聘妻陳氏、易紹俊聘妻唐氏，均嘉慶年間旌。

仙釋

唐

瞿夫人。豫章人。隋末，兄爲辰州刺史，有黄元仙者亦自豫章來，刺史高其行，以夫人妻之，後薦其才德以自代。隋亡，元仙棄官與夫人隱於州西之羅山，貧甚。夫人爲人傭織以養其姑，如此者十年。一日忽謂元仙曰：「昨日聞帝命，當與君别。」俄頃翀舉。

宋

陳崇政。修道於辰溪大酉觀。有奇術，能致雷雨。辟穀不食者三十年，惟飲清泉，或瓜果。年八十，行走如飛。政和中，往遊衡岳，委蛻於祝融峯。其徒舉其尸，輕如蟬蛻，蓋尸解云。

元

妙鑠。大德中，自袁州至沅陵，風彩神異，有度世禁氣之術。建普安寺於縣東，歷三年功始畢，乃著袈裟，躡芒履，遶寺行三日，人莫測其故。至夜，投寺前井中。其徒宗寶急入井覓之，不可得。後怡溪人報妙鑠尸在清浪灘，往視之，果然。解其袈裟，得一頌曰：「三十三年，無道無禪。空空盡在，水底生蓮。」乃歸葬之。越數日，人見其在巴東，其走如飛，追之不及而止。

土產

鐵。瀘溪、辰溪、溆浦三縣出。

丹砂。沅陵縣出。元和志：辰州貢光明砂、藥砂。

水銀。沅陵、瀘溪二縣出。

絹。辰溪縣出。

黄蠟。沅陵縣出。

白蠟。瀘溪縣出。

葛。辰溪縣出。

蜂蜜。沅陵縣出。

茶。漵浦縣出。

漆。漵浦縣出。

桐油。沅陵縣出。

黄精。辰溪縣出。

茜草。漵浦縣出。

校勘記

〔一〕鎮寧堡　「寧」，原作「安」，據乾隆志卷二八四辰州府關隘（下同卷簡稱乾隆志）及讀史方輿紀要卷八一湖廣改。按，本志避清宣宗諱改字。

〔二〕舊名天寧萬壽寺　「寧」，原作「安」，據乾隆志及雍正湖廣通志卷八〇古蹟志改。按，本志避清宣宗諱改字。下文「天寧山」原亦避諱作「天安山」，今亦改回。

〔三〕内有瞿柏廷丹臺遺跡　「瞿柏廷」，乾隆志同，據本志卷三六五常德府仙釋改。

〔四〕與討襄州康楚元有功　「康」，原作「唐」，據乾隆志及新唐書卷一四三王翃傳改。

〔五〕繼而敘峽諸州舒光銀光秀等亦降　「光秀」，原作「光彦」，據乾隆志及宋史卷四九三蠻夷傳改。

〔六〕李枝奂妻張氏　「奂」，原作「魚」，據乾隆志及康熙朝實録卷二六九康熙五十五年七月己卯條改。下文同改。

沅州府圖

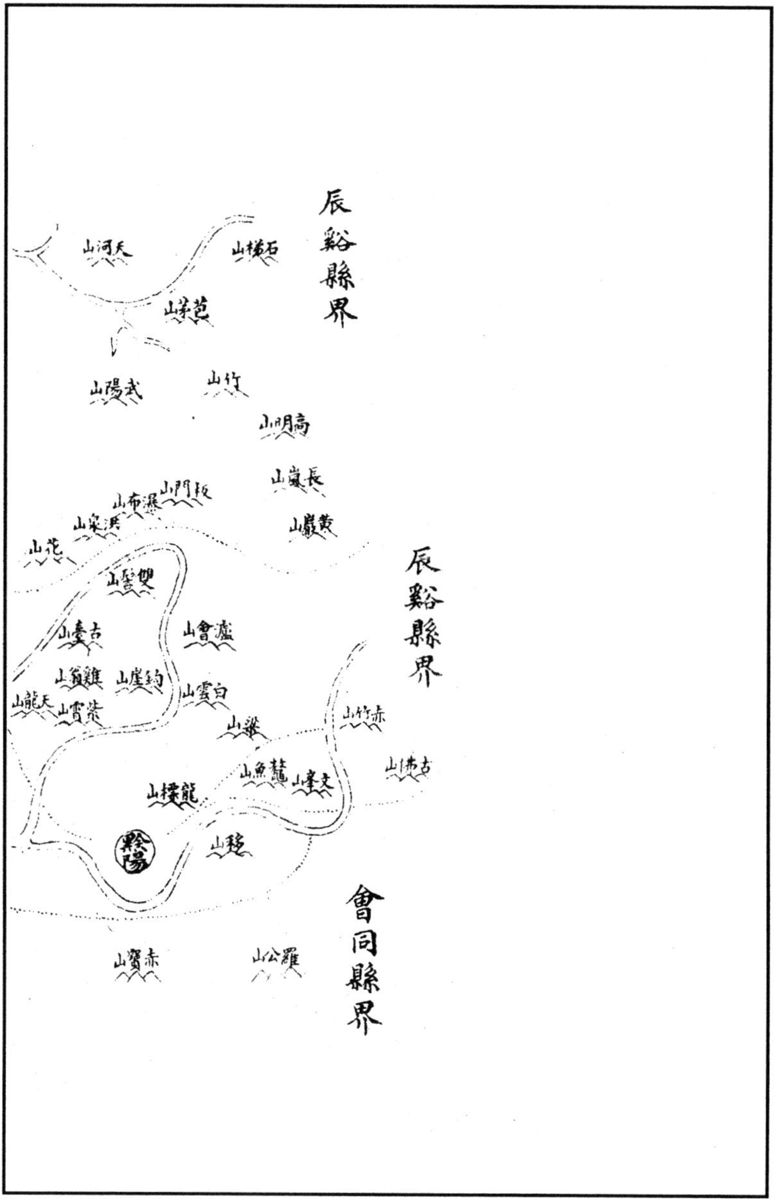
辰谿縣界
天河山
石梯山
芭茅山
武陽山
竹山
高明山
長嶺山
板門山
瀑布山
洪泉山
黃巖山
花山
辰谿縣界
雙髻山
雞翁山
鈎崖山
白雲山
天龍山
紫霄山
赤竹山
古佛山
黔陽
羅公山
會同縣界

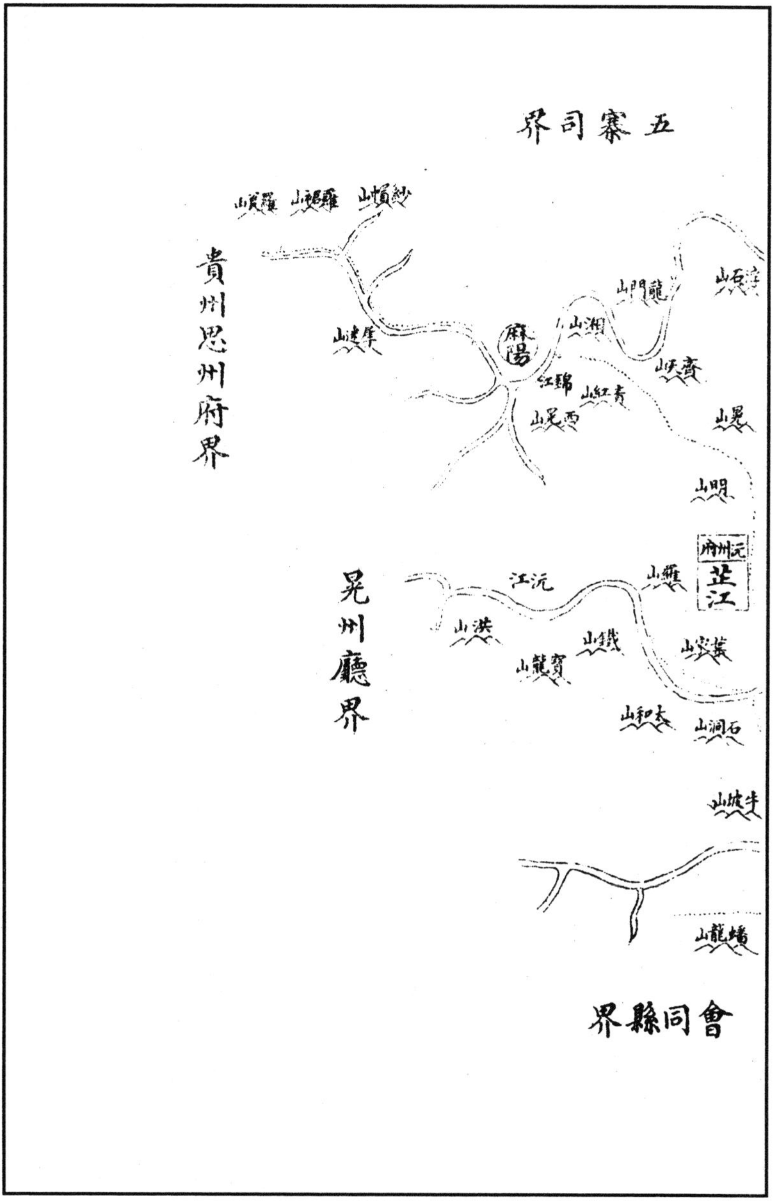
五寨司界
貴州思州府界
晃州廳界
會同縣界
沅州府
芷江
麻陽
錦江
沅江
龍門山
青紅山
西晃山
明山
洪山
鐵山
寶龍山
太和山
石洞山

沅州府表

	沅州府	芷江縣
秦		
漢	武陵郡地。	
三國		
晉		
南北朝	梁南陽郡地。陳沅陵郡地。	梁、陳龍標縣地。
隋	沅陵郡地。	龍標縣地。
唐	敘州潭陽郡貞觀八年置巫州，天授二年改爲沅州，開元十三年復名巫州。亦名潭陽郡，屬江南西道。大曆五年更名。	潭陽縣先天中析龍標置，屬沅州。大曆後屬敘州。
五代	楚馬希範置懿州，其弟希萼改爲洽州。	
宋	沅州潭陽郡初爲羈縻懿州，屬荊湖路。熙寧七年收復，置州郡，屬荊湖北路。	盧陽縣熙寧中置爲州治。
元	沅州路屬湖廣行省。	盧陽縣屬沅州路。
明	沅州洪武初爲府，八年降州，隸辰州府，屬湖廣布政司。	洪武八年省。

續表

	黔陽縣
無陽縣 前漢置，屬武陵郡。後漢省。	鐔成縣 屬武陵郡。
	鐔成縣
舞陽縣 太康中復置，更名。義熙中徙治故鐔成縣，今爲黔陽縣境。	鐔成縣 義熙中省，徙舞陽縣治於此。
	潕陽縣 齊更名潕陽，梁更名龍檦。
	龍檦縣 屬沅陵郡，後廢。
	龍標縣 武德中復置，更名，屬辰州。貞觀中爲巫州治，天授初爲沅州治，開元中仍爲巫州治，大曆中爲敘州治。 朗溪縣 貞觀中置，屬巫州。大曆中屬敘州。
	廢。
	黔陽縣 元豐三年置，屬沅州。
	黔陽縣 屬沅州路。
	黔陽縣 隸沅州，屬辰州府。

續表

麻陽縣
沅陵、辰陽二縣地。
陳置麻陽戍。
麻陽縣武德三年置，屬辰州。 錦州盧陽郡垂拱三年置，兼置盧陽縣，爲州治。
麻陽縣 蠻廢爲錦州砦。
麻陽縣熙寧中移治，屬沅州。 熙寧中併錦州砦入麻陽。
麻陽縣屬沅州路。
麻陽縣隸沅州，屬辰州府。

大清一統志卷三百六十八

沅州府一

在湖南省治西一千一百三十五里。東西距二百八十里，南北距二百五十五里。東至辰州府辰溪縣界一百三十五里，西至晃州廳界八十三里，南至靖州會同縣界一百二十五里，北至鳳凰廳界一百三十里。東南至靖州會同縣界一百九十里，西南至貴州鎮遠府天柱縣界八十里，東北至辰州府瀘溪縣界二百二十里，西北至貴州思州府黄道土司界八十里。自府治至京師三千九百八十里。

分野

天文翼、軫分野，鶉尾之次。

建置沿革

漢武陵郡地，後漢以後因之。梁爲南陽郡地。陳及隋爲沅陵郡地。唐貞觀八年，置巫州。天授二年，改曰沅州。長安四年，析置舞州。開元十三年，復沅州曰巫州，亦名潭陽郡，屬江南西道，又改舞州曰鶴州。二十年，又改曰業州。天寶元年，爲龍溪郡。大曆五年，改巫州曰敘州，又改業州曰獎州。五代後唐長興三年，楚馬希範置懿州。漢乾祐三年，馬希萼又改曰洽州。宋乾德三年，復洽州曰懿州，遂爲羈縻州，屬荆湖路。熙寧七年收復，置沅州潭陽郡。元豐中，屬荆湖北路。元至元十二年，立沅州安撫司。十四年，改沅州路總管府，屬湖廣行省。明初改爲沅州府。洪武八年，復爲州，隸辰州府，屬湖廣布政使司。天啓二年，設偏沅巡撫於沅州。本朝初因之。康熙三年，移巡撫駐長沙府。乾隆元年，升沅州爲府，於府治置芷江縣，分辰州府之黔陽、麻陽二縣隸焉。領縣三。

芷江縣。附郭。東西距二百七十里，南北距一百一十五里。東至辰州府辰溪縣界一百三十五里，西至晃州廳界八十三里，南至黔陽縣界四十五里，北至麻陽縣界七十里。東南至辰州府辰溪縣界一百四十里，西南至貴州天柱縣界一百一十里，東北至麻陽縣界一百三十里，西北至貴州思州府黄道土司界八十五里。漢置舞陽縣，隸武陵郡。後漢省。晉太康間，復置舞陽縣。義熙中，徙治故鐔成縣，今爲黔陽縣境。梁、陳、隋爲龍標縣地。唐初爲龍標、夜郎縣地。天授中析置渭溪縣。先天中又析置潭陽縣，屬沅州。大曆五年，屬敘州。五代時楚以潭陽縣爲懿州治，後改洽州治。宋熙寧中，置盧陽縣，爲沅州治。元爲沅州路。明洪武八年，省縣入州。本朝乾隆元年，置縣曰芷江，爲沅州府治。

黔陽縣。在府南九十里。東西距一百六十五里，南北距一百里。東至寶慶府武岡州界二百四十里，西至芷江縣界四十五里，南至靖州會同縣界三十五里，北至辰州府辰溪縣界一百八十里。東南至寶慶府武岡州界百六十里，西南至貴州鎮遠府天柱縣治一百八十里，東北至辰州府漵浦縣治二百里，西北至沅州府治九十里。漢置鐔成縣，隸武陵郡，後漢因之。晉義熙中省，移舞陽縣治於此。齊改曰潕陽。梁改爲龍標縣。隋屬沅陵郡，大業以後縣廢。唐武德中復置，改名龍標縣，屬辰州。貞觀八年，爲巫州治，又析置朗溪縣。天授二年，爲沅州治。開元十三年，仍爲巫州治。大曆五年，爲敘州治。五代没於蠻。宋熙寧七年，置黔江城。元豐三年，併鎮江寨入爲黔陽縣，隸沅州。元屬沅州路。明隸沅州，屬辰州府。本朝乾隆元年，屬沅州府。

麻陽縣。在府北一百二十里。東西距一百七十里，南北距一百里。東至辰州府辰溪縣界一百三十里，西至貴州銅仁府銅仁縣界五十里，南至芷江縣界五十里，北至鳳凰廳界五十里。東南至芷江縣界百二十里，西南至芷江縣界百三十里，東北至辰州府瀘溪縣界九十里，西北至鳳凰廳界五十里。漢沅陵、辰陽二縣地。陳天嘉三年，置麻陽戍。唐武德三年，置麻陽縣，屬辰州。垂拱三年，析置錦州，兼設盧陽縣，爲州治。又置招諭縣。四年，又析置龍門縣，尋省。五代廢錦州爲寨。宋熙寧七年，麻陽改屬沅州，八年，併錦州寨及招諭縣入麻陽。元屬沅州路。明隸沅州，屬辰州府。本朝乾隆元年，屬沅州府。

形勢

連接溪峒，扼塞羣蠻。西南一隅，仰此氣息。方輿紀要。深谷峻嶺，而阻塞可恃；枕山帶水，而明秀堪觀。固雲、貴之通衢，辰、常之藩障也。明侯加地志。綰轂四省，控馭五溪，山水奇秀之地。袁廓宇學記。

風俗

嗜好居處，與巴渝同俗。隋書地理志。雜以蠻夷，率多勁悍。唐梁載言十道志。君子勤乎耕學，婦女慎乎閨門，藹然中土之風。明辰州府志。

城池

沅州府城。周五里有奇，門四，水門一。明洪武初因宋址築土城，嘉靖中甃石。本朝順治、康熙間屢葺，乾隆十八年、二十九年重修。芷江縣附郭。

黔陽縣城。周三里有奇，門四。明正統間築，成化中甃石。本朝康熙年間屢修，雍正六年、乾隆四十六年重修。

麻陽縣城。周三里有奇，門五。明洪武初築，正德中甃磚。本朝康熙、雍正年間屢葺，乾隆七年五十三年重修。

學校

沅州府學。在府治東。舊爲州學，在州東南。宋大觀中建，明嘉靖、萬曆中屢遷。本朝康熙二年重建，四十一年改建州城北，乾隆二年升州爲府，改州學爲芷江縣學，别建府學於今所。二十一年、四十五年，嘉慶十一年屢修。入學額數十四名，舊額十五名，嘉慶二十三年割芷江縣地設晃州廳，分撥一名歸入廳學。

芷江縣學。在府城南。舊在城北。乾隆二年升州爲府，設縣附郭，即州學改設。嘉慶二年，遷建今所。入學額數十五名。

黔陽縣學。在縣治東。舊自宋立學，後歷元、明屢遷。本朝康熙四十九年遷建西門外，乾隆十二年移建今所。四十四年、五十五年，嘉慶十二年屢修。入學額數十二名，新童三名。

麻陽縣學。在縣西。舊在縣西南，宋慶元間建，元、明屢遷。本朝順治十二年遷同天寺旁，康熙三年復遷城南，乾隆二十年遷於今所。嘉慶二年修。入學額數八名。

明山書院。在府城西。舊名文清書院，在明山南，明嘉靖中建，後遷城北。本朝乾隆八年遷建今所，易今名。

耀文書院。在府城外五里。明建，金繼震有記。

秀水書院。在芷江縣治北。乾隆五十三年建，嘉慶二十三年重建。

寶山書院。在黔陽縣城東。舊在赤寶山麓，宋寶慶中縣令饒敏學建。明成化中知縣陳鋼重建，以祀敏學，並祀唐義士張抃。後人遷建城東，增祀鋼焉。

龍標書院。在黔陽縣西門外。舊在縣北，康熙五年建，乾隆十二年遷建今所。

錦江書院。在麻陽縣南門內。舊在院西，乾隆二十年建，四十二年改建。

户口

原額人丁六千六十四，今滋生男婦五十三萬七千三百九十六名口，計八萬三千八百五十六户。

田賦

田地塘六千八百三十九頃二十畝，額徵地丁正、雜銀一萬六千五百七兩二錢一分二釐，又麻陽縣苗疆屯田六十九頃八十三畝一分。

山川

花山。在芷江縣東三十里。明統志：石色青赤如繡，謂之繡巖，亦曰赤巖。名勝志：花山出花石，上有花山寨，舊爲居民避兵處。孤險四絶，一綫當關。右有松林寨，左有山坡寨，三寨相倚。

洪泉山。在芷江縣東四十里。懸巖峭峙，下俯深淵。

瀑布山。在芷江縣東五十里。飛泉倒瀉，漱玉噴珠，望者擬諸匡阜香爐焉。

板門山。在芷江縣東八十里。山巖對峙如門。方輿紀要：此爲宋時向蠻據守處。

長嵐山。在芷江縣東九十里。擁嵐拖翠，神秀獨鍾，一石平面繡紋，如畫方罫，相傳爲仙人弈局。

洞天山。在芷江縣東九十里。孤峯聳拔，侵曉雲氣積東則晴，積北則雨，占驗不爽。

𡽹山。在芷江縣東九十五里。山體圓秀，松桂覆巖，四時青郁。一水環其下流，可溉田二百畝，達麻陽境入江。

保牢山。在芷江縣東一百里。迴巖曲嶺，重複深阻。上有前、後、中三寨，曰井水灣，曰姑娘衝，曰倒塘。又有景龍寨，一名麻池寨，更高險。此與板門山，皆古鎮江寨也。

筆架山。在芷江縣東一百里。高峯插雲，横側異態，在保牢山前。

高明山。在芷江縣東一百二十里。方輿紀要：高峻爲諸山之冠。上有池，水極清洌，板門溪之源也。

黄巖山。在芷江縣東一百二十里。週迴可五六十里，峽路盤曲，中多洞壑。絶頂平衍，有田數千畝，居民數百家。山産硫黄，往時設場採取，今禁。山下二水，一爲鴨籠港，一爲黔陽之龍巖港。

金鑾山。在芷江縣東一百二十里。

古臺山。在芷江縣東南五里。一名古壇山，上有塔曰雁塔，明建耀文書院於上。

雙髻山。在芷江縣東南五十里。二峯對峙，如綰髻狀，故名。

葉家山。在芷江縣南四里。一名榜山，又名梅坡。潕水經其下，登臨眺覽，爲郡中勝境。

石洞山。在芷江縣南四十里。山有幽壑，飛泉灌溉遠近，流入三渡溪。

太和山。在芷江縣西南三十里。天外三峯，翠巘如削，山麓有泉，曰沙溪，流合楊溪入潕水。

羅山。在芷江縣西三十里。一名巖羅坡。峭壁嶙峋，峯巒特異。石壁下流泉三道，滙而成井，巖刻「靈派流芳」四字。迤東有洞曰巖羅洞，厂穴谽谺，淙淙曲水，達爲溪流凡二里，東流四十里，會楊溪入潕水。

鐵山。在芷江縣西四十里。嶺嶠險峻，水木清華。縣志：山壁立如方響，色黝如鐵，故名。

寶龍山。在芷江縣西六十里。盤拏倔强，宛然龍形。

洪山。在芷江縣西七十里。高可百仞，山色蒼翠可挹。下引清泉，灌田數百畝。

竹山。在芷江縣西北八十里。一名竹坡山，多大竹，故名。

明山。在芷江縣北二十里。高可千仞，週迴二百里，郡鎮山也。九域志：盧陽縣有明山。方輿勝覽：岡巒重複，朝抱郡治，飛雲濃黛，如列畫屏。東爲五士坡，舊傳唐五高士結廬於此。稍西爲百子峯，峯西爲黎溪，膏液所凝，厥産色石。頂有真武殿，爲郡人報賽之所。

武陽山。在芷江縣東北四十里。一名武山。隋書地理志：龍標縣有武山。方輿勝覽：盧陽縣有武陽山，一名青鶴山。

龍標山。在黔陽縣治東。元和志：武德七年置縣，因龍標山爲名。按：隋書地理志龍檦，梁置，自梁至隋，未之有改。唐時始作「標」。李白詩「聞道龍標過五溪」是也，然失其舊矣。

虎頭山。在黔陽縣東二里。狀如蹲虎，故名。

鼇魚山。在黔陽縣東三里。縣志：江勢東下，山則西迴。下流賴以關鎖，故亦名「水口」。山上有亭宇松栝之勝，爲邑人游憩處。相近亦有明山。

梁山。在黔陽縣東六十里。下有洞，洞口有池。

白雲山。在黔陽縣東六十里。高二十里，時有白雲環繞其上。

馬腦山。在黔陽縣東八十里。高險幽阻，爲安江巨鎮。縣志：昔里人立寨於此，以避苗寇。

文峯山。在黔陽縣東一百里。鋭削秀起，如卓筆然。

赤竹山。在黔陽縣東一百四十里。岡巒盤紆，叢生赤竹，故名。

古佛山。在黔陽縣東一百五十里。孤峯别嶺，無與偶倫。

移山。在黔陽縣東南。水經注：熊溪南帶移山。山本在水北，夕中風雨，旦而移水南，故名。

羅公山。在黔陽縣東南一百六十里。一名羅翁山，即水經注之龍橋山，接寶慶府武岡州及靖州會同縣界。名勝志：週迴五百里，絶頂有池，廣數十里。昔有羅姓隱此得道，因名。名山志：黔陽縣有羅公山，四面險絶，上有鵂鶹鳴即雨應。方輿紀要：宋熙寧間，土人舒光明起寨於此，爲猺人所破。西北有地，廣數百畝，歲大旱，此處獨稔，號曰熟坪。山各有洞，洞各有寨，皆猺居之。一居木古界，在山東北，曰風亞六。一居藍家洞，近木古界，曰狗棨山。一居山西面，曰靛岡山。後徙居梓木駝，曰沈懷山。一居照面山，曰克紹宇，地無菽粟鹽布，所産惟黍及蕎麥。山有八面，惟西北一面通黔陽縣。

赤寶山。在黔陽縣南里許。沅水、潕水合流於此。本名七寶山。九域志：黔陽縣有七寶山。名勝志：山勢插空，日出霞映如錦。縣志：未邑時，居民避寇其上，名爲赤寶寨。山中有二十四勝，峯之最著者，曰白雲、香藤、蘿月、嵐峯、迴峯、觀瀾、芙蓉、待月、先月、乳峯、翠雲，小山曰螺山，谷曰盤谷，坪曰翠雲，澗曰琴澗，嶺曰楓香，亭曰翠微。又有梅花逕、梅花塢，花時如雪，遊人集焉。按：赤寶即七寶，舊志分二山，誤。

馬鞍山。在黔陽縣南三十五里，接靖州會同縣界。

金龍山。在黔陽縣南一百里。下有風穴。

蟠龍山。在黔陽縣西南二里沅水南。上有石室清泉。又麻陽縣西五里亦有蟠龍山。

金斗山。在黔陽縣西三里。

牛坡山。在黔陽縣西北十里。一名牛角坡，山勢環曲如牛角。

紫霄山。在黔陽縣北十五里。九域志：黔陽縣有紫霄山。名勝志：巖谷中常有紫氣騰霄，故名。

雞翁山。在黔陽縣北四十里。形似雞，尾距皆具，故名。按：荆州記，武陵舞陽縣，有淳于、白雉二山，絶壑之半，有一石雉，遠望首尾可長二丈，伸足翔翼，若虚中翻飛，頭綴著石。今黔陽即舞陽地，白雉豈即雞翁山耶？至淳于未詳所在，附識於此。

天龍山。在黔陽縣北六十里。高峯插空，下俯深磵。

鈎崖山。在黔陽縣北七十里。中有石如置盎在地，濆湧靈泉，哭響外發。土人取以禱雨，無不應者，謂之「鈎崖聖水」。

瀘會山。在黔陽縣東北四十里。迂迴峻絶，溪徑最爲艱險。明時里人結寨自衛，多所保聚。

湘山。在麻陽縣東一里。名勝志：縣東門有錦水渡，路通辰、沅，其上爲湘山。唐、宋時名東山，上有東山寺。

龍門山。在麻陽縣東六十里。水經注「獨母水出龍門山」是也。方輿紀要：龍門縣蓋以山名。連岡帶隴，崖石對峙，最爲險絶。

浮石山。在麻陽縣東七十里辰水濱。獨峙江滸，高數十丈，江漲若浮。

天河山。在麻陽縣東八十里。下汊中有天井出泉。

苞茅山。在麻陽縣東九十里茅坪村。元和志：苞茅山産茅，有刺而三脊。尚書蔡傳：今辰州麻陽縣苞茅山出苞茅，有刺而三脊。

石梯山。在麻陽縣東一百二十里。峯巒峻起，石磴崚嶒如梯。

青紅山。在麻陽縣東南十里。巖嶺幽奇，花竹掩映如畫。

齊天山。在麻陽縣東南五十里，與西晃山連麓别峯。明統志：峰巒高出雲表，天晴則秀色愈見，故又名霽天山。宋置齊天鋪於山下。

西晃山。在麻陽縣南三十里。元和志：西晃山在盧陽縣南一百里，出丹砂。自麓至頂可二十里，中有一澗橫斷之，亘以石梁，曰仙人橋，長百尺。頂上有洞，曰雷公洞，聲殷殷出其間，過者怖甚。半山有洞三，曰三鬚洞，曰鐃鈸洞，曰沈家洞。洞水歕歙，滙爲溪流曰石橋溪。

犀迷山。在麻陽縣西五里，距犀迷溪五里而近，因以名山。昔傳犀出其上，爲人所獲。

紗帽山。在麻陽縣西北五里。山側有泉，四時不竭。此邑城第一關鎖，學宫與此山朝對。

羅裙山。在麻陽縣西北二十里。上有尖峯，四圍如裙摺，一曰青雲山。

羅瓮山。在麻陽縣西北四十里。山石紆迴層疊，突起如瓮。昔土人築寨於上自衛，曾置官兵守之。

巖門山。在麻陽縣東北五十里。一溪中瀉，雙峽建標，舟楫往來其下。

雄山。在麻陽縣東北一百里。

花巖。在芷江縣東一百三十五里。上有巨石，花紋如界畫，居民每於此巖祈禱有應，巖後十五里即辰溪縣界。

燕子巖。在芷江縣北五里。趾江峭立，高十丈許，狀如菡萏。石壁上磨崖，鑱有古篆。縣志：昔時有白燕自壁穴間出入，一云巖罅歲爲羣燕棲止。

尖巖。在芷江縣北三十里。疊石成奇，體圓而鋭，秀巒環峙，筍峰稜露。又黔陽縣東八十里亦有尖巖，鑱峯嶄然，圭角顯露。

觀音巖。在黔陽縣東三十里鸕鷀灘之側。峭壁卓峙河滣。

雙石巖〔一〕。在黔陽縣東南九十里。一名屏風巖。有二石對立，相傳石根隨水高下，類浮磬然。明景泰中，築崖置戍，名安江雙巖。上有靈洞，禱雨輒應，洞泉釀酒，著名曰「安酒」。

三里巖。在黔陽縣南十五里。崖石鋩列，每阻行舟。明成化中知縣陳鋼鑿之。

卧龍巖。在黔陽縣西南四十里。有石洞，闊數十步，深凡數里，流泉羃𢹂，散布石上。石竈二，相傳武侯屯兵時置，舊時里人避寇於此。

鐘鼓巖。在黔陽縣西門外。兩石對峙，扣之一作鐘聲，一作鼓聲。

香鑪巖。在黔陽縣北門外潕水旁。危削如冠，鎮壓江流，城堞藉以捍衛。

果老巖。在黔陽縣北五里。二石中流，宛然人跡。

白巖。在黔陽縣北六十六里。撑壁如頫江自鏡，巖閒產肉芝。其趾曰白巖塘，深險獨絶，相傳犀怪穴之，人不敢近。

巖坡。在芷江縣東七十里。山勢横亘如蔓㢊，石質堅韌，烒之成粉〔二〕，用資堊壁。上有風洞，稍下爲林家洞，有石室。巖半曰巖坡洞，皆有泉滙於山趾，爲洞水溪。

牛坡。在芷江縣東八十里。昔時居人聚守，亦號爲寨。

盧坡。在芷江縣東一百里。坡下有白衣洞，流泉資以溉田。

青坡。在芷江縣東一百二十里。巉巖斗絶，水環其下，往時里民避寇於此。

巽宫坡。在芷江縣東南四十里。地居巽位，郡城之維也。上有石馬洞、靈巖洞。與縣北四十里之亥宫坡側照，測影不差累黍。

登龍坡。在芷江縣南十五里。與學宫對照，上有池曰天池。

三繞坡。在芷江縣南六十里。板橋曲盤，路徑三折，溪流皺摺，沿趾縈紆。

長灘坡。在芷江縣北十五里。高二里許，懸崖仄坂，登陟爲艱。本朝乾隆二十年，修除行路。

三曜坡。在芷江縣北三十里。三峯相次。

犀牛峯。在芷江縣東九十里。犀牛塘出其下，溉田甚廣。

碧雲洞。在芷江縣東四十里。寬廣如數洞屋，豁然空明。

白石洞。在芷江縣東七十里。潕水出其下。

龍井洞。在芷江縣東一百三十里。泉出其間，溉田可二百餘畝。其側爲甘泉洞，中有石佛，牀几皆天成。又有冰井洞，流泉溉田，特宜晚稻。

鐘鼓洞。在芷江縣東一百四十里。有石屋，上懸石如鐘。下一石圜置類鞔鼓，水出欒銑間。

鵝公洞。在芷江縣北四十里。有攢石成樓，類人工架構。

天橋洞。在芷江縣北五十里。洞壑岞崿，無徑可通，往時避亂者設飛梁渡入。

插花洞。在芷江縣北六十里，與麻陽接壤。昔里人避寇於此。

大溪洞。在黔陽縣東南五十里。一名大谷洞。方輿勝覽：大谷洞在黔陽，洞中深邃，泉流不竭。

涵虛洞。在黔陽縣北七十里。有山曰飛雲，洞在山中，漸進高廣如屋。其地浮沙軟滑，俗名沙子坪。躡蹬上通，見頂穴如屋霤，隙光所照，鬚眉畢見。

巖泉洞。在黔陽縣東北六十里。地名豐坡，幽深空窈，中有可泉，水通中溪。

林禄洞。在麻陽縣西十五里。俗名乾洞。明時士人避兵，藏書於此。亦名亞酉洞，上有宋大觀二年題名四十六字。

黄蠟洞。在麻陽縣西二十里。又相近有封家洞、紫燕洞。

天擎洞。在麻陽縣西三十里。俗名破巖。崇崖崿嶂，石湍飛溜，有石柱高三百餘尺，上鏤菡萏，曰蓮柱。

觀音洞。在麻陽縣西三十五里。左有潭曰高洞潭，飛瀑千尋，直注其下。相近有半山洞、白羊洞。

雨珠洞。在麻陽縣北二十里。俗名巖洞。高百丈，深如之，有四門。其最著奇蹟，曰石鐘、仙田、石屋、仙池、石屏、石佛、石龍、石馬、石筍、石水晶、三鍾乳、石佛手、石城、石柱。洞後一門，宛如中霤。

庚子洞。在麻陽縣北五十里。巖壁峥嶸，石室宏敞。相近有御史洞，里人報賽之所，禱雨亦多應。

石綱洞。在麻陽縣東北五里。濱水深處，有石羅布如綱。

大角尖。在黔陽縣南三十里。高聳入雲，産竹可資用，中多薇蕨。明末里民保聚其上。

石梁。在黔陽縣西門外。俗名石橋。

無水。在郡城西南。自貴州思州府玉屏縣東流二十里，至掛榜灘，入郡城界。又東流百七十里至郡城西，又經城南折而東，南流至黔陽縣城西，入沅水。一曰巫水，亦曰潕水，又曰舞水，一作㵲水，武陵五溪之一。漢書地理志：無陽無水，首受故且蘭，南入沅，行八百九十里。水經注：無水出故且蘭，南流至無陽故縣，又東南入沅，謂之無口。元和志：龍標縣本漢舞陽縣地，縣本在舞水之陰。方輿勝覽：㵲水在盧陽。通典：巫州在巫水之陽。方輿紀要：無水，一水五名，其實一水也，爲九江之一〔三〕。

按：尚書蔡傳九江之一，有元水。「元」爲「无」字之訛，即無水也。

沅水。在黔陽縣西南。源出貴州遵義府境，自靖州會同縣東北流入，至托口與郎江合。又東至縣西，與無水合。又東逕城南，至縣東與洪江合。又至縣東北一百八十里銅灣，入辰溪縣界。山海經注：沅水出象郡鐔成西。水經：沅水出牂牁且蘭縣爲旁溝水，又東至鐔成縣爲沅水，東過無陽縣。九域志：黔陽縣有沅水。

白旗水。在麻陽縣東五十里，入辰水。方輿紀要：亦謂之白旗溪。

獨母水。在麻陽縣東。今名龍門溪。水經注：獨母水源南出龍門山，歷獨母溪，北入辰水。

辰水。在麻陽縣南。一名錦水，又名錦江，爲九江之一，亦爲五溪之一，源出貴州境之梵净山。自施溪以下，東南流入縣界，而辰水名焉。去縣西四里而近，爲唐錦州故城，舊設盧水口，以州治前多文石，望之似錦也。辰水逕其下，故亦名錦水。又流逕縣城南，又折而東北流一百八十里，入辰溪縣界。九域志：麻陽縣有辰水。舊志：麻陽縣城南河，自施州長官司流入，五十里至縣城，名錦江。

雄溪。在芷江縣東。源出縣學左，由水東門流遶古臺山下，至磨溪口注於無水。又治西有雌溪，源與雄溪近，由西城暗瀉達無水。

猛當溪。在芷江縣東二十里。一名濛壋，源出黔陽界，經雙江口，受三渡溪，流六十里入無水。

三渡溪。在芷江縣東三十里。源出巽宫坡石馬洞，會王家溪、胡家溪，又會茶溪，合流四十餘里，入猛當溪。

浮蓮溪。在芷江縣東四十五里。一名青鶴溪，源出瀑布山，流六十里，入龍門溪。

豐溪。在芷江縣東八十里。源出田家山，流入無水。

板門溪。在芷江縣東九十五里。源出板門山隔嶺之瑰坡寨，曲流逕鎮江寨，北入豐溪。

冷溪。在芷江縣東一百里。源出保牢山，名木山思溪，東流滙黔陽之奇溪，入沅水。

烏溪。在芷江縣東一百十里。源出黄巖山後，爲黔陽縣界，流三十里，出黔陽中坊溪口，入無水。按：烏溪發源黄巖，在縣之東。舊志云源出保牢，因冷溪而誤。方輿紀要以爲在沅州西南八十里，省志云在州西二十里，俱誤。其經行皆在黔境，由黔陽上游入無水。舊志云東流至黄田入無水，亦微有異。

九溪。在芷江縣東一百二十里。源出高明山，右滙爲游家溪，與板門溪合。

龍門溪。在芷江縣東一百四十里。源出寅門山，東北流五十里，至辰陽縣界，名仙靈潤，西北入辰水。

楊溪。在芷江縣南十里。有二源，一出闢洞，一出上五團界雲寨，合流二十五里，入無水。

柳林溪。在芷江縣西七十里。源出貴州青溪坡，東南流入無水。

黎溪。在芷江縣北十里。源出明山，俗名白水洞。西流注漁溪，中産石，紫質緑章。

漁溪。在芷江縣北二十里。源與五郎溪同，西流，黎溪滙焉，入於無沿溪，田畝資以灌溉。

五郎溪。在芷江縣北二十里。源出明山之陰、晃山之陽，東流南繞至羅舊橋入無水。

大源溪。在黔陽縣東五里。源長不竭，灌溉中莊田畝，下流入沅水。又縣東八十里有茶陵溪，下流亦入沅。

長坡溪。在黔陽縣東九十里崖屋中，流入沅。

小龍門。在黔陽縣東九十里。源出柘木巖，近木古界，西北流入沅。

大洞溪。在黔陽縣東南五十里。源出大溪洞，流入沅水。

熊溪。在黔陽縣東南五十里。自靖州會同縣流入，至縣界入沅。一名洪江，又名雄溪，一名渠河，武陵五溪之一。上流名運水。水經注：無陽縣南臨運水，水源出東南岸許山，西北逕其縣南，注於熊溪。熊溪南帶移山，下注沅水。

大龍溪。在黔陽縣東南一百里。源出羅公山，西北流入沅水。水經注：龍溪水南出於龍橋之山，北流入於沅水。

稔禾溪。在黔陽縣東南一百六十里。源出羅公山，灌溉甚饒，西北流入沅水。

柳溪。在黔陽縣南五里。源出大角尖，流入於沅。

檬木溪。在黔陽縣南二十五里。源出靖州會同縣界，流入沅水。

朗溪。在黔陽縣西南四十里。自靖州會同縣流入縣界，至托口入沅水。一名郎江，亦名渠水。唐置朗溪縣以此。

淅溪。在黔陽縣西十里。源出芷江縣西界龍鄉，南流至縣界入沅。

煙溪。在黔陽縣北十里。源出金龍山西北，流入無水，灌溉甚多。宋煙溪鋪置此。

淇溪。在黔陽縣東北一百七十里石保鄉，疑即水經注之溠水。水經注：溠水南出扶陽之山，北流會於沅。

麻伊溪。在麻陽縣東八十里。源出芷江縣界後山鄉，北流至濫泥，入辰水。縣以此名。

太平溪。在麻陽縣東一百十里。源出辰州府瀘溪縣界，流入辰水。

鑾村溪。在麻陽縣東一百二十里。源出瀘溪縣界，南流入辰水。

西陂溪。在麻陽縣東南二十里。源出西晃山，流三十里，逕湖口，入辰水。

石龍溪。在麻陽縣東南二十五里。源出西晃山，流三十里，逕石眼潭，入辰水。中流一石宛如卧龍，溪流資以溉田。

龔溪。在麻陽縣東南四十里。源出西晃山之東嶺，東北流入辰水。

石橋溪。在麻陽縣南二十里。源出西晃山，流三十里，逕楠木村，入辰水。

梁源溪。在麻陽縣西八里。源出五寨司界，流逕縣前，入辰水。

犀迷溪。在麻陽縣西八里，即銅信溪。西有潭，亦曰犀迷。相近灘曰牛口，甚險。

施溪。在麻陽縣西三十里。源出貴州思州府玉屏縣界，東北流至縣界，入辰水。

八洲。在芷江縣東三十里無水中。沚闊數百弓，草長煙浮。

龍陽洲。在黔陽縣西南，無水入沅處。

龍潭。在黔陽縣東五里。土人禱雨者，瓶汲於此。

劍潭。在麻陽縣東門外。本名官潭，明知縣朱瓚得劍於此，因易名。

獅子灘。在黔陽縣東三里沅水中。下有伏石，狀如獅子，因名。水流至此沸聲如雷。又東五里有紫蘿百丈灘。

瀵水灘。在黔陽縣東十三里白馬角上。水源自底沸湧而出，因名。

鸕鷀灘。在黔陽縣東三十里沅水中。勢極險惡，居人又壘石爲漁梁，行舟愈苦。

連珠灘。在黔陽縣東四十里沅水中。洲渚相連，其下即洪江口。

大洑瀉灘。在黔陽縣東六十里沅水中。其水傾瀉而迴洑，因名。又東十五里有小洑瀉灘。又東五十五里有盌盞灘。

黄絲滾洞灘。在黔陽縣東九十里沅水中。水勢拗折，舟行最險。

高溜洞灘。在黔陽縣北三十里無水中。其水迅折，行舟畏之。

巖屋灘。在麻陽縣東伏波廟下辰水中。

甕泡灘。在麻陽縣西四里辰水中。

大坡灘。在麻陽縣西四十里。多峻石扼舟。

唐家溜。在黔陽縣北五里。

雪騰湫。在黔陽縣東南九十里。泉觱沸如密霰，禱雨輒應。

校勘記

〔一〕雙石巖　乾隆志卷二八五沅江府山川(下同卷簡稱乾隆志)同。按,明史卷四四地理志云:黔陽東南有羅公山,南有雙石崖,一名屏風崖,景泰中築寨置戍於此,名安江雙崖城。

〔二〕炳之成粉　「炳」,原作「煵」,乾隆志作「煵」,均爲訛字,字書不收,據文意當是「炳」字,今改正。

〔三〕爲九江之一　「一」,原作「二」,據乾隆志及讀史方輿紀要卷八一湖廣「溡水」條改。

大清一統志卷三百六十九

沅州府二

古蹟

龍標故城。在黔陽縣治。梁置縣。隋屬沅陵郡。唐初屬辰州。貞觀八年，爲巫州治，後爲敘州治。五代時爲蠻地。宋初爲黔江城。元豐三年，置黔陽縣於此。隋書地理志：沅陵郡龍標，梁置。元和志：龍標本舞陽縣，隋初於此置辰州，煬帝廢州〔二〕。武德七年置縣，因龍標山爲名。貞觀八年，於縣置巫州。天授二年，改爲沅州。開元十三年，以「沅」、「原」聲相近，復曰巫州。大曆五年，以境接溆浦，改曰敘州。舊唐書地理志：巫州今理龍標縣。九域志：元豐三年，以黔江城爲黔陽縣，屬沅州。按：元和志謂唐置龍標縣，因山爲名，今龍標山在黔陽縣城内，則今之黔陽爲唐巫州治無疑。況巫州後改名敘州，以境接溆浦，亦於黔陽爲近。今府治乃唐潭陽縣也，舊志以今府治即唐巫州治，非也。

朗溪故城。在黔陽縣西南四十里卧龍巖。相傳諸葛武侯駐兵處，爲唐朗溪故城址。方輿紀要：唐貞觀八年，析置朗溪縣，屬巫州。五代時縣廢。

鐔成故城。在黔陽縣西南。漢置縣。晉義熙中徙舞陽縣於此。漢書地理志：武陵郡鐔成。水經注：無陽縣，故鐔成也。晉義熙中，改從今名。按：義熙以後之舞陽，實兩漢之鐔成也，梁後改置龍標縣於其地。

麻陽故城。在今麻陽縣東。唐置縣。宋移治於錦州界，而此城廢。元和志：陳天嘉三年，於麻口置麻陽戍。舊唐書地理志：辰州麻陽，武德三年分沅陵、辰溪二縣置〔二〕。宋書地理志：熙寧七年，以麻陽隸沅州。縣志：舊縣在今東桑林約。

常豐故城。在麻陽縣西南。方輿紀要：唐垂拱二年，置萬安縣，屬錦州。天寶初，改爲常豐縣。後廢於蠻。

錦州故城。在麻陽縣西四里。唐置。五代時爲蠻地，廢爲砦。宋省入麻陽縣。元和志：錦州本辰州盧陽縣，垂拱三年以地界闊遠，分置錦州，兼置盧陽縣爲治〔三〕，原在盧水口，以州理前多文石，望之似錦，因名。長安四年，移於伏溪水灣曲中，即今理。惟東面平地，餘三面並臨溪岸。舊唐書地理志：天寶七年，改州爲盧陽縣。乾元元年，復爲錦州。宋史地理志：熙寧八年，併錦州砦入麻陽。文獻通考：宋無此州，其地則入辰、沅二州。

富州故城。在麻陽縣東北高村，蠻地。宋史蠻夷傳：南江諸蠻曰富，向氏居之。又熙寧五年，遣章惇察訪，明年，富州向晤獻先朝所賜劍及印，來歸順。

無陽廢縣。在府東南。漢置縣，後漢省。晉復置曰舞陽，隋省。宋書州郡志：武陵太守領縣舞陽。前漢作「無陽」。水經注：無陽故縣對無水，因以名縣。按：水經注謂晉義熙中舞陽徙故鐔成，宋以後之舞陽當在今黔陽界，非漢之舊矣。

潭陽廢縣。即今府治。唐置潭陽縣，始屬沅州，繼屬巫州，後屬敘州。五代時爲懿州治，後爲洽州治。宋於其地改置盧陽縣，爲沅州治。元和志：潭陽在舞水東岸。唐書地理志：敘州潭陽，先天二年析龍標置。宋史蠻夷傳：乾德三年，洽州刺史田處崇上言，湖南節度馬希範建敘州潭陽縣爲懿州，其弟希萼改爲洽州，願復舊名。詔從其請。又南江諸蠻自辰州達於長沙邵陽，各有溪峒，曰敘，曰峽，曰中勝，曰元，則舒氏居之。曰獎，曰錦，曰懿，曰晃，則田氏居之。曰富，曰鶴，曰保順，曰天賜，曰古，則向氏居之。張翹言南江諸蠻皆可郡縣，熙寧五年遣章惇察訪。明年，惇進兵破懿州，南江州峒悉平。遂置沅州，以懿州新城爲治所。又地理志：沅州潭陽郡，本懿州，熙寧七年收復，以潭陽縣地置盧陽縣。明統志：沅州，明初爲沅州府，尋復爲州，省盧陽縣入焉。按：唐書玄宗本紀先天無二年，史志誤。

龍門廢縣。在麻陽縣東輕土村。唐書地理志：辰州麻陽，垂拱四年析置龍門縣，尋省。

招諭廢縣。在麻陽縣東北。唐置，屬錦州。宋初屬辰州，熙寧七年屬沅州，八年省。元和志：錦州招諭縣，垂拱三年析辰州盧溪縣置。宋史地理志：沅州，熙寧七年以辰州招諭縣隸州，八年廢招諭縣入麻陽。

馬王城。在黔陽縣東。五代馬氏征蠻時築。

奇兵營。在府東門外。舊志：衛官練兵處。

金吾營。在府北門外。即宋馬雄指揮駐泊處。

諸葛營。有四，俱在黔陽縣。一在縣東南安江；一在縣南渡，名甕城；一在縣西原神鄉；一在縣西南托口。相傳俱諸葛亮屯兵處。

細柳營。在麻陽縣城外。縣志：在得勝洲。明參將孫賢練兵於此。

最高臺。在麻陽縣治後。明嘉靖中築。

芙蓉樓。在黔陽縣境。唐王昌齡有芙蓉樓送辛漸詩。

三足堂。在黔陽縣西。

敷教堂。在黔陽縣南。宋知縣饒敏學建。

盍簪亭。在黔陽縣東。宋知縣饒敏學建。

太古亭。在黔陽縣東三十里。

澄練亭。在黔陽縣西南。宋知縣饒敏學建。

紫霄軒。在黔陽縣北一里。

蓮花院。在黔陽縣東北雄山上。明太僕滿朝薦讀書其中。

古柏。在府舊署之東。纓絡垂絲，翠色可挹，數百年物也。

關隘

蔣家關。在芷江縣東盈善鄉。

七里關。在芷江縣東十里。

鎮江關。在芷江縣東八十里。即宋鎮江砦。

大栗關。在芷江縣西四十里。

便溪關。在芷江縣西五十里。有砦。宋史地理志：沅州盧陽有蔣州鋪〔四〕。又便溪砦，崇寧三年以蔣州改。

蜈蚣關。在芷江縣西六十五里。

鼇魚關。在黔陽縣東三里。即鼇魚山。

蟠龍關。在黔陽縣西南二里。即蟠龍山。

天河關。在麻陽縣東八十里。即天河山。

雄關。在麻陽縣東北一百里。即雄山。

懷化巡司。在芷江縣東一百二十里。宋置鋪。明洪武中置驛。本朝因之，兼置汛。乾隆四十一年改設巡司，兼管驛務。

便水巡司。在芷江縣西五十里。明洪武中置驛，後廢。本朝乾隆間設巡司，兼管驛務。

安江巡司。在黔陽縣東九十里。帶江負山。明洪武初置巡司，本朝因之。又有安江堡，亦名雙崖砦，景泰初置，今裁。宋史地理志：熙寧復硤、中勝、雲、鶴、繡凡五州，六年以硤州新城爲安江砦。

巖門巡司。在麻陽縣東北五十里。明置，本朝因之。嘉慶元年設縣丞駐此，原設巡司移駐高村。

高村巡司。在麻陽縣東北。舊駐巖門，嘉慶元年於巖門設縣丞，移巡檢駐此。

竹砦。在芷江縣東南一百四十里。宋置。

西龍砦。在芷江縣西五十里。

若溪砦。在芷江縣西北一百二十里。宋史地理志：沅州若溪砦，崇寧三年置。

洪江砦。在黔陽縣東南五十里。宋史地理志：洪江砦，元祐五年置。

竹灘砦。在黔陽縣南二十里。宋史：竹灘砦，元祐五年置。

托口砦。在黔陽縣西南四十里，渠水之右，通貴州鎮遠府天柱縣，爲峒水所必由。明時木商皆聚於此，後移天柱之遠口。宋史地理志：沅州，元豐三年置托口砦，八年罷。方輿紀要：托口當九溪諸蠻之衝，今爲戍守處。

銅安砦。在黔陽縣東北。今名銅灣砦。宋史地理志：辰溪有銅安砦，熙寧七年廢。又沅州，宣和元年復置銅安砦。

黔陽堡。在黔陽縣無水南。明景泰初置，後徙於縣西門内。

安溪堡。在麻陽縣東南八十里。

小坡哨。在麻陽縣西三十里。

石羊哨。在麻陽縣北六十里。

龍首營。在麻陽縣東九十里濫泥坪。明建。

羅舊驛。在芷江縣東北四十里。明置。本朝乾隆二十年裁，五十七年移榆樹灣外委駐守於此。

富順新市。在黔陽縣東南六十五里。本朝康熙六年設市，今爲窯廠。

津梁

洛溪橋。在芷江縣東十里。

雙橋。在芷江縣東二十里。州志：即古之結溪橋。

浮蓮橋。在芷江縣東四十里，跨浮蓮溪。一名青鶴橋。

永興橋。在芷江縣西四十里。宋紹興間建。

魚藏溪橋。在黔陽縣東南二十里，路通洪江。

登龍橋。在黔陽縣南一里。明成化中建。

大岳溪橋。在黔陽縣南二十里。

白巖橋。在黔陽縣東北二百十里。門十有二，爲邑境諸橋之冠。

龍首橋。在麻陽縣東九十五里濫泥坪。明萬曆中建，環石爲三門，覆以亭。

永寧橋〔五〕。在麻陽縣西二十里小坡。

便水渡。在芷江縣西六十里驛前。

安江渡。在黔陽縣東南九十里。

黔江渡。在黔陽縣南門外沅水上。

沅水渡。在黔陽縣西門外無水上。

長潭渡。在麻陽縣東五里。

瑶里渡。在麻陽縣東六十二里。

隄堰

銅礦堰。在芷江縣大溪口。又黄家堰、魚肚堰、草巖堰、木堰、巖堰俱新開溪之委。

大堰。在芷江縣楊村。九溪板門溪之源。又游家堰、大楊堰、毛橋堰、早禾堰俱九溪之委。

大聖塘堰。在芷江縣鐵爐冲。又川坳堰、木橋塘堰，源出鬬洞，滙上楊溪。

淵溪堰。在芷江縣柳林溪。又桐木堰、新堰、家羊洞堰、從王堰、上坪堰、草塘堰、黄龍堰、銅錢堰、新店坪堰皆其委。

油麻坪堰。在芷江縣五郎溪。又蕭家堰、川背堰、廖家園堰、梁家堰、羅家堰、賀家堰皆其委。

座巖堰。在芷江縣花橋溪。又劉家堰、石龍堰、車堰、巖洞堰皆源出清水塘。
大源堰。在黔陽縣大源溪。自一堰至四堰，皆源出黄桑坡麓。
鄧廣田堰。在黔陽縣楠木洞。自一堰至四堰，皆分承泉委。
田溪堰。在黔陽縣田溪冲。自一堰至四堰，又三巖二堰，俱源出大角尖。
黄泥溪堰。在黔陽縣蔣公溪。有二堰，皆其委。
船溪堰。在黔陽縣境。自一堰至三堰，源自石擔流入。
崖嘴堰〔六〕。在黔陽縣熟坪。有二堰，流出竹坪鷄公洞。
雙江口堰。在黔陽縣小黎溪。有二堰承洞泉之委。
麻伊堰。在麻陽縣東麻伊溪。
石網洞堰。在麻陽縣東北。
招諭堰。在麻陽縣東北。

陵墓

宋

楊潄墓。在黔陽縣南五十里。

向貞墓。在麻陽縣東白羊峽。

元

胡江墓。在芷江縣北門外。

明

馬元吉墓。在芷江縣東門外。

米壽圖墓。在芷江縣東門外鼓臺山。

劉有年墓。在芷江縣南竹坪塘。

宋以方墓。在黔陽縣東南安江鎮。

祠廟

張襄惠祠。在芷江縣城内西南，祀明總督張岳。

薛文清祠。在芷江縣西城内，祀明薛瑄。

陳公祠。在黔陽縣城東寶山書院側，祀明知縣陳鋼。

三閭祠。在黔陽縣西門外無水岸，祀楚屈原。

饒公祠。在黔陽縣北門外。宋建，祀宋知縣饒敏學。

三忠祠。在黔陽縣北門外。府志：舊有祠，祀漢馬援、關忠義，適水流屈原像於祠下，合祀之。

四節祠。在麻陽縣辰水東岸，祀明烈女向明女，並烈婦張明儒妻向氏、向廷表妻田氏、向廷相妻田氏。

祠山廟。在芷江縣城内東北，祀漢張渤。

昭烈廟。在芷江縣南二里，祀唐義士張扞，宋政和中賜號。黔陽縣城東亦有昭烈廟。

昭靈廟。在芷江縣南五里楊溪口。一名黄龍廟。祀楚屈原，宋嘉定中賜額。

水府廟。在芷江縣西門外無水岸，祀水神。

顯應廟。在芷江縣西北六里，祀明山之神，宋慶元中賜額。

南公廟。在黔陽縣東，祀唐南霽雲。

向崇班廟。在黔陽縣東北，祀宋死事指揮向貞。

武侯廟。在麻陽縣城内，祀漢諸葛亮。

飛山廟。在麻陽縣城北，祀唐楊再思。

伏波將軍廟。在麻陽縣迴龍山，祀漢馬援。

寺觀

景星寺。在芷江縣南四里葉家山。宋淳熙中建。爲郡人遊讌之所，中有攬秀閣。

龍頭寺。在芷江縣西南二十里。宋紹興間建。通天柱縣大路。

連雲寺。在芷江縣西三十里羅山。宋淳熙中建。又山頂有兜率寺。

普明寺。在黔陽縣城内龍標山。宋熙寧中建。寺中有寄亭、十笏院、香林、伏虎石、梅花塢、松竹廊諸勝。

天柱寺。在黔陽縣東六十五里崖山。宋熙寧中建。

長安寺。在黔陽縣東南九十里安江鎮，爲里中名剎。又鎮東有勝覺寺，宋祥符中建。

歸化寺。在黔陽縣西四十里。宋熙寧中建。

同天寺。在麻陽縣城内治西。唐大曆中建，爲錦州古剎，宋熙寧中賜額。

青雲寺。在麻陽縣西北十五里青雲山。爲邑治來脈。

玄妙觀。在芷江縣城内西南隅。宋紹興二年建。

佑聖觀。在芷江縣城内東北隅。元至正間建。

玄靈觀。在黔陽縣城内西北。宋大觀初建。

名宦

宋

謝麟。甌寧人。熙寧中通判辰州。會朝使拓沅州，舉麟爲守。猺賊犯辰溪，麟且捕且招，一方以安。

余卞。分寧人，良肱子。由鼎州推官知沅州。蠻殺沿邊巡檢，卞設方略討平之。及蠻復叛，斷渠陽道，官軍不得進，卞適使湖北，其帥唐義問即授卞節制諸將，陰選死士三千人，夜銜枚繞賊背，伐山開道，漏未盡，入渠陽，黎明出戰，遂大破之。七遇七敗，蠻遂降。詔廢渠陽軍爲砦，盡拔居人護出之。

黃凿。分寧人。知盧陽縣。五溪獠獷悍，凿爲詩諭之，獠感悦，莫敢違教。

汪長源。紹興中知沅州。增浚城池，軍需悉備。時巨寇曹成來攻沅，長源多方禦之，成遂遁去。

黃徹。莆田人。由辰溪丞調沅州判官，攝倅事。苗酋憾汪長源，將鼓衆乘城，徹入其巢，諭以禍福，遂愧謝。權麻陽縣，遭曹成之擾，徹率羣獠拒敵，擒其賊將，衆遂宵遁。

劉龜年。紹興中通判沅州。立防邊條約以静鎮之，蠻人帖服。

劉理。紹興中知沅州。振興學校，定釋菜行禮法，又撥没官田並桑柘米二百斛以養士。

周闢。淳熙中知沅州。增造文廟祭器，甃地以甓，籍記入官田土十餘所，納租於學，爲賓興費，士林德之。

周傳。淳熙中知沅州。念沅州距行都三千餘里，移文所隸，令措置津遣。即於歲計田内擇百九十餘畝，益以山畬之租，使就學輸納，三年爲率，資給津遣。沅士碑記其事。

徐霖。衢州西安人。理宗時沅州教授。時宰相史嵩之挾邊功，要君植黨，霖疏其姦狀。未幾，嵩之匿父喪求起復，霖復攻之，理宗感悟。

潘萬運。知沅州。時城垣傾圮，萬運請渡牒爲工役費。又以學糧數少，議郡帑錢五萬、米五十石給之。

方公輔。知沅州。增厚城垣，甃砌内外，工役費用，不勞於民。

饒敏學。昭武人。寶慶元年知黔陽縣。修縣志，廣學宫，建寶山書院，士子始知向學。凡有興作，民不知勞。

元

郭昂。林州人。至元中，沅州安撫司同知，招降溪峒八十餘栅。播州張華聚衆容山，昂率兵勦之，諸峒盡降。十六年以諸酋入朝，帝賜金綺鞍轡，進安遠大將軍。又是年徇沅州西南界，復新化、安仁二縣，擒劇賊張虎降之，并衆三千人，悉歸民籍。

田德明。餘姚人。至正中麻陽主簿。會峒苗倡亂，縣無城郭，德明率弟德興仗義糾衆，創寨於河之南岸，團練兵民，百戰禦寇，復縣治，遂授縣令。

明

齊伯良。四川人。洪武中知麻陽縣。時經苗亂，民多逃亡，遺糧甚累，伯良清釐佃户，招辰、沅、平、清、偏、鎮六衛軍屯種，民實賴之。秩滿，陞僉事。

沈文宣。宣德中知麻陽縣。律己嚴愼，蒞政廉明，撫字有方。重修學校，遇事立解，洞燭人情誠僞。

孫華。正統中知沅州。賦役均平，勤於撫字，去任後人多思之。

席貴。正統中同知沅州。居官九載，廉而不苛，寬而有制。民不忍犯，吏不敢欺。

高淳。新會人。天順中知沅州。鯁介公正，苞苴盡絶。重建黌宫、公廨、壇宇，民不告勞。又奏接遞夫馬，於衛堡有司軍三民七，兼濟應付，以蘇民困。沅人德之。

陳鋼。應天人。成化中知黔陽縣。楚俗居喪，好擊鼓而歌，鋼教以古哀詞，人爲感動。縣城當沅、潕合流，數決廬舍，鋼募採石甃隄千餘丈，水不爲害。南山崖官道徑窄，行者多墮崖死，鋼積薪燒山，沃以醯，拓徑丈許，行者便之。鋼病，民爭籲神，願減算益鋼壽。

范順。休寧人。成化末知麻陽縣。勸農興學，務以禮義化民，有廢必舉。

吴世溥。天台人。弘治初知黔陽縣。撫流移，墾田地，賑饑築城，壇社、橋梁、學宫悉爲修治，士民翕然向化。

李勝。弘治初知麻陽縣。鎮篁苗叛，屯軍乘民避兵，遂占民田。勝上疏請復，民感之。

史學。瀘州人。正德中知沅州。時境内寇盜剽掠，學乃獲渠魁，值大兵進勦湖、貴，自沅振旅，學區畫周悉。

張熇。東陽人。正德中知麻陽縣。值禾溪寇向龍作亂，熇躬率捕勦，有奇功。又創築城池，修理學廨，偶雨暘不時，禱應如響。

朱崇芳。新寧人。嘉靖中知麻陽縣。狷介公平，無私家念。苗亂，崇芳登城諭以理，苗引去。士民感戴若慈母。

汪倴。貴溪人。嘉靖中知黔陽縣。庭無滯獄，興廢補弊，多出倴資。政暇進諸生課業，人才賴以成就。

陳大經。南寧人。嘉靖中知黔陽縣。莅官嚴肅，勤政愛民。遷學於龍標山，士民懷之。

孫賢。忠州人。嘉靖中授參將，駐麻陽。時鎮筸苗與銅仁、播凱諸苗相倚爲亂，賢經制苗事，動中機宜。事平，伐石紀績。

朱纘。新淦人。嘉靖中知麻陽縣。時蠟耳苗叛，三省會兵討之，纘内嚴守禦，外調兵食，多方撫綏。修復水門，題曰「與存」。及卒，百姓立祠祀之。

李杲。歙縣人。嘉靖中知沅州。節費省刑，愛民興學，均州衛丁徭，詳請靖州幫貼，衝疲之地，百姓不受偏累。西溪土蠻甘味苗叛，杲出奇計討平之，請築便、晃二堡。

朱衣。錦衣衛人。萬曆中知沅州。治礦徒之亂，下令執鐵者賊，空拳者民，不得妄誅。乃戮其首惡，餘悉貫之。守兵以缺餉譟，衣與約期給餉，衆遂定。

蔡心一。漢州人。萬曆中知麻陽縣。虚心聽訟，政有不便者輒去之。邑多石田苦無水，心一度地勢，築陂堰四十餘所，至今民食其利。始至日，列樹表道，及其去也，樹皆合抱。

郭繼曾。晉江人。萬曆中知沅州。時值征播、征皮兩役繼興，大軍駐沅，繼曾擘畫綽然。

本朝

周文曄。浙江人。順治六年知黔陽縣。陳友龍叛，文曄悉力固守，相持六旬。矢盡援絶，被執於洪江，不屈死之。妻施氏自經以殉，妾王氏投井死，幼子及賓從八十餘口悉遇害。黔陽人立祠祀之，乾隆間祀名宦。

茹道通。順天人。順治中知黔陽縣。時地初闢，又值歲饑，道通收拾凋殘，撫綏有方，民皆安堵。

蕭來鸞。南昌人。順治中知沅州。時大師雲集，來鸞招撫流亡，苦心蠲賑，四境帖然。

戴廷對。中江人。康熙初知沅州。有善政，去之日，沅人刊芷水遐思録頌之。

張扶翼。霍丘人。康熙初知黔陽縣。邑境羅公山峒猺與武岡諸砦負險鬬兵，扶翼請發鎮兵駐安江，調鄉勇爲犄角，而自將直擣其巢。猺懼欲降，復單騎深入，諭以利害。猺感泣詣降，給以荒田，令佃作，免其役。大兵自滇凱旋，派黔邑穀八千石、草二十八萬斤，扶翼以民困陳上官，皆得免。又陳招徠之義，去寄莊之害，寬盡墾之限，議清丈之法。凡城垣、學校、官廨多所完葺。手纂縣志以備掌故，民思之弗忘。

田慶曾。昌樂人。康熙中任辰沅僉事，駐沅州。沅經吴逆竊據，民不堪命，慶曾履畝按稽，開除浮派，人始知太平之樂。捐置賓興田，士林稱之。

王舜年。掖人。康熙中辰沅僉事。屏供張，志興革，修學峻城，皆捐俸爲之，人稱清節。

祖光珮。奉天人。康熙中知沅州。凡編審丈量，一本至公。沅人有「青天」之稱。

趙寬。漢軍人。康熙中知沅州。捐俸遷學，築龍津橋。沅人德之，祀於橋側。

黄志璋。晉江人。康熙中知麻陽縣，均里甲，清驛傳，邑中疾苦，一時蠲除殆盡。

李珣。濟源人。雍正中權道事於沅州。黔九股苗叛，民奔沅者數萬。珣與知州朱炎度發倉賑之，全活甚衆。

袁守定。南昌人。乾隆元年設芷江縣，以守定知縣事。首清一郡積牘，建普濟堂，立義學課士。徵收許民自封以投，常俸外一錢不取。巡撫許容薦爲賢良第一。尋乞養歸。民祠祀之。

吴鐼。嘉興人。乾隆中知芷江縣。值歲旱，發廩以賑，勸富民設糜，兼製救飢丸，遂多全活。

柳秉謙。蘭谿人。乾隆中知黔陽縣。值歲旱，設法賑飢，民賴生全。縣東門火，朝服拜禱，火遂熄。人以爲德政所感。

蔡鴻章。安平人。乾隆中知黔陽縣。性慈愛，鞫訟諭以理，不忍笞扑。以事至鄉，必進父老，勸以孝弟力田。民感其化，去之日，皆揮涕送之。

孫萬備。寧海人。知麻陽縣。乾隆六十年，逆苗滋事，縣城猝被賊擾。萬備親督義勇，力疾防守。又奉檄管轄三站，急公盡瘁，以勞卒。事聞，議卹照例。

人物

宋

向真〔七〕。麻陽人。神宗時爲峽州軍衙頭指揮使〔八〕。會蠻叛，真奮然曰：「大丈夫當捐軀報國，垂名汗青，豈可碌碌人後耶？」乃身先士卒，前驅力戰。被執脅降，矢詈不屈，遂遇害。事聞，贈内殿崇班，詔立廟祀之。按：真爲宋歸明溪峒人，後隸麻陽。其峽州，今黔陽縣西江鎮也。

楊漱。黔陽人。兄弟三人，並稱英勇。屢禦苗寇，民多賴焉。邑人立廟祀之。

明

劉有年。沅州人。洪武中爲本州訓導，擢御史，激揚有聲。出知太平府。永樂中上儀禮逸經十有八篇。官終交阯按察僉事。

蔣奎。沅州人。洪武進士，官給事中。性剛介，在諫垣雅著直聲，屢上封事，切中時弊，當時憚之。

周拱元。沅州人。少讀兵書，建文中應募入京，試騎射，對策稱旨，授錦衣衛鎮撫，軍前差遣，占候輒中。主將令引步兵防餉舟。靖難後，不屈死之。

向文敏。沅州人。永樂鄉舉，任湖口訓導。清修自好，士類賴其成就。卒於官，與陳質、林純合祀，稱「三先生」。

趙彬。沅州人。宣德九年，御史薛瑄以賢良薦，除都察院檢校。

胡睞。沅州人。宣德間以貢入南監，選書誥敕，授安慶府通判，攝府事。奏豁忠臣余闕元、孫先戎籍。

田子義。麻陽人。有浦口人宿其家，遺金席下，子義物色歸之。謝以半，固辭。

龔潮。沅州衛人。正德七年，討鎮筸叛苗，潮効力軍前，無所撓避，人莫不義之。

李仲謙。麻陽人。正德間苗叛，仲謙奉檄倡義從征，捍禦有功。事上，當道給以冠帶。

侯以寧〔九〕。沅州衛人。事母至孝。母患氣疾，痛欲絶，以寧日夜禱籲，願減己算益母壽，仍封股爲羹，疾忽愈。後葬母，天雨連旬，泣禱竟霽。人以爲至孝所感。

楊啓貴。麻陽人。正德中苗掠其里，啓貴守母喪，苗欲斫其柩，抱棺跪泣，以身衛之。苗感其孝，釋之，且遺以布。有誣以通苗者，將按其事，邑諸生以孝狀白，冤始雪，奬異之。

田豐。麻陽人。嘉靖中令廣西天河縣。擒右江刦蠻，卻那地州餽金，遷建縣治。尋調南江，廉介有聲。

馬元吉。沅州人。涉獵經史，沈潛理學，爲湛若水高弟子。初官國子監助教，遷徽府長史，歸隱明山，即無水南闢書院，祀薛瑄。學者稱明山先生，没祀於鄉。

楊茂。沅州人。官沅州衛指揮僉事。屢立軍功，擢湖廣都指揮使。天順五年，朝廷廉其才，敕授參將，協總兵鎮守淮安。成化元年，晉前府都督僉事，充總兵官，掛漕運印。六年，加都督同知，賜玉帶。茂督漕有方，廉能茂著，年七十一致仕歸。卒賜祭葬。

侯位。沅州人。正德進士，令無錫。判斷如神。邑當水陸衝，位性剛毅，有不畏强禦聲。行取兵部主事，轉員外郎，諫武宗微行，廷杖，直聲大震。後擢操江巡撫，奏浮糧，清海防，累官兵部左侍郎。

危嶽。黔陽人。嘉靖進士。以春秋啓迪後學。任吉安府推官，廉慎律身，明允斷獄。屬邑安福田糧數爲豪强所欺匿，嶽往覆丈量，盡祛隱弊。時方行取，以疾卒於官。士民哀之，立祠以祭。

滿朝薦。麻陽人。萬曆進士，令咸寧。税監梁永縱其下劫諸生橐，朝薦捕治之。後永遣人蠱巡按余懋衡，朝薦捕獲其人。永益怒，誣劾朝薦劫上供物殺人，詔獄長繫。後用葉向高請，釋歸。

丘式耔。黔陽人。爲諸生。鼎革後，鎮帥械送武昌，幽拘數年死。本朝乾隆四十一年，予入忠義祠。

單之賓。沅州人。官劍州學正。崇禎時流寇陷城，從容就死，贈國子監學録。本朝乾隆四十一年，賜謚節愍。

本朝

龍霖。沅州人。順治初，流寇未靖，負二親逃巖谷間，猶日求甘旨奉養。親没，居廬枕塊。

危階。黔陽人。爲諸生。順治初，餘寇潰入黔、沅間，階掖母走避會同山中。負米百里外，遇虎默禱，虎竟去。持米歸，母賴以生。雍正六年旌。

劉星。沅州人。爲人傭作，積貲以葬父。負母避寇山中，越險墜崖，母子並全。雍正七年旌。

張世正。沅州人。性純孝，父病，禱於神，遂愈。著家範十四條，教諭族人。每授生徒，訓以先器識而後文藝。鄉里不能婚葬者助之，邑有通衢阻河，造舟以濟。雍正九年旌。

田仁德。沅州人。雍正十三年，貴州苗叛，仁德以把總隨征，屢著功績。苗匪據砦章諸險要以敵官軍，仁德奮勇深入，援軍不至，力竭死。事聞，賜祭葬。

張可智。沅州貢生。弱冠遭吴逆亂，奉親避山谷中，負米供爨，而自掘茅根以噉。親没，家漸裕，終身惟食粗衣布。子孫有以華腴進者，輒愀然卻之，曰：「吾父病，求一臠不可得，死無尺寸帛，吾不忍也。」

蒲宗瑾。芷江人。六世同居，男女共百二十三人。宗瑾主持家政，規條整飭，人無私財。

滕家瓚。麻陽人。乾隆六十年，逆苗大掠麻陽，家瓚悉出家資數十萬，招集丁壯數千以禦，斬馘無算，授五品職。既而苗大至，家瓚力鬭，援絶，歿於陣。兄家瑞、弟家泰，俱先家瓚遇害。事聞，並予卹廕，祀昭忠祠。

陳傑。黔陽人。純樸性成，孝思不匱。自少至老，内外悉無間言。同郡楊熙業，芷江人，亦醇謹能得親歡，俱以孝行旌。

從大雄。芷江人。乾隆間隨征金川，數被槍傷，因功拔外委，洊升守備。六十年，隨征黔、楚逆苗，時總兵明安圖被阻永綏，大雄由西路抄後夾攻，獲斃甚多。五月，追捕龍團苗匪，至董蕩，受傷陣亡。同縣人外委劉應聯，擊賊長陰坡，亦遇害。事聞，議卹，均廕雲騎尉。

王廷弼。芷江人。任長安五寨營外委。嘉慶元年，隨守備宫啓文進勦黔、楚苗匪，奮勇殺賊，擒斃甚多。後擊賊於鳳凰廳，被傷陣亡。事聞，議卹，廕雲騎尉。

陳世文。芷江人。官守備。嘉慶元年，甘肅逆回滋事，派赴勦捕。擊賊於近鳳山，受傷，歿於陣。事聞，議卹，廕雲騎尉。

趙盛朝。芷江人。性敦孝行，樂善好施。其子安松亦事親竭力。又黔陽監生羅昌教，持躬端謹，克敦孝友。均嘉慶二十四年旌。

流寓

宋

李明。黔陽人。本籍河南祥符，來家於安江。高宗時，官廣勇衛指揮使。金兵南下，從宣撫使楊存中過之，外援不繼，力戰死焉。事聞，詔以其子守中爲武校尉。

明

方以智。桐城人。崇禎進士，授檢討。避亂至沅州，結茅蘭地山中。有離草、蘧菴集、蘭溪曉月吟。

列女

明

周冕妻張氏。芷江人。爲指揮周冕繼室。永樂間苗寇沅州，冕從征死焉。氏聞，慟絶復甦，堅志守節，撫孤承襲辰州府同知。

茆大綬妻陳氏。芷江人。大綬卒時，氏年十八，孀居十六年，潰兵作亂，懼爲所辱，携一子一女投江死。

向春妻張氏。黔陽人。適春時年十七，甫數月，春卒，七日後自縊柩旁。

彭猋妻胡氏。漢陽人。明末隨夫避亂黔陽。王進才作亂，氏被執，强之渡河，不可。罵賊被斫，身無完膚，一男一女同死。

張烈女。黔陽人。字周成，年二十。成歿，謂其母曰：「兒雖未嫁，受聘即其妻也。周死，我何生也？」是夜自縊死。

向氏四烈。麻陽人。一向明室女，名晚女；一向明女，名焦女，張明儒妻；一向明子廷表妻田氏；一向明姪廷相妻田氏。嘉靖中，蠟爾苗叛，四人走入巖穴，爲賊搜得，逼之，驅至甕泡灘湍流深處，同赴水死。苗退，求屍悉獲，面如生，邑令爲建四節祠。

鄭命賢妻黄氏。麻陽人。鄭以廩應選没於鄂，氏年十九，聞訃誓死。櫬歸，斂祭畢，自縊死。

本朝

徐雲清妻陶氏。芷江人。夫亡守節。同縣節婦祁文明妻劉氏、鄧鍾喬妻陳氏，均雍正年間旌。

潘浚妻李氏。黔陽人。夫亡守節。同縣貞女向安聘妻廖氏，均雍正年間旌。

滿世聲妻張氏。麻陽人。夫亡守節，雍正四年旌。

唐熙妻徐氏。芷江人。夫亡守節，同縣節婦趙世奇妻李氏、劉柱史妻鄭氏、田宏熙妻李氏、劉文顯妻彭氏、胡之瑛妻蕭氏、馮仁孝妻胡氏、龔祖武妻侯氏，烈婦蒲老應妻田氏、胡懋妻李氏、蒲三多妻龍氏、曹善興妻奚氏，貞女張秀瑋聘妻龍氏，均乾隆年間旌。

劉希釗妻王氏。黔陽人。夫亡守節，同縣節婦周成射妻賀氏、唐國柱妻向氏、危霳妻蔣氏、潘亦燮妻謝氏、潘亦炤妻廖氏、黄文烈妻何氏，烈婦潘亦熺妻段氏，貞女湯彦聘妻蔣氏，均乾隆年間旌。

張可楝妻田氏。麻陽人。夫亡守節。同縣節婦向白達妻龍氏、龔造極妻張氏、張世仁妻滕氏、張光朝妻郭氏、唐啓萍妻龍氏、唐啓源妻張氏、董步翰妻孫氏、聶名榮妻龍氏、田嘉璽妻張氏，烈婦譚龍秀妻劉氏，貞女龍氏子聘妻滕氏，均乾隆年間旌。

劉世亨妻譚氏。芷江人。夫亡守節。同縣節婦龍應選妻李氏、舒俊魁妻佘氏、舒秀章妻儲氏、胡啓桂妻張氏、龍世灝妻田氏、楊之上妻龍氏、尹登科妻郭氏，均嘉慶年間旌。

周氏婦王氏。黔陽人。里人傴污之，不從，被毆死。嘉慶十一年旌。

滕一德妻張氏。麻陽人。夫亡守節。同縣節婦聶仕妻趙氏，均嘉慶年間旌。

土産

絲絹。麻陽出。

葛布。黔陽、麻陽出。

鐵。芷江出。

白蠟。芷江、黔陽出。

棉花。府境皆出。

茶。芷江出。一曰園茶。

桃枝竹。府境皆出。可以織簟，即吴都賦所謂「桃笙」是。

茅。麻陽出。書傳「辰州麻陽縣苞茅山出苞茅」是也。

巖鯿。芷江出。

明山石。芷江出。

校勘記

〔一〕煬帝廢州　「煬」，原作「湯」，據乾隆志卷二八五沅州府古蹟(下同卷簡稱乾隆志)及元和郡縣志卷三〇江南道黔州改。

〔二〕武德三年分沅陵辰溪二縣置　「三年」，原作「二年」，據乾隆志及舊唐書卷四〇地理志改。

〔三〕兼置盧陽縣爲治　「置」，原脱，據乾隆志補。

〔四〕沅州盧陽有蔣州鋪　「蔣」，乾隆志作「獎」。按，「蔣」蓋誤字，中華書局點校本宋史卷八八地理志據宋會要輯稿方域六之三六及輿地廣記卷二八改「蔣州」爲「獎州」，是。

〔五〕永寧橋　「寧」，原作「安」，據乾隆志改。按，本志避清宣宗諱改字。

〔六〕崖嘴堰　「崖」，乾隆志作「巖」。

〔七〕向真　「真」，原作「貞」，乾隆志同，據明一統志卷六五辰州府人物及宋會要輯稿蕃夷改。按，此避清宣宗嫌諱改字，今回改，下同。

〔八〕神宗時爲峽州軍衙頭指揮使　「衙頭」，乾隆志同，明一統志卷六五辰州府人物及宋會要輯稿蕃夷作「牙頭」。

〔九〕侯以寧　「寧」，原作「凝」，據乾隆志及雍正湖廣通志卷六三孝子志改。按，本志避清宣宗諱改字。下文同改回。

永州府圖

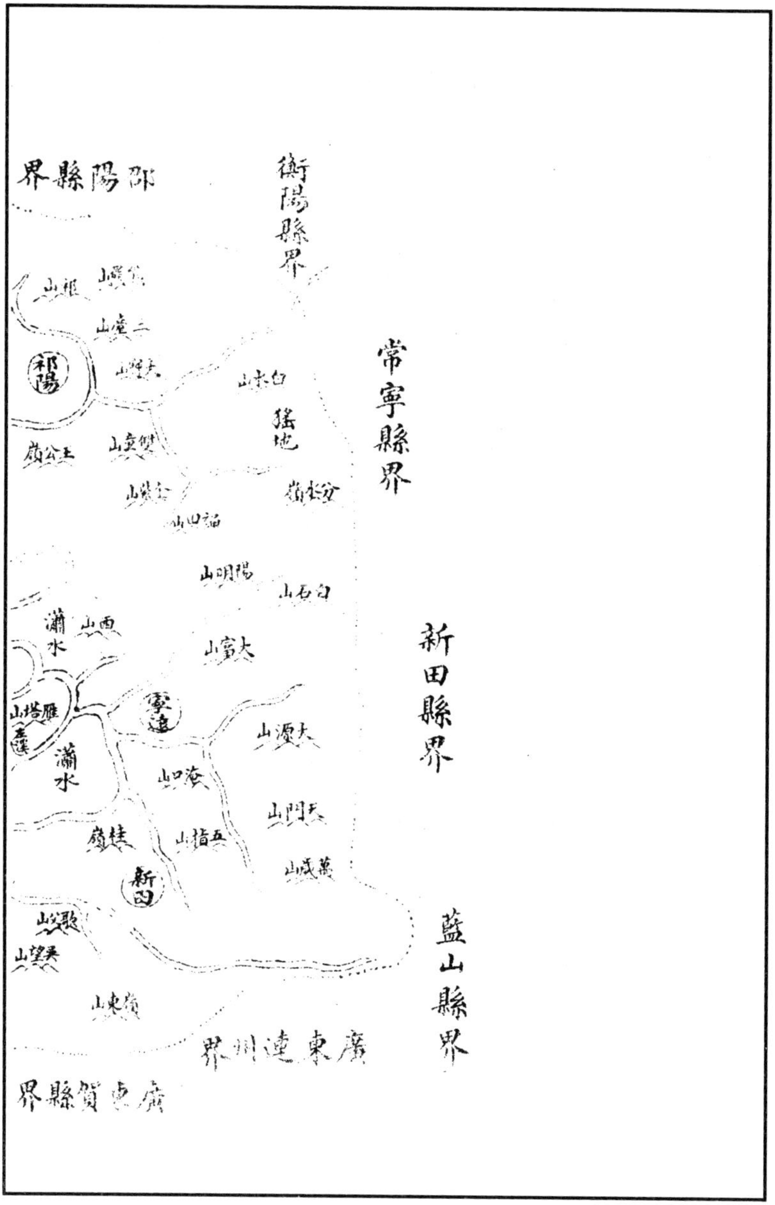
邵陽縣界
衡陽縣界
常寧縣界
新田縣界
藍山縣界
廣東連州界
廣東賀縣界
祁山
祁陽
白水山
猺地
王公嶺
分水嶺
福田山
陽明山
白石山
瀟水
西山
大富山
寧遠
雁塔山
大源山
天門山
五指山
桂嶺
萬歲山
新田

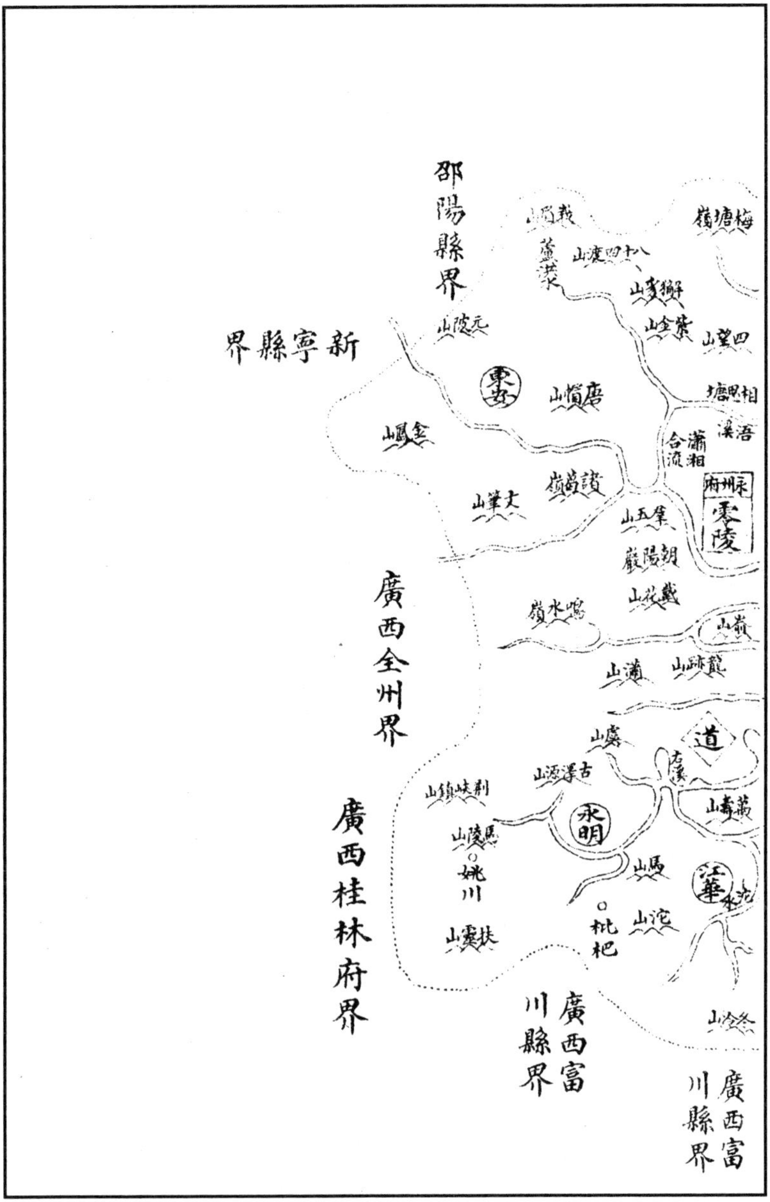
邵陽縣界
新寧縣界
東安
永州府
零陵
瀟湘合流
朝陽巖
四望山
廣西全州界
道
永明
江華
姚川
枇杷
廣西桂林府界
廣西富川縣界
廣西富川縣界

永州府表

	永州府	零陵縣	祁陽縣
秦	長沙郡地。		
漢	零陵郡 前漢郡地。後漢移治泉陵。	泉陵侯國 前漢屬零陵郡。後漢改縣，郡治。	泉陵縣地。
三國	零陵郡 屬吴。	泉陵縣	祁陽縣 吴置，屬零陵郡。 永昌縣 吴置，屬零陵郡。
晉	零陵郡	泉陵縣	祁陽縣 永昌縣
南北朝	零陵郡	泉陵縣	祁陽縣 宋泰始初改屬湘東郡，五年復屬零陵郡。 永昌縣
隋	零陵郡 初廢郡置永州，大業初復爲郡。	零陵縣 更名。	省。 省。
唐	永州零陵郡 復置州，屬江南西道。	零陵縣 州治。	祁陽縣 武德四年復置，屬永州。
五代	永州 初屬楚，後屬周行逢。	零陵縣	祁陽縣
宋	永州零陵郡 屬荆湖南路。	零陵縣	祁陽縣
元	永州路 屬湖廣行省。	零陵縣 路治。	祁陽縣 屬永州路。
明	永州府 屬湖廣布政司。	零陵縣 府治。	祁陽縣 屬永州府。

續表

東安縣	道州	
泉陵縣地。	零陵郡地。	營浦縣 屬零陵郡。
	營陽郡 吳孫晧分置。	營浦縣 郡治。
應陽縣 惠帝置，屬零陵郡。	營陽郡 初省，東晉又置。	營浦縣 初屬零陵郡，後復爲郡治。
應陽縣	營陽郡 梁更名永陽郡。	營浦縣 郡治。
省。	省。	永陽縣 更名，屬零陵郡。
	道州江華郡 初置營州，武德五年曰南營州，貞觀八年曰道州。天寶初曰江華郡，屬江南西道。	營道縣 初移縣來爲營州治，天寶初更名弘道，爲江華郡治。
馬氏置東安場。	道州 初屬楚，後屬周行逢。	弘道縣
東安縣 雍熙初置，屬永州。	道州江華郡 屬荊湖南路。	營道縣 建隆三年又更名，仍爲州治。
東安縣 屬永州路。	道州路 屬湖廣行省。	營道縣 路治。
東安縣 屬永州府。	道州 初爲府，洪武九年降州，屬永州府。	洪武九年省。

寧遠縣			
	營道縣屬零陵郡。	泠道縣屬零陵郡。	元朔中爲春陵侯國，置縣，初元四年徙省。
	營道縣	泠道縣	春陵縣吳復置，屬零陵郡。
	營道縣東晉屬營陽郡。	泠道縣東晉屬營陽郡。	春陵縣東晉屬營陽郡。
	營道縣	泠道縣	春陵縣
蕭銑置梁興縣。	徙廢。	營道縣初省入營道，尋移縣來治，屬零陵郡。	省入營道。
延唐縣武德四年改唐興縣，屬道州。長壽初曰武盛，神龍初復曰唐興，天寶初又更名。		武德四年廢。	
延喜縣屬楚。初改延昌，唐同光中復曰延唐，晉天福中又更名。			
寧遠縣乾德初移延喜縣來治，更名，仍屬道州。			
寧遠縣屬道州路。			
寧遠縣屬道州。			

續表

永明縣	江華縣
謝沐縣屬蒼梧郡。	馮乘縣屬蒼梧郡。
謝沐縣	馮乘縣
謝沐縣屬臨賀郡。	馮乘縣屬臨賀郡。
謝沐縣宋屬臨慶國。齊仍屬臨賀郡。	馮乘縣宋屬臨慶國。齊屬臨賀郡。
省入永陽。	馮乘縣屬零陵郡。
永明縣初徙置永陽縣，貞觀八年省。天授二年復置，天寶初更名，屬江華郡。	江華縣武德四年析馮乘置，屬道州。文明初更名雲溪，神龍初復名。 馮乘縣屬賀州。
永明縣	江華縣 馮乘縣
永明縣熙寧五年省，元祐初復。	江華縣屬道州。 馮乘縣開寶四年省。
永明縣屬道州路。	江華縣屬道州路。
永明縣屬道州。	江華縣屬道州。

新田縣
泠道縣地。
營道縣地。
大曆縣 大曆間析延唐置，屬道州。
大曆縣
大曆縣 乾德三年省入寧遠縣
新田縣 崇禎十二年置，屬道州。

續表

大清一統志卷三百七十

永州府一

在湖南省治西南六百七十里。東西距三百四十里，南北距五百九十里。東至衡州府常寧縣界二百里，西至廣西桂林府全州界一百四十里，南至廣西平樂府富川縣界四百二十里，北至寶慶府邵陽縣界一百七十里。東南至桂陽州治三百五十里，西南至平樂府治六百三十里，東北至衡州府治三百五十里，西北至寶慶府治三百八里。自府治至京師四千二百五十五里。

分野

天文翼、軫分野，鶉尾之次。

建置沿革

禹貢荊州之域。春秋爲楚南境。秦爲長沙郡地。漢武帝元鼎六年，爲零陵郡地。後漢移郡治泉陵。三國屬吴，晉以後因之。隋平陳，郡廢，置永州，兼置總管府，尋廢。大業初復曰零陵郡。

唐武德四年，復置永州。天寶初復曰零陵郡。乾元初復曰永州，屬江南西道。五代屬楚，後屬周行逢。宋亦曰永州零陵郡，屬荆湖南路。元爲永州路。至元十三年，置安撫司，十四年，改置總管府，屬湖廣行省。明洪武初，改永州府，屬湖廣布政使司。本朝因之。康熙三年，屬湖南省治。領州一，縣七。

零陵縣。附郭。東西距一百九十里，南北距一百四十里。東至寧遠縣界一百三十里，西至廣西桂林府全州界一百四十里，南至道州界六十五里，北至祁陽縣界六十五里。東南至寧遠縣治一百八十里，西南至全州治一百四十里，東北至祁陽縣治一百十里，西北至東安縣界三十里。漢置泉陵侯國，屬零陵郡。後漢爲縣，移郡來治。晉以後因之。隋改縣曰零陵，仍爲郡治。唐爲永州治。宋爲郡治。元爲路治。明爲府治，本朝因之。

祁陽縣。在府東北一百里。東西距一百九十里，南北距一百三十五里。東至衡州府常寧縣界一百里，西至東安縣界九十里，南至零陵縣界三十五里，北至寶慶府邵陽縣界一百二十七里。東南至常寧縣界八十里，西南至零陵縣界六十里，東北至衡州府清泉縣界一百里，西北至寶慶府邵陽縣界一百里。漢泉陵縣地。三國吴析置祁陽縣，屬零陵郡。晉因之。宋泰始初屬湘東郡，五年，復故。齊以後因之。隋省入零陵縣。唐武德四年，復置，屬永州。宋因之。元屬永州路。明屬永州府，本朝因之。

東安縣。在府西九十里。東西距一百里，南北距一百九十里。東至零陵縣界五十五里，西至寶慶府新寧縣界三十五里，南至廣西桂林府全州界二十里，北至寶慶府邵陽縣界一百八十里。東南至全州界二十五里，西南至全州界十五里，東北至邵陽縣界一百八十里，西北至新寧縣界五十里。漢泉陵縣地。晉分置應陽縣，宋以後因之。隋省入零陵縣。五代時，馬氏置東安場。宋雍熙元年，置東安縣，屬永州。元屬永州路。明屬永州府，本朝因之。

道州。在府南一百五十里。東西距一百里，南北距一百二十里。東至寧遠縣界四十五里，西至永明縣界四十里，南至江華縣界三十五里，北至零陵縣界九十里。東南至廣東直隸連州連山縣界九十里，西南至永明縣界四十里，東北至衡州府常寧縣界二百里，西北至廣西桂林府灌陽縣界五十里。漢置營浦縣，屬零陵郡，後漢因之。三國吴孫皓分置營陽郡。晉初省，仍屬零陵。東晉又分置營陽郡，宋、齊因之。梁初置永陽郡，後兼置營州，尋廢。隋平陳，郡廢爲永陽縣，仍屬零陵郡。唐武德五年，改爲南營州。貞觀八年，改爲道州。天寶初，改爲江華郡。乾元元年，復爲道州，屬江南西道。五代屬楚，後屬周行逢。宋曰道州江華郡，屬荆湖南路。元置安撫司，旋改道州路總管府，屬湖廣行省。明洪武初，曰道州府。九年，改曰道州，屬永州府。本朝因之。

寧遠縣。在府東南一百八十里。東西距九十八里，南北距一百九十里。東至新田縣界四十里，西至道州界二十里，南至桂陽州藍山縣界五十里，北至零陵縣界八十里。東南至藍山縣界三十五里，西南至道州界三十里，東北至新田縣界三十里，西北至零陵縣治一百八十里。漢置營道、泠道二縣，屬零陵郡。元朔中，爲春陵侯國，置縣。初元四年，徙省。三國吴復置春陵縣。東晉三縣俱改屬營陽郡。宋、齊以後因之。隋省泠道、春陵入營道，仍屬零陵郡。唐武德四年，改置唐興縣，屬道州。長壽二年，改曰武盛。神龍元年，復故。天寶元年，改曰延唐。五代時屬楚，改曰延昌。後唐同光初復故。晉天福七年，改曰延喜。宋乾德三年，始曰寧遠，屬道州。元屬道州路。明屬道州。本朝屬永州府。

永明縣。在府西南二百二十里。東西距一百五十里，南北距七十里。東至道州界三十里，西至廣西平樂府恭城縣界六十里，南至平樂府富川縣界四十里，北至廣西桂林府灌陽縣界三十里。東南至江華縣治六十里，西南至恭城縣治一百三十里，東北至道州界四十里，西北至灌陽縣界四十五里。漢置謝沐縣，屬蒼梧郡。後漢因之。晉屬臨賀郡。宋屬臨慶國。齊仍屬臨賀郡，梁、陳因之。隋省入永陽。唐武德四年，徙置永陽縣，屬營州。貞觀八年，省入營道。天授二年，復置屬道州。天寶元年，始曰永明，屬江華郡。宋熙寧五年，省爲鎮，入營道。元祐元年，復置。元屬道州路。明屬道州。本朝屬永州府。

江華縣。在府南二百二十里。東西距百五十五里，南北距百七十五里。東至廣東連州界二百五十里，西至永明縣界二十里，南至廣西平樂府富川縣界一百里，北至道州界三十里。東南至平樂府賀縣界一百五里，西南至富川縣界七十里，東北至桂陽州藍山縣界三十里，西北至永明縣界三十里。漢置馮乘縣，屬蒼梧郡，後漢因之。晉屬臨賀郡。宋屬臨慶國。齊仍屬臨賀郡，梁、陳因之。隋改屬零陵郡。唐屬賀州。武德初，析置江華縣，屬道州。文明元年，改曰雲溪。神龍元年，復故。宋屬道州。元屬道州路。明屬道州。本朝屬永州府。

新田縣。在府東少南二百八十里。東西距二百八十里，南北距八十里。東至桂陽州界二十里，西至零陵縣界一百八十里，南至寧遠縣界二十五里，北至桂陽州界二十里。東南至桂陽州界四十里，西南至寧遠縣治一百里，東北至桂陽州界二十里，西北至寧遠縣界五十里。漢泠道縣地。隋爲營道縣地。唐大曆二年，析延唐置大曆縣，屬道州。宋乾德三年，省入寧遠。明崇禎十二年，復析置新田縣，屬永州府。本朝因之。

形勢

南接九疑，北接衡嶽。舊圖經。背負九疑，面傃瀟、湘。周中行元結祠堂記。環以羣山，延以林麓。唐柳宗元遊宴南池序。後環列嶂，前瞰重山。唐曹中永州謝表。

風俗

地極三湘，俗參百粵。左衽居椎髻之半，可墾乃石田之餘。唐柳宗元永州謝表。瀟、湘間無土山，無濁水，民乘是氣，往往清慧而文。唐劉禹錫集。家閑禮義而化易孚，地足漁樵而人樂業。唐曹中永州謝表。

城池

永州府城。周九里有奇，高三丈，門七。明洪武中因舊址重築。西以瀟水爲濠。本朝順治四年修，雍正五年、乾隆二年、五十九年重修。零陵縣附郭。

祁陽縣城。周七里有奇，門六，有濠。明景泰中築。本朝順治十二年修，雍正十年、乾隆五年、二十七年、五十九年相繼修。

東安縣城。周三百五十丈，門三，有濠。明洪武中築土城，成化中甃甎。本朝順治十二年修，康熙二十二年、乾隆十七年相繼修築。

道州城。周五里有奇，門五，有濠。舊城夾江爲之，宋淳熙中築。明洪武中改建於江北。本朝康熙四十八年、乾隆二十二年相繼修葺。

寧遠縣城。周四里，門五，有濠。明洪武中築。本朝乾隆五十四年修。

永明縣城。周三百六十丈，門四。南面阻江，東、西、北三面有濠。明天順八年築。

江華縣城。周八百五十餘丈，門三，有濠。明天順六年築。本朝雍正七年、乾隆十九年屢修。

新田縣城。周五百三十七丈，門四，有濠。明崇禎中築。本朝康熙六年修，乾隆十七年重修。

學校

永州府學。在府治西南。宋胡寅有重修永州府儒學記。舊遷徙無常，明萬曆中移建府治東。本朝康熙、雍正中修，乾隆三十八年遷建今所。入學額數二十名。

零陵縣學。在縣城東。自宋嘉定初建，後屢遷。明嘉靖中遷建城東。本朝順治、雍正中屢葺，乾隆四年，遷縣治後。四十年，遷城東舊學左，即今學所。嘉慶八年重修。入學額數二十名，新童三名。

祁陽縣學。在縣治東。舊在縣治之左，李東陽有重修學記。本朝順治十四年遷建，後燬。康熙十九年重建。入學額數二十名，新童三名。

東安縣學。在縣治左。舊在縣南門外，自宋建後屢遷。明萬曆初復遷城外。本朝康熙十九年修，嘉慶六年遷建今所。入學額數十二名，新童一名。

道州學。在州西門外。唐柳宗元有道州文宣王廟碑文。明洪武初因唐故址建，羅洪先有記。本朝順治八年重建，十三年、十八年、康熙十八年、乾隆六十年屢修。入學額數十五名，新童三名。

寧遠縣學。在縣治西南。明嘉靖中因宋故址建。本朝康熙二十年重建。入學額數十二名，新童五名。

永明縣學。在縣治西。明洪武初因宋故址建。本朝順治十年重建，康熙、乾隆中重修。入學額數十二名，新童一名。

江華縣學。在縣治左。唐建，歷宋、元、明屢遷。舊在縣南，本朝雍正十年遷建縣南門外，乾隆五十八年遷建今所。入學額數八名，新童三名。

新田縣學。在縣治西。舊在縣東門内，明崇禎中創建。本朝乾隆三十二年遷建今所。入學額數八名，新童三名。

宗濂書院。在府學後。明嘉靖中建。

羣玉書院。在零陵縣治左。乾隆二十六年建。

東邱書院。在零陵縣西南隅。漢蔣琬故宅，捨爲寺，唐曰龍興寺，柳宗元嘗僦居之。宋元豐四年，更名太平寺，後改建書院。

文昌書院。在祁陽縣治東。明隆慶中建，後廢。本朝康熙七年重建，乾隆十七年重修。

浯溪書院。在祁陽縣南浯溪上。元至元中建。祀唐元結、顔真卿。

清溪書院。在東安縣西南，隔江二里。舊爲清溪寺，明嘉靖初改建書院。一名景濂書院。

濂溪書院。在道州學西。宋理宗賜御書扁額，朱子、歐陽原功有記。本朝康熙二十五年，聖祖仁皇帝賜御書「學達性天」扁額。乾隆六十年修，嘉慶十一年重修。

崇正書院。在寧遠縣西關内。舊在東關内，名春陵書院，乾隆三十二年徙建，更名。

户口

原額人丁五萬二千五百二十四，今滋生男婦一百六十二萬九千九百四十六名口，計三十萬四千二百五十四户。

田賦

田地塘二萬五千三百四十二頃八十二畝六分二釐，額徵地丁正、雜銀十一萬六百四十二兩二錢四分八釐。

山川

萬石山。在府城内。九域志：縣有萬石山，上有亭，柳宗元有記，歐陽修有詩。又有高山，在城東隅，亦名東山。宋張栻有游東山記。又有輝山，在城西隅。

香零山。在零陵縣東。柳宗元嘗登蒲洲石磯以望之。舊志：在縣東瀟水中。山中所產草木，當春皆有香氣。

陽明山。在零陵縣東一百里，黄溪之尾。山最高，朝陽始出而山已明，故名。多石少土，山根皆露，其麓險絶，無徑可登。

陽和山。在零陵縣東南一里。山如虹形，草木經冬不枯，故名。

崳山。在零陵縣南二十里。山勢尖秀，四望如卓筆，以其踰越衆山，故名。

鴉山。在零陵縣南五十里。多怪石，望之如鴉，故名。

羣玉山。在零陵縣西南。山石皆白，故名。有巖曰德星，洞曰宅仙。明統志：巨竹清修，古木樛曲，怪石萬狀，一郡之奇觀也。

雞冠山。在零陵縣西南，入愚溪三四里許。溪南岸去水數丈，突起一峯。

戴花山。在零陵縣西南五十里。山麓橫亘百餘里，一峯特立，羣岡俯伏。下有溪水，名茨頭江，一匯於賢水，一匯於梅溪。

永山。在零陵縣南。方輿勝覽：永山，州因以名。明統志：在縣西南一百里，永水出焉。

西山。在零陵縣西。唐柳宗元有始得西山宴遊記。縣志：在縣西隔河二里。自朝陽巖起，至黄茅嶺北，長亘數里，皆西山也。又有芝山，在縣西北，隔江可二里許，斷壁千尋，俯眺田疇，仿佛似罨畫。山頂一洞，可坐十餘人，入數十步稍暗，復從東北出，見瀟、湘合流處。

石城山。在零陵縣西。其石如林，中空，外方如城。城外怪石纍纍，無徑可通。從石上走入，則烟雲草樹，景物萬狀。

小石城山。在零陵縣西。唐柳宗元記：自西山道口徑北踰黄茅嶺而下，有二道。其一西出尋之，無所得。其一稍北而東，不過四十丈，土斷而川分，有積石橫當其垠。其上爲睥睨梁欐之形，其旁出堡塢，有若門焉。窺之正黑，投以小石，洞然有水聲。縣志：此山與石城相似而差小，故名。

焦山。在零陵縣西。宋晏殊類要：舜南巡所憩之地。

乳泉山。在零陵縣西北。有泉垂流如乳。

石角山。在零陵縣東北十里。柳宗元詩「石角恣幽步」，即此。縣志：山有小隱洞，極深邃。

巋山。在零陵縣東北四十里。巋然獨立。

福田山。在零陵縣東北五十里，與黄溪相近。山下有石眼出泉，名如意泉。舊置福田寨於此，宋廢。

龍山。在祁陽縣城内。中峯最爲竦傑。相屬者爲小東山，有茂林修竹。又萬羅山，在縣東七里，以萬山羅列而名。

馬鞍山。在祁陽縣東四十里。邵陽諸山入縣境，綿亘數十里，至湘江而止，狀如鞍具，故名。

香爐山。在祁陽縣東六十里。羣峯黛列，中一峯如紫蓋亭亭，上有亭紫觀。相近爲秋塘山，産鐵砂。

玉盤山。在祁陽縣東八十里，馬江埠下。

苦竹山。在祁陽縣東一百里。山多苦竹。

白水山。在祁陽縣東南六十里。白水流徑其下，雙嶺夾峙，亦名紫羅峽，府境之下關也。左嶺有白泥塘，方三四尺，泥白如粉。

樂山。在祁陽縣東南一百里，接衡州府常寧縣界。

雙童山。在祁陽縣南十里。兩山對峙，卓立如人。相接者爲長流山、花山。

韓家山。在祁陽縣南十八里。産鐵砂。

排城山。在祁陽縣西七里。巖壁如城。

烏塘山。在祁陽縣西三十里。産鐵砂。旁有相思塘。

半天羅山。在祁陽縣西北二十里。下有羅口，路甚險要。

石榴仙山。在祁陽縣西北四十里。高五千餘丈。

石燕山。在祁陽縣西北九十里。水經注：其山有石，紺而狀鷰，因以名山。及其雷風相薄，則石燕羣飛，頡頏如真燕矣。

元和志：山在縣西北一百十里，出石燕。湘中記：零陵有石燕，得風雨則飛翔，風雨止，還爲石。舊志：烟江源出此。又香湖山，在縣西北一百十里，武水所出。

四望山。在祁陽縣西北一百二十里，接邵陽縣界。山勢高峻，北有騰雲嶺，當天宇開霽，登其嶺可望見祁、東、零、邵四縣，故名。元成宗時，湖南盜詹一仔嘯聚四望山，爲左丞劉國傑所破，即此。

祁山。在祁陽縣北十五里，縣因以名。遠望如城壁，與衆山環裏縣治。北五里爲金華山，高數千仞，爲祁山華蓋。又北有東江石山，層巖叠嶂，稱爲奇勝。

熊羆山。在祁陽縣北三十里。一名熊羆嶺，又名黄羆嶺。崖壁崚嶒，明末建關其上。

烏符山。在祁陽縣北六十里，縣之望山也。元成宗時，劉國傑討平永盜，相要地爲三屯。衡曰清化，永曰烏符，武岡曰白蒼，選衆耕屯，使賊不得復爲巢穴。烏符即此。府志：又有梅塘山，在縣北七十里。下有泉名梅塘，爲烟江之源。

三台山。在祁陽縣東北十五里。三峯秀出，江水迴注其下。

白鶴山。在祁陽縣東北三十里。巖壑幽深，縣境名山也。相連者曰掛榜山。

雲頭山。在祁陽縣東北四十里。一名雲頭嶺，重巒複嶺，延亘百里。相近有大寶山，山腹有路，蜿蜒透梅溪青岡之支徑，中有水流紆曲，凡十餘渡。

七星山。在祁陽縣東北八十里。一名大雲山，又名邪薑山，接衡陽、邵陽二縣界。上有七峯，亦名七姑嶺。中有瀑泉，泉之左十里爲鯉魚山。

石門山。在祁陽縣東北九十里。亦名峽山，自西春入，高巖夾立，長樂水湧出其中，奔流數十里。峭壁上合，仰視見天一線。又十里許，石橋横渡，亂流匯瀉。自此漸入衡境，其水西會烟水入湘。

排山。在祁陽縣東北百餘里。盤壁成城，横岡如界，建驛於此，爲衡、永要道。

象鼻山。在東安縣東一里。形狀奇詭，修鼻肖象。下有跂石潭，石崖峭立，潭水宏深，水底有洞。稍北曰唐帽山，與象鼻對峙，一峯突高如帽。

刀擺山。在東安縣東五十里。峭壁倚空。

社山。在東安縣南一里。上有古廟，鄉民春秋祀之。

文筆山。在東安縣南二里，正當學宮之前。上有小峯森列。

赤石山。在東安縣西五里，山石皆赤。又西五里有觀音坪，亦名觀音山，奇石森列。其左有孔雀洞。

金鳳山。在東安縣西三十里。列嶂蒼然，如鳳衝霄。下有小泉，溉田五百餘畝。

高山。在東安縣西北一里。五峯突出，石上有宋刻尚存。有幽巖，自外達内，凡九門，門隔一洞，極深遠。

石壁山。在東安縣西北三十里。巖泉沸湧，禱雨輒應。

元陂山。在東安縣北一百里。上有石壁立如屏。又北十里曰三門山。

八十四渡山。在東安縣北一百五十里。山根迤邐不斷四十餘里，蘆洪水出焉。周迴曲折，人經此山者，凡八十四涉，因名。

東山。在東安縣東北二十五里，地名清井。四圍崇巒峻峭，曲徑迂迴，中落平曠。相近有龍山，下有湧泉。

嶯眉山。在東安縣東北一百六十里。山形陡絶，疊嶂參差，頂有流泉，可溉田。又十里有獬豸山，翠峯聳起，前昂後跌，以形似名。龍合江出此。

高霞山。在東安縣東北一百八十里，接祁陽縣及寶慶府邵陽縣界。數峯矗起，形若連屏，根蟠數十里。連峙者爲雲霞山。

玉城山。在道州治東。其石嶙峋奇峻可愛。又斌山，在州治北。石峯奇瑰，下有龍泓。

雁塙山。在道州東門外。前臨瀟水，北拱宜山。

擔山。在道州東五里。山有二，皆石崖，俯臨江水，二石似擔，故名。下有扁擔洲。

蔣居山。在道州東南四十里。一名大尖嶺，連絡九疑、蒼梧之墟，至爲深阻。又十里有白石壁山，石壁峭立，望之如屏，其色瑩白可愛。

銀山。在道州南二十五里。極高峻，與州北宜山對峙。又南五里爲荆山，俗名丫髻嶺。

元山。在道州西半里儒學後。相近爲虞山，唐刺史元結立舜廟於此。

荷山。在道州西五里。一名禪林山，上有石臺。

毛岡山。在道州西十八里。下有泉池，可以溉田。

安定山。在道州西二十五里。俗名安心寨山，濂溪出其下。

平正山。在道州西四十里。舊名太平山，唐天寶六載改名。

營山。在道州西四十里，接廣西灌陽縣界。層巒疊嶂，綿亘數十里，實爲州之西屏。其中峯最高，營水出此。其西南爲龍母山，在道州西四十里。

魚壘山。在道州西五十里，接廣西灌陽縣界。山極深阻，旁有大江，名潘家源，猺人常出没其間。明設固西營以守之，今裁。

五老山。在道州西北五里。下有泉名五龍井。

瀟山。在道州西北二十五里。俯臨大道，下有泉可以溉田，即瀟水上源也。

遥山。在道州西北四十五里。龍遥水出此。

營道山。在道州西北。方輿勝覽：在道州西四十五里。其始名曰營陽，又曰南營，又曰洪道。明統志：在州西北五十里，狀如蟠龍，亦名龍山。至宋始改今名。舊志：與零陵之白水山相接。

壘山。在道州西北五十里。舊名永山，唐天寶六載改名。相近有上洑山，勢極高峻。

白雞山。在道州西北六十里，與廣西灌陽縣諸山相連，勢極高峻。

應朝山。在道州北十里。三峯聳立。

宜山。在道州北十五里。山極高峻，蟠踞十里，八面環觀，方正如一，爲州之鎮山。

龍跡山。在道州北四十里，即古有庳之墟。

木壘山。在道州北五十里，當往來官道。山勢峭拔，俯臨瀟水，沿流而下五十里。皆石磴懸絶。

麻山。在道州北八十里，亦臨瀟江。兩崖對峙，石壁千仞，麻灘走其下，聲如雷吼。水陸必由，最爲險巇。舊置麻灘驛，今裁。

馬蹄山。在道州東北二十五里。巖上有仙人及驢馬足跡，嘗改名仙跡山。

大源山。在寧遠縣東四十五里。相近又有黄花源山，皆仙政水所出。

萬歲山。在寧遠縣東南四十里，淹口之東，九峯之西，麓牀之南。一名漳山，一名存山，土人名爲萬壽山。北有仙洞。

天門山。在寧遠縣東南四十里。平地直上千餘丈，雖晴霽不見其頂。

金印山。在寧遠縣南五里。下土上石，方平如印。相近爲鼇頭山，有三峯。

卦山。在寧遠縣南十里。兩山相對如立筶，故名。

永樂山。在寧遠縣南二十里。下有永水，東南流入巽江。

淹口山。在寧遠縣南三十里。兩崖夾峙如門，山風從口衝出，寒甚。又南爲五指山，五峯相連，俗名五臣山。

九疑山。在寧遠縣南六十里。史記：舜葬於江南九疑。漢書地理志：九疑山在營道縣南。文穎曰：「其山半在蒼梧，半在零陵。」水經注：九疑山盤基蒼梧之野，峯秀數郡之間，羅巖九舉，各導一溪。岫壑負岨，異嶺同勢，遊者疑焉，故曰九疑山。山南有舜廟，自廟仰山極高，直上可百餘里。古老相傳，言未有登其峯者。括地志：山在唐興縣東南一百里。唐元結九疑山圖記：山方二千餘里，衡、連、郴、道四州各近一隅，世稱九峯相似，望而疑之。有九水出於山中，四水南流，注於南海，五水北注，合於洞庭。方輿勝覽：亦名蒼梧山。其山有九峯，一曰朱明峯，其下瀟水源。二曰石城峯，其下洈水源。三曰石樓峯，其下巢水源。四曰娥皇峯，其下池水源。五曰舜源峯，亦名華蓋峯，最高，其下瀑水源。六曰女英峯，其下砅水源。七曰簫韶峯，其下澪水源。八曰桂林峯，其下洑水源。九曰梓林峯，其下洄水源。舊志：又有舜峯，不列九峯之内。

鶴鳴山。在寧遠縣西南二十里，當大陽溪之下流。對峙者爲黄村嶺，瀟水經其間。

黑山。在寧遠縣西南三十里。又名大陽山，下有巖谷，上有寨址。

虎山。在寧遠縣西五里水滸。境内諸水，四會於此。

竑嶺山〔一〕。在寧遠縣西十五里。陡峻特甚〔二〕。

寶蓋山。在寧遠縣西北三十里。諸山多連亘，惟此山獨立無倚。又十里爲木華山。
西山。在寧遠縣西北五十里。仁澤水出焉。
大富山。在寧遠縣北五里。一名黄馬山，縣之主山也。又五里爲白面山。
黄連山。在寧遠縣北二十里。多黄連木，有巖窈密中通。
鳳梧山。在寧遠縣北五十里。上有岡曰武高。相近曰武崇山。
天柱山。在寧遠縣北九十里。形如柱立。相近有洛陽山，上有春陵故侯祠。
白石山。在寧遠縣東北十里。延袤十餘里，崖壁皆白。
大谷山。在寧遠縣東北二十五里。叢峯連崿，不可名狀。
石龍山。在寧遠縣東北四十里。其形盤踞，有石門可通，亦名石門山。
春陵山。在寧遠縣東北，接新田縣界。水經注：都溪水出春陵縣北二十里仰山。方輿勝覽：山勢秀拔，春陵水出焉。
上流山。在寧遠縣東北。山勢連累，如水波相屬，故名。
限山。在永明縣東五里。一名磁山，又名龍頭山。縣志：自都龐嶺分支三十里，過縣治後，東南隔瀟水，若城墉之限，故名。往時路沿山下，歲久陷於江，宋紹興中，邑簿牛姓者始鑿山通道，人以爲便。
望高山。在永明縣東南一里。山勢高峻，山有石如階級，便於登眺。
馬山。在永明縣東南十里。有溪水環繞。又南二里爲蠟燭山，一名重疊嶺，又名總子嶺，興化水出此。
聖人山。在永明縣南十里。青石渾成如削，卓然一峯獨高。

神光遇廖山。在永明縣南二十里。府志：昔有盧姓居此，每夜見野外有光，默識其處。翼日跡之，遇一叟自稱廖山人，指示葬地，忽不見，因名。

青山。在永明縣南六十里。其最高者曰天門寨，竹木蓊鬱，四時常青。

夏曾山。在永明縣西南二十餘里。前有讀書巖。

雄山。在永明縣西南五十里。有半月巖，宛然半月，下有清泉，澄潔不涸。

荆子嶠山。在永明縣西南六十里，接廣西平樂府恭城縣界。羣山連亘如城，其斷處若關鎖然。相近有扶靈山。

白塔山。在永明縣西五里。唐時嘗遷縣於此。山南塹江，東、西、北皆水田〔三〕，有池深廣，中多紅蓮。其北爲媳婦山，崖石壁立，人不能上。

小磕山。在永明縣西八里。山平如「一」字。

馬陵山。在永明縣西五十五里。舊有巡檢寨。

荆峽鎮山。在永明縣西六十里，南去荆子嶠山十里，接廣西平樂府恭城縣界，爲入粵通衢。兩山對峙，勢若城壘，中通小江，泄桃川、扶靈之水。

白鷲山。在永明縣西北九里。山嶺有石如鷲。舊志：左闢華崖，右飛瀑布，前列凹山。又有古澤源山，在縣西北十五里，古澤水出此。

大掩山。在永明縣西北十五里。一名烏頸山。又小掩山，在縣北二十里，俗名眼睛山。稍東爲父子山，三峯高下連峙，如尊卑之列。

亭山。在永明縣後半里許。以其雙峯高聳，故一名雙鳳山，又名鳳翼山。

豸山。在江華縣東一里。矗然而高，通體玲瓏，前臨沱水。一名蝦蟆山。

歌父山。在江華縣東南九十里。荆山記：馮乘鄉有善歌者，聲振林木，故名。

半逢山。在江華縣東南一百六十里。半逢水出焉。

禾田山。在江華縣東南一百七十里。高不可登，旁多沃壤。

吴望山。在江華縣南五十里。明統志：舊名秦山，秦人嘗於此避亂。孫權未建號時，山忽有聲如雷，因開洞穴，石有文彩，權以爲瑞。唐天寶中改吴望山。山有秦巖，從巖口入，用火而行，至一處，其地平坦，穴多透明。

冬冷山。在江華縣南一百二十里，接廣西賀縣界。高聳陰寒，故名。

沱山。在江華縣西南四十里。其山三島相連，委曲盤旋。二島稍低，一島聳拔淩霄，周圍約四十里。土人謂之沱嶺，又謂之鳳嶺。

岑山。在江華縣西三十里。小而峻險。

白泉山。在江華縣西北五里。有白泉洞，洞中有井，大旱不竭。

鷓鴣山。在新田縣東門外里許。明季張恂改名鳳凰山。

挂榜山。在新田縣東十里。木石森列，蒼翠清幽。又東有青雲山。

萬華山。在新田縣東南三十里。相傳有何嵩兄弟修真於此。宋乾道元年，封其山曰萬華。

馬頭山。在新田縣南二里水口。山勢高削，有石似馬，其地有硃砂巖。

鼇魚山。在新田縣南五里。兩水夾流，湧流一山。
芥子山。在新田縣南三十里。原田曠隰，突起一峯，狀如浮圖。
春頭山。在新田縣西南三十里。有大井出泉，一方賴之。
天堂山。在新田縣北十五里。崇峻嶽立，上有大坪。
五龍山。在新田縣北二十里。烟嵐環結天半，最爲秀上。
金雞山。在新田縣北三十里。獨立高聳，竹樹迷離，蒼翠欲滴。
臚山。在新田縣東北十五里。突起平原，高出羣山之外。
衣架山。在新田縣東北二十五里。以形似名。上有泉水，流溢不竭，東河水經其下。
馬鞍嶺。在零陵縣東三十里。路通寧遠猺峒，山勢險峻。嶺左一里有水流成壑，嶺下田多賴之。
石門嶺。在零陵縣東五十里。上有雙石門，崛起如城壁。復有石如樓閣，羚羊嘗往來其間。
杉木嶺。在零陵縣東一百里，接寧遠縣界。上多杉木。
金牛嶺。在零陵縣東南二十里。數峯秀疊，傍有石巖，寬廣可以布席。瀟水繞其下。
丫髻嶺。在零陵縣東南五十里。雙頂聳峙，下臨深谷，通寧遠縣。
黄蘗嶺。在零陵縣東南一百二十里，接道州界。中有洞，皆猺獞所居。
五星嶺。在零陵縣南四十里。上有路甚險，左右皆深谷，有蒲溪繞其麓。
黄華嶺。在零陵縣西南一百餘里，接廣西全州界。湘水繞其足，下有小溪，流至東安石期市入湘。

鳴水嶺。在零陵縣西南一百二十里，接道州及廣西全州界。嶺頭一水，噴薄萬丈，聲聞數里。

王公嶺。在零陵縣北六十五里，接祁陽縣界。有關。

竹嶺。在祁陽縣東六十里。山產篠竹，峻壁四周，蒼翠無間。

界牌嶺。在祁陽縣西北一百十七里，接寶慶府邵陽縣界。

湖口嶺。在東安縣東二十五里。有泉，大旱不竭。又東五里有獅子嶺，驛路所經。

白鶴嶺。在東安縣東南三十里，當湘江之口。

諸葛嶺。在東安縣南半里。相傳武侯嘗駐兵於此，壁壘之跡猶存。

金字嶺。在東安縣西四十里。其脈自武岡、新寧來，層巒疊嶂，高接雲表。下有舜廟。又名舜峯。

雷霹嶺。在東安縣西北五十里，接寶慶府新寧縣界。上下各八里，有猺民六峒。

石牛嶺。在東安縣北一百十里。有石如牛。

金紫嶺。在東安縣北一百八十里，接寶慶府邵陽縣界。

石坑嶺。在東安縣東北八十里。坑坎崎嶇，驛路所經。

霧頭嶺。在寧遠縣東二十里。高入雲霧。又五里爲織嶺。

牙梳嶺。在寧遠縣東南五十里。九疑深處，山勢高峻。

滂嶺。在寧遠縣南三十里。下皆沃壤。

桂嶺。在寧遠縣西南四十里。古多丹桂，因爲鄉名，桂水出焉。少西又有梅嶺，古有梅花，梅水所出。

猪鼻嶺。在寧遠縣西五里。山路盤糺，通水寨。

横嶺。在寧遠縣西十五里。亦名黄嶺。又西五里爲浯溪嶺，路通道州。

石梯嶺。在寧遠縣西北八十里。上多峻石，爲西鄉要阨。

白水嶺。在寧遠縣西北一百里。累石高險，有水瀑流而下，其上有營，小路通零陵。

分水嶺。有二：一在寧遠縣東北一百里，其水西南流注縣境，西北流入祁陽縣界；一在縣南一百里，其水北流注縣境，南流入廣東連州界。

銅嶺。在永明縣東南。又有黄甲嶺，在縣東南二十里，本名寒柏町，皆青石蒼崖，松篁夾道。

焦源嶺。在永明縣西南十五里。以其横亘，亦名横嶺。水自嶺東出者注瀟江，自嶺西出者注桃川。

永明嶺。在永明縣北五十里。通典有都龐嶺，今謂之永明嶺，爲永明縣五嶺之一。王象之曰：「山絶頂曰都逢，土人語訛曰『龐』也」。明統志：東北連月巖，西南連荆峽鎮，綿亘百里。其南五里有回山，石壁峭絶。

萌渚嶺。在江華縣西南十五里。水經注：萌渚水南出於萌渚之嶠，五嶺之第四嶺也。其山多錫，亦謂之錫方矣。通典：道州有甿渚嶺，今謂之白芒嶺。

召雷嶺。在新田縣北五里。有朗下洞〔四〕。

滿田嶺。在新田縣東北二十里。自衡岳分支，屹然聳秀。又東岡嶺，在縣東北四十里。

賽武當峯。在新田縣東南三十里。高數里，有相公巖，泉極清冽。有石羊洞。

羊角峯。在新田縣北。最峭。又白雲峯，亦在縣北。上有巖，深廣若室。

新巖。在零陵縣東南三里。四壁皆峭石，巖面向東，下臨瀟水。

華嚴巖。在零陵縣南。唐柳宗元有詩。方輿勝覽：唐時爲石門精舍，據法華寺南隅崖下。

澹巖。在零陵縣南二十五里。唐張顥記：盤伏兩江之間，周迴二里。中有巖竇，可容萬夫。昔有澹姓者家焉，因名。宋王淮記：山有二門，壁立萬仞。東南角有一石竅，遥矚雲日。方輿勝覽：中有澹山寺，樓殿屋室，隱隙罅中，雖風雨不能及。四顧石壁削成，傍有石竅，古今莫測其遠近。易三接山水記：澹山巖，宋黄山谷始題識之，今洞中一石載山谷詩與書。縣志：去澹巖三里，有暗巖，秉燭而入，其中廣袤可容萬人。

高巖。在零陵縣南四十五里。廣袤里許，山頂寬坦，傍有一穴，復通一巖，峭壁懸崖，不可攀視。又有二洞，相連如雙環。

火星巖。在零陵縣西南。方輿勝覽：在州西江外，地勝景清，爲零陵最奇絶處。縣志：巖在羣玉山側。明嘉靖中，改名德星巖。

朝陽巖。在零陵縣西南。唐元結銘序：自舂陵至零陵，愛其郭中有水石之異，泊舟尋之，得巖與洞，以其東向，遂以命之。明統志：在縣西瀟水之滸。巖有洞，名流香洞。有石淙，源自羣玉山伏流出巖腹，氣若蘭蕙，從石上瀉入緑潭。

柳巖。在零陵縣西南。方輿勝覽：在瀟水西五里。宋王淮記：在愚溪之右，柳子厚嘗遊焉。

四仙巖。在零陵縣西南。縣志：由梅溪西行四十里，突起一峯，半壁皆石，嵌空玲瓏。下有二潭，一潭澄静，一潭瀑布直下。潭北爲洞，洞中有石井，甘洌可飲。有石門，上至懸崖間爲石樓，几案榻櫈皆天然石物。

福仙巖。在零陵縣西四十里。有洞名紅玉，入門開敞，儼若堂室。

洞賓巖。在祁陽縣東五十里。深入約三里許。

鐵板巖。在祁陽縣西十五里。前有鐵門，深二三里。後有洞，水常不竭。

棲真巖。在祁陽縣北三十里。巖頂有竅，透漏天日。過石門，有石田九區，旁出一泉，可引溉田。

隱仙巖。在祁陽縣東北四十里。又靈巖，在縣東北六十里。積石疊成，有清泉伏流自石洞溢出，渟泓十餘里入清江。

峩眉巖。在東安縣東二十五里。中有混沌窩，頂有蓮花池，外有飛仙臺。

顯聖巖。在東安縣東南二十里。地本平坦，頓起高崖。下有二竅，五峯星拱，湘水環繞。

獅子巖。在東安縣東南四十里。巖内深廣，可以布席。相對者曰朱陵巖，中有三洞。

仙人巖。在東安縣西二十餘里。一洞約五里餘。又西有石乳巖。

嘯巖。在東安縣西北三十五里。内闊下坦。

豹尾巖。在東安縣北四十五里。又九龍巖，在縣北一百里。山形陡起，奇石錯立，巖前有池。明統志：相傳有樵者遇黄衣九士謂曰：「吾九龍居此久矣。」言訖，莫知所在。

華巖。在道州西八里。兩巖對峙，一明一暗。

月巖。在道州西營山西南二里。一名太極巖，東去濂溪十五里。明統志：巖形如圓廩，中可容數萬斛。舊志：東西兩門，望之如城闕。而虛其頂，自東望之，如月上弦；自西望之，如月下弦；就中望之，如月之望。故名月巖。又以其東西相通，亦名穿巖。

中郎巖。在道州西北四十里。一名進賢巖，石洞幽邃，内有泉從石罅出，泠泠不竭。石崖層磴，若斲削所成。沿磴而上，如升樓閣。

玉琯巖。在寧遠縣東南。元和志：漢景帝時，零陵文學奚景於泠道舜祠下得玉琯十二。方輿勝覽：今舜祠後石室是也。舊志：巖下有洞，亦名嘉魚洞。唐元結名曰無爲洞，篆刻存焉。洞在永福寺東十步，上有至元間李嶠篆刻。行五里，有南北二徑，一徑通舜峯，一徑通紫虚洞。行二十里有石穴，有元結、永泰年題名。

斜巖。在寧遠縣東南。方輿勝覽：斜巖古木蒼烟，石田棊布。巖竇可二丈，執炬而入，見峻崖峭壁，寒泉冷風，滴乳如佛像，如車蓋，如花果，如器皿，如飛走。唐刺史薛伯高命名。至道初，太守張觀更名紫虚洞。舊志：明嘉靖中，改曰重華洞。又曰紫霞巖，中有石堂，可坐百人。其東有洞，廣大無際，兼有雷洞、風洞之異。鄧雲霄九疑山記：紫霞巖有坡，透迤仄立。其巖壁亦仄如坡勢，故名斜巖。

高士巖。在寧遠縣東南。方輿勝覽：舊名野猪巖。昔有獵者，見羣豕逐入巖不見，得樂器一部，無爲觀道士獻之朝。事見王維賀表。宋邱欽若改名高士。又有月陂巖，在縣東南三十五里。

龍巖。在寧遠縣西南丹桂鄉。方輿勝覽：相傳巖有龍吟聲，即其鄉有登科者。縣志：巖臨瀟水，居大陽溪之上。

逍遥巖。在寧遠縣北五里。左竇上有竅，可望大富山。石竇通往來，巖後有圓門，可俯而出。又泗水巖，在縣北八里，連亘里許。有水自巖北入，巖南出。

水雲巖。在永明縣東一里。北面瀟江，其南一里，有虎子巖，一名栖霞洞，曲折深窈。

麒麟巖。在永明縣南二里。空洞中，突石如麟，故名。

層巖。在永明縣西南三里。層山之陰，洞穴空廣，高數十丈，廣數百步。有澗自巖中出，横紆如帶。

濯纓巖。在永明縣西北一里。下有清泉。

同巖。在永明縣北三里。水石之奇，與層巖同，故名。洞口石門，有泉自崖湧，澄泓數畝，從門流出。中空廣可容數千人，有明有晦，晦者需炬而行。北巖中虚外固，前堂後寢，内外有辨。邑人常保聚於此。

陽華巖。在江華縣東南。唐元結銘：九疑萬峯，不如陽華。陽華巉嶃，其下可家。洞開爲巖，巖當陽端。巖高氣清，洞深泉寒。陽華旋回，岑巔如闕。溝塍松竹，輝映水石。

金剛巖。在江華縣東南百里。沿崖三十丈，崖口有石，卓立如巨人形。

奼巖。在江華縣西十里。巉巖奇秀，中有石柱如蓮花，俗名蓮花崖。又有小溪、大光巖，在縣西北七里。

獅子巖。在江華縣南五里。舊名奇獸巖，宋蔣之奇有銘。

清風巖。在新田縣西十五里。形如螺殼彎環。

劉四巖。在新田縣西北十三里。巖右有穴，穴口僅容一人，其内寬敞，可坐千人。

風神巖。在新田縣西北二十里。陡峻巉崿，止一小徑可盤旋而上。

丹崖。在零陵縣南四十里。一名赤石洄。唐元結銘：瀧水未盡，瀧山猶峻〔五〕。忽見淵洄，丹崖千仞。方輿勝覽：在州南百里，石色如丹。

東崖。在祁陽縣南五里，浯溪之東。唐元結有東崖銘并序。

東丘。在零陵縣治西南龍興寺内。唐柳宗元有記。

小丘。在零陵縣西。唐柳宗元有鈷鉧潭西小丘記。

大陽原。在道州南。一名斑竹巖。元和志：在道州南五十步，多小斑竹。相傳舜二妃以手拭淚，染竹成斑。

暖谷。在江華縣南五里。方輿勝覽：在寒亭傍。盛寒入谷，其氣温然，雖挾纊熾炭不若。

硃砂坑。在零陵縣東八十里。歷代採砂之跡具存。

紅玉洞。在零陵縣南四十里。洞上松杉，排列如畫。

龍洞。在零陵縣西南六十里。洞最廣闊，有四十八源。

承平洞。在零陵縣西南一百里。孤峯特立，洞勢高懸，洞中有水，流爲小溪，縈洄左右。

雷洞。在祁陽縣西七里。崖高數十丈，洞容數百人。洞南有石門，又南數十步，石崖通竅，泉湧其下，曰雷澤洞。舊建道觀於上，亦曰雷壇。

含暉洞。在道州南四里。石洞如屋，東西兩門，內有泉從石罅出，極清冽。唐劉禹錫記：薛君景晦爲道州刺史，得異境，有石室穹然如夏屋，因名其地曰含暉洞。宋治平四年，周子與鄉人遊此，有題名三十七字。

犀牛洞。在永明縣東北一里。洞壑深窈，有潭澄潔香冽，樵豎戲以穢物投之，水則怒湧，潮起數尺，穢盡乃止。

新田洞。在新田縣西門溪口崖上。

窊樽石。在道州東。唐元結集：州東有左湖，湖東有小石山，山巔有窊石，可以樽，乃作亭其上。

五如石。在道州東。唐元結銘序：涍泉之陽，得怪石焉。左右前後，及登石巔，形均有似，故命之曰五如石。石皆有竇，竇中有泉，泉詭異於七泉，故名爲七勝泉。石有雙目，一目命爲洞井，井與泉通，一目命爲洞樽，樽可貯酒。

初寮石。方輿勝覽：在道州西子城西開元寺前江中。王安中謫居道州，嘗遊此。

湘江。自廣西全州流至黃沙河入東安縣境，一百七十里至石期市，入零陵縣境。又東流七十里至湘口，合瀟水。北流一百四十里入祁陽縣境，又東北入衡州府常寧縣界。水經注：湘水自洮陽合洮水，又東北過泉陵縣西與營水合，又東北與應水合。又東北得氵乇口水，又東北徑祁陽縣南，餘溪水注之。又北與宜谿水合。元和志：湘水逕零陵縣西十餘里，祁陽縣南三十步。明統志：湘江流至湘口，與瀟水合，水至清，雖十丈見底。中有穴，名大濩，每春夏江漲，數百步外，皆奔入穴中，有聲如雷。府志：湘江自全州柳浦流入，徑東安縣東南四十里，中多灘險。東流至零陵縣界，有垂幔灘、石簰灘。又其下爲石馬、古墻、巴州、泠水、七里等灘。經祁陽城，稍折而南，過歸陽九洲，始折而北。其中灘磧最多，有蔣瀨灘、人字灘、獅子洑灘、柘洲灘、姑洲灘、瀝淅灘、鳳凰灘、瀝澗灘、三門灘、圓鼓灘、馬口灘、黄魚口灘、茅箭灘、紫羅灘、西洲灘、溘浪灘、石板灘、歸陽灘、九洲灘、洋瀨灘，水石俱險峻。

石期江。在東安縣東南四十里。源出零陵縣黄華嶺，東北流至石期市入湘。

大陽江。在東安縣南。九域志：縣有大、小陽江。舊志有清溪江，源出縣西舜峯萬山間，亦曰陽江。奔汛東注，合衆水逕縣城南，又東流四十餘里入湘。又有東溪江，在縣西三十餘里，源出雷霹嶺，分流三十里，合清溪江。又夏豐江，在縣西北三十里，源出嘯巖，亦東南流三十里，合清溪江。又白牙江，在縣東二十里，源出龍溪，沿流而下百步許，入清溪江。又宥江，在縣東北四十餘里，源出黄泥洞，亦入清溪江。

營水。源出寧遠縣南。西流徑江華縣東，又北流徑道州東，又北流至零陵縣西入湘水。自道州以上，今謂之沲水。自道州以下，今謂之瀟水。水經注：營水出營陽泠道縣南山，西流徑九疑山下，又西徑營道縣，馮水注之。又西北屈而徑營道縣西，又東北徑營浦縣南，又北，都谿水注之。又北流入營陽峡，又北至觀陽縣而出於峡。又西北徑泉陵縣西，又北流注於湘水。明統志：沲水在江華縣東。源出九疑山石城峯，至縣别爲二，又十里合爲一。又北徑三江口，合瀟水。圖經：沲水西北流至道州南合永明水，又西北至州城西南隅合濂溪水。折而東，徑州城南，又東北至宜陽鄉合寧遠水，曰三江口。蓋以江華、永明、寧遠三縣之水於此合流，故名。舊志：瀟水至三江口，合三分石水，北流以入於瀧，至零陵縣界之瀧白灘，謂之出瀧。瀧名凡二十餘，雷石鎮正當其口。

賢水。在零陵縣南六十里。源出進賢鄉衆山中。縣志：進賢鄉南有二洞，西曰大聞，東曰龍洞。二水合而爲賢水，其合處有巖崛起，横數十丈，高十餘丈。源出鳴水嶺，由龍洞繞東至澹巖，又東入瀟水。

永水。在縣南九十里。源出永山，流入湘江。舊志：東流合賢水入瀟水。又羲水，在縣南百餘里，源出白水嶺，流徑丹崖，亦名桴江，逶迤曲折七十里，入瀟水。又有篙水，在縣南八十里。源出篙山。

白江水。在祁陽縣東六十里。有二源，皆出寧遠縣界。至兩江口合流，又北與零陵之黄溪合，爲三江口，亦曰小三江。又北五里入湘。又吴水，在縣東百里，源出寧遠縣猺洞，北流入湘。

祁水。在祁陽縣北十五里。古名汑口水。水經注：汑口水出永昌縣北羅山，東南流徑石燕山東，又東南徑永昌縣南，又東流注於湘水。府志：祁江有二源，一出騰雲嶺，一出梅塘山下。二水至雙江口合流，徑祁山下曰祁江，又東過祁山南，至城東入湘。按：明統志以此水在祁陽之東，遂目爲餘溪，不知水經注所云祁陽，乃孫吴故縣，唐時已遷治西南，去故城九十里，餘溪何得復附近縣東也？又按：祁水之流，正在石燕山東，故知爲汑水無疑。而餘溪則今之清江也。

應水。在東安縣北。東至零陵縣界入湘。水經注：應水出邵陵縣歷山，東南流徑應陽縣南，又東南徑有鼻墟南，又東南注於湘。舊志有蘆洪江，在縣東北一百里，源出九龍巖，東南流入湘。新志：源出八十四渡山。縈洄於蘆洪司，東南至零陵高溪江口入湘。又有龍合江，在縣北百里，源出黄石祠，斷巖千尺，飛瀑從空而下，縈迴南注，徑豸山至龍合，附三湪水，入蘆洪江。又有南江，在縣北七十里，西江，在縣東北八十里，皆流入蘆洪江。

泡水。在道州東南五十里。源出白石壁山，西流入沲水。

濂溪水。在道州西。張栻周先生祠堂記：先生晚築廬山之下，以「濂」名其溪，世稱爲濂溪先生。春陵之人言曰：「濂溪，吾鄉里名也。」先生世家其間，及寓於他邦而不忘所自生，故亦以是名溪。方輿勝覽：溪在營道縣西二十里。州志：源出安定山下，東南流合營水、右溪，至道州城西南合泡水。

龍遥水。在道州西北四十里。源出遥山，南流二十里入瀟水。又有下洑水，在州西北七十里。源出上洑山，東流千里，與上洑水合入瀟水。

瀟水。在道州北。源出瀟山，東流入營水。州志：瀟水源有三：一出瀟山，東流繞宜山，亦曰宜水，從州東北宜江口入沲水。一曰小瀟水，在小西門穿城入，由瀟源坊繞玉城山，從玉城橋入沲水。一出寧遠縣九疑山，下流俱入湘。按：瀟、湘自古並稱，然漢志、水經俱無瀟水之名，唐柳宗元愚溪詩序始稱「謫瀟水上」，然不詳其源流。宋祝穆始稱瀟水出九疑山。今細考之，唯道州北出瀟山者爲瀟水，其下流皆營水故道也。至祝穆所謂「出九疑山」者，乃水經注之泠水，北合都溪以入營者也。又蔣本厚山水志云：瀟水一支出江華，一支出永明，一支出濂溪。唯出濂溪者猶爲近之，出江華者乃以沲水爲瀟水，出永明者以掩水爲瀟水。蓋後人以營水所經，統謂之瀟水，而遂不知有營水矣。

都溪水。自寧遠縣西流至道州入營水。水經注：都溪水出舂陵縣北二十里仰山。南徑其縣西，又南經新縣東，又西徑縣南，左與五溪俱會。縣有五山，山有一溪，五水會於縣門，故曰都溪。又西北流徑泠道縣北與泠水合，又西北入於營水。方輿勝覽有春溪在故大曆縣，即都溪水也。縣志有東鄉水，在縣東北一百二十里，源出分水嶺。西鄉水在縣北六十里，二水合流，至董州水寨下合瀟水，即都溪水也。又有仁水，在縣西北五十里，源出西山，南流至江口入瀟水。

泠水。在寧遠縣南。一名泠道水，今謂之瀟水。水經注：泠水南出九疑山，北流徑泠道縣西南，又北流注都溪水，又西北入營水。元和志：延唐縣泠水，今名遲水，源出九疑山。舊唐書地理志：延唐泠水在南六十里。九域志：寧遠縣有泠道水。方輿勝覽謂之瀟水，源出九疑山。明統志：瀟水自九疑山西流至三江口，東北與沲水合，又東北流至府。山水志：瀟水出九疑三分石，自夏陽至寧遠城中過大洋，出青口入瀧。舊志：瀟水出朱明峯，古泠水也。明統志有舜源水，在縣南六十里，源出舜源峯，流至縣東，西折而北，與沲、瀟二水合。舊志謂之瀑水。又巢水，出石樓峯，亦名子江，北流與瀑水合。又漭水，出簫韶峯，北流與巢、瀑二水合，流徑縣南。又池水〔六〕，出娥皇峯，亦名母江。又有父江，源出三分石，蓋即山水志所謂瀟水也。西北流與子、母二江合，是爲舜溪。通碧虛橋，又名巽江。又仙政水，源出舜壇側。其由村、黄華、淹口、朱砂各源之水，俱出仙政鄉。又有桂水，源出桂嶺，北流至大陽溪與瀟水合。又有梅水，源出梅嶺，西流徑黄村嶺下與瀟水合。

興化水。在永明縣東南。源出重疊嶺麓曰濯錦溪，浮出地面，清深可掬。復没入嶺者數次，自山後廣竅噴出，有波濤聲，灌田甚廣。又東北入掩水。

瀑帶水。在永明縣南。源出神光遇廖山。其自高注下，長丈餘，如曳素練者爲瀑水。其平深數丈，長里許，宛如青羅者，爲帶水。二水同流異名，東北入掩水。

警水。在永明縣西南十里。源出警潭，初名清水潭，唐天寶初改名。東北流徑白塔山南，合掩水。又古澤水在縣西北，源出大古、小古，東流合瀏水、凍水，又東南合警水。

沐水。在永明縣西南三里。西流入廣西恭城縣界，即古平樂水也。水經注：平樂水出謝沐縣南歷山，西北流徑謝沐縣西南，又西南至平樂。縣志：沐水源出縣西南謝沐鄉，西北流徑桃川，北合遨水，又西徑荆峽鎮。

遨水。在永明縣西南。源出廣西富川縣木馬山，西北流入縣界，徑遨岡鎮西，合扶靈水，又北徑桃川西入沐水。又扶靈水，在永明縣西南，源出廣西平樂府恭城縣猺洞，北流徑扶靈山，東合遨水。

掩水。在永明縣西北。源出掩山，有石掩穴口，故名。溉田數千頃，南流徑白塔山東麓，合警水。又東徑縣南門外曰瀟水，又東合瀑帶水，又東北合興化水，又東徑桐口舖南入道州界，合沲水。

馮水。在江華縣東南。水經注：馮水出臨賀郡馮乘縣東北馮岡，其水導源馮溪，西北流，帶約衆流，渾成一川，謂之北渚。歷縣北，西至關下，又左合萌渚之水。又徑營道縣而右會營水。舊志：東河即麻、貝二江，自錦田嶺東流合半逢水。又半逢水，源出半逢山，北流合東河入沲水。又宜遷水，源出廣東連州連山縣昆湖山，流八十里，徑縣東南宜遷村，與東河合。東河水，源出嶺東山，皆即古馮水派也。

萌渚水。在江華縣西南。水經注：萌渚水，南出於萌渚之嶠，北徑馮乘縣西，而北注馮水。縣志：西河，源出舂頭源爲正派，其下有紅花、牛部〔七〕、流車、旦久諸源，會成大江，繞沱山而北，瀠洄曲折，名曰沱水，約二百五十餘里，與東河合。又秦水，源出吴望山，西流與冬泠水合，入沱水。又冬泠水，源出冬泠山，北流與秦水合。又折水，在縣西南，源出廣西賀縣界，東流四十里與冬泠水合，皆古萌渚水派也。

春水。在新田縣南，東流入桂陽州界。漢書地理志：耒陽春山，春水所出。北至酃入湖，過郡二，行七百八十里。水經注：春水上承營陽春陵縣西北潭山，又北徑新寧縣東。明統志：源出春陵山，東南流徑桂陽州藍山縣界，下流入湘。縣志：有二源，一曰西河，從九十九峯烏江發源，南流徑金雞山，逶迤至城西南，與東河合。其東河源從東岡白水而來，徑滿田，曲折以至城東，又南與西河合。二水合流，東入桂陽界。

黄溪。在零陵縣東七十里。唐柳宗元記：由東屯南行六百步，至黄神祠。祠之上，兩山牆立，揭水八十步，至初潭，若剖大甕，側立千尺，溪水即焉。南去又百步，至第二潭，石皆巍然臨峻流。又南數里，石益瘦，水鳴皆鏘然。又南一里至大冥之川。府志：源出陽明山，流徑福田山東，又北至祁陽縣，合白江水入湘。

愚溪。在零陵縣西南。源出鴉山，其水徹底皆石。舊名冉溪，亦名染溪。唐柳宗元改名愚溪，有愚溪詩序。府志：源出戴花山，分二派，一東合賢水，一北徑鈷鉧潭入瀟水。舊志又有梅溪，在縣西南四十里，源出戴花山，逶迤曲折，匯於愚溪。

浯溪。在祁陽縣西南五里。唐元結銘序：溪在湘水之南，北匯於湘。愛其勝異，遂家溪畔，命曰浯溪。又結嘗作大唐中興頌，顔真卿書刻於此崖。舊志：水自雙井發源，繞漫郎宅書院前，過渡香橋，北入湘。

梅溪。在祁陽縣東北六十里。源出竹嶺巖洞，泉流曲折，二十餘里入湘。

餘溪。在祁陽縣東北。水經注：水出西北邵陵縣，東南流注於湘。其水揚清汎濁，水色兩分。舊志有清江水，在縣東百里，源自七泉龍潭，東南流至歸陽司兩江口，與白河江合流入湘。白河江，在清江東，源出馬江埠黄龍町大泉陂，南流合清江。清江水緑，白河水白，如涇渭兩分。

右溪。在道州西。唐元結記：州西百餘步有小溪，南流數千步，合營溪水。兩岸悉皆怪石，欹嵌盤曲，不可名狀。以其在州之右，遂命之曰右溪。府志有汴河池，其水流出，名右溪，南入濂溪水。又七眼泉，在州東北，水流爲左溪，南入渰水。

洄溪。在江華縣東南。合馮水入渰。唐元結有贈洄溪翁詩。方輿勝覽：洄溪在江華縣東三十里四山之間，乳竇松膏之所漬，泉甘宜稻，飲之者壽。縣志：源出禾田山下，流四十里，與渰水合。

石魚湖。在道州東。唐元結詩：「吾愛石魚湖，石魚在湖裏。魚背有酒樽，繞魚是湖水。」縣志：在瀌泉南。

袁家渴。在零陵縣南。唐柳宗元袁家渴記：由朝陽巖東南水行至蕪江，可取者莫若袁家渴。楚、越之間方言，謂水之反流者爲「渴」，音若「衣褐」之「褐」。渴上與南館高嶂合，下與百家瀨合，其中重洲小溪，澄潭淺渚，平者深黑，峻者沸白。舟行若窮，忽又無際。有小山出水中，山皆美石，其旁多巖洞，其下多白礫。其地世主袁氏，故以名焉。又柳宗元石渠記：自渴西南行，不能百步，得石渠。渠之廣，或咫尺，或倍尺，其長可十許步。其流抵大石，伏出其下。踰石而往，有石泓。又折西行，旁陷巖石下，北墮小潭。潭幅員減百尺，清深多鯈魚。又北曲行紆餘，睨若無窮，然卒入於渴。又柳宗元石澗記：石渠之事既窮，上由橋西北，下土山之陰〔八〕，民又橋焉。其水之大，倍石渠三之〔九〕。亘石爲底，達於兩涯，水平布其上。由渴而來者，先石渠，後石澗，由百家瀨而來者，先石澗，後石渠。

蒲洲。在零陵縣東南六里瀟水之涯。唐柳宗元有登蒲洲石磯詩。

白蘋洲。在零陵縣西瀟水中。洲長數十丈，水横流如峽，舊産白蘋最盛。又有浮洲，在縣西北瀟、湘合流處。

落蘋洲。在祁陽縣東一百三十里湘江中。

湮塘。在零陵縣東北百餘里。其深莫測。

庳灘。在道州北。州志：從州治東行，沿江而下四十里，地名江村，即庳亭。其下曰漫潭，舟行至此，便謂之入瀧。宋嘉定間太守林致祥命工沿瀧鑿山開道，自庳亭達之雷石，行者遇險，則舍舟趨陸。去州治八十里，有麻灘、流灘、大家灘，皆舟行所戒。

青澗。在寧遠縣東南。王韶之神境記：九疑山半，其路皆植松竹，夾路有青澗。澗中生黄色蓮花，香氣盈谷。

大塘蕩。在寧遠縣北五里大富山下。九井同流上湧，灌田四百餘頃。相近又有山陂蕩，其泉湧出，分左右流，灌東西二洞之田。

鈷鉧潭。在零陵縣西三里。中有小泉，合愚溪入瀟水。唐柳宗元記：鈷鉧潭在西山西，其始蓋冉水自南奔注，抵山石，屈折東流，旁廣而中深。其清而平者且十畝，有樹環焉，有泉懸焉。

小石潭。在零陵縣西小丘之西。唐柳宗元記：從小丘西行百二十步，下見小潭。水猶清冽，泉石以爲底。潭西南望，斗折蛇行，明滅可見。其岸勢犬牙參互，不可知其源。

沈香潭。在東安縣東十五里。岸壁上舊有沈香。

南池。在零陵縣東南。唐柳宗元有宴南池序。名勝志：池當南山之缺，設自神功，無容工鑿，隨山周旋，可容巨艦。

望岡池。在祁陽縣北六十里山岡上。可半畝許。

愛蓮池。在道州學西濂溪書院之北。

寒泉。在祁陽縣西南。唐元結銘序：湘江西峯，直平陽江口，有泉出於石穴。爲其當暑大寒，故命曰寒泉。

甘泉。在祁陽縣北一里許。隨汲隨滿，贍足一方。宋鄒浩有銘。

濫泉。在祁陽縣東北七十里。冬温可浴。

定田泉。在東安縣西二十五里。源出衆山，連通五竅，凝流蓮花峯下，溉田萬計。

七泉。在道州東。唐元結銘序：道州東郭，有泉七穴，皆澄流清漪，旋沿相湊。又有叢石欹缺，爲之島嶼，殊怪異相，不可名狀。命五泉曰漶、汍、涍、汸、渞，欲來者飲漱其流，而有所感發矣。一泉命曰漫泉，蓋欲自矜漫浪，不厭歡醉者也。一泉出山東，故命之曰東泉。各刻銘以記之。州志：在州東北，狀類七井，五泉相連屬，一泉稍離。亦脈理相連，流爲溪入沲。

知時泉。在道州城南。鑿石象龍以導其流，夏至則盈，秋分則涸。

麗澤泉。在永明縣東。又雲從泉，在縣東里許。

不老泉。在江華縣南三十里，洄溪之旁。其地産蘭，謂之洄溪蘭。

龍泉。在江華縣西北三里。源流不竭，極灌溉之利。

龍井。在祁陽縣西南八十里。寬二里許，不溢不涸。

崇柏井。在永明縣東南四十里。澄澈甘美，汲飲不渴。

鵝井。在新田縣東南石羊、下漕二洞間。舊名鵝安蕩，泉出最清，灌溉極溥。

校勘記

〔一〕岐嶺山　乾隆志卷二八二永州府山川（下同卷簡稱乾隆志）作「岐嶺山」，未知孰是。

〔二〕陡峻特甚　「陡」，原作「陡」，據乾隆志及文意改。

〔三〕東西北皆水田　「田」，原作「曰」，據乾隆志改。

〔四〕有朗下洞　「朗」，乾隆志作「郎」。

〔五〕瀧水未盡瀧山猶峻　「水」原作「上」，「山」原作「水」，據全唐文卷三八二元結丹崖翁宅銘并序改。

〔六〕又池水　「池水」，乾隆志作「渰水」，疑是。

〔七〕牛部　乾隆志作「半部」，未知孰是。

〔八〕下土山之陰　「土」，原作「至」，據乾隆志及柳河東集卷二九石㵎記改。

〔九〕倍石渠三之　乾隆志同。按，柳河東集卷二九石㵎記或本「之」下有「一」字。

大清一統志卷三百七十一

永州府二

古蹟

泉陵故城。在零陵縣北。漢置。王子侯表：元朔五年，封長沙定王子賢爲衆陵侯。顔師古曰：「即泉陵也。」隋書地理志：零陵，舊曰泉陵，置零陵郡。元和志：零陵縣，本漢泉陵縣地，隋改爲零陵縣，移治於此。舊唐書地理志：泉陵縣故城，在今州北二里。

祁陽故城。有二：元和志：縣南至永州一百八十里，本泉陵縣地，吴置，隋廢。舊唐志：古城在今縣東北九十里。此吴舊址也。唐武德四年復置，九域志：縣在州北一百里。此唐舊址也。縣志：舊城在今縣東南，俯臨大江。元時屢以江漲淹圮，明景泰中移於東北高阜，即今治。

營浦故城。在道州北。漢置縣。三國吴置營陽郡，尋廢。晉穆帝復於縣置郡。水經注：營水徑營浦縣南，營陽郡治。魏咸熙二年，吴孫晧分零陵置，在營水之陽，故以名郡。齊、梁間，改郡曰永陽。隋書地理志：永陽縣舊曰營陽，梁改名，置永陽郡。平陳郡廢，省營浦縣入，蓋是時徙治。唐又改名弘道。元和志：道州治弘道縣，本漢營浦縣，隋改曰永陽，武德四年置營州，移永陽於州西南，移營道縣於州郭。貞觀八年，改州曰道州。天寶初，改縣曰弘道。九域志：建隆三年，復改弘道曰營道。明初始省入州。舊志：營浦故城在今州北營陽鄉，地名大漢。又有營道故城，在州西四十里營山下。唐初治此，天寶初移今治。

按：晉書東晉穆帝復置營陽郡。宋書、南齊書皆作營陽郡，舊唐書地理志「吴置營陽郡，晉以爲永陽郡」者，誤也。

泠道故城。在寧遠縣東。漢置。水經注：九疑山東北爲泠道縣界。又曰：泠水北流，逕泠道縣西南，縣指泠溪以爲名。隋省入營道。舊唐書地理志：漢泠道縣古城，在今延唐縣東南四十里。隋廢入營道，仍於泠道廢城置營道縣。武德四年，移營道於州郭，乃於此置唐興。天寶元年，改爲延唐。按：舊唐志既曰泠道城在延唐東南，又曰隋於泠道廢城置營道縣，唐改名，二説自相背繆。參考新唐志，蓋隋移營道治泠道城，蕭銑又分營道置梁興縣，至唐改梁興爲唐興，非復泠道故治也。

營道故城。在寧遠縣西。漢置縣。水經注：馮水逕營道縣西，右注營水，營水又西北屈逕營道西。舊志：隋時徙治泠道縣界，唐改曰延唐。元和志：縣西至道州一百里，本漢泠道縣之地。隋自奔巢水口移營道縣於此。武德四年，又移營道縣於州郭内，於此置唐興縣，天寶元年改名。舊志：宋又移今治，改名寧遠。九域志：縣在州東七十五里，即今治也。按：唐書地理志「延唐，本梁興，蕭銑析營道縣置，銑平更名」，與元和志異。

春陵故城。在寧遠縣西北。漢置。後漢城陽王祉傳：長沙定王子買，元朔元年封泠道之春陵鄉。傳至考侯仁，以地勢下濕，山林毒氣，求内徙。初元四年，徙於南陽之白水鄉，而故城廢。宋書州郡志：春陵，前漢舊縣，徙省。吴復立，仍屬零陵郡。東晉改屬營陽郡。宋、齊因之。水經注：都溪水南逕春陵縣西，因春溪爲名。故城東又有一城，東西相對，各方百步，古老相傳，言漢家舊城，知是節侯故邑也。東南三十里，上有節侯廟。隋平陳，省入營道。元和志：春陵故縣，在延唐縣北五十里。

永明故城。在今永明縣南。唐初所置永陽縣也。舊唐書地理志：武德四年，於郭内置營道縣，乃移永陽於州西南一百十里。貞觀八年省入營道，天授二年復析營道置，天寶元年改曰永明。宋史地理志：熙寧五年省爲鎮，入道州。元祐元年復置。縣志：永明縣故址在今縣西白塔山後，又移治瀟江之南，有城周一里有奇。元時移今治。

馮乘故城。在江華縣西南。漢置。唐析置江華縣。元和志：江華縣本漢馮乘縣地，故城在縣南七十里。蓋隋、唐間徙治也。宋開寶四年省。舊志：在縣西南六十里，廣西富川縣界。

江華故城。在今江華縣東南。唐書地理志：江華，武德四年析賀州之馮乘縣置。元和志：縣北至州一百十三里。九域志：在道州南九十里。蓋已徙而北也。縣志：唐初置縣在五保之地，神龍初遷於寒亭北、陽華巖之江南，故名江華。明洪武二十八年，析寧遠衛，置右千户所於縣，建城於今縣治隔江之東，名鎮守所城。天順中遷治西北五里，地名黄岡，合縣所爲一城，即今治也。

大曆故城。在新田縣西。元和志：道州大曆縣，西北至州二百二十里。本漢營道縣地，大曆二年，觀察使韋貫之奏析延唐縣置，因年號爲名。宋史地理志：乾道三年，廢大曆縣。明統志：廢縣在舂陵故城北十五里。

永昌廢縣。三國吴分泉陵置，屬零陵郡。晉及宋、齊以後因之。隋省入零陵。明統志：在祁陽縣西八十里。應在今縣西北，祁江之北，石燕山之東。

應陽廢縣。在東安縣東北。晉置。王隱晉書：應陽本泉陵之北部。沈約宋書「晉惠帝分觀陽立」，蓋誤。水經注：應水逕應陽縣南，即應水爲名。隋省入零陵。

謝沐廢縣。在永明縣西南。漢置，屬蒼梧郡。晉屬臨賀郡。宋屬臨慶國。齊仍屬臨慶郡。隋省入永陽。舊志：謝沐鄉在今縣西南二十五里。又縣西南四十里崇福鄉下墟社有城隍廟，土人以爲謝沐故址也。

吕蒙城。在零陵縣北二里。明統志：吴吕蒙西取長沙、零、桂三郡，惟零陵太守郝普城不下，蒙因築城守之。

新田營。今新田縣治。明萬曆二年置，以防寧遠東北猺洞。崇禎十二年，郡守晏日曙以其地山巒層複，民染猺俗，建議分寧遠南、北二鄉十五都置縣，即新田爲治，因名。

永州舊衛。在府治南。明洪武初建，本朝康熙二十七年裁。

東安場。今東安縣治。本零陵縣之東安驛，五代時馬氏置東安場。宋史地理志：雍熙元年，升東安場置縣，在州西北一百二十里。

鐵場。在江華縣南。宋史地理志：江華有黄富鐵場。

銀場。九域志：寧遠有上下槽一銀場。新田縣志：下槽洞在縣南五都。

息壤。在零陵縣治西南。唐柳宗元記：龍興寺東北陬有堂，堂之地隆然負甎甓而起者，廣四步，高一尺五寸，始之爲堂也。夷之而又高，由是寺之人皆神之，莫敢夷。甘茂盟息壤，蓋其地有是類也。方輿勝覽：在縣南故龍興寺中。狀若鴟吻，色若青石，自地出尺餘。

秦馳道。在零陵縣東。方輿勝覽：在縣東八十里。闊五丈餘，類今之河道。兩岸如削，夷險一致。始皇命天下修道以備遊幸，即此。

有庳墟。在道州北，接東安縣界。孟子：舜封象於有庳。水經注引王隱曰：應陽東五里有鼻墟山，下有象廟。括地志謂之鼻亭。唐元和九年，薛伯高刺道州，命撤其屋，墟其地，沈其主於江。柳宗元爲之記。

盪寇將軍壘。在寧遠縣東六十里。南齊李道辨爲開拓南蠻大使，築壘於此。

懷素塔。在零陵縣界。方輿勝覽：唐僧懷素嘗於此草書，有墨池、筆塚在其側。

三十六臺。在寧遠縣東南九疑山。唐時所築，今存其四。

南樓。在府城東，下臨東湖。上有紅蕖堂。唐刺史李衢建。

萊公樓。在道州西北。宋寇準謫此，後人思之爲建樓，陳純夫有記。

御書樓。在寧遠縣東南九疑山永福寺。宋紹興中建，以藏歷朝所賜御書。

狀元樓。在寧遠縣南三十里。唐李郃故里。

稽古閣。在府學内。宋汪藻有記。

三元閣。在道州學宫内。宋胡銓道州濂溪祠記：祠建講堂後三元閣上。

太史閣。在道州治東。宋嘉定間，知軍州事方信孺建，自爲記。

新堂。在府治内。唐刺史韋宙建，柳宗元有記。

思賢堂。在府學内。宋建。繪周敦頤、范純仁、范祖禹、鄒浩、張浚像，共爲一堂，額曰思賢。

三省堂。在府城内。宋張浚寓永時建，並撰記。

種愛堂。在零陵縣治西。宋紹興中，邑宰吕行中建。太守王佐榜曰種愛，楊萬里有記。

讀書堂。在寧遠縣東南九疑山高士巖側。縣志：宋監簿劉子澄爲朱子高弟，慕九疑之奇，築書院於此，聚徒講學其中。

西軒。在零陵縣治西南。唐柳宗元有龍興寺西軒記。方輿勝覽：西軒在龍興寺，柳宗元闢，下瞰大江。

雙鳳亭。在府學前。宋郡守彭合新學舍，得異石如鳳，作亭臨之。張栻有記。

九巖亭。在府城内。巖出池中者凡九，跨池爲橋，創亭於上。

三亭。在零陵縣東。唐柳宗元有記。名勝志：在東山之麓，一曰讀書林亭，二曰湘秀亭，三曰俯清亭。唐零陵令薛存義建。

玩鷗亭。在零陵縣西愚溪口。宋汪藻謫居時建，自爲記。

萬石亭。在零陵縣城北。唐刺史崔某建。以多石，故名。唐柳宗元有記。

巖扃亭。在零陵縣。宋胡寅記：永城南二十餘里有澹山巖者，自山谷詩既行，巖名聞於天下。乃相南缺得地不盈丈爲亭，命之曰巖扃。卻顧中虛，静覽勝致〔一〕，而重山大壑環乎外者，又咸在目〔二〕。且穿山開壑〔三〕，剪竹開徑，以趨於亭。自今騷人逸士去來徙倚，得所好而遠所畏，然後斯巖之美全矣。

窊樽亭。在道州東。唐元結建。方輿勝覽：在城中報恩寺之西。

月巖亭。在道州西月巖内，宋周子讀書處。後遷建於巖外。明李發有記。

寒亭。在江華縣南。方輿勝覽：在江華縣隔江。唐瞿令問棧險道入洞穴，因作亭於石上。元結大暑登之，疑天時將寒，故名。

丹崖翁宅。在零陵縣南。方輿勝覽：唐永泰中有隴水令唐節督去官，家於崖下，自稱丹崖翁。元結有宿丹崖翁宅詩，並有銘，刻崖下。按：唐節督舊志、續志均作「唐節」，今從全唐文改正。

元結故宅。在祁陽縣西南浯溪上。唐上元中，結罷道州歸，愛其山水，因家焉。亦名漫郎宅。方輿勝覽有浯溪、庴亭、峿臺三銘。宋陳衍題浯溪圖云：元公因水以爲吾溪，因山以爲吾山，作屋以爲吾亭。三「吾」之稱，我所自也。制字從水從山與广，我所命也。

周子故居。在道州西。方輿勝覽：營道之西二十八里爲濂水之源，東流十里爲濂溪堡，左曰龍山，右曰豸山，則濂溪故居也。州志：元公故里在州西二十五里安定山下。元歐陽原功濂溪故居祠堂記：舂陵郡西距城可十里，有鄉曰營樂，里曰濂溪，周子故居在焉。左有龍山，其形蜿蜒如龍。右有豸嶺，崖石唅呀，其狀若豸。中爲平田，有水逶迤田間，澄澈見底，即濂水也。其居舊制有堂三間，歲久寖敝。延祐七年，里儒唐道舉重建，立爲專祠。至正六年，道舉子應詔復作東西序，規制百倍於前。

鐵鑪步。在零陵縣北。唐柳宗元志：江之滸凡舟可縻而上下者曰步，永州北郭有步曰鐵鑪。蓋嘗有煆鐵者居，其人去而其號冒而存。青箱雜記：嶺南以村市爲墟，水津爲步，今人改爲埠。

𦟀崖碑。在祁陽縣南浯溪北崖石上，鐫唐元結所撰大唐中興頌，顔真卿書。

鹽廠。在東安縣東北二十五里。明萬曆中建。

麓牀三級。在寧遠縣東南。方輿勝覽：在舜廟前簫韶峯之東北無爲觀後。相去十餘里，其地又有修真四壇。

關隘

湘口關。在零陵縣西北瀟、湘二水合流處。又黑石關，在縣西北。大橋關，在縣北六十里。

鎮峽關。在永明縣西。漢書地理志：謝沐縣有關。縣志：鎮峽關，在縣西六十里荆峽鎮，接廣西恭城縣界，爲入粤通衢，宋時設官鎮守。熙寧中省，仍置砦兵番守。明正德中置關，今設百總戍守。

山口隘。在永明縣東南，接廣西平樂府富川縣界。猺人出入之路。

石盤隘。在永明縣南，亦接富川界。又有馬磯隘、叉山隘、斑鳩隘、連州隘，皆在縣南。爲猺獞往來要路。

嶺東隘。在江華縣南，接廣西平樂府賀縣桂嶺界。當開山猺衝，設把總戍守。

歸陽巡司。在祁陽縣東一百里。乾隆二十一年，以歸陽巡司移駐縣東北百里排山驛。

永隆巡司。在祁陽縣西北一百里。

石期市巡司。在東安縣東南四十里。明初置驛，萬曆中廢。本朝乾隆三十二年，移改永明縣枇杷巡司於此。

蘆洪巡司。在東安縣北一百里。唐書地理志：永州有蘆洪戍。

九疑、魯觀巡司。在寧遠縣二峒口〔四〕。

桃川巡司。在永明縣西南四十里。本明守禦千户所，洪武二十九年置，隸寧遠衛，有關有市。本朝改置巡司。

錦田巡司。在江華縣東南一百五里。本錦田砦，宋史地理志熙寧六年廢。明洪武二十九年，置守鎮千户所，隸寧遠衛。本朝改置巡司，兼設千總戍守。府志：有城，周三百二十四丈，東、西二門。

錦岡巡司。在江華縣南八十里。

順化鎮。在零陵縣東六十里。五代時置。宋改爲驛。明廢。又東四十里爲杉木鎮。

雷石鎮。在零陵縣南六十里。唐置。當瀧水口，水流觸石，其聲如雷。

鳴水鎮。在零陵縣西南一百里鳴水嶺。五代時置。

瀟湘鎮。在零陵縣北十里。瀟、湘會流之地。五代時置。一曰瀟湘關。

白水鎮。在祁陽縣東南五十里。

樂山鎮。在祁陽縣東南八十里。宋史地理志熙寧六年廢樂山砦，即此。今有市。

文明鎮。在祁陽縣西北六十里。

沙鎮。在祁陽縣北一百二十里。

大營鎮。在祁陽縣東北五十里。舊置驛，今裁。宋岳飛嘗駐兵於此，有永州祁陽縣大營驛題記。

渌埠鎮。在東安縣東十五里。又東有江口鎮。

荆塘鎮。在東安縣北一百七十里。當寶慶之衝。

梅岡塘鎮。在寧遠縣東北七十里。

白象鎮。在永明縣西南四十里，接廣西富川縣小水峡界。本白象堡，宋開寶四年，潘美伐南漢，自道州進次白象，即此。縣志：明洪武中置巡司，嘉靖中裁，今設把總戍守。又遨岡鎮，在縣西南五十里桃川所南。

高寨鎮。在江華縣南。舊稱高寨營。

高橋營。在道州南。設把總戍守。

界牌營。在道州南。設千總戍守。

午田營。在道州西南。設把總戍守。

祖山岡營。在永明縣東南，接廣西富川縣長檜村界〔五〕。設把總戍守。

青絲井營。在江華縣南，接富川縣龍窩村界。設把總戍守。

白芒營。在江華縣南，接富川縣牛巖灘界。設把總戍守。

嶺東營。在江華縣南。嘉慶二十年設，以提標前營守備移駐。

城頭砦。在寧遠縣東五里。天成險峻，其形如城。又黄家砦，在縣南十五里。村頭砦，在縣南三十里。又西南有土砦、螺螄砦、犁壁砦、旺岡砦、黑山砦、鶴鳴砦。

李家砦。在寧遠縣西三里。一徑盤旋，其頂甚平，有泉可飲。又有水砦、新陽砦、巖砦，皆在縣西。福仙砦，在縣西北五里，路窄而險。

賈家砦。在寧遠縣北十五里。又將軍砦、唐家砦，皆在縣北。白羊砦、高砦、神鍋砦、馬頭砦、嶺頭砦、牛頭砦，皆在縣東北。

秀山砦。在永明縣南，接廣西富川縣境，路當險要。又玉田砦，在縣東。楓山砦，在縣東南。緑碧砦，在縣南。白兔砦，在縣西南。白塔砦、城下砦，皆在縣西。平山砦、石樓砦，皆在縣西北。穿巖砦、深潭砦，皆在縣北。

大坪砦。在江華縣東一百九十里，接廣東連州界。又三門砦，在縣南。石門砦，在縣西南。

白面砦。在新田縣東南三十里。明洪武初置巡司，今裁。

永鎮堡。在祁陽縣西北一百里。

大、小二源澗口。在寧遠縣境。設把總戍守。

李蕩坪。在江華縣東南二百二十五里，接廣東連山界。設百總戍守。

零東墟。在零陵縣西二十里，接東安縣界。又祖江墟，在縣北三十五里。

石鼓墟。在東安縣東五十里。又井頭墟、三記墟，皆在縣東。水口墟，在縣南五十里，接零陵縣界。

沐塘墟。在寧遠縣東南。又鳳源墟，在縣西。

白面墟。在永明縣西南十五里。又上岡墟，在縣東北。

長富墟。在新田縣東南十五里。

清溪源。在永明縣西七十里。縣志：縣界凡十有二源，皆猺所居。如清溪、古凋，在縣西七十里。扶靈、勾藍，在縣西南四十里。埠陵，在縣西北四十里。高澤，在縣西三十五里。俱有户籍，輸税糧，爲熟猺。如頂板猺、砍山猺，則爲生猺，藏山伏澗，遷徙無常，椎髻跣足，射獵爲生，自食其力。

三宿。在江華縣西南。縣志：竹子尾宿、旦久宿、平岡宿，號「三宿」，皆平地猺也。明洪武初，招撫下山，附籍大桐鄉。每宿僉點一人爲千長，聽調征勦，立猺老以約束衆猺。又縣東南有麻、貝兩江猺，多以盤爲姓。

排山驛。在祁陽縣東北一百里。明嘉靖中，移道州瀟南驛改置於此。本朝因之。

高溪市。在零陵縣北七十里。又曲濄市，在縣北四十里。冷水市，在縣北五十里。

江湘市。在祁陽縣東北六十里。明初置巡司，嘉靖中改置於排山。

白牙市。在東安縣東二十里。舟車輻輳，爲縣巨鎮。

結陂市。在東安縣北六十里。又白沙市，在縣東三十五里。鯨江市，在縣西五里。花橋市，在縣西十五里。石板市，在縣北四十里。中秋市，在縣東北四十里。今廢。

下灌市。在寧遠縣南。又侯坪市，在縣西北。花橋市，在縣東北四十里。又有平田、百家坪等市。

濤墟市。在江華縣西南一百里。又牛砦、甑水、車下等市，皆在縣西南。

津梁

燕江橋。在零陵縣東四里。唐建。俗名茅江橋。

水字橋。在零陵縣西南四十五里。宋黄庭堅有題識。

平政橋。在零陵縣西門外。爲入廣西孔道。

五馬橋。在零陵縣西三十里。俗名土馬橋，亦入粵西通衢。

東江橋。在祁陽縣東瀟湘門外。一名飛虹橋，祁水於此入湘。

龍泉橋。在祁陽縣東一百里歸陽鎮上游。清、白二江，由此入湘。

大忠橋。在祁陽縣南六十里。

雙江橋。有二，俱在祁陽縣北。一跨餘溪，一跨烟江。

沈公橋。在東安縣南門外。

濫橋。在東安縣北蘆洪江。

皋橋。在道州城西北三十五里。宋嘉定中建。

高成橋。在永明縣西南三里層巖上，跨警水。

學士橋。在永明縣西南六十里。

百家渡。在零陵縣南二里，即古百家瀨也。宋蘇軾有詩。

湘口渡。在零陵縣北十里。

渌浦渡。在東安縣東十五里。

斜陂渡。在道州北十里。

把截渡。在寧遠縣北八里。

歐家渡。在永明縣東北二十五里。

隄堰

司馬塘。在零陵縣北門外。以唐柳宗元得名。湘中蓮藕，勝於他處，以司馬塘産者爲尤勝。

湮塘。在零陵縣東北一百里。其深莫測。明統志：相傳有民得一白鱔，將烹之，有老叟曰：「此湘江之龍，恐禍及。」民怒以爲虚誕，排之。翌日，一村俱陷。

横塘。在祁陽縣東三十里。岸闊潮平，停膏蓄黛，是爲上、下横塘。

舒塘。在祁陽縣東一百二十里。江灘迅急，至此而舒，故名。

碧虚塘。在寧遠縣東南。宋天聖中築。

魚塘。在寧遠縣南三十里。明萬曆中，知縣蔡光築，民得灌溉之利。

石期壩。在東安縣東。

陵墓

虞

帝舜陵。在寧遠縣東南。史記五帝本紀：舜葬於江南九疑，是爲零陵。注：皇覽曰：舜冢在零陵營浦縣。漢書武帝紀：元封五年，望祀虞舜於九疑。水經注：九疑山，大舜窆其陽，商均葬其陰。寰宇記亦名永陵，自古禁樵採，置守陵户。方輿勝覽：在女英峯下。本朝屢次遣官致祭。

漢

龍述墓。在零陵縣北一里。述守零陵，卒葬於此，土人名曰廉威阡。宋楊萬里龍伯高祠堂碑云：相傳伯高葬於城市，子孫遂家焉。證諸陶岳之記，良然。

蔣嵩墓。在道州東南四十里蔣居山。

舂陵節侯買墓。在寧遠縣北六十里。又戴侯熊渠墓亦在焉。

南北朝　齊

李道辨墓。在寧遠縣東。縣志：李道辨，隴西人。時爲南道開拓南蠻大使，後卒，葬此。

唐

趙畢墓。在零陵縣西北瀟、湘之交。唐柳宗元有誌。

李郃墓。在寧遠縣南，去下灌二里。

五代　後唐

何仲舉墓。在道州北二十五里。

宋

陶弼墓。在零陵縣金釜山。宋黄庭堅有誌。

胡宏墓。在零陵縣東關外。

周輔成墓。在道州西周子故居之左。

吴必達墓。在道州東北十五里。

樂雷發墓〔六〕。在寧遠縣西。

吴舜舉墓。在永明縣南十里聖人山麓。

周堯卿墓。在永明縣西。宋歐陽修有誌。

李長庚墓。在江華縣南五里。有碑。

郭鳳墓。在新田縣南鄉。

明

胡節墓。在零陵縣西芝山下。

何天衢墓。在道州西北。

本朝

陳大受墓。在祁陽縣浯溪南二里。今改遷三門灘陳海灣。乾隆十八年，有御製碑文。

祠廟

忠節祠。在府學左，祀明末死難陳純德。

黄神祠。在零陵縣東七十里。唐柳宗元游黄溪記：由黄溪東屯南六百步至黄神祠。神，王姓，莽之世也。莽既死，神更號黄氏，居黄溪，民咸安焉。以爲有道，死乃爲立祠。

留侯祠。在零陵縣南四十里萬山中。

柳侯祠。在零陵縣西南愚溪上，祀唐柳宗元。

精忠祠。在祁陽縣東二里，祀宋岳飛。

顔元二公祠。在祁陽縣西南浯溪上，祀唐顔真卿、元結。

黄石公祠。在東安縣東北一百七十里獬豸山。

周元公祠。有三：一在道州學宫西，宋春陵太守直閣向公建，胡銓、張栻皆有道州濂溪祠記；一在永州府學宫東，宋零陵太守陳公輝倡議建立，張栻爲之記；一在寧遠，宋邑令黃大明建，魏了翁爲之記。

帝舜祠。有二：一在道州西半里儒學後。後漢書郡國志引營陽郡記曰：營浦縣南三里餘有舜南巡止宿處，今立廟。縣志：唐元結建。一在寧遠縣東南。水經注：九疑山南有舜廟。前有石碑，文字缺落，不可復識。方輿勝覽：祠在舜峯下。縣志：在玉琯巖下。明洪武初遷於簫韶峯下。

陽公祠。在道州西，祀唐刺史陽城。

沈守備祠。在道州北六十里，祀明末死難沈至緒。

褒忠祠。在寧遠縣東南，祀宋都巡檢王政。

烈女祠。在江華縣治東。明萬曆初建，祀烈女趙向貞。

諸葛廟。有二：一在零陵縣南三里，一在東安縣治西。

瀟湘廟。在祁陽縣東門內，祀帝舜及湘君、湘夫人。

皋陶廟。有二：一在道州西八里，一在寧遠縣西江滸上。

龍飛廟。在寧遠縣西北，祀漢光武。

泰伯廟。在寧遠縣北五里。其右有仲雍祠，在黃馬山下。

舂陵侯廟。在寧遠縣北舂陵故城東。後漢書城陽王祉傳：建武十八年，詔零陵郡奉祀節侯戴侯廟，以四時及臘，歲五祀焉。

王佐廟。在永明縣南十里，祀唐李靖。

吳將軍廟。在永明縣南六十里，祀宋吳舜舉。

筼竹廟。在永明縣西南十里，祀漢高祖。

烏臺廟。在永明縣西二十五里，地名湅青源，祀宋御史周渭之。渭之，恭城人，嘗奏免嶺南租税，故祀之。

淮南王子廟。元和志：淮南王子廟在江華縣南七十二里。荆州記：淮南王被誅，其子奔至此城門〔七〕，化爲石。今名東塘神。

寺觀

法華寺。在零陵縣東山。唐柳宗元有法華寺新作西亭記。宋改名萬壽寺。明洪武初改名高山寺。

龍興寺。在零陵縣城西南。唐柳宗元嘗僦居於此。西有浄土院，宗元有龍興寺修浄土院記。宋元豐四年改名太平寺。

金蘭寺。在祁陽縣東北一百里。環寺皆山，中一阜如砥，方十餘畝，繞之以渠。舊名玉環山，是爲寺基。

永福寺。在寧遠縣東南九疑山上。九疑山志：舊名無爲寺，又名報恩寺。相傳南齊敕建，有斷碑可識。宋太平興國中易今名。

會真觀。在祁陽縣西北五里，即雷壇觀也。有巖洞，題曰「雷霆都會洞天」。元白玉蟾會真觀記：雷霆都會洞天，祁山枕其北，瀟、湘匯其南，白鶴巍峩環其東，四望突兀撑其西。此洞之所以據地之勝也。

白鶴觀。在祁陽縣東北三十里白鶴山。名山記：祁陽縣白鶴觀，唐末觀有鐘重數百觔，一夕風雷忽吼，躍入江。後有客夜宿昭潭，夢一道流曰：「吾祁陽白鶴觀道士，欲歸久矣，幸附後載。」客諾之。遲明，忽有鐘卧水次，文曰「祁陽白鶴觀鐘」，乃載之以歸。

緑天庵。在零陵縣東門外里許。唐僧懷素故居，今筆塚、墨池尚存。宋陶穀清異録：懷素居零陵東郊，治芭蕉亘帶幾數萬，取葉代紙而書，號所居曰緑天。

名宦

漢

召信臣。壽春人。元帝時爲零陵太守。爲人有方略，好爲民興利，務在富之。

周嘉。汝南安城人。光武朝遷零陵太守。視事七年卒，零陵頌其遺愛，吏民爲之立祠焉。

龍述。京兆人。光武時擢零陵太守。在郡四年，甚多治效。

夏勤。九江人。和帝時爲零陵太守，有理能之稱。安帝時官司徒。

陳球。下邳淮浦人。靈帝時，桂陽李研等寇鈔陸梁，太尉楊秉表球爲零陵太守。球到，設方略，期月賊散。而州兵朱蓋等反，與桂陽賊胡蘭等數萬人轉攻零陵，郡中恐。掾吏白遣家避難，球怒曰：「太守分國虎符，受任一邦，豈顧妻孥而沮國威重乎〔八〕？」乃悉納吏人老弱與共城守，弦大木爲弓，羽矛爲矢，引機發之，遠射千餘步，多所殺傷。賊復激流灌城，球反決水淹賊。相拒十餘日，會度尚救兵至，募士卒共破，斬朱蓋等。

楊琁。會稽人。靈帝時爲零陵太守。蒼梧、桂陽寇起，賊衆多而琁力弱，乃製馬車數十乘，以排囊盛石灰於車上，繫布索於馬尾。又爲兵車專彀弓弩，尅期會戰，令馬車居前，順風鼓灰，賊不得視。因以火燒布，布燃，馬驚，奔突賊陣。後車弓弩亂發，鉦鼓鳴震，羣盜破散，追逐傷斬無數。梟其渠帥，郡境以清。

晉

尹奉。元帝時爲零陵太守。王敦搆難，譙王丞馳檄討之，奉首同義謀，出軍營陽。於是一州之人，皆同義舉。

易雄。瀏陽人。爲春陵令。譙王丞起義，雄承符列敦罪惡，宣募縣境，有衆千人負糧荷戈從之。力屈城陷，雄曰：「惜位微力弱，不能救國難。」遂死之。

南北朝　宋

裴松之。聞喜人。爲零陵内史。元嘉初巡行風俗，上二十四條。

齊

范雲。舞陰人。永明十年遷零陵内史。在任潔己，省煩苛，去游費。初，零陵舊政，公田奉米之外，别雜調四千石。及雲至郡，止取其半，百姓悦之。

梁

孫謙。莒人。天監六年，出爲零陵太守。已老猶彊力爲政，吏民安之。先是，郡多虎暴，謙至絶跡。及去官之夜，虎即害居人。謙爲郡縣，常勤勸課農桑，務盡地利，收入常多於鄰境。

伏恒。平昌安丘人。武帝時爲永陽内史。在郡清潔，政務安静。治狀上聞，詔勘十有五事，帝善之。遷東陽太守〔九〕，爲吏人所懷。

唐

李峴。吴王恪孫。天寶中出爲零陵太守，治政得人心。尋遷長沙。

元結。河南人。代宗時拜道州刺史。初，西原蠻掠居民數萬去，遺户纔四千。諸使調發符牒二百函，結以人困甚，不忍加賦，請免百姓所負租税及租庸使和市雜物十三萬緡，許之。明年，租庸使索上供十萬緡，結又奏宜以時增減，詔可。結爲民營舍給田，免徭役，流亡歸者萬餘。去任後，民立石頌其德。

陽城。定州北平人。德宗時出爲道州刺史。治民如治家，不以簿書介意，月俸取足則已。州産侏儒，歲貢諸朝，城哀其生離，無所進。帝使求之，城奏曰：「州民盡短，若以貢，不知何者可供？」自是罷。州人感之，以「陽」名子。賦税不時，觀察使數誚責，州當上考功第，城自署曰：「撫字心勞，催科政拙。」

崔敏。博陵人。貞元中永州刺史。黜侵漁吏，擒戮妖巫，出令三年，人無怨讟。

柳宗元。河東人。元和初貶永州司馬。既竄斥，地又荒癘，因自放山澤間。其湮厄感鬱，一寓諸文，倣離騷數十篇，讀者咸悲惻。

韋宙。京兆萬年人。元和間出爲永州刺史。遇歲歉，斥官下什用供刺史者，得九十餘萬錢，爲市糧餉。民不知法，多觸罪。宙爲書制律，並種植爲生之宜。州負嶺，轉餉艱險，每饑，人輒殍死。宙始築常平倉，收穀羨餘以待乏〔一〇〕。縣舊置吏督賦，宙俾民自輸。湘源生零陵香，歲市上供，人苦之，宙爲奏罷。民貧無牛以力耕，宙爲置社，二十家月會錢若干，探名得者先市牛，以是爲準，久之牛不乏。立學宫，取仕家子弟充之。民以婚娶會賓客，號「破酒」，多至數百人，力不足則不迎。宙條約，使略如禮，俗遂改。

薛存義。河東人。元和間授零陵令。甫下車，逋逃復還，蠹姦披露，逋租匿役，期月而理。

薛伯高。河東人。元和中爲道州刺史。毁鼻亭、象祠，遷州學於州西營川門外。柳宗元爲記，述其善政。

宋

張去華。襄邑人。太祖時，荆湖平，命通判道州。去華上言：「桂、管爲五嶺衝要，今劉鋹保境固守，若大軍先克其城以趨番禺，如踐無人之境。」有詔嘉奬。

寇準。下邽人。天禧間罷相，貶道州司馬。始至，州素無公廨，百姓競荷瓦木，不日而成。

徐處仁。應天穀熟人。徽宗時爲永州東安令。蠻人叛，處仁入峒開示恩信，蠻感泣，誓不復反。

趙不悳。宋宗室。紹興中除永州通判。郡歲輸米，倍收其贏，民病之。不悳言於守，損其數。帥司檄録靖州獄，辨出寃者數十百人。靖人德之，繪其像以祠。

楊萬里。吉水人。紹興中調零陵丞。時張浚謫永，杜門謝客，萬里三往不得見。以書力請，始見之。浚勉以正心誠意之學，萬里服其教終身，名其堂曰誠齋。浚入相，薦之朝。子長孺，後繼爲零陵簿丞。

田如鼇。贛州人。紹興間知道州。時母后南還，郡國悉獻典禮，謂出羨餘，實於常賦之外，巧爲各色以斂。如鼇獨以州小民貧，一無所獻。

胡寅。崇安人。知永州。寧德皇后訃至，朝廷用故事以日易月，寅上疏言：「禮讐不復，則服不除。願降詔旨服喪三年，衣墨臨戎以化天下。」先是，安國知永州，寅治永綽有父風，人稱「尖世戴德」云。

李南壽。龍泉人。紹興間知道州。疏減大禮錢之病民者。後擢起居舍人，乞外補。孝宗曰：「卿道州政事甚美，如卿等姓名嘗書屏間，未忍令卿去朕側。」

王政。山東人。乾道中爲衡、永、郴、桂都巡檢。郴寇犯寧遠，政禦之。被執，罵賊死。贈觀察使。

李揆。瀏陽人。乾道中寧遠尉。獲盜數多，或謂可得美擢，揆曰：「殺人媚人，吾不爲也。」民至今稱之。

章穎。臨江軍人。孝宗時調道州教授，作周敦頤祠。會宜章寇爲亂，羣僚相繼引去，穎獨留。寇平，郡守奏穎有協贊之功，可大用。

王阮。江州人。廉正方介，學有原本。孝宗時移永州教授，獻書闕下，請罷吴楚牧馬之政，而積馬於蜀茶馬司，以省往來綱驛之費、歲時分牧之費，凡數千言。

黄疇若。豐城人。淳熙中授祁陽主簿。邑民有斥僧爲盜且殺人，移鞫治。疇若疑其無證，以白提點刑獄馬大同，且争之甚力。已而得真盜。

傅大聲。仙游人。淳熙中通判道州。適寇至，調軍督戰，賊潰去。尋知州事，百姓呼爲傅父。

歐海。茶陵人。知零陵。有善政，作勸農十詩。真德秀稱爲循良之遺，表聞於朝。

李芾。衡州人。理宗時爲祁陽尉。賑荒有聲，攝縣，縣大治。辟湖南安撫使幕官。時盜起永州，招之，歲餘不下。芾與參議鄧坰提兵破其巢，擒賊魁以歸，餘黨遂平。後知永州，有惠政。

元

烏克遜澤。臨漢人。至元二十一年，調永州路判官。湖廣平章約蘇穆爾貪縱淫虐，誅求無厭，或妄言初歸附時，比屋斂銀，將輸之官，銀已具而事中止。約蘇穆爾即下令責民自實，隨地置獄，株連拷掠，死者載道，所獲盡掩有之。有使至永，澤戒吏供帳酒食，務適其意。使者感愧，因以利害曉之，一郡獲安。是歲盜起寶慶、武岡，行省遣澤討平之。丞相僧格建議考校錢穀，澤自上計行省，約蘇穆爾怒其無所增羨，拘繫之。僧格敗，約蘇穆爾伏誅，得釋。「烏克遜澤」舊作「烏古孫澤」，「約蘇穆爾」舊作「要束木」，「僧格」舊作「桑哥」，今俱改正。

劉濬。吉安人。任永州録事。歲饑，鄰境遏糴，遣吏持所受告身，懇於全守石古峯，守義其請，遂通商販，民賴以活。兵尉張榮壽等恃勇掠民，乃白府將盡捕下獄，强暴斂手。

樊炳。永州總管。爲政廉明，興學校，毁淫祠八百餘區，驅巫祝以代民役。任滿，除湖南宣慰副使。

林興祖。福州羅源人。至正八年，授道州路總管。時寇迫城，至即布恩信，貸商鈔，爲守禦計。賊聞一日具五百盾，以爲大軍至，中夕遁去。永明縣峒猺竊發，以手牓諭之，皆曰：「林總管廉而愛民，不可犯也。」三年不入境。春旱，蟲食麥苗，興祖爲文禱之。大雨三日，蟲死而麥稔。罷興作，賑貧乏，輕徭薄斂，郡中大治。

鄧祖勝。永州守將。明兵圍城，食盡自殺。

明

陳福山。同安人。洪武時知零陵縣。居官清謹，修築堰塘，溉田二百餘頃。民賴其利，號曰陳公堰。

李應庚。應天人。宣德中知永州府。政尚寬平，昭雪冤獄，奏革黑石、湘口、大橋三關税務，用通商旅。

盛祥。丹徒人。正統中知道州。多惠政，州有虎患，禱於神，二虎渡河，一虎斃鼻亭祠下。及卒，民祔祀寇準祠。下同。

卞同。漢陰人。鯁介不阿，勤於民事。景泰中知東安縣。儒學舊在城外，數有苗警，同爲遷建治東，士民德之。

楊崇〔一二〕。豐城人。成化中知永州府。歲時每親行渠堰，築祁陽城，行九等均傜法。諭民婚嫁無得論財，貧者官給布帛，一時婚配者九千餘家。

馬成。四川人。成化中知祁陽縣。滿秩九年應遷，百姓赴闕乞留，遂命復任三年。鄉民中有至老不見官府者，一日偶至縣庭，長揖不跪。左右叱之，成歎曰：「使吾民皆如是，胥與葛天氏遊矣！」禮而遣之。

符鍾。南昌人。嘉靖中知道州。值歲荒，餓莩載道，鍾悉發倉穀賑濟，而後以聞，全活無算。適永明界峒猺越境爲寇，諭以恩威，乃大服。

周諒。永豐人。嘉靖中知寧遠縣。高山寇亂，諒躬率鄉民，搗其巢穴，立五營以搤其險。又平江華苗有功，擢御史。

傅應禎。安福人。隆慶間知零陵縣。剛正不阿，鋤姦除寇。本邑咸陽里與粵全州接壤，民因争田，致相攻殺，幾致亂。應禎剖别撫安之。

唐山斗。雲南人。萬曆間知零陵縣。清正不苛，丁内艱去，不能具行裝。左右或請曰：「某事一判發，可得萬緡。」山斗泣而叱曰：「是重予不孝也！」卒不聽。

鄔熙和。新昌人。萬曆中知祁陽縣。歲大祲，死者相枕藉，熙和煮粥以哺，施藥以療，全活萬人。

王時春。東莞人。萬曆中知寧遠縣。歲饑，出俸米炊粥以活流亡。天旱禱雨，願減禄算，又自責以禳火。至今民有餘思。

曾可立。豐城人。知永明縣。單騎至邑，或問故，可立曰：「吾不忍以迎送驛騷吾父老子弟也。」迨受事，一意與民休息，裁冗兵，汰浮糧，民稱爲曾母。

萬元吉。南昌人。崇禎中爲永州推官。有宗藩諸孫招納亡命，元吉寘其家人於理。

周志躍。直隸人。崇禎中東安典史。時流寇犯境，志躍率居民禦敵，没於陣。

沈至緒。蕭山人。崇禎中以武進士爲道州守備。高、紫二源猺賊犯州，至緒力戰死。其女雲英知書，通兵法，至緒死，雲英時年十五，出與猺戰，勝之，奪父尸還。猺遁去，城獲全。

張珣。東莞人。崇禎十二年析置新田縣，珣以衡州同知攝縣事。悉心規畫，凡城垣、署舍、學宫、壇祠，以次具舉。

本朝

魏紹芳。文安人。順治中知永州府。干戈甫平，一時招徠休養，民有更生之望。大兵進征雲、貴，紹芳精心調度，絶不擾民。建濂溪書院，置義學社學，稱賢守第一。永人至今思之。

文運亨。遼陽人。順治中知新田縣。值猺賊犯城，運亨率民兵拒守，賊衆大至，城陷死之。同殉節者，教諭邯鄲王鑄及子弟皆遇害。

楊召春。正白旗人。康熙中知江華縣。不畏强禦，猺民多骫法，召春按治之，以弭盗安民爲急務。在任二載，六寨斂跡。以艱去，民思不忘。

徐尊顯。竟陵人。康熙中任永明教諭。重修學宫，置學田三百畝，拓復濂溪書院，購經史，遴諸生肄業其中，資以膏火。

楊純。崇明人。乾隆初知永明縣。在官清廉，視民如家人父子，以勞瘁卒於官。病革時，民相率至卧榻前問訊。歸櫬日，皆執紼悲號，聲溢衢巷，爲肖像尸祝焉。

翁運標。餘姚人。有孝行。歷任湖南縣令，有惠政。乾隆十三年擢道州，民焚香數里迎之。道州路通郴、桂，峭壁千仞，下臨深溪，爲行旅患。運標捐資倡率，鑿險通幽，長八十餘里，悉成坦途。歲大疫，爲文告於城隍神，請自罰，無傷百姓。購良方製藥，親至村落，一一審視。或以傳染爲慮，曰：「我爲民父母，子弟病，忍不一顧耶？」全活甚衆。以疾卒於官，州人爲之立祠。

沈華。吴人。乾隆中知零陵縣。力行保甲，宵小斂跡。教學勸耕，士鮮不率，野無曠土。催科責之户首，吏胥無所售姦。每至鄉，必撫卹其老幼，人皆德之。調知武陵縣，治績一如宰零陵時。

謝仲坃。陽春人。乾隆中以常德丞屢攝永州府事。正己率屬，屏絶請託，自署楹帖云：「但有餽遺都卻去，曾無情面可求來。」淫雨害稼，虔禱立止。政暇，輒延耆士論學不倦。

莊熊芝。陽湖人。乾隆中知零陵縣。方春勸農，周行田間，集鄉耆問稼穡水旱，藹然有古循吏風。

陳三格。岳池人。乾隆中知零陵縣。廉惠甚著，創建羣玉書院，講學誠士，復置田養之。去後爲袝祀書院，稱和溪先生。

何澤茂。閩人。乾隆中權知寧遠縣。善治盜。先是微行周歷，盡悉鄉堡間積年巨賊，遇報竊，即籤示賊所在，至則果就獲。嘗一夜獲十餘人，良善以安。

陳丹心。詔安人。乾隆中知寧遠縣。下車致文行士，周訪民間疾苦，首革除之。縣多曠土，教民植薯，歲偶歉，得無饑。移零陵，去任，縣人羣送之江滸，攀舟不忍别。

汪輝祖。蕭山人。乾隆中知寧遠縣。夙習吏事，凡治獄情罪必當，尤喜表章節孝，未旌者悉附祠側。著春陵表貞録，又著善俗書，民事纖細，無不詳備。教化大行，風俗一變。

蕭國璋。山海關人。嘉慶初知祁陽縣。建龍神祠，有禱立應。修義渡以濟人。先知寧遠，亦多善政。

曾鏞。泰順人。嘉慶中知東安縣，治尚寬簡。懲一二詐誣之民，邑幾無訟。捐葺育嬰堂，課士字民，視若家事，以仕學兼優舉治行。未幾卒，人咸惜之。

人物

漢

鄭產。泉陵人。爲白土鄉嗇夫。漢末多事，國用不足，產子一歲，輒出口錢，民多不舉子。產乃敕民勿得殺子，口錢當自代出。爲表上言，錢得除，更名白土爲更生鄉。

三國　漢

劉敏。泉陵人。與蔣琬齊名，爲左護軍揚威將軍，鎮漢中。時魏遣曹爽襲蜀，敏與王平據興勢多張旗幟，彌亘百餘里。會大將軍費禕從成都至，魏軍即退。敏以功封雲亭侯。

賴厷。零陵人。父恭，昭烈帝用爲太常。厷爲丞相西曹令史，隨諸葛亮於漢中，蚤夭。亮甚惜之，與張裔、蔣琬書曰：「令史失賴厷，爲朝中損益多矣。」

吴

黄蓋。泉陵人。孫堅舉義兵，蓋從之。堅薨，隨策及權擐甲周旋，蹈刃屠城。諸山越不賓，有寇難之縣，輒用蓋爲守長。凡守九縣，所在平定。建安中，隨周瑜拒曹操於赤壁，蓋建策曰：「操軍方連船艦，首尾相接，可燒而走也。」瑜用其計，卒破操。拜武鋒中郎將〔一二〕。武陵蠻及長沙益陽山賊反亂，蓋盡討平之，加偏將軍。蓋姿貌嚴毅，善於養衆，當官決斷，事無留滯。子柄，爵關内侯。

晉

唐諶。零陵人。少有志操。武帝初年，舉茂才，拜武騎常侍。平吴還，拜零陵太守，境内清晏，道不拾遺，百姓樂業。

唐宏。零陵人。永嘉初舉孝廉，拜殿中郎，累遷尚書、大司徒。薦舉賢能，朝野多之。

唐攴〔一三〕。泉陵人。官郡功曹史。庾闡薦攴牋曰：「攴立身持操，行著一邦。若得驂軌鸞衡，服襄駿足，則機石之良選，可以對揚萬里者也。」

南北朝　齊

唐獻之。泉陵人。舉秀才，官至廣州都督。嚴毅公清，臨事能斷，嶺表肅然。

唐

張子厚。江華人。家洄溪，元結聞而就之，見其容若少壯，問其年已九十有奇，問其何以能此，子厚對曰：「巖下有泉田環於左右，五世居此，飲食取足，無求乎他。」乃止結宿，結贈以詩，刻於巖下。

張季秀〔一四〕。道州人。代宗時處士。道州刺史元結請於朝曰：「季秀介直自全，退守廉遜，乞令州縣造舍給田，免其户役。」從之。季秀卒，結表其門。

覃季子。祁陽人。性愛書。貧甚，尤介特不苟受施。讀經傳言，推太史公、班固下到今通爲書，號史纂。又取鬻老、管、莊、子思、晏子下到今爲子纂。黜陟使取其書，以名聞，除爲太子校書。

唐節督。零陵人。曾爲瀧水令。去官，家於瀧下水石間，自號丹崖翁。刺史元結爲作丹崖銘。

何堅。道州人。德宗時舉進士。自太學歸，韓愈送以序，稱爲「道民之賢者」。

周魯儒。延唐人。太和間舉進士。詞賦宏麗，有時名。官終員外郎。知制誥劉禹錫有送魯儒赴舉詩，其序云：「與之言，能言其得姓因家之所自，暨縣道鄉亭之風俗，望山名水之概狀，羅含所未記，朱贛所未詳，咸得之於生。」

李郃〔一五〕。延唐人。太和二年，應賢良方正，擢進士第一。時昌平劉蕡以策詆宦官落第，郃歎曰：「劉蕡下第，我輩登科，能不厚顏？」乃上疏言：「陛下以直言招天下士，蕡以直言副陛下所問，雖訐必容，雖過當獎。書之史册，千古光明。況臣所對，不及蕡遠甚，内懷愧耻，自謂賢良，奈人言何！乞回臣所授，以旌蕡直。」疏奏不納，人服其公。

宋

路振。祁陽人。幼穎悟，父洵美奇之。淳化中擢甲科，遷太子中允，通判邠州，遷知濱州。一日契丹至城下，兵少，民相恐。振親加撫諭，堅壁自守，契丹引去。大中祥符初，使契丹，撰乘軺録以獻。擢左司諫，知制誥〔一六〕。振文詞温麗，尤長詩咏。從祀譙、亳〔一七〕，獨直行在，專典綸翰。箋奏填委，應用無滯，時稱爲敏贍。撰九國志，有集十卷。其子綸爲太常寺奉禮郎。

周堯卿。永明人。警悟彊記，以學行知名。天聖進士，積官至太常博士。范仲淹薦經行可爲師表，未及用，卒。堯卿年十二喪父，憂戚如成人。及母喪，倚廬三年，席薪枕塊，雖疾病不御酒肉。既葬，慈烏百數，銜土集隴上，人以爲孝感所致。居官禄雖薄，必以周宗族朋友。其學長於毛、鄭詩及左氏春秋。子諭，鼎州司理參軍。詵，湖州歸安主簿。

陶岳。祁陽人。性清介，以儒學有名。官太常博士、尚書職方員外郎，知端州。不苟取。余靖寓端，訪諸父老，言爲硯所苦。前後刺史不求硯者，惟包拯及岳二人而已。

陶弼。岳子。俶儻知兵。慶曆中，楊畋討湖南猺，授以兵，往襲，大破之。以功得陽朔主簿，調陽朔令。兩知邕州，綏輯惠養，善政甚多。進西上閤門使，留知順州。交人襲取桄榔，弼獲間牒，諭以逆順，縱之去。終弼任，不敢犯。加東上閤門使，未拜而卒。

周輔成。營道人。敦頤之父，世居濂溪。登進士，歷官多善政，終貴州桂嶺令。以子貴，贈諫議大夫。萬曆中奏請從祀啓聖公祠。

周敦頤。營道人。初爲主簿，調南安軍司理參軍，移桂陽令，俱著治績。徙知南昌，歷合州判官，嗣爲廣南東路轉運判官，三年轉虞部郎中，提點刑獄，以洗冤澤物爲己任。以疾求知南康軍，因家廬山蓮花峯下。前有溪合於湓江，取營道所居濂溪以名之。卒年五十七。黄庭堅稱其人品甚高，胸懷灑落，如光風霽月。遲於取名，而鋭於求志；薄於徼福，而厚於得民。菲於奉身，而燕及煢嫠；陋於希世，而尚友千古。博學力行，著太極圖，明天理之根源，究萬物之終始。又著通書四十篇，發明太極之藴，序者謂其言約而道大，文質而義精，得孔、孟之本源，大有功於學者也。嘉定十三年，賜謚曰元公。淳祐元年，封汝南伯，從祀孔子廟庭。二子：壽、燾。

周壽。元公子。元豐五年進士。初任吉州司户，次秀州知録，終司封郎中。黄庭堅跋壽所撰龍眠居士大悲贊云：「元翁純粹動金石，其言語文章，發明妙慧，非爲作使之合，蓋其中心純粹而生光耳。」弟燾，元祐進士。爲黄池令、兩浙轉運使。時蘇軾知杭州，與燾唱酬甚夥。後終寶文閣待制。

陳遘。其先自江寧徙永州。登進士第，積官至光禄大夫。欽宗時守中山，金人再至，受圍半年。遘呼總管使盡括城中兵擊賊，爲步將沙振所害，及其子錫並僕、妾十七人，城遂降。建炎初，贈特進。遘性孝友，爲人寬厚長者。任部刺史二十年，每出行郡邑，必焚香祈天，願不逢貪濁吏。嘗薦王安中、吕頤浩、張慤、謝克家、何鑄，後皆至公輔，世以爲知人。弟適，由開封少尹官至光禄卿。金人執之以北，後十年，死於雲中。

鄧璋。永州人。范純仁謫永州，璋館門下教授諸孫。同郡王繪，布衣也，時有詔舉遺佚，胡安國以璋與繪應召。二人老不行，安國請命之官，以勸爲學者。李良輔稱「二人，黨人范純仁客，而流人鄒浩所請託也」。蔡京素惡安國異己，得良輔言，大喜，命湖南提刑置獄推治，又移湖北再鞫，卒無驗。

李長庚。江華人。紹興進士，歷官五十年，仕至朝議大夫。廉潔有守，不事生産，惟積書數千卷。著有冰壺文集。

義太初。道州人。先以詞賦名，尋舍去，宗濂溪之學。登淳熙進士。品行端方，周必大、朱子皆與之遊，屢表其能。歷官知高、瓊二州，俱有聲。著冰壺詩十卷、易集注五卷、文集二十卷。

吴庯。道州人。登淳熙特科，爲容州陸川主簿。李接倡亂，庯與同郡徐邦直、唐捷起兵禦之，庯不克死。事聞，贈承德郎，官一子。

樊謹。寧遠人。淳熙六年，郴寇入江華，謹應募覘賊，爲賊所執，不屈死之。

樂雷發。寧遠人。少穎敏，書無不讀，尤長詩賦。累舉不第，門人姚勉登科，以讓第疏上。理宗召親試，對選舉八事策，嘉納之，特賜及第。因數議時政不用，歸隱雪磯。

元

蔣節。零陵人。元末聚義兵千人，結寨保障。湖南兵起，節擊走之。行省疏節爲安撫司，領其部曲，修葺城池，自備糧餉，招撫猺獠，討平山寨，且耕且守。

明

周壎。敦頤九世孫。好學善談易，長於詩詞。元季隱居營道山之陰。洪武初，有司以明經舉，送京師，不仕歸。

熊魁。營陽人。早歲喪父，與兄裘同事母何氏，色養備至。母常患危疾，魁割胸肉以進，服之頓愈。

歐善堂。寧遠人。洪武初，李文卿内附，餘黨未息。平章楊璟駐兵道州〔一八〕，議縣北十里外盡屠之。善堂年九十餘，率衆耆老説璟曰：「兵以輯亂爲功，今峒獠之外皆赤子，被脅從耳，豈可妄殺無辜？」璟悟，乃止。賴以全活者十數萬人。

唐愼。零陵人。永樂舉人，官御史，巡按廣西。有淫祠能爲民禍福，皆云著赭衣過廟門，即降災。愼乃著緋衣，往焚其像而廬之，邪妖竟息。後擢兵備僉事。

張琮。東安人。宣德中爲守鎮百户。苗寇犯境，琮冒矢石拒敵，中流矢卒。

雷復。寧遠人。正統進士，任御史，風裁凛然。出爲廣西副使，討斬叛民胡趙成。成化中，巡撫山西，凡六降敕旨獎諭。

甯良。祁陽人。正統進士，天順中爲刑曹。時曹石恃功驕横，恣陷善類。良仁恕明敏，誓不受權貴指使。歷浙江布政使，拔謝遷、王華諸生中，時稱知人。

熊繡。寧遠人。成化進士，由行人擢御史，巡按陝西。劾布政使于璠贓穢，璠誣奏繡他事，逮訊，卒無驗。璠所親當路者力主之，謫清豐知縣。弘治中，累遷副都御史，巡撫延綏。正德初，爲兩廣總制，有軍功。以不合劉瑾致仕。卒，謚莊簡。

周鵬。永明人。成化進士，官刑部主事。每録囚，多所平反。出爲潮州知府，築三洲溪隄，溉田數千頃，陳憲章爲碑記之。官至雲南參政。

何天衢。道州人。弘治進士，正德中官御史，彈劾無所避，權貴斂手。劉瑾柄用，落職家居。瑾敗，起知河南府，累遷浙江布政使。宸濠不軌，内侍畢直潛爲應接，天衢以計擒之。嘉靖初，論功晉都御史，巡撫河南。礦賊王堂倡亂，討平之。進工部侍郎，留守南都。

胡節。零陵人。弘治進士，正德中官御史，立朝敢言。時劉瑾擅權，節巡按山東，一無所饋。瑾怒，使緹騎逮進京，節抗疏條瑾罪惡，俱爲瑾匿，矯旨下錦衣獄，爲瑾黨毒死。嘉靖初，贈光禄卿。

郁浩。零陵人。弘治進士。嘉靖中官刑部員外郎。世祖欲加興獻尊號，浩上疏力争，不聽。終江西僉事。

張機。祁陽人。事後母孝，及父母相繼殁，廬墓十有二年。弘治中旌表。

楊成章。道州人。父泰納妾丁，生成章。甫四歲，泰卒，丁之父逼令改適，丁剪銀錢，與嫡妻何各藏其半，約成章長授之。及成章爲諸生，何臨殁，授以半錢，告之故。遂尋母，得之。及母卒，廬墓三年。嘉靖中授國子學録。

陳薦。祁陽人。隆慶進士，官御史，忤中官馮保，稱病歸。萬曆間起按陝西，時三秦荒旱，延、慶爲甚，薦理贖鍰，得四萬餘金，上疏請賑，全活甚衆。累官吏部尚書。著古今吏辨百餘卷。

申在廷。祁陽人。萬曆中舉人，由學正出知貴陽郡。以黔蠻易亂，預繕城堞，足糗糧，練什伍。天啓初，成都兵變，圍貴州，在廷有守城功。崇禎中贈太僕少卿。

周希聖。零陵人。萬曆進士，知華陽縣。邑歲供宫扇十餘萬，大爲民困。希聖出俸錢佐之，猶不支。秩滿，擢御史，具疏極陳其弊，謫灌陽典史。用薦起太僕寺丞，累遷南户部尚書。楊漣劾魏璫奸，坐黨削籍。

蔣向榮。零陵人。萬曆進士，知南樂縣。民侯華爲母所訟，向榮歎曰：「令教民者也，而使階除下有不孝子，不德孰甚焉。」乃置華於獄，欲解印綬去。邑人咸誚責華，華亦自痛悔，遂坐母於庭，出華杖之，使謝母。母子相抱大哭，觀者咸泣下。華卒爲孝子。遷吏部郎中，見魏璫專政，乞歸。

蒲宗瑞。永明人。居家孝友，以貢生授崇善知縣，以疾歸。遇盜，掠其行李，止竹籠一肩，羣驚曰：「囊橐如此，不取民間一文可知。」因相戒散去。

蒲秉權。永明人。萬曆進士，授建昌令，天啓中擢吏科給事中。時魏璫竊國柄，會有襲封之命，秉權力疏争之，得寢。璫敗，起西寧兵備，歷肅州副使。

陳邦鈇。永明人。父思性攜家謁選卒，母歐陽氏扶柩還鄉，中流舟覆，鈇纔五歲，同母皆爲隣舟所救。見父棺浮沉，乃復投水，攀棺號泣，衆皆憐之，共援柩登岸，獲歸。年十四，爲諸生，未幾卒。母歐陽及妻蒲氏，皆以節顯。

唐德明。東安人。崇禎舉人。十六年，張獻忠陷城，强授僞職，德明抗節不屈，仰藥死。本朝乾隆四十一年，賜入忠義祠。

張綸。祁陽人。舉崇禎中鄉試。方介寡合。遭寇亂，避地深山，築土室以居，親故罕見其面。卒於土室。

陳純德。零陵人。崇禎進士。時帝鋭意求治，召諸進士於前，咨以時事。純德敷陳稱旨，授御史，巡按山西，盡心職業。尋督畿輔學政。都城陷，作書别父母，北面再拜自縊。贈太僕卿，謚恭節。本朝乾隆四十一年，賜謚節愍。

唐周慈。零陵人。篤志正學，萬元吉爲推官，甚器之。後從元吉死。

蔣道亨。永明人。衡州府教授，攝武陵縣事。崇禎十六年，張獻忠陷衡州，道亨抱印罵賊，遂遇害。

本朝

傅明賢。零陵人。順治初粤寇圍城，明賢負母出，門者不許。其父已先出，母命往省之，哭而行。母聞隣人爲兵所殘，驚怖死。明賢歸，一慟而絶。

蔣應爨。零陵人。世爲巫，居唐公廟。粤寇圍城，糧盡，兵入廟中，欲殺食其父。應爨請以身代，賊殺之。邑人哀之，立祠廟側。

蔣本生。零陵人。康熙舉人。幼孤，力學，事母孝。母卒，廬墓三年，每長號，聲徹郊坰。有白雁集於廬側，拊翼哀鳴，歲餘不去。

王錞。祁陽人。康熙鄉舉，知安平縣。縣地瘠民貧，錞至，蠲其苛急。調普定，值苗變，籌畫軍需，民不知擾。水災辦賑，無冒無濫，民沾實惠焉。

黄簡。祁陽人。父用中避兵竹山，爲兵所執，簡求以身代，兵乃釋父，刺簡死。雍正六年旌。

陳糦。零陵人。少以淹博著，尤精於易。垂老，兩目眵昏，日集生徒，講解不倦，人咸以耆宿奉之。後官湘潭縣訓導。

雷時登。祁陽人。年四歲，母饒爲寇掠，求之不得，朝夕哭泣。稍長，讀書成諸生，日以求母爲念。遂徧歷楚、豫，徒步五千里，果得母於新安，奉之而歸。

伍澤榮。祁陽人。雍正進士，知寶坻縣。有惠政，民愛戴不忘，卒祀名宦。

陳大受。祁陽人。雍正進士。性沉敏强記，童時初授内則，即退行其儀。家人怪之，拱而曰：「禮也。」由編修歷官安徽、江蘇、福建巡撫，兩廣、直隸總督，協辦大學士，直軍機處。不務赫赫之名，興利除弊，必以漸，凡所規畫，務爲久遠。卒，賜祭葬，祀賢良祠，謚文肅。

蔣鳳邑。零陵人。父漣以孝稱。鳳邑雍正鄉舉，知東流縣，調建德。決獄多所平反，鄰獄有疑者，皆委讞驗。民顔其堂曰片言。

眭文煥。零陵人。雍正戊申，舉孝友文章第一，授知江南桃源縣。值水災，民多漂溺，文煥募船拯救，並請按户查賑，全活遂衆。既復大旱，詣鄉亭祈禱，雨立沛。時民飲之酒，因額亭曰醉雨。

蔣元縉。永明人。乾隆選拔，授常州通判，調保定。先是，安州與新安縣民争地，容城楊忠愍祠産十八頃亦被隱占。元縉奉檄履勘，盡歸忠愍祠故地，並勘出官淤多頃，判入蓮花書院，以資養士。署同知，兼攝容城縣事，俱以廉能稱。

申大年。祁陽人。乾隆鄉舉，由議敘累官刑部郎中，出爲邵武知府。郡土瘠民貧，大年至，悉罷苛政，以惠綏之。致仕歸，不名一錢，郡人皆攀轅泣送。

周廷高。零陵人。乾隆選拔，判開州。河決陽武口，廷高冒雨行水，築隄要害處，水不爲災。值旱蝗，爲文禱於神，翼日蝗盡死。累官西安同知，所至有治蹟。

孫占鼇。零陵人。幼時家貧，嘗給事郡署，挾書而往，郡守奇之，勸令讀書。不數年，補縣學生，文名大噪。晚而潛心理學，終日默坐澄心，一切世味泊如也。著有周易疑參、四書質疑諸書。年九十有六卒。

劉烺。零陵人。幼時爲人傭耕，年十五，方就塾，勤學刻勵，以禮法自持。父母晚病目，皆好書，烺授經家塾，凡門人詩文佳者，津津雒誦，父母聞而歡笑竟日。九經皆有心得，手稿藏於家，不以問世。年七十三，以歲貢終。

王名望。零陵人。由營伍洊升都司，嘉慶三年隨將軍恒瑞進剿川省邪匪。官兵分路攻擊，名望奮力先進，獲斃甚多，因力竭殁於陣。事聞，議卹，廕雲騎尉。

流寓

漢

竇輔。扶風平陵人。大將軍武之孫。武爲宦官所殺，輔時年二歲。武門人桂陽胡騰及令史南陽張敞共逃輔於零陵界〔一九〕，詐云已死。騰以爲己子而使聘娶焉。

唐世文。太原人，徙家零陵。素驍勇，狀貌英偉，眼環齒露。昭宗時，黄巢寇起，世文團練鄉兵，保定閭里，劉建鋒舉爲永州刺史。光化初，馬殷據楚，令李唐攻永州，世文力戰，城陷死之。

宋

范純仁。吴縣人。哲宗時，永州安置。時疾失明，聞命怡然就道。既至永，韓維謫均州，其子訴維執政日與司馬光不合，得免行。純仁之子欲以純仁與光議役法不同爲請，純仁曰：「吾用君實薦以至宰相，昔同朝論事不合則可，汝輩以爲今日之言，則不可也。有愧心而生，不若無愧心而死。」其子乃止。

沈遼。錢塘人。神宗時，爲審官院主簿。王安石更張法令，遼持論不阿，罷去。久之，監杭州軍資庫，攝華亭縣。適他使者至，修夙怨，中以法，奪官，流永州。

范祖禹。華陽人。言者論祖禹修實録詆誣，又摭其諫禁中雇乳媪事，貶昭州別駕，安置永州。

呂希純。壽州人。哲宗時，謫舒州團練副使，道州安置。

汪藻。饒州德興人。紹興八年，升顯謨閣學士，以言者奪職，居永州。

張浚。綿竹人。紹興二十年，徙居永州。浚去國幾二十載，天下士無賢不肖，莫不傾心慕之。

方疇。弋陽人。紹興中，秦檜以疇與胡銓通書，編置永州。

王庶。慶陽人。紹興十三年，御史胡汝明論庶譏訕朝政，謫道州安置，至貶所卒。

蔡元定。建陽人。慶元時，朱子落職罷祠，元定以朱子門人，送道州編管。

蔡沈。建陽人。從父元定謫道州，父子相對，常以理義自怡悅。元定殁，徒步護喪還，有遺之金而義不可受者，謝卻之曰：「吾不忍累先人也。」

曾極。崇仁人。題金陵行宫龍屏，迕丞相史彌遠，謫道州。

明

羅朝貴。廣東人。寓寧遠縣，以織草履爲業。嘗學於湛若水，敦行義，得遺金，亟還其人。

列女

宋

路振母。祁陽人。振丁父艱，母氏慮其廢業，日加誨激。雖隆冬盛暑，未始有懈。

丁國賓妻。東安人。建炎中，盜聚衆於滁州，夫爲所掠。泣曰：「丁氏族流亡已盡，乞存夫以續其祀。」賊遂釋夫而害之。

明

陸炯耀妻艾氏。零陵人。兵亂被執，欲污之，艾曰：「終當從汝，衆辱不能，須爾馬涉水如命。」執者信之，至深處，急投水死。

朱垣薇妻高氏。零陵人。爲亂卒所掠，與夫俱投水死。時同縣江涌瑞妻李氏，亦爲賊所掠，殉節死。

王三仕妻蔣氏。零陵人。年十七，歸三仕，無子。三仕殀，家饒於財，族人利其貲，逼嫁之。蔣自縊死。知縣李如芳爲文刻碑表墓。

周汝相妻陳氏。祁陽人。夫卒，嘔血死。

曾三聘妻陳氏。祁陽人，尚書陳薦女。年十六歸曾，夫亡，以首觸棺，垂斃而甦。服除，不食死。

邱某妻申氏。祁陽人。爲亂卒所掠，赴水死。

王渙然妻周氏。道州人。歸王甫二載，渙然溺死，周匍匐江滸，自縊死。

趙氏。道州人，名閨鳳。先受某聘未適，壻夭，父廷玉亦早逝，有姑子誣廷玉存時曾許爲室，脅之婚。趙度不免，伺夜密縫其衣，赴營道江死。

田稅妻傅氏。寧遠人。稅前妻生一男，傅生一女，值賊肆掠，傅攜二子計不得兩全，指其男曰：「此吾夫之嗣也。」遂棄其所生女，負男以逃。邑人稱爲女中伯道。

趙龍女。寧遠人。爲賊所執，女曰：「我身如玉，可碎不可污也。」賊殺之。

楊文試妻孫氏。寧遠人。文試歿，無子，孫苦節終身〔二〇〕。

周氏二女。永明人，周正琚女。爲土賊所獲，女紿之曰：「我當從爾，但吾父曾藏金昂山，當往取爲妝具。」及至絶頂，俱聳身投崖死。

義天誥女。永明人。爲流寇所掠，抗罵不從，遂遇害。

趙志倫女。江華人，名向貞。年十八，被掠不從，大罵，拔賊刀刺賊。賊怒，遂斷手足死。

本朝

甘潛妻蔣氏。零陵人。夫亡守節，康熙年間旌。

黄一中妻蔣氏。新田人。夫亡守節，康熙年間旌。

李二貴妻楊氏。零陵人。夫亡守節。同縣節婦沈士琬妻蔣氏、沈士瑄妻唐氏、姜大義妻郭氏、高汲妻鄒氏、蔣子松妻胡氏、張士瑛妻唐氏、呂昌渭妻魏氏、楊子海妻李氏、李廷義妻楊氏、祝上才妻張氏、盛朝綱妻唐氏，均雍正年間旌。

柏起鵠妻于氏。祁陽人。夫亡守節。同縣節婦申昉妻劉氏、唐文思妻申氏、唐三國妻李氏、陳琪妻唐氏，均雍正年間旌。

李灼妻楊氏。道州人。夫亡守節。同縣節婦蔣嘉賓妻何氏、蔣家茂妻何氏，貞女周士嶽聘妻何氏，均雍正年間旌。

鄭豈凡妻楊氏。寧遠人。夫亡守節，雍正年間旌。

楊梓梅妻李氏。零陵人。夫亡守節。同縣節婦黄開元妻王氏、王宗傳妻何氏、成文治妻張氏、子婦章氏、王象奎妻劉氏、黄正昌妻李氏、黄一銘妻柏氏、黄國安妻袁氏、蔣昌嗣妻成氏、唐儼妻彭氏、李玉妻柴氏、蔣節妻呂氏、王昇彥妻鄧氏、周雄妻李氏、李沆妻漆氏、戴永珍妻謝氏、孫啓美妻雷氏、姜成物妻唐氏、鄧宗典妻張氏、劉興秀妻王氏、易有升妻彭氏、羅尚鈿妻尹氏、陳登位妻盧氏、魏思海妻孫氏、李正泰妻張氏、唐元襘妻李氏、劉標妻李氏、唐一美妻秦氏、黄君祥妻楊氏、唐三物妻黄氏、唐國謨妻黄氏、齊化臣妻周氏、卿尚韜妻李氏、高齊岱妻張氏，均乾隆年間旌。

李良橘妻湯氏。祁陽人。夫亡守節。同縣節婦曾應成妻陶氏、鄒心存妻張氏、陳國琠妻周氏、龍雲妻何氏、李廷雄妻王氏、張忠議妻唐氏、雷鼇鱗妻段氏、鄧之藩妻王氏、陳良泰妻龍氏、鄧以堅妻曾氏、曾學元妻匡氏、李良松妻李氏、徐正性妻申氏、申臺妻唐氏、申壬敏妻劉氏、廖才盛妻蔣氏、唐一龍妻胡氏、蕭世葵妻曾氏，孝婦龍明鑑妻李氏、陳綵妾周氏，烈婦劉達楚妻李氏、何如文妻李氏、李世柏妻劉氏，貞女文書質聘妻黄氏、文志質聘妻申氏、李輝聘妻龍氏，均乾隆年間旌。

滎春甲聘妻唐氏。東安人。未婚，夫亡守貞。同縣節婦周一御妻蔣氏、子婦鄧氏、周氏婦李氏、謝生衍妻白氏、胡炳焜妻鄧氏，均乾隆年間旌。

馮楚産妻吴氏。道州人。夫亡守節。同州節婦何之泳妻李氏、何又奠妻周氏、陶士晨妻嚴氏、熊旦妻吉氏、熊瑚妻文氏、周之元妻何氏、周梯雲妻何氏，均乾隆年間旌。

樊明訓妻歐氏。寧遠人。夫亡守節。同縣節婦李方渥妻樊氏、李方淵妻楊氏，均乾隆年間旌。

周玉瓚妻王氏。永明人。夫亡守節。同縣節婦王之英妻楊氏、徐登閣妻周氏、周玉獻妻蒲氏、何廷楷妻蒲氏、弟婦王氏、王猷妻蔣氏，均乾隆年間旌。

蔣襲周妻劉氏。江華人。夫亡守節。同縣節婦胡徽之妻何氏、蔣維貞妻常氏，均乾隆年間旌。

雷大夏妻何氏。新田人。夫亡守節，同縣節婦胡尚鈐妻柴氏，貞女季茂林聘妻樂氏，均乾隆年間旌。

盧伯元妻卿氏。零陵人。夫亡守節。同縣節婦高仲顯妻劉氏、劉方琥妻鄧氏、吕必諒妻朱氏、高瑾妻伍氏、伍福望妻王氏、周之駿妻李氏，貞女劉芳珽聘妻張氏，均嘉慶年間旌。

劉文獻妻鄒氏。祁陽人。夫亡守節。同縣節婦何世登妻彭氏、于柏純妻文氏、韓國善妻石氏、韓士志妻賀氏，烈婦雷榮薦妻劉氏、李興位妻蔣氏，均嘉慶年間旌。

胡紹宋妻周氏。道州人。夫亡守節。同州貞女郭相崙妻唐氏，均嘉慶年間旌。

李際榮妻樊氏。寧遠人。夫亡守節。同縣節婦李際受妻石氏、李承清妻歐陽氏、李承渤妻鄭氏，均嘉慶年間旌。

李發祥妻蔣氏。永明人。夫亡守節。同縣節婦蔣啓鍾妻徐氏、何嘉質妻周氏、王紹倬妻甘氏、王紹侃妾黄氏，烈婦陳加增妻周氏，均嘉慶年間旌。

彭廷貴妻蔣氏。新田人。里人以穢言辱之，恚忿投水死。嘉慶年間旌。

仙釋

漢

屈處静。祁陽人。楚白公之後。幼而悟道，絶迹人表，凡十二年，駕鶴而去。

晋

萼緑華。自言是九疑山中得道女羅郁也。晋穆帝昇平三年，夜降於羊權家，贈詩一篇，並火澣手巾一條、金玉條脱各一枚。

宋

何大士。道州人。弱冠欲往九疑山學道，中途忽聞人呼，回顧無人，但見所踐石上如觀音像，頓悟，持戒益堅。淳祐中，趺坐而化。

土産

鐵。各縣俱出。明統志：零陵、祁陽、江華、永明、寧遠五縣出。

錫。江華縣出。

細葛。零陵出。元和志：永州貢。又道州開元元和貢細苧。

綄線、剋絲。明統志：零陵、祁陽二縣出。

石燕。祁陽出。元和志：永州貢。

青碌。祁陽出。

石磬。方輿勝覽：出零陵。

石屏。方輿勝覽：出祁陽。

香茅。零陵出。水經注：晉書地道記曰：泉陵縣有香茅，氣甚芬香，言貢之以縮酒也。

零陵香。唐書地理志：永州、道州貢。

方竹、斑竹。俱道州出。

茶。寧遠縣出。

異蛇。唐柳宗元捕蛇者説：永州之里産異蛇，黑質而白章，觸草木盡死。腊之以爲餌，可以已大風、攣踠、瘻癘，去死肌，殺三蟲。

金橘。桂海虞衡志：金橘出營道者爲天下冠。

校勘記

〔一〕静覽勝致　「静覽」，胡寅斐然集（四庫全書本）卷二〇永州澹山巖扃記作「盡攬」。

〔二〕又咸在目　「咸」，原作「或」，據斐然集卷二〇永州澹山巖扃記改。

〔三〕且穿山開壑　斐然集卷二〇永州澹山巖扃記作「且穿山壑間」。

〔四〕在寧遠縣二峒口　乾隆志同。按，此語似未明晰。考明史卷四四地理志「永州府寧遠」條下云：「南有九疑、魯觀巡檢司，在九疑、魯觀二峒口。」

〔五〕接廣西富川縣長檜村界　「檜」，乾隆志及雍正湖廣通志卷一四關隘志均作「澮」。

〔六〕樂雷發墓　「發」，原作「舉」，據乾隆志及本卷人物改，蓋涉下條而誤。

〔七〕其子奔至此城門　「此」，原作「比」，據乾隆志及元和郡縣志卷三〇江南道道州改。
〔八〕豈顧妻孥而沮國威重乎　「沮」，原作「阻」，據乾隆志及後漢書卷五六陳球傳改。
〔九〕遷東陽太守　「東陽」，梁書卷五三伏暅傳同，南史卷七一伏暅傳作「新安」。按，伏暅傳下文屬縣有始新、遂安、海寧，則以「新安」爲正。中華書局點校本梁書伏暅傳據以改作「新安」，是。
〔一〇〕收穀羨餘以待乏　「乏」，原作「之」，據乾隆志及新唐書卷一九七韋宙傳改。
〔一一〕楊崇　「崇」，原作「宗」，據乾隆志及明一統志卷六五永州府名宦、雍正湖廣通志卷四五名宦志改。
〔一二〕拜武鋒中郎將　「鋒」，原作「録」，據乾隆志及三國志卷五五黄蓋傳改。
〔一三〕唐叏　「叏」，原作「岌」，字書未檢到此字，今據藝文類聚卷五三引晉庾闡薦唐叏牋改。下文同。
〔一四〕張季秀　乾隆志作「李季芳」。按，明一統志卷六五永州府人物、雍正湖廣通志卷五八人物志及萬姓統譜卷七一皆作「李季芳」，蓋亦有據。本志蓋從元結次山集卷一〇所載舉處士張季秀狀。
〔一五〕李郃　「郃」，乾隆志作「郤」。按，考諸史籍，其人名或作「郃」或作「郤」，均不乏見，蓋字形相似，流傳訛混，莫可究詰。
〔一六〕知制誥　「誥」，原作「詔」，據乾隆志及宋史卷四四一路振傳改。
〔一七〕從祀譙亳　「祀」，原作「事」，乾隆志同，據宋史卷四四一路振傳改。
〔一八〕平章楊璟駐兵道州　「璟」，原作「煨」，據乾隆志及雍正湖廣通志卷五六人物志改。按，下文兩處，一作「煨」，一作「璟」，蓋偶誤。楊璟，明史卷一二九有傳。
〔一九〕武門人桂陽胡騰及令史南陽張敞共逃輔於零陵界　「騰」，原作「勝」，據乾隆志及後漢書卷六九竇武傳改。下文同改。「令史」，原作「令使」，乾隆志同，據竇武傳改。
〔二〇〕孫苦節終身　「孫」，原作「楊」，乾隆志同，據雍正湖廣通志卷七一列女志改。

永順府圖

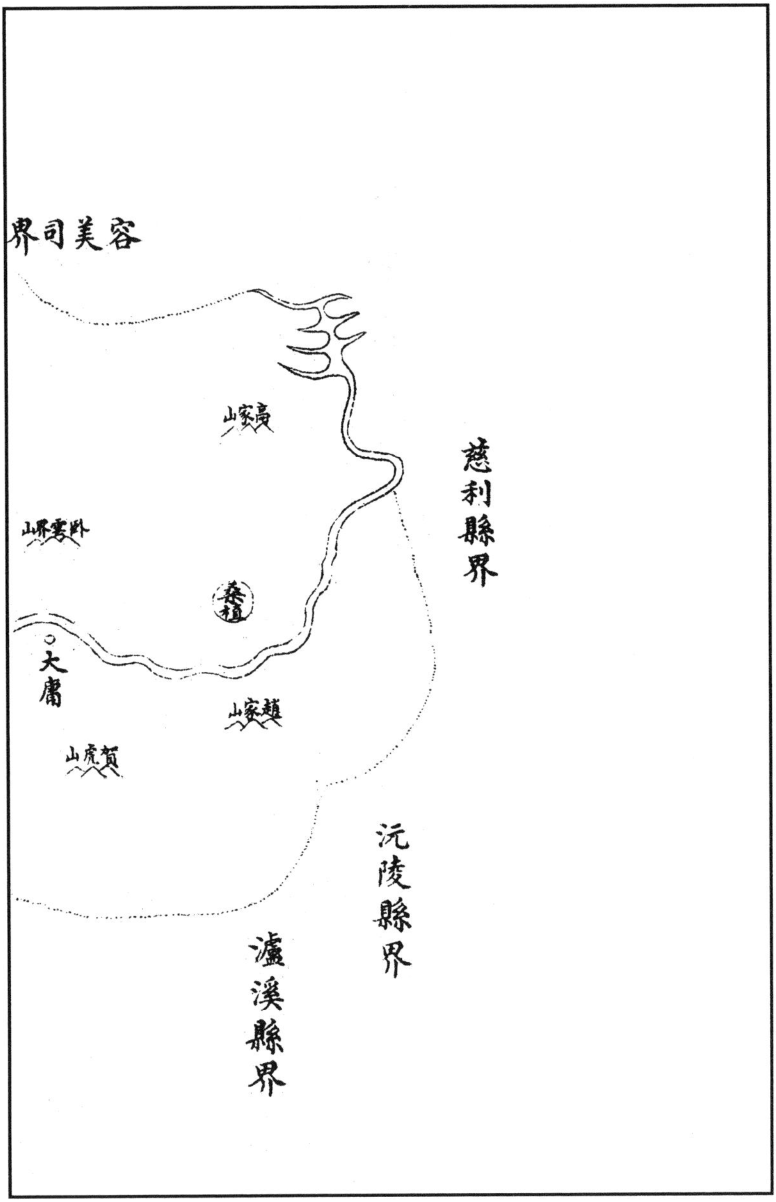
容美司界
高家山
卧雲界山
慈利縣界
桑植
大庸
趙家山
賀虎山
沅陵縣界
瀘溪縣界

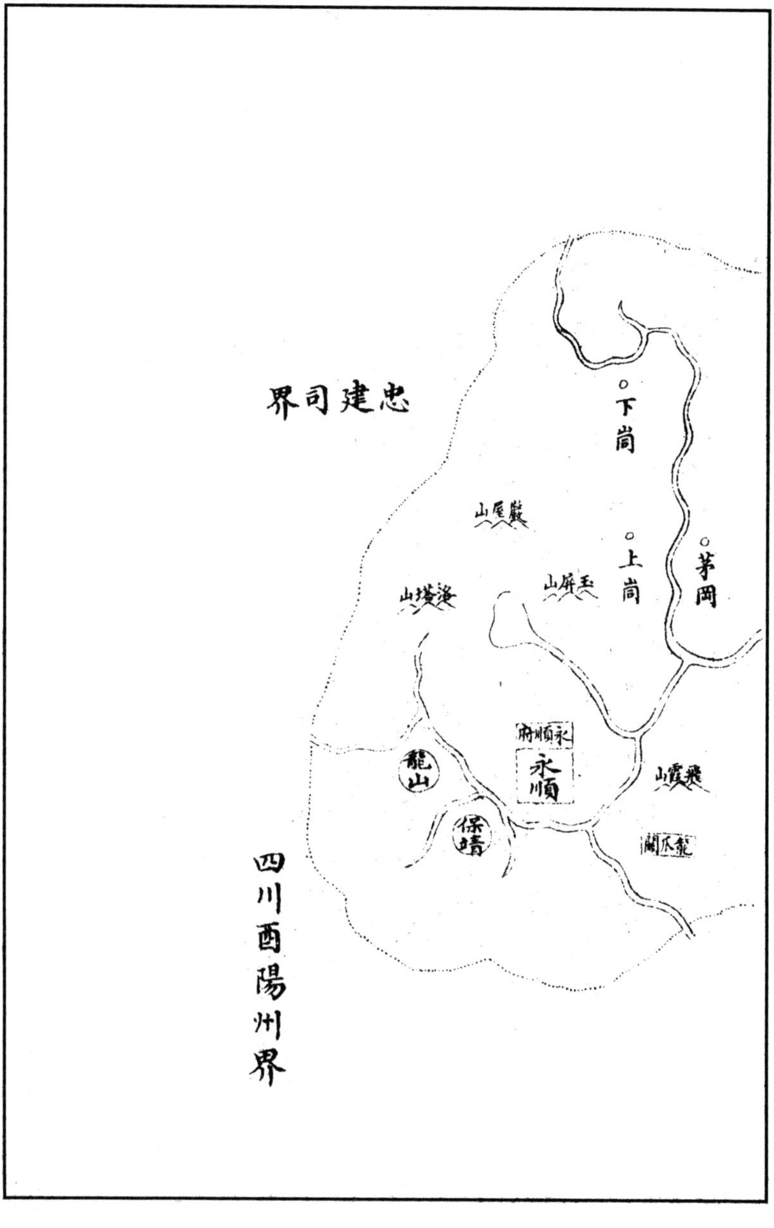
忠建司界
下峝
巖屋山
上峝
茅岡
玉屏山
洛塔山
永順府
永順
龍山
飛霞山
保靖
龍爪關
四川酉陽州界

永順府表

	永順府	永順縣
秦	黔中郡地。	
漢	武陵郡地。	酉陽縣屬武陵郡。
三國		
晉		酉陽縣
南北朝		酉陽縣梁改置大鄉縣。
隋	沅陵郡地。	大鄉縣屬沅陵郡。
唐	溪州靈溪郡天授二年析置，天寶初改靈溪郡，屬江南西道。	大鄉縣溪州治。
五代		蠻置永順州。
宋	羈縻永順州屬荊湖北路。	羈縻永順州。
元	永順等處軍民宣撫司初置安撫司，至正中改屬四川行省。	永順宣撫司治。
明	永順等處軍民宣慰使司洪武六年升，屬湖廣都司。	永順宣慰使司治。

續表

	龍山縣
	沅陵、酉陽二縣地。
	黚陽縣屬武陵郡。
	黚陽縣梁省入大鄉縣。
羈縻下溪州初爲羈縻州，後廢。 羈縻溶州屬荆湖路，後廢。 羈縻南渭州屬荆湖路。	羈縻上溪州初爲羈縻州，後廢。
會溪施溶等處長官司，後廢。 南渭州屬新添葛蠻安撫司，後廢。	白崖峒長官司屬葛蠻安撫司。
施溶州改置，屬永順宣慰司。 南渭州復置，屬永順宣慰司。	白崖峒長官司改屬永順宣慰司。 上溪州復置，屬永順宣慰司。

續表

	保靖縣	桑植縣
	遷陵縣	充縣地。
	遷陵縣	
	遷陵縣	臨澧縣地。
	齊省。梁爲大鄉縣地。	
		崇義縣地。
	三亭縣貞觀中析置，屬溪州。	慈利縣地。
	蠻地。	蠻地。
	羈縻保靜州屬荊湖路。	慈利縣地，置安福砦。
	羈縻保靖州屬葛蠻安撫司。	桑植安撫司初置，至正末廢。
	保靖軍民宣慰使司初置安撫司，洪武六年升，屬湖廣都司。	桑植安撫司永樂四年復置，屬九溪衛。

大清一統志卷三百七十二

永順府

在湖南省治西北一千八十里。東西距五百里，南北距五百五十里。東至辰州府沅陵縣界一百五十里，西至四川酉陽州界三百四十里，南至乾州廳界二百八十里，北至湖北宜昌府鶴峯州界三百九十里。東南至沅陵縣界一百七十里，西南至永綏廳界一百三十里，東北至鶴峯州界二百九十里，西北至湖北施南府來鳳縣界二百五里。自府治至京師四千八十里。

分野

天文翼、軫分野，鶉尾之次。唐書地理志：溪爲鶉尾分。

建置沿革

禹貢荆州之域。秦黔中郡地。漢爲武陵郡地，後漢以後因之。隋爲辰州沅陵郡地。唐天授二年，析辰州置溪州。天寶初改曰靈溪郡，乾元初復曰溪州，屬江南西道。五代時屬楚。宋爲羈縻永順州及上、中、下溪三州，屬荆湖北路。元至元中置永順路，至大三年改爲永順等處軍民安撫司。至正七年，升宣撫司，明統志：元時彭萬潛自改爲永順等處軍民安撫司，後彭天寶又改宣撫司。屬四川行省。明洪武六年，升爲永順等處軍民宣慰使司，明統志：領州三，長官司六。南渭州、施溶州、上溪州，臘惹峒長官司、麥著黄峒長官司、驢遲峒長官司、施溶溪長官司、白崖峒長官司、田家峒長官司。屬湖廣都司。本朝因之。雍正四年設永順、保靖二同知，隸辰州府；桑植同知，隸岳州府。七年，以永順同知地改永順、龍山二縣，以保靖、桑植二同知地改二縣。七年，置永順府，屬湖南省，領縣四。

永順縣。附郭。東西距三百里，南北距三百二十里。東至澧州永定縣界一百一十里，西至龍山縣界八十里，南至保靖縣界八十里，北至桑植縣界四十里。東南至辰州府沅陵縣界一百七十里，西南至保靖縣界四十里，東北至桑植縣界三十里，西北至龍山縣界六十里。漢置酉陽縣，屬武陵郡，晉、宋以後因之。梁改置大鄉縣。隋屬沅陵郡。唐溪州靈溪郡治。五代時蠻置永順州。宋爲羈縻州。元爲永順宣撫司治。明爲永順宣慰使司治。本朝雍正七年改置永順縣，移治於舊司治西北三十里。

龍山縣。在府西二百二十里。東西距一百七十五里，南北距二百一十里。東至永順縣界一百三十里，西至四川酉陽州界一百八十里，南至保靖縣界一百五十里，北至湖北施南府宣恩縣界六十里。東南至永順縣界一百里，西南至四川黔江縣界二百里，東北至宣恩縣界八十里，西北至湖北來鳳縣界五十里。漢沅陵、酉陽縣地。晉分置黚陽縣，屬武陵郡，宋、齊因之。梁省入大鄉縣。五代及宋爲上溪州蠻地。元爲白崖峒長官司，屬葛蠻安撫司，爲江西寨。明改屬永順宣慰使司。本朝雍正七年改置龍山縣，乾隆元年以大喇司地來屬。

保靖縣。在府南一百四十里。東西距一百七十里，南北距一百四十里。東至永順縣界三十五里，西至四川酉陽州界一百三十五里，南至乾州廳界一百一十里，北至永順縣界三十里。東南至辰州府瀘溪縣界一百二十里，西南至永綏廳界五十里，東北至永順縣界四十里，西北至四川酉陽州界一百里。漢置遷陵縣，屬武陵郡，後漢以後因之。南齊省。梁以後爲大鄉縣地。唐貞觀九年析置三亭縣，屬溪州。五代時蠻置保靖州。宋爲羈縻保静州，屬荆湖路。元改「静」爲「靖」，屬葛蠻安撫司。明初置保靖州安撫司，洪武六年升保靖軍民宣慰使司，屬湖廣都司，領五砦、筸子坪二長官司〔一〕。本朝雍正七年改置保靖縣。

桑植縣。在府北百二十里。東西距百七十里，南北距百四十里。東至澧州慈利縣界一百二十里，西至永順縣界五十里，南至慈利縣界八十里，北至湖北鶴峯州界一百八十里。東南至澧州永定縣界一百里，西南至永順縣界六十里，東北至鶴峯州界二百里，西北至鶴峯州界二百里。漢充縣地。晉臨澧縣地。隋崇義縣地。唐爲慈利縣地。五代以後爲蠻所據。宋置安福砦。元置桑植安撫司，至正末廢。明永樂四年復置，屬九溪衛，領美坪等十八峒。本朝雍正七年改置桑植縣，移置於舊司治東五十里九溪衛之安福所。乾隆元年及三年，以上、下峝司，茅岡司之赤溪、苦竹、湖塔等地來屬。

形勢

牂牁接境，楚馬希範銅柱記。東抵荆襄，西通巴蜀，南近辰陽，北距歸峽。明統志。依山爲郡，乃四通八達之地。同上。

風俗

槃瓠遺風，楚馬希範銅柱記。擊銅鼓沙鑼以祀神鬼。宋史蠻夷傳。漁獵養生，刻木爲契，明統志。耕農男女合作。宣慰司志。

城池

永順府城。在舊永順司治西北三十里岢場地。周五里有奇，門五，三面有河。雍正七年築。永順縣附郭。

龍山縣城。在麂皮壩地。周三里有奇，門四。雍正十年築。

保靖縣城。在茅坪地。周三里有奇，門四。雍正九年築。

桑植縣城。本九溪衛安福所城。周三里有奇，門三。明洪武二十五年築。本朝雍正七年改爲縣城。

學校

永順府學。在府城内西北隅。雍正十一年建，乾隆二十四年、四十八年，嘉慶十五年屢修。入學額數十二名。

永順縣學。在縣治西。雍正十一年建，乾隆二十四年、嘉慶二十一年重修。入學額數八名。

龍山縣學。在縣治西南。雍正十一年建，乾隆六年、四十四年、嘉慶十六年重修。入學額數八名。

保靖縣學。在縣治西南。雍正十一年建，乾隆十九年、二十七年、嘉慶十五年重修。入學額數八名，新童一名。

桑植縣學。在縣治西南。雍正七年建，乾隆二十一年、二十八年、嘉慶四年屢修。入學額數八名。

桂香書院。在府東門外。舊在府治西，雍正十一年建。乾隆二十八年更名崇文，嘉慶十六年遷建今所，復舊名。

蓮塘書院。在保靖縣城内。乾隆十二年建。

雅麗書院。在保靖縣西城外。嘉慶十一年建。

澧源書院。在桑植縣城西。舊爲崇文書院，乾隆二十一年建。四十二年易今名，五十三年重修。

户口

原額人丁三百五十二，今滋生男婦共六十四萬三千九十五名口，計十三萬一千三百六十八户。

田賦

田地一千一十七頃八十三畝九分九釐有奇，額徵地丁正、雜銀八百二十六兩八釐。又古丈坪、保靖縣苗疆屯田六十頃三十四畝八分。

山川

飛霞山。在永順縣東二十里。上有飛來石閣。

賀虎山。在永順縣東八十里。明溪出此。

太平山。在永順縣東南二十餘里。下有月漾池〔二〕，山頂有太乙池。又龍山縣西北一百四十里亦有太平山。

錫帽山。在永順縣東南三十里〔三〕。

繡屏山。在永順縣東南三十里。六峯拱抱如城。

將軍山。在永順縣東南三十里。相近有福石山。

天馬山。在永順縣東南三十三里。

福禄壽山。在永順縣南二十里。後爲華蓋山。上多古木。

蘇木山。在永順縣東南七十里。産木可染紅紫，土名隙合苦。又相近有巖蜂山，産蜂。黄連山，産黄連木。巖人山，石狀如人，土名農那必。

鴉噪山。在永順縣東南八十里。多竹木。相近有蘭黄山。

雲靄山。在永順縣東南一百里。峯巒峻峙，俯視羣山，下有巖力坡、龍坪潭。

高望山。在永順縣東南一百二十里。茶溪出此。路通辰州府。

野猪山。在永順縣南九十里。多野猪。

體亞牙山〔四〕。在永順縣南一百里，與保靖交界。相近有拏取牙山。

水田山。在永順縣南一百里。山出泉，流灌數十里，因闢成田。相近有駱駝山，常出獸似駱駝者。

羊峰山。在永順縣西八十里。

心印山。在永順縣西九十里。

紗帽山。在永順縣西北三十里。

巖屋山。在永順縣西北一百八十里。有洞如堂。

觀音山。在永順縣北十里。下有玉泉、古洞。

玉屏山。在永順縣北十五里。雕峯綉壁，環立如屏。

牛角山。在永順縣東北二十里。又桑植縣北六十里亦有牛角山。

飛鳳山。在永順縣東北三十里。兩峯若鳳翅。

蟠龍山。在永順縣東北八十里。山勢蜿蜒綿亘，靈溪出此。下有馬谷坡。

鐵爐山。在龍山縣東八十里。

金斗山。在龍山縣東南二百里。

馬鞍山。在龍山縣南七十五里。又保靖縣東二里亦有馬鞍山。

史雨山。在龍山縣西南。

八面山。在龍山縣西。横亘百里，接四川酉陽州界。

仙人山。在龍山縣西二十里。石壁有仙人洞。

洛塔山。在龍山縣北界五十里〔五〕。

迴龍山。在保靖縣東二里。

米西吾山。在保靖縣東一百里。

呂洞山。在保靖縣東南百五十里，接乾州廳界。

霞林山。在保靖縣南十五里。

鐵門山。在保靖縣南一百五十里。

後龍山。在保靖縣南。

稞沙山。在保靖縣西南五十里。

洛浦山。在保靖縣西。省志：唐置洛浦縣以此。

獅子山。在保靖縣西十里。

煙霞山。在保靖縣西二十里。

黔山。在保靖縣西。元和志：黔山在三亭縣西五十里。後漢時陸康伐蠻經此，即禱請爲援，諸樹木皆有人馬之形，因平羣寇，改爲武神山。

紗帽山。在保靖縣西二十五里。相近有呼拂山、馬路山。

雲臺山。在保靖縣北十二里。

崖窩山。在保靖縣北八十里。世溪出此。

著苦土山。在保靖縣西北八十里。蒙冲溪出此。

陽岐山。在桑植縣東三十里。高十二里，廣三十里，北濱酉水。

彭家山。在桑植縣東二十里。即水獭鋪，一名黄㠕峪。
簸箕山。在桑植縣東三十里東王坪。
天星山。有二：一在桑植縣東一百二十里，一名天池口；一在縣東北一百四十里，與湖北宜昌府鶴峯州交界。
茅花山。在桑植縣東南一百四十里。
前山。在桑植縣南。一名瓦窑岡。
趙家山。在桑植縣南五里。高十二里，上有天鵞堰，下有觀音洞、老虎洞。其山趾曰竹葉山。
老鴉山。在桑植縣南五十里，與澧州永定縣分界。
椒陽山。在桑植縣南六十里。相近有西界山。
萬民山。在桑植縣西。
卧龍架山。在桑植縣西。
案臺山。在桑植縣西。
東瓜蓬山。在桑植縣西。
擔草坡山。在桑植縣西十八里。
卧雲界山。在桑植縣西二十里。産鐵。
筆架山。在桑植縣西五十里。三峯並峙，故名。
木頭坡山。在桑植縣西六十里。相近有大米山。

桂香山。在桑植縣西北八十里。

鳳凰山。在桑植縣西北一百里。舊志：舊時土司，曾築城嶺上以避兵。

雲朝山。在桑植縣西北一百二十里。

歷山。在桑植縣西北一百二十里。高數十里，澧水發源於此。

得勝砦山。在桑植縣北七里。

鶯嘴山。在桑植縣北十五里。

高家山。在桑植縣北六十里。即沿鴨兒池、山羊溪一路山總名也。

杉木山。在桑植縣北二百四十里，接湖北宜昌府鶴峯州界。

牛咸山。在桑植縣北二百四十里。路最險峻。

龜山。在桑植縣東北六十里。以形似名。

桑樹埡山。在桑植縣東北七十里。

雷打山。在桑植縣境。

分水嶺。在桑植縣東四十里。酉水中分，東入慈利，西入桑植。

立雪峯。在桑植縣城内。

白巖。在桑植縣西北一百五里。四面懸崖陡壁，下有洞，可容千人。

茅岡。在桑植縣南，接永順縣及澧州安福縣界。一名峒岡。

三門洞。在永順縣江中。有三大石，對立如門。又響水洞，水自深山流出注於江，激石如雷。

臘惹洞。在永順縣東南六十里。泉出洞中，祈雨多應。相近有犀牛洞。

衙住洞。在保靖縣南。出紋石。

石門洞。在保靖縣西北。元和志：在三亭縣東百五十里。其險纔通一舟。

觀音洞。在桑植縣南三里。洞有三重，逶迤而入，澄潭石髓，幽勝莫可名狀。歷第三潭數里許，通縣城東門，聞男女雞犬聲。

老虎洞。在桑植縣西南。有水南流入上峒河。

鼓皮洞。在桑植縣西南。

巖壁洞。在桑植縣西北。有水東流入西河。

錢桶埠。在桑植縣西七十里，臨澧水。峭壁巉巖，向爲土司據險負固之所。

酉水。在永順縣西南。源出縣西北，南流經縣西南，又東南流入辰州府沅臨縣界。漢書地理志：武陵郡充縣酉陽山，酉水所出，南至沅陵入沅，行千二百里。水經注：酉水導源益州巴郡臨江縣，故武陵之充縣酉源山，東南流經無陽故縣南，又東逕遷陵故縣界與西鄉溪合，謂之西鄉溪口。又東逕遷陵縣故城北，東逕酉陽故縣南。按：湖南通志沅陵縣有酉陽水〔六〕，源出小酉山，東北流入酉水。禹貢注所云「酉水出今沅陵縣」者是也。永順縣酉水，源出縣之沖正保白羊水，經葛藤寨，入沅陵境爲酉溪，即沅陵志所載「出苗地丫角山」者是也。其自四川酉陽州而下，經保靖、永順、沅陵入沅者，曰北河。所滙溪水，皆曰酉水。漢書地理志「武陵郡充」注曰「酉源山，酉水所出」，水經注云「酉水導源益州巴郡臨江縣，故武陵之充縣」者是也。

更始水。在保靖縣北。自四川酉陽州界流入，又東流至永順縣界，入酉水。一名北河。水經〔七〕：延江至巴郡涪陵縣，注更始水，即延江枝分之始也。東入巴東之南浦縣，其水注引瀆水石門〔八〕，又謂之西鄉溪。溪水間關二百里許，方得出山。又二百餘里，東南入遷陵縣。西鄉溪口，在遷陵縣故城上五十里，左合酉水。舊志：北河有二源，一出邑梅土司界，一出平茶土司界。至爛泥灣合流，自酉陽州界流入，徑縣西北，會諸水，至永順界與靈溪合，即西鄉溪也。

龍峒水。在桑植縣西。東流入上峒河。

五道水。在桑植縣西北。下趨源河，流鹿兒口，經涼水口，而歸兩夾灘。杜詩：「溪行一流水，曲折凡五渡。」其水紆曲，若五水分流也。

臘竹江。在龍山縣西。源出隆頭下，流入酉水。

猛洞河。在永順縣東。源出縣東北，西南流入酉水。雍正九年開濬，始通舟楫。

牛路河。在永順縣東南四十里。即雲溪下流。自舊司城五六十里至此，又五六十里達王村，激石奔沙，水勢奇險。自王村至郡城，陸路必過此，兩岸懸崖夾峙，上下約十里，極陡險。山路歷經修治，皆砌石爲磴，可行輿馬。

顆沙河。在永順縣東北。源出内顆砂保，經畬刀彎等處，流入石洞里許，復出釣磯巖，合喇著河入靈溪。

西河。在桑植縣西南。亦名酉水，源出龍山縣界。東南流逕桑植縣西，又東南流入澧州安福縣界，入澧水。

官埧河。在桑植縣西南。北流入上峒河。

田谷河。在桑植縣西南。西流入官埧河。

上峒河。在桑植縣西七十里。東北流入西河。

緑水河。在桑植縣西北六十里。水色如靛，即澧水也。源出湖北施南府宣恩縣界，南流入西河。

兩家源河。在桑植縣東北。源出湖北施南府宣恩縣界，南流入西河。一名八斗溪。

聚龍湖。在永順縣東南四十里。

賀虎溪。在永順縣東一百二十里。源出縣東羊峯山。

梛溪。在永順縣東南四十里。源出縣東北分水隘，西南流入酉水。

納溪。在永順縣東南六十里。西流入酉水。

白水溪。在永順縣東南八十里。西流入酉水。

施溶溪。在永順縣東南一百二十里。源出吴良界，西南流入酉水。

明溪。在永順縣東南一百二十里。東南流逕辰州府沅陵縣界，入酉水。水經注：武陵有五溪：一曰樠溪，通志即明溪也。一曰明灘，宋史辰州瀘溪郡有明溪砦，天禧五年，詔溪州刺史彭儒猛至明灘要盟遣之，即此。

茶溪。在永順縣東南一百二十里。源出高望山，即會溪上流，東南流入沅陵縣界。五代時馬希範立銅柱於此。一名茶灘。宋熙寧五年，築下溪州城，置砦於茶灘南岸，即此。又東南四十里有羅衣溪，亦源出高望山，下流入酉水。

廟溪。在永順縣南。源出雷公嘴，北流入酉水。

白沙溪。在永順縣西南。有連雲坡，左右兩泉，自山迸出，合流入靈溪。

勞車溪。在永順縣西八十里。源出洗亞、車喇著二處，西南流入靈溪。

靈溪。在永順縣東北三十里。源出蟠龍山，分二支，俱西南流入酉水。

容虎溪。在永順縣東北，接澧州永定縣界。

白溪。在保靖縣東五十里。源出排都當，北流入北河。

小溪。在保靖縣西南。一名小江，又名小河，源出辰州府蠟爾山，東北流，由小江口入北河。

蒙冲溪。在保靖縣西北六十里。源出著苦土山，南流入北河。

世溪。在保靖縣北五十里。源出崖窩山，東南流入北河。

冒洞溪。在龍山縣東南六十里。水從平地冒出，西南流折而東北，歷金竹坪、謝家寨，南流數十里入山洞，伏而不見。

茨灘。在永順縣東界。

鳳灘。在永順縣東二百八十五里。

卯洞灘。在龍山縣西南四十里。

龍馬灘。在保靖縣境。又有古牛灘、婆樹灘、綦步灘，俱在縣境。

象灘。在永順縣東南。

松雲潭。在永順縣治西北。上有醒心亭，又有安壽山房。潭上石壁，勒「松雲潭」三字。

甘泉。在永順縣東南三十里。

飛泉。在永順縣東南五十里馬力坡下。飛瀑如珠簾。

温泉。有二：一在永順縣東猛洞河側，一在縣東北麻陽坪。又桑植縣西北五十里亦有温泉，從石中出，四時皆温。

斗泉。在永順縣北五十里。石上有石刻「斗泉」二字。

陽魚泉。在桑植縣西北一百里。泉盛主旱，泉竭主雨。

七眼泉。在桑植縣西北一百五十里。泉水噴湧，東南流入西河。

龍眼泉。在桑植縣東北。南流入西河。

蓮池。在永順縣東南三十里。有紅、白二蓮池。

天池。在永順縣東南七十里毛土坪。一名天堰。

古蹟

酉陽故城。在永順縣東南。漢置縣。梁改置大鄉縣，而此城廢。宋書州郡志：武陵太守領縣酉陽，漢舊縣。水經注：酉水東逕酉陽故縣南，縣故酉陵也。按：通典、舊唐書地理志、輿地廣記皆於大鄉縣注漢沅陵、零陽二縣地，而不及酉陽。其漢酉陽縣，通典、元和志、舊唐書、寰宇記皆注於黔州彭水縣下。然以水經注所載酉水源流證之，所云自酉源山東南流逕無陽故縣南者，今之龍山縣也。所云又東徑遷陵故縣城北者，今之保靖縣也。所云又東徑酉陽故縣南者，即今之永順縣也。故寰宇記雖於彭水縣下注「漢酉陽縣地」，而於涪州下則云「漢酉陽縣，在今溪州大鄉界，與黔州相去千餘里。今三亭縣西北別有酉陽城，乃蜀漢所置，非漢之酉陽」。據此，則漢酉陽之在今永順縣界明矣。又方輿紀要載酉陽城在沅陵縣西北。按沅陵西北與永順接壤，蓋故城在永順東南，與沅陵隣近。故通志載酉陽故城於永順，而沅陵縣志亦載之於沅陵也。益可知漢酉陽之不在今彭水縣矣。

下溪州故城。在永順縣東南，接辰州府沅陵縣界。溪州世爲彭氏所據，五代楚徙其州治於此，遂稱下溪州。後爲北江蠻酋誓主，宋熙寧五年改名會溪城。通鑑：後晉天福五年，楚劉勍等焚彭士愁寨而攻之，士愁遣其子師暠帥諸酋長，納溪、錦、獎三州印，請降於楚。楚王希範徙溪州於便地，表彭士愁爲溪州刺史，以銅五千觔鑄柱，高丈二尺，入地六尺，銘誓狀於上，立之溪州。宋史蠻夷傳：溪州總二十州皆置刺史，而以下溪州刺史兼都誓主，十九州皆隸焉，謂之誓下州。熙寧五年，遣章惇經制南北江，誓下峒蠻各以其地歸版籍。詔修築下溪州城，並置砦于茶灘南岸，賜新城名會溪，新砦名黔安戍，以兵隸辰州，出租賦如漢民。又地理志：辰州，城一：會溪，熙寧八年置。按：下溪州，後晉時馬希範移置。名勝志以爲即唐之溪州，誤。

溪州故城。在龍山縣東南。本梁大鄉縣，唐置溪州。五代時爲蠻地。隋書地理志：沅陵郡大鄉，梁置。舊唐書地理志：溪州，舊辰州之大鄉，天授二年，分置溪州。舊領縣二，又分置洛浦縣。長安四年，以洛浦屬錦州。天寶元年，改溪州爲靈溪郡。乾元元年，復爲溪州。大鄉，漢沅陵、零陽二縣地，屬武陵郡。梁分置大鄉縣，舊屬辰州。天授二年來屬，州所理也。

遷陵故城。在保靖縣東。漢置縣。南齊省。宋書州郡志：武陵太守領縣遷陵，漢舊縣。水經注：酉水又東逕遷陵縣故城北。又遷陵縣、酉陽故縣兩縣相去水道可四百里許。

三亭故城。在保靖縣西。唐置縣。五代後爲蠻地。元和志：三亭縣，本漢遷陵縣。隋廢入大鄉，貞觀元年分大鄉復置，因縣西十五里有三亭古城爲名。舊唐書地理志：三亭，貞觀九年屬辰州，天授二年改屬溪州。

黚陽廢縣。在龍山縣境。晉置縣。南北朝梁省。宋書州郡志：武陵太守領縣黚陽。二漢無，晉太康地志有。水經注：酉水北岸有黚陽縣。許慎曰：温水南入黚，蓋黚水以下津流沿注之通稱也，故縣受名焉。

洛浦廢縣。在保靖縣南。唐置縣。五代後爲蠻地。元和志：洛浦縣，先天二年分大鄉置，以縣西洛浦山爲名。舊唐書地理志：洛浦，天授二年屬溪州，四年改屬錦州。

施溶廢州。在永順縣東南九十里，東接澧州永定縣界，南接辰州府沅陵縣界。五代時蠻置。宋爲羈縻溶州，屬荆湖路。元屬思州安撫司。明屬永順宣慰使司，田氏世爲土官。本朝雍正七年改土歸流，置巡司，州裁。九域志：荆湖路北江羈縻溶州。元史地理志：思州軍民安撫司會溪、施溶等處。明統志：洪武二年，置施溶州。

南渭廢州。在永順縣西。五代時蠻置。宋爲羈縻州，屬荆湖路。元屬新添葛蠻安撫司，後廢。明復置，屬永順宣慰使司。彭氏世爲土官。本朝雍正七年改土歸流，州裁。九域志：荆湖路北江羈縻南渭州。元史地理志：新添葛蠻安撫司南渭州。明統志：南渭州，明洪武二年復置。

上溪廢州。在龍山縣境。唐溪州地。五代時爲蠻所據。宋爲羈縻州，後廢。明復置，屬永順宣慰使司。彭氏世爲土官。本朝雍正七年改土歸流，州裁。宋史蠻夷傳：北江蠻酋有上溪州。明統志：宋初有上溪、中溪、下溪三州，後廢。洪武二年置上溪州。

舊安福所。今桑植縣治。宋爲安福砦，屬澧州。明置安福守禦所。本朝雍正七年與桑植土司俱改爲桑植縣，而建縣治於此。宋史地理志：澧州慈利有安福砦。岳州府志：明洪武二十三年，置安福守禦所於瓦窑岡，屬九溪衛。

羊峯城。在永順縣西羊峯山上。

龍標城。在保靖縣東。元和志：三亭縣西水南有龍標故城，蜀將馬德信所築。其城甚寬大，在龍標山。

銅柱。在永順縣東南一百四十里，接辰州府沅陵縣界。五代時，溪州刺史彭士愁率衆蠻攻澧州，馬希範遣劉勍等擊敗之。士愁子師暠率諸蠻酋降希範，乃立銅柱爲表，命學士李弘皋銘之，與溪州分界。

關隘

野毛關。在永順縣東一百三十里野毛坪。

龍爪關。在永順縣東一百五十里，接澧州永定縣界。

椰溪關。在永順縣東南一百一十里。

白溪關。在保靖縣東五十里。

油羅關。在桑植縣東南五十里。一名牛騾隘。

大泉關。在桑植縣南四十里，路出澧州安福縣。

野雉關。在桑植縣西南五十里。一名野雞關，路通澧州永定縣。

三江口關。在桑植縣西北四十里，路出湖北宜昌府鶴峯州、施南府恩施縣界。

洪家關。在桑植縣北。

王村巡司。在永順縣東南九十里，即施溶土司舊地。上達川、黔，下通辰州，爲水陸要津。本朝雍正七年置巡司。

隆頭巡司。在龍山縣西一百八十里隆頭鎮，上通四川酉陽州，下通辰州北河，爲水陸衝要地。本朝雍正七年置。

張家壩巡司。在保靖縣西南百里，接四川平茶土司界。雍正七年置。

上下二峒巡司。上峒在桑植縣西南，其北有下峒，俱土司。雍正七年改土歸流，乾隆元年設巡司，後裁。

施溶峒司。在永順縣東南。汪氏世爲土官，屬下溪州。元置長官司，明因之。本朝雍正七年改土歸流。明統志：施溶溪長官司，元置，屬思州軍民安撫司。明改屬永順宣慰使司。

驢遲峒司。在永順縣南。向氏世爲土官，屬下溪州。元置長官司，明因之。本朝雍正七年改土歸流。元史地理志：思州軍民安撫司驢遲峒。明統志：驢遲峒長官司〔九〕，明改屬永順宣慰使司。

田家峒司。在永順縣西南。田氏世爲土司，屬下溪州。明置長官司，屬永順宣慰司。本朝雍正七年改土歸流，設巡司。

乾隆九年裁。

臘惹峒司。在永順縣西南。向氏世爲土官，屬下溪州。元置長官司，明因之。本朝雍正七年改土歸流。元史地理志：思州軍民安撫司臘惹峒。明統志：臘惹峒長官司，明改屬永順宣慰使司。

麥著黃峒司。在永順縣西南。黃氏世爲土官，屬下溪州。元爲麥著土村，置長官司。明爲麥著黃峒，仍置長官司。本朝雍正七年改土歸流。元史地理志：思州軍民安撫司麥著土司。明統志：麥著黃峒長官司，明改屬永順宣慰使司。

白崖峒司。在龍山縣治地。張氏世爲土官，屬上溪州。元置長官司，明因之。本朝雍正七年改土歸流。元史地理志：新添葛蠻安撫司白崖峒。明統志：白崖峒長官司，明改屬永順宣慰使司。

大喇司。在龍山縣東一百九十里。舊爲彭氏土司地，明設巡司，今裁。

美坪峒。在桑植縣西。舊桑植安撫司，領美坪、朝南、那步、人士、黃河、魚龍、夾石、苦南、桿坪、鬻寮、金藏、拓山、爛洞、黃家、板山、龍潭、書洛等十七峒，皆苗獠聚處。本朝雍正七年悉改土歸流。

吴良界。在永順東南一百五十里，東接澧州永定縣界，南接辰州府界。

古銅溪砦。在保靖縣南三十里，接永綏廳花園砦界。有把總領兵駐防。

里耶砦。在保靖縣西，接四川酉陽土司濫泥灣界。

高羅峒汛。在龍山縣西。

六兒口。在桑植縣北，接湖北宜昌府鶴峯州界。

古丈坪。在永順縣西南。同知、府巡檢俱駐此。嘉慶二年設營置都司，駐防於此。

大毛坪。在龍山縣東。

大木坪。在桑植縣北一百八十里，接湖北宜昌府鶴峯州界。

津梁

太平橋。在永順縣東五里。

高橋。在永順縣東。本朝順治四年土司官彭宏澍敗流寇於此。

自生橋。在永順縣東門外。

顆砂橋〔一〇〕。在永順縣東四十里〔一一〕。長三丈，闊二丈，高二丈。

聚龍湖橋。在永順縣東四十里。有上、下二橋。

榔溪橋。在永順縣東南四十里。

慈惠橋。在永順縣南。舊名錦繡橋，明嘉靖四十二年重修，改今名。

竹橋。在永順縣西四十五里。

長官橋。在龍山縣東四十里。

接龍橋。在保靖縣城内。

世德橋。在保靖縣西門外。康熙二十七年建。

普濟橋。在保靖縣南門外。雍正八年請帑建。

興龍橋。在保靖縣境。

黄龍橋。在桑植縣東門外。明初建。本朝乾隆十二年修。

芙蓉橋。在桑植縣東四十五里。

浮牛橋。在桑植縣境。

王村渡。在永順縣南三十里。

釣磯巖渡。在永順縣北三十里。

里耶渡。在龍山縣東一百十里。

龍頭鎮渡。在龍山縣東南一百八十里。

誓溪河渡。在保靖縣東北四十里。

隄堰

天堰。在永順縣東二十五里。周迴六百餘丈，灌田甚溥。

湖壁塘。在永順縣西三十里。周三千餘丈，灌田千餘畝。

三塘。在龍山縣南十五里。每塘相距半里許，一日三潮，潮起水溢，居民環置機椿。

羊公潭陂。在桑植縣北。又縣境有洪家關陂。

祠廟

鳳灘神廟。在永順縣東一百三十里。灘最險惡，神著靈應。

伏波廟。有二，一在永順縣東南會溪上，一在保靖縣南，祀漢馬援。

福民廟。在永順縣西南白沙溪上，祀五穀之神。

寺觀

觀音寺。在桑植縣南門内最高處。修篁曲徑，幽寂如山林。明建。本朝康熙三十七年重修。

迎恩寺。在桑植縣東五里。即古擎天觀，明建。本朝康熙四十一年重修。

大泉寺。在桑植縣東二十里袁家坪。

太平寺。在桑植縣北二十五里。山水秀異，院宇清幽。

玉極觀。在永順縣境。

三清觀。在保靖縣東。

聖母觀。在保靖縣南。

駐龍觀。在桑植縣西南七里。其地多猿，四時啼聲不絕。

玉宸宫。在保靖縣西。

蟠桃庵。在永順縣界。

獅子庵。在保靖縣西隔河獅子山洞前。

名宦

宋

張綸。汝陰人。由辰州徙知南渭州。蠻入寇，以綸爲沿邊五溪十峒巡檢使，安諭之，遣官與盟，刻石境上。

明

青德。綏德人。正德中任九永邊糧通判，邊人信服。勘永順獄，多所平反，苗夷安輯。

本朝

田易順〔一二〕。大興人。雍正五年任永順同知。時值改土歸流，飛檄旁午，易順因地方情形，條議各事宜，後建置多本其議。

袁承寵。長山人。雍正七年設流官，始以承寵爲知府，捐家資三千金築城，興利除弊，稱首庸焉。

王欽命。臨汾人。雍正七年知保靖縣。地方改流，創建俱有條理。時闢六里紅苗，暇即纂成縣志，皆歎其才。

袁振緒。曹縣人。雍正七年始設龍山，以振緒知縣事。創置有條，令民田照道州下則例，民便之。

張秉義。膠州人。雍正中知桑植縣。建義學，勸農桑，一時稱治。

駱爲香。惠安人。乾隆中知永順府。修學宫，治祭器，設廪額，禁漢民毋佔苗産。卒於官，人咸惜之。

丁應甲。武進人。乾隆中知永順縣。值大旱，徒跣祈雨日中，雨立至。復捐廉買米平糶，民賴以不饑。

鍾人文。興國州人。知桑植縣，建崇文書院。教民作水車，士民久而德之。

楊有鳳。西寧人。乾隆中爲永順協都司。延師教營中子弟，建五里橋以利行人，調征金川，陣亡。永順人建祠祀之。

人物

宋

彭儒猛。先世吉水人，後徙上溪州。五世祖瑊，梁開平中爲溪州刺史，遂世官其地。太宗時，知溪州彭允林歸順，詔爲溪州刺史。真宗時，儒猛爲下溪州刺史，辰州諸蠻來攻，擊走之，擒酋首以獻，詔賜錦袍銀帶。儒猛自陳母老，願被恩典，詔時加邑封。子仕漢，入朝爲殿直，逃歸，誘羣蠻爲亂，儒猛遣别子仕端等殺之。朝廷嘉其忠，降詔獎諭。時儒猛爲檢校尚書右僕射，特遷左僕射。又以仕端爲檢校國子祭酒，知溶州。

明

彭世麒。儒猛十四世孫。弘治間爲永順宣慰使，征貴州苗及米魯賊有功，進階昭勇將軍，賜麒麟服。郴州民頌其征賊時號令嚴明。

彭世麟。永順土舍。正德間流寇藍廷瑞倡亂兩川，結婚於世麟以爲援。世麟僞許之，因與約期，既而廷瑞與賊首鄢本恕及王金珠等二十八人皆來會，世麟伏兵擒之。餘賊潰渡河，官兵遂殲之。

彭藎臣。保靖土司。嘉靖中爲宣慰使，調赴蘇松征倭，戰於石塘灣，敗之。賊北走平望，藎臣率兵尾之於王江涇，又大破之，斬獲二千級。賜三品服，令統兵益擊賊，進昭毅將軍，加右參政。

彭翅。保靖土舍。嘉靖中調征倭，至新場，陷伏中死之。事聞，贈一官。

田菑。永順土官。嘉靖中調征倭，争入賊巢，爲所圍，死之。

田豐。永順土官。亦死於征倭。

彭象周。保靖宣慰使彭象乾之弟。萬曆末，調援遼，與姪緄、天祐率親兵戰于渾河，一門皆死之。天啓二年，俱贈都司僉書。

本朝

田宇。永順人。家貧。母石氏素患心病，每發，輒欲自戕，宇護之甚謹。一日母病，負痛投水，宇趨入水援之。石氏近岸，衆救得甦，宇竟溺死。

魏國仕。永順人。性孝友。葬父于太平山，汲水甚遠，國仕號泣拜禱，路旁枯井忽湧水出，觀者如堵。同知田易順名曰孝感泉。

彭騰鼇。永順歲貢生。誠樸好學，主講崇文書院，辨析經義，娓娓不倦。

朱定國。保靖人。幼失怙，能孝養其母。及母殁，食粥盡哀。

劉漢景。保靖人。幼孤，兩兄繼卒，漢景撫其兄子五人如己出。

王佐。保靖人。敦睦宗族，好施予。鄉里宿負，貧無以償者，悉還其券。

伍才顯。保靖人。傭以養父，父卒，賣身具殯殮。父喪三年，乃贖身歸，閭里稱其孝。

向鼎暹。桑植人。舊爲土官副印，深沈寡言笑，鄰司畏之，不敢加兵。改土後垂三十年，足不入城市。年逾八十，手不釋卷，鄉人咸敬事之。

鄧其性。桑植人。家貧。事母孝，冬月，常以身温被，然後奉母就寢。母殁，日夜悲號，竟以毁卒。

朱國瑞。保靖人。由把總洊升守備。乾隆三十七年隨征金川，屢獲戰功。五十四年隨勦臺灣逆匪，擊賊於黎城，傷重陣亡。事聞，議䘏，廕恩騎尉。

張應宗。永順人。官九谿營千總。嘉慶五年，隨勦楚北邪匪，賊竄至鄖縣花果園，應宗竭力防堵，受傷陣亡。同時遇害者，千總黄金桂、彭奉、陳大勇，把總陳俊。事聞，議䘏，均廕雲騎尉。

黄恢先。龍山人。家貧，奉母必竭甘旨。母殁，負土營墓，手足爲皸。後家漸裕，捐置義田，周䘏羣季，教子孫成名。嘉慶二十四年，以孝義旌。

列女

本朝

楊大任妻張氏。永順人。夫亡守節，乾隆年間旌。

陳名妻程氏。保靖人。夫亡守節，同縣貞女鍾應瑞聘妻范氏、易之乾聘妻戴氏，均乾隆年間旌。

蕭國榜妻蔣氏。桑植人。夫亡守節。同縣烈婦鍾朝選妻張氏，均乾隆年間旌。

黄學舜妻楊氏。永順人。少寡，有諷改適者，引刀自割，得救免。同縣孝婦李世麟妻龍氏，均嘉慶年間旌。

鍾之鳳妻舒氏。龍山人。夫亡守節，嘉慶年間旌。

程文周妾彭氏。保靖人。乾隆六十年，苗變殉難死。同縣烈婦夏正俸妻唐氏、婦陳氏、黄光榮妻楊氏，均嘉慶年間旌。

宋盛富妻李氏。桑植人。夫亡守節，嘉慶年間旌。

土産

棉花。諸縣皆出。織成布皆粗厚。府志：漢之賨布，宋之溪布，即此類。

土錦、斑布。永順、龍山、桑植出。

峒茶。四縣皆出，桑植爲多。

桐油。四縣皆出。

蜂蜜。四縣皆出。在崖壁石隙間，色香氣味更佳。

黄連。桑植縣出。

通草。名通脱木，各縣俱出。可爲花，又製成紙，可供書畫。

茜草。即紫草，永順縣出。

山牛、山羊、錦雞。明統志：永順土産。

竹雞。明統志：保靖縣出。

校勘記

〔一〕領五砦箄子坪二長官司　「箄」，原作「篁」，據明史卷四四地理志改。

〔二〕下有月漾池　乾隆志卷二八六永順府山川（下同卷簡稱乾隆志）無「漾」字。

〔三〕在永順縣東南三十里　乾隆志及乾隆湖南通志卷一三山川「東南」俱作「西」，疑本志涉下條而誤。

〔四〕體亞牙山　乾隆志作「體巫山」。

〔五〕在龍山縣北界五十里　按，乾隆志謂洛塔山在龍山縣南五十五里，未知孰是。

〔六〕湖南通志沅陵縣有酉陽水　「陽」，原脱，據乾隆志及乾隆湖南通志卷一二山川補。

〔七〕水經　按，當作「水經注」三字，此脱「注」字。

〔八〕其水注引瀆水石門　「瀆水」，乾隆志同。按，戴震校水經注，改「水」作「口」。

〔九〕驢遲峒長官司　「遲」，原作「逢」，據乾隆志及上文改。

〔一〇〕顆砂橋　「顆」，原作「夥」，據乾隆志改。按，本志前文有顆砂河，源出内顆砂保。顆砂橋名蓋亦以此。

〔一一〕在永順縣東四十里　「四」，原作「西」，據乾隆志改。

〔一二〕田易順　「順」，原脱，據乾隆志補。下文同補。按，本志下文人物魏國仕條亦作「田易順」。

澧州直隸州圖

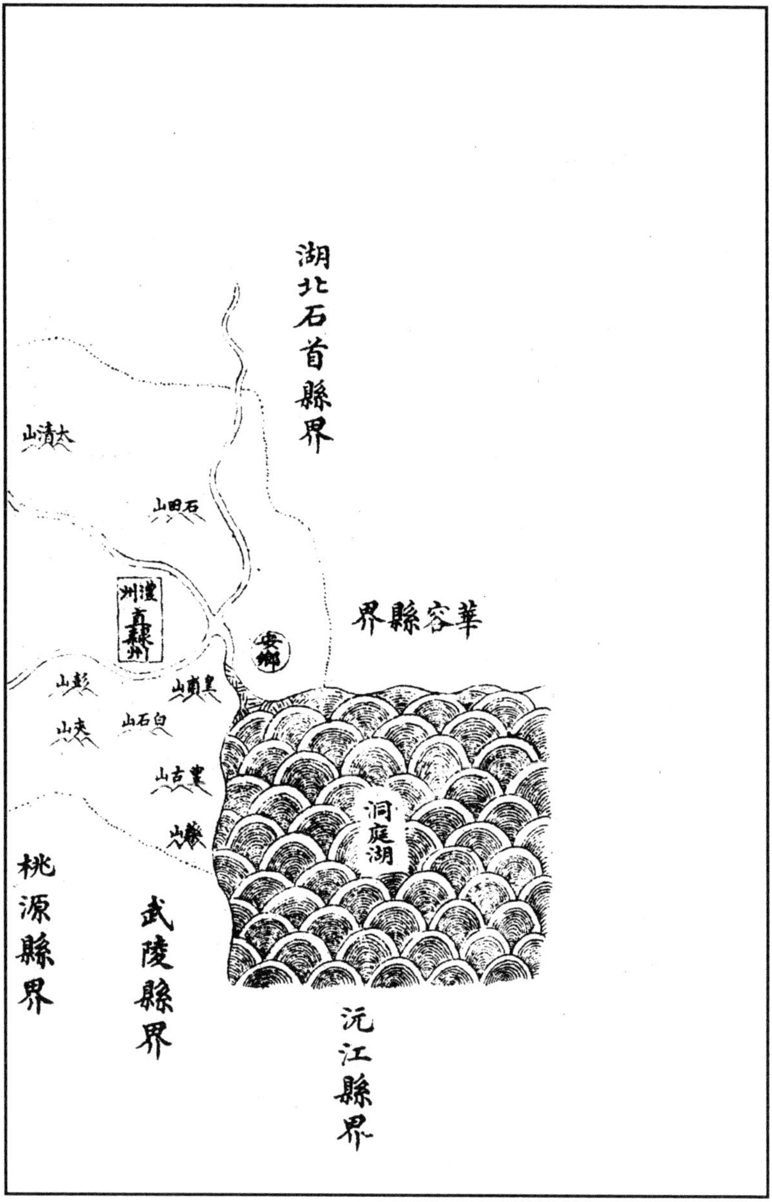
湖北石首縣界
太清山
石田山
澧州直隸州
華容縣界
安鄉
彭山
白石山
夾山
洞庭湖
桃源縣界
武陵縣界
沅江縣界

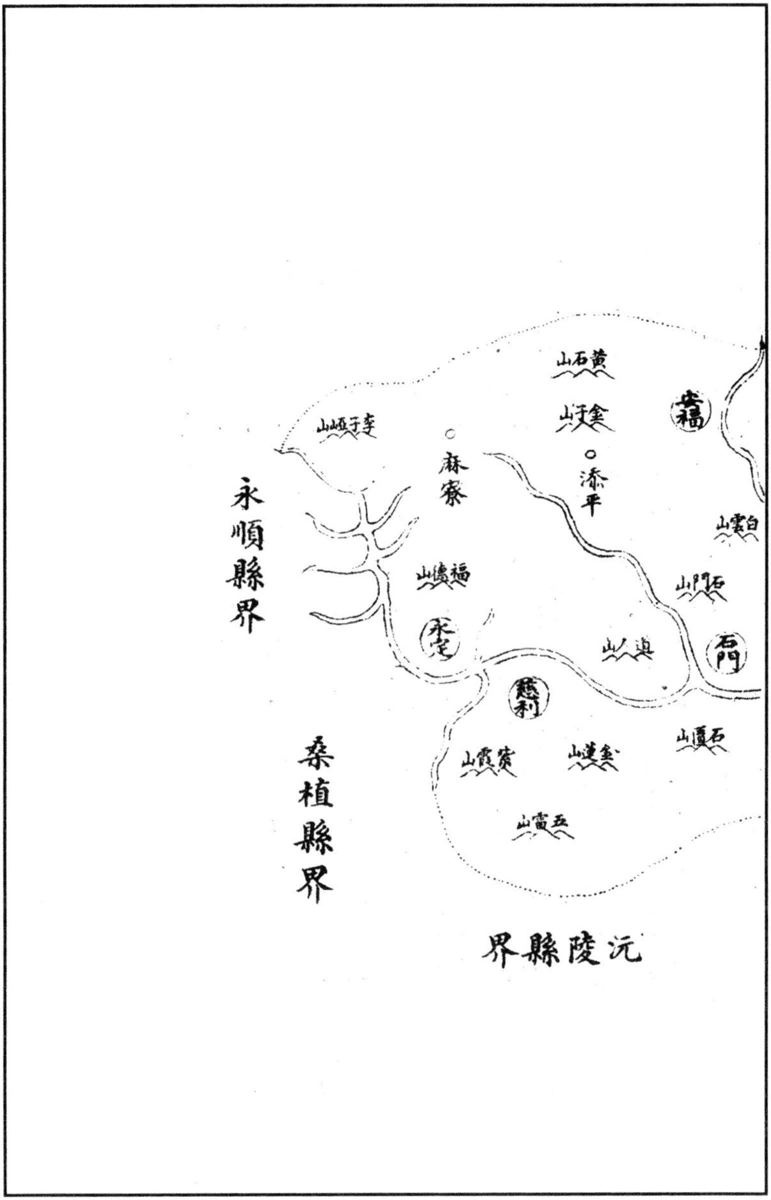
黄石山
李子埡山
安福
麻寮
添平
白雲山
永順縣界
福德山
石門山
永定
石門
慈利
金蓮山
五雷山
桑植縣界
沅陵縣界

澧州直隸州表

	澧州直隸州	石門縣
秦		
漢	孱陵、零陽二縣地，屬武陵郡。	零陽縣地。
三國	吳分屬天門郡。	天門郡 吳析置。
晉	東晉析置義陽郡。	天門郡 澧陽縣 太康中置，郡治。
南北朝		天門郡 陳更名石門郡。 澧陽縣 陳更名石門縣，爲石門郡治。
隋	澧陽郡 初置松州，尋改澧州，大業初改爲郡。 澧陽縣 開皇初置，爲郡治。	石門縣 郡廢，縣屬澧陽郡。
唐	澧州 澧陽郡 武德四年復爲澧州，天寶初仍曰澧陽郡，屬山南東道。 澧陽縣 州治。	石門縣 屬澧州。
五代	澧州 初屬楚，後爲周行逢所據。 澧陽縣	石門縣
宋	澧州 澧陽郡 屬荆湖北路。 澧陽縣	石門縣 屬澧州。
元	澧州路 屬湖廣行省。 澧陽縣 路治。	石門縣 屬澧州路。
明	澧州 初爲府，洪武二十九年降爲州，屬岳州府。 省入州。	石門縣 屬澧州。

續表

安鄉縣	慈利縣
孱陵縣地。 作唐縣 後漢析置，屬武陵郡。	零陽縣 屬武陵郡。
作唐縣 吳南郡治。	零陽縣 屬天門郡。
義陽郡 東晉分南平郡置。 南平郡 太康初置，後徙。 作唐縣 太康初爲南平郡治，後郡徙縣屬。	零陽縣
義陽郡 宋領厥西、平氏二縣。陳復置。 作唐縣 陳復爲南平郡治。	零陽縣 後廢。
安鄉縣 廢郡置縣，屬澧陽郡，廢。 孱陵縣 更名，屬澧陽郡。	慈利縣 開皇中改置零陵縣，十八年更名，屬澧陽郡。
安鄉縣 屬澧州。 初屬澧州，貞觀初省入安鄉。	慈利縣
安鄉縣	慈利縣
安鄉縣 屬澧州。	慈利縣
安鄉縣 屬澧州路。	慈利縣
安鄉縣 屬澧州。	慈利縣 復降縣，移治，屬澧州。

安福縣	永定縣
充縣地。	充縣 屬武陵郡。
溇中縣 吳置。	充縣 屬天門郡。
溇中縣 屬天門郡。	充縣 後省。 臨澧縣 太康四年置，屬天門郡。
溇中縣 後省。	臨澧縣 後省。
崇義縣 開皇中置，大業初屬澧陽郡。後廢。	
武德中復置，屬澧州。麟德初省入慈利。	
九溪衛地。	永定衛 洪武初置羊山衛，三年改大庸衛，建文初又更名，屬湖廣都司。

大清一統志卷三百七十三

澧州直隸州一

在湖南省城西北六百五里。東西距四百三十五里，南北距二百五里。東至岳州府華容縣界一百二十五里，西至永順府永順縣界三百二十里，南至常德府武陵縣界一百二十里，北至湖北荆州府公安縣界八十五里。東南至常德府沅江縣界一百四十里，西南至常德府桃源縣治二百五十五里，東北至公安縣界八十里，西北至荆州府枝江縣治三百六十里。本州界東西距一百四十里，南北距二百五里。東至安鄉縣界九十里，西至石門縣界九十里，南至武陵縣界百二十里，北至公安縣界八十五里。東南至安鄉縣界一百二十五里，西南至桃源縣治二百五十五里，東北至公安縣界八十里，西北至安福縣界一百六十里。自州治至京師三千七十里。

分野

天文翼、軫分野，鶉尾之次。

建置沿革

漢孱陵、零陽二縣地，屬武陵郡。三國吴分屬天門郡。東晉析置義陽郡，宋、齊以後因之。

隋平陳，廢郡，置松州，兼置澧陽縣爲治。尋改爲澧州，大業初曰澧陽郡。唐武德四年，復爲澧州。天寶初，仍曰澧陽郡。乾元初，復曰澧州，屬山南東道。五代屬楚，後爲周行逢所據。宋亦曰澧州澧陽郡，屬荆湖北路。元至元中，立澧州路總管府，屬湖廣行省。明洪武初，曰澧州府，屬湖廣布政使司。二十九年，降爲州，以州治澧陽縣省入。明年，改屬岳州府。本朝因之。雍正七年，改升直隸州，屬湖南省，領縣五。

石門縣。在州西九十里。東西距五十五里，南北距三百九十里。東至安福縣界三十五里，西至慈利縣界二十里，南至常德府桃源縣界七十里，北至湖北宜昌府長陽縣界三百二十里。東南至常德府武陵縣界七十里，西南至桃源縣界五十里，東北至本州界七十里，西北至安福縣界一百二十里。漢武陵郡零陽縣地。三國吳永安六年析置天門郡。晉太康四年，置澧陽縣爲郡治，宋、齊因之。陳改郡縣，俱曰石門。隋廢郡縣，屬澧陽郡。唐屬澧州，五代因之。宋屬澧州澧陽郡。元屬澧州路。明屬澧州，隸岳州府。本朝因之。雍正七年，改屬澧州。

安鄉縣。在州東南一百二十里。東西距八十里，南北距一百五十里。東至岳州府華容縣界三十五里，西至本州界四十五里，南至常德府武陵縣界九十里，北至湖北荆州府公安縣界六十里。東南至常德府沅江縣界一百四十里，西南至武陵縣界九十里，東北至荆州府石首縣治一百里，西北至荆州府公安縣治二百里。漢武陵郡孱陵縣地。後漢建武十六年，分置作唐縣。三國吳爲南郡治。晉太康元年，置南平郡，治作唐，後徙治縣屬。東晉分置義陽郡。南北朝宋、齊、梁因之。陳復爲南平郡治。隋廢南平郡，改作唐曰孱陵縣。又廢義陽郡，置安鄉縣，俱屬澧陽郡。唐初二縣屬澧州，貞觀元年，省孱陵入安鄉。五代因之。宋屬澧州澧陽郡。元屬澧州路。明屬澧州，隸岳州府。本朝因之。雍正七年，改屬澧州。

慈利縣。在州西一百六十里。東西距一百六十里，南北距二百九十里。東至石門縣界六十里，西至永定縣界一百里，南至常德府桃源縣界七十里，北至湖北宜昌府鶴峯州界二百二十里。東南至石門縣界六十里，西南至桃源縣界五十里，東北至石門縣界八十里，西北至安福縣界五十里。漢置零陽縣，屬武陵郡。三國吴分屬天門郡。晉、宋、齊因之，後省。隋開皇中，改置零陵縣。十八年，又改曰慈利，屬澧陽郡。唐屬澧州，五代因之。宋屬澧州澧陽郡。元至元初，升爲慈利州，屬澧州路。明初復爲縣，屬澧州，隸岳州府。本朝因之。雍正七年，改屬澧州。

安福縣。在州西南一百七十里。東西距一百二十五里，南北距一百二十五里。東至本州界四十五里，西至石門縣界八十里，南至常德府武陵縣界五十里，北至本州界七十五里。東南至武陵縣界六十里，西南至常德府桃源縣界八十里，東北至本州界五十里，西北至石門縣界九十里。漢充縣地。吴永安中，於此置漊中縣。晉屬天門郡。宋改屬武陵郡。周廢縣置衡州。隋開皇中，置崇義縣，爲衡州治。大業初，州廢，縣屬澧陽郡，後並省縣。唐武德中，復置，屬澧州。麟德元年，省入慈利縣。明洪武二十二年，置九溪衛，屬湖廣都司。本朝雍正七年，改置安福縣，屬澧州。

永定縣。在州西三百四十里。東西距九十里，南北距一百二十里。東至慈利縣界五十里，西至永順府永順縣界四十里，南至辰州府沅陵縣界五十里，北至永順府桑植縣界七十里。東南至慈利縣界五十里，西南至沅陵縣界五十里，東北至慈利縣界五十里，西北至永順縣界九十里。漢置充縣，屬武陵郡。三國吴屬天門郡。晉省。太康四年，改置臨澧縣。宋、齊因之，後省。明洪武初，置羊山衛。三年，改曰大庸衛。建文初，又改爲永定衛，隸湖廣都司。本朝雍正十三年，析安福及慈利地，置永定縣，屬澧州。

形勢

倚連岡以起伏，面長江以演漾。唐戎昱澧州新城記。沅、湘、衡岳接其前，漢、沔、荆峴帶其後。宋澧州郡守題名記。彭阜聳其西，蕭山列其東，蘭江前陳，仙洲外蔽。圖經。

風俗

澧有屈原遺風。唐刺史王堪制詞。土腴俗美，力於耕桑。畏上樂輸，號爲易治。州志。

城池

澧州城。周九里有奇，門五，有濠。明洪武初築。本朝順治六年修築，康熙二十二年重葺，乾隆二十七年踵修，又開門一。

石門縣城。周二里有奇，門四。明成化間築。

安鄉縣城。周二里有奇，門六。本朝順治十六年創築，康熙三年重葺。

慈利縣城。周三里有奇，門六。明萬曆六年築。本朝乾隆二十九年修。

安福縣城。周二里有奇，門四。本朝雍正九年建。

永定縣城。周六里，門五，有濠。本朝雍正十三年即原衛城修築。

學校

澧州學。在州南。明洪武初，因宋、元舊址建。本朝順治六年重建，康熙、雍正、乾隆中屢修，嘉慶四年、十六年重修。入學額數二十五名。

石門縣學。在縣西門外明弘治中舊址。嘉靖中遷於縣治西南。本朝康熙四十七年，仍遷建今所。入學額數八名。

安鄉縣學。在學治南。明洪武初建。本朝順治十七年重建，康熙、雍正、乾隆中屢修，嘉慶十四年踵葺。入學額數十五名。

慈利縣學。在縣治西。舊遷徙無常，本朝康熙五十九年遷建今所，雍正、乾隆中屢修。入學額數八名。

安福縣學。在縣治東。本朝雍正十年建。乾隆十一年、五十一年，嘉慶十一年屢修。入學額數十二名。

永定縣學。在縣治西南。舊爲衛學，本朝康熙二十年即明舊址重建衛左。乾隆元年設縣，即衛學爲縣學。四十四年，遷建今所。入學額數八名。

澧陽書院。在州治東。舊名溪東書院，范仲淹嘗遊此，後因建書院。乾隆五十四年，就遺址修建，改今名。

延光書院。在州東津市。順治七年建，康熙五十年修。

澹津書院。在州東。康熙二十一年建。

文正書院。在安鄉縣北。即讀書臺舊址，建以祀范仲淹。康熙四十八年修，乾隆十年重修，有祀田。

崧梁書院。在永定縣。乾隆二十五年建。又舊志載州東南新洲市有車渚書院，相傳車武子囊螢讀書處，元時碑記尚存。

城南仙眠洲有文山書院，唐李羣玉讀書處。慈利縣有月川書院、清溪書院、環溪書院、羊山書院，安福縣有龍池書院，永定縣有天門書院，今俱廢，附載於此。

户口

原額人丁一萬二千九百二十八，今滋生男婦共一百三萬三千九百八十名口，計二十一萬三千五百四十七户。

田賦

田地山塘二萬八千九百七十二頃九十二畝七分六釐有奇，額徵地丁正、雜銀七萬四千五百九十一兩八分，漕糧二百二十一石六斗九升九合五勺。

山川

關山。在州東十五里。唐書地理志：澧陽縣有關山。名勝志：山形盤踞十餘里，江水東奔，是山崛立水口，如關鎖，故名。州志：山有雲氣一縷即雨。上有廉泉，下有紫水。

彰觀山。在州東十五里。

大同山。在州東二十五里。輿地紀勝：大同山有廉泉。

嘉山。在州東三十里。上有望夫臺、刺竹、鏡石。

將軍山。在州東南六十里。上有紀信廟，相傳漢紀信所居。

雲居山。在州南三十里。相近有看花山，在州南宋玉城。

白石山。在州南六十里。與豐古山相連，兩山夾峙，巖壑深邃，昔有白石先生嘗隱於此。

藥山。在州南九十里。隋書地理志：澧陽縣有藥山。輿地紀勝：昔多芍藥，故名。名勝志：山頂有長嘯峰，唐僧惟儼夜嘯處。州志：藥山北有白雲山，南有紅巖山，亦名金剛山。巖前有浄塵橋、白龍井、清涼亭諸勝。

銅山。在州西南四十里。相傳産銅。明永樂中曾置冶，鍊之不成。

大浮山。在州西南一百三十五里。一名獨浮山。寰宇記：山谷中有自然石室戶牖，上有青玉壇。輿地紀勝：獨浮山在澧陽縣南九十里，浮丘子修道於此。名勝志：山跨石門、武陵、桃源三縣界，有丹竈、白鹿池、十八洞。

彭山。在州西十里。輿地紀勝：彭山廟碑曰：「崇山連天，外界越嶲。岡阜靡迤，如舞如馳。遏千里之勢於洞庭之野，屹瞰郡治，並爲彭山，蓋澧邦之所瞻也。」名勝志：彭山以唐彭思王而名。下有金鴨灘。州志：彭山上有井甘洌，有雷洞。

欽山。在州西十五里，與彭山相接。周二十里。

夾山。在州西四十里。周三十里，接石門縣界，山有靈泉。

天龍山。在州西八十里。相近有紫金山，踰山十里有水木、桃花、霞溪等洞，中有龍湫水，極清冷。

鳳尾山。在州西北。形如鳳尾。

伏牛山。在州西北。上有伏牛池。

刻木山。在州西北七十里。桃花溪出此。

天供山。在州西北八十里。相傳唐時建寺。石穴産粟，因名山爲天供山，寺爲金粟寺。

燕子山。在州西北一百里。上有燕子巖，巖有洞。人至則水濤怒湧，不可入。唐張九齡有燕子巖詩。

橫山。在州西北一百二十里，橫水之陽。岡嶺平直，遠無峰嵐。其南有潺水洞。

大清山。在州西北一百六十里。一名太清山，周七十里，接安福縣及荆州府松滋縣界。上有五老峰、老君巖、石室，又有瓊瑶紫極宫，乃李凝陽得道之所。其麓爲茹溪所遶。

紫和山。在石門縣東南十里。上有皮子藥爐、仙女洞。

鐵冶山。在石門縣東南三十里。相近有馬鞍山，又南二十里有觀國山。

石匱山。在石門縣南十里。有石大方如匱，故名。又佛啞山，在縣南十五里。

方頂山。在石門縣西一里。

石門山。在石門縣西十五里官道旁。兩崖壁立如門。又西二十里爲碧雲山。

花山。在石門縣西十五里。輿地紀勝：縣有東花山、西花山及花山堰。府志：山下有蒙泉，又西十五里有雞鳴、野鶴山。

仙客山。在石門縣西北十五里。高巖陡峻，一徑縈紆。

天門臺山。在石門縣東北二里。名勝志：山頂方正如臺狀，二小溪合流臺下，爲天門橋。又北八里爲白雲山，有風、雲二洞。

層步山。在石門縣東北三里。亦名層山。荆州記：此山外望，只如一山，入裏乃有二重，因號層山。水經注：層步山高秀特出，下有峭澗，泉流所發，南流注於澧水。名勝志：山側有石，亭亭屹立如人形。

石家山。在安鄉縣東一里。相傳宋岳飛討楊么時，駐兵於此。

車公山。在安鄉縣西北四十里。相傳車武子遊息於此。

石田山。在安鄉縣西北六十里。上有石田。

黄山。在安鄉縣北六十里，接湖北荆州府公安、石首縣界。隋書地理志：安鄉縣有黄山。府志：黄山陽屬安鄉，陰則公安。山上土色皆黄，故又名金峰山。

小黄山。在安鄉縣北，去黄山西一里。一名石子嶺，元末熊義山築城保障其上。又有馬鞍、甑箄二山，連亘於小黄山之北。

麓湖山。在安鄉縣東北一百里，接湖北荆州府石首縣界。

星子山。在慈利縣東十里。其形高圓，有石瑩白，望之若星。

兔座山。在慈利縣東二十里。上有松泉。

太元山。在慈利縣東二十里。聳列如屏，延袤十餘里。

范丹山。在慈利縣東三十里。相傳丹嘗寓此。

銅盤山。在慈利縣東四十里。銅盤水所出，下注爲灘。

瓊雲山。在慈利縣東四十里銅盤山左。高接雲漢，形如屏障，盤旋數十里。山後有西泉。

金蓮山。在慈利縣東南三里。亦名紫金山。縣志：山有紫金樹，開花百日不謝。

羊角山。在慈利縣南一里。以形似名。亦名陽适山，下有祠，祀陽适神。

紫霞山。在慈利縣南七里。一名靆雲山。縣志：宋仁宗嘗建觀於上，今石柱鐫字猶存。

五雷山。在慈利縣南三十里。一名雷嶽山。山最高，屏障環拱於縣南，有龍頭巖、虎踞石、會仙橋諸勝，道水所出。

騎龍山。在慈利縣南四十里。夭矯如龍，上有石室，室中有石龍，龍口吐水，下注爲黄泥泉，可灌田。

九渡山。在慈利縣西南三十里。水經注：九渡水南出九渡山。山下有溪，亦以「九渡」爲名。縣志：山有仙人樓、清水潭，其中幽壑絶壁，人不能至。

雲朝山。在慈利縣西南五十里。

白雲山。在慈利縣西二里。常有白雲覆其上。

寶珠山。在慈利縣西十里。下有三真洞。

七姑山。在慈利縣西三十里。上有七姑仙女祠、蟠桃洞。

銀劒山。在慈利縣西。山高千仞，兩壁如削，上插銀劒長二丈。

白虎山。在慈利縣西北三里。

三浯山。在慈利縣西北六十里。山下有泉，泉有二眼，中有龍洞水，一日三湧，高二三尺。溪流亦驟漲，灌田甚廣。若五六日不潮，則水自後山踰嶺而至。

黄石山。在慈利縣西北。一名連巫山。水經注：黄水出零陽縣西北連巫山。溪出雄黄，頗有神異，採常以冬月祭祀，鑿石深數丈，方得佳黄。元和志：黄石山在石門縣西北二百十里。

飯甑山。在慈利縣西北。

道人山。在慈利縣北十里。山下一石，高五丈餘，形如黄冠，向南而立。

看花山。在安福縣東二十里。相傳宋玉看花處。

營駐山。在安福縣東二十五里。漢紀：信駐營處。

紫峰山。在安福縣東南二十里。接石墨山，其峰秀特，時有紫氣。

石老山。在安福縣南。

鼓城山。在安福縣西北麻寮所南。

牛角尖山。在安福縣西北麻寮所南。

桐木山。在安福縣西北麻寮所南。

麻風山。在安福縣西北麻寮所西。

李子啞山。在安福縣西北麻寮所西。

龍門山。在安福縣北添平所西南。澧水出焉。山有石穴二孔，水由此出。

夾馬山。在安福縣北添平所東北。又有金子山，亦在所東北。

金雞山。在安福縣北添平所西，與麻寮所接界。

疊龍山。在安福縣東北添平所南。又有穿山，亦在所南。

屏山。在安福縣東北。一峰突出如屏。

天馬山。在安福縣東北。遠望屹然，鎖斷江流，形如天馬。

虎頭山。在安福縣東北。

尖山。在安福縣東北。一名筆峰山，高六七里，山旁皆水泉溪澗，無林麓。

麻山。在安福縣東北。一名麻阜山。突然屏立，四面皆峰，其中平均可種麻。

馬頸山。在安福縣東北。一名馬頸峰，與紫駝峰對峙。山勢峻拔，草木之利最饒，民多資之。

鳴鳳山。在安福縣東北。山高翠聳。

白羊山。在永定縣。今縣治踞其嶺。

青龍山。在永定縣東門外。上有迴龍閣。

赤松山。在永定縣南。名勝志：赤松山與天門山對峙，其下有赤松村。又二十里爲掛瀑峯，峰頂高千仞，瀑泉下溜，望之如飛練。按：隋書地理志縣有始零山。輿地紀勝又有赤崖山、白石山，今皆無考。

望高山。在永定縣南。相近有尖山。

天門山。在永定縣南三十里。即古松梁山，一名嵩梁山。吴録：松梁山，山石開處容數十丈，其高以弩射之不及。水經注：武陵郡有嵩梁山，高峰孤聳，素壁千尋，望之苕亭有似香鑪。吴永安六年，其山洞開，圓朗如門，高三百丈，廣二百丈，孫休以爲嘉祥，分武陵置天門郡。舊志：嵩梁山有十六峰相次，最高爲天門，空朗透徹，明貫山頂。其上有泉。門之兩向有竹，磬折垂地，摇拂無塵，人謂天帚，一名帚竹。宇文周建德中祀爲南嶽。又有天漕堰，白練千仞，懸流而下。每夏旱，山麓之田利賴焉。

崇山。在永定縣西南，與天門山相連。通典：澧陽縣有崇山，即放驩兜之所。按：明楊慎丹鉛録引唐沈佺期崇山向越裳詩，其地有崇山越裳，四十里杉谷，以爲在交廣之域爲是。考尚書孔疏，崇山在衡嶺。通考「澧陽」注有崇山。蔡傳：「崇山南裔山，在今澧州。」朱子云在澧州慈利縣。諸説歷有本據，沈詩楊録恐誤。

白虎山。在永定縣西門外白龍潭上。天門、福德、青龍、白虎環繞縣城，饒有勝概。

峻座山。在永定縣西茅岡司東。又司西有面屏山，接永順府永順、桑植二縣界。

雲朝山。在永定縣西芭蕉里。孤峰壁立，廣三十餘里，上有石屏、石鑪、石燭之類。

應山。在永定縣西。石峰高聳，下臨河流，旁阜有石室，下有花巖，沿河數丈，莖華如蓮。按輿地紀勝有花石，出慈利縣武口砦，石上自然有花，如堆心牡丹之狀，枝葉繚繞。或以物擊其花，應手而碎，既而拂拭之，其花復見，重疊非一。蓋即花巖也。

歷山。在永定縣西北。漢書地理志：充縣有歷山，澧水所出。水經：澧水出武陵充縣西歷山東，過其縣南。衛志：歷山在衛西。

福德山。在永定縣北。舊名子午臺，本朝雍正十年改名。

茅花嶺。在慈利縣東北九溪城西北八十里，接永順府桑植縣界。西北有氽洞，有水出焉。

馬鬉嶺。在慈利縣東北九溪城北。壁立萬仞，兩旁如削，嶺上一徑極細狹。

秀峯。在慈利縣東七里。遺筆溪出焉。

紫駝峯。在慈利縣東北九溪城北。形如駝立，嶺陰壁削，高十餘里，横數十里，冠絶羣山。四時煙霧接天，望之紫色。

井字岡。在安鄉縣北十五里。又茶條岡，在縣北二十里。

包家岡。在安鄉縣北七十里。綿亘七里許，中有飲馬池。

飛練巖。在慈利縣東十五里。有瀑布飛下。

判巖。在慈利縣東十五里。洞深如屋，中有石龍、石田，奇花異草，四時不絶。

燕子巖。在慈利縣東南二里。亦名燕子洞。宋端平間題「燕子巖」三字於洞額。輿地紀勝：縣有燕子洞巖，洞深廣，可容數千人。巖後有石穴，秉炬而入，亦有明處。四圍石乳融結，中有石如燕形，故名。

金鼓巖。在慈利縣南三十里。道旁有石如鼓，其旁又有千里巖，高千仞。

儀照巖。在慈利縣北澧水北岸大星灘下。峭壁百仞，洞内可容數百人。

灑珠巖。在慈利縣東北二十里。泉自懸崖流下，濺沫如珠。

白馬巖。在安福縣東澧水南岸。上有白斑如馬。

二尉巖。在安福縣西。水經注：澧水東逕臨澧、零陽故界。水之南岸，白石雙立，厥狀類人，高可三十丈。古老傳言，昔充縣尉與零陽尉共論封境，因相傷害，化而爲石，東標零陽，西揭充縣。

跂人巖。在永定縣南十里。岡阜迢遥，一石特立，高約五丈，上舒下縮，如人跂立。

石嶂崖。在石門縣東北二里。高四丈餘，廣六十餘丈。

獅子崖。在安福縣西北麻寮所東，谿澗出焉。東南流合於和豹諸溪。

百丈峽。在永定縣北五十里。高逾百丈，中通一峽，長三十里。流泉峻急，古木杈枒，視天光如一綫。又有犀牛峽，在縣西南。

九折坡。在石門縣西二十里。

石洞。在州西六十里。洞中有石崖十餘所，産巧石。輿地紀勝：灃陽石崖寺，洞中有石崖十餘所。

雷公洞。在慈利縣南二十里。輿地紀勝：雷公洞，天色陰晦，則其中殷殷有雷聲。縣志：雷公洞有二，一在羊角山，一在道人山。

馬渦洞。在慈利縣西。輿地紀勝：在縣西之團崖山。名勝志：洞有石笋如碧玉，亦産鐘乳，光彩絢爛。

龍門洞。在慈利縣東北九溪城東。修長如徑，旁多坎坷，如蜂房蟻穴。入洞一里許，有石獅蹲踞，因又名獅洞。後以旁近鯉魚灘，改名龍門。九溪衛志：去慈利縣十五里，有兩洞相連，一南開，一西向，名聯環洞。

仙侶洞。在慈利縣鳴鳳山下。宏敞軒豁，旁多竹木禽魚之勝。

白馬洞。在安福縣東北，旁臨白馬溪。

風洞。在永定縣東南五十里。旁穴出風，可以占歲豐歉。

星子洞。在永定縣東南。中可容數百人，以火照之，如衆星燦爛。有泉極甘冽，自洞巾流出。

將軍洞。在永定縣東南。門廣一丈，高數丈，有石柱倒懸。遊人秉炬而入，中有石田，區畫井然。其水伏流，時有糠粃出洞，名白馬泉。春時魚極肥美。

檳榔洞。在永定縣西，接永順府永順縣界。衛志：在茅岡司西南。一穴而入，後有大門，鐫石像人，爲民猺分界，過此則爲猺人所居。陡臨峭壁，下可數百步，有一坪，闊十里許，四山壁立，無路徑。中有小溪，自東南來，入石竅中，伏流復出爲大溪，最爲幽勝。

水沈洞。在永定縣西北。魯陽溪自永順府桑植縣流至此洞，伏流不見，俗呼爲「魯陽迷」。

鬼谷洞。在永定縣天門山下。石室深邃，下有清流，世傳鬼谷子嘗遊此。

澧水。在州南。源出永定縣西，東北流逕慈利縣，又東北流逕石門縣，又東南流逕安福縣北，又東北流逕州南，又東南流逕安鄉縣，又東流入岳州府華容縣界，入洞庭湖。漢書地理志：武陵郡充歷山，澧水所出，東至下雋入沅，過郡二，行一千二百里。水經：澧水出武陵充縣西歷山東，過其縣南，又東過零陽縣之北，又東過作唐縣北。注：澧水自充縣東逕臨澧、零陽二縣故界，又東，茹水注之。東與温泉水會，又東合零溪水。又東，九渡水注之。又東，婁水入焉。又東逕零陽縣南，又逕澧陽縣〔二〕，右會渫水。又東逕渫陽縣南，又東歷層步山，入作唐縣，左合涔水。又東，澹水出焉。又南逕故郡城東，東轉逕作唐縣南。輿地紀勝：楚辭「沅有芷兮澧有蘭」，故名蘭江。又云「遺余佩兮澧浦」，故又稱佩浦。州志：澧水之源有三：一出桑植縣七眼泉，一出桑植縣栗山坡，一出永順縣十萬坪。至龍江口，東流入永定縣，東南流合茹水。又東，武溪水注之。又東，逕大庸所，酉水注之。又東，左合温湯水，右合大庸水，又東逕永定縣南。又東，仙人溪注之。又東，焦溪注之。又東，鯉魚溪注之。又東，入慈利縣界，圍布溪注之。又東，九渡水注之。又東，團巖溪注之。又東，至觀嘉渚會漊水，繞縣治北，楊夜溪注之。又東，零溪注之。又東，遺筆溪注之。又東，英溪注之。又東，桂棒溪注之。又東，茶陵溪注之。又東過東陽山下，爲東陽潭，爲界溪河。抵石門縣界，至三江口會渫水，過縣南爲零陽河。又東至州東二里，旋折如繡紋，亦名繡水。東流合涔水，入安鄉縣境，至縣城西，名所前潭，又名縣前河，亦稱長河。一支東流入華容縣界，入洞庭湖。一支東南流於縣界内，入洞庭湖。又舊澧水經州城下，潴爲大池，秋冬則涸。明參政劉庭諸濬之，名新開河。按：零溪入澧水，在澧水會漊水之東。水經注以爲在會漊水之西，恐今本水經注有錯簡。

涔水。在州東北。九澧之一。楚辭九歌：望涔陽兮極浦。水經注：涔水出西北天門郡界，南流逕涔坪屯。屯堨涔水，溉田數千頃，又東南流注於澧水。縣志：涔水出州西北潭龍洞，其源名龍洞水。一支由龍神潭，一支由石馬堰，合流而東南爲青泥灘、竹根灘，東至夢溪寺，會團潭水。又東爲黃潭，黃溪注之。又東爲涔河，至州東入澧水。

道水。在石門縣東南。九澧之一。東北流至州東入澧水。

黃水。在石門縣西。九澧之一。源出慈利縣黃石山，東北流至石門縣，入渫水，一名黃石溪。水經注：黃水出零陽西北連巫山，北流注於渫水。寰宇記：慈利縣有黃石溪。

渫水。在石門縣西北。九澧之一。源出安福縣西北，南流入縣界，注澧水，俗名鐵水河。水經注：渫水出建平郡，東逕渫陽縣南，左合黃水，又東注澧水，謂之渫口。府志：渫水出九溪衛添平所西龍門山，東南流逕所南，又東南會熱水溪，又東流至石門縣，逕水南山、鯉魚山，合陽泉、南溪之水，始通舟楫。至縣西十里，入澧水。

澹水。在安鄉縣東。今名後河，九澧之一。水經注：澹水上承澧水於作唐縣東，逕其縣北，又東注於澧，謂之澹口。縣志：後河在縣東，上承澧江，至縣治東南，名兔兒港。又南流入澧江。明弘治初湮塞。

九渡水。在慈利縣西三十里。北入澧水。水經注：九渡水南出九渡山，北逕仙人樓下，旁有石，形極方峭，世名之爲仙樓。水自下歷溪曲折透迤傾注，行者間關，每所褰泝，山水之號，蓋亦因事生焉。又北流注於澧。按：今在石門縣南。

温泉水。在慈利縣西。九澧之一。水經注：温泉水發北山石穴中，長三十丈，冬夏沸湧，常若湯焉。南流注於澧水。輿地紀勝：慈利縣湯泉有三：一在義鎮砦之南，一在縣南鼎、澧界上湯口市，一在龍湫潭之北。

漊水。在慈利縣西北。九澧之一。源出湖北鶴峯州界東南，流逕永定縣，至慈利縣西入澧水。古名婁水，今名九溪河。水經注：婁水源出巴東界，東逕天門郡婁中縣北，又東逕零陽縣，注於澧水。舊志：漊水入九溪城界，左會大泉溪，右會泠水溪、響夾溪。又東，左會和豹溪，右會鑪煽溪。又南，右會輸贏溪而東南流，左會張馬溪，右會索水溪，而逕九溪城南，名蔣家河，至城東北，會仁石溪，是爲九溪。又東入慈利縣界，入澧水。縣志：漊水俗謂之後江，合九溪入縣界，匯爲守野潭。至洄人市，東流合四十澗水，又東南至飯甑山觀嘉渚，入澧江。又漊水自容美至縣境，爲潭一，爲灘渚凡一百三十。

秀水。在慈利縣東北，九溪城西南。源出麻山，繞流至小渚入漊水。

茹水。在安福縣西。九澧之一。水經注：茹水出龍茹山，水色清澈，漏石分沙。莊辛說楚襄王所謂「飲茹溪之流」者也。東注澧水。

楊潭河。在州北，下流入澧水。

三汊河。在州東北。上承虎渡河，自荆州府公安縣南，流至州東北入涔水。一名牛浪河。

景港河。在安鄉縣東。自荆州府公安縣四水口分流，至縣界靈石湖，南逕丈田村東，又右會東田湖水而南，爲景港渡，分二流：一西南流爲中澌港，又南爲南澌港，而南入澧。其東一支入岳州府華容縣界，亦入澧。此三代以前江水經流，禹貢導江所謂「東至於澧」是也。

麻河。在安鄉縣西南。分羌口河南流入常德府武陵縣界，即便河上流。

羌口河。在安鄉縣西。自本州界分澧水流至縣界，仍入澧水。

大莫河。在慈利縣東北，九溪城西北。源出查洞，南流過柳梁入漊水。又冷水河，亦在九溪城西北。

黄驛湖。在安鄉縣東南十五里。相近有大溶、風嵐、庸田、三郎、鴨踏、江西、魚流、大乘、馮占、魏地諸湖，俱在縣東南。

大通湖。在安鄉縣東南一百二十里，接常德府沅江縣界。亦洞庭之一隅也。

安南湖。在安鄉縣南二里。

銅盆湖。在安鄉縣西六十里。以形似名。

大鯨湖。在安鄉縣西北二十里。昔有人漁於此湖，一日忽雨雪，有大鯨躍波間，故名。又西有小鯨湖。

馬田湖。在安鄉縣北三十里永寧村〔二〕。相近有珠璣湖。

麻溢湖。在安鄉縣北四十里文田村。相近有大滋、北伯、黄容等湖。

桃花溪。在州北里許。源出刻木山，東入涔水。

後溪。在石門縣北。又北流入湖北宜昌府長陽縣界，爲漢陽河。舊志：源出天門臺山。

零溪。在慈利縣東一里。源出縣南馮家源，北流入澧水。

遺筆溪。在慈利縣東三里。源出秀峯山，西北流入澧。

英溪。在慈利縣東十五里。又縣東二十里有桂棒溪，又東有茶陵溪，皆北流注澧。

索口溪。在安福縣北。東流入漊水。

白馬溪。在安福縣東北。下流入漊水。

熱水溪。在安福縣東北添平所東。熱氣勃湧，遇冬尤熱。下流入渫水。

武溪。在永定縣西南。東北流入澧。

大庸溪。在永定縣西十五里。北流入澧。

魯陽溪。在永定縣西北。源出永順府桑植縣，東南流入漊水。

仙眠洲。在州東一里澧江中。名勝志：洲在蘭江鄉外。唐李羣玉讀書之所，上有水竹居。

白馬洲。在州東二十里。

浮洲。在安鄉縣東南十五里南平村。水漲時諸地皆没，惟此洲獨浮，故名。

芙蓉洲。在慈利縣西，澧水之所逕也。洲上多芙蓉，故名。

鴛鴦浦。在慈利縣西。一名鴛鴦洲，澧水至此始入縣界。

觀嘉渚。在慈利縣西三里，漊、澧合流之所。

泗水口〔三〕。在州東北七十里，接湖北荆州府公安縣界。東爲安鄉之景港河，北連荆江。每值水溢，蘆荻蔽岸，支港四通。明隆慶時設糧倉哨於此，增兵戍守。

金雞灘。在州西南二里澧水中。水勢湍急，有聲如雷，聲聞數里。

磨房灘。在永定縣西澧水上流。晴霽時，聲激如雷，陰雨則否。衛志：自衛城而上至大庸所，爲灘九；自衛城而下至金藏闕潭口渡，爲灘十；自潭頭下至龍洑闕，爲灘二十五。此下至慈利，尚有十餘瀨。惟燕子、大星灘水流險惡，其餘水勢俱平。

東陽潭。在石門縣東三十里澧水中。輿地紀勝：在縣東陽山下。出石鯽魚、重唇魚、雙鱗魚，皆珍品。又有長樂潭，在縣東南二里。

白龍潭。在永定縣西三里。甚深廣。

明月池。在州西南。輿地紀勝：明月池在郡圃東，李羣玉遊息之所。

雙泉。在州西九十里。兩泉並湧，聞人聲則怒沸。

白龍泉。在石門縣樂普山。相傳有白龍出水中，其地又名牛觝山，産茶，謂之牛觝茶。

龍王泉。在石門縣南十五里。流合仙女洞水，溉田數十畝。東流入道水。

蒙泉。在石門縣西花山下。有宋黄魯直書「蒙泉」二字。五雷諸山至此，忽然開朗，雨水並流，山川窈窕，爲石門最勝處。

安民泉。在石門縣西北五里。溉田甚溥。

東泉。在石門縣西北三十里。源出石洞，禱雨多應。又西十里爲西泉，下流俱入澧水。

魚泉。在慈利縣西二十餘里石室中。

鹽井。在州北八十里。水微鹹，明初立場煎煮，不成而廢。

校勘記

〔一〕又逕澧陽縣　「澧陽」，乾隆志卷二八七澧州山川(下同卷簡稱乾隆志)同。按，戴震校水經注改作「灃陽」。

〔二〕在安鄉縣北三十里永寧村　「永寧」，原作「永安」，據乾隆志改。按，本志避清宣宗諱改字。

〔三〕泗水口　乾隆志同。按上文景港河條下作「四水口」。

大清一統志卷三百七十四

澧州直隸州二

古蹟

澧陽故城。隋置澧陽郡，治澧陽縣。唐爲澧州治，五代、宋因之。元爲澧州路治。明省縣入澧州，爲澧州治。隋書地理志：澧陽郡澧陽。唐置澧州，以其在澧水之北，州城爲唐李泌改築。宋史地理志：澧州澧陽郡，建炎四年，寓治陶家市山寨，尋復舊。按：元澧州路治澧陽，至正十六年爲徐壽輝將倪文俊所陷，元帥孫毅移鎮新城。明洪武初還舊治，省縣入州。

松州故城。在州東南。隋置，尋改澧州。隋書地理志：澧陽郡，平陳置松州，尋改爲澧州。大業初置郡。輿地紀勝：古松州城在縣東南太和南村。

天門故城。今石門縣治。吴置天門郡。晉置澧陽縣，爲郡治。陳更名，郡縣俱曰石門。三國吴志孫休傳：永安六年，分武陵爲天門郡。宋書州郡志：天門郡領縣澧陽，晉太康四年立。水經注云：澧水又東逕澧陽縣南。舊唐書地理志：石門縣，吴分零陽，於此置天門郡。隋平陳，廢郡，以爲石門縣。

安鄉故城。在今安鄉縣治南。縣志：宋建炎戊申，縣令胡衿築城，在今縣南一里，遺蹟尚存。紹興癸亥，縣令毛晃移治城北。

義陽故城。在安鄉縣西南。晉分南平郡置。隋平陳，廢郡，置安鄉縣，後因之。晉書地理志：穆帝時以義陽流人在南郡者，立義陽郡。宋書州郡志：南義陽太守領縣厥西、平氏。隋書地理志：澧陽郡安鄉，舊置義陽郡，平陳，郡廢。通典：安鄉，漢孱陵縣地，亦後漢漢壽縣地。南朝置義陽郡。

作唐故城。在安鄉縣北。後漢置縣，屬武陵郡。晉置南平郡，以縣爲治所。宋時改移郡治。陳復爲郡治。隋改曰孱陵。唐貞觀初省入安鄉縣。水經注：作唐縣，後漢分孱陵立。宋書州郡志：晉武帝太康元年，分南郡江南爲南平郡，治作唐，後治江安。隋書地理志：澧陽郡孱陵，舊曰作唐，置南平郡。平陳，郡廢，縣改名焉。唐書地理志：澧州安鄉，貞觀元年省孱陵縣入焉。

零陽故城。在慈利縣東。漢置縣，屬武陵郡，後漢因之。晉改屬天門郡，南北朝宋、齊因之。隋開皇中，改置零陵縣，十八年改曰慈利。元和志：慈利縣，本漢零陽縣地，以在零水之北，故名。隋改爲慈利。

慈利故城。在今慈利縣西。隋置縣。元升爲州，遷治縣北。明初遷永泰街，即今治。隆慶中，復徙澧水北澧陽山官塔坪。萬曆三年，復遷今治。本朝初，寄治觀嘉渚。順治四年，復還今治。

崇義故城。在安福縣西。隋開皇中置縣，後省。唐武德中復置，麟德初又省。隋書地理志：澧陽郡崇義，後周置衡州。開皇中置縣，十八年改州曰崇州，大業初州廢。唐書地理志：澧州慈利，武德中置崇義縣，麟德元年省入焉。

漊中故城。在安福縣西北。故漊中蠻地，三國吴置縣，晉、宋、齊因之，梁以後省。宋書州郡志：武陵太守領縣漊中，二漢無。晉太康地志有，疑是吴立。九溪衛志：衛西北界麻寮所東三官臺畔有古城遺址，俗呼舊縣，世傳即漊中古城也。

渫陽故城。在安福縣東北，添平所東南。晉置，後省。水經注：渫水逕渫陽縣南，晉太康中置。按：晉、宋志俱不載渫陽縣，但水經注之言必有所據。

臨澧故城。在永定縣西。漢置充縣。晉改臨澧。南北朝梁以後省。漢書地理志：武陵郡充縣。宋書州郡志：天門太守領縣臨澧，晉武帝太康四年立。水經注：充縣廢省，臨澧即其地，縣即充縣之故治，側臨澧水，故爲縣名。永定衛志：臨澧城，今大庸所乃其故址。按：水經注臨澧即故充縣所置，晉志充縣與臨澧並列，誤也。

羊山故城。在永定縣西三十里。明洪武二年，以永順宣慰司羊峯地置羊山衛，在安福縣西二百里。三年，遷今治，更名大庸衛。

馬援城。在州東。名勝志：馬援征蠻時所築。

竹城。在州城東南一里。輿地紀勝：澧州當建炎之擾，嘗寄治於仙眠洲之南岸，以竹爲城。至今人猶以竹城目之。

新城。在州東南三十里。元至正中，嘗移澧州路治此，其後置新城鎮。

申明城。在州南六十里。方輿記：城在澧陽縣。申明，楚大夫，邑於是地。按：「申明」當作「申鳴」。

宋玉城。在州南六十里長樂鄉。輿地紀勝：宋玉城內有宋玉廟及銅昏堰，皆以銅冶爲之。

楊城。在安鄉縣西南九十五里，接常德府武陵縣界。宋紹興中楊么所築。

白公城。在慈利縣東。輿地紀勝：慈利縣白公城，四面有門，相傳楚白公所築。

蠻王城。在慈利縣東二十里茶陵山頂。相傳五代梁將武平破蠻王之所。

白抵城。在慈利縣西北。輿地紀勝：慈利縣有白抵城，高千仞，四面絕壁，上廣十餘里。建炎中廖彥居此。縣志：一名廖城。

覃家城。在慈利縣西觀嘉渚。元末，土人覃垕築以自固。明洪武初，周德興討平之。

九溪舊衛。在慈利縣西北舊索口寨。明洪武二十二年置衛，屬湖廣都司。本朝改爲巡司，置遊擊駐防於此。

軍牧村。在安鄉縣北七十里，接澧州及湖北荆州府公安縣界。平原曠野，富於水草，岡巒横亘，勢可屯守。相傳漢馬援征蠻時駐此。

唐李羣玉故里。在州東一里仙眠洲。

七星臺。在州治内。相傳爲漢馬援築。

繫馬臺。在安鄉縣東十五里長壽村。相傳漢馬援繫馬處。

讀書臺。在安鄉縣治南。相傳宋范仲淹嘗讀書於此。

八桂堂。在州西。宋時有桂生八幹，故名。胡寅有記。

中和堂。在州境。相傳爲宋胡寅建。

流觴亭。在石門縣東北層步山下卓錫泉側。元建。

思賢亭。在安鄉縣治南。范仲淹讀書臺側。宋建。

博望亭。在安鄉縣西瀕江。宋縣令劉愚建。

車公亭。在安鄉縣西北四十里。縣志：車公山有車公亭，因晉車武子嘗遊於此，故建亭以表之。

仍園。在州北五十里。明魯勷故居，地臨涔水。池亭最勝，中有翠芳館。

關隘

古城關。在州西北七十五里。昔時置戍屯兵之所，今關旁有營門遺址。

江口關。在石門縣西二十里三江口。又有新關，在縣西北道水口。

金藏關。在安福縣東。亦名潭口。兩山對峙，澧水至此淵涵深澈。

龍伏關。在安福縣東。其西又有温湯關。縣志：洪武三年，蠻酋覃垕連構諸峒爲亂，命周德興討之。德興出奇兵，直擣温湯關，拔之。既而爲僞夏所據。六年，命湯和等伐蜀，周德興分兵取蜀之龍伏隘，進奪温湯關。

大坪關。在安福縣西南天門山之陽，路出辰、沅。亦名太平關。

九源關。在安福縣西北九溪西。下臨大河，上據山頂，爲苗蠻出入要道。又有閙口關，在九溪紫駝峯。

後坪關。在永定縣東南。

黑松關。在永定縣東南，近茅岡司，通永順、保靖要道。

新政關。在永定縣西觀音山側。明初設關抱險。

邊嚴關。在永定縣西三十里崇山之麓。鑿石道里許，通西路蠻峒。永定衛志：平青、魚灘、桑溪三關俱在衛西南，桑溪關濱澧水。

磨岡隘。在石門縣西北，接安福縣添平所界。自磨岡而東北爲長梯隘，又東爲龍溪隘，又東南爲鵶兒隘。自磨岡而西爲遥望隘，又南爲細沙隘，又西爲漁洋隘，又西南爲石磊隘，又西南爲忠靖隘，又西爲走避隘。是爲十隘。

山羊隘。在安福縣西北麻寮所北。九溪衛志：所境有山羊、九女、櫻桃、梅梓、欄刀、黄家、青山、靖安、守所等十隘，去山羊隘十五里又有城子界，高數十仞。

馬腦坡隘。在安福縣北馬鬟嶺。九溪衛志：馬腦坡、牛角尖，皆道通麻寮所及容美西北十四土司，路徑一綫。

清化巡司。在州南六十里。本宋鎮，明洪武十五年置驛，本朝因之。乾隆四十一年改設巡司。九域志：澧陽縣有清化鎮。

順林巡司。在州東北六十里。明洪武十五年置驛，本朝因之。乾隆四十一年改設巡司。

水南渡巡司。在石門縣西北一百二十里。乾隆三十二年，設巡司駐此。

九溪巡司。在慈利縣北九十里。即舊九溪衛。本朝雍正七年改置。

麻寮所。在慈利縣西北。明洪武初置有城，周四百十五丈，初屬常德府，後屬九溪衛。本朝雍正七年改屬安福縣，十三年改屬慈利縣。

添平所。在安福縣東北二百八十里，東接石門縣界，南接慈利縣界，北接湖北宜昌府長陽縣界。宋置添平臺宜寨。明洪武初改建添平所，有城周三百八十丈。初屬常德府，後屬九溪衛。本朝雍正七年，改屬安福縣。

大庸所。在永定縣西，有城，南接辰州府沅陵縣界，西接永順府永順縣界，北接永順府桑植縣界。明洪武三年置，屬永定衛。本朝雍正七年改屬安福縣，十三年後改屬永定縣。

茅岡司。在永定縣東北，西南接永順府永順縣界，西北接永順府桑植縣界。明正統中置。本朝雍正七年改屬安福縣，十三年後改屬永定縣。

嘉山鎮。在州東三十里。舊有巡司，今裁。

涯口鎮。在州東五十里，接安鄉縣界。

三汊河鎮。在州東北，北接湖北荆州界，西北路通鶴峯州，爲守禦要地。

九溪營。在慈利縣九谿城。設遊擊駐此。

龍巖寨。在慈利縣北。明初周德興征土蠻時築。

横崖寨。在慈利縣北。元末築禦土蠻。

楊家寨。在安福縣南。

七星寨。在永定縣天門山西。外皆陡峻，内甚寬廣。

新安屯堡。在安福縣東北三百里，東接本州界，西接石門縣界。一名新安市。

新關口。在安福縣東北，東接石門縣界，路通湖北鶴峯州。山高林茂，水多灘險，舊設官戍守。

白果坪。在慈利縣西北，接鶴峯州界。

遠天河驛。在州東六十里。本朝康熙十八年置，尋裁。

南平驛。在安鄉縣治南。元爲顧市驛。明洪武初改名安鄉驛，後又改名南平驛。本朝順治中裁，康熙十八年復設，尋又裁。

焦圻驛。在安鄉縣北七十里，接本州界。本朝康熙十八年置，十九年復裁。

津市。在州東二十里。本朝順治初，州嘗寄治於此，有州判。又涔河市，在州北五十五里。道源市、畲市，皆在州西南七十里。五馬市，在州西二十里。合口市，在州西四十里。新城市，在州西六十里。

顧市。在安鄉縣南四十里。元置驛，今裁。

石龜市。在安鄉縣西四十里，接本州界。輿地紀勝：市有巨石枕澧水，其形如龜，居人歲首刲羊以祭，石潤則年豐。

津梁

道源橋。在州西南。爲當澧往來之津。宋寶慶中創建，至順中改建〔一〕。

五馬橋。在州西十五里。

合溪橋。在州西五十里。

長慶橋。在州北，跨桃花溪，路通湖北荆州府松滋縣。明嘉靖末建。

石溪橋。在州北四十里。

新安橋。在石門縣東三十五里。

官渡橋。在石門縣南三十里。元至治中建。

黄連橋。在石門縣西北六十里。

天門橋。在石門縣東北一里天門臺山下。附近諸山之水，由此南入大江。元大德初建。一名東方橋。本朝康熙中知縣許湄修。

景港橋。在安鄉縣東四十里，路出岳州府華容縣。

毛晃橋。在安鄉縣東南二十里。宋紹興中建。

新隄橋。在安鄉縣北一里。

零溪橋。在慈利縣東五里零溪上。

安福橋。在安福縣西。明初建。相近又有閔澗橋。

楮木橋。在安福縣西。

新張橋。在安福縣東北一百七十里。又東四里有象耳橋。

武溪橋。在永定縣南。當大道要津。

斷山橋。在永定縣南天門山下。

自生橋。在永定縣巖板溪東。水南二巖夾澗濱溪，横石如梁，抵辰州要道。

永濟橋。在永定縣茅岡司溪上。本朝乾隆十四年建。通永順要津。

石公橋。在永定縣九溪巡司西北。

津市渡。在州東二十里。

滙口渡。在州東五十里。

窑坡溪。在州東南二十五里。

新渡。在州南二十里。

青泥河渡。在州西北三十里。

易家渡。在石門縣東十五里。

將軍渡。在石門縣西十五里，路通添平、麻寮諸處。明洪武中，撥九溪衛兵戍守。

白沙渡。在石門縣西北三十里。又水南渡，在縣西北一百五十里，路通添平所。

羌口渡。在安鄉縣西三十里。

安流渡。在安鄉縣北。一名孫江渡。

菱花渡。在慈利縣觀嘉渚，漊水入澧處。

永安渡。在慈利縣西北。又北有周公渡。

芙蓉渡。在永定縣南。沿岸赤石萃擁，故名。

隄堰

陽由坪隄。在州境。又有孟姜隄、黄絲隄、上夕陽隄、下夕陽隄、魏家隄、窖口隄、李文隄、張毛隄、大圍垸隄，俱本朝雍正六年發帑修，高厚倍舊。

圍城垸隄。在安鄉縣南。又文明垸隄、羅陽垸隄、中和垸隄、黄垸隄、劉孟垸隄、張壤垸隄，俱在縣南。板橋垸隄，在縣西。惠明垸隄，在縣北。是爲上九垸。又有興家垸隄、實惠垸隄、新家垸隄、太和垸隄、合家垸隄，是爲下五垸。俱本朝雍正六年發帑修，高厚倍舊。

花山堰。在石門縣西十五里。

犀牛堰。在永定縣南大庸所北三里。山下出泉，築堰灌田。

陵墓

周

楚申嗚墓。在州南六十里。縣志：申嗚，楚大夫。土人相傳其墓在合口江岸。

唐

段弘古墓。在安鄉縣北黄山南麓。

元

鄧均忠墓。在石門縣二十都。

明

李克嗣墓。在州境羅湖壋。

李如圭墓。在州西七十里。

祠廟

范文正公祠。在州東，祀宋范仲淹。又安鄉縣治南亦有文正祠，宋慶元中建。

申鳴大夫祠。在州南六十里申鳴城，祀楚大夫申鳴。

三閭大夫祠。在州東北二里，祀楚屈原。

紀公廟。在州東南六十里將軍山，祀漢紀信。相傳爲信所寓地。

彭思王廟。在州西十里彭山，祀唐澧州刺史李元則。又石門縣東有彭山廟，亦祀元則。

白馬廟。在安鄉縣西十五里，祀宋岳飛。

惠濟廟。在安鄉縣北黄山頂，祀晉謝遷。縣志：黄山南禪寺有元至治二年碑記云：安之黄山，屹然獨聳。昔西晉謝君遷憩此，因爲立廟。廟甚靈應，水旱疾疫，禱之如響。北宋政和間，敕封惠應侯，賜廟額「惠濟」。按：廟旁相傳有謝晦墓，因謂廟以祀晦。輿地紀勝：「晦刺史荆州，嘗過黄山，有終焉之志，後歸葬於此。」名勝志亦謂「高田村喪定港，相傳謝晦刺荆州卒，旅櫬經此，其舟不行，因葬黄山，立廟祀焉」。考宋書文帝紀，元嘉三年到彦之、檀道濟大破謝晦於隱磯，送京師伏誅，何得返葬於此？明袁宏道公安志以爲劉毅之從官謝純爲南平相，死葬麓湖、黄山之間，廟乃祀純，而僞傳爲晦廟。此與元碑不合，要之碑記必有所據。

秀峯廟。在慈利縣東七里秀峯山下。宋劉子澄秀峯嘉惠碑記：惠列顯應順公發跡甚異。圖志載宋乾德中有石浮澧，至是磨旋不去，忽憑人言：「我故朱梁將武平也，征蠻戰没，上帝命血食兹土，其視我所止而祠焉。」有頃，石躍於秀峯之麓。觀者震駭，始即石爲位號而廟之。政和間事聞，初命慈應侯，三錫至今爵。民有疾苦，輒禱輒應。

寺觀

龍潭寺。在州治北。崇信禪師道場。寺西小池清泠，夏月生金蓮花，極芳馥。

藥山寺。在州南九十里。唐維儼禪師道場。

欽山寺。在州西十五里。唐建，賜額「乾明禪寺」，文邃禪師道場。

福田寺。在石門縣東三十里。唐咸通五年建。

厚田寺。在石門縣南五十里。一名報恩寺，宋建。

花藪寺。在石門縣南五十里。又洛浦寺，在縣北三十里。唐建。

普光寺。在安鄉縣治東半里。

鐵佛寺。在慈利縣治南。宋咸淳元年建。

清遠觀。在州東十五里彰觀山。山以此得名。一名靈極觀。

白馬觀。在州東二十里白馬洲。内有煉丹池、神仙橋、雷公井、仙女祠，相傳唐林静飛昇處。

太平興國觀。在安鄉縣治南。宋建。相傳范仲淹讀書於此。

紫霞觀。在慈利縣西南白雲山下。宋咸淳六年建。

紫極宫。在州治西北。唐建。

名宦

晋

陳頵。陳國苦人。元帝朝，拜天門太守，殊俗安之。選腹心之吏爲荆州參軍，若有調發動静馳白，故恒得宿辦，陶侃以爲能。

應詹。汝南南頓人。爲南平太守，假督南平、天門、武陵三郡軍事。天門、武陵谿蠻並反，詹討降之。時諸蠻背叛，詹召蠻酋破銅券與盟，由是懷詹。

夏侯承。譙國人。遷南平太守。太興末，王敦舉兵内向，承露檄遠近，列敦罪狀。

王匪。孝武帝時天門太守。寧康二年，天門蜑賊攻郡，匪死之。

王鎮惡。北海劇人。歸晉爲天門臨澧令。或薦之劉裕，召與語異焉，謂諸佐曰：「鎮惡，王猛孫，所謂將門有將也。」後爲武陵内史，封漢壽縣子。

檀道濟。高平金鄉人。義熙中羣盗互起，郭寄生等聚作唐，以道濟爲天門太守〔二〕，討平之。又從劉道規會討桓謙、荀林，所向摧破。遷武陵内史，尋封作唐縣男。

南北朝　梁

胡僧祐。南陽冠軍人。大通中除天門郡太守，有善政。

樊文皎。太清中爲天門太守。侯景之亂，率鋭卒五千勤王，遇景伏兵，戰死。

賀華。山陰人。前後再監南平郡，爲民吏所懷。

周

郭彦。太原陽曲人。閔帝初澧州刺史。蠻左生梗，不營農業，彦勸以耕稼，人皆務本。先是，澧州儲糧乏少，每令荆州遞送，自彦涖職，倉庾充實，無復轉輸之勞。

唐

李元則。高祖第十子。武德中封彭王。貞觀中爲澧州刺史，折節勵行，有善政。

崔瓘。博陵人。大曆中澧州刺史。清静簡易，不爲煩苛，人便安之，流亡還歸。居二年，增户數萬，時稱吏師。詔特進五階以寵異政。

張署。河間人。元和中澧州刺史。民税出雜産物與錢，尚書有經數，觀察使牒徵民錢倍經，署執法不從，竟以代罷。

杜悰。京兆萬年人。尚憲宗女岐陽公主，爲澧州刺史。公主偕行，從婢不過十餘，乘驢不肉食，州縣供具拒不受。

李建。隴西人。爲澧州刺史。初建爲學時，家苦貧，後雖通顯，未嘗置垣屋，以清儉稱。

崔芸。博陵人。開成間澧州刺史。創隄防，繕城洫，事必可久。政皆有經，課績尤異。張次宗薦之。

李絢。僖宗時澧州刺史。黄巢陷州，絢死之。判官黄甫鎮詬賊，與之俱死。

宋

陳恕。南昌人。太平興國中通判澧州。澧自唐季爲節鎮兼領，吏多緣簿書乾没爲姦，恕盡摘發其弊，郡中稱爲神明。以吏幹聞。

劉仁霸。大中祥符中知澧州。屬蠻人侵縣境地四百餘里，仁霸與荆湖北路轉運使陳世卿、閤門祇候史方〔三〕，同領兵討之。遂還所侵地，標正經界，令納所掠漢口千餘，復置澧州、武口等寨以控制之〔四〕，自是平定。

郭逵。洛陽人。仁宗時，湖北溪蠻彭仕羲叛，逵爲北路鈐轄，兼知澧州，得蠻親信爲鄉導，盡平諸隘，破其所居桃花洲。仕羲棄城走，衆悉降。

史方。開封人。爲潭、澧、鼎沿邊巡檢。會澧州民訴下溪州蠻侵其土地，遣乘驛往視，自竹疏驛至申文崖，復地四百餘里，得所掠五百餘人。又置澧州、武口、楊泉、索溪四寨以扼賊衝，後知澧州。

黄琮。建炎時知澧州。鍾相陷城，琮與縣丞葉畬及其屬十餘人皆死，事聞贈卹。

劉愚。衢州龍遊人。建炎初知安鄉縣。縣逋賦萬計，愚褎實寬期，民不見吏而賦自足。會歲歉，出常平米賑貸，縣佐持不可，愚曰：「有罪不以相累。」出緡錢數千萬，召商糴他郡而收元直，米價頓平，猶積廩數千石以備饑。縣有范仲淹讀書地，愚爲繪像立祠，興學校，士競知勸。

韓訓。紹興中澧州推官。上書排和議，知州李紹祖得其副本，上之秦檜，謫秦州。

毛晃。衢州人。紹興中知安鄉縣。建縣治，嘗築橋開井，民皆以「毛公」名之。

汪安行。績溪人。紹興中曾權澧州。孝宗問宰相王淮曰：「安行政事何如？」淮以澧州民咸去思對，遂令復守。

徐如晦。豐城人。孝宗時慈利縣主簿。辨冤獄，大旱致雨。

張忠恕。廣漢綿竹人。寧宗時知澧州。撥煩剸劇，州境大治。

楊大異。醴陵人。理宗時知石門縣，有惠政。去官之日，老弱攀號留之，大異易服潛去。

劉夢驥。安福人。知澧州，歿於王事。

元

張雄飛。臨沂人。至元間爲澧州安撫司。時州初下，民懷反側，雄飛至，布宣德教以撫綏之，民遂安。有巨商二人，犯匿稅及毆人事，僚佐欲寬其罪，雄飛繩之益急。或曰：「此細事，何執之堅？」雄飛曰：「吾非治匿稅毆人者，欲改宋弊政，懲異法者耳。」細民以乏食羣聚，發富家倉廩，所司欲以盜論，雄飛寬其獄，全活者百餘人。州西南接猺峒，苦抄掠，雄飛諭以威德，悉感服。

明

杜述。廣德人。永樂中知慈利縣。處己廉介，賦役均平。嘗入蠻溪採官木，蠻獠爭來奉迎，一境安謐。

翟亨。正統中九溪衛指揮僉事。以征麓川功，累遷指揮使。後復征麓川，偕其弟戰死。事聞，遣官諭祭。

季恒。六合人。成化中知安鄉縣。民不諳紡織，恒教之樹桑麻木棉，月課其功。歲旱救荒有功，多所全活。

張瑄。睢陽人。成化中知安鄉縣。境多虎，瑄禱於城隍神曰：「令不職，神宜殛之，百姓何罪！」兩日遂獲三虎，餘皆屏跡。

彭倫。成化中永定衛指揮使。以破兩廣賊及討茅坪、銅鼓諸苗功，充參將。築蕩峒堡、硃砂坪、楊開口、羊兒四堡，苗不敢犯。有妖賊詐稱韓林兒後，號召數萬人，倫討擒之。又平天柱等苗，累功晉都督。

熊一定。豐城人。弘治中知澧州。政尚嚴厲。新洲舊有牧地，藩府欲專其利，一定婉詞啓聞，卒弛其禁。九溪蠻怙險擾民，一定承檄按問，卒伏其辜。在任七年，積穀累數萬斛，饑民賴以濟。

麥成。順德人。正德中安鄉縣典史。嘉靖初流寇掠鼎江口，成父子集民兵往禦。比戰，馬躓，賊叢槊刺之，猶徒步手刃數人，父子俱遇害。

楊永秀。閬中人。嘉靖中知石門縣。慈愛仁明，民爲樹循良碑。

楊繼韶。高安人。萬曆中知安鄉縣。值歲頻旱潦，加以疫癘，百計拯救，復修卡整隄防，士民爲立祠。

謝正蒙。惠來人。萬曆中知安鄉縣。始至若不慧，久之盡得吏胥姦狀，逮治如法，由是姦猾大恐。邑苦水災，捐賑有法，所全活甚衆。

周鳳岐。永康人。崇禎末，以參政分守澧州，拒賊城陷，不屈死之。

本朝

湯調鼎。清河人。順治初知澧州。流寇袁、劉等據境劫掠，調鼎偕參將唐洪協心力，設方略，追勦克復，拊循荒殘。建延光書院以養士，人文遂盛。

辛良器。遼東人。順治中知安鄉縣。縣無城，患盜，良器令各堵牆爲衛。匝月，鱗比成垣墉。以憂去，猶請蠲荒減災，免派軍需夫馬草束。民懇留，援旗制復任，勸農興學，新范仲淹讀書臺。後遷湖州，泣送者盈路。

臧得智。漢軍人。康熙中知安鄉縣。革里甲軟擡之習，丈量田畝，絲忽必均。三姓争洲，判爲學地，充月課薪水資，皆具服。民祠祀之。

許湄。嘉善人。康熙中知石門縣。縣版籍紊淆，湄履畝清丈，均徭賦，豪民不得匿税，而貧者不困。勸課農桑，田疇日闢，倉廩充物。饑歲，悉平糶以活民，捐俸改建縣學，輯縣志。在任十四年，民戴之如慈父。巡撫陳璸、趙申喬先後薦之，徵至京師，未至，道卒。

馬世驥。臨清人。康熙中知慈利縣。加意學校，改建文廟，造就諸生。邑有鬼見愁、陰溪等灘，險惡病行旅，盡鑿平之。

阮玉堂。江南揚州人。乾隆元年任九溪營遊擊。九谿有北山，周數十里，兵民皆仰給此山。有明季指揮豪姓子孫，訟言山本指揮舊地，總督委官勘審，將爲所奪。玉堂入省，言地即豪姓地，亦明代事，且絶數萬家之葬窆樵蘇芻牧，而以資豪姓爲利藪，大不便。總督即改前議從之，兵民感悦。時城步、綏寧山苗不靖，命貴州總督張廣泗來湖南總制全軍，玉堂奉檄進勦，所至有功。賊潰乞降，廣泗疑其詐，玉堂力白之，乃許降。旋又生獲男婦子女三千餘人，廣泗欲悉誅，玉堂請誅壯夫之能執兵抗師者，其婦女及男子十六歲以下者貸其死。廣泗始允。玉堂擇壯年有鬚者斬之，餘皆全活。苗民感其德，建祠九谿營，至今祀之。

張綽。浪穹人。乾隆十年知安鄉縣。修學宫，保障隄垸，建范仲淹祠，置祭田，課士其中，咸爲感勵。

張範。尉氏人。乾隆末知澧州。川、楚教匪騷動，範團勇戒嚴，永定十四都民有傳教潛通川匪者，單騎往擒之，撫諭匪衆，脅從者釋之，永定民得安堵如初。

人物

晋

車武子。南平人。父育，爲郡主簿。太守王胡之見武子於童幼〔五〕，謂其父曰：「此兒當大興卿門。」武子勤學不倦，家貧，不常得油，夏月則練囊盛數十螢以照讀書。及長，以博學知名於世。時每有盛坐，皆云無車公不樂。寧康初爲中書侍郎、關内侯。太元中領國子博士，議郊廟明堂之禮，進爵臨湘侯。終吏部尚書。

周該。天門人。以義勇稱。叔父級爲宜都内史，亦忠義士也，聞譙王承立義，而書檄不至，遣該見承，口陳至誠。反命，爲王敦將魏乂所執，拷之至死，竟不言其故，級免於難。

唐

李羣玉。澧州人。文采藻麗，長於詩賦，不樂仕進。裴休愛其才，觀察湖南，厚延致之。及爲相，以詩論薦，授校書郎。所著書三卷，又後集五卷。

段弘古。安鄉人。剛峭寡合，不事産業。人或交之，度非義輒去，以故五十不能得禄。後卒於桂之逆旅，歸葬黄山。柳宗元祭以文。

宋

蘇庠。澧州人。工詩。少爲蘇軾所賞，由是名益重。其後秦檜欲見之，庠曰：「吾老矣，不負販賣雲壑。」卒年八十餘，號後湖居士。有文集行世。

吳祿午。澧州人。咸淳進士。主鄂州咸寧簿。宋亡，殉節死。

田希呂。慈利人。宋、元之際，守節不仕。居天門山，創書院以講學，誘掖後進，當路以爲書院山長。

元

熊義山。安鄉人。至正中累官至萬户。倪文俊兵至，執縣令，義山築城小黄山，保障其上，一縣獲安。越二年，文俊襲執之，逼使降，義山罵不絶口。文俊怒，剖其腹死。

鄧均忠。石門人。至正十二年，峒長向思永作亂，寇劫鄉邑。均忠糾合鄉丁拒守，鄉土賴以安。十四年，思永大肆猖獗，均忠復帥所部勦平之。詔以爲八番、順元等處宣慰司，世襲。卒，謚忠節。

楊輈。慈利人。居彌勒山，通經史，工詩。登進士，總管阿爾斯蘭哈雅最尊禮之。明初隱居，建聚奎書院，講學其中。「阿爾斯蘭哈雅」舊作「阿思蘭海牙」，今改正。

明

周階。安鄉人。通春秋，博洽子史。明永樂初以經明行修徵，因母老不就，卜居於永寧村〔六〕，扁其堂曰「鄰德」。所著有井蛙遺響集。

羅鎡。安鄉人。正統舉人，授歙縣教諭。捐俸建學，修書院。侍郎王偉稱其氣節剛正。遷保定府教授。

綦沖。慈利人。正統中爲大庾令。務以愛民爲本，興利除弊，民咸德之。

張浩。澧州人。景泰進士，任工科給事中。澧舊有運京白糧，民苦之，浩爲奏免。

邵茂質。慈利人。事親至孝，母性懼雷，每聞雷以身翼之。母歿，每雷必張蓋於墓上，雷止乃歸。

李如圭。澧州人。弘治進士，知建昌縣。以計殲劇盜，累遷御史，按江西，激揚有聲。歷延綏巡撫，時有邊警，如圭防杜周悉。入爲大理卿，尋致仕，起工部侍郎，管理河道，晉户部尚書。

周敘。九溪衛人。生有異質，猿臂善射。正德進士，官大理寺評事。以諫止南巡，廷杖，謫永嘉丞。起韶州知府，歷官工部尚書，督理沙河工，有政績。

龔天申。澧州人。嘉靖舉人。潛心理學，歷嚴、兖二州同知，有聲。在兖時，開永濟新河以便漕運，又築汶上城及大行隄二百餘里。

高鵬。澧州人。幼聘周氏女，病癱，周氏請辭昏，鵬不可。舉正德進士，知南通州，廉慎有爲。尋調霸州，以禁權璫横斂，誣逮獄，謫寧州同知，旋遷杭州通判。

戴君恩。澧州人。萬曆進士，歷工部主事，督修永陵有功。奢酋之變，監軍討平之。歷官都御史，巡撫山西，計擒賊王綱等三百餘人。

劉可訓。澧州人。萬曆舉人，歷官刑部員外郎。天啓元年，恤刑四川。會奢崇明反，圍成都，可訓佐城守有功，擢僉事，監軍討賊。崇明走龍場壩，可訓督諸將進勦，功最多。總督朱燮元彙奏文武將吏功，盛推可訓，乃遷威茂兵備參議。崇禎元年，改敘瀘副使，仍監諸將軍。二年，與總督侯良柱破賊十萬於五峯山，斬崇明及安邦彦。

楊錫。安鄉人。萬曆間以貢生授秦州同知。是時天水鑛賊猖獗，錫擒捕有功，得首薦。尋乞歸，壽百歲。

李應祥。九溪衛人。以武生從軍，積功至廣西思恩參將。萬曆七年，征猺有功，擢松潘副總兵，破賊韋明玉，入爲五軍營副將。十三年，出爲四川總兵官，以討賊功加都督同知。二十八年，大征播州，與劉綎、吴廣等分兵八道，滅楊應龍。鎮守四川，卒於官。贈左都督，世襲千户。

龔之安。天申子。萬曆舉人，知德陽縣。崇禎九年，張獻忠寇蜀，嬰城死守，城破，駡賊不屈，遇害。贈尚寶丞。本朝乾隆四十一年，賜謚節愍。

朱紫。永定衛人。世職百户。崇禎末闖賊破澧，紫督鄉兵拒之，力屈見執，駡不絶口，被磔死。本朝乾隆四十一年，賜謚節愍。

本朝

易尚陽。澧州人。順治舉人，知河西縣。縣有田陷爲湖，輸賦如故，尚陽請於大吏，獲奏免。

卓建斌。慈利人。隸督標下，與同邑萬奇福討吴逆有功，建斌陞右軍都督，奇福陞副將。

張舜齡。安福諸生。有文譽。父預爲流寇所執，舜齡奔救，賊以刃加頸不爲動，求釋其父益哀。賊終無釋父意，乃悉毁其家贖父歸。事繼母至孝，卒祀鄉賢。子庚先，康熙辛酉與弟明先同領鄉薦，知長樂、霍邱兩縣，數剖奇冤，有能聲。明先成進士，授檢討，晉中允，視學廣東，所得多知名士。尤工於文，一時推重。

張月。明先子。康熙鄉舉，歷官刑部郎中，出爲真定知府，多善政。卒於官，祀名宦。

賀禧。澧州人。家貧，父衰老，每冬夜，必侍父寢。嘗夜歸，見一人醉卧溝中，囊貯三十餘金，乃負至家，以水解之醒，酬以金不受，但戒勿再醉可也。

鄒學魯。安鄉人。世敦孝友，五世同居，家政主之一人，衣履惟適是用。與弟學詩，友愛無間言。

黄士志。石門人。少孤，母改適陳姓。比長尋母，遇之蘭溪，相抱痛哭。陳給以田産，不受，曰：「吾受陳氏厚恩，則不得爲黄氏子矣。」惟相依傭力，孝養終其身。

楊大貴。灃州人。官鎮筸鎮把總。嘉慶二年調赴湖北，進勦賊匪，因功擢陞千總。五年，賊竄至鄖縣，大貴隨往防堵，力戰陣亡。同州人外委傅正朝亦遇害。事聞議卹，均廕雲騎尉。

符正道。慈利諸生。内行惇篤，母楊氏病劇，正道時年十二，割股以療。嘉慶十二年旌。

流寓

宋

范仲淹。蘇州人。幼孤，從其母歸朱氏。朱宰安鄉，仲淹從焉，因讀書於縣城之南。

陳祐。仙井人。論章惇、蔡京、蔡卞、郝隨、鄧洵武，忤旨，編管灃州。

明

李克嗣。父吉安，四川内江人。任華府教授，遂家於灃。克嗣成化進士，累官南京巡撫。宸濠謀逆，克嗣以安慶當賊衝，屬都督楊銳死守，因是王守仁得直擣其穴。以治河工，晉工部尚書。嘉靖初擢兵部尚書，累書乞歸，薦王守仁自代，賜乘傳歸澧。卒，贈太子太保，謚康和。

列女

明

李昌叔妻龔氏。澧州人。流賊入澧，被掠，罵賊不屈死。

趙氏。澧州人。嫠居守節。崇禎中，流賊寇澧，趙約居民毛二、龔之愉，各起義兵，趙號「寡婦營」，有衆數百人，與賊將連戰相犄角數月。兵敗，各罵賊不屈死。

丁文衡妻康氏。慈利人。崇禎間，從其夫與一子避兵山中，爲賊所得。康詒賊，使釋夫與子遠去，拔賊所佩刀自刎。

宋世將妻琴氏。永定人。世將死，琴年二十餘，守志，後遭流賊之亂，懼辱，自縊死。

楊顯德妻彭氏。永定人。避寇山谷間，爲寇搜獲，殺其幼女，鞭驅之，不行，延頸受刃死。

本朝

陳氏婦蔣氏。澧州人。夫亡守節，康熙年間旌。

伍永興妻文氏。石門人。夫亡守節，康熙年間旌。

王宗騏妻秦氏。永定人。夫亡守節，康熙年間旌。

方士甲妻王氏。澧州人。夫亡守節。同州節婦楊期遠妻孫氏，均雍正年間旌。

劉鴻熹妻祁氏。澧州人。夫亡守節。同州節婦雙氏婦曾氏、王問臣妻彭氏、張學詩妻管氏、戴方舉妻黃氏、蘇志灝妻周氏、劉心敏妻李氏、彭嶽妻易氏、戴永位妻黃氏、皮夢楊妻孫氏、皮儒博妻周氏，烈婦鄔學萬妻萬氏，貞女王孫長聘妻陳氏、周本廣聘妻李氏，均乾隆年間旌。

鄧蘭若妻覃氏。石門人。夫亡守節。同縣節婦陳士倫妻佘氏、冷上珍妻林氏，均乾隆年間旌。

李振鑑妻劉氏。安鄉人。夫亡守節，同縣節婦熊尚愷妻劉氏、張喆先妻夏氏、張參妻李氏、子婦吴氏、劉宏璋妻顔氏、張理妻李氏、畢然颺妻張氏、羅文宣妻任氏、李本立妻吴氏、羅嵂妻鄒氏，均乾隆年間旌。

皇甫天湛妻劉氏。慈利人。夫亡守節，乾隆年間旌。

宋世榮妻向氏。永定人。逼污不從，被殺死，乾隆年間旌。

趙昌有妻蔡氏。澧州人。家貧丐食奉姑，姑病割股爲羹以進，姑頓愈。同州貞女王宏毅聘妻孫氏，均嘉慶年間旌。

伍作昌妻陳氏。石門人。夫亡守節，嘉慶年間旌。

劉志彬妻潘氏。安鄉人。夫亡守節。同縣節婦吴士翼妻張氏、李世龍妻羅氏、李世序妻羅氏、王朝楫妻熊氏、王炳妻楊氏、羅文規妻胡氏、周敦柔妻宋氏、其娣王氏、李氏，貞女潘世溥聘妻李氏、羅淑國聘妻張氏，均嘉慶年間旌。

丁光斗妻胡氏。安福人。夫亡守節。同縣節婦汪昌奉妻王氏、鄧瑶妻張氏、蔣紹來妻夏氏、于友望妻陳氏，均嘉慶年間旌。

熊文廉妻劉氏。永定人。夫亡守節。同縣節婦吴樹中繼妻周氏，均嘉慶年間旌。

仙釋

唐

元安。丱歲出家，通經論，具戒，爲臨濟侍者。臨濟嘗稱之曰：「此臨濟門下一隻箭，誰敢當鋒？」後於澧州説法。

宣鑒。簡州周氏子。參龍潭信禪師，言下大悟。精究金剛經，時謂之周金剛。

文邃。福州人。參洞山，於言下發解，遂爲之法嗣。居欽山寺。

維儼。絳州韓氏子。年十七，依朝陽西山慧照禪師出家，嚴持戒律，謁石頭得其宗旨。往澧州藥山披榛結菴，僅庇趺坐。鄉人攜飲饌往，並辭不受，請所需，曰：「日米一升足矣。」忽一旦謂其徒曰：「乘郵而行，及暮而息。未有久行而不息者，吾將有以息矣。」語畢，隱几而化。本朝雍正十二年，封達宗弘道禪師，遣有司致祭。

善會。唐咸通十一年，卓錫夾山，遂成院宇。中和元年示寂。

宋

黄道沖。彰觀山真人。乾道中仙去。又有范靈，亦居彰觀山得道。

塔下。

明

屈彌高。安鄉人。湖南寺僧，能前知。永樂中召至京，賜寶綸敕語、千佛袈裟、西洋念珠等物。還山後，示寂於金雞塚寶

土産

鐵。州境出。唐書地理志：澧州石門有鐵。

石青、石緑。俱州境出。

漆。慈利縣出。

桐油。安福縣出。

竹簟。唐書地理志：澧州土貢竹簟。

野牛。安福縣出。

玉面貍。州志：州境出。

石鯽魚。重唇雙鱗，慈利、安福二縣出，遊不出境。

緑毛魚。慈利縣出。

鱧魚。安福縣出。

石松、石耳、石笋。俱慈利縣出。

校勘記

〔一〕至順中改建　乾隆志卷二八七澧州津梁(下同卷簡稱乾隆志)同,據例「至順」上當添「元」字。

〔二〕以道濟爲天門太守　「天門」,原作「大門」,據乾隆志及宋書卷四三檀道濟傳改。

〔三〕閤門祇候史方　「祇」,原作「祗」;「候」下有「吏」字,乾隆志同,據宋史卷三〇七陳世卿傳改、删。

〔四〕復置澧州武口等寨以控制之　「復」,原作「後」,據乾隆志及宋史卷三〇七陳世卿傳改。「州」,乾隆志同,宋史陳世卿傳作「川」。按,武經總要前集卷二〇邊防亦作澧川寨。然宋史卷三二六史方傳又作澧州寨。蓋川、州二字形近易混。

〔五〕太守王胡之見武子於童幼　「王胡之」,原作「王朝之」,據乾隆志及晉書卷八三車胤傳改。按,車胤字武子,此避清世宗諱,以字稱之。

〔六〕卜居於永寧村　「寧」,原作「安」,據乾隆志改。按,本志避清宣宗諱改字。

桂陽直隸州圖

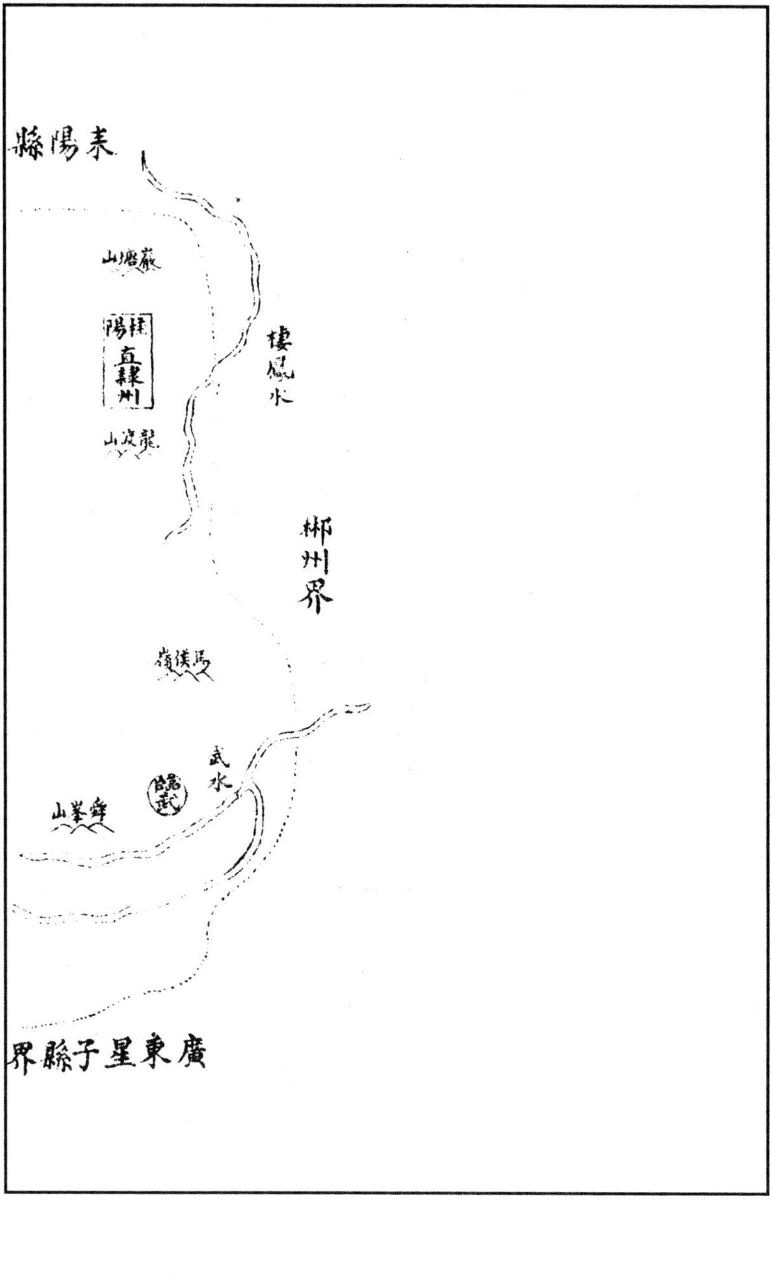
耒陽縣
巖磨山
桂陽直隸州
龍泉山
棲鳳水
郴州界
馬侯嶺
武水
臨武
舜峯山
廣東星子縣界

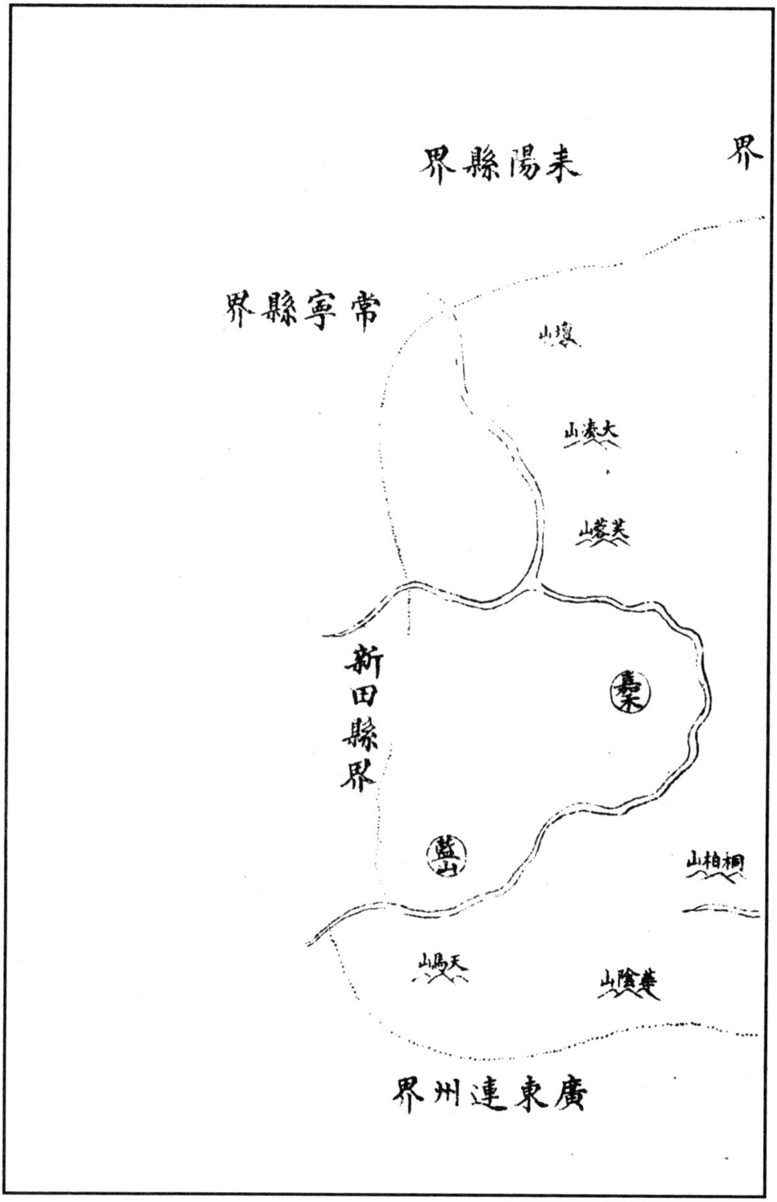
耒陽縣界
界
常寧縣界
壞山
大湊山
芙蓉山
新田縣界
嘉禾
藍山
桐柏山
天馬山
華陰山
廣東連州界

桂陽州直隸州表

	桂陽州直隸州	臨武縣	藍山縣
秦			
漢	郴縣地。	臨武縣屬桂陽郡。	
三國		臨武縣	
晉		臨武縣	
南北朝		臨武縣	
隋	平陽縣大業末蕭銑析置，屬郴州。	臨武縣	
唐	桂陽監元和初置。	臨武縣屬郴州。如意初改曰隆武，神龍初復名。	
五代	晉省入桂陽監。	臨武縣晉省。	
宋	桂陽軍紹興三年升，屬荊湖南路。 平陽縣天禧三年復置，爲軍治。	臨武縣紹興十一年復置，屬桂陽軍。	藍山縣徙治，屬桂陽軍。
元	桂陽路屬湖廣行省。 平陽縣路治。	臨武縣屬桂陽路。	藍山縣屬桂陽路。
明	桂陽州洪武九年降州，屬衡州府。 省入州。	臨武縣屬桂陽州。	藍山縣屬桂陽州。

續表

	嘉禾縣
南平縣屬桂陽郡。	臨武縣地。
南平縣	
南平縣	
南平縣	
廢。	
藍山縣初復置南平，屬郴州。天寶初徙治更名。	
藍山縣	
	嘉禾縣崇禎十二年置，屬桂陽州。

大清一統志卷三百七十五

桂陽直隸州

在湖南省治東南六百三十里。東西距二百二十七里，南北距二百五十里。東至郴州界三十里，西至永州府江華縣界一百九十七里，南至廣東連州界一百八十里，北至衡州府耒陽縣界七十里。東南至郴州宜章縣治一百五十里，西南至永州府新田縣界八十里，東北至郴州永興縣界六十里，西北至衡州府常寧縣界一百里。本州界東西距九十里，南北距一百一十里。東至郴州界三十里，西至藍山縣界六十里，南至臨武縣界四十里，北至常寧縣界七十里(二)。東南至宜章縣治四十里，西南至嘉禾縣界六十里，東北至永興縣界六十里，西北至新田縣界八十里。自州治至京師四千二百十五里。

分野

天文翼、軫分野，鶉尾之次。

建置沿革

禹貢荆州之域。春秋、戰國屬楚。漢郴縣地。隋大業末，蕭銑析置平陽縣，屬郴州。唐元和初，於縣置桂陽監。五代晉省縣入監。宋復置。紹興三年，升爲桂陽軍，屬荆湖南路。元至元十四年，又升爲桂陽路，屬湖廣行省。明洪武九年，降爲桂陽州，省州治平陽縣入州，屬衡州府。本朝因之。雍正十年，升直隸州，屬湖南省，領縣三。

臨武縣。在州南一百四十里。東西距七十里，南北距一百三十里。東至郴州宜章縣界四十里，西至藍山縣界三十里，南至廣東連州界五十里，北至本州界八十里。東南至宜章縣界三十里，西南至連州界三十五里，東北至本州界五十里，西北至嘉禾縣界六十里。戰國楚臨武邑。漢置臨武縣，屬桂陽郡，後漢因之。唐屬郴州。如意元年，改曰隆武。神龍元年，復曰臨武。五代晉天福四年，省入平陽。宋紹興十一年復置，屬桂陽軍。元屬桂陽路。明屬桂陽州，本朝因之。

藍山縣。在州西南一百五十里。東西距一百里，南北距九十里。東至臨武縣界五十里，西至永州府寧遠縣界五十里，南至廣東連州界四十里，北至嘉禾縣界五十里。東南至臨武縣界五十里，西南至永州府江華縣界六十七里，東北至嘉禾縣界五十里，西北至寧遠縣界五十里。漢置南平縣，屬桂陽郡，後漢因之。隋省。唐咸亨二年復置。天寶元年，改曰藍山，屬郴州。宋景德三年徙治，改屬桂陽軍。元屬桂陽路。明屬桂陽州，本朝因之。

嘉禾縣。在州西南一百一十里。東西距一百里，南北距八十里。東至本州界五十里，西至藍山縣界五十里，南至臨武縣界三十里，北至本州界五十里。東南至臨武縣界五十里，西南至藍山縣界五十里，東北至寧遠縣界四十里，西北至新田縣界四十里。漢臨武縣地。明初爲桂陽州及臨武縣地。崇禎十二年，析置嘉禾縣，屬桂陽州。本朝因之。

形勢

襟帶湘江，控引交、廣。宋陳亨父五雲觀記。四山環拱如重城，爲湖南奥區。州志。

風俗

淳樸近古，畏法少訟。州志。

城池

桂陽州城。周二里有奇，門四，有濠。明洪武二年築。本朝康熙二十一年修，乾隆十二年重修。

臨武縣城。周二里有奇，門五，有濠。明天順四年築。本朝順治十一年修，康熙五年、二十一年，雍正四年、十年屢修。

藍山縣城。周二里有奇，門四。明天順八年築。本朝乾隆二十五年重修。

嘉禾縣城。周四里有奇。明崇禎中築。本朝康熙八年修，乾隆二十八年重修。

學校

桂陽州學。在州治東。宋乾道四年建。明弘治中遷城南，嘉靖中復舊址。本朝順治、康熙中屢遷，復建今所。乾隆、嘉慶中重葺。入學額數十五名。

臨武縣學。在縣治東北。明洪武初，因宋、元舊址建。本朝康熙中重建，乾隆、嘉慶中重葺。入學額數十二名。

藍山縣學。在縣治東。元泰定中建。本朝康熙、乾隆中屢修。入學額數十二名，新童三名。

嘉禾縣學。在縣治東門外。舊在縣治西北，明崇禎中建。本朝康熙中屢修，乾隆二年遷建今所，嘉慶十九年增修。入學額數八名。

鹿峯書院。在州城内。本朝乾隆八年建。

端品書院。在臨武縣城内。雍正五年建。

雙溪書院。在臨武縣東門外。乾隆十五年建。

三藍書院。在藍山縣東門外。乾隆二十六年建。又舊志載州南有蒙泉書院，臨武縣有南薰書院、環緑書院、雪蓬書院。

户口

原額人丁一萬七千六百七十四，今滋生男婦七十七萬三千三百五十三名口，計十六萬五千七百九十八户。

田賦

田地塘九千二百五十四頃六十八畝四分三釐，額徵地丁正、雜銀四萬七千八百二兩四錢六分二釐有奇。

山川

鹿頭山。在州東三里。一名鹿峯山。輿地紀勝：在桂陽軍東門，有石形如鹿。

龍渡山。在州南三十里。輿地紀勝：山在軍南，又名神渡山。明統志：州之望山也，有源泉，灌溉甚溥。

芙蓉山。在州西南二里。方輿勝覽：山下有泉曰蒙泉。州志：旁有職方巖，一名偃月巖。有石如懸鼓，擊之作鐘聲，爲宋黄職方照鄰讀書處，因名。

石門山。在州西南六十里，接嘉禾縣界。輿地紀勝：山有巖穴如門，歸水自藍山穿石門西注，舟筏皆經其下，俗呼爲仙人橋。

大湊山。在州西半里。九域志：平陽縣有大湊山。輿地紀勝：山在城西。舊志云出銀鑛，其盛時鑪烟蓊然，上接雲漢。烹丁紛錯，商旅輻輳，因名。州志：山周二十里，四面相似。一名寶山。

毛壽山。在州西二十里。五代時産鉛，宋以後絶。

藍山。在州西百里，接臨武、藍山二縣界。薈萃蒼翠，浮空如藍。

金山。在州西北一里。蜿蜒環繞，有如重城。

九鼎山。在州西北七十里。

壇山。在州西北九十里。方正如壇。圖經：唐高宗儀鳳三年，詔南方有山嵬險，中有聖人足跡，石穴流泉，即今之壇山也。中宗景龍二年，詔於此山開戒壇，因名壇山。

巖塘山。在州北七十里。峻石巉巖，中深如塘。又寧岡山〔二〕，在州北七十里。高峻周迴，爲一州水口。

東雲山。在臨武縣東一里。上有石曰騾迹。

筆架山。在臨武縣東二十里。三峯並峙，中一峯高出，左右二峯承之。

金城山。在臨武縣東四十里。其上平廣，昔人壘石爲城於上，因名。

羅城山。在臨武縣東南三十五里。山勢環繞如城，山腰有小洞，名洞門。

挂榜山。在臨武縣南三里。下臨石溪，上有百丈丹崖。

五馬山。在臨武縣南三里，接挂榜山。下有石礌巖，其口如礌，清流湧出，灌田千畝。又玉屏山，五馬山之一山，形如屏，莊嚴靈秀，甲乎諸峯。

方山。在臨武縣南三十里。其形如印，上有方石寨。

華陰山。在臨武縣西南三十里。隋書地理志：臨武縣有華陰山。縣志：三峯高秀如華嶽，連接西山，直通嶺表。

舜峯山。在臨武縣西三里。三面壁立，前開一徑，以通上下。山頂平衍，可二百畝，上有巨石曰韶石。元末縣無城守，鄉民於此壘石保聚。明統志：一名千仞山。

桐柏山。在臨武縣西二十里。一名西山。水經注：武溪水出臨武縣西北桐柏山。元和志：山在縣西北六十里。縣志：桐柏山西界藍山，直接九疑之麓。山勢險絶，雄據百餘里，溪洞深杳，獠民耕獵其間。地近廣西，山氣嚴凝，春猶積雪。

章山。在臨武縣西三十里。

韓張山。在臨武縣治北。一名官山。明統志：山在縣學後。唐韓愈、張署同時遷謫，韓令陽山，張令臨武，嘗憩於此，故名。

八源山。在臨武縣北三十里。有八水出其下，故名。一名東山。又北爲金香山，南連桂嶺，五代及宋於此設銅冶。

金榜山。在藍山縣東七里。

百疊山。在藍山縣東十五里。峯巒重疊，綿亘廣遠，其尾爲灘上三峯，舜水縈洄其下，爲縣治水口。

鳳冠山。在藍山縣治南。

天馬山。在藍山縣南十里。形如天馬騰躍。下有石甑巖，其口如甑，清流湧出，灌田千頃。

都山。在藍山縣南。水經：鍾水出桂陽南平縣都山。注：都山即都龐之嶠，五嶺之第三嶺也。輿地紀勝：山在縣南九十里，與連州分界。按：通典、地理通釋以都龐嶺在永州府永明縣，未知孰是。

九疑山。在藍山縣西南，接永州府寧遠縣界。亦曰蒼梧山。元和志：在縣西南五十里，九疑水出此。按：此山屬永州府寧遠縣界爲多，詳見寧遠縣。

茅龍山。在藍山縣西十里。

夔山。在藍山縣西二十里。上有夔廟。

唐源山。在藍山縣西三十里。産異木。或訛爲檀山。

錦屏山。在藍山縣西。昔人依之爲砦，亦名官砦山。山北爲丫髻山，三峯並峙，如挽髻。

天柱山。在藍山縣北三十里。山色翠靄，望之如玉柱擎天。明統志：一名石柱山，下有巖洞，石乳融結，奇怪萬狀。
黄蘗山。在藍山縣北九十里。
觀音山。在嘉禾縣東三十五里。州志：木清水秀，每晴久，聞水聲若雷則雨。
晉平山。在嘉禾縣西，接永州府寧遠、新田二縣界。輿地紀勝：晉平山在藍山縣東北七十里。
石燕山。在嘉禾縣北十里。舊屬桂陽州。山嶺有石壁，夏秋間雨過，墜石如燕，可入藥。
南城嶺。在州南。有塔。
五星嶺。在州南三十里。
七曲嶺。在州西南十里。
晉嶺。在州西南八十里，接藍山縣界。舊有晉寧王廟〔三〕，今廢。明統志：相傳晉時出銀鉛砂礦。
流渡嶺。在州西北七十里。
丫髻嶺。在州北十里。
平都仙嶺。在州北四十里。
潭流嶺。在州北。輿地紀勝：在桂陽監北一百三十里，出銀鉛砂礦，今廢。
分神嶺。在州東北四十里。三峯列峙。
石梯嶺。在臨武縣東三十五里。由臨武至桂陽別徑也，山嶺一道如綫。
金仙嶺。在臨武縣東六十里，接郴、桂界。

結茅嶺。在臨武縣南三十里，接廣東連州界。

東春嶺。在臨武縣西北十五里。縣志：由縣至藍山縣官道，石級數層，古松夾道，軺車憩此，塵襟頓爽。又十里有獅子嶺。

桂嶺。在臨武縣北三十里。亦名香花嶺，高八百餘丈，山勢雄博，盤繞縣境。

馬侯嶺。在臨武縣東北四十里。下有伏波將軍祠，嶺左右崖下有龍洞。

羊車嶺。在藍山縣西南十里。

藍嶺。在藍山縣北四十里。輿地紀勝：藍嶺在平陽，跨藍山縣界，故曰藍嶺。縣志：藍嶺跨本州及臨武、寧遠、藍山縣界，下有禹公巖、石室。

楓岡嶺。在嘉禾縣東四十五里。

黄雲嶺。在嘉禾縣東北三十里。

童峯。在藍山縣東。壁立直上，勢衝霄漢。

東樓峯。在藍山縣南五十里。一名舜峯，巋水出其下。

石榴花峯。在藍山縣南。五峯攢簇如花蘂，有梳妝石如鏡。

引雁峯。在嘉禾縣東北四十五里。

棲真巖。在州東鹿峯山後。舊志：石上有李淳風詩刻，年久莫辨。

焦源巖。在州南三十里。高敞如堂，中有佛龕丈室，巧逾人工。旁一石，頂背如僧狀，名面壁石。又靈池巖，在州東二十里。

獅子巖。在州西南二十里白竹嶺下。以形似名，通九疑山。

坦明巖。在州北六十里，地名週塘。巖下有洞，深廣可容百十人。有溪，上有天生石橋，昔人建菴於上。其石乳如雲磬狀，扣之聲清而韻。

天窗巖。在州北九十里。水從巖入，通衡州府常寧縣金龍巖。又神女巖，在州北，勢軒敞周匝，前後若堂奥。

秀巖。在臨武縣南十五里。巖石天成，門奥俱備，中平曠可坐數百人，四壁璀璨如五彩，壁上鐫米芾書「秀巖」二字。明統志：秀巖東北有穴通明，石乳結聚，下有兩穴，水出其左爲大溪，流二百餘步，復入石穴。縣志：相近有紅石巖，中可容百人，石乳結成花木鳥獸之狀。

黄門巖。在臨武縣西舜峯之麓。縣志：四山環抱，一水瀠洄。

石龍巖。在臨武縣西二十里。明統志：巖中有石如龍，歲旱洗之則雨。

金粟巖。在臨武縣西北二十里。明統志：石壁峭拔，下有溪流，巖上石如珠絡。舊志：巖下有水，下流與武溪合。江中多碎石，錯落如金粟，故名。又雲封巖，在臨武縣北四十里，即香花巖也。

繡龍巖。在臨武縣東北二十里。石峯屹立，峯半有石龍，昂首巖口，亦名龍洞。

舜巖。在藍山縣西三十里。洞門偪窄，中有石旗、石帳、石榻，巖下出水，即舜水之源。泝流而入，可逕達九疑。

蓮花巖。在臨武縣東三十五里。

聖水洞。在臨武縣西北十里。縣志：遇有流水從洞中出，三日後即雨，過期不雨則旱。

水源洞。在嘉禾縣南一里。水從山洞中湧出，下流成河，入城環繞縣治。

熱石。在臨武縣温湯池旁。寰宇記所謂置物其上立焦，即此。

錦雞石。在藍山縣西舜水上。又有石馬，在縣之花果園。相傳錦雞鳴則石馬應，爲吉兆。

歸水。自藍山縣南，東北流至嘉禾縣東南，又東北流逕本州西南，又北合舂水入湘。一名舜水。輿地紀勝：藍山縣有舜水，出九疑峯。又名歸水。舊志：歸水源出舜巖，灌於白田，逕藍山縣治南，合蒙溪、英溪諸水。又東北逕三峯下，爲小十八灘，入嘉禾縣界。

桂水。源出藍山縣南。東北流逕嘉禾縣，又東北入州界，合舂水入湘。漢書地理志「桂陽」注：「應劭曰：桂水所出，東北入湘。」水經注：桂水出桂陽縣北界山。山壁高聳，三面特峻，石泉懸注，瀑布而下，北逕南平縣，而東北流屆鍾亭，右會鍾水，通爲桂水也。

鍾水。源出藍山縣北，分爲二支：一支北流徑嘉禾入州界，入桂水；一支南流入廣東連州界。本朝康熙四十七年，濬爲鹽河。水經：鍾水出桂陽南平縣都山，北過其縣東，又東北過宋渚亭，又北過鍾亭與灌水合，又北過魏寧縣之東，又東北入於湘。注：鍾水即嶠水也。庾仲初曰：「嶠水南入始興灌水〔四〕，注於海，北入桂陽湘水，注於江是也。」灌水即桂水也，灌、桂聲相近，故字隨讀變。

屯湖水。在州南三里。源出甘陂，下流入郴州爲棲鳳水。明統志：水源出龍渡山南，流至屯湖，折而東南至鹿頭山。又東北入郴州境，民田多資灌溉。

潮水。在州西南八十里。一日三潮。

舂水。在州西。自永州府新田縣流入，名衡塘水。合藍山縣歸水，循州境西下十八灘，合桂水至常寧縣，爲焦源河，入湘。

長江水。在州西。源出臨武縣東山，北流至州界，入桂水。

桐梁水。在州西六十里。源出晉巖泉，北流合浦溪水，又十里北流入舂。

赤土溪水。在臨武縣東四十里。源出金城山，東與溱水合。

塘渣水。在臨武縣東。源出東山，南流五里，至金香山，伏二里許，東南出，流十里與溱水合。

龍蟠溪水。在臨武縣東。源出馬侯嶺，南與溱水合。

溱水。在臨武縣南。源出臨武縣華陰山，東流入郴州宜章縣界，古名秦水。漢書地理志：臨武縣，秦水東南至湞陽入匯〔五〕，行七百里。水經：溱水出桂陽臨武縣南，繞城西北屈東流。注：溱水導源縣西南，北流逕縣西，而北與武溪合。山海經曰：「肄水出臨武西南〔六〕，而東南注於海，入番禺西。」肄水蓋溱水之別名也。按：漢志、水經俱以溱水爲經流，惟酈注謂溱水入武溪水，以武溪水爲正流。恐當以漢志及水經爲正。

華陰水。在臨武縣西南。源出華陰山下，分三派：一東流與溱水合，一西流合舜水，一南流入廣東連州界。

貝水。在臨武縣西。源出西山，東南入溱。

高安水。在臨武縣西。源出西山，東入溱。

秀溪水。在臨武縣西。源出西山，東入溱。

滑石溪水。在臨武縣西。源出西山，東入溱。

騾溪水。在臨武縣西。與滑石溪同出西山，東流至挂榜山下，分流入溱。

武溪水。在臨武縣西北二十里。東流入溱水，一名武水。水經注：武溪水出臨武縣西北桐柏山，東南流，右合溱水，亂流東南逕臨武縣西，謂之武溪。舊唐書地理志：臨武縣南臨武溪。明統志：武水源出西山下，地名鸕鷀石。

石江水。在臨武縣北。源出東山，東流入溱。

赤水。在臨武縣東北。源出大龍山，分三派，一曰龍江水，一曰龍巖水，一曰西塘，至赤水江合，流東南十五里入溱。

英溪水。在藍山縣東十里。源出臨武縣華陰山，北流至童峯下入巋。

華荆津水。在藍山縣東三十里。源出臨武縣華陰山，北流至金榜山入巋。

廖溪水。在藍山縣西北十五里。東流至百疊山入巋。

蒙溪水。在藍山縣西北。發源丫髻山，東南流經夔山入巋。

龍溪水。在藍山縣北五里。源出金龍山，東南至三峯入巋。

藍溪水。在藍山縣北四十里。源出藍嶺，東流入巋。又縣東北有涵水、鳳水，俱去城四十里，流入巋水。

夕陽溪。在藍山縣南石榴峯下。

大灘。在州西春水中。州有十八灘，水石相激，幾二十里。其灘之得名者有十：曰觀音灘，水勢稍殺；曰歐公灘，行舟至此皆登陸，知州吳淵鑿山通路，纔容一綫，昔有歐公被溺於此；曰點燈灘，兩峯狹促，巨石嵯岈，與水勢消長爲隱見；曰都管灘，有石傑峙中流，旁多小石如拱揖；曰獅子口灘，牙吻屈曲，迎吼江濤；曰老虎口灘，巨石從岸左下垂，如虎蹲踞；曰大灘，石高丈餘，倒瀉飛流，號爲最險，舟至其地，悉出所載，任負於岸，駕空舟穿石罅，凡幾曲折始下，稍失利則舟摧覆；曰湄灘，衆石排列，水漲尤險；曰黄牛灘，亂石堆列水中，水消尤險；曰獐尾灘，接常寧縣界，水勢遼闊，湍亦稍平。

石甑潭。在州北九十里。有兩水合流，匯爲深潭，澄澈見底。

龍潭。在州北。寬十餘丈，繞城而西南入屯湖水。又藍山縣南石榴花峯下亦有龍潭，旱禱輒應。

烟雨池。在州治南里許。州志：冬春之際，烟雨空濛，爲十二景之一。

温湯池。在臨武縣東五十里。石山連峙，池在山半，水如沸湯。初試不可近，久漸可浴。近池幽草，經冬不萎。池旁有田數畝，四時可種。山頂一池尤熱，乃其源也。

德泉。在州東鹿峯下。宋監使孫頎有贊。州志：青石環聳，靈泉傍激。

龍渡泉。在州南三十里。泉出龍渡山麓，竅分兩派，分屬郴州。

蔡泉。在州西南。州志：蔡倫造紙處，有石盆刻識。一曰蔡倫井。

蒙泉。在州西。

聖水泉。在州西北。自壇山頂流下，灌田數千頃。

甘泉。在州北。州志：其甘如醴，灌田千畝。

安富泉。在臨武縣東羅城山下。石洞竅如側甕，泉流灌田千畝。

玉液靈泉。在臨武縣西三里舜峯山下。縣志：懸溜峭壁，煮茗甚佳。

噴珠泉。在臨武縣西十里。泉噴水底如撒珠。又嘉禾縣亦有珠泉，在縣北門外，吐沫如珠。

聖泉。在藍山縣南。輿地紀勝：在縣南九十里。供一人至百人皆足。

龍泉。在藍山縣東北。以石投之，水溢而出，移時乃已。每日數取之，無不應者。

肥泉。在嘉禾縣西北二十里。一名廣蔭泉，清濁相兼，灌田千畝。

清溪井。在州北五十里。灌田千餘頃。又州北有瑤溪、大泉、連源、葛塘、梅母、牛尾、裔家諸井，俱灌田五六百畝，惟裔家井清冽而旨。

龍泉井。在嘉禾縣西。灌田五百頃。

古蹟

平陽故城。今州治。晉置縣。唐末省。宋復置，爲桂陽軍治。元爲桂陽路治。明省入州。元和志：郴州平陽縣，東至州九十里，本漢郴縣地。東晉陶侃於今理南置，屬平陽縣。至陳俱廢。隋末蕭銑分置，武德因而不改。七年省，八年復置。輿地紀勝：唐元和初，鹽鐵使李巽請即平陽縣置桂陽監，以其地在桂洞之南，故曰桂陽。天祐元年，馬氏廢平陽縣，以其地屬監，附庸於郴。晉天福四年，始比列郡。宋天禧三年，於倚郭置平陽縣。按：元和志言東晉置平陽縣，屬平陽郡，陳廢。舊唐書地理志晉分郴縣置平陽郡及縣，陳廢。是晉、宋、齊、梁皆有平陽縣也。而晉書、宋書、南齊書皆無此縣。今於州之沿革，據正史敘列，而附元和志、舊唐書之說於此。

臨武故城。在今臨武縣東。戰國楚臨武邑。漢置臨武縣。五代晉省。宋南渡後復置。水經注：縣側臨武谿東，因曰臨武縣。唐書地理志：郴州臨武，如意元年曰隆武，神龍年復故名。輿地紀勝：臨武縣，晉天福四年省其地入平陽。宋史地理志：桂陽軍，南渡後增一縣曰臨武。注：石晉廢，紹興十年復。

南平故城。在藍山縣東。漢置縣，屬桂陽郡，後漢以後因之。隋省。唐咸亨中復置，徙縣治。元和志：藍山縣，本漢南平縣。至隋廢。咸亨中復置於今理。輿地紀勝：南平故城，在藍山縣東五里。縣志：漢南平縣，今縣東南平鄉是。

藍山故城。在今藍山縣北。唐時舊治也。宋末遷於今理。舊唐書地理志：郴州藍山，漢南平縣屬桂陽郡。隋廢。咸亨二年，復置南平縣。天寶元年，改爲藍山。九域志：景德元年，以藍山縣屬桂陽監。輿地紀勝：唐藍山故城，在縣北十五里。縣志：漢南平縣，唐遷治，改藍山。今縣東鳳感鄉有故城舊址。宋末遷於今所。以其三遷縣治，故縣有「三藍」之號。

漢寧舊城。在州北三十里。東漢置縣。三國吴改陽安。晉改晉寧。陳廢。水經：鍾水又北過魏寧縣之東。注：魏寧，舊陽安也。晉太康元年，改曰晉寧縣，在桂陽郡東一百二十里。宋書州郡志：桂陽太守領縣晉寧。漢順帝永和元年立曰漢寧。吴改曰陽安。按：宋書州郡志沿革甚明。第水經魏寧之名，不知何出，當是三國魏時遥改耳。

倉禾舊堡。今嘉禾縣治。舊志：本桂陽州倉禾堡地。明崇禎中有司以堡去州治遠，難以遥制，請立縣鎮撫。於是割臨武六都八里、桂陽州五都六里，立嘉禾縣。

衛尉屯營。在臨武縣南三十里結茅嶺上。漢元鼎四年，武帝使安國少季往南粤諭太后及王入朝，令衛尉路博德將兵屯桂陽南境。粤相吕嘉殺太后、王及漢使。五年，帝以博德爲伏波將軍，會樓船將軍楊僕討平之，屯營於此。有石闕舊址。

期宿村。在臨武縣南二十里。唐貞元間張署、韓愈同以言事被謫，署抵臨武，愈赴陽山，期會界上宿其地。是夕虎攫其驂去，愈喜曰：「當賜環乎？」署曰：「來寅其徵矣。」明年春，果同量移。江陵村側有欹眠館，以韓集「枕臂欹眠」句取名，唐末所建。按：明劉堯誨韓張亭記：臨武令張署與陽山令韓愈同時被謫，陽山道出武邑，二公同登官山，酌酒賦詩。後人既以二公名其山，又因山以建亭，而枕石欹眠，徵寅憑禱，在再期界上之日。州志載欹眠館，在縣南二十五里期宿村之側，韓張亭在縣治官山頂，分屬兩地。舊志以欹眠館爲即韓張亭之舊名，誤矣。

王茶坪。在臨武縣南五里許。州志：相傳前代榷茶場。

銀坑。在州南。元和志：在平陽縣南三十里。所出銀至精好，俗謂之「偈子銀」，他處莫及。亦出銅鑛，俱桂陽監鼓鑄。九域志：平陽縣有大湊山、大板源、龍岡、毛壽、九鼎、小白、竹水頭、石筍、大富等九銀坑。

甘露堂。在州治東。宋元豐中，甘露降，故名。張舜民有記。

拂雲亭。在州治。宋郡守陳傳良建。

石林亭。在州西一里芙蓉山下。宋大中祥符間，職方黄照鄰父子讀書於此，人因呼爲職方巖。

鍾亭。在州西。水經注：鍾水北過鍾亭。

韓張亭。在臨武縣治官山頂。宋紹興間，僉判范寅作亭。明時徙於山麓，劉堯誨有記。本朝康熙中，踵山頂舊址重建。

宋渚亭。在嘉禾縣境。水經注：鍾水東北過宋渚亭。

御書閣。在臨武縣治東。元泰定間，御書「篷雪」二字賜邑人陳楚舟〔七〕，建閣以貯，因名。

飛來鐘。在州北四十里，地名古社。有鐘繫古樹上，至今尚存。

石柱。在州治北神女巖下。高可丈許，大數圍，隻手撼之則動。衆力擠之，屹立如定。

關隘

騾溪關。在臨武縣南。

花塘關。在臨武縣西。

舜峯隘。在臨武縣西三里舜峯山。明天順間，猺以三千人入寇，主簿李濬合衆禦之于舜峯隘。三晝夜，猺人遂遁。

安溪所。在藍山縣西南二十里。有城，明洪武中建。本朝因之。有把總一員駐防。

泗洲寨巡司。在州北八十里。

大橋巡司。在藍山縣南五十里。有城，巡檢、千總各一員駐防。

牛橋鎮。在州南六十里。舊有巡司，本朝康熙中裁。
赤土鎮。在臨武縣東四十里。
毛俊鎮。在藍山縣東二十里。鎮東南有大水源汛堡，西南有漿洞汛堡。地近廣東連州，猺人出入，皆由兩汛。而毛俊實兩汛總口，有千總一員駐防。
兩路口。在嘉禾縣東十里。舊置巡司，今裁。
瓦窑市。在州北三十里。又州北六十里有龍泉市。
濆市。在臨武縣東三十里。又水東市，在縣東四十里。
古城市。在藍山縣東五里。又富陽市，在縣西一里。

津梁

集仙橋。在州治南。
通濟橋。在州南五十里，地名譚溪，爲譚氏世居之所，橋即其家所建也。又臨武縣南亦有通濟橋，跨武溪上。
永濟橋。在州西北三十里。明萬曆中建，壯麗甲於湖南。本朝雍正三年，建虹駐亭於橋側。又嘉禾縣東五里亦有永濟橋，歸水經焉。
三陽橋。在州北二十里。一名織橋。

奮龍橋。在州北五十里。有石如龍，故名。

仙巖橋。在州東北四十里。

廣福橋。在臨武縣東二十里。宋寶祐間建，一名桐木橋。兩崖石壁，高十餘丈。

桐梁橋。在嘉禾縣東南三十里。

下犂田渡。在州西八十里。又百家渡，亦在州西。

斗下渡。在州北三十里。

舍人渡。在州北四十里。

車灣渡。在嘉禾縣東十里。

隄堰

官溪陂。在州東。本朝雍正六年修砌。

袁家陂。在州北三十里梅泉里。相近有龍泉陂。又北三十里有九龍陂、應溪陂。

吴家衝陂。在臨武縣東。又相近有塘背陂、新石陂、黄連陂、烏龍陂。

基塘陂。在臨武縣南。又各鄉陂塘隄堰共一百十二，俱受溪泉之水，資以灌溉。

龍家洞陂。在臨武縣西。相近有上浪陂、上村陂、官陂、蘇家陂。

塔下陂。在藍山縣東。引舜水灌田四千餘頃。

鐵鑪陂。在藍山縣南五里。灌田千頃。

龍鬚陂。在藍山縣西南五里。自舜水上流下至縣治，灌田三千頃。

胡鬚陂。在藍山縣西夔山東。灌田數頃。一名印池。

天鵞陂。在藍山縣北十五里。灌田五百頃。

西江陂。在藍山縣東北。灌田五百餘頃。

陵墓

漢

胡騰墓。在州西北六十里。

祠廟

護英祠。在州西南芙蓉山下。宋建。相傳漢趙雲立營於此，因祀焉。

唐公祠。在臨武縣治，祀漢臨武長唐羌。

周公祠。在臨武縣武水旁，祀漢桂陽太守周憬。

伏波祠。在臨武縣東北四十里馬侯嶺，祀漢馬援。以援征南時，曾經其地故也。

二妃祠。在藍山縣東十五里，祀娥皇、女英。

龍渡廟。在州南三十里，祀龍渡靈泉之神，宋陳傅良有記。

大禹廟。在州東北。

帝舜廟。在藍山縣西四十五里。又臨武縣舜峯山亦有舜廟。

寺觀

能仁寺。在州南。州志：寺始南漢，名曰崇福。宋初爲承天寺，元豐間改今名。

報恩寺。在州西南芙蓉山下。宋建。

資福寺。在臨武縣西一里。宋咸淳初建。

普雲寺。在藍山縣西門外。

普濟寺。在嘉禾縣北門外。林泉掩映，遠眺若圖畫。

五雲觀。在州治北。宋祥符中，道人劉景星建。

佑聖觀。在臨武縣北。宋咸淳中建。

玉虛觀。在藍山縣東門外。

博石菴。在州東十里。有石壁立，大可數千圍，高數百仞，登臨可以眺遠。

檀木菴。在州東南隅三十里。菴側有石瓮貯泉，水涸歲歉，水盈歲豐。

蟾桂菴。在州南門外。後有亭曰醉芙，以面對芙蓉山也。爲州人遊憩之所。

名宦

漢

唐羌。汝南人。和帝時補臨武長。南海舊獻龍眼荔枝，驛馬晝夜傳送，死者不絕。道經臨武，羌上言曰：「上不以滋味爲德，下不以貢獻爲功，二物升殿，未必延年益壽。」帝從之。章報，即棄官還家。

唐

張署。河間人。貞元中以監察御史與韓愈同上封事，謫臨武令。愈謫陽山，至邑同憩於官山，後復期宿境上。臨武人思慕之，以名其山。

宋

董樞。元氏人。乾德中出爲桂陽監使，上書請伐廣南。詔益桂陽戍卒三千，令樞統之。開寶三年，又上方略，會劉鋹令內侍曾居實侵桂陽，樞擊退之。

江休復。陳留人。太祖時爲藍山尉。騎驢之官，每據鞍讀書，至迷失道，家人求得之。舉書判拔萃，改大理寺丞。

歐陽日華。廬陵人。真宗時桂陽監。民有争舟相毆至死者，獄久不決，日華出衆囚于庭，去桎梏而飲食之。既訖，悉勞而還之獄，獨留一人於庭曰：「殺人者汝也。」囚不知所以然，日華曰：「吾視食者皆以右手持匕，而汝獨以左手。死者傷在右肋，此汝殺之明驗也。」囚涕泣服罪。

張運。貴溪人。宣和中藍山丞，攝縣事。縣與諸獠接壤，因俗爲治，吏民安之。臨武寇與諸獠合，大剽掠，運親率兵擒之。紹興中知桂陽監，五月而境内稱治。與部使者奏升監爲軍，大修庠序之教，祀漢以來守令有功德桂陽者於學，刻續顔氏家訓、四時纂要等書散民間。

宋守信。仁宗時知桂陽監。時唐和嘯聚賊衆，屢攻不克。守信舉黄士元習溪峒事，願得戰士二千、土兵二百逐捕之，必得然後已。詔用其策。

胡純。南昌人。淳祐間知臨武縣。雅尚文教，建義塾、義田，布以條約。在任九年，境内以治。

李椿。永平人。初由衡山尉歷桂陽監司理參軍，治盜多活無辜，盜以不作者二十年。孝宗時除湖廣運副，建請十三事，同日報可，大者請減桂陽軍月樁錢二千緡，捐民税折銀之直。民刻石紀之。

陳傅良。瑞安人。孝宗時知桂陽軍。首爲教條，戒吏以徙善遠罪，諭民以孝弟睦婣，人皆不嚴而化。蠲民宿負，歲時小旱，預出錢糴於旁郡，置數場以糶，糶已復糴。又聽民以薪易官米，或役於官食其力，民無飢者。光宗即位，除提舉常平茶鹽轉運判官，去郡，老稚遮送，啼泣載道。

汪綱。黟人。紹熙中調桂陽軍平陽縣。縣連溪峒，蠻蜑與居，綱一遇以恩信。科罰爲害三十年，綱首白諸臺罷之。桂陽歲貢銀二萬九千餘兩，而平陽當三分之二，綱以銀礦已竭，力請蠲損之。歲饑，旁邑有曹伍者，聚衆入境，强貸發廩，衆至千餘，挾界頭、牛橋二寨兵爲援，地盤居萬山間，前後令未嘗一涉其境。綱夜宿寨中，呼寨官詰責不能防守狀，皆惶恐伏地。杖其首惡者八人，發粟賑糶，民賴以安。

趙崇度。知桂陽軍。陛辭，請募散卒補虚籍，以銷盜賊之黨；賦北來人田，以減州郡之蠹。會郴寇暴作，桂陽有脣齒患，崇度疾驅至官。民有冤許自直。命郡教授選士之有學行者，以孝經、論語教峒子弟，每三歲舉其通習者旌異之。復豐積倉舊儲，又請罷義丁，禁立私社，以杜姦民鳩聚。

趙汝澮。紹定三年藍山令。常賦外苛斂悉除，修學宫，端士習，置學田百九十畝以贍生徒。及代，邑人肖像祀之。

元

李希賢。延祐中臨武縣尹。善聽斷，鄰邑訟不平者多來質，俱得情去。民立石頌之。

劉耕孫。茶陵人。至順中授桂陽路臨武縣令。建學校，求民間俊秀，教之設俎豆，習禮讓。三年，文化大興。邑有茶課，歲不過五錠，後增至五十錠，耕孫言於朝，除其額。

明

吴淵。丹徒人。景泰間知桂陽。嚴禁健訟，摘發姦欺，賦役之籍，第爲三等，通融適均。開鑿十八灘以利行舟，至今賴之。

蕭祓。毘陵人。天順間知藍山縣。時防粵寇，縣初築城，費役有經，政平訟簡。

李濬。貴陽人。天順中臨武主簿。峒猺三千人入寇，濬守舜峯隘拒之。猺環攻三晝夜，濬率壯勇驅石曳柴以助軍聲。猺懼卻，乃樹栅以守。猺再至，濬射以藥矢，無不立死。圍數日棄去，轉寇桂陽。

管淳。南陵人。成化中桂陽州同知。先是，峒寇破桂陽，公宇學校皆被燬。淳到官，即請復立州治於古址，與州守洪寬經營創建，民賴安居。

莊昶。浦江人。成化中謫桂陽州判。盡心民事，有不便於民，輒白除之。嘗與士大夫講學，多有成就。

汪瑛。歙人。弘治中知藍山縣。政尚寬平，歲歉賑飢，民免離散。

莫潛。桂林人。正德中知臨武縣。縣自天順間築土城，再經峒寇，愈不完固。潛始甃石填土，爲久遠計，工用繁而民不罷於役。

路寬。正德中知臨武縣。獞猺來寇，會城工未竣，寬刻期完繕，旬日告成。募壯士江總等三百餘人，結營南嶺下，乘賊未陳，大破之。

戴録。浮梁人。嘉靖中知桂陽縣。創社倉、書院，置膳田，復逃户，興復古禮，卓然稱治。

韓嘉會。眉州人。嘉靖中知桂陽。歲饑捐俸煮賑，全活甚衆。

郭宏德。萬安人。嘉靖中知臨武縣。有浮糧千石，列其狀，請於朝得減額，邑人德之。

蔣時行。全州人。嘉靖中知桂陽。時大橋猺賊蜂起，州邑騷然，當事議出兵討之。時行力主撫戢，遂躬詣賊巢，諭以禍福，猺皆束手聽命，州境帖然。

費懋文。鉛山人。嘉靖中知臨武縣。修學宫，置學田祭器，民人祠祀之。
李鐸。石屏人。嘉靖中臨武教諭。躬行率士，屏絶餽遺，齋廚索然，日與諸生論學不倦。
王訓。萬曆中知桂陽州。請減浮糧，捐置學田以贍士。
蔣學成。桂平人。萬曆中知桂陽。以小學日記、省心格言訓士，又立社學教州子弟。卒於官，民肖其像祀於鹿峯。
金元。臨桂人。萬曆中知臨武縣。歲饑，請蠲賦發賑。官地構屋，取賃以資科舉。邑多虎，禱於神，患遂止。
徐開禧。崑山人。天啓間知臨武縣。慈惠恤下，與諸生課藝論文，歷任五載，臨武人肖像祀之。
張恂。東莞人。崇禎中桂陽州同知。嘗攝州事，一日斃奸蠹十餘人，士民稱快。臨桂寇發，恂領兵殲之，因奏設嘉禾縣於衡〔八〕，新田縣於永，遂以恂總攝兩縣事。恂悉心規畫，凡城垣、縣署、學宫，以次修舉。在官四載，百務俱舉。
陳佳士。貴州人。崇禎中爲桂陽守備。賊勢日熾，佳士浚城濠，修器械，募鄉勇以爲備。賊設雲梯等具極力攻擊，佳士焚其攻具，相持二十餘日。援兵至，寇奔圍解。
殷尚聲。揚州人。崇禎末桂陽州吏目。寛厚愛民，流賊郝摇旗屠城，尚聲遇害。

本朝

李宏樗。三原人。順治中知桂陽州。茹蔬衣澣，不取民一錢，有賂者輒罪之，一時望風而肅。
穆貞元。直隸人。順治中知藍山縣。戢兵安民，修教講學，日夕不怠。
袁繼善。餘姚人。康熙中知桂陽州。值偏災，賑恤盡力，修學置田，調劑鹽引，皆務爲經久之計。

董之輔。奉天人。康熙中知桂陽州。作新學校，禁革妖巫，招流民，戒溺女。螟害禾稼，設蜡神以禱，螟遽滅。

伍士琪。阿迷州人。康熙中知桂陽州。州素食粤鹽，擔負踰嶺，鹽價倍增。士琪謀於巡撫趙申喬，濬河，由桂陽直達連州，鹽得水運，價頓減，商民利賴。

趙璡美。劒州人。康熙中知臨武縣。肩輿襆被，攜二僕之官。均差徭，定昏禮。歲旱，禱雨即應。去之日不能治裝，民獻賮，皆不受。

尹秦。蒙自人。康熙中知藍山縣。首修學宮，除里甲，士民悦服，趙申喬特疏薦之。

張明敘。漢軍人。雍正中知桂陽州。歲歉，近者煮糜，遠者給米，病者予醫藥，全活甚多。

姚思恭。永濟人。乾隆中知臨武縣。視民如家人父子，喜奬善士，遇知名者輒造廬論學，雖童子皆諄諄以讀書敦品誨之。

景額。蒙古人。嘉慶初知桂陽州。歲旱，朝夕禱，至涕泣請以身代。捐俸煮賑，全活無算，民德之。

人物

漢

胡騰。桂陽人。桓帝巡狩南陽，以騰爲護駕從事，公卿貴戚，車乘萬計，徵求費役，不可勝極。騰上言：「天子無外，乘輿所幸，即爲京師，臣請以荆州刺史比司隸校尉，臣自同都官從事。」從之，自是肅然。騰以此顯名，官至尚書。

宋

李譽。桂陽軍人。元豐進士，知靈川縣。地多峒苗，譽以德化之，三年，民皆謝刀劍，務農桑。

陳敬叟。臨武人。博學工詩文，咸淳進士，授耒陽縣學録。德祐北狩，遂隱居不仕。著《巽溪集》。

陳章伯。敬叟子。德祐北狩，遂棄諸生。不治生計，茅屋數椽，釜盎亦無完器。臨武令薦之帥閫，以司教玉林，不赴。

元

陳楚舟。臨武人。由明經授皋州衛經歷。泰定間遣使於番，番主遺以金珠，楚舟曰：「義不可辱吾主。」卻之。使還，上嘉其廉，賜號「蓬雪」。

明

陳紹平。藍山人。洪武舉人，知睢州。廉謹自飭，均賦役，賑饑民，全活甚多。累官參政，致仕歸，笥篋蕭然，惟圖書數卷而已。

鄺彦譽。臨武人。英宗時，以薦授四川布政司檢校。西番寇邊，彦譽轉餉有功，累升浙江按察司僉事，分巡金、衢。時金華大饑，郡民强發富家廩粟，官不能禁。彦譽赴部，便宜出官粟賑之，民遂安。湖、處二州盜起，彦譽皆討平之。升廣東按察使。兩粵獞猺倡叛，勞師十年，天順中，彦譽以計擒之，嶺表以平。復修學，闢地爲射圃，集郡弟子，如法校之，文化大行。後家居數年卒。

陳經。臨武人。成化進士，授內江知縣，擢監察御史。時中貴用事，經數其罪上之，不報。中以他罪，出知滎經縣，歷知雅州、東平，尋升陝西按察使僉事，卒於官。先是河決張秋，屢議修築，隨築隨潰，當事多遭譴責。經治之二年告成，遂有是命。

鄺世彥。臨武人。以貢授楚雄通判。時武定賊叛，命將討之，世彥多所贊畫，捷聞，遷本府同知。建改土設流之議，署尋甸，擒賊首，徙郡治於師山麓。有虎噬人，禱之，明日虎斃。憲副張天復爲立異政碑。

劉堯誨。臨武人。嘉靖進士，歷官給事中。時東南倭寇肆橫，浙江統制胡宗憲師久無功，堯誨上疏論其失策。遷僉都御史、福建巡撫，平巨寇林鳳，擒倭朵麻里，奏設總兵，鎮南澳一島。移撫江西，疏蠲積逋二十九萬。升兩廣總制，平鬱林、木頭等十砦，東粵遂安。積羨餘至三十八萬，以佐軍興費。三遷兵部尚書，參贊機務。致仕歸，卒，贈太子少保。

陳尚伊。桂陽人。隆慶進士，歷官江西左參政，治績卓然。桂陽以十八灘險，免漕運，徵改折銀七百餘兩，解德安倉。萬曆十八年，復改漢州南糧二千餘石，官民苦之，尚伊致書當路，備道民艱，仍獲免解。

歐陽顯宇。桂陽人。以貢授巴陵教諭，署縣事。張獻忠攻城，率民死守，城破，罵賊不屈，死之。本朝乾隆四十一年，賜謚烈愍。

本朝

蕭萬奇。臨武人。康熙中授廣東虎門協左軍都司。巡沙亭，遇海寇，戰死。贈遊擊，賜祭葬。

鄭世仍。臨武人。弱冠，博洽多聞。中年究心濂、洛之學，由歲貢授州判，未謁選卒。

顧繼才。藍山人。事母盡色養，母病，衣不解帶三閱月。及歿，廬墓三年。以孝旌。

歐國章。臨武人。任綏寧把總。乾隆五年苗匪叛，國章奉檄入峒招撫，被執不屈死。事聞，䘏，建祠祀之，榜曰「忠烈」。

陳綸。臨武人。由行伍積功至鎮筸遊擊。乾隆六十年，苗匪叛，綸率子恩錫力戰，恩錫陣亡，綸被礮傷臂，回任傷發，卒。嘉慶七年，俱祀昭忠祠。

宋時聯。桂陽人。官永州鎮標把總。乾隆六十年，隨征黔、楚逆苗，擊賊於印家灣，力戰歿於陣。同時遇害者，千總蔣美治、牛志得，把總熊宗相、楊祚興、楊運泰，外委杜顯奇、榮大春、冉永昌、劉應麟。事聞，議䘏，均廕雲騎尉。

流寓

魏

成景儁。文帝太和中爲豫州刺史。後入湖南，愛藍山泉石之勝，遂家焉。

列女

明

羅旦妻張氏。桂陽州人。天順中峒寇入境，大掠，張匿豕牢中。賊覺，抽刀迫之出，張且泣且罵。賊怒，以槊投之，遂遇害。

鄧仁聲妻劉氏。桂陽州人。時因遭亂，與同州李之列女，皆完節死。

杜彦祥妻鄺氏。臨武人。歸杜五年而夫卒，天順中獞賊入寇，鄺從姑避於舜峯嶺。未至，爲賊所執，欲污之。鄺以死拒，駡不輟，遂見殺。其後弘治間獞賊入寇，有鄉民陳士良女陳氏、艾仲隆女艾氏，俱駡賊不屈，同遇害。

鄺抱義妻何氏。臨武人。崇禎中流寇逼境，何爲所執，將犯之，何垢面蓬髮，紿以病疫，賊懼而釋之。及賊退，家人相慶，何泣曰：「平昔謁拜伯叔，猶汗赭，奈何以面目示賊，愧引裾斷腕多矣。」憤恚不食死。

桂廷鳳妻李氏。臨武人。姑患疫疾，將不起，醫言人乳炙可療，李默禱於神，遂割一乳，因昏仆。俄有僧踵門曰：「以室中蘄艾傅之。」如其言而甦。比求僧，即不復見。已乃取乳和藥，姑痊。又同邑鄺良讓妻陳氏，其姑病疽，吮之而愈。蘇朝宗女湘蘭，父病劇，割股以進，立愈。歸王氏，以孝聞。

雷烈女。藍山人。值廣寇破縣，縣人皆竄匿，女父廷惠以目疾不能去，女獨侍。被執，將污之，駡賊死。

黄琥妻雷氏。藍山人。家貧，紡績以資琥學，琥卒，雷不食飲者七日，檢夫箱帙，盡投鑪火中，遂自刎死。時羣烏環集其廬，悲鳴不去，人咸異之。又桂陽州吴某妻歐氏、諸生汪泮妻夏氏，皆夫夭殉死焉。

本朝

劉儲霖妻單氏。桂陽人。夫亡守節。同縣節婦雷電妻鄧氏，均康熙年間旌。

李尚器妻胡氏。嘉禾人。尚器外出，族人挾刃欲污之，不從，被刺死。康熙年間旌。

尹如錫妻傅氏。桂陽人。夫亡守節，雍正年間旌。

鄺顯聲妻石氏。臨武人。夫亡守節，雍正年間旌。

成先妻雷氏。藍山人。夫亡守節，同縣節婦陳言妻成氏、成先眷妻蕭氏，均雍正年間旌。

吴守鳳妻謝氏。桂陽人。夫亡守節。同縣節婦李舒先妻侯氏、朱顯榮妻曾氏、李芳亭妻楊氏、李思聰妻陳氏、何榮祈妻魏氏、譚附鳳妻蔣氏、龍遇震妻雷氏、王大臣妻房氏、李昌苾妻何氏、李焕妻王氏、李人偉妻鄧氏、王世陛妻魏氏、李隆述妻鄧氏、陳美珩妻尹氏、龍氏婦陳氏、廖學才妻龍氏、李世芸妻張氏，烈婦侯西山妻劉氏，烈女羅焕英女瑞香，均乾隆年間旌。

黄道發妻唐氏。臨武人。夫亡守節。同縣節婦王壽昌妻雷氏、李繼紳妻鄺氏、李志昌妻鄺氏、周承旦妻陳氏，均乾隆年間旌。

黄文梁妻唐氏。藍山人。夫亡，里人調戲之，恚忿自盡。同縣節婦朱大華妻羅氏，均乾隆年間旌。

李伯麟妻吴氏。嘉禾人。夫亡守節。同縣節婦李宗和妻張氏，烈女雷義仔女嬌娥、雷鄺秀女誇眼、唐明興女，均乾隆年間旌。

羅中卉妻李氏。桂陽州人。族人調戲之，恚忿自經。同州貞女劉德嵩聘妻陳氏，均嘉慶年間旌。

曹道廊妾王氏。臨武人。族人訕誣之，忿極自經死。嘉慶年間旌。

雷廷煊妻成氏。藍山人。夫亡守節。同縣節婦成龍秀妻陳氏，烈婦陳亮彩妻楊氏，均嘉慶年間旌。

郭孔祥妻周氏。嘉禾人。夫亡守節。同縣節婦李樹傑妻鄧氏，均嘉慶年間旌。

仙釋

蘇仙公。神仙傳：蘇仙公者，桂陽人也。常與母共食，母曰食無鮓，斯須即以鮓至。曰：「便縣市也。」母曰：「便縣去此百二十里，汝欺我。」欲杖之，仙公跪曰：「買鮓之時，見舅在市。」明曉，舅果到，云昨見甥在便縣市買鮓，母始知其神異。

土產

鉛。州境出。

蠟。州境出。

山礬。州及各縣俱出。

龍鬚草。州及各縣俱出。

校勘記

〔一〕北至常寧縣界七十里　「常寧」，原作「長寧」，乾隆志卷二九〇桂陽州（下同卷簡稱乾隆志）同，據輿圖改。

〔二〕又寧岡山　「寧」，原作「凝」，據乾隆志及讀史方輿紀要卷八〇湖廣改。按，本志避清宣宗諱改字。

〔三〕舊有晉寧王廟　「寧」，原作「安」，據乾隆志改。按，本志避清宣宗諱改字。

〔四〕嶠水南入始興灌水　「灌水」，乾隆志同。按，戴震校水經注改作「溱水」。

〔五〕秦水東南至湞陽入匯　「匯」，原作「洭」，乾隆志同，據漢書卷二八上地理志改。

〔六〕肆水出臨武西南　「肆水」，乾隆志同。戴震校水經注，改「肆」作「肄」，以山海經海内東經文作「肄」。按，肆、肄通假，以「肄」爲正。

〔七〕御書篷雪二字賜邑人陳楚舟　「篷雪」，乾隆志作「雪蓬」，雍正湖廣通志卷五五人物志陳楚舟傳作「雪篷」。

〔八〕因奏設嘉禾縣於衡　「衡」上原有「桂」字，據乾隆志及雍正湖廣通志卷四五名宦志删。按，明史卷四四地理志衡州府有嘉禾縣，崇禎十二年以桂陽州之倉禾堡置，析臨武縣地益之，屬衡州府桂陽州。

靖州直隸州圖

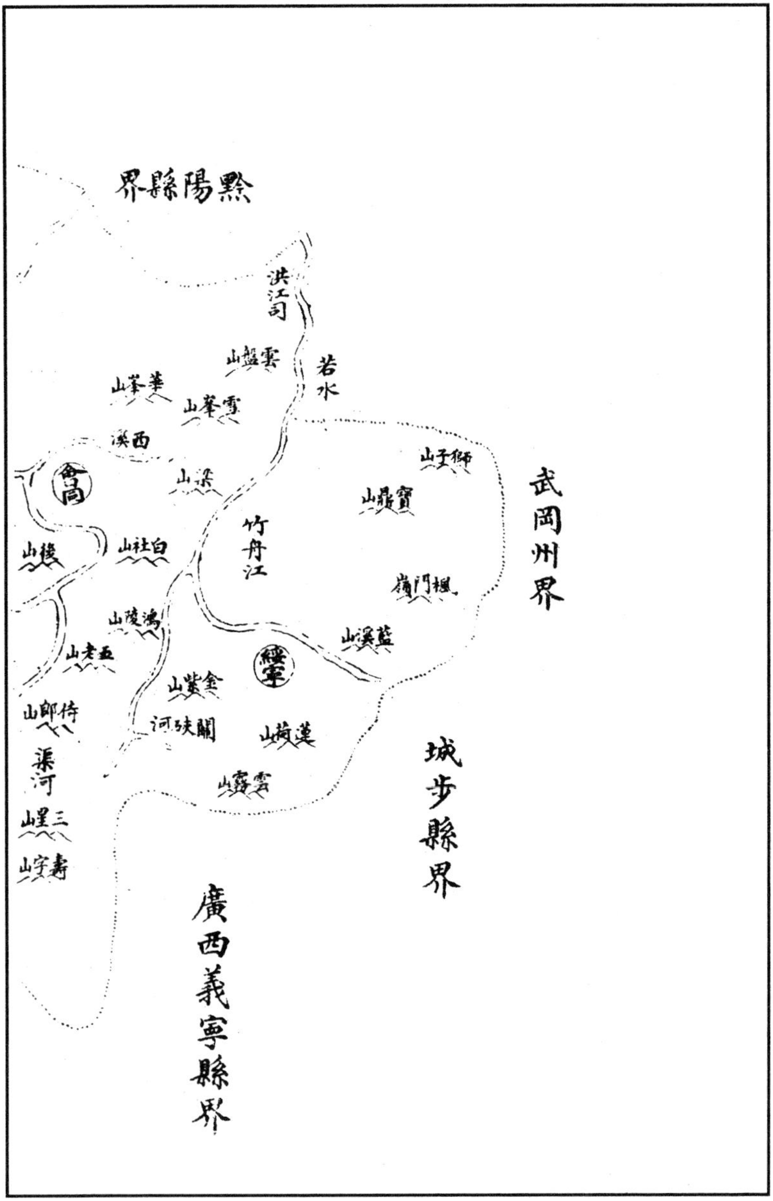
黔陽縣界
洪江司
雲盤山
若水
華峯山
雪峯山
西溪
會同
梁山
獅子山
寶鼎山
武岡州界
竹舟江
白社山
後山
楓門嶺
鴻陵山
藍溪山
綏寧
五老山
金紫山
侍郎山
關硤河
蓮荷山
渠河
雲霧山
城步縣界
三星山
壽字山
廣西義寧縣界

粧石山
湳洞司
貴州黎平府界
旺溪山
八仙山
金龍山
清水江
九龍山
銅鼓
貴爐山
飛山
界牌山
靖州直隸州
艮山
五門
通道
貴州黎平府界
黎平所
中湖所
摩天嶺
福湖山
廣西柳州府界
貴州黎平府界

靖州直隸州表

	靖州直隸州	
秦	黔中郡地。	
漢	武陵郡鐔成縣地。	
三國		
晉		
南北朝	宋舞陽縣地。	
隋	龍標縣地。	
唐	敘州朗溪縣南獠地。	
五代	蠻地，爲誠、徽二州。	
宋	靖州 初爲羈縻州，熙寧中收復，元豐中復置誠州。元祐二年改爲渠陽軍，三年又廢，五年復置誠州。崇寧二年更名，屬荊湖北路。	永平縣 元豐中置梁陽縣，爲州治。崇寧中更名。
元	靖州路 屬湖廣行省。	永平縣 路治。
明	靖州 洪武三年升府，後降州，屬湖廣布政司。	省。

續表

會同縣	通道縣	綏寧縣
鐔成縣地。	鐔成縣地。	都梁、鐔成二縣地。
宋舞陽縣地。	宋舞陽縣地。	宋都梁、舞陽二縣地
朗溪縣地。	朗溪縣南獠地。	武岡縣西境。
蠻地。	蠻地。	蠻置徽州。
會同縣崇寧二年置三江縣，尋更名，屬靖州。	通道縣崇寧二年置羅蒙縣，尋更名，屬靖州。	綏寧縣元豐四年置蒔竹縣，熙寧九年廢，崇寧五年復置，更名，屬武岡軍。
會同縣屬靖州路。	通道縣屬靖州路。	綏寧縣屬武岡路。
會同縣屬靖州。	通道縣屬靖州。	綏寧縣洪武三年改屬靖州

大清一統志卷三百七十六

靖州直隸州

在湖南省治西南一千六十里。東西距三百七十里，南北距三百六十里。東至寶慶府武岡州界二百六十里，西至貴州黎平府錦屏縣界一百一十里，南至廣西柳州府懷遠縣界一百八十里，北至沅州府黔陽縣界一百八十里。東南至寶慶府城步縣治二百五十里，西南至黎平府開泰縣界八十五里，東北至黔陽縣界二百九十里，西北至貴州鎮遠府天柱縣界三十里。本州界東西距一百四十五里，南北距一百一十五里。東至綏寧縣界六十里，西至開泰縣界八十五里，南至通道縣界五十里，北至會同縣界六十五里。東南至綏寧縣界一百里，西南至開泰縣界八十五里，東北至會同縣界一百八十里，西北至天柱縣界三十里。自州治至京師四千六百四十五里。

分野

天文翼、軫分野，鶉尾之次。

建置沿革

禹貢荆州之域。秦黔中郡地。漢武陵郡鐔成縣地。南北朝宋舞陽縣地。隋龍標縣地。唐敘州朗溪縣南獠地。五代時爲蠻地，稱誠、徽二州。文獻通考：後周時，節度使周行逢死，敘州刺史鍾存志奔武陽，而楊正巖以十峒稱誠、徽二州。

宋初爲羈縻州。宋史蠻夷傳：誠、徽州，唐溪峒州。宋初楊氏居之，號十峒首領，以其族姓散掌州峒。太平興國四年，首領楊蘊始來内附。八年楊通寶始入貢〔一〕，命爲誠州刺史。熙寧九年收復。宋史蠻夷傳：熙寧八年，有楊光富者，率其族姓二十三州峒歸附。繼有楊昌銜者〔二〕，亦願罷進奉，出租賦爲漢民。獨光僭負固不從命，詔湖南轉運使朱初平羈縻之，未幾亦降。元豐四年，復置誠州。六年，置渠陽縣爲州治。宋史蠻夷傳：元豐三年，知邵州關杞請以徽、誠擇要害地築城寨。乃議以沅州貫保寨爲渠陽縣，隸誠州，以徽州爲蒔竹縣，隸邵州，徙誠州治渠陽。元祐二年，改爲渠陽軍。三年，廢軍州爲寨，屬沅州。宋史地理志：沅州渠陽寨，元祐三年，以渠陽軍改來隸。五年，復置誠州。宋史蠻夷傳：以渠陽爲誠州，命光僭之子供備庫使昌達、供備副庫使楊昌等同知州事。崇寧二年，改靖州屬荆湖北路。宋史蠻夷傳：崇寧以來，開邊拓土之議復熾，靖州西道楊再立納土輸貢賦。文獻通考：誠州復改爲靖州，蓋自崇寧再歸職方。按：元祐五年仍置誠州羈縻州也。崇寧二年改靖州，始入版籍。改渠陽縣曰永平。紹興八年，移入州。

元至元十二年，立安撫司。十三年，改靖州路總管府，屬湖廣行省。後降爲州，屬辰州路。明初改靖州軍民安撫司。明史地理志：太祖乙巳年七月，爲靖州軍民安撫司。洪武三年，升靖州府。九年，降爲州，以州治永平縣省入，直隸湖廣布政使司。明統志：靖州領縣三：會同、通道、綏寧。萬曆二十五年，增設天柱縣。本朝因之，屬湖南省。雍正四年，天柱縣改隸貴州鎮遠府。乾隆三年，以寶慶府城步縣來屬。七年，復歸寶慶。今領縣三。

會同縣。在府北九十里。東西距二百十里，南北距九十五里。東至綏寧縣界一百五十里，西至貴州鎮遠府天柱縣界六十里，南至本州界二十五里，北至沅州府黔陽縣界七十里。東南至綏寧縣界一百二十里，西南至本州界六十里，東北至黔陽縣界七十里，西北至天柱縣界六十里。漢鐔成縣地。南北朝宋舞陽縣地。唐朗溪縣地。五代時爲蠻地。宋崇寧二年，置三江縣，尋改名會同，屬靖州。元屬靖州路。明屬靖州，本朝因之。

通道縣。在州西南九十里。東西距五十里，南北距一百二十里。東至綏寧縣界三十里，西至本州界二十里，南至廣西柳州府融縣界八十里，北至本州界四十里。東南至綏寧縣界二十里，西南至懷遠縣界九十里，東北至本州界四十五里，西北至本州界三十里。漢鐔成縣地。南北朝宋舞陽縣地。唐朗溪縣南獠地。五代時爲蠻地。宋崇寧二年，置羅蒙縣，尋更名通道，屬靖州。元屬靖州路。明屬靖州，本朝因之。

綏寧縣。在州東一百二十里。東西距一百七十里，南北距二百六十里。東至寶慶府城步縣界一百一十五里，西至本州界五十五里，南至廣西桂林府義寧縣界一百八十里，北至會同縣界八十里。東南至寶慶府城步縣治一百五十里，西南至通道縣治一百八十里，東北至武岡州界二百里，西北至會同縣界二百四十里。漢零陵郡都梁及武陵郡鐔成二縣地。南北朝宋以後爲都梁、舞陽二縣地。唐爲武岡縣西境。五代時，蠻置徽州。宋元豐四年，改置蒔竹縣，屬邵州。熙寧九年廢。崇寧五年，置綏寧縣，屬武岡軍。元屬武岡路。明洪武三年改屬靖州，本朝因之。

形勢

山谿重複，道路險阻。蘇軾劄子。郡踞辰、沅之上游，山連湖、湘之絶徼。平蠻記。五老在其左，飛山屬其右，侍郎凝立於前，岡巒錯峙，風氣融結。魏了翁鶴山書院記。

風俗

嗜好居處，略與巴、渝同。明統志。風土不惡，民俗亦淳。魏了翁集。士崇節義，民務耕鑿。靖州碑記。

城池

靖州城。周九里有奇，門五。宋崇寧元年築。明洪武中甃石。本朝康熙中屢修，乾隆二十五年重修。

會同縣城。周三里有奇，門三。宋崇寧間築土城。明成化四年增拓，二十一年甃石。本朝康熙中屢修，乾隆二十五年重修。

通道縣城。周二里有奇，門三。明洪武十四年築土城，成化八年甃甎。本朝康熙五年修，乾隆二十六年重修。

綏寧縣城。周二里有奇，門三。舊傳諸葛武侯所築。明初拓之，約二里，成化中甃石。本朝康熙中屢修，乾隆二十五年重修。

學校

靖州學。在州治左。舊在州北，宋大觀中建。明洪武時遷城南，嘉靖中遷州治北。本朝順治十七年，又遷城南。康熙九年，遷東門内。二十八年，復遷今所。五十五年、雍正三年、乾隆十七年屢修。入學額數二十名，新童三名。

會同縣學。在縣治東。舊在縣東北隅，明洪武三年建。天啓四年，遷縣治西。本朝康熙二年遷建城東，雍正十二年重建今所。入學額數二十名。

通道縣學。在縣治左。明萬曆二年建，後燬。本朝康熙二十年重建，雍正十三年、乾隆十九年重修。入學額數八名，新童三名。

綏寧縣學。在縣治南。先時遷改無定，本朝雍正十一年遷建今所，乾隆十五年增修。入學額數十五名，新童三名。

興文書院。在州治左。順治十七年建。

鶴山書院。在州治北。宋魏了翁建，自爲之記。後圮。明嘉靖三年重建，後又圮。本朝乾隆十五年重建。

三江書院。在會同縣學右。舊在縣東，康熙五年建。乾隆十六年重修，嘉慶六年遷建今所。

雄溪書院。在會同縣洪江濱。乾隆二十二年建。

崇安書院。在綏寧縣西虎谿山。本朝乾隆七年，建萬峯書塾於山麓，十四年增建，改今名。

漢章書院。在綏寧縣西。乾隆十八年建。又舊志載州治有紫陽書院、侍郎書院、作新書院，綏寧縣有永安書院、南山書院，附識於此。

户口

原額人丁一萬三千八百三，今滋生男婦六十萬八千四百六十三名口，計十萬四千八百七十一户。

田賦

田地塘六千九百五十頃七十二畝八分，額徵地丁正、雜銀二萬六千五百二十六兩五錢九分二釐，米五千五百九十九石六斗二升一合有奇。

山川

鶴山。在州城内東北隅。舊名純福坡，以宋魏了翁謫居於此，改名。

五老山。在州東五里。五峯相連，一名五魁山。

九疊山。在州東二十五里。輿地紀勝：山勢盤紆，九峯相次，雲林古木，蒼翠如畫。

白油尖山。在州東三十里。

鴻陵山。在州東四十里。自金紫嶺迤邐而南，峻拔淩雲，冬春雪凝，玉立天表。

青靛山。在州東南二十里，遥對鴻陵。

猿猴山。在州南三里。一嶺凡十二支山相連。

侍郎山。在州南五里，與鷹嘴山相連。明統志：宋侍郎程敦厚以言事忤秦檜，謫居靖州，嘗游此山，因名。

壽桃山。在州南五里。山形如桃，其末鋭而鈎。一名鷹嘴山。

青蘿山。在州南二十里。一名大青山，烟蘿蒼翠，故名。

龍井山。在州西十里。

艮山。在州西十五里。山有洞，名翠雲。

飛山。在州西北十里。一名勝山。通鑑注：飛山在今靖州北十五里，比諸山爲最高峻，絶壁千仞，環山有濠塹，其遺址尚存。明統志：突出雙峯，四面斗絶，其上廣平，夷人保險之所。州志：山復有飛珠巖，巖有飛泉瀑布。巖之左又有白雲洞，山麓有星泉。

香鑪山。在州西北十五里。明統志：有石突出山前，狀如香鑪。州志：平阜中三石駢列，宛如鼎狀。

九龍山。在州西北五十里。九峯排列相連。又有糾龍山，傳有神龍居此，祈雨輒應。

後山。在州北一里。自貫保寨迤邐而來，又支分三派，若瓜蔓然。抵州城北，南臨溪水，州城枕之。

金龍山。有二：一在州北十五里，俗訛爲雞籠山。一在會同縣東北五十里。峯巒峻絶，狀如飛龍，雲蒸即雨。

楠木山。在州北三十里。

桂香山。在州東北一里。

寶溪山。在州東北十五里。下有寶溪。

八寶山。在州東北七十五里。靖、會交界。

白雲山。在州東北七十八里。靖、綏交界。

天馬山。在會同縣東二里。一名榴峯。

雷坡山。在會同縣東三十里。有二十八峯。

梁山。在會同縣東四十里。一名涼山。從南上二十里，從北上三十五里，上有泉。

亂雲山。在會同縣東七十里。山石巍峩，雲出崖壑間，茫洋一白，咫尺不能辨。

白社山。在會同縣東南三十里。輿地紀勝：李白流夜郎時，於此結社。名勝志：其色純白，望如積雪。

煙墩山。在會同縣南門外。爲縣治朝山。

圭雲山。在會同縣西南二十里。山頂壁立數十丈，其形如圭。

玉屏山。在會同縣西一里。

尖峯山。在會同縣西十五里。其峯峻峭如削。

八仙山。在會同縣西四十五里。

崖屋山。在會同縣西北三里。岡巒崒嵂，其崖懸覆如雲，爲縣之勝。

旺溪山。在會同縣西北六十里。有溪産金，宋時淘採，元罷。

龍塘山。在會同縣北六十里。

華峯山。在會同縣東北三十五里。州志：有魏了翁手植桂樹。

雪峯山。在會同縣東北四十里。冬後積雪不斷，魏了翁詩「雪峯高大衝霄漢」即此。

雲盤山。在會同縣東北七十里。峯巒旋轉，如雲盤繞。州志：舊傳普庵祖師以杖插地，遂湧泉，灌溉田畝。

松林巖山。在會同縣東北一百二十里。即洪江後山。

玉柱山。在通道縣東三里。

三星山。在通道縣東南三里。州志：在學宫後，三山珠聯，與月山前後相映。

佛子山。在通道縣東南一百里，接廣西柳州府懷遠縣界。一名佛子嶺。下有五虎潭，潭旁五石，相對如虎。

壽字山。在通道縣南三十里。支脈紆迴，狀如「壽」字。

旗山。在通道縣西南四十里。旋折高峻，飛揚如旗。

展誥山。在通道縣西南四十里。雙峯高聳。

福湖山。在通道縣西南六十里。方輿勝覽：福湖山，比諸山最爲蒼翠。元豐中，通道廣西，出是山之間。

犂嘴山。在通道縣西一里。

月山。在通道縣東北一里。形如半月，與縣學相對。

龍爪山。在綏寧縣東十里。上有土堆五，一大四小，狀如龍爪。

藍溪山。在綏寧縣東七十里。崇巒疊嶺，草木陰翳，澗水縈紆，爲蠻猺出入之所。相接者曰關峽，山頂上有觀音石。

風門山〔三〕。在綏寧縣東一百十里。東麓入寶慶府武岡州界。山比諸山特高，有大、小風門嶺。元陳敬改路紀略：綏寧在西南萬山間，去府一百八十里，道路阻深。大德丙午，余來主邑簿，自蓼溪至縣亘百餘里，翦榛莽，架橋梁，由是百里康莊，五嶺通暢。其五嶺，一曰風門，二曰磨石，三曰火甲，四曰平溪，五曰塞坡。

七星山。在綏寧縣東南三里。

蓮荷山。在綏寧縣東南九十里，接寶慶府城步縣界。
唐糾山。在綏寧縣東南一百里，接寶慶府武岡州界。
高功山。在綏寧縣南一里。其左爲文筆山，右爲七星坡，皆去縣三里。
雲霧山。在綏寧縣南十五里。縣志：雙闕對峙，中有石方丈餘，俗傳爲仙人碁局。
鸚鵡山。在綏寧縣南二百八十里，接廣西柳州府懷遠縣界。
金釵山。在綏寧縣西北一里。
虎谿山。在綏寧縣西一里。
金紫山。在綏寧縣西六十里。高聳秀拔，與州界飛山對峙。
寶鼎山。在綏寧縣東北九十五里。
獅子山。有二：一在綏寧縣東北一百六十里，地名蘇家洲，山以形似名；一在通道縣西南十里，兩石遥望，若雙獅對舞。
摩雲嶺。在通道縣南三十里。一名木溪尖。
大斗嶺。在通道縣西南四十里。七峯珠聯，宛如北斗。
范嶺。在通道縣西十里。
退田嶺。在綏寧縣東五十里，官道所經。
菖蒲嶺。在綏寧縣東六十里。
鷺鷥嶺。在綏寧縣南一百里。

天塘嶺。在綏寧縣西三十里。一名天堂。

楓木嶺。在綏寧縣東北一百一十里。最高險，爲羣蠻出入之所。

黄茅嶺。在綏寧縣東北一百二十里。

錫坡嶺。在綏寧縣東北一百八十里。

龍盤巖。在州城東南。

龍分巖。在州南三十里。最深邃，水源出自巖中，流爲渫溪。巖前禱雨輒應。

古城巖。在州西三十里。洞穴深廣，可六七里。

中洞巖。在州西一百里。中有石類牀几。

香鑪巖。在會同縣西二十里。高二十丈，爲縣水口。

鑽字巖。在綏寧縣東六十里。一名鑿字巖。元主簿陳敬改路勒石於此，因名。

觀音巖。在綏寧縣東八十里。

龜巖。在綏寧縣西二十里。

老鴉坡。在州東五里。蜿蜒五老山之左，上溯渠江。

煙墩坡。有二：一在州西北十里飛山之右，突起一峯，亦名煙墩山；一在通道縣東南半里。

水湧坡。在通道縣北半里。其下有溪，迴環西流。

籠煙坡。在綏寧縣東一百里武陽里。下有九溪。

七星坡。在綏寧縣東南一里。

牛路坡。在綏寧縣南七十里，與城步分界。

抱麟坡。在綏寧縣南十八里。

金貓石。在州北十五里。以形似名。

分石。在會同縣西南八十里。爲沅州、靖州分界，靖以西石皆西向，沅以東石皆東向。

燕子石。在通道縣東南七十里。

劒石。在綏寧縣東城外。巉石斜鋪，形如劒芒。

蓮花洞。在會同縣西北半里許。石山突兀，巖谷空洞，有泉穿石罅而出。

六鼇洞。在綏寧縣南三十里。有水簾十丈。

石牛洞。在綏寧縣西二十里。

沅水。在會同縣西。自貴州鎮遠府天柱縣流入，又東北入沅州府黔陽縣界。一名沅溪。通典：朗溪縣有沅溪水。明統志：源出西南番界。州志：自貴州黎平府流入，經過長潭、雲潭、文溪、金溪，至托口入郎江。

渠水。源出通道縣西南，北流入州界，又北流至會同縣西北入郎溪。一名渠河，一名渠江，又名芙蓉江，亦名南川河。九域志：渠陽縣有渠河。州志：渠河出通道縣西南佛子山，西北流至犂嘴山，東合播陽河。又徑縣東北七十三里門硤中入州界，歷大石門，匯五龍潭，繞城東，又東北入會同縣界，北徑青陂湖，又北徑縣西，又西北入於郎江。

蒔竹水。在綏寧縣西。今名竹舟江，一名西門河，即洪江上流。文獻通考：蒔竹縣有蒔竹水。州志：源出縣南，匯諸山溪之水，北流達於會同縣，爲洪江，故又名小洪江。

洪江。在會同縣東。自綏寧縣流入，又北流入沅州府黔陽縣界，入沅江。一名熊溪，又名雄溪。方輿勝覽：九溪曰郎，曰溳，曰雄，曰辰，曰龍，曰敘，曰武，曰桂，曰酉，而雄其一也。州志：洪江有二源，一爲綏寧縣之雙溪，即寶慶府城步縣巫水下流；一即綏寧縣蒔竹水，至會同縣，又合各溪爲洪江。

郎江。在會同縣西。源出貴州黎平府錦屏縣湖耳山，東北合渠河，又北流入沅州府黔陽縣界。一名狼江，又名朗溪。宋狼江寨以此名。州志：從湖耳山陰迤過朗波、黄强，入於狼洞，又東北納潭溪水，又東北納渠河水，又北至黔陽縣托口入沅。

羅蒙江。在通道縣西。其源有三：一出縣西南佛子山，爲羊鎮堡江；一出縣西南天星里，爲天星江；一出貴州黎平府洪州長官司界，爲洪州江。合流徑縣西，西南流至廣西柳州府懷遠縣界，入古州江。

多星江。在通道縣西。源出貴州黎平府界，流入羅蒙江。明統志：宋元豐中置多星堡，以此爲名。

播陽河。在通道縣西。源出貴州黎平府界老荒山，至犂嘴山北入渠水。

黄石河。在綏寧縣東四十里。源出縣東南，北流合雙溪，入洪江。

闞硤河。在綏寧縣東八十里。源出闞硤堡，西流入雙溪。

平川。在會同縣北。源出金龍山，西南流繞城東，又徑城北至西門，入渠河。

清陂湖。在會同縣南五里，通渠河。明統志：有十餘大石可坐，蓋士夫游息之所。宋鄭璪倅是州游此，有題刻於石。

老鴉溪。在州東南。源出老鴉坡，西流徑侍郎山，入渠河。

古松溪。在州城大南門外舊儒學前。有南薰橋跨其上，東流入渠河。

濮溪。在州南。源出龍分巖，東流繞青蘿山。至州城西，中流有銅鼓灘，又東入渠河。

後山溪。在州北一里。源出飛山之麓，流繞北門，東入渠河。

清水溪。在州北二里。入後山溪。

六王溪。在州北三十里廢永平縣貫保寨。

寶溪。在州東北。方輿勝覽：大抵洞中諸溪多産金，故名。

竹瓦溪。在會同縣東七十里。兩塹如竹瓦，故名。西流入渠河。

若水溪。在會同縣東八十里。北流入洪江。

七溪。在會同縣西二十五里。大小七溪，合爲一溪，下流入郎江。

文溪。在會同縣西北二十里。源出湖耳司界，流爲潭溪。又北徑雲溪，又北徑文溪寨，下流入郎江。

八卦溪。在通道縣南四十里。八石羅列宛如八卦。

湍巖溪。在通道縣南五十里。水從石壁流出。

鑿字溪。在通道縣西南。方輿勝覽：宋元豐中，土人於溪旁得古碑，乃唐將王思齊率兵征蠻過此，山石險礙，負舟而濟，鐫字以記歲月。夷人因目爲鑿字溪。

大金溪。在綏寧縣東五里。

白水頭溪。在綏寧縣東五十里。巖洞高峻，水流亂石間，噴湧如雪。

雙溪。在綏寧縣東五十里。下流會於黄石河。

茶溪。在綏寧縣南五里。

大凍溪。在綏寧縣西十里。

小溪。在綏寧縣西。源出臨口司苗地上冒山，北流至縣北，入竹舟江。

芙蓉洲。在州城内鶴山麓。宋魏了翁植芙蓉處。

五龍潭。在州南二十五里，渠江上游。五山插入水次，淵深碧色，中有大石。

白豹潭。在州西銅鑼灘上。有石如豹，蹲立潭滸。

仙崖潭。在會同縣南二里。

白巖潭。在通道縣東二里。

寶門潭。在通道縣北一里。

龍潭。在綏寧縣北一里。

漱玉泉。在州城東隅，當渠江、溳溪之會。

玉泉。在州西一里玉泉寺右。

插劒泉。在會同縣西一百步。州志：舊傳吕洞賓曾到隱真觀，見道童苦汲，插劒於此，泉水湧出。「吕劒留泉」爲會同八景之一。

甘泉。在綏寧縣南十里。

洗馬池。在州西北飛山後。味鹹可煮爲鹽。明統志：舊爲屯兵之處。

瑞蓮池。在會同縣東半里。圓徑十里，舊名藕塘。其中有池，蓮盛開，則爲縣之瑞。明劉永建愛蓮亭於上。

白鶴井。在州城内鶴山右。宋魏了翁所鑿。

金井。在州境。方輿勝覽：邪直深淺不等，寶之所生，皆有碹石以爲之墻壁，而礦在其中，善取者乃得真礦。辨礦之術，銅豆爲先，黄窠、烏窠次之。若星見於石，則爲興廢之兆也。有爐院，有水池，臨池作亭，乃監官閲視之所。

龍井。在州城北五里。石穴若門，水湧而出。

龍泉井。在會同縣東三十五里伍招堡。其水夏寒冬暖。

諸葛井。在會同縣牛沖寨。州志：相傳飲之愈疾。

古蹟

誠州故城。今州治。宋史蠻夷傳：熙寧中以章惇察訪湖北，經制蠻事。誠州楊氏納土，創立城寨，使之比内地爲王民。又地理志：熙寧九年收復唐溪峒誠州，元豐四年仍建爲誠州，六年移渠陽縣爲州治。元祐二年廢爲渠陽軍，三年廢軍爲寨，屬沅州。元祐五年復以渠陽寨爲誠州。崇寧二年改爲靖州。文獻通考：宋熙寧九年，十峒酋長楊通藴送款内附，楊通寶來貢。朝廷以通寶爲誠州刺史，其子璢復爲誠州刺史。又詔於武岡之西作城，在渠河之陽，爲誠州。按：通考與宋史蠻夷傳小異，未詳孰是。今兩存之。建置則因宋史，而古蹟兼採通考。

渠陽故城。在州東渠河東岸，接綏寧縣界。今爲渠陽鎮。宋史地理志：熙寧五年沅州貫保寨改爲縣，總治本寨并托口、小由、豐山、四保寨户口，以渠陽縣爲名。又永平本渠陽縣，崇寧二年改名，紹興八年移入州。

三江廢縣。今會同縣治。宋史地理志：會同本三江縣，崇寧二年改。

羅蒙廢縣。今通道縣治。宋地理志〔四〕：靖州通道本羅蒙縣，崇寧二年改。按：唐播州恭水縣，貞觀十四年嘗改曰羅蒙，十六年改曰遵義，在今貴州遵義府。此羅蒙縣乃元豐七年所置羅蒙寨改縣，與遵義相去殊遠，而明統志、名勝志俱以爲即恭水縣，謬矣。

蒔竹廢縣。在綏寧縣西南。宋元豐四年置，崇寧四年省。文獻通考：元豐四年以溪峒徽州爲蒔竹縣，隸邵州。宋史地理志：武岡軍臨岡，本蒔竹縣，元豐六年建臨口寨，崇寧五年改寨爲縣，隸武岡軍。舊志：紹興中夫彝峒蠻楊再興據縣爲亂，事平，縣遂廢。

馬王城。在州西北十里飛山上。一名馬王坪。五代時馬氏遣兵討飛山峒蠻屯兵處。宋置飛山堡。明統志：楚馬氏時，飛山峒酋潘全盛遣其黨楊承磊略武岡，馬氏遣呂師周討之，援蘿躡石，直抵飛山，分軍布栅，全盛大駭。承磊來戰，師周破其軍，縛降者爲鄉導，襲飛山，擒全盛斬之，盡平巢穴。今環飛山濠塹遺址尚存。

靖州廢衛。在州城内。明置，本朝順治十八年裁。

新民學。在州境。明統志：宋紹興中，靖州乞依舊置新民學，教養溪峒歸民子弟，以三千人爲額。從之。

皇華館。在州治東。明統志：宋葉寯倅靖州時建。後改名水月樓。本朝順治十七年重修。

潩溪閣。在州南。明統志：在潩溪傍。宋守許成之建。

圍香閣。在州治北。明統志：宋陳謙建。

桂香閣。在州城東半里。明嘉靖中建塔，祀文昌。本朝雍正六年塔圮建閣，改曰桂香。峯秀水環，爲渠陽勝覽。

懷忠樓。在州城東南隅龍盤巖上。

楚湘臺。在州南。明洪武十三年，楚湘王征苗，駐軍於此。

受降臺。在州西南來威寨。宋淳熙中率逢原討平峒賊姚民敖，築此臺以受降。李誦作記。

熙春臺。在州西。明統志：淇溪繞於左，飛山峙於右，上有一覽亭，宋通判陳宿建。

看花臺。在通道縣城外。州志：昔時桃李繁植，邑人游覽之所。

瀛洲亭。在州南學前。一名登瀛亭。宋知州許成之建。

傍梅讀易亭。在州城内鶴山上。宋魏了翁建。

觀亭。在州東南渠江左。宋郡人田氏爲侍郎程敦厚建，後圮。魏了翁重建，有記。

插劍泉亭。在會同縣西插劍泉上。明成化九年，縣令劉永建亭，立碑於上。

羽蓋亭。在會同縣西北崖屋山。明蔣宣建。

諸葛營。在州西。相傳爲諸葛亮征溪峒諸蠻駐軍之所。州志：通道縣有武侯營，在縣東南一里。

關隘

茶陵關。在州西，接貴州黎平府開泰縣界。

黄泥關。在州西，西接貴州黎平府錦屏縣界，北接貴州鎮遠府天柱縣界。有把總分防。

箄子隘。在綏寧縣南六十里。有把總分防。

老鼠隘。在綏寧縣東北一百二十里。

零溪巡司。在州西七十五里。宋置堡。明置巡司，本朝因之。雍正四年以舊地撥入黔陽，改駐向東二十里三巖橋。宋史地理志：靖州，政和三年置零溪堡。

洪江巡司。在會同縣東北一百二十里洪江濱，接沅州府黔陽縣界。爲縣要津。本朝康熙二十六年移駐若水巡檢於此，乾隆十六年改爲洪江巡司。

播陽巡司。在通道縣西北三十五里。明置，本朝因之。

青坡巡司。在綏寧縣東九十里。舊爲武陽寨，後移青坡巡司於此。宋史地理志：熙寧八年置武陽寨。

雙江巡司。在綏寧縣西南三十里。本朝乾隆六年移駐臨口巡司於此，改爲雙江巡司。

若水鎮。在會同縣東八十里。宋置寨。明置巡司。本朝康熙二十六年移駐洪江。宋史地理志：靖州，崇寧二年置若水寨。

飛山峒。在州西十里。舊爲堡。宋史地理志：靖州，大觀二年置飛山堡。

綏寧營。在綏寧縣南三十里黄桑坪。本朝雍正五年設遊擊、守備、千總各一員駐防。

來威寨。在州西一百里中峒鄉。宋將率逢源討平峒苗之所〔五〕。

貫保寨。在州北三十里。有貫保鄉、貫保渡。宋史地理志：沅州貫保寨，元豐三年置，六年隸誠州。元祐六年廢，崇寧二年復置。又元豐四年以古誠州貫保新寨爲貫保寨。

豐山寨。在會同縣西南豐山鄉。宋置堡，後廢。明永樂中復置。宋史地理志：元豐四年以奉愛、豐山新堡爲豐山新堡。七年廢，崇寧二年又置。

收溪寨。在通道縣南五十里。宋置寨。明置巡司。今仍爲寨。宋史地理志：靖州，元豐六年置收溪寨，元祐三年廢。州志：自州至廣西融縣古無通途，宋知誠州周仕隆始遣人由收溪小徑趨廣西。今自收溪寨南三十里至佛子坡，即廣西界也。

上埃寨。在通道縣西南九十里，接廣西柳州府懷遠縣界。

青波寨。在綏寧縣北九十里。舊有巡司，後移武陽寨。

石家堡。在州南三十里。宋史地理志：靖州，元豐四年置石家堡。

大由堡。在州西大由鄉。宋史地理志：靖州，元豐七年置大由堡，元祐三年廢，崇寧三年復置。

金灘堡。在州北四十里。

茅營堡。在州東北一百五十里。

伍招堡。在會同縣東三十五里。

連山堡。在會同縣南三十里。

朝陽堡。在會同縣西南六十里。相近有地靈堡。

文村堡。在會同縣西南。一名文溪寨，宋置。

黄强堡。在會同縣西七十里。

黄檐堡。在會同縣西北七十里。

狼江堡。在會同縣北四十里。宋置寨。明永樂中置堡。宋史地理志：靖州寨狼江。

相見堡。在會同縣東北六十里。

羊鎮堡。在通道縣南羅蒙江側。宋史地理志：靖州，崇寧三年置羊鎮堡。

多星堡。在通道縣西多星江濱。宋史地理志：靖州，元豐六年置多星堡。元祐三年廢，崇寧三年復置。

藍溪堡。在綏寧縣東六十里，藍溪山口，徑通永寧鄉。明嘉靖二十年知縣高應冕立堡，前瞰黄石河，後枕蓮荷山，左犄牛石夷洞，右掖新水爐場，築城周八十丈。後廢。本朝康熙五年修復。

闗硤堡。在綏寧縣東八十里。宋置寨，後廢。本朝康熙五年置堡。宋史地理志：武岡軍，熙寧八年置闗硤寨。

江口堡。在綏寧縣南三十里，東抵寶慶府城步縣横嶺、牛石、上火、下火等夷洞，西抵廣西柳州府懷遠縣大村、蒙固、六家、六馬等夷峒。明嘉靖中知縣高應冕置堡，築城周六十丈。後廢。本朝康熙五年修復。

上冒堡。在綏寧縣南三十里。本朝康熙五年置。

多龍堡。在綏寧縣西南二十里，路通廣西，爲羅崖、四洞、紫檀、都壘、雙江諸苗咽喉之路。明嘉靖中高應冕置。

長安堡。在綏寧縣西南一百五十里，扶城夷峒。本朝康熙五年置。

流源堡。在綏寧縣西南一百餘里，臨口之南。

上里堡。在綏寧縣西南。九域志：蒔竹縣有上里堡。

芙蓉江堡。在綏寧縣西。本朝康熙五年置。

楓香堡。在綏寧縣西北楓香里。一名楓香坪堡。楓香里今名楓落里。九域志：蒔竹縣有楓香坪堡。

錫坡哨。在綏寧縣東南二百里扶叢里。本寶慶府武岡州之猺峒，後割屬綏寧縣。其地與武岡州及沅州府黔陽縣猺田錯壤，有千總防守。

鎮夷哨。在綏寧縣西六十里。有把總防守。

太平公館。在綏寧縣東一百二十里。舊爲舞陽主簿收糧之所。

津梁

浮橋。在州東門外，跨渠江上。

文昌橋。在州東，跨後山溪上。明建。本朝乾隆十九年修。

觀音橋。在州東九里。長四十五丈，高四丈八尺。本朝乾隆二十六年，里人捐修，行旅稱便。

通濟橋。在州大南門外漠溪上。

永濟橋。在州小南門外漠溪上。

南薰橋。在州南古松溪上。

迎恩橋。在州西門外。本朝康熙元年、乾隆十九年重修。

月宫橋。在州西一里。三年賓興，送士於此，舊有亭。

迎仙橋。在州西北飛山下。

諸葛橋。在州北二十里，路通洪江。

城田橋。在州北二十里城田鋪〔六〕。

永寧橋〔七〕。在州東北四十里，地名龍寶，路通洪江。舊名石坡橋，本朝康熙中重修改名。

步雲橋。在會同縣東門外。

白社橋。在會同縣東南三十里。有上、中、下三橋。

攀龍橋。在會同縣南門外。

伍招橋。在會同縣東北三十里。

道濟橋。在通道縣東三里。

十豐橋。在綏寧縣東。

大凍橋。在綏寧縣東十里。

蓮荷橋。在綏寧縣西二十里。

玉帶渡。在州東四十里江口溪上。

鸕鷀渡。在州南十里。

三江渡。在會同縣南五里。

犂嘴渡。在通道縣西一里。

黄石渡。在綏寧縣東四十里。

雙溪渡。在綏寧縣東五十里。

隄堰

大堰。在州北。

羅塘。在州東。又有亘馬塘、清塘、岑塘、救塘。又州東南有上流塘、下流塘、芹萊塘、草鞋塘，州西有公塘、連塘，州北有雞公塘、田塘。

洞塘。在綏寧縣東五十里。又境内有堰五十一，塘四十二。

藕塘。在會同縣東一里。明成化中建。

蓑衣塘。在會同縣南。又有楓木塘、洞頭塘。

大魚塘。在通道縣北。

陵墓

唐

王昌齡墓。在州西南一百里。

宋

楊再思墓。在州西十五里。

祠廟

林公祠。在州城内。本朝順治中建，祀死節知州林爾張。

忠節祠。在州南仁和坊。明嘉靖間建，祀明瑞州府知府宋以方。本朝乾隆二十五年重修。

二忠祠。在州西三里。明嘉靖間建，祀死節都指揮鄧旻、曹鵬〔八〕。

朱公祠。在州境。祀宋永平知縣朱希顔。本朝乾隆二十五年重修。

宋公祠。在州境。明正德間建，祀宋以方。

聶公祠。在會同縣東，祀明知縣聶惟賢。

蘇公祠。在會同縣境，祀宋韶州府尹蘇尚元。

石萬户祠。在會同縣境，祀宋石仲斌。

李萬户祠。在會同縣境，祀宋李萬庭。

詹公祠。在綏寧縣城内，祀明縣丞詹信。

張公祠。在綏寧縣西，祀明知縣張炫。

龍王廟。在州城東。明封惠濟侯，旱禱輒應。

馬王廟。有二：一在州治後，一在州南演武亭左。名勝志：誠州有馬神廟，宋元豐間本州奏其神，即伏波將軍。夷人畏信之，乞加爵號昭靈王。或云廟本湖南馬氏所創，蓋馬氏自謂伏波後裔，欲以誇示蠻猺，彈壓溪峒云。

威遠侯廟。在州城西。一名飛山廟，以在飛山之麓也。祀宋誠州刺史楊通寶之祖楊再思，嘗有功於靖者。又渠河東有渠陽廟，亦祀楊再思。

寺觀

光明寺。在州城東門。明洪武元年建。有塔。

光孝寺。在州南。宋建。

香山寺。在州西十五里。明洪武中建。

中華寺。在州西北五十里。州志：羅念菴遊此有詩。

普光寺。在通道縣東一里。

勝力寺。在綏寧縣西。元建。

玄妙觀。在州治北。宋建。本朝康熙四十七年修。

隱真觀。在會同縣西門外。舊志：相傳有呂巖仙跡。

名宦

宋

樸成。熙寧中爲徽、誠州教授，化導頑梗，文治以開。後蕭燧繼之，教澤爲後人所稱。

周士隆。元祐元年，知誠州，撫納溪峒一千三百餘户，詔賜銀印。

劉濩。開封人。紹興中知靖州，撫善良，去姦慝。渠陽舊日公私皆板屋，濩爲營造一新，甃州衢七百餘丈，行者利之。

黄棨。昭武人。開禧九年以朝奉郎知靖州。論事有風節，爲政知先務，嘗建作新書院以講學。

朱希顔。景定中知靖州永平縣，有惠政。

張起巖。德祐中通判靖州。元兵下荆湖，起巖提兵保飛山，鈐轄劉用調兵入靖州，知州康玉劫之，起巖入殺玉，復靖州，還州守。

元

陳敬。大德中爲綏寧縣主簿。開楓門山路，以達武岡，至今便之。

明

蔣資。江西人。洪武中知會同縣。時當草創，資次第興舉，民不勞苦。

蘇忞。懷集人。正統中知靖州。歲饑賑貸，民賴以全活。景泰初苗亂，忞率民力戰，死之。

蔣琪。上饒人。景泰八年知靖州。興學勸農，均徭平税，民苗順服。賜詔旌異。

李震。南陽人。景泰中以都指揮使守靖州。尋進武岡，克五十四寨。既而武岡、沅靖、銅鼓、五開苗復叛，又平之。苗獠聞風懾畏，號「金牌李」。功封興寧伯。

高端。天順中靖州參將。時平水峒等處苗亂，端同都指揮吉世英領兵攻西延、十團，破百二十二寨，生擒賊首楊昌富等。

吴震。華亭人。成化中知靖州。時苗賊猖獗，奉命征勦。勞瘁集事，及班師病卒，民咸哀之。

周鑑。會稽人。成化中知通道縣。舉鄉飲，立社學，課農桑，邑人化之。

曾顯。太和人。弘治中知靖州。輕常供，減冗費，課農桑，廉勤恭謹，善於其職。

詹信。玉山人。弘治間綏寧縣丞。興舉學校，設祭器以祀先師，聘名儒以教士子。苗嘗不靖，信撫勦有方，民德之。

曹鵬。正德中靖州衛指揮。調禦流賊於德安，力戰死之。

藍淦。閩縣人。嘉靖中知靖州。晝之所爲，夜必告天。剛介有爲。嘗編惡人實跡，以警凶頑。時有大木之役，財力不煩而事自集。

張炫。涇縣人。嘉靖中知綏寧縣。爲政寬簡，修學教士。又以山僻請裁縣丞，從之。

麥春芳。平南人。嘉靖中知綏寧縣。造士恤民，有廢必舉，民祠祀之。

王畲。安福人。嘉靖中知會同縣。輕徭賦，平獄訟，鋤豪强，救疾苦，百姓皆畏而愛之。

鄧子龍。豐城人〔九〕。黎靖參將。萬曆初，五開衛卒胡若盧等火監司行署，撻逐守備及黎平守。於是靖州、銅鼓、龍里諸苗響應爲亂，子龍大啓東門以致賊〔一〇〕，而潛兵入北門，賊遂滅，威震蠻落。今其所書飛山碑，民猶愛護之。

聶惟賢。萬曆中知會同縣。值旱蝗繼以大疫，惟賢齋戒禱神，以身待罪，施藥埋胔。又以賦役不均，多方撫恤，申請丁隨糧派，民困以蘇。

本朝

林爾張。惠安人。順治時知靖州。滇寇攻城，守禦兩月，城陷不屈，闔門殉節，民立祠祀之。又順治初會同令宋檟，亦於靖州死難。

閻璋。廣寧人。康熙中知靖州。革重耗，創義學，勸課農桑。土寇吴日先犯境，璋身先陷陣，寇遁去，追擊之。

常光裕。遼東人。康熙十九年知靖州。地當吴逆擾攘之後，光裕招集流離，多方撫字，民不失業。

宋謙。汾陽人。康熙中知會同縣。勸農興學，及卒，民祀之治前。

鮑文燦。貴池人。雍正初綏寧典史。擒逆猺蒲寅山，五年復隨平叛苗，時多其功。

任之彦。長安人。乾隆中知綏寧縣。大兵進勦叛苗，之彦竭力供億，民得不擾。去之日，皆涕泣，建祠祀之。

于文駿。金壇人。乾隆中知會同縣。遇事寬慈，建雄溪書院，置田養士，士民德之。

人物

宋

楊通寶。誠州猺酋。太平興國八年入貢，命爲誠州刺史。

楊光富。誠州猺酋。熙寧八年率其族姓二十三州峒歸附，詔以光富爲右班殿直。

楊光潛〔一一〕。誠州猺酋。熙寧中歸附，與其子日儼請建學舍，求名士教子孫。詔潭州長史樸成爲徽、誠等州教授，官光潛皇城使、誠州刺史。致仕，官爲建宅。置飛山一帶道路巡檢，光潛未及拜官而卒，遂以贈之，録其子六人。

明

楊正恒。綏寧人。洪武進士。文學博贍，安貧樂志，鄉人皆範其行，名其鄉曰上里。

陳儁。靖州人。任指揮同知，陣殁。

宋以方。靖州人。弘治進士，由南京户部主事累官知瑞州府。時華林大盗甫平，以方悉心撫字。宸濠逆謀甫萌，以方捕得其黨鞫之，悉知其狀，遂築城繕守，練兵爲備。宸濠有徵索，悉峻拒之。新建民喻象賢以不附濠坐死罪，以方與之平反。宸濠怒，令鎮守劾以方繫獄。宸濠反，出以方脅之降，以方叱曰：「我惟有死耳！」械舟中斬以祭江。宸濠平，贈光禄卿，蔭一子，立祠祀之。

石景舜。會同人。事親至孝，自幼至長，愛慕不衰。嘗拾金道傍，復還其主，當事旌之，以垂不朽。

儲至謀。靖州人。萬曆中知湄潭縣。王倫叛，率師剿之，戰死。

毛天富。會同人。萬曆四十二年，劉廷紀家失火，倉皇中手一篋授天富，以爲族人劉德也。火熄，向德索弗獲，訟於官。德將受拷，天富聞之，負篋入公庭曰：「是付我，非德也。」啓視之，内貯黄白金，扃封如故。令嘆曰：「真義士也！」賞之，固辭不受。

楊春芳。靖州人。天啓舉人，知太湖縣。崇禎末張獻忠作亂，率民守城，力屈赴水死。其孫起鳳亦殉焉。本朝乾隆四十一年，賜謚節愍。

曹仁傚。靖州胥役也。一日聞講約，至孝順父母篇，泣跪於地。辭役，躬耕養母。四十年曲盡子道，有司旌其門。

本朝

鄭熙齊。靖州人。九歲祖母爲賊所執，熙齊願以身代，賊義而釋之。父疾，封股療之而愈，以孝旌。

彭士瑞。靖州人。父年九十餘，士瑞年亦七十，與父同居一室，飲食必親奉，冬夕必先温其衾，通邑以孝稱。

歐陽進。會同人。五世同居，子姓百餘人，一堂和洽，邑中推爲義門。

李元珠。會同人。勤儉好施，嘗設義倉，周卹貧困。閭里咸飽其德，總督楊宗仁爲作義倉記。

粟榮訓。會同人。乾隆進士，知茂名縣。潔己愛民，縣人爲刊去思録。

粟通貴。會同人。父客蜀，久不歸，後卒於蜀。通貴方六歲，家貧隨母寄食外家，及母卒，襆被尋父，至大足縣，訪得父喪，一慟幾絶，負骨歸。

張文英。靖州人。官靖州協千總。乾隆五年，城步縣苗匪糾粵猺滋事，文英隨大兵會剿，攻白水洞，力戰陣亡。同時戰亡者，把總張牽、李如松、李三省。事聞議卹，均廕把總。

楊連仲。綏寧人。由行伍洊升遊擊。乾隆間隨征黔、楚逆苗，屢獲戰功。嘉慶三年，隨勦楚北邪匪，力擒首逆。七年，賊竄入川省，往捕餘匪，屢戰皆捷。十八年，河南教匪滋事，隨官軍進攻道口，力戰陣亡。事聞賜祭葬，廕雲騎尉。

流寓

宋

程敦厚。高宗時爲侍郎，以言事忤秦檜，謫居靖州。立書院，講學於侍郎山。

魏了翁。邛州浦江人。嘉定十七年，朱端常劾了翁，詔降三官，靖州居住。了翁至靖，湖、湘、江、浙之士不遠千里負書從學。乃著九經要義百卷，義藴精密，先儒所未有。

蘇尚元。宛平人。官廣東韶州府尹，徙居會同。邑人因其征苗有功，肖像祀焉。

列女

明

王烈女。靖州衛指揮王宸女。年十五，許聘陶紘，未行而紘死，請於父母往哭奠，歸坐輿中，自經死。

陳均保妻向氏。靖州衛人。適陳均保，半年而均保卒，自經死。詔旌其門。
蔣穎妻薛氏。靖州衛人。穎舉武科，赴京溺水死，薛聞訃自經。天順中旌。
陳儁妻劉氏。靖州人。儁殁於陣，劉守節終身，成化中旌。
宋周希妻梁氏。靖州人。殉夫死，萬曆中旌。
馮學海妻丁氏。靖州人。明末兵亂，丁與其小姑陳經典妻馮氏，具被執不屈，相攜投五龍潭死。
馮仁妻劉氏。靖州人。夫卒無子，守節終身。
唐朝選妻梁氏。會同人。與女月環避寇於紅門塘，被執，俱投水死。
梁日榮妻粟氏。會同人。流賊執之於平村，觸柱死。

本朝

蕭民聘妻曾氏。綏寧人。未嫁，夫亡守貞。順治年間旌。
趙聯會妻鄧氏。靖州人。夫亡守節，於雍正年間旌。
曾之祚妻唐氏。通道人。夫亡守節，雍正年間旌。
蘇知選妻李氏。綏寧人。隨夫寓辰溪縣，遇强暴不受辱死。雍正年間旌。
梁時傑妻胡氏。靖州人。夫亡守節。同州節婦劉申之妻莊氏、劉爾清妻周氏、蕭士禹妻許氏、楊鳳書妻沈氏，貞女蔡政瑞聘妻石氏，均乾隆年間旌。

栗盛穎妻唐氏〔一二〕。會同人。夫亡守節。同縣節婦栗堯基妻梁氏〔一三〕，貞女于利海聘妻唐氏，均乾隆年間旌。

楊俊生妻周氏。通道人。夫亡守節，乾隆年間旌。

左尚妻謝氏。綏寧人。夫亡守節。同縣節婦黄連生妻蕭氏、楊聖謨妻袁氏、唐伯璞妻袁氏、唐子騫妻莫氏、卿必毓妻陸氏、袁應龍妻莫氏，均乾隆年間旌。

趙英鋭妻于氏。靖州人。夫亡守節，嘉慶年間旌。

林添昇女松妹。會同人。被人穢詈，忿極自經死。嘉慶年間旌。

張後栻妻傅氏。綏寧人。夫亡守節，嘉慶年間旌。

仙釋

明

無意。會同人，俗姓賀。修道於後山，知未來事，詔召至京，賜金鉢銀杖。

黄竹。修道於綏寧之籠烟坡，有道行，化去。

土産

鐵。綏寧縣出。

葛。州縣俱出。

桐油、茶油。州縣俱出。

白蠟、靛。俱綏寧縣出。

五倍子。州境出。

九肋鼈。明統志：沅江出。

校勘記

〔一〕八年楊通寶始入貢　「八年」，乾隆志卷二八九靖州建置沿革（下同卷簡稱乾隆志）同，宋史卷四九四蠻夷傳作「五年」。按，下文人物楊通寶傳亦言太平興國八年始入貢，未知所據。

〔二〕繼有楊昌銜者　「銜」，原作「御」，乾隆志同，據宋史卷四九四蠻夷傳及明一統志卷六六靖州人物改。

〔三〕風門山　乾隆志作「楓門山」，蓋異名。

〔四〕宋地理志　乾隆志「宋」下有「史」字，此蓋脱。

〔五〕宋將率逢源討平峒苗之所　「率」，原作「李」，據乾隆志及雍正湖廣通志卷七九古蹟志改。按，本志上文「受降臺」條亦敘率氏討苗事，「源」作「原」。

〔六〕在州北二十里城田鋪　乾隆志作「在州北三十里城田溪上」。

〔七〕永寧橋　「寧」，原作「安」，據乾隆志改。按，本志避清宣宗諱改字。

〔八〕祀死節都指揮鄧旻曹鵬　「鄧旻」，原作「鄧文」，據乾隆志及雍正湖廣通志卷二五祀典志改。按，本志避清宣宗諱改字。

〔九〕豐城人　「豐」，原作「農」，據乾隆志及明史卷二四七鄧子龍傳改。

〔一〇〕子龍大啓東門以致賊　「大啓東門」，乾隆志同，明史卷二四七鄧子龍傳作「火其東門」。按，揆之事理，亂卒據城在城裏，鄧子龍進剿在城外，所以於東門縱火以引敵而潛兵入北門，此聲東擊西之計，所以大獲成功。明史本傳敘之事理明晰。清一統志改作「大啓東門」，則似鄧子龍已處城中，既在城中，又何須從北門潛入？此改作之妄。

〔一一〕楊光潛　「潛」，乾隆志及宋史卷四九四蠻夷傳均作「僭」。按，本志蓋改從東軒録卷六及治蹟統類卷一七所記。

〔一二〕栗盛穎妻唐氏　「栗」，乾隆志作「粟」，未知孰是。

〔一三〕同縣節婦栗堯基妻粱氏　「栗」，乾隆志作「粟」，未知孰是。

郴州直隸州圖

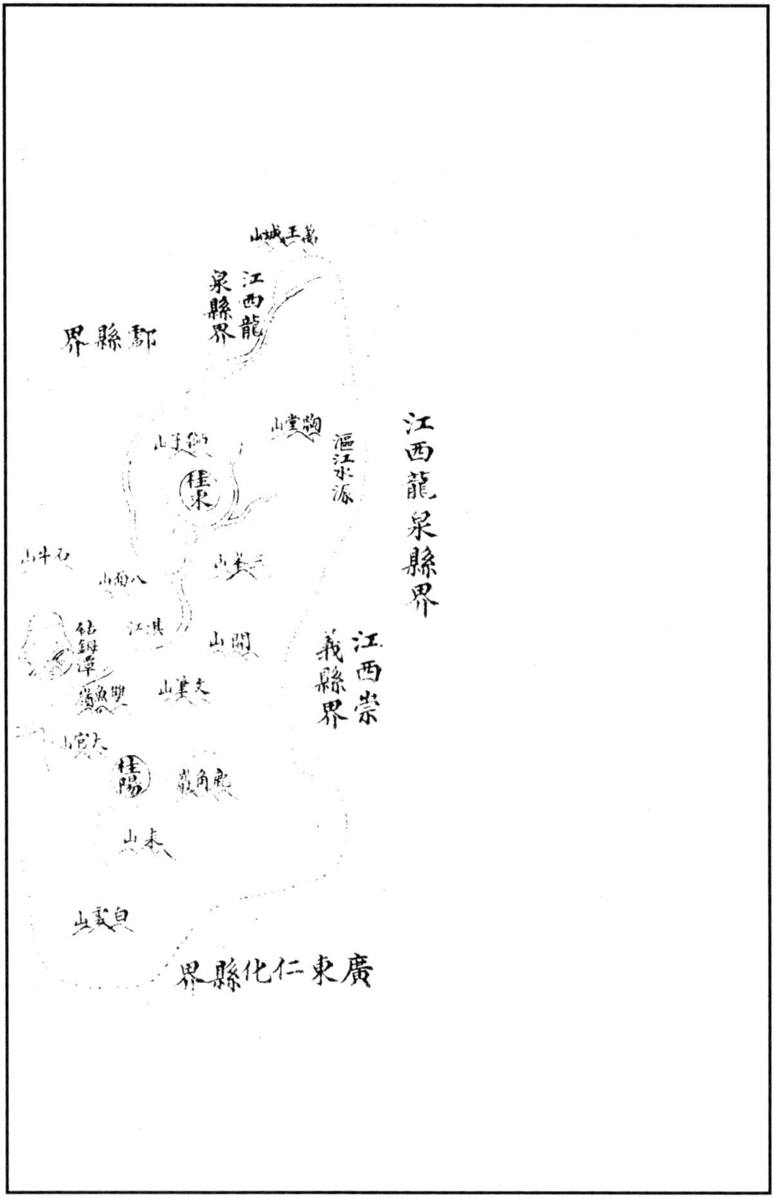
萬王城山
江西龍泉縣界
酃縣界
江西龍泉縣界
桂東
石牛山
八面山
江西崇義縣界
桂陽
廣東仁化縣界

安仁縣界
安仁縣界
耒陽縣界
耒水
金龍山
三台山
永興
仙母山
程江
雲秋山
馬嶺山
郴州直隸州
興寧
桂陽州界
文明山
相水源
黃岑山
五蓋山
臨武縣界
武水
宜章
東江
挂榜山
章水
莽山
廣東乳源縣界
廣東樂昌縣界
廣東樂昌縣界

郴州直隸州表

	郴州直隸州		永興縣
秦			
漢	桂陽郡 屬荊州。	郴縣 郡治。	便縣 屬桂陽郡。
三國	桂陽郡 屬吳。	郴縣	便縣
晉	桂陽郡 元康初分屬江州，永嘉初改屬湘州，咸和三年還屬江州。	郴縣	便縣
南北朝	桂陽郡 宋屬湘州，齊因之。	郴縣	便縣 宋置。陳復置。
隋	桂陽郡 初廢郡，置郴州，大業初復爲郡。	郴縣	廢。
唐	郴州 桂陽郡 武德四年仍置州，天寶初仍曰桂陽郡，屬江南西道。	郴縣	
五代	郴州 初屬楚。晉天福初改曰敦州。漢乾祐初復曰郴州。周廣順初屬南唐，尋屬南漢。	郴縣 晉天福初改曰敦化。漢復舊。	
宋	郴州 桂陽郡 屬荊湖南路。	郴縣	永興縣 熙寧中改高亭名，移治，屬郴州。
元	郴州路 屬湖廣行省。	郴陽縣 至元中更名，路治。	永興縣 屬郴州路。
明	郴州 洪武初爲府，九年降州，屬湖廣布政司。	省入州。	永興縣 屬郴州。

續表

	宜章縣	興寧縣
	郴縣地。	郴縣地。
	大業末蕭銑置義章縣。	
高亭縣 開元中改置安陵縣，天寶初更名，屬郴州。	義章縣 長壽初置高平縣，開元十三年廢，移縣來治，仍屬郴州。武德七年省，八年復置，移徙。	
高亭縣	義章縣	
	宜章縣 太平興國初更名，屬郴州。	興寧縣 初廢資興，嘉定二年復置，後移治，更名屬郴州。
	宜章縣 屬郴州路。	興寧縣 屬郴州路。
	宜章縣 屬郴州。	興寧縣 屬郴州。

	桂陽縣	桂東縣
漢寧縣 後漢析置，屬桂陽郡。	郴縣地。後漢漢寧縣地。	郴縣地。
陽安縣 吴更名。		
晉寧縣 更名。	汝城縣 東晉置，屬桂陽郡。	
晉寧縣	汝城縣 陳更名盧陽縣，兼置盧陽郡。	
晉興縣 初廢，開皇十一年復置，更名。	盧陽縣 郡廢，縣屬桂陽郡。	
資興縣 貞觀八年省，咸亨三年改置，屬郴州。	義昌縣 天寶初改盧陽縣曰義昌，移治，屬郴州。	義昌縣地。
資興縣	郴義縣 後唐更名。	
	桂陽縣 太平興國初更名，屬郴州。	桂東縣 嘉定四年析置，屬郴州。
	桂陽縣 屬郴州路。	桂東縣 屬郴州路。
	桂陽縣 屬郴州。	桂東縣 屬郴州。

大清一統志卷三百七十七

郴州直隸州一

在湖南省治東南六百八十里。東西距三百四十里，南北距二百三十里。東至江西吉安府龍泉縣界三百里，西至桂陽州界四十里，南至廣東韶州府乳源縣界一百里，北至衡州府安仁縣界一百三十里。東南至江西南安府治三百里，西南至廣東連州治二百五十里，東北至吉安府永寧縣界四百里，西北至衡州府治三百里。本州界東西距八十五里，南北距九十五里。東至永興縣界四十里，西至桂陽州界四十五里，南至宜章縣界四十五里，北至永興縣界五十里。東南至桂陽縣治一百四十里，西南至桂陽州臨武縣界一百四十四里，東北至永興縣界八十里，西北至永興縣界四十里。自州治至京師四千二百七十五里。

分野

天文翼、軫分野，鶉尾之次。

建置沿革

禹貢荆州之域。春秋、戰國屬楚。秦爲長沙郡之郴縣。漢高帝置桂陽郡，治郴，屬荆州。後漢因之。三國屬吳。三國蜀志先主傳：建安十二年，先主南征四郡，桂陽太守趙範降。二十年，孫權遣呂蒙襲奪桂陽郡〔一〕。晉初因之。元康初分屬江州，永嘉初改屬湘州，咸和三年還屬江州。南北朝宋屬湘州，齊因之。隋平陳廢郡，置郴州，大業初復曰桂陽郡。唐武德四年仍置郴州，天寶初改曰桂陽郡。乾元初復曰郴州〔二〕，屬江南西道。五代時爲馬氏所據。晉天福初改曰敦州，漢乾祐初復曰郴州，周廣順初屬南唐，未幾屬南漢。通鑑：周廣順元年，南漢主遣潘崇徹、謝貫攻郴州，唐邊鎬發兵救之，崇徹敗唐兵於義章，遂取郴州。按：五代史職方考，郴州漢、周時俱屬南漢，馬希廣、希萼時，未聞郴州已爲南漢所取，恐誤。宋仍曰郴州桂陽郡，屬荆湖南路。元至元十三年，置安撫司，改州治郴縣曰郴陽。十四年改郴州路總管府，屬湖廣行省。明洪武初改爲郴州府，九年降爲州，以州治郴陽縣省入，屬湖廣布政使司。本朝因之，爲直隸州，領縣五。

永興縣。在州北八十里。東西距七十里，南北距七十五里。東至興寧縣界三十里，西至衡州府耒陽縣界四十里，南至本州界二十五里，北至衡州府安仁縣界五十里。東南至興寧縣治九十里，西南至桂陽州界八十里，東北至衡州府酃縣治一百里，西北至耒陽縣治九十里。漢置便縣，屬桂陽郡，後漢及晉因之。南北朝宋省，陳復置。隋又省。唐開元十三年，改置安陵縣。天寶元年，改曰高亭，屬郴州。宋熙寧六年，改曰永興，屬郴州。元屬郴州路。明屬郴州，本朝因之。

宜章縣。在州南九十里。東西距一百三十里，南北距四十五里。東至桂陽縣界八十里，西至桂陽州臨武縣界五十里，南至廣東韶州府乳源縣界十里，北至本州界三十五里。東南至韶州府樂昌縣界三十五里，西南至廣東連州界一百里，東北至興寧縣治一百七十里，西北至本州界十里。漢郴縣地。隋大業末，蕭銑分置義章縣。唐武德七年省，八年復置。長壽元年，分置高平。開元十三年廢高平，移義章來治，仍屬郴州。宋太平興國初，改曰宜章，屬郴州。元屬郴州路。明屬郴州，本朝因之。

興寧縣。在州東八十里。東西距一百里，南北距一百四十里。東至桂東縣界六十里，西至本州界四十里，南至桂陽縣界一百里，北至永興縣界四十里。東南至桂陽縣界八十里，西南至宜章縣界六十里，東北至衡州府酃縣界八十里，西北至永興縣界四十里。漢郴縣地。後漢永和元年，析置漢寧縣，屬桂陽郡。三國吴改曰陽安。晉太康元年，改曰晉寧。宋、齊以後因之。隋初省，開皇十一年改置晉興縣。唐貞觀八年省，咸亨二年復置，改名資興，屬郴州。宋太平興國後省，嘉定二年復置資興縣，後改曰興寧，屬郴州。元屬郴州路。明屬郴州，本朝因之。

桂陽縣。在州東南一百六十五里。東西距一百九十五里，南北距一百九十里。東至江西南安府大庾縣界一百二十里，西至宜章縣界七十五里，南至廣東韶州府樂昌縣界一百里，北至南安府崇義縣界九十里。東南至韶州府仁化縣界七十里，西南至樂昌縣界六十里，東北至桂東縣界六十里，西北至興寧縣治一百四十里。漢郴縣地。後漢漢寧縣地。東晉分置汝城縣，屬桂陽郡，宋、齊因之。陳天嘉元年，改曰盧陽，兼置盧陽郡。隋初郡廢，以縣屬桂陽郡。唐屬郴州。天寶初改曰義昌，移治。後唐改曰郴義。宋太平興國初，又改曰桂陽，屬郴州。元屬郴州路。明屬郴州，本朝因之。

桂東縣。在州東二百七十里。東西距一百五十里，南北距八十里。東至江西吉安府龍泉縣界六十里，西至興寧縣界九十里，南至江西南安府崇義縣界六十里，北至衡州府酃縣界二十里。東南至南安府上猶縣界四十里，西南至桂陽縣治一百二十里，東北至吉安府永寧縣界二百里，西北至興寧縣界九十里。漢郴縣地。唐義昌縣地。宋初桂陽縣地。嘉定四年，析置桂東縣，屬郴州。元屬郴州路。明屬郴州，本朝因之。

形勢

地益高，山益峻，水清而益駛。唐韓愈送廖道士序。南接五嶺，西接九疑，東南距湖，北距衡山。圖經。州在百重山内。宋張舜民南遷録。環山而州，在海嶠之北，衡、湘之南。宋練亭甫靈壽山記。

風俗

郡濱南州，風俗脆薄。後漢書許荆傳。土著希鮮，好尚紛異，地瘠民貧。州志。

城池

郴州城。周三里有奇。東、西、南三門，舊有北門，久塞。有濠。漢太守楊璆築。歷代增修，明嘉靖中甃石。本朝乾隆三十一年、嘉慶十六年重修。

永興縣城。周二里有奇，門五，舊有城垣。明正德間修築。本朝順治十三年、康熙十九年、乾隆十一年屢修。

宜章縣城。周二里有奇，門四，有濠。明成化八年因舊址築。本朝康熙二十四年、雍正九年、嘉慶十六年重葺。

興寧縣城。周一里有奇，西、南門二，有濠。舊屬土垣，明洪武初甃磚。本朝乾隆二十四年修，增東門一。

桂陽縣城。周二里有奇，門三，有濠。明弘治八年築。本朝康熙十一年修。

桂東縣城。周一里有奇，門三，有濠。明成化初築。本朝順治十年修，康熙二十五年重築。

學校

郴州學。在州西門外。宋時在州治西南，張栻有記。元、明因之。本朝康熙二十四年，遷州治西，四十九年復遷今所。乾隆二十二年、四十七年、嘉慶二十二年屢修。入學額數二十名，新童一名。

永興縣學。在縣治西北隅。明成化中，因宋、元舊址建。本朝順治、康熙中屢修，乾隆三十年增修。入學額數十五名。

宜章縣學。在縣城外東北。舊在縣治東，宋淳熙五年建，陸九淵爲之記。自宋至明遷徙無常。本朝順治、康熙中又屢遷，乾隆四十七年遷建今所，嘉慶十九年重修。入學額數十五名，新童三名。

興寧縣學。在縣城西。明洪武中因宋、元舊址建。本朝順治、康熙、雍正、乾隆中屢葺。入學額數十二名，新童三名。

桂陽縣學。在縣城內。明洪武初建。本朝康熙七年重建，後屢修，嘉慶十五年增修。入學額數十五名，新童三名。

桂東縣學。在縣治東。舊在縣東門外，明洪武初建。本朝順治十年重建，康熙年間遷建今所，雍正、嘉慶中復葺。入學額數八名。

東山書院。在州城東郊。唐宰相劉瞻讀書故址。本朝康熙五十八年建。

景賢書院。在州治城隍廟東。舊名韓昌黎祠，後易名景賢祠。本朝康熙五十八年改建。

白蓮書院。在州西北。乾隆十八年建。

安陵書院。在永興縣治西。舊在縣治東，乾隆十七年建，四十年遷建今所。

玉溪書院。舊在縣治西。本明鄺壐玉溪精舍，乾隆四十二年遷建縣南。
育才書院。在宜章縣西。康熙二十二年建。
漢安書院。在興寧縣城西北隅。舊名文昌書院，雍正十一年建。
朝陽書院。在桂陽縣城内。乾隆十四年建。
濂溪書院。在桂東縣。乾隆二十三年建。又舊志載桂陽縣有濂溪書院，興寧縣有觀瀾書院，北宋曹靖建。附識於此。

户口

原額人丁三萬三百五十五，今滋生男婦共九十九萬七千二十一名口，計十八萬七千五百八十四户。

田賦

田地塘一萬一千六百七十四頃九十一畝七分九釐有奇，額徵地丁正、雜銀五萬九千二百四十六兩一錢三分二釐有奇。

山川

東山。在州東一里。唐劉瞻讀書於此。州志：形勢雄傑，可望一州之勝。上有一覽亭。

魚絳山。在州東三十里。郴陽圖經：白水出其南，碧崖銀瀑，大似匡山香鑪峯。周茂叔書堂在焉。明統志：宋秦觀嘗遊有記，謂其形勝大類華山之陰，而沃潤過之。上有柳毅祠，歲旱於此禱雨。

寶蓋山。在州東四十里。其傍爲寶雲巖。

雷溪山。在州東六十里。高五里，雷溪水出焉。

黄相山。在州東南九里。一名相山，又名王相嶺。其北爲東山，其南爲東嶺。自此至魚絳山，共七十一峯。名勝志：其山巔上有池，地多鳥，方乳時，人取輒迷路，置之乃可去。

五蓋山。在州東南六十里。高二十里，周圍一百八十里。湘中記：山有五峯，望之如蓋，鄉人每歲以雪占年。諺云：「五蓋雪普，米賤如土。雪若不均，米貴如銀。」

文明山。在州南一里。明統志：上有塔，又有亭，名第一江山。

香山。在州南五里。有香木、香泉，泉味甘冽。

黄岑山。在州南六十里，接宜章縣界。一名上嶺山，一名客嶺山，一名黄箱山，又名騎田嶺。後漢書郡國志：桂陽郡上嶺山。又郴有客嶺山。水經注：黄岑山騎田之嶠，五嶺之第二嶺。括地志：黄岑山在郴州城南，郴水所出。通典：郴州有騎田嶺，今謂之臘嶺。寰宇記：黄岑山其東爲仰天湖，其北郴江水出焉。其同出者爲桂水，爲寒溪水。輿地紀勝：上有浪井，三日一湧。一名潮井。明統志：爲楚、粤之關，與諸嶺連屬，横絶南北，寒燠氣候頓殊。

靈壽山。在州西南三十里。本名萬歲山，周圍三十七里。水經注：萬歲山有石室，中有鐘乳。山上悉生靈壽木，谿下即千秋水也。隋書地理志：桂陽郡郴有萬歲山。輿地紀勝：萬歲山在郴縣南。天寶六年改曰靈壽。方輿勝覽：山有冷、煖二泉。

八角山。在州西南三十里，與靈壽山相連。山中小石皆八角，故名。

坦山。在州西南三十里。明統志：有萬華巖，内有石田、石倉、石鐘之類，澗水自巖而出。

龍渡山。在州西九十里。上有泉，歲旱禱雨多應。名勝志：其麓有泉，分流郴、桂之境。

鳳梧山。在州西北三十里。明統志：昔真人伯慈煉丹於此，丹竈尚存。又興寧縣北三十里亦有鳳梧山。

雲秋山。在州北三十里。一名天飛山，又名仙臺山。上有蓮池，其水清洌，四時不涸。山後石穿如橋，上下俱通往來，有仙壇，爲蘇耽修煉處。

華山。在州北六十里。一名華石山，或訛爲話石山。山有孤石聳立。水經注：耒水又西逕華山之陰，亦曰華石山。孤峯特聳，枕帶雙流，東則黄溪、耒水之交會也。

馬嶺山。在州東北五里。一名蘇仙山，一名牛皮山，又名白馬嶺，亦名龍頭嶺。後漢書郡國志「桂陽郡郴」注：「縣南十數里有馬嶺山。」水經注：黄溪東有馬嶺山，高六百餘丈，廣圓四十許里。漢末有郡民蘇耽棲遊此山。方輿勝覽：輿地志謂晉蘇耽入山學道，其母往窺之，見其乘白馬飄然，故又謂之白馬嶺。明統志：上有白鹿洞、仙人壇，有巨石曰沉香，小石曰仙桃，仙桃色赤黄，有核，研飲之可以愈疾。

石井山。在州東北八十里。元和志：山有風母獸，既死，張口向風則生。

三台山。有二：一在永興縣城内儒學後，一名大魁山，三峯連屬如珠，中峯獨高聳。一在桂東縣南一里，三峯拱峙，爲縣朝山。

仙母山。在永興縣東一里。相傳蘇耽母居此，故名。

金箱山。在永興縣東一里。相近有玉印山。

天寶山。在永興縣東八十里。

土富山。在永興縣東南三十里。輿地紀勝：土富山有銀井，人鑿之轉深，忽見三老翁授之以杖，悉是銀，故名三翁井。

晶岡山。在永興縣南五里。峯尖如筆。

聚寶山。在永興縣南二十里。

金魚山。有二：一在永興縣西南一里，即學前之文筆峯；一在桂東縣東南一里，亦名木魚山。

天馬山。有二：一在永興縣西一里，一在宜章縣南。

石臺山。在永興縣西五里。

龍耳山。在永興縣西二十里。雙峯如龍耳，故名。其下有金華、燕子二巖，後有龍潭。相近有天竹山，甚高聳。

高亭山。在永興縣西三十里。九域志：永興縣有高亭山。元和志：高亭縣以縣東高亭山爲名。

白鶴山。在永興縣西七十里。明統志：上有泉，並盤山王廟，歲旱禱雨多應。

金湖山。在永興縣西八十里。下有龍泉，旱禱多應。

白豹山。在永興縣西九十里，與桂陽州接界。

金鵞山。在永興縣西北二十里。上有九仙亭。

華蓋山。在永興縣北半里。縣治之倚山也。

玉鼇山。在永興縣北二里。

石囷山。在永興縣北二十里。

四十八峯山。在永興縣北九十里。山有四十八峯，拱峙攢簇，因名。

桄榔山。在宜章縣東一里。舊産桄榔樹。名勝志：桄榔山下多怪石，名羣玉林。

玉履山。在宜章縣東四十里。

雕玉山。在宜章縣東七十里。明統志：遠望色如雕玉。

挂榜山。在宜章縣南三里。石壁削立，爲縣案山。

石虎山。在宜章縣南六十里。

莽山。在宜章縣西南一百十里，接廣東連州界。水經注：長樂水源出莽山。明統志：延袤六十里，有九十九峯。舊碑言山形如寒蘆在宿莽中，故名。

漏天山。在宜章縣西南一百二十里。明統志：萬山環合，多雨少晴，故名。

西山。在宜章縣西南一百三十里，接廣東連州界。爲猺獞所居。

寶雲山。在宜章縣西七里。一名楊家墜，上有水自懸崖流下，將雨則白若匹練，晴則閃爍如虹蜺，俗名白水帶。

將軍山。在宜章縣西十二里。

鳳凰山。有三：一在宜章縣北二十里，爲縣治祖山；一在興寧縣南二十里，俱形如飛鳳；一在桂東縣西北一里，爲縣主山。

太平山。在興寧縣東五里。

仰竈山。在興寧縣東十里。名勝志：上有石巖如竈，四面壁立，下有深潭，其氣騰上如炊，故名。縣志：山有七井，匯爲一潭，歲旱禱之，魚躍於井，大雨立至。

石牛山。在興寧縣東五十里。明統志：有石牛特異，土人望之以占一冬寒煖。雪冒其嶺，謂之雪過嶂，雪不復作矣。其巔有雁池，冬月温煖，雁嘗食息其中。

八面山。在興寧縣東六十里，接桂東縣界。四山連聳，綿亘數十里，徑路荒僻。

雲蓋山。在興寧縣南一里。圓聳如覆鐘，石壁嶔崎，古木森蔭，下臨江流。名勝志：常有雲氣籠蓋其上，因以爲名。

奇觀山。在興寧縣南二十里。一名石角山，蒼崖環抱，中有大石崛起如角，俯瞰江流。明統志：在興寧縣舊治。旁有石拳曲如牛角狀，上有石刻「天下奇觀」四字。

秋溪山。在興寧縣南三十里。一名金龍山。

浦溪山。在興寧縣南六十里。一名瑶岡嶺。山徑高險，上有瓦石片疊成小塔，勢如累棋，風不能隕，爲人所散即復聚。明統志：頂有天鵞池、龍鬚帶、劉江仙祠在焉。常有雲霧冒其上，若雲廓氣清則有雨。

九峯山。在興寧縣西五里。一名道應山，一名九峯嶺。明統志：前有奇石如香鑪，山簇九峯，鄉人創九仙亭於上。

黄禾山。在興寧縣西十里，地名長衝三瀨。聯峯聳拔，岡隴迴環，延袤百餘里。

羅仙山。在興寧縣西三十里。前有香鑪峯，下臨深壑，奇險甲於他山。

周源山。在興寧縣西三十里。

九鼎山。在興寧縣西四十里。明統志：九山如列鼎，下有松桂書堂。

郴侯山。在興寧縣西北三十里。明統志：上有曹天師巖，内有燕羣集，歲旱禱雨，燕自巖出即應。

丫髻山。在興寧縣西北。雄峙蟺蜿如髻，上有藤竹二仙亭，求嗣者往禱焉。

石蓮山。在興寧縣北程鄉西北五里。石體下小上大，從空懸出，如鶴頂狀。上有古仙亭。

羊角山。在興寧縣北六里，接永興縣界。山脊稍凹，有石門。從石門入，幽溪蓊鬱，平田數畝，側瞰危石，蒼翠欲滴。左麓有洞。

石菌山。在興寧縣北三十里。一名青石山。明統志：上有亭，鐵瓦石壁，扁曰「豐鳴閣」。

迴龍山。在興寧縣東北三十里。

紫金山。在興寧縣東北八十里。

洞靈山。在桂陽縣東十里。明統志：内有巖洞、九曲池，水清味甘，遇旱取水祝之即雨，故曰洞靈。

耒山。在桂陽縣南十里。漢書地理志：桂陽郡郴耒山，耒水所出。

孤山。在桂陽縣南十五里。一名獨秀峯。四圍皆田，一峯獨立，因名。明統志：漢蘇耽隱此。

白鷺山。在桂陽縣南二十里。上有仙人池。

何家尖山。在桂陽縣南四十里。

白雲山。在桂陽縣南五十里。勢極高聳，頂有石巖曰通天巖，旁有九曲池，四時雲氣常暗。晴霽登望，廣、韶、郴、桂皆在目中。

烏龍白騎山。在桂陽縣南五十里。水經注：耒水源出汝城縣東烏龍白騎山。寰宇記：湘中記云遠望有黑石如龍，白石如馬，兩面羅列。

屋嶺山。在桂陽縣西南三十里耒水之南。

白稿山。在桂陽縣西南四十里。

大官山。在桂陽縣西三十里。壁立挺秀，其西有流富巖，水流清碧。

義通山。在桂陽縣西六十里。一名百丈山，又名百丈嶺。

文筆山。在桂陽縣北十五里。一名黃岡山。

石舍山。在桂陽縣東北，與桂東縣接界。名勝志：山有石室，故名。

石門山。在桂陽縣東北二十里。有溪崖，旱禱多應。

筋竹山。在桂陽縣東北五十里。

德勝山。在桂東縣東一里。

三峯山。在桂東縣東南一里。一名石峯山。突起三峯，蜿蜒十餘里。

楊梅山。在桂東縣南一里。山極險峻，明正德間，土人曾築寨保聚於此。

開山。在桂東縣南六十里，接桂陽縣界。

鷟公山。在桂東縣西南三里。爲縣水口山。

紫臺山。在桂東縣西南四十五里。上有紫石崖，中有石竇。

連珠山。在桂東縣西一里。與德勝山夾縣左右，環拱治城。

獅子山。在桂東縣西北一里。岡巒起伏，形如獅子。又名五虎山，以山有五峯故也。

小桂山。在桂東縣西北五十里。

胸堂山。在桂東縣東北二十里。道出江西吉安府龍泉縣，必經其頂。

屏水山。在桂東縣東北三十里。懸崖峭石，秀麗如畫，有瀑布懸流而下。

萬王城山。在桂東縣東北一百里，東接江西吉安府龍泉縣界，西接衡州府酃縣界。即酃縣萬洋山之一隅也。

劉仙嶺。在州北三里。東麓爲鷓鴣坪，南有泉匯爲北湖。明統志：上有劉仙臺，故名。

桂門嶺。在州北五里。山勢崎嶇，鑿石通道如門。

長虹嶺。在永興縣西二十里。

獅嶺。在永興縣西二十五里。形勢高聳，遠近峯巒皆拱揖於下。

斗嶺。在永興縣西三十里。下有靈泉。

龍珠嶺。在永興縣西三十里。

五峯嶺。在永興縣西北二十里。

鹽沙嶺。在永興縣西北五十里。

三澄嶺。在永興縣北七十里。

界牌嶺。在宜章縣東七十五里，接桂陽縣界。

鳳頭嶺。在宜章縣西南九十里，接廣東連州界。

摺嶺。在宜章縣北三十五里。即黄岑山東麓，兩峯對峙，盤折而上。嘉靖時知縣胡勃鑿山開道，行者便之。輿地紀勝：其路盤旋摺疊，故名。

桃花嶺。在宜章縣東北八十里。

題詩嶺。在興寧縣東十五里。明統志：舊有仙人題詩於上，皆蝌蚪字，不可辨。

雷公嶺。在興寧縣南五十里。明統志：嶺下小溪内有石，遇旱，豎石禱之即雨。

山岡嶺。在興寧縣東北七十里。

蘇仙嶺。在桂陽縣東一里。以蘇耽得名。

君子嶺。在桂陽縣東二十里。高三百餘丈，上有仙人池。

東嶺。在桂陽縣東八十里，接江西南安府崇義縣界。

桂枝嶺。在桂陽縣西。明李東陽桂枝嶺塔記：嶺在縣西南境上，有塔。其東南有嶺曰馬坎，峙爲三峯，日西塔影正墜其上，如筆架狀，蓋奇觀也。

雙魚嶺。在桂陽縣西北十五里。明統志：其形類雙魚，因名。相傳昔人朱、何二姓累世顯宦，有佩金魚者，或以爲此山之應。

石磨嶺。在桂東縣南四十五里。有十八峯，駢列如人形，漚江徑此，高下十餘丈，澎湃衝決，舟楫不通。

騾岡。在州西南五里。一名武丁岡，又名白虎岡。輿地紀勝：桂陽先賢傳云，後漢成武丁葬此，其友人見武丁乘白騾去，今石壁上有騾跡。

久留岡。在州東北二十里。相傳漢太守衛颯罷郡還京，父老攀留於此，因名。

辰岡。在興寧縣西四十里。形如覆鐘，每科年山石作聲，邑士多得解。

王朝岡。在桂東縣東南三十里。

雞公巖。在永興縣東半里臨江山。石狀如雞。

金紫巖。在永興縣東四十里。高數十丈，上産金紫藤，有異香。

彈子巖。在永興縣東南五里。上有石，小孔無數，圓如彈窩，故名。

觀音巖。在永興縣西五里。壁立瞰江，巖下有石如象，江心有石如獅，邑之奇觀也。

蒙巖。在宜章縣東一里。石白如玉，下有交泉，味甘洌。

艮巖。在宜章縣南二里。有水自巖湧出，其深不測。鑄大士渡海像於中，爲一邑勝境。

野石巖。在宜章縣北十五里官道旁。

兜率巖。在興寧縣南三十里。一名靈巖。輿地紀勝：中有洞方廣如堂，可容百人。泉水湧出，纍纍如楊梅然，亦名楊梅堂。方輿勝覽：巖在資興寨，旁有石像如僧十八。明統志：巖内空闊，有石觀音、羅漢像，又有石幢、石鐘、石鼓，擊之有聲。縣志：其中迂迴空洞，秉燭可入。巖前爲金箭灘。

婆婆巖。在興寧縣北十里。巖腹宏坦如堂，盛夏不暑。

連珠巖。在桂陽縣東十三里。舊名洞靈山，歲旱禱雨輒應。有石鐘、石鼓，扣之聲如金革。

外沙巖。在桂陽縣西十里。一名太平巖。中有平陂，可容百餘人。石壁出泉，取用不竭。

龍珠巖。在桂陽縣北三十里。三巖並峙，一名龍珠，一名龍回，一名龍潮。

鹿角巖。在桂陽縣東北十五里。有九石井。

鷹窠嶂。在桂東縣南十里。高出衆山，有石如鷹窠。

七里谷。在桂陽縣西四十里。

宂樽石。在州東郴江畔。宋張舜民有銘刻。

屏風石。在永興縣西五里觀音巖。

鵬飛石。在興寧縣西。狀如豎旗，有石鼃埠。

涼傘石。在興寧縣北五里。孤揭圓頂，下覆如傘，故名。又縣西北結魚鄉有金雞石，石形如印，孤峙中流。相近有望王獅石，高懸十丈，蹲踞如獅，牙吻屈曲，迎吼江濤。

鼃鶴石。在桂陽縣東壽江上。以形似名。

劉洞。在州西北二十三里。元和志：劉洞出鼷鼠如牛，將爲災，乃出畝畞散落其尾，悉爲小鼠。

問仙洞。在永興縣東。

九折洞。在永興縣東四十里。路逕逶迤，凡十八盤。

西石洞。在桂陽縣西十五里。其石遠望如雪，洞中流水潺湲，廣可二丈，深數里，有泉自洞中出。

黑風洞。在桂東縣西北十五里。嘗有黑風晝晦。

金雞洞。在桂東縣東北十五里。一名龍巖石，一名仙人掌。明統志：洞中石壁上隱然有仙人掌跡，下有金雞石，相傳昔有金雞見於石上。

迷穴。在州西五里騍岡西。騍溪之水出焉。旁有迷橋。

龍虎坳。在桂陽縣東十五里。兩山並峙如龍虎。

龍頂坳。在桂陽縣東二十里。山頂有泉，分流爲三，一爲壽水，一爲清泉水。

貞女峽。在桂陽縣。有韓昌黎詩。

侍郎窾。在永興縣東三十里。世傳韓愈謫陽山令時，曾泊舟於此。

龜松埠。在興寧縣東南三里。其埠儼若龜形，故名。

白石崖。在興寧縣北程鄉。内空廣可居，有諸仙佛像。

馬坎岑。在桂陽縣。有宋葉通判修馬坎岑路詩。

青广坑。在桂陽縣東四十里益將鎮北。

中洞天。在桂東縣東北。有水環山，中皆石洞。

耒江。源出桂陽縣南耒山，西北流入興寧縣界，又西北入本州界，又北入永興縣界，又北入衡州府耒陽縣界。一名耒水。水經：耒水出桂陽郴縣南山，又北過其縣之西，又北過便縣之西。注：耒水源出汝城縣東烏龍白騎山，西北流逕其縣北，西流三十里，中有十四瀨，各數百步，濬流奔急，竹節相次。又西北逕晉寧縣北，又西，左合清溪水口，又西，黄水注之，又西逕華山之陰。州志：耒水發源耒山，西北流會壽江，又西北會屋嶺水，又西北流至豐溪，合瀘渡水，過滁口，名耒江。又西北會資興水，又西北至程江口，合程水。又西北至郴江口，合郴水，又名便江。又北流合長安、白豹、油塘諸水，過森口謂之森水。又北流謂之耒河。

郴江。在州東。發源黄岑山，北流入耒水。一名黄水，一名郴水。水經注：黄水出郴縣西黄岑山〔三〕，山則騎田之嶠，五嶺之第二嶺也。庚仲初云：嶠水南入始興，溱水注海，即黄岑水入武溪者也。北水入桂陽湘水注於大江，即是水也。右則千秋水注之。又東北逕其縣東，右合除泉水，又北流注於耒水，謂之郴口。元和志：郴水流逕州東一里。輿地紀勝：郴水源出黄岑山，至郴口合耒水，灌田二百四十頃。韓愈所謂「其水清瀉，汨沙倚石」者是也。方輿勝覽：郴水過郡城一里始勝舟，又北行四十五里至鯉園步江口，合東江始爲大郴江，入耒水方有水程。州志：郴江自黄岑山會沙江水，流四十里，至州城南少西，而東北逕萬歲橋，過蘇仙山下，兩岸山勢如峽。又西北會北湖水，至州城東北六十里入耒水。

靈江。在永興縣西二里。南流入耒水。

油塘江。在永興縣西二十里。東南流入耒水。縣志：源出桂陽界。小舟泝流，可至州境。

鐵鑪頭大江。在永興縣西六十里。居民引水灌田。縣志：古人砌有四門，水從門出。里人劉永泰開渠引水，溉田千畝。

大步江。在永興縣東北七十里。源出興寧縣界山岡嶺，西北流入縣界。又西北合潦溪、清溪二水，入衡州府安仁縣界，名永樂江。

漚江。源出桂東縣界，西南流入桂陽縣界，又西北至興寧縣界，入耒水。一名北水，一名澄江。州志：發源桂東縣，一出胸堂山，一出屏水山，俱西南流至縣東北十里兩水口合流，名漚江。徑縣南而西，合雙溪水，又西南合桂水、瀘渡水而爲淇江，入桂陽縣界。至縣北三十里唐延里，合河橋水，中有三瀧、十二灘，亦名三瀧水。又西北流四十里，入興寧縣界之豐樂，名瀘渡江。又二十里至沿津，又六十里至高活，水勢險惡，其旁鑿山通道，行者必舍舟從陸以避險。又五里至結魚，又六里至瀘渡，又十五里至耒江口。凡四十八瀧，巨石層疊，不能方舟。又十五里至東津渡，入耒江。

図江。在興寧縣西。源出縣北仰黿龍潭，匯諸泉流，歷城西鞏橋，又歷蓮花、楊公、觀音、鎖龍、雲蓋諸橋，至縣前登雲橋，入耒水。

程江。在興寧縣北。源出縣東北四十里醽醁泉，西流入耒水。一名綠水，一名淥水。水經注：郴縣有綠水，出縣東侯公山，西北流而南屈注於耒，謂之程鄉溪。郡置酒官醞於山下，名曰「程酒」。隋書地理志：盧陽有淥水。元和志：淥水自郴侯山注耒。州志：程江有四源，一出迴龍山，一出鳳梧山，一出九峯山，一出周源山，合流於興寧縣西北四十里潭州江口，又西流入於耒水。

壽江。在桂陽縣東二十里。源出龍頂坳，分三派：一爲壽江，西南流入耒水。其二流俱名清泉水，一東流合熱水泉，流入江西南安府崇義縣界；一南流入廣東韶州府仁化縣界。

雷溪水。在州東。源出雷溪山，北流入郴江，灌田甚溥。

沙江水。在州東四十里。源出五蓋山，北流徑州城東，灌田八十頃。又西北流入郴江。

白水。在州東南。源出黄相山頂，徑菱角池至洪下灘入郴江。一名瀑布泉。

潮泉水。在州南二十里。一日三湧三退，若潮候然。

千秋水。在州西南三十里。水經注：千秋水出萬歲山。山上悉生靈壽木，谿下即千秋水也。水側民居號萬歲村，其水下合黄水。

三川水。在州西。源出坦山龍泉，至通坡堰分三派：一支名沈河，亦名崇德河，過清淑橋，爲下川；一支在燕泉上，環舊儒學前，名秀水，遶城南，東北流至四浦莊灌田，爲上川；一支由城隍廟流至中洲南，旋繞闤闠，爲中川。下流俱入郴江。

桂水。有二：一在州西四十里，源出州南黄岑山，西北流入永興縣界，至森口入耒江。漢書地理志「桂陽」注：「桂水所出，東北入湘。」唐杜甫詩「飄飄桂水遊」，即此。水側舊有長安館，故一名長安水。一在桂東縣西北五十里，源出小桂山，至縣西南入漚江。

下湄水。在州西北五里。其上流名寒溪，水源出坦山，西北流合瀘溪水而東，始名下湄水。出下湄橋，徑同心嶺、鄭家峒入郴水。

棲鳳水。在州北五十里。源出桂陽州甘陂，流徑州西吉陽鄉招旅渡，過棲鳳渡，合白豹、高亭諸水，至永興縣森口入耒江。

瀑水。在永興縣東十里。

四十二渡水。在永興縣東十五里。一名注江。源出乾溪，灌田八十頃有奇，至博笏村，勝五石船，西流入耒江，名注口。

白豹水。在永興縣西南。源出白豹山，東流合棲鳳水入耒江。

潮水。在永興縣西八十里。輿地紀勝：舊經云清冷瑩徹，日夜兩潮。

八石水。在永興縣西。源出獅嶺，可通小舟。

清溪水。有二（四）：一在永興縣北七十里，發源三澄嶺，東北流合潦溪；一在興寧縣東。一名資興水，一名乙陂江。水經注：清溪水出晉寧縣東黄皮山，西南流，歷縣南，又西北注於耒水。州志：源出鈷鉧泉，至水口合平石、杭溪二水，過舊縣前，橫流十里，會瀘渡江，合耒水。

容水。在宜章縣南九十里。輿地紀勝：在黄沙砦之側，凡四旁小水，皆匯入於穴，深不可測。州志：舊名窮水，以其有源而無流也。宋時邑令趙興綸改今名。

廖家水。在宜章縣西南十里。高崖疊翠，有水自上分派飛下，日光映射，望之如長虹。

溱水。在宜章縣西南。其上流合武溪水，亦稱武溪。水經注：武溪東南流，左會黄岑溪水，又南入重山。縣志：自桂陽州臨武縣東流入，徑縣西南四十里，又東南流至七姑灘合玉溪水，入廣東韶州府樂昌縣界。

遼水。在宜章縣西南。一名長樂水。源出莽山，東北流逕縣之長寧鄉，與溱水合。

清白水。在宜章縣西。源出桂陽州，東流至縣界，入溱水。

平和水。在宜章縣北四十里。水分二派，伏流地中，一至曹田出，灌田三十餘畝；一至縣東景星觀下爲蒙泉，即枕流泉。

章水。在宜章縣北。源出黄岑山，有大、小二章水。一名漳水。通典：義章縣北臨漳水。元和志：章水在縣北六十五里。輿地紀勝：大章、小章二水，俱出黄岑山，東流至縣北二十五里合流，至靈石合清白水。又至三沌合遼水、武水。縣志：章水二源，俱出黄岑山。北曰大章水，南曰小章水，東流逕縣北白石渡，又東南合流而南，少東入廣東韶州府樂昌縣界。

孤山水。在桂陽縣東十七里。輿地紀勝：屈曲流徑益將鎮，至江西南安府上猶縣入大江。

熱水。在桂陽縣東七十里。源有二泉，一出石穴，一出沙中。其沸如湯，不可跣涉。下流入江西南安府崇義縣。

淥水。在桂陽縣南十五里。自白雲山北流，合耒水。

屋嶺水。在桂陽縣南六十里。源出屋嶺山，下流合廣東韶州府仁化縣大江，又一支西北流，入耒水。

蓬塘水。在桂陽縣北三十里唐延里。西北流四十里，入興寧縣豐樂鄉，一百二十里至資興江口，入四十八瀧，内有三瀧險極。行五十里至東津，即東江。又歷七十里合郴江。

漣水。在桂陽縣。水經注：漣水源出桂陽縣西北石塘村。

瀘渡水。在桂東縣西。源出萬王城山，西流逕縣北，接衡州府酃縣界，復遶流而西南，徑縣西，又南會漚江水。

仰天湖。在州南六十里黄岑山之東。宜章縣諸水所出。

北湖。在州西五里。韓愈祭郴州李使君文：「航北湖之空明。」方輿勝覽：在縣西北隅城門外，灌田頃餘。州志：源出劉仙嶺南之龍窟，東流入郴江。名勝志：湖西有昌黎祠，屋曰北樓，橋曰玉雪，退之有北湖觀叉魚詩。

寒溪。在州南六十里。源出黄岑山，流入郴水。春夏間尤冷，故名。

騾溪。在州西五里。源出武昌山西迷穴，西入寒溪。輿地紀勝：有石狀如騾，因名。

潦溪。在永興縣東北五十里。發源黄沙泉，北流合清溪水，入大步江。

玉溪。在宜章縣南。古名黄冷溪水，一名岑水，一名谷溪水，又名五溪，亦名龍河。水經注：黄岑溪水出郴縣黄岑山，西南流，右合武溪。縣志：五溪源出黄岑嶺，亦名岑水。至縣西兩江口合梧水，東逕縣城南，又東南過小瀧，徑平石村，亦名谷溪水。至七姑灘入溱水，入廣東韶州府樂昌縣界，亦名龍河。

巖溪。在桂東縣南十里。流入漚江，名勒石口。縣志：巖溪在縣南增口。兩岸高山，中有兩石如棋枰，水從石罅懸流而下，澎湃衝激，舟楫不通。

八尺洪。在永興縣西觀音巖下，耒水所徑也。亂石嵯岈，雷浪喧豗，中有一洪，適可容舟。

碧潭。在永興縣西。潭上常有雲霧不散。

仰竈龍潭。在興寧縣東十里。幽溪深箐，澄潭千尺。旁有天然石橋，高百餘丈。又永興縣亦有龍潭，禱雨輒應。

金牛潭。在桂陽縣南郭。潭中有石類金牛，故名。名勝志：金牛潭上有津江，合周塘、蓬塘二水，曲折流至陂頭入江。

蛟潭。在桂東縣北二十里。旁有龍穴，常起雲霧。

俞泉。在州城内惠泉坊。一名愈泉。輿地紀勝：泉水清涼甘美，舊名甘泉，飲可愈疾。唐天寶中改曰俞泉。明統志：俞泉東流入郴江。

香泉。在州南五里。一名香花水井。

圓泉。在州南十五里。一名除泉。水經注：除泉水出郴縣南湘陂村。村有圓水，廣圓可二百步，一邊暖，一邊冷。冷處極清緑，淺則見石，深則無底。暖處水白且濁，玄素既殊，涼暖亦異。厥名除泉，其猶江乘之半湯泉也。水盛則瀉黄溪水，耗則津徑輟流。

燕泉。在州西南。輿地紀勝：燕來時泉生，去時泉涸，極清冷。州志：旁有流杯池，盤曲紆折，其水流入通陂堰。

浮休泉。在州西南舊儒學西。亦名圓泉。宋張舜民愛其清涼而甘，因以己號名之。方輿勝覽：張浮休永慶寺記云，世傳陸羽著茶經，定水品，張又新益水品爲二十〔五〕，而圓泉第十八。永慶寺今易爲州學，或以爲即會勝寺蒙泉。

劒泉。在州西。方輿勝覽：石罅間泉躍而出，世傳項羽將英布卓劒處，因成泉。明統志：宋張舜民嘗刻銘於上。

温泉。有三：一在州西北。水經注：温泉水在便縣之西北，左右有田數十畝，資之以溉。常以十二月下種，明年三月穀熟，温水所溉，年可三登。其餘波散流入於耒水也〔六〕。元和志：温水在高亭縣北，常溉田。輿地紀勝：平地湧出如湯，沐浴可以已瘍。東流合郴水。一在永興縣西六十里，一在興寧縣西十五里。

銅坑泉。在州北二十里。兩旁巖壁如束，迅流曲折，合於温泉。相傳巖旁産銅，因名。

靈泉。在宜章縣南九十里。明統志：泉常乾涸，歲旱禱之則水出。

鈷鉧泉。在興寧縣東。源出八面山李家洞，爲資興水之源。輿地紀勝：山下有一泉，方廣十餘里，四旁石壁峭立，其泉深邃清澄。

玉泉。在興寧縣西四十里。渟瀅如鏡。

雙井泉。在桂陽縣東永豐鄉。發源採藻里。

仙泉。在桂陽縣西半里。泉出石罅中。

白芒温泉。在桂陽縣北三十里。浴可已風。

元洞泉。在桂東縣治東德勝山麓，味甘洌。

桃花湯。有二：一在永興縣西六十里金陵鄉，一在宜章縣西六十里。其水赤，冬夏常暖。

中洲。在州南郴水中。

金魚洲。在宜章縣西門外。形如遊魚。

平政橋洲。在桂陽縣南平政橋東。每試年洲湧若峯，則多發解。

西洲。在桂陽縣西淇江。

金箭灘。在興寧縣南。明統志：在兜率巖下。相傳巖上有李廣所射之箭，每遇風雨晦明，舟行見之。

陷池。在州北二十里。一名陷浦。方輿勝覽：相傳昔有方氏居此，一旦雷雨，全家俱陷，故以爲名。

仙鶴池。在永興縣東一里。一名灌泉，邑人常禱雨於此。

橘井。在州東半里。輿地紀勝：在蘇仙故宅，傳曰仙君將去世，謂母潘曰：「明年郡有災，民大疫，母取橘葉、井水飲之。」如期疫果作，郡人憶前言，競詣飲，下咽即愈。

紫井。在永興縣北。水香色紫。明統志：其泉紫色，重於他水，銅壺漏取此水以定時刻。

校勘記

〔一〕孫權遣呂蒙襲奪桂陽郡　「郡」，原作「縣」，據乾隆志卷二八八郴州建置沿革（下同卷簡稱乾隆志）及三國志卷三二先主傳改。

〔二〕乾元初復曰郴州　「乾元」，原作「乾九」，據乾隆志改。

〔三〕黄水出郴縣西黄岑山　「西」，原作「四」，據乾隆志及水經注卷三九耒水改。

〔四〕有二　「二」，原作「一」，據乾隆志及下文改。

〔五〕張又新益水品爲二十　「二十」，原作「一十」，據乾隆志及方輿勝覽卷二五郴州改。

〔六〕其餘波散流入於耒水也　「耒水」，原作「木水」，據乾隆志及水經注卷三九耒水改。

大清一統志卷三百七十八

郴州直隸州二

古蹟

郴縣故城。今州治。漢置縣。五代晉改爲敦化，漢復舊。元改爲郴陽。明省縣入州。漢書地理志：桂陽郡郴，項羽所立，義帝都此。水經注：郴，桂陽郡治，漢高帝二年，分長沙置。王莽曰宣風。地理志曰桂水所出，因以名也。舊唐書地理志：郴州，隋桂陽郡。武德四年，平蕭銑，置郴州，漢郡理所也。後漢郡理耒陽，尋還郴。宋、齊封子弟爲桂陽王，皆治於此。隋平陳，改爲郴州。煬帝爲桂陽郡，武德四年改郴州，皆以郴爲理。寰宇記：晉天福初，避廟諱改郴州爲敦州，郴縣爲敦化。漢初州縣名悉復舊。元史地理志：郴陽舊爲敦化縣，至元十三年改今名。

便縣故城。今永興縣治。漢置縣，屬桂陽郡。南北朝宋省，陳復置。隋又省。宋熙寧中置永興縣。舊志：今縣城即漢便縣址也。唐析郴縣置安陵縣，尋曰高亭。宋熙寧中太守李士燮以古便縣基據郴江上游，舟楫往來貿易相近，可建邑居而設場市，乃更徙治焉，名曰永興。

安陵故城。在永興縣西五十里。唐置縣。宋熙寧中徙廢。舊唐書地理志：開元十三年，宇文融析郴縣界北四鄉，置安陵縣。天寶元年，改曰高亭。

義章故城。有二：一在宜章縣北四十里。隋末置縣，唐開元中徙。舊唐書地理志：義章，大業末蕭銑分郴置。武德七年省，八年復置。長壽元年分南界置高平縣。開元二十三年廢高平，仍移義章治高平廢縣。一即今宜章縣治，唐開元二十三年所徙。元和志：義章縣，開元二十三年自縣北移於今理，却據層嶺，前臨通江。宋史地理志：郴州宜章，唐義章縣，太平興國初改。

資興故城。在興寧縣南。元和志：資興縣，郴縣地。後漢於此置漢寧縣，吴改陽安，晉改晉寧，至隋省。開皇十一年又置，改爲晉興。貞觀廢，咸亨三年又置，改爲資興。南俯耒江，北帶長嶺。輿地紀勝：資興縣，太平興國後廢。寧宗開禧、嘉定間，湖南溪峒李元礪平，復置，因舊縣名。宋史地理志：郴州興寧，嘉定二年析郴縣資興、程水二鄉，置資興縣，復改今名。州志：宋置資興縣，其治即今鳳凰山前之梵安寺，至紹定初移管子濠，改曰興寧，而故城遂廢。管子濠即今縣治。

汝城故城。在桂陽縣西南。晉置縣。陳省，改置盧陽郡。隋廢。宋書州郡志：桂陽太守領縣汝城，江左立。水經注：汝城縣在郡東三百餘里。陳書世祖紀：天嘉元年，改桂陽之汝南縣爲盧陽郡。隋書地理志：桂陽郡盧陽，陳置盧陽郡，平陳，郡廢。州志：汝城故城在縣西五里，地名城廓。

義昌故城。在桂陽縣南五里。舊唐書地理志：晉分郴縣，置汝城縣。陳立盧陽郡，領盧陽縣。天寶元年，改曰義昌。宋史地理志：郴州桂陽，唐義昌縣，後唐改郴義，太平興國時又改。

萬王城。在桂東縣東北一百里萬王城山上。陳仁錫潛確類書：萬王未詳。世傳王曾寓此，階砌尚存。旁有修竹數竿，日夕自仆，掃其地而復立。内多桃李，實時採食之，味甚甘。但不可取去，或摘而私藏，必迷歸路。

桂陽監。在州治城中。唐置。元和志：郴州桂陽監在城内，每年鑄銅錢五萬貫。

貢士莊。在興寧縣北，資興、程水二鄉之間。宋淳祐十年置。

玉泉館。在興寧縣西。明洪武十二年建。

覽秀閣。在州治左。宋建。方輿勝覽：覽秀閣在倅廳。

仙居臺。在州東北五里蘇仙山後。

禱雨臺。在宜章縣南二里。明統志：在艮巖前。歲旱禱雨於此。

來鶴樓。在州治東。即城東門樓。州志：蘇耽曾化鶴棲於此。

北樓。在州西北湖上。唐柳宗元有詩。

望江樓。在永興縣治前。

覽翠樓。在宜章縣學。明正統十二年建。

誠意堂。在州治。明統志：宋建。當時建於州治者，曰中和，曰仰賢，曰思政，曰清淑，凡五堂焉。

讀書堂。在州治東東山興化寺。唐相劉瞻嘗讀書於此。

周茂叔書堂。在州東三十里魚鲜山。

光風堂。在桂陽縣治東。宋邑令周思誠建，以祀濂溪周子。

流憩亭。在州治左。明統志：在舊通判廳。宋建。

引春亭。在州西南燕泉上。明統志：宋折彦質居郴時，翦茅爲亭，扁曰「燕泉」，今重修，更名引春亭。

叉魚亭。在州西北湖上。明統志：唐韓愈赴潮州，經北湖，賦詩，有「叉魚春岸闊」之句，後人因以名亭。後改爲景韓，今改韓公亭。

仁化亭。在宜章縣治東南。

予樂亭。在桂陽縣治愛蓮池上。又相近爲味清亭、醒溪亭。

岳樞密行府。在州西南。岳武穆嘗兩駐郴州，削平寇亂，因建行府。今爲報恩寺。

蘇仙宅。在州東。元和志：蘇耽舊宅，在城東半里。俯臨城隍，餘跡猶存。方輿勝覽：即今開利寺。

折彦質宅。在州西南燕泉旁。今泉上有石甃引水流觴，即折彦質宅遺址。

潘家園。在永興縣東蘇仙觀。府志：即蘇耽母仙母元君之母家也。舊有仙韭。

銀坑。有三：二在州境。宋史地理志：郴州有新塘、浦溪二銀坑。一在桂陽縣南。宋史地理志：桂陽有延壽銀坑。

壽字碑。在桂東縣東里許雷壇下。宋縣令徐經孫摹刊漢元豐間「壽」字〔一〕。山徑紆迴，石壁峻峭，兩山相映，俯瞰便江。

石鼓。在桂東縣北三十里大社洞。田中有石，擊之如鼓。

蒙巖露布。在宜章縣東一里蒙巖。縣志：宋紹定六年，猺苗鄧、李二酋作亂，侍郎余爍勦平之，刊露布文於蒙巖。

關隘

石頭城關。在州東二里。

香山坳關。在州南五里。

武昌關。在州西五里。

乾坑關。在興寧縣南八十里，接宜章延溪等猺洞。羊腸鳥道，下臨深坑，最爲險要。

新溝隘。在興寧縣東南八十里。明正德中，猺獞爲害，官軍屯此，扼其險，遂殲之。

延壽隘。在桂陽縣南三十里。

煙塘隘。在桂東縣東，接江西吉安府龍泉縣界。

良田巡司。在州南三十里，達宜章縣界。乾隆三十二年設。

高亭巡司。在永興縣西五十里，即安陵故城也。

赤石巡司。在宜章縣東六十里。

白沙巡司。在宜章縣南三十里。

滁口巡司。在興寧縣東南七十里。有關，路通桂陽縣延壽等苗巢。

益將巡司。在桂陽縣東南四十里，東接江西南安府崇義縣界，南接廣東韶州府仁化縣界。以銀嶺爲汛地。

鎮安巡司。在桂陽縣南七十里，南接廣東韶州府樂昌縣界，西北接宜章、興寧二縣界。

石陂鎮。在州西南八十里。一名兩路口。山徑險阻，接桂陽州臨武縣界。明設巡司，本朝因之。乾隆三十二年，移駐良田鋪。

安福鎮。在永興縣北四十里。舊有巡司，今裁。

州門鎮。在興寧縣東三十里。有間道，可由衡州府酃縣出江西界。舊設巡司，今裁。

山口鎮。在桂陽縣南四十里，東接江西南安府崇義縣界，南接廣東韶州府仁化縣界。一名長樂山口，以老虎峒爲汛地。

舊設巡司，今裁。

濠村鎮。在桂陽縣東北二十里。歧路四通，舊設巡司，今裁。

高分鎮。在桂東縣南六十里，東接江西吉安府龍泉縣之燕塘、長河，西接桂陽縣界。舊有巡司，今裁。

破石界。在桂陽縣東北二十里。有方石如斧鑿，分兩片。自縣至益將鎮，此爲界。

容家峒。在宜章縣東南。又牛頭峒，在縣南，莽山峒、西山峒，在縣西南，皆猺峒也。州志：宜章諸猺，其婦人横板于首，披髪板上爲黼飾，故名頂板猺。西山壤接連州，莽山界連英、乳，而楠木、横水諸猺，出必經焉。

魚黄峒。在桂陽縣東南一百里，接江西南安府大庾縣界。一名魚王峒。又龍虎峒，在縣南四十里，接廣東韶州府仁化縣界。城溪峒，在縣南八十里，延壽峒，在縣西南六十里，接韶州府樂昌縣界。姜陽峒，在縣西南八十里，接樂昌縣九峯等猺界。猿坑峒，在縣西。東坑峒，在縣東北。以上諸峒，皆高峯巨壑，盤據廣遠，猺獞雜居其中。

糍粑營。在宜章縣西南一百里。逾嶺即莽山峒，爲要害之地。

曹王寨。在州北三十里郴江口。山勢壁立，其巔有石如鼎，在大石罅中。歲久石合，兩耳出石外，有柏樹偃生，貫石耳中。

飛鶩寨。在永興縣南耒水南。元末爲保聚之所。

銀岡寨。在永興縣西六十里。

紫雲寨。在宜章縣西北。

朱廣寨。在桂陽縣東南一百里，接江西南安府大庾縣界。近魚黄峒，其地孤高險峻。

馬山寨。在桂陽縣東南百餘里萬山中。明正德十二年，討烏春山賊，賊首龔福全遁保馬山禾倉石寨，官軍進克之。

白石寨。在桂陽縣東北十里。一名白石巖，中有水泉，險峻可守。

栗源堡。在宜章縣南五十里。

笆籬堡。在宜章縣南八十里，當黄沙、栗源二堡之中。三堡屯田，此爲最要。

黄沙堡。在宜章縣西南九十里。

瑪瑙堡。在興寧縣東八面山上。明隆慶二年，平猺寇，因置堡。其旁有永安堡。

塞口堡。在桂東縣東，接江西吉安府龍泉縣界。

新坑堡。在桂東縣東，接江西南安府上猶縣界。

煙竹堡。在桂東縣東北五十里，東接吉安府龍泉縣界，北接衡州府酃縣界。

程江口。在永興縣東南三十里，接興寧縣界。

三江口。在桂陽縣東南七十里，接廣東韶州府仁化縣之城口。

板梁市。在永興縣西南五十五里。

金龜市。在永興縣北三十里。

東江市。在興寧縣西。

程江市。在興寧縣西北。

廖江市。在興寧縣西北。

津梁

蘇仙橋。在州城東門外郴江上。又州南有萬歲橋。

寒溪橋。在州西十里。

望仙橋。在永興縣東四十里。

青雲橋。在永興縣東。

化龍橋。在永興縣東門外。明統志：龍耳山下有潭，元至正間水湧龍出，後人建橋於上，因名。

高亭橋。在永興縣西五十里。

通濟橋。在永興縣西六十里。一名通井橋。

崇賢橋。在永興縣西。

三星橋。在宜章縣西南玉溪上。明正統中建。兩崖甃石，中横木爲梁，覆以亭十四楹。嘉靖四十年，知縣陳侍堯重建，改名三合橋。

四板橋。在宜章縣北二十里。舊建木橋，屢爲水圮。本朝康熙二十三年，改建石橋。

大章橋。在宜章縣北三十里大章水上。其南有小章橋。

登瀛橋。在興寧縣東。

九仙橋。在興寧縣城西囦江上。路出本州。

永康橋。在桂陽縣東七十里熱水上。明嘉靖初建。

長湖橋。在桂陽縣西南四十里長湖陂上，當耒水下流。舊有橋，後圮，本朝康熙十三年重建。

平政橋。在桂陽縣西半里。明正統中建，後圮。嘉靖二十九年重建，廣十丈，高二丈。

下濛橋。在桂陽縣北。舊有橋，明宣德中燬。成化中重建，構屋其上，後又燬。本朝康熙九年復建。

九塘橋。在桂陽縣東北。九塘之水，春夏漲溢，元末建橋，長一丈五尺，闊丈許。

普渡橋。在桂東縣東門外。爲往來要道。

高橋。在桂東縣南二里。一名高車橋。

仙女橋。在桂東縣南七十里清石洞上，長百餘丈。名勝志：或清夜聞橋上奏樂聲。

下渡。在州東，路出興寧縣。

招旅渡。在州南，路出桂陽州。本朝嘉慶二十年，改建文星橋。

棲鳳渡。在州西北，路出永興縣。

湘陰渡。在永興縣西三十里。

章家渡。在永興縣北三十里。

赤石渡。在宜章縣東六十里平和水上，路出桂陽縣。

山溪渡。在宜章縣南十里武水上，可通笆籬、黄沙堡。

梅田渡。在宜章縣南三十里溱水上，路出桂陽州臨武縣。

白石渡。在宜章縣東北十五里章水上。

乙陂渡。在興寧縣南二十里。

東江渡。在興寧縣西南三十里。

山店渡。在桂陽縣西三十里山店鋪側。

青雲渡。在桂東縣南。

隄堰

九山堰。在永興縣西。康熙二十一年，知縣王典築。溉田千畝。

寺前堰。在宜章縣南八十里。相近有朱家堰。

山口堰。在桂東縣一都。又有雙坑堰、曲潭堰、溪山堰、坡下堰、全溪堰。

鯉魚陂。在州東十里。州南又有東陂、蕪陂、百家陂。

陵墓

楚義帝陵。在州西南。水經注：郴縣南有義帝塚。内有石虎，因呼爲白虎郡。元和志：義帝墓在郴縣西一里。州志：

陵在舊儒學後，塚大而圓，高可二丈餘。

唐

劉瞻墓。在州南三十里良田鋪側。

宋

黃觀象墓。在興寧縣南二十里鳳凰山。

朱輅墓。在桂陽縣西耒水西。

明

何孟春墓。在州西永寧鄉仙岡嶺〔二〕。

崔巖墓。在州北下湄鋪石馬洞。

孝婦墓。在永興縣西北一里。縣志：孝婦蔡氏，歐端妻〔三〕。舅姑殯未舉，鄰家失火，蔡抱柩號泣，風回火息，乃得免。

鄧庠墓。在宜章縣東一里。

鄺埜墓。在宜章縣西一里。

朱英墓。在桂陽縣西謝陂〔四〕。

祠廟

韓昌黎祠。在州城内舊學中。後遷北湖上。明又徙于城隍廟東，易名景賢祠。祀唐韓愈。

忠愛祠。在州治東，祀宋知州王𣚍、明副使程秀民、參議宋廷標。

義帝祠。在州南。元和志：義帝祠在縣南一里。明統志：舊名義陵。

周濂溪祠。有二：一在州南，一在桂陽縣學内。明洪武十六年建，俱祀宋儒周子。

劉平章祠。在州西南，祀唐劉瞻。宋大觀初建。

張浮休祠。在州西耒江濱。宋張舜民謫監郴州酒税，後人立祠祀之。

鄺忠肅祠。在州西舊學前，祀明殉節兵部尚書鄺埜。

三侯祠。在永興縣西森江口，祀漢王陵、周勃、樊噲。縣志：漢高遣三侯來郴，爲義帝發喪，鄉人立祠祀之。

孝婦祠。在永興縣北，祀歐端妻蔡氏。

鄧參議祠。在宜章縣治東，祀明鄧雲霄。

楊公祠。在宜章縣東五里，祀明縣令楊本厚。

惠武侯祠。在宜章縣南石虎山。一名石虎廟，祀唐死節都統黄師浩。

雷吴祠。在宜章縣西，祀宋縣令雷溓、吴鎰〔五〕。

鄧指揮祠。在興寧縣南八十里，祀明殉節鄧旻〔六〕。

朱恭簡祠。在桂陽縣東左，祀明總憲朱英。

女郎廟。在州南。明統志：在中洲。唐韓昌黎有郴州祈雨女郎廟詩。

周府君廟。在州西南。明統志：祀後漢桂陽太守周憬。按元豐題跋，歐陽永叔：「按郴州圖經云：『後漢桂陽太守周府君廟，在縣西一百十八里武溪上。昔馬援南征，周府君開武溪合真水，桂陽人爲立廟刻石。』今碑文磨滅，云府君字君光，而名以譌缺不辨，圖經亦不著其名。後漢書又無傳，遂不知爲何人。」按曲江縣圖經，周府君名昕，字君光，則永叔所云有未詳也。今州舊志循吏但載周憬有開武溪之事，而不載周昕，故仍作周憬，而以圖經所載附識於此。

李廣廟。在興寧縣北程水鄉。舊志：廣曾以事使南越，道出於郴。今金箭灘其遺跡也，後人爲之立廟。

馬伏波廟。在興寧縣瀧頭，祀馬援。

雷萬春廟。在興寧縣滁口關。舊志：天寶間，萬春以討猺寇至興寧，立廟祀焉。

寺觀

會勝寺。在州南十五里圓泉旁。

開元寺。在州西。

佑國寺。在永興縣東南鳳凰山。舊爲真武廟，本朝康熙十七年，吴逆犯縣，神顯靈異，旌旗壁壘，布滿山谷，賊望風潰遁。

二十二年，命官祭告，御製碑文，賜名佑國寺。

太平寺。在永興縣西。

普化寺。在宜章縣南一里。宋嘉定中建。

梵安寺。在興寧縣南二十里鳳凰山下。唐、宋資興縣治舊址也。

棲禪寺。在桂陽縣治東百餘步。

永寧寺。在桂陽縣東二十里。唐寶應時建。

香明寺。在桂陽縣西南二十里。

興福寺。在桂東縣東。本朝順治中重建。

橘井觀。在州治東。

蘇仙觀。在永興縣東仙母山下。又州東亦有蘇仙觀，舊名開利寺。

景星觀。在宜章縣東一里。後有石巖，下有清泉。

玉泉菴。在州東五十里。泉水香洌，四時不涸。

梧桐仙院。在州西三十里。有雷公壇、仙人弈盤遺跡。

名宦

漢

許荆。陽羡人。和帝時桂陽太守。郡俗不識學義，荆爲設喪紀婚姻制度，使知禮禁。嘗行春至耒陽縣，有蔣均者兄弟争財互訟，荆嘆曰：「我荷國重任，而教化不行。」乃顧使吏上陳狀，乞詣廷尉。均兄弟感悔，求各受罪。郴人謝弘等不養父母，兄弟分析，至是皆還，歸養者千餘人。在事十二年，父老稱歌。以病自上，徵拜諫議大夫，卒於官。桂陽人爲立廟樹碑。

欒巴。魏郡内黄人。順帝時桂陽太守。以郡處南垂，不嫻訓典，爲吏人定婚姻喪紀之禮，興立學校以奬進之。雖幹吏卑末，皆課令習讀，程試殿最，隨能升授，政事明察。視事七年，以病乞骸骨，荆州刺史李固薦巴治跡，徵拜議郎。

周憬。下邳人。桂陽太守。郡與南海接壤，自瀑亭至曲江臺，水極險惡，商旅患之。憬開陸瀧合溱水，水勢殺緩，往來便之。人爲立祠建碑。

南北朝　齊

王珍國。沛郡相人。永明初桂陽内史。討捕盗賊，境内肅清。罷任還都，路經江州，刺史柳世隆臨渚餞别，見珍國還裝輕素，嘆曰：「此真良二千石也！」

唐

李吉甫。趙人。德宗時由忠州刺史改郴州，誅破姦盜窟穴，吏民稱聞。

宋

李初平。知郴州。時周惇頤爲桂陽令，初平賢之，語之曰：「吾欲讀書，何如？」惇頤曰：「公老無及矣，請爲公言之。」二年果有得。

周惇頤。道州營道人。爲桂陽令，治績尤著。熙寧初知郴州。

唐恪。錢塘人。徽宗時調郴縣尉。民有被害而尸不獲，吏執其鄰人，抑使自誣，令以爲信。恪争之，令曰：「否則將爲君累。」恪曰：「吾爲尉而盜不能捕，更俾無故死乎？」躬出訪求，夕若有告者，旦而得尸，遂獲盜。

薛徽言。温州人。紹興二年，以監察御史宣諭湖廣。時郴道桂陽旱饑，徽言請於朝，不待報，即諭漕臣發衡、永米以賑，而以經制銀市米償之。

趙不羣。太宗六世孫。高宗在越時，判郴州。時羣盜出没湖、湘間，不羣嚴備禦，盜不能犯。曹成犯郴，不羣拒卻之。

薛彦博。乾道四年知郴州事。州故有學，迫於城隅，彦博擇得廢寺，高明爽塏，徙而新之，郡士咸鼓舞向學，張栻爲之記。

吴鎰。臨川人。淳熙十二年知宜章縣。解除煩苛，同民好惡，爲條教以諭民。又建學宫，築城垣，陸九淵爲之記。紹興中擢知郴州。

丁濂。清江人。紹定間知永興縣。持身廉慎，創縣治，建絜矩、復初二堂，後人祠祀之。

王槦。景定中知郴州。時朝廷議開銀場于州之葛藤坪，姦民射利者羣聚煽亂。槦上疏力陳利害，議遂寢。

元

王都中。福寧人。武宗時爲郴州路總管。郴居楚上流，谿峒猺獠往來民間，憚其强猾，都中煦之以恩，懾之以威，乃皆悦服。郴民染蠻俗，喜鬬争，都中乃大治學舍，作禮樂器，延宿儒教學其中，以義理開曉之，俗爲之變。鄰州茶陵富民譚乙死無子，惟一妾及其贅壻，妾誣壻拜屍成婚，藏隱玉杯、夜明珠，株連八百餘人。宣撫委都中窮治，悉得其情，而正其罪。州長吏而下，計贓至一萬五千餘緡，人以爲神。

明

杜堅〔七〕。洪武初知興寧縣。時當草創，城亦榛蕪，堅至，撫輯離叛，削除草萊，官廨以次建立，數年百廢具舉，民安物阜。

戴用。洪武中知興寧縣。政尚體要，歲大旱，率僚屬禱於仰竈龍潭，石燕飛集冠上，俄而大雨，境内霑洽，年穀遂登。

吴志盛。永樂中知興寧縣。境多虎害，志盛誠心告神，虎遂遁去。

吕棠。濟寧人。宣德中知郴州，政聲著聞。

凌樂。化州人。宣德中知桂陽縣。善於造士，諸生讀書至夜分，嘗微行訪之，見篤志者輒加獎勸，或攜茗粥供之。學宫基狹，割俸買地，擴而廣之。

林廷贊。象山人。天順中知永興縣。練達吏事，剛正不憚權勢，以詢訪物害爲急，曰「除害所以安民也」。

程瓊。永豐人。正德中知興寧縣。時猺寇大作，瓊悉心捍禦，七晝夜，寇遁去。瓊改作舊城，高厚各倍之。又慮城中無水不可守，開渠引水入城，民甚賴焉。

鄧旻〔八〕。靖州人。爲郴桂守備，有勇名。後家居，正德間賊寇桂陽，巡撫檄旻討賊。時賊衆甚盛，旻力戰於雙魚嶺，至太平，援兵不至，見執不屈，罵賊死。

周珮。廬陵人。正德中知永興縣。創築城垣，身任勞瘁。

顧斌。華亭人。正德中知興寧縣。專務德化，不事敲撲。

趙恂。馬平人。嘉靖間知郴。爲政寬平，二年乞休，民拜泣車下者以萬計，幾不得行。

徐兆先。番禺人。嘉靖間知桂陽縣。嘗開三龍水道以殺其險〔九〕，辨鑛砂之妄，禁止採冶。

劉應魁。曲江人。隆慶間知興寧縣。時峒猺弗率，議欲勦之。應魁建議招撫，活千餘人。

李教。吉水人。萬曆中知宜章縣。莅任七載，清慎如一。發倉賑饑，修學課士，創三星橋亭，治龍邨山路之險者，具棺瘞遺殍。去任四十餘年，士民追思其德，與後令朝邑薛蓁、沭陽鄭希程〔一〇〕、南海梁必登、太原劉珍、銅仁楊慊、東莞羅宏諭並祀，號七賢祠。

周朝重。富順人。萬曆中知興寧縣。政尚嚴明，豪猾斂迹。調任零陵，民祠祀之。

崔世召。福建人。天啓中知桂東縣。培養士氣，體察民情，文學政事，藉藉人口。

謝承任。崇禎四年，以指揮守桂陽縣。粤賊鍾霖陷城，知縣傅大聲逃去，承任拒賊被執，抗不屈膝，賊剜其膝，支解之。

楊本厚。鶴慶人。崇禎中知宜章縣。臨藍礦賊作亂，四省會勦之，師雲集宜章，本厚供資糧，飭守禦，賊三犯宜章，擊卻之。按：坑寇紀略作楊守厚。

劉熙祚。武進人。崇禎中知興寧縣。姦民啖斷腸草，脅人財物，熙祚令民以是草贖罪，因草致死者勿問，草以漸少，弊遂止。課最爲御史，復巡按湖南，死難，謚忠毅。

閻廷諭。甘肅人。崇禎中知興寧縣。修繕城垣，撫卹猺獞，民立祠祀之，稱閻侯祠。

馬士達。和州人。崇禎中知興寧縣。張獻忠陷城，士達治叛黨數十人，復之。

毋崇正。四川人。崇禎中知桂東縣。十六年張獻忠陷衡、郴，遣賊狥桂東，衆皆竄走，崇正曰：「吾爲朝廷守土，敢愛死乎？」賊至執之，不屈死焉。

本朝

汪震元。歙縣人。順治初知桂東縣。時新被苗寇，居民無百家，震元捐資葺茅屋，招徠逃户。貧不能耕者，給牛種，躬攜酒肉，履畝餉勞之。由是流移漸集，荒畝盡墾，民得蘇息。

范廷謀。鄞人。康熙中知郴州。修學校，建濂溪祠，置義冢。城南火，禱之，反風而滅，苗民傳頌之。

楊葳。犍爲人。康熙中知宜章縣。有善政，邑人建祠清水灣，與明楊本厚合祠，號二楊祠。

耿念劬。杞人。康熙中知興寧縣。招逋逃，給牛種，屏去陋規，請豁荒糧六百石，與民休息。

謝乃實。福山人。康熙中知興寧縣。重修學宫，建二業書院，力行保甲法以弭盜。

李欽。遼東人。康熙中知桂東縣。當吴逆平後，百計招徠流亡，給以牛種，民喜復業。軍事已息，一切供億不急者，悉請罷之。值大旱患疫，欽爲施糜及藥，全活無算。卒於任，無以爲殮，民争輸粟殮之，縞素泣送境外數百里。

何喬雲。錢塘人。康熙中知桂東縣。築問雨莊以勸農，教民廣植麻苧以備旱。建義學，貯經史，月課生童，修城浚隍，百廢具舉。

胡星。高密人。雍正中知宜章縣。以廉恥勵士行，士或涉争訟，皆感愧相戒。擢知郴州，政蹟愈著。

沈維基。海寧人。乾隆中知永興縣。以勤吏治得民，尤喜造就，著課士録。攝州事，亦有善政，人歌思之。

徐祖昌。路南州人。乾隆中知桂東縣。嚴明善斷，課士克勤，捐俸購田，爲諸生膏火。調任永明，卒於官，至無以殮。

李允性。翼城人。乾隆中知興寧縣。改建學宫，創立書院，聽訟明決，訟牘一空。歲旱步禱，雨立應。

衛詠。猗氏人。乾隆中知桂東縣。設里保投匭法，獲盜若神，江右逆匪，不敢入境。

胡純慤。黄陂人。乾隆中知桂陽縣。修學校試院，政尚慈惠。及去任，即濂溪祠祔祀之。

羅紳。蒼梧人。乾隆中知桂東縣。值歲大祲，開倉以賑，不足則捐俸爲之。倡率富民，平糶義穀，民賴全活，爲建坊表其德。

劉爾芊。昌樂人。乾隆中知劉陽縣，以教養得民著聞。擢知郴州，首清積案，勤課農桑，捐置東山書院膏火。州多荒山，作歌辭勸民種植，不數年成沃土。奉檄撫辰、永難民，以積勞卒，士民悼之。

袁珥。寧都人。乾隆中知永興縣。士俗輕生，圖害人以爲利。珥爲窮治屍屬，不輕驗，俗遂變。捐置安陵書院膏火田。在任八年，廉儉如一，民至今思之。

叢之鍾。如皋人。乾隆中知桂東縣。劇賊郭鳳臺兇而狡，徒黨甚衆，胥役多爲之耳目，獲輒逸去。之鍾至，有愬者陽不理，嗣出其不意捕之，置于法，合邑稱快。凡訟涉倫紀，必反復譬喻，聽者悦服。後調知零陵、長沙，以勞勩卒。縣人不遠千里賻之。

熊德慎。新建人。嘉慶九年知桂陽縣。倡修山店江橋，改拓義學，禁礦冶開采。以勞瘁卒，貧不能歸，士民争賻之，祔祀濂溪祠。

人物

晋

谷儉。桂陽人。少有志行，寒苦自立，博涉經史。湘州刺史甘卓備禮舉爲秀才，儉辭不獲命，州厚禮遣之。諸州秀才聞當考試，皆憚不行，惟儉一人到臺，遂不復策試。儉恥其州少士，乃表求試，以高第除中郎。於時南土凋荒，經籍道息，儉不能遠求師友，惟在家研精。雖所得實深，未有名譽。又耻衒耀取達，遂歸，終身不仕。

南北朝　梁

廖沖。桂陽人。以儒術知名，任爲主簿、西曹祭酒。時武帝好儒學，嘗命賦詩，稱上意，嘉賞之。湘東王就國，請沖爲常侍，沖以根本撥，天下不能久治，掛冠歸田里。

唐

孟琯。郴州人。元和五年，試洪鐘待撞賦，舉進士第。爲韓愈所器重，嘗送以序，稱其年甚少，禮甚虔，於文無所不能。琯所著有嶺南異物志。

劉瞻。其先出彭城，後徙桂陽。舉進士、博學宏詞皆中，徐商辟署鹽鐵府，累遷太常博士。咸通十一年，以中書侍郎同中書門下平章事。同昌公主薨，懿宗捕太醫韓宗紹等，送詔獄，逮繫宗族數百人。瞻上疏固争，罷爲荆南節度使。路巖、韋保衡從爲譖言，貶驩州司户參軍。天下謂瞻鯁正，特爲讒擠，舉以爲冤。僖宗立，復以中書侍郎同平章事。瞻爲人廉約，所得俸，以餘濟親舊之窶貧者。家不留儲，無第舍，四方獻饋不及門，行己終始完潔。弟助，性仁孝，姿穎悟。幼時與諸兄游，至飲食取最下者。及長，能文辭，喜黄老言，年二十卒。

宋

曹靖。郴縣人。内行孝友，當官所至有政績。嘉祐中爲益陽令，邑多虎，所在設機穽，靖至，命盡去之，引爲己罪，踰月，虎遂遁去。先時，仕家與吏攬納爲姦，民輸粟者多倍征，靖令民以數自納。有舊令客死，其子貧甚，爲人傭書，靖與資令納婦。後病死，又殮之。民間有家産而無子者，瀕死，以二女屬其弟，令撫嫁之。後弟悉背其言，靖聞之，杖其弟而壻其二女。

朱輅。桂陽人。紹聖進士，授湘陰尉。詔開監鼓鑄，使者欲改嶽麓書院爲之，輅抗言鄉校不可毁，使者困之。輅不爲懼。遷長垣宰，羣盜屏跡。未幾判邵州。統制長倩殺江華叛蠻降者百餘人，以首級分賣將士。又舉人唐貢引叛蠻至，戮錦田一千三百餘家，民因蠻叛，羣起爲盜，兩獄株連千人。潭帥檄輅往推治，鞫留三十八人，餘悉保釋。擢知郴州，有甘露降於州廨松下，踰月地猶潤，人以爲善政所感。改知邵州，有私酤家率同惡人擊尉傷足，鞫勘獄具而遇赦。輅曰：「承平日久，頑民强横不可長。」復收繫以聞，詔令刺配河北。既得代，以母老不仕，母勸勉之出，不得已，乞近家便養，授桂陽監使。之任十月，即致仕歸。

何先覺。桂陽人。建炎二年進士，判横州軍。弭盜除姦，勸農訓士，著有耕桑治要備一卷。過洪崖嶺，途遇巨石，馬蹄躡不前。令人掘起，乃吴道子所畫夫子立、顔子從二石像，舁至横州學，爲之記。陞連州太守，治行尤著，士民愛戴如父母。

黄觀象。興寧人。居父喪，未嘗見齒，啓窆封樹，皆親爲之。墓側有芝草生，人以爲孝感所致。服闋猶廬墓，郡守上其事，賜粟帛，蠲徭役以旌之。

雷應春。郴州人。嘉定進士，分教岳陽。除監行在都進奏院，輪對稱旨，擢監察御史。疏忤時相，罷歸，築亭北湖上，曰「鷗盟隱居」。九年，除知臨江軍。至郡，以臨江不可築城，欲城新淦，緩急可以當吉、袁之衝，當道難之。後臨江卒爲敵破，人服其先見。有詩集傳於世。

元

彭若舟。永興人。至正間賊四起，攻縣，官吏棄印遁歸，都帥以若舟攝縣事。若舟度縣南山險曰飛鵞砦，四面甃石，築室其中，令民避寇者入居之。又於金陵鄉王相山下築石堰障水，灌田萬餘頃，號相公堰，至今利之。

明

鄺子輔。宜章人。以薦舉爲本學及長泰訓導。清慎有學，諳知政體。薦擢安福知縣，不就，改句容教諭。子埜，爲陝西副使，嘗寄子輔紅罽一，子輔貽書責曰：「汝司刑，當洗冤澤物，以無忝厥職，何從得此罽，乃以污我耶？」

黄茂性。桂東人。剛直有治才。洪武中爲應天府尹，疏剔沈滯，應接如流，時稱神明。

歐必永。桂陽人。由歲貢官吏部主事，永樂間告歸。適寇陷桂陽，罵賊不屈死。

鄺埜。子輔子。永樂進士，授御史。成祖在北京，或奏南京鈔法爲豪民沮壞，遣埜廉視。衆謂將起大獄，埜執一二市豪歸奏，事遂已。營造北京，役夫鉅萬，多病疫，埜稽省存恤，全活甚衆。時有言秦民聚衆謀不軌者，擢埜陜西按察副使，敕以便宜調兵勦捕。埜白其誣，詔誅妄言者。正統中累遷兵部尚書。額森入寇，王振主親征，埜力諫，不聽。車駕次宣府，埜請急驅入關，嚴兵爲殿，不報。師覆于土木，埜死之。詔贈少保，成化初謚忠肅。「額森」舊作「也先」，今改正。

王庭桂。郴州人。景泰中任江西贛州府同知。時流賊掠境，庭桂率民禦，戰死，贈布政司右參議。

朱英。桂陽人。正統進士，授御史。景泰間議易儲，英泣陳不可，弗聽。總督兩廣兼巡撫，英首薦陳獻章膺辟召。時將臣多張賊勢以邀功黷武，英加意撫綏，購首惡誅之，全活者萬計。招撫諸山猺獞，歸化復業，增户口二十餘萬。加右都御史，再平田州黄明之叛，戢安交阯，令修職貢。還朝，掌都察院事，加太子少保。卒官，贈太子太保，正德中追謚恭簡。

李端。興寧人。天順進士，知固安縣。築甄家口，除水患，流亡復業者七百餘户。擢知灤州，政治益進。民爲謡曰：「大户怕，小户喜。再過一二年，家家有餘米。」累遷知杭州府，所至有異績。

曾鑑。桂陽人。天順進士，授刑部主事。通州民十餘輩坐刼盜，鑑辨其誣。弘治初，累遷工部尚書。内府供奉請改造龍毯、素毯一百有奇，針工局乞收幼匠千人，鑑皆力諫。又請罷上元煙火，以水旱乞停龍虎山上清宫諸營繕，並從之。正德初，請罷蘇、杭諸府織造，與吏部尚書韓文疏請誅劉瑾。時有詔拓皇親夏儒第，賜鎮守鳳陽中官黄準旗牌，鑑皆引義力争。卒官，贈太子太保。

鄧庠。宜章人。成化進士，授行人。屢使諸藩，餽遺一無所受。擢御史，巡按陜西，録囚多所平反。貴州苗賊爲患，命庠往勘，庠至，廉得苗人争地讐殺狀，單騎詣賊巢，諭以禍福，降之。巡撫河南，疏糾鎮守太監廖堂兄弟不法事，上即逮捕，朝野快焉。仕終南京户部尚書。

曾轞。永興人。成化進士，授刑部主事。平陽府有訟田者，久不決，薊州衛有被誣坐殺人罪者，繫獄十年，命轞往訊，皆得其情。擢知紹興府，政尚寬簡。

李邦憲。端子。弱冠領鄉薦第一，上春官不第，歎曰：「科第可以榮身，不可以治心。」遂棄舉子業，專意性命之學。奉母以孝聞，待異母弟無間言。著五行日補、奚囊雜韻諸書。

崔巖。郴州人。成化進士。性鯁介，由户部主事累遷江西、河南左右布政。練達勤慎，卓有清操。巡撫大同，奬率士卒，奏捷者再，晋工部侍郎。正德中，羣璫用事，奢泰不經，巖抗疏力争，卒以此忤權倖，兩繫詔獄。劉瑾敗，乃得釋。

曾全。轞子。成化進士，授户部主事。時彗星爲變，全抗疏陳時政四事，且言都御史屠滽不法，遂以他事繫獄。被放，居家二十餘年，著有尋樂稿。

高應先。宜章人。成化進士，授行人。奉使朝鮮，餽遺一無所受。擢御史，巡按大同，多所建白。會劉瑾擅柄，以病告歸。瑾敗，累詔起復，官至四川參政。

喻江。郴州人。官百户。正德間，峒寇爲亂，江營宜章之章橋，遇賊死之。

何孟春。郴州人。少穎異，稱奇童。弘治進士，歷官兵部郎中。嘗使山西清馬政，還上五事，並劾撫臣不職，朝廷韙之。累擢太僕少卿，究極馬政利害，兵部著爲例。武宗朝嘗欲取馬價他用，孟春立言不可，竟止。巡撫雲南，諸蠻據險爲叛，有妖蟒能爲霧，孟春爲文祭之，蟒遂飛去，因進兵克捷，奏設永昌府。嘉靖初爲禮部侍郎，世宗用張璁言更議大禮，尊興獻王爲皇考，孟春前後三上疏力争，又偕百官伏闕號泣。上怒，奪俸，調南京工部，遂引疾歸。孟春博究經史，臨事敢言，隆慶初贈禮部尚書，謚文簡。

歐陽春。郴州人。幼孤，事母孝，母病，躬湯藥，達旦弗寐。以歲貢任全州訓導，薦轉魯府伴讀。春性忠厚，不彰人過，嘗有盜竊其家，春見之，卻立不進，亦終不發其事。

范輅。桂陽人。正德進士，授行人。擢御史，清理江西軍伍，因言宸濠并鎮守太監畢真過惡，被逮，下詔獄，謫龍州宣撫司經歷。宸濠敗，起歷福建按察、布政二使，並有惠政。

范永鑾。桂陽人。正德進士，督福建學政，又改山西兵備副使，歷四川右布政使，所至有聲。致仕歸。念桂陽僻邑，書籍罕至，購春秋諸書、兩漢書、朱子大全、大事記等書二十種，貯學以備諸生觀覽。

崔士英。巖子。以父廕讓季弟士廉，後以歲貢任龍泉教諭。陶鑄多士，貧者多捐俸濟之。

李顯桂。郴州人。嘉靖四十二年，賊入其家，執父及繼母去，顯桂率弟追賊，擒一人，斬二人，餘驚散。父母得還，而顯桂竟遇害。有司旌其門曰「孝勇」。

李之經。永興人。由貢生爲應城教諭。崇禎末，值張獻忠亂，衆議避去，之經曰：「吾職在師儒，義不可去。」率民固守，城破死焉。子應泰以身殉父，忠孝萃一門云。

袁從諤。郴州人。崇禎舉人，官中書舍人。明亡，自焚死，妻陳氏亦守節終身。

本朝

胡懋敬。宜章人。篤行好學，康熙中以貢生知鎮原縣。操守廉介，干請不行。卒於官，士民德之，爲留葬焉。

李璞。永興人。康熙進士，因母老不仕。家居授徒，以正心誠意爲教，一時宗之。

鄧存忠。郴州人。父患足疾，存忠年方十二，遠往粤東求醫治之，得愈。又母病痢，誠禱北斗，求以身代。夜母夢子負而歸，疾遂瘥。母目失明，存忠又日禱蘇仙觀，觀前枯橘忽發枝葉，取葉並汲橘井水煎洗，三日復明，人以爲孝感。雍正十一年旌。

何瑞彦。桂東人。父某爲紅寇所掠，瑞彦延頸請代，賊義而釋之。由歲貢任保康訓導。致仕歸，闢鍾山草堂，潛心著述，卒年九十。

朱世新。桂陽人。遭時喪亂，負母避山谷，奉養維謹，而自采野蔌充饑。兩弟早卒，撫其子女若己出。雍正九年旌。

李名甌。永興諸生。七歲喪母，哀毁如成人。十九喪父，益無違禮。嘗奉繼母避亂巖洞，洞有蛇，名甌爲文禱之，蛇遽徙去。雍正十二年旌。

謝尚儒。永興人。七歲見父病危，即知禱神覓醫，後父母相繼殁，廬墓號泣，五載不飲酒食肉。乾隆九年旌。

黄鼎玉。桂東人。康熙戊午，滇寇陷縣，父母俱被掠，鼎玉詣賊請代，賊義而釋之。當亂離中，與親采蕨易米，奉養備至。

吴德漢。宜章人。乾隆鄉舉，任善化教諭。敦奬節義，倡明文教，皆知所先務，祀鄉賢。乾隆十一年旌。

流寓

宋

秦觀。揚州高郵人。紹聖中，爲羣小所嫉，以謁告寫佛書爲罪，削秩徙郴州。

陳瓘。南劒州沙縣人。徽宗時，以直言竄郴州。

陳師錫。建州建陽人。徽宗時，坐黨論削官，置郴州。

張根。饒州德興人。徽宗時，權倖言根詆常平法，以摇紹述之政，貶濠州團練副使，安置郴州。

曹輔。南劒州人。政和中，徽宗數微行，輔以祕書省正字上書切諫，編管郴州。處郴六年，王黼當國，不得移，輔怡然不介意。

折彦質。雲中人。紹興中，累官僉書樞密院事。初，趙鼎爲相，屢薦彦質。後秦檜專政，以彦質爲鼎所引，謫郴州安置。彦質居郴，自號葆真居士。

列女

明

李淳妻王氏。郴州人。時遭流賊，突入其居，欲污之，不從，遂遇害。

黄爵妻戴氏。郴州人。爵卒，戴年二十二，守志不二。有求婚者，引刀自刺其面，苦節教子，皆有文譽。年八十餘終。

高天霖妻谷氏。郴州人。年十八，夫死，嘗置利刃於榻，莫敢有奪其志者。

黄烈女。宜章人。成化間大羅山寇發，女年十七，被執，女齧舌出血，駡賊不從。賊怒，刃於年塘石上，石沕出泉，至今水色尚赤。後人立祠祀焉。

歐端妻蔡氏。宜章人。遷居永興。舅姑歿時，夫已死，蔡哀痛盡禮。殯未舉，鄰家失火，蔡抱柩號慟，誓與俱燬，俄而反風滅火，咸謂孝感所致。

黄灝妻李氏。宜章人，李易之女。灝卒，投井以殉。

何沖孚妻李氏。興寧人。嘉靖間猺賊迫之，罵賊遇害。

王文宰女。興寧人。念父母無子，終身不嫁以侍養，年七十卒，鄉人呼其冢爲「孝女墳」。

朱守良妻鄧氏。桂陽人。弘治間賊邱子高等陷縣城，罵賊不屈死。

袁文萃妻蒙氏。桂陽人。正德間猺賊陳賓作亂，侵晨猝至，欲犯之，罵曰：「吾豈爲汝猿辱耶！」遂見殺。

袁文璽妻蒙氏。桂陽人，文璽繼室。年二十而寡，撫前妻子如己子，守節終身。

朱永湯妻宋氏。桂陽人。年二十，永湯卒，母命改嫁，不從。姑嘗病目，宋舐之復明。

何應舜妻朱氏。桂陽人。崇禎中賊鍾林秀陷城，被執，躍入淅波潭死。

本朝

鄧志熙妻劉氏。宜章人。夫亡守節，康熙年間旌。

樊文詩妻黄氏。興寧人。夫亡守節。同縣節婦李繼周妻段氏、樊文化妻何氏，均康熙年間旌。

周士俟妻楊氏。郴州人。夫亡守節。同州節婦周爝妻曹氏、賀子羨妻李氏、何萬鍾妻李氏、鄧治冀繼妻張氏、陳學禮妻谷氏、黄良藩妻楊氏、譚朝仕妻曹氏，均雍正年間旌。

楊復燦妻陳氏。宜章人。夫亡守節。同縣節婦李錡妻楊氏、藍性孝妻吴氏、李遠珠妻鄭氏、藍可行妻歐氏、彭必楚妻藍氏、蔡宗第妻黄氏、陳才任妻黄氏，均雍正年間旌。

何明旭妻袁氏。興寧人。夫亡守節。同縣節婦蔣玉妻段氏、黎世璜妻何氏、何香節妻宋氏、黄如組妻唐氏、曹世佳妻李氏、曹逢祚妻焦氏、朱俊侣妻袁氏、曹繼興妻李氏，均雍正年間旌。

唐仲蘭妻范氏。桂陽人。順治八年，寇亂，夫婦被虜。賊殺仲蘭，范奪刀自刎，棄尸社溪，四月餘顔如生。同縣節婦周德琛妻何氏、朱良佐妻周氏、陳雲石妻鄧氏、歐陽永皓妻宋氏、袁宗琦妻黄氏、陳守悠妻何氏、陳士雲妻何氏、胡茂楚妻何氏、何美科妻曹氏、何高捷妻朱氏、何勝岱妻胡氏、子婦曹氏、宋氏、胡煌錫妻歐陽氏，均雍正年間旌。

曾天位妻李氏。郴州人。夫亡守節。同縣節婦曹子游妻朱氏、子婦某氏、鄧啓魁妻武氏、陳學藩妻黄氏、曹德權妻李氏、謝爲相妻曹氏、陳洪玫妻楊氏、廖郴安妻陳氏，于超凡妻蕭氏、何德熾妻劉氏、何道元妻李氏，貞女李福申聘妻曹氏，均乾隆年間旌。

彭國佐妻鄧氏。永興人。夫亡守節，同縣節婦楚光華妻謝氏、廖榮文妻曹氏、涂永清妻周氏、張從籍妻王氏、李良瑞妻曹氏、楚明爵妻曹氏、曹克復妻李氏，貞女曹正鴻聘妻何氏，均乾隆年間旌。

李德球妻宋氏。宜章人。夫亡守節。同縣節婦羅應乾妻李氏、李象庶妻高氏、吴家亨妻羅氏、廖級邦妻劉氏、彭文科妻黄氏、李汝一妻黄氏、黄宗瓊妻廖氏、蔡湘妻黄氏，貞女丁良弼妻陳氏、周昭麟聘妻李氏，均乾隆年間旌。

蕭良士妻李氏。興寧人。夫亡守節。同縣節婦唐君瑞妻何氏、李士貴妻林氏、黄純乾妻謝氏、胡朝紀妻李氏、宗明組妻黄氏、宗俊坦妻何氏、李世鼎妻李氏、樊雅士妻李氏、王順蘭妻何氏、樊佐妻曹氏、李恂貴妻樊氏、胡家學妻歐氏、謝節文妻袁氏、黄如瀚妻胡氏、陳隆璞妻郭氏、陳起哲妻胡氏，均乾隆年間旌。

周朝取妻朱氏。桂陽人。夫亡守節，同縣節婦李秀升妻何氏、宋巨源妻鄧氏、朱仲遠妻宋氏、朱世欽妻彭氏、范孟仁妻朱氏、朱謨妻李氏、朱儀則妻何氏、陳冬妻陸氏、朱德常妻鄧氏、何遠宰妻范氏、袁爲憲妻朱氏、黄章理妻朱氏、朱汝作妻范氏、朱經猷妻周氏、何志經妻朱氏、胡文亮妻李氏、鍾若柳妻何氏、歐茂仁妻范氏、歐炯妻朱氏、郭正庵妻伍氏、鄧仲山妻歐陽氏、朱世重妻胡氏、朱一善妻鄧氏、鄧玉明妻宋氏、朱修來妻陳氏、何學安妻朱氏、何育尊妻盧氏、何英穎妻曾氏、歐陽慧妻何氏、袁則明妻朱氏、歐陽炯妻朱氏、朱榮舉妻范氏、朱中溥妻李氏、朱鳳音妻何氏、吴慎永妻何氏、范廷元妻葉氏、朱良樫妻何氏、周兆蘭妻葉氏、范行立妻周氏，烈婦何先佑妻孫氏、胡仁昌妻賴氏、張麟祥妻李氏、劉大崇僕婦胡氏，烈女劉氏女、廖氏女，貞女范仲昌聘妻朱氏，均乾隆年間旌。

李德合妻郭氏。桂東人。夫亡守節。同縣節婦黄立臧妻李氏、妾高氏、劉映庵妻郭氏、何翔鳳妻黄氏、黄廷瓚妻李氏、黄純性妻鄧氏、胡源洙妻王氏，均乾隆年間旌。

黄世綸妻温氏。郴州人。夫亡守節。同縣節婦黄德仕妻廖氏、曹傳仕妻陳氏、段萬章妻李氏、龍四海妻潘氏，均嘉慶年間旌。

蕭通樫妻張氏。宜章人。市民偪脅之，拒駡受刃死。同縣貞女李淑珣聘妻曾氏，均嘉慶年間旌。

何明珠妻范氏。桂陽人。夫亡守節。同縣節婦朱敬瞻妻何氏、曹世盛妻何氏、盧時光妻何氏、何英鈺妻黄氏、歐陽鐸妻朱氏、何静軒妻陳氏、葉平舒妻何氏，均嘉慶年間旌。

李承培妻黄氏。桂東人。夫亡守節，同縣節婦黄湘桃妻鍾氏、黄瑩性繼妻李氏、黄緒昌妻郭氏，均嘉慶年間旌。

仙釋

漢

蘇耽。郴縣人。少孤，養母至孝。言語虛無，時人謂之癡。嘗與衆兒共牧牛，更直爲帥，録牛無散。每至耽爲帥，牛輒徘徊左右，不逐自還。衆兒曰：「汝直，牛何道不走耶？」耽曰：「非汝曹所知。」後辭母云：「受性應仙，當違供養。」言畢涕泗。又曰：「年將大疫，死者略半。穿二井，飲水得無恙。」後人見耽乘白馬還馬嶺山中，百姓爲立壇祠。

智儼。不知何許人。雲遊至桂陽縣，袖一古銅佛，約重五十餘觔，於開山鋪西北二里建石峯寺，後入巖坐化。

土産

銅、錫。本州及宜章縣出。

鐵。本州及宜章、永興、桂陽縣出。

絹、葛。永興縣出。

茶、茜草。宜章縣出。

校勘記

〔一〕宋縣令徐經孫摹刊漢元豐間壽字　「元豐」，乾隆志卷二八八郴州古蹟（下同卷簡稱乾隆志）同。兩漢無「元豐」年號，疑是「元封」之誤。

〔二〕在州西永寧鄉仙岡嶺　「永寧」，原作「水寧」，據乾隆志及雍正湖廣通志卷八一陵墓志改。

〔三〕歐端妻　「歐端」，乾隆志同，雍正湖廣通志卷八一陵墓志作「歐端遷」，疑此脫字。

〔四〕在桂陽縣西謝陂　「謝陂」，乾隆志同，雍正湖廣通志卷八一陵墓志作「謝坡」。

〔五〕祀宋縣令雷潨吴鎰　「吴鎰」，原作「吴鑑」，據乾隆志改。按，吴鎰字仲權，隆興元年進士，淳熙十二年知宜章縣，有惠政。本志本州名宦有小傳。

〔六〕祀明殉節鄧旻　「旻」，原作「文」，據乾隆志及雍正湖廣通志卷二五祀典志改。按，本志避清宣宗諱改字。

〔七〕杜堅　「杜」，原作「社」，據乾隆志及萬曆郴州志卷一五循良傳改。按，雍正湖廣通志卷一六城池志郴州載「興寧縣城，舊屬土垣，明洪武戊申知縣杜堅始建磚城」，蓋亦其人。

〔八〕鄧旻　「旻」，原作「文」，據乾隆志改。下文同改。參校勘記〔六〕。

〔九〕嘗開三龍水道以殺其險　「三龍」，乾隆志作「山瀧」。

〔一〇〕沐陽鄭希程　「沐陽」，乾隆志同，當是「沭陽」之誤。

乾州直隸廳圖

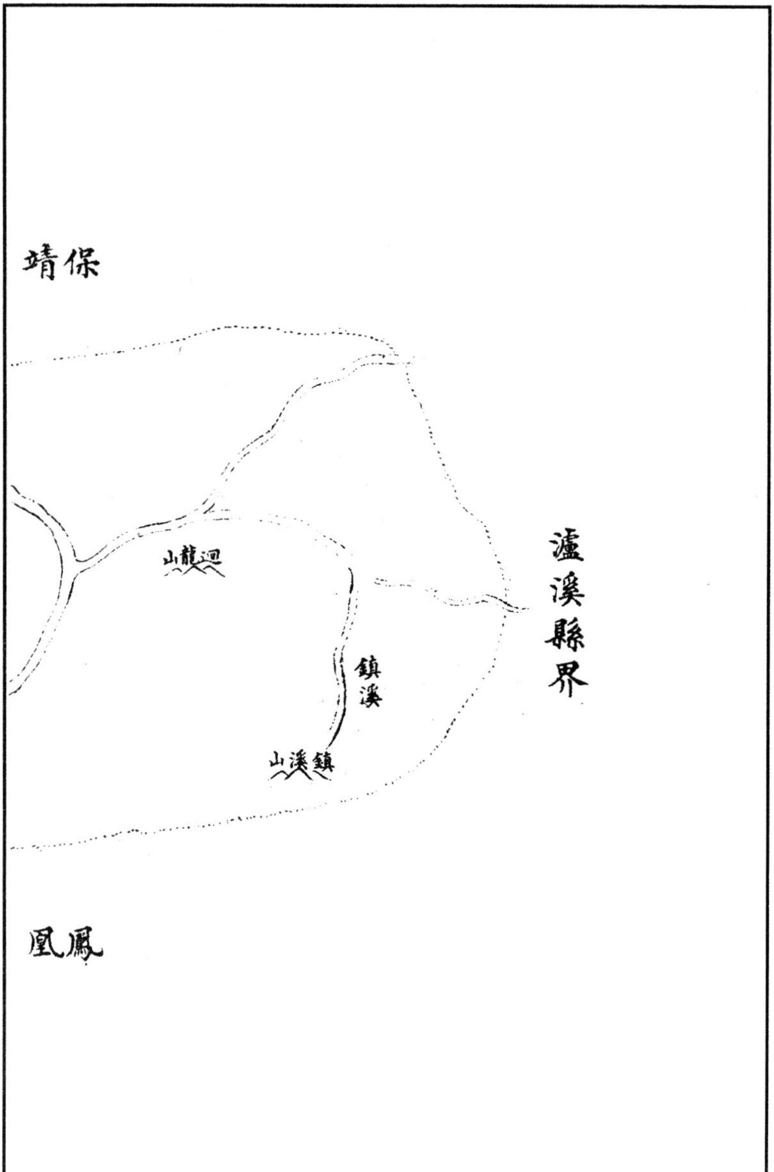
保靖
瀘溪縣界
迴龍山
鎮溪
鎮溪山
鳳凰

縣界
雅溪
崇山
永綏廳界
乾州直隸廳
武溪
廳界

乾州直隸廳表

乾州直隸廳	
秦	
漢	武陵郡地。
三國	
晉	
南北朝	
隋	沅陵郡地。
唐	辰州地。
五代	
宋	池蓬砦、鎮溪砦、黔安砦，俱屬辰州。
元	盧溪縣地。
明	鎮溪軍民千户所，屬辰州府盧溪縣地。

大清一統志卷三百七十九

乾州直隸廳

在湖南省治西南九百六十五里。東西距百二十五里，南北距九十里。東至辰州府瀘溪縣界四十五里，西至永綏廳界八十里，南至鳳凰廳界四十里，北至永順府保靖縣界五十里。東南至辰州府瀘溪縣界九十里，西南至鳳凰廳界十五里，東北至瀘溪縣界九十里，西北至永綏廳界六十里。由廳治至京師三千九百里。

分野

天文翼、軫分野，鶉尾之次。

建置沿革

漢武陵郡五溪蠻地。隋沅陵郡地。唐辰州地。宋嘉祐三年，置池蓬砦。熙寧三年，置鎮溪砦。今治所。八年，置黔安砦，俱屬辰州。元爲盧溪縣地。明洪武初，置鎮溪軍民千户所，屬辰州府盧溪縣。本朝康熙三十九年，改爲乾州。移沅州遊擊駐其地。四十七年，設乾州同知。巡司、千總各一。嘉慶元年，改爲直隸廳，歸辰永沅靖道覈轉。改巡司爲經歷。二年改乾州營爲協，設副將都司駐守。

形勢

連接十洞，爲辰州墻壁障護。宋史西南諸蠻傳。

風俗

多山少田，民性淳樸。舊志。

城池

乾州廳城。在武溪之陽，門三。明正統間築。本朝康熙五十三年重修，五十九年因城湫隘，復環城東、西、北衛以土垣。嘉慶元年，升州爲直隸廳，更擴之，周六百四丈，高丈二尺。

學校

乾州廳學。在廳城東。舊在城東門外。本朝康熙五十四年設鎮溪所學。雍正十二年，建乾州學。乾隆二十年重修。嘉慶元年，升州爲直隸廳，廣建廳城，舊學基環於城内，重爲修建。入學舊額八名，乾隆五十二年，裁二名，餘改設新童。今額四名，新童二名。

立誠書院。在廳城外。嘉慶二年建。

户口

人丁男婦共三萬五千六百四名口，計七千二百七十八户。

田賦

田地十三頃十四畝八分四釐，額徵銀百四十四兩一錢六分。又箄子坪徵銀五兩八錢三釐，雜糧五十二石八斗二升。又苗疆屯田土九十三頃二十畝。

山川

迴龍山。在廳東三十五里。陡壁懸巖，爲喜鵲營諸寨水口。

華蓋山。在廳東五十里上坪寨東。峯巒層秀，頂如華蓋。

醜陀山。在廳東五十里。極高峻。

金龍山。在廳東南七里。屹然聳峙，横塞水口，爲州之文峯。

鎮溪山。在廳東南二十五里。鎮溪出此。

張家山。在廳東南三十里。上有蠻砦。

筆架山。在廳南十里。以形似名。下有硯池井，冬夏不竭。

思麻山。在廳南六十里。兩山夾立，思麻溪出焉。

寅龍山。在廳西四十里。

香爐山。在廳西四十里。四面如削，可容數十家，苗人於此避兵。

崇山。在廳西六十里。蜿蜒高峻，山頂有瀑布聲，聞若雷，或謂即舜放驩兜處。元置崇山衛於山下，明廢。

笋溪山。在廳西北三十里。

叢桂山。在廳西北三十里。山高千仞，上有叢桂，開時香聞十里。

天門山。在廳西北三十五里。山高十里〔一〕，望若天門，危磴崎嶇，名上天梯，往永綏必由之路。

仙鎮山。在廳北三里。無雲則晴，有雲則雨。

蹲獅山。在廳北十里。石壁高三十餘丈，若狻猊獨蹲。

鸞橋山。在廳北二十五里。山勢陡峻。

浮舟山。在廳東北。山形横亘如舟，下有巖洞，水流成溪。

太虚洞。在廳東三里。深里許，洞口如螺，中有八仙臺，可數席地。上懸石乳，下有溪流，可以垂釣。

温凉洞。在廳南十里。石室穹窿，乳花凝結，夏凉冬温。

九十九洞。在廳西十五里。洞有九十九穴。

五雲洞。在廳北三十里。青泉出焉。

桃花洞。在廳西北十五里。有石室，洞口桃花甚盛。

小龍洞。在廳西北六十里。水從洞口出，如匹練，掛於青壁。

小河。源出鎮溪所李洞山苗洞，西南流合武溪。

樟木溪。在廳東三十里。

藕茶溪。在廳東六十里。

鎮溪。在廳東南三十里。源出鎮溪山，入武溪。

紅水溪。在廳南五里。

麥地溪。在廳西十里。

雅溪。在廳西北十五里。源出崇山，流入武溪。

谷望溪。在廳北三十三里。

磨勾灘。在廳東三里。水勢湧急，舟行最險。

壩口灘。在廳東二十三里，石峻水溜。又東二十七里，爲小逼溜，又東二十二里爲猫兒漕，又東二十二里爲戰灘，又東七里爲千工壩，又東十六里爲亂巖洞，又東九里爲大逼溜，又東二十三里爲上紅巖灘，又東十五里爲三溪灘，又東四里爲丑坨灘，又東六里爲大靈灘，又東十五里爲雙梁灘，皆湍駛峭石，舟行最險。

紙方灘。在廳東北二十二里。相近有猫兒洞、巖盤灘，水皆險急。又廳北三十里有和尚灘，西北有亂巖灘、三脚巖灘、小新灘、排楚灘、鬼冲灘，皆峻流險惡，舟行畏之。

古蹟

夜郎廢郡。在乾州廳境。隋書地理志：沅陵郡辰溪，平陳，廢故夜郎郡，置静人縣，尋廢。

關隘

乾州巡司。在廳西。本朝康熙四十三年設，嘉慶元年改乾州爲直隸廳，巡司爲廳經歷。

河溪巡司。在廳東三十里。嘉慶五年，兼設都司駐此。

喜鵲營。在廳北，與永順府保靖縣接界。有把總駐守。嘉慶二年移乾州城汛守備駐此。

鎮溪營。在廳東北十五里。爲水陸要隘。舊稱鎮溪所，有守備駐防，嘉慶二年改鎮溪所汛爲營，移鎮筸左營遊擊駐此，隸乾州協。

陰隆江堡。在廳西南七里。

爆竹堡。在廳西南四十里。

洞口堡。在廳西南五十里。

都溶堡。在廳西南六十里。

牛隘堡。在廳西南七十里。

南陽堡。在廳西南七十五里。

大凹堡。在廳西南八十五里。

砦陽堡。在廳西四十里。

筸子哨。在廳南。明置。有二城：一在山巔，門二；一在山麓。

强虎哨。在廳西南三十里。明置。有土城，門三，設千總駐防。本朝嘉慶二年，移乾州協左營守備駐此。

津梁

小溪橋。在廳東一里。

岑龍橋。在廳南六里。

鴉溪橋。在廳北五里。

東門渡。在廳城東。

張排寨渡。在廳東二十五里。

河溪渡。在廳東三十里。

平郎渡。在廳西二十里。

鎮溪渡。在廳北十五里。

隄堰

雙塘。在廳南。

大壩。在廳東。

祠廟

伏波將軍廟。在廳鎮溪上，祀漢馬援。

三侯廟。在廳北五里鴉溪。

竹王廟。在廳北五里鴉溪，祀夜郎神。

寺觀

雙江寺。在廳西北五里。

獅子菴。在廳西北十五里。

名宦

本朝

王瑋。太平人。雍正中任乾州廳同知。置學田，設義塾，教苗民子弟，人漸知禮義。乾隆四年葦衡、排楚諸寨苗出抄劫，瑋會營將擊卻之，官兵進討。瑋練鄉勇守要害，爲之聲援，遂平其亂。益以恩威濟之，邊境大治。

宋如椿。漢軍人。乾隆五十九年，以寶慶通判權乾州廳同知。明年，黔楚苗石柳鄧、石三保等叛，廳苗響應，居民逃竄。如椿諭以死守，咸許諾。會賊大至，衆潰，如椿仗劍出禦，傷左足歸，北向再拜自刎。從人張忠在側，遣之弗去，亦被創死。入祀昭忠祠。

江瑤。乾隆中任乾州廳巡檢。黔楚苗石柳鄧等之亂，同知宋如椿飭佩廳印，赴辰州求援。瑤出城，遽遇賊，死之。其子朝棟以印送大營，歸覓父屍，全家被害。入祀昭忠祠。

閻廣居。陽曲人。嘉慶三年任乾州廳同知。經苗變後，居民轉徙，田蕪不治，廣居首招徠之。廳向不産二麥，予之種，教之種法，歲因屢豐。馭苗寬猛兼濟，苗或與民訟，一聽以至公，無稍偏袒，咸讋服。捐建各鄉石堡碉樓，給民器械，令協官兵扼守險要，民得安堵無恐。各壇廟經苗燬者，捐廉修復。暇日延見耆庶，諸生呈藝，手爲釐正。決獄尤明允。卒於任。經廣居讞定獄囚，至有焚香流涕者，其感人如此。入祀名宦祠。

人物

本朝

杭富。任廣東督標都司。乾隆五十一年，調征臺灣，力戰死。

王一魁。任山東高塘營遊擊。致仕歸，值苗變，偕妻吴氏率家丁登陴，戰死。又同廳人永綏協外委孟國興，鎮筸鎮外委聶紳，外委楊昌林、子盛豐、姪禮盛、禮魁，鎮溪所百户李光端，並死難。

饒德豐。任荆門州學正。致仕，值苗變，具衣冠，危坐駡賊，賊怒，焚其居。子諸生自厚、自超，孫校，同殉其難。又同廳人貢生楊璘，子諸生楊昌岱、諸生戴文仲、宋永亨、尚法典、龔希漢、廖世略、張渭、印庚明、庚明父璘，並死其難。

張魁元。武生。值苗變，與其兄天鵬負母避辰州，而自隨古州總兵袁敏進勦，由瀘溪至河溪，殺賊甚衆。最後，張排寨負重創死之。

徐燦。本廳諸生。值苗變，隨遊擊陳綸堵禦兩岔溪，糧盡，出家廩以繼。綸軍尋潰，死之。又同廳人周遠孝、宋宗富、潭必清、張元才、張昌遥，並充鄉勇，禦苗死焉。

徐一枝。本廳廩生。值苗叛攻城，一枝協衆堵禦，城陷，死之。又同廳諸生饒自强、印榮廷、楊光景、印維、沈賜麟、閔世貴、張璣，監生尚法訓，武生吴世德、黄宗武、黄宗洛、徐一梅、印連魁、印連捷、沈鳳儀、尚法祖、尚法灝、尚法顔、羅國生、高相與、吴世位、孫大恩、鄧之耀、秦順、順弟二，並糾衆禦賊死。

孫德生。值苗變，時德生年八十有五，猶手刃二賊。俄苗麇至，被磔死。又同廳人周廷崑，亦駡賊被害。

文效舜。值苗變，效舜偕弟效成，侍其父宗清、母楊出避。宗清與楊俱老，不能行，麾之去，效舜等泣曰：「父母存與俱存，亡與俱亡，忍舍去耶？」俄苗至，遂俱遇害。同殉父母死者，諸生金開榜、秧秀位、石德新、黄宗朝、吴馮光、張配山、吴學仁、熊四、舒可憲、吴國詔、向星禄、饒升、秦仕端、秦仕虎、黄仕泰、羅正武、楊宏禮、楊盛德、楊宗璜、李之華、張爾鳳、張爾麟、瞿開堯，諸生金印、楊瑞、劉瑛，武生宋永昇、石得志、李純一、聶學詩、饒機、宋應清、宋應亮、秦自長、秧明堯、秦志禮、羅正玉、羅正貴、吴永貴、羅允武、方正義、李朝、李福、彭顯乾、向文泰、楊學、孫廷國、蕭允興、田宗德、楊秀元、楊秀禄、張光富、張光貴、馮大緒、向星祥、向星輝、張天瑾、楊大成、羅正德、徐啓璋、徐啓堯、侯再綱、侯再玉、張興發、張三、吴國考、吴國重、鄧士標、高見敬、石祖富，諸生周言謨、周言謹、周配鏞、周配鎬，諸生楊芑、聶繼美、張朝芳、楊喜孫、楊昌舜、鄒元仁，並殉親死。

林允貴。值苗變，母柩在堂，苗焚其室，允貴殉柩死。

徐長豐。本廳諸生。值苗變，長豐時年六十，負父文信避難遇害。其姪啓壁，哭守不去，亦餓死屍側。

列女

本朝

張應熙妻熊氏。乾州廳人。年十六，適張，二十一而寡。奉翁姑，撫幼子，苦志矢守。又同廳孫子朝妻葛氏、金先煌妻羅氏、尚琳妻張氏、金世炎妻饒氏、聶澤長妻饒氏、饒德巖妻張氏、饒自佑妻秦氏、張辰煒妻曾氏、李文焕妻金氏、周國棟妻蕭氏，烈婦熊啓祥妻周氏，俱乾隆年間旌。又因苗匪滋事，被害殉節之廣東遊擊王一魁妻吴氏、湖北荆門州學正饒德豐妻舒氏、媳唐氏、羅氏、孫女照妹，紳士金印母楊氏、妻吴氏、弟媳聶氏，金開榜母饒氏，楊麟妻饒氏、媳羅氏、女瑞妹、孫女秋桂，印明庚祖母張氏，聶學詩母羅氏、妻胡氏，周言謨祖母楊氏、妻熊氏，楊芑母向氏，饒璣母秦氏，徐一枝母黄氏，聶繼美母饒氏，沈賜麟妻李氏，楊瑞母秧氏，龔希漢祖母楊氏，李純一母金氏，印榮廷妻劉氏，紳士張海妻楊氏，劉瑛母孫氏、妻蔡氏，宋應清繼母張氏、妻吴氏、姪媳武氏，石得志母楊氏，民人秦世賢媳周氏，秦志長母廖氏，秧秀位母張氏，秦志禮母秧氏、伯母吴氏，姚天離妻羅氏，張朝芳母周氏，黄士泰妻田氏，羅正玉母秧氏，楊喜孫母王氏，吴允貴繼母蕭氏、妻宋氏，羅正德母廖氏，羅允武母田氏，方正義母向氏，李朝母向氏，李福母符氏，彭順乾母顔氏，向啓鴻子婦曾氏、孫女適舒氏，楊學母向氏、妻孫氏、女喬妹，林永貴母孫氏，孫香國母周氏，蕭永興母高氏，鄒元仁祖母楊氏，田宗德母滕氏，楊秀元母張氏，張啓聖妻李氏，石德新母張氏，張光富母吴氏、妻葛氏、嫂查氏，鄧基妻楊氏、媳楊氏，楊昌舜母羅氏，馮光湖母楊氏，馮大緒祖母宋氏，白星祥母林氏，向星輝母周氏，張天瑾母田氏，楊大成母周氏、妻張氏，文效舜母楊氏、妻胡氏、弟婦楊氏，鄧氏、妹二人，吴世位妻黄氏，龔正禮妻田氏，張配山母田氏，印世宏女大妹，張志煦母田氏，萬通義妻譚氏，侯有宏妻田氏，胡啓龍妻饒氏，傅官訓母黄氏，徐啓璋母田氏，侯再綱祖母吴氏、母張氏，侯再希祖母秧氏、妻孫氏，吴大鸚妻聶氏，舒守身妻羅氏，劉廷興母向氏、妻石氏、女發，李光泰母龔氏，丁國基妻蔡氏，羅允富母蕭氏、妻楊氏，吴永和嫂羅氏，石奎璧妻梁氏，龔安鄭妻舒氏，張廷國妻蕭氏、工人羅侯氏、民婦葛李氏，徐啓琳妻楊氏，吴廷梁妻向氏，周大福妻孫氏，孫廷道妻石氏，孫忠聰妻龍氏，李文貴母張氏、妻高氏，吴廷相母陳氏、妻李氏，熊飛廷母彭氏，閔世謙妻田氏，周國鼎母丁氏、妻吴氏，孫正吉母梁氏、妻蕭氏、女二妹、婦梁氏，向宗憲妻王氏、婦楊氏，孫彩吉妻羅氏、女滿妹，閔世貴妻周氏，鄧之林妻尹氏、婦黄氏，孫女四人，鄧之孝妻田氏、婦楊氏，段氏，田宗泰母王氏、女翠姑，李才媳覃氏、女二人，聶職母宋氏，尚法祖母蔡氏，張渭妻王氏、妾田氏，向文泰母張氏，孫達吉妻吴氏、女三妹，孫才元妻田氏，孫大元妻楊氏、女蘭英，楊如海妻曹氏、婦高氏、吴氏、向氏，孫婦鄧氏，吴氏，孫大遂母羅氏、妻黄氏、女大妹，孫惠先妻向氏、婦楊氏、吴氏，孫女大妹，楊昌殿妻蕭氏、弟婦洪氏，舒志遠母張氏、妻孫氏，時運明孫女引弟、貴英、紫英，楊昌盛母王氏，羅世鳳女東妹、婦某氏，羅世才妻楊氏、女耀弟、弟必亨妻姚氏、女梅英，熊老四母林氏，李芝華妻蕭氏，吴學仁母石氏，石祖富母田氏，叔母向氏，羅元亨母曾氏、妻余氏、女二人，劉南亭妻吴氏，羅正德妻譚氏、女二人，向賢母鄧氏、妻楊氏、女鳳英，宋永暹母田氏、妻舒氏，向峯母楊氏，孫廷岱妻葛氏，李溢妻張氏，楊澤妻王氏，孫世華妻楊氏，周言訓妻印氏，符正遠母宋氏，張興發母符氏，張老三母田氏，吴國考母廖氏，吴國詔母張氏，尚志儼妻張氏，鄧之耀妻田氏，秦志品妻楊氏，尚法灝母蔡氏，庠生魯道成妻傅氏，胡某妻饒氏，鄧朝俊妻周氏、女貴姑，向宗聖妻饒氏、婦秧氏、王氏、滕氏、葛氏，陳興本妻李氏、女大妹，楊龍女辛兒、四妹，張禮妻侯氏及女，田宗顯祖母張氏，鄧士標母田氏，宋某妻田氏，葛某妻鄒氏，葛芳毅母張氏，黄宗朝母吴氏，向星禄母楊氏，向星志妻謝氏，田興茂妻張氏，張忠母李氏，吴梅妻楊氏、婦張氏，吴志用母張氏、妻胡氏，劉玠女新鳳、滿妹，劉得貴妻丁氏、女引弟，馮大經妻盧氏、女重姑，石山泰妻楊氏、婦龔氏、孫婦尹氏，高成都妻石氏、婦田氏，張天錫妻某氏、女適章氏，秦士璠妻侯氏、婦田氏、秧氏、黄氏，田宗陞妻秦氏、婦王氏，石山玉母李氏、女大妹，張永順女金秀、蘭影、文慶喜姊雙蘭、女春蘭、菊蘭，鄧陞母田氏、妻楊氏，高天順嫂龍氏、弟婦楊氏、婦楊氏、孫女高妹，宋名魁妻聶氏、女二妹，向鴻妻楊氏、女接貴，楊太生母李氏、女成秀，劉太妻楊氏、女劉妹，王世德妻楊氏、女天賜，唐長安妻高氏、婦張氏、孫女春蘭、葵英，石朝相妻楊氏、女石妹，周之吉妻向氏、女柴英，鄒啓發妻楊氏、婦楊氏、孫女大妹、二妹，鄒啓鶴妻楊氏、婦楊氏、包氏、孫女梅英、春英、潤英、小妹，高國寶妻饒氏、婦石氏，高應賢妻王氏、婦彭氏，田宗饒母滕氏、妻吴氏，楊世榜母粱氏、妻粱氏，楊紹文母龍氏、妻龍氏、女楊妹，楊時盛妻何氏、婦陳氏、向氏、孫女楊妹，鄒昌鼇母楊氏、姪女鄒妹，龔安富妻張氏、女龔妹，張永式妻馮氏，張克復母向氏，張永吉女二妹、三妹，高騰妻田氏、婦劉氏，舒可順妻張氏，張鎧妻吴氏、婦黄氏，向老三母楊氏，孫藎臣妻向氏、妹滿妹，庠生廖世略妻舒氏，張鎧妻楊氏，鄒登貴母饒氏，向宗傑妻楊氏，孫廷照母羅氏，孫定元妻胡氏，孫上元母楊氏，熊正爵妹二妹、滿妹，孫忠文妻劉氏，羅秀吉女大妹、四妹，孫鉒元妻張氏，葛正信妻鄒氏，馮大遂祖母宋氏，高應惠妻葛氏，田如相妻吴氏，熊洪相妻陳氏，張堯孫女雙弟，羅運廣妹徐妹，楊端母向氏，楊福年妻龔氏，楊正泰妻葛氏，羅秀安妻田氏，文成行子婦某氏，王一珍妻高氏，劉之淳妻鄒氏，石達妻楊氏，馮光廷母方氏，馮學文妻楊氏，石金妻沈氏，馮光善母楊氏，石有琭妻向氏，石德勝叔母李氏，石得志妻周氏，石德富妻楊氏，石德松弟婦周氏，秦宏妻吴氏，向鳳妻劉氏，向宗仁妻侯氏，宋先科妻符氏，李官妻張氏，詹雅詩子婦吴氏，楊士唐母鄭氏，龍文王女三妹，胡景發妻舒氏，龍世友妻楊氏，陳國鳳妻張氏，孫俊吉妻蔣氏，孫廷華妻馮氏，孫運吉妻馮氏，楊龍妻宋氏，舒相妻孫氏，張文妻吴氏，孫佑吉妻熊氏，孫銀元妻楊氏，孫世煦母張氏，向宗益妻龔氏，張永良女大妹，張克望母龔氏，張仁妻羅氏，張稰妻鄧氏，廖世清妻田氏，陳宗孝妻楊氏，楊應榜妻蕭氏，楊應珍妻胡氏，楊正廷妻周氏，石運招女巖英，曹大德妻吴氏，曹第女二妹，曹禮女大妹，黄志魁妻林氏，楊通彩母張氏，楊通周母周氏，孫廷迪妻田氏，向廷泰妻周氏，楊正禮妻瞿氏，楊正林妻張氏，高明辨妻張氏，田宏陞妻高氏，宋如舉母吴氏，葛芳齊母張氏，鄧如均伯母向氏，楊明學母張氏，李鳳山妻粱氏，丁國柱妻張氏，張獻妻高氏，時運陞妻雪氏，時運來妻向氏，李天禄母陳氏，楊紹德妻向氏，文衡妻朱氏，羅秀倫妻温氏，羅秀妻張氏，羅永珍妻温氏，羅明貴妻龍氏，向承妻石氏，羅明富妻田氏，羅應文妻唐氏，李天孝妻張氏，文芝耀母張氏，瞿守爵妻王氏，朱有明妻林氏，張富妻聶氏，滕子忠妻胡氏，梁浩生妻胡氏，田仁周母石氏，滕成元妻楊氏，田祖黄妻吴氏，羅宏貴妹四妹，石有貴姪婦田氏，石有遂妻高氏，石有瑛妻羅氏，尹金母周氏，石靠天母劉氏，張效唐妻蕭氏，羅宏開妻謝氏，孫世烈母張氏，尹某妻張氏，尹天福妻張氏，尹天位妻高氏，楊松妻羅氏，田祖清母魯氏，田仁正妻石氏，梁見棟妻秦氏，梁見明妻張氏，李國柱妻鄧氏，羅宏榮母秧氏，向豫母高氏，周之明妻孫氏，龔安才妻張氏，楊宗禮妻文氏，向龍母羅氏，鄧賢妻吴氏，傅某妻印氏，尹氏女大妹，謝某妻張氏，楊某妻侯氏，熊某妻孫氏，聶某妻羅氏，滕某妻高氏，鄧之祐妻孫氏，謝華妻秦氏，楊宗儒妻龍氏，陳明仁妻舒氏，羅正甲母某氏，廖正道妻某氏，蔡發聖妻楊氏，俱嘉慶四年旌。又烈婦楊羅氏，捐軀明志，嘉慶六年旌。

土産

與辰州府略同。

校勘記

〔一〕山高十里　「十里」，原作「十丈」，顯誤，據乾隆志卷二八四辰州府山川改。

鳳凰直隸廳圖

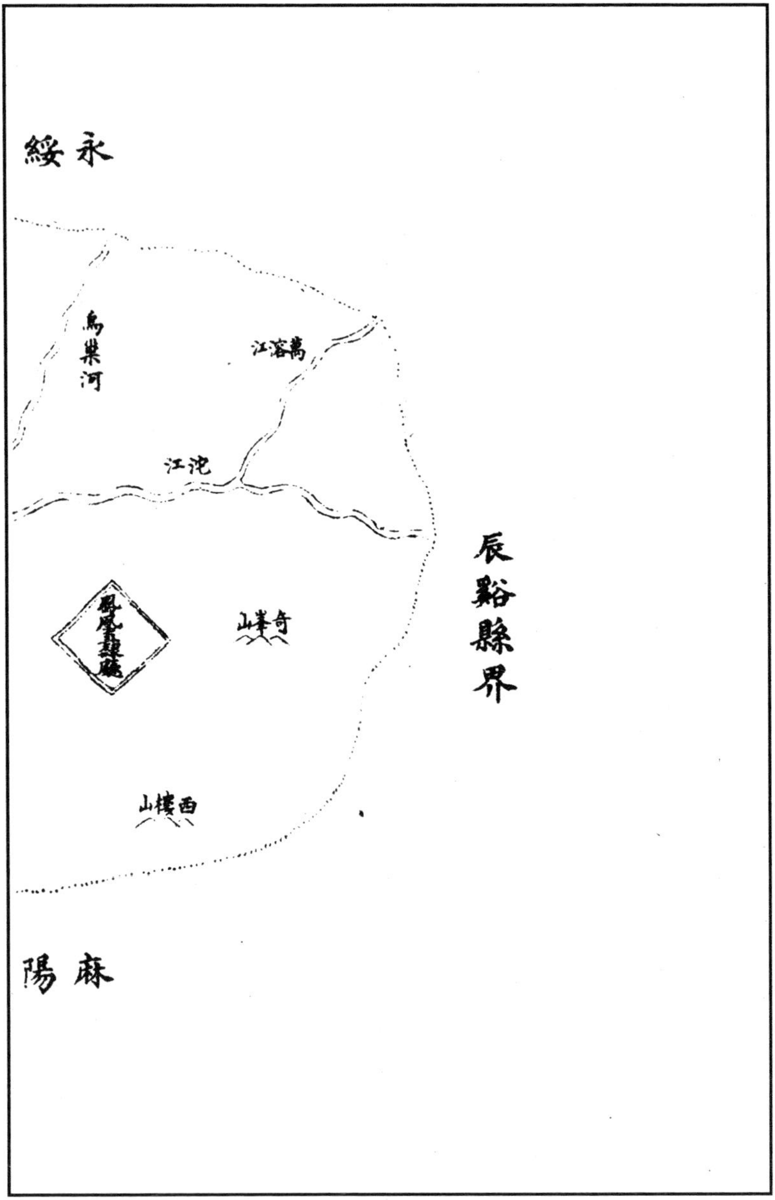
永綏
烏巢河
萬溶江
沱江
辰谿縣界
鳳凰直隸廳
奇峯山
西樓山
麻陽

廳界
貴州銅仁府界
樂濠溪
鳳凰山
縣界

鳳凰直隸廳表

	鳳凰直隸廳
秦	武陵郡地。
漢	
三國	
晉	
南北朝	
隋	沅陵郡地。
唐	五寨土官地，田氏世守之。
五代	
宋	太平興國七年置招諭縣，屬沅州。熙寧七年併入麻陽，仍爲五寨地。
元	五寨地。
明	五寨長官司屬保靖宣慰司。 筸子坪長官司屬保靖宣慰司。

大清一統志卷三百八十

鳳凰直隸廳

在湖南省治西南一千五十里。東西距百八十四里，南北距百二十里。東至辰州府辰谿縣界百里，西至貴州銅仁縣界八十四里，南至沅州府麻陽縣界四十里，北至永綏廳界八十里。東南至麻陽縣界二十里，西南至銅仁縣界八十四里，東北至乾州廳界八十里，西北至貴州松桃廳界七十里。由廳治至京師三千九百三十里。

分野

天文翼、軫分野，鶉尾之次。

建置沿革

漢武陵郡五溪蠻地。隋沅陵郡地。唐五寨土官地，田氏世守之。宋太平興國七年，置招諭縣，屬沅州。熙寧七年，併入麻陽，仍爲五寨地。元因之。明洪武七年，置五寨長官司。永樂三年，置筸子坪長官司，俱屬保靖宣慰使司。本朝康熙三十九年，改沅州總兵官爲鎮筸總兵官，移駐於此。四十三年，苗人嚮化，裁去土司，移辰沅靖道僉事駐此，添設通判、吏目各一員。雍正四年裁吏目，改設鳳凰營五寨司巡司。嘉慶元年，改爲直隸廳，改通判爲同知，巡司爲經歷。增設知事。

形勢

鄰逼黔地，楚之極邊。侯加地防邊議。

風俗

矜重名教，敦尚典型。寰宇記。

城池

鳳凰廳城。在烏巢江南鎮筸鎮。明五寨司城遺址，門四。本朝康熙五十四年修，乾隆五十一年增修，嘉慶元年升廳爲直隸廳，更展修之。

學校

鳳凰廳學。在廳城西北。舊爲五寨司學，明萬曆間建，崇禎末燬於兵。本朝康熙四十二年，改五寨司爲鳳凰營，創建營學於今所。乾隆十三年、二十二年增修，五十二年改營爲廳，學爲廳學。入學舊額八名，乾隆五十二年裁二名。今額六名，新童二名。

敬修書院。在廳城内。乾隆十二年建，嘉慶十二年重建。

户口

人丁男婦共七萬四千七百五十五名口，計一萬四千九百五十九户。

田賦

田地四百二十頃二十四畝一分七釐，額徵銀百六十二兩二錢四分六釐，雜糧百五十七石七斗。又苗疆屯田土百九十一頃七畝一分。

山川

奇峯山。在廳東一里。由山麓達奇峯寺，夾道茂林。

升觀亭山。在廳東二里。上有亭名升觀，晨興望之，新翠可挹。

青雲山。在廳東二十五里。産蘭。

竹砦山。在廳東。山高多竹，苗人結砦其上。

白楊山。在廳南二里。自貴州銅仁府迤邐而來，周迴數十里。一名白楊嶺。

南華山。在廳南五里。上有南華寺，朝夕雲煙瀰漫。

蠟洞山。在廳南三十里。巖有石如蠟炬。

西樓山。在廳南三十一里。其對峙者爲南樓山，明季設兵駐之，立二望樓，故名。

官禁山。在廳南。爲文峯，聯接南華，官禁樵採。

牛欄山。在廳南。中生一石如牛，故名。

黄山。在廳南。一名觀音巖，巖有一石像觀音，故名。

都督山。在廳西南。唐時都督鎮撫溪苗，駐兵於此。

鳳凰山。在廳西南六十里，即鳳凰營。初設通判治此。

大天星寨山。在廳北四十里。高四十餘丈，周迴八百餘步。

紫雲山。在廳東北三十里。

東山。在廳東北六十里。

華石洞。在廳南一里。洞口一石，其光如銀，三日必雨。一名靈洞。

黄蠟洞。在廳南七里。洞高三丈，深四里許。内有溪流可垂釣，釣若不語，可得魚，皆黑色，否則一魚不獲。

響水洞。在廳南十里。水出洞口，聲如鳴金。

騎梁洞。在廳北十里。有水流入，相傳自長安哨石洞流來。

沱江。廳城北河也。發源貴州銅仁，至鳳凰營入界，東南流至麻衝，烏巢河水西南流注之，又東流至隄溪。

白巖江。在廳南五里。

黄巖江。在廳東北二十五里。

萬溶江。在廳東北三十五里。發源大天星寨，東北流至老皤潭，西門江水北流注之。又東北至殺苗坪，箄子坪溪水東南流注之。又東北至灣溪，灣溪水東南流注之。又北至乾州廳界入武水。

烏巢河。在廳北六十里。灘險勢猛，水發時行舟多阻。

萬根溪。在廳東五十里。

水田溪。在廳南一十五里。又南五里有冷水溪、米巖溪，又南十里有洞下溪。

樂濠溪〔一〕。在廳西南四十五里。發源貴州南，折入廳境，東流至米崖邨，米崖溪水西流注之。又東北至雙江口，水田溪水北流注之。又東至石羊哨入沅州府麻陽縣界。

石排溪。在廳西南四十五里。又二十五里有新地溪。

司門前溪。在廳東北六十五里。

筸子坪溪。在廳東北七十里〔二〕。

古蹟

渭陽廢縣。在廳西南。唐置。五代以後爲蠻地。元和志：渭陽縣，垂拱三年析麻陽縣置，在坡山西趾〔三〕，山甚高險，百姓食坡山溪水。

關隘

亭子關。在廳西南，接貴州銅仁府銅仁縣界。

太平關。在廳北一里。

三岔隘。在廳西南十二里。

鳳凰營。在廳西三十五里。本朝康熙四十三年設通判、巡檢駐此。四十八年，通判移駐廳城，巡檢如故，增設守備防守。

今裁守備、巡檢，改駐都司。

五寨司。在廳城内西南。本朝康熙四十六年設吏目於此，雍正五年裁，改設巡司。嘉慶元年改鳳凰廳爲直隸廳，駐五寨，改巡司爲廳經歷。有鎮筸總兵官及辰沅永靖兵備道駐守於此。

龍鄂營。在廳西南。向爲苗寨，有把總駐防，與隘口汛爲犄角。

威遠營。在廳西南。爲黔、楚接壤要隘，有千總駐防。

王會營。在廳西南六十里，接貴州銅仁府界。

池河營。在廳西。本朝雍正八年置。西接貴州銅仁府銅仁縣界，北接六里、新撫、紅苗、蜡爾、糯塘諸寨，最關緊要。移遊擊一員，添設把總一員，領兵駐防。

栗林營。在廳西。本朝雍正八年置。設千總一員領兵駐防。

巖口營。在廳西。本朝雍正八年置，係各寨要隘。移曬金塘守備一員、把總一員領兵駐防。

地良坡營。在廳西北，接六里苗寨。本朝雍正八年置，設千總一員領兵駐防。

司門前營。在廳北。有千總駐防。又老皤潭、駱駝冲，各設把總一員。龍蛟洞，設外委一員領兵防守。

曬金塘營。在廳東北。有千總駐防。本朝乾隆四十六年添置遊擊駐此。

龍滚營。在廳東北。有把總駐防。

得勝營。在廳東北。有遊擊駐防。

三脚巖營。在廳東北。有把總駐防。乾隆六十年，移凉水井汛守備駐此。又欅木營、隆朋營，俱設外委領兵駐防。

新砦。有二：一在廳西南，有守備千總把總各一員，領兵駐防。一在廳西北，有千總駐防。又南有老犵砦，與麻冲，俱設把總駐防。

押寶砦。在廳西北。設守備、把總各一員領兵分防。

陽孟砦。在廳西北，接永綏廳排彼砦。設守備、把總各一員領兵分防。

石羊哨。在廳南二十里。明置。東至沅州府麻陽縣巖門巡司二十里，通辰州大路，運河經焉。有城門二。

永安哨。在廳西二十里。明置。有土城門四。

清溪哨。在廳西。明置。有城門二，有守備駐防。

洞口哨。在廳西。明置。有土城門三。

長冲哨。在廳北十里。明置。有土城門三。

教場坪。在廳西南。有把總駐防。

長坪。在廳北。設遊擊一員、把總一員領兵駐防。

火略坪。在廳北。有把總駐防。

舊司坪。在廳東北。有把總駐防。

蘆荻坳。在廳南。東至沅州府麻陽縣界，山險坡高，有兵防守。

津梁

大橋。在廳東門外。

廖家橋。在廳南二十里。

烏巢河橋。在廳西四十里。

雙江口渡。在廳南二十里。

隄堰

油草塘。在廳東。

白泥塘。在廳西南。

牛練塘。在廳西北。

清水塘。在廳東北。

祠廟

武侯祠。在廳東一里，祀漢諸葛亮。

三侯廟。有二：一在廳東門外，一在廳北三十里靖疆營。

寺觀

江心寺。在廳東一里。

玄真觀。在廳南二十五里。

名宦

本朝

孫調鼎。漢軍人。康熙中分巡辰沅道，駐鳳凰廳。捐建學宫，歲歉民饑，借藩庫銀三千，買穀萬石平糶，始設穀倉，民大稱便。同時助建廳學者，鎮筸總兵張谷貞，附著之。

黄澍。大興人。康熙中任鳳凰廳通判。時有清丈之令，澍躬行阡陌，度其肥磽，援前明萬曆間科則，每畝糧一升，賦四釐一毫，民以爲便。

白豐。漢軍人。雍正中任鳳凰廳通判。沈毅果敢，攝永順丞。平土民之變，擢知辰州府。

潘曙。烏程人。乾隆中任鳳凰營通判。廉慎而勤於吏治，訟至立剖，姦猾斂跡。創建敬修書院，歲捐俸延師，時詣講學。擢乾州廳同知，猶與繼任通判楊盛纂修營志。

人物

本朝

朱自植。任鎮筸鎮把總。雍正十三年，貴州苗亂，自植奉調隨征，遇伏横塘，手刃數十賊，力竭死之。又同廳人外委方亨，亦遇伏，中數十創死。

田仁瀡。恬淡不慕榮利，授徒里中。廳舊無志，仁瀡草創爲之。由歲貢授醴陵訓導，以母老辭不就。

熊世傑。本廳諸生。事親以孝稱，父母相繼殁，日夜號泣，水漿不入口，絶而復蘇。既窆，悲慕成疾，遂卒。

楊國卿。本廳貧民。嘗於塗中拾遺金一觔，坐其地候之。薄暮，有人踉蹌來，則遺金者也。詰其數合，還之。其人取一金以酬，國卿不顧而去。

汪宏。官鎮標把總。乾隆六十年隨征黔、楚逆苗，擊賊於廟坳，力戰陣亡。同廳人千總姜上清、符士奇、王廷玉，把總熊世龍、王宏禮、唐紹華，外委田云富、李廷梅、唐宏詔、馬仁貴，武生田慶年，生員王廷槐，均以奮勇擊賊，受傷歿於陣。事聞議卹，俱廕雲騎尉。

丁有成。由行伍洊陞副將。嘉慶元年，隨提督慶成勦捕川省邪匪，奮勇有功，恩予「廷勇巴圖魯」名號。二年，賊出猴子坡，有成擊斃甚多，以受傷歿於陣。事聞議卹，廕雲騎尉。

列女

明

田鳴岐妻楊氏。鳳凰廳人。明末爲賊所執，踴身投崖死。時同邑田孺登妻熊氏，與妾吴氏，俱遇賊死難。

本朝

田仁洋妻楊氏。鳳凰廳人。苦志矢節，撫子成立。雍正四年旌。

陳祖聰妻包氏。鳳凰廳人。年十七歲，夫故矢節，孝事舅姑。逆苗滋事，氏出貲募兵，斃匪甚衆。事聞，旌表建坊。同里被害殉節之遊擊葛士鳳妻張氏，外委何四海妻陳氏、弟媳王氏、姪媳張氏、女二、姪女二人、使女喜姑，陣亡守備張棟妻盧氏，千總黄士雄妻周氏、女大妹，把總曾士雄母許氏、妻李氏，把總楊秀富妻劉氏、女二人，把總劉開甲妻唐氏、女喜姑、姪媳丁氏、姪孫女引兒，把總丁天榮妻徐氏、女射妹、媳段氏，把總李廷梅妻劉氏，把總唐紹華妻周氏，把總楊昌富妻鄒氏、女二妹、姪女喜鳳，外委王鳳翔母田氏、妻危氏，外委劉成業妻田氏、女闕鳳、三妹，千總蔣善治妻柯氏、女二姐，俱嘉慶四年旌，每家合建一坊。又節婦向正富妻侯氏、胡兆裔妻吴氏，烈婦王羅氏，因污言自忿縊死，均嘉慶年間旌。

土産

丹砂、水銀。明統志：五寨司出。

櫻桃。色白者味甚佳。

戴鵀。廳人擬其聲曰「點鐙捉虼蚤」。

鱧。又土名七里魚。

魟。沅陵呼黄顙魚，鳳凰廳呼魟。

校勘記

〔一〕樂濠溪　乾隆志卷二八四辰州府山川（下同卷簡稱乾隆志）作「落豪溪」。

〔二〕在廳東北七十里　「東北」，原作「又北」，不辭，據乾隆志及輿圖改。

〔三〕在坡山西趾　「趾」，原作「址」，據乾隆志改。

永綏直隸廳圖

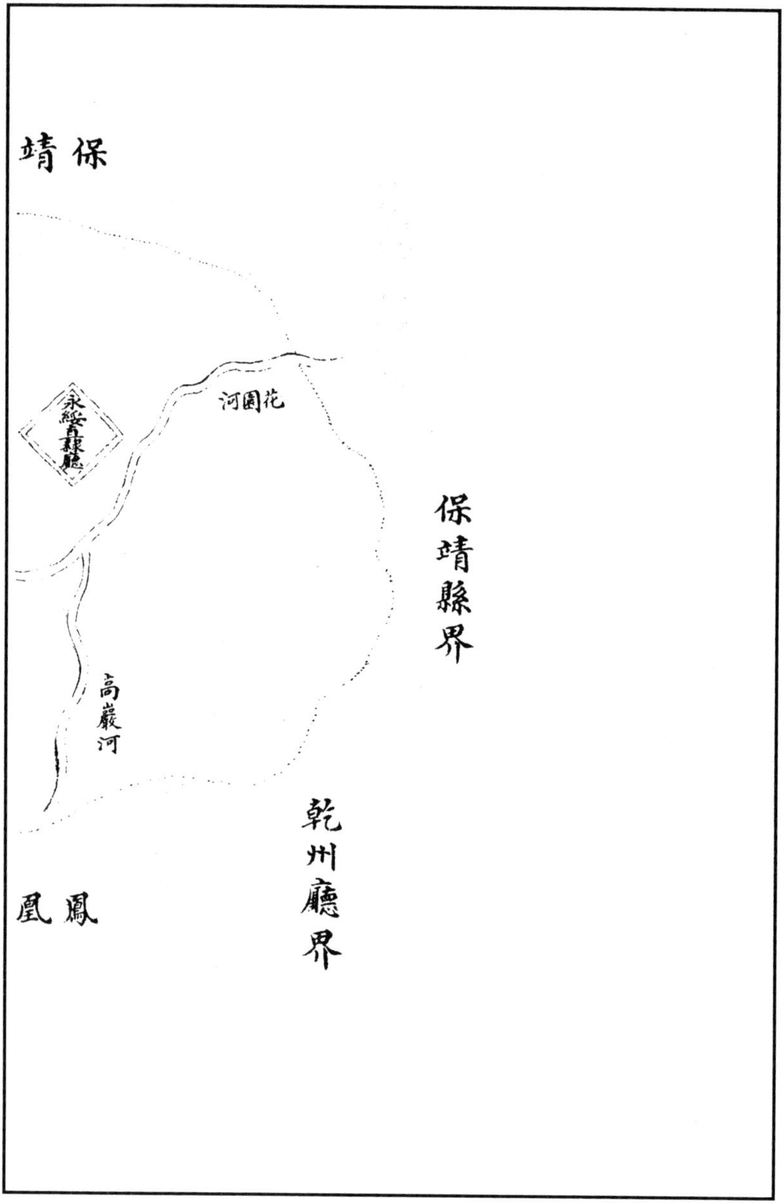
保靖
永綏直隸廳
花園河
保靖縣界
高巖河
乾州廳界
鳳凰

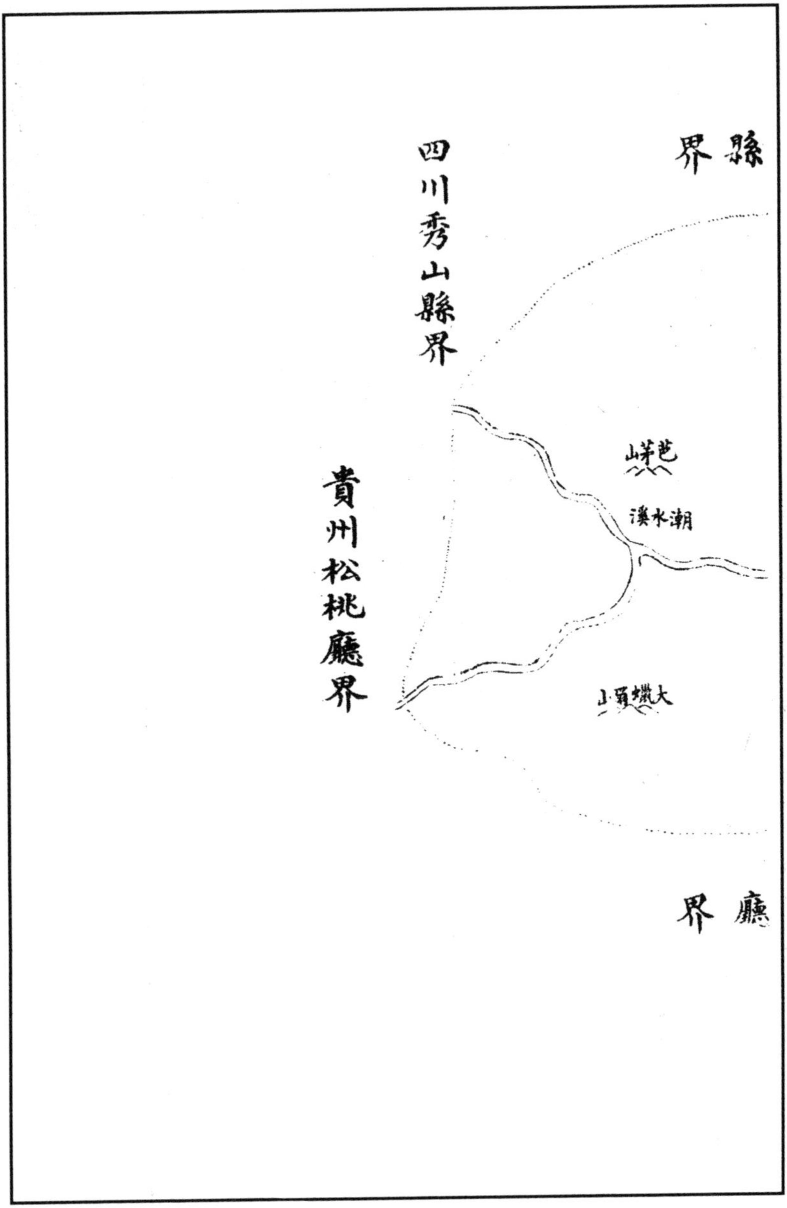
縣界
四川秀山縣界
芭茅山
潮水溪
貴州松桃廳界
大蠟囗山
廳界

永綏直隸廳表

	永綏直隸廳
秦	
漢	武陵郡地。
三國	
晉	
南北朝	
隋	沅陵郡地。
唐	溪州地。
五代	
宋	熙寧間置豐溪砦。
元	
明	崇山衛洪武二十八年置。

大清一統志卷三百八十一

永綏直隸廳

在湖南省治西南一千一百五十九里。東西距九十里，南北距一百五十五里。東至永順府保靖縣界二十五里，西至貴州松桃廳界六十五里，南至鳳凰廳界百二十里，北至保靖縣界三十五里。東南至乾州廳界七十五里，西南至松桃廳界七十里，東北至保靖縣界二里，西北至四川秀山縣界五十里。由廳治至京師三千九百五十里。

分野

天文翼、軫分野，鶉尾之次。

建置沿革

漢武陵郡五溪蠻地。隋沅陵郡地。唐溪州地。宋熙寧間置豐溪砦。明洪武二十八年置崇山衛。本朝雍正八年，招徠生苗四千七百餘户，建吉多營，設永綏協副將以下暨同知、經歷各一員。乾隆六十年，改設綏靖鎮，置總兵駐守。嘉慶元年，改同知爲直隸廳，歸辰永沅靖道核轉。增置知事一員。

形勢

接壤黔省，爲辰、沅藩籬。廳志。

風俗

少鬬訟，寡盜賊。風土記。

城池

永綏廳城。舊在吉多坪。雍正十一年，開闢苗疆，於永綏協右營花園汛修築城堡。嘉慶元年，升永綏爲直隸廳，改汛爲綏靖鎮，建築石城，周三里有奇，高一丈三尺，長五百七十三丈六尺，門五。七年，移廳治於此。

學校

永綏廳學。在廳城西隅。舊在吉多坪廳城東北，雍正十一年建。乾隆二十一年遷建廳西，嘉慶七年遷廳治於花園，改建今所。入學舊額八名，乾隆五十二年裁二名，餘改設新童。今額四名，新童二名。

綏陽書院。在新廳城内。舊在吉多坪，嘉慶年間移治，改建。

户口

人丁男婦共二萬五千三百九十六名口，計四千三百九十九户。

田賦

額徵雜糧七十二石八斗四升，又苗疆屯田土五百四十二頃三十六畝九分。

山川

玉屏山。在廳東二里。他山多峻峭，此獨平衍。

尖巖山。在廳南四十里。頂有石室。

大排吾山。在廳南五十里。

高巖山。在廳南八十九里。高五百餘丈。

三台山。在廳西南八十餘里。峯巒秀異，爲舊城之面山。

大蠟爾山。在廳西南九十五里，東接乾州廳界，西接貴州酉陽土司界，南接鳳凰廳界，北接永順府保靖縣界。諸苗所居，小溪出此。或以爲即古磨匿山。元和志：磨匿山在常豐縣東五十里。

芭茅山。在廳西三十五里。長三十餘里，周迴二十里。

西山。在廳西七十一里。排列如屏，晨起望之，山色光明，其日必晴，否則雨。

仙人巖。在廳東五里。巖上數石如人立。

仙橋巖。在廳西七十里。石橋天成，高四丈許，長六丈，廣八尺。下有小溪。

巖洞。在廳南七十里。

虎洞。在廳西五十八里。

花園河。在廳東。發源貴州松桃廳，流徑茶洞，繞廳城入永順府保靖縣界，歷五十五灘。
蠟爾堡河。在廳東。其源有三：一出小排吾，一出龍洞，一出土地坪。
高巖河。在廳南九十五里。自廳境犀牛潭發源。
澗水。在城南一里。水極清澈。
夯都溪。在廳南二十五里。流六十七里，入蠟爾堡河。
老寨溪。在廳南七十里。入高巖河。
潮水溪。在廳西七十里。或一日數潮，或數日一潮。將潮則澎湃作聲，良久乃已。流入高巖。
大帽溪。源出大帽山。流九十三里，入蠟爾堡河。
隆團溪。源出龍潭井。流七十八里，入蠟爾堡河。
小排吾溪。源出大酉山。流七十六里，入花園河。
小溪。在廳界。源出蠟爾山，流入永順府保靖縣界。
犀牛潭。在廳南三里。歲旱以濁物投之，水輒騰沸，俄而大雨。
老虎灘。在廳東北。久晴將雨，灘聲夜作，響徹城市。

古蹟

崇山衛城。在舊廳城東三里。明洪武二十八年置，今裁。按：舊永綏廳在吉多坪，嘉慶七年徙治花園。

關隘

平郎營。在廳西北。有把總駐守。
望高嶺砦。在廳東。有把總領兵分防。
排彼砦。在廳東。有兵分防。
排補砦。在廳東。本朝雍正八年，兼置巡司，設守備、把總各一員，領兵駐防。嘉慶二年巡司裁。
巖落砦。在廳東。設千總一員領兵分防。
鴨由砦。在廳東南。設把總一員領兵分防。
排料砦。在廳東南。有把總領兵分防。
補抽砦。在廳南。設把總一員領兵分防。
葫蘆砦。在廳南。設把總一員領兵分防。

夯尚砦。在廳南。有把總領兵分防。
隆團砦。在廳西。本朝雍正八年，兼置巡司，乾隆年間移駐花園。嘉慶二年復置巡司，七年裁。又舊設守備一員，亦移駐花園。今設把總一員，領兵分防。
米糯砦。在廳西北，接四川重慶府酉陽土司界。設千總一員領兵分防。
老王砦。在廳西北，接四川重慶府酉陽土司界。有把總領兵分防。
花園砦。在廳西北，接永順府保靖縣界。本朝乾隆十年移隆團砦巡司於此，設千總一員。乾隆八年移隆團守備於此，領兵分防。乾隆六十年以花園爲永綏咽喉重地，改設綏靖鎮，添置總兵官駐守於此。嘉慶七年移永綏廳同知駐此，改巡司爲知事，駐劄茶洞。
鴨保砦。在廳北。設把總一員領兵分防。
尖巖砦。在廳北。設千總一員領兵分防。
長潭砦。在廳北。設把總一員領兵分防。
谷坡砦。在廳北。有千總領兵分防。
螺螄墐汛堡。在廳西南百里。嘉慶八年，設守備一員駐防。
茶洞城石堡。在廳東北。雍正八年，設吉多坪營，置副將。嘉慶七年，改移駐此。

津梁

西安橋。在廳城東門外。架木爲之，長十三丈，一名浮橋。

獅子橋。在廳東二十五里。

永安橋。在廳西十里。

下寨渡。在廳南十里。

夯都渡。在廳南二十里。

茶洞渡。在廳西六十里。

蟆腦渡。在廳西七十里。

花園渡。在廳北門外。

莪溶渡。在廳北三十五里。

隄堰

濫塘。在廳南十一里。周迴二十餘丈。又南里許有氿塘，皆可灌田數十頃。

鴨矮壩。在舊廳城南。又南有下壩。

祠廟

三侯廟。在廳東門外。俗稱天王廟。乾隆六十年，逆苗圍故廳城急，以神力獲解，敕封綏遠、靖遠、鎮遠三侯專廟，致祀。

寺觀

興隆寺。在舊廳城東。雍正九年建。

名宦

本朝

段汝霖。漢陽人。乾隆中任永綏廳同知。居官廉潔，勤於政治，撫民苗以誠信。手輯楚南苗志，凡苗中俗尚，及歷代治亂叛服，考核周詳，於三廳事尤備，治苗者奉爲圭臬焉。

李烜。永綏廳訓導。乾隆六年逆苗滋事，永綏被圍，烜倡舉義旗，指授保護方略。守城八十餘日，以勞瘵卒。事聞，照知縣例賜䘏。

彭鳳堯。連山人。乾隆五十七年任永綏廳同知。六十年黔苗石柳鄧叛，廳苗石三保應之，鳳堯與副將伊薩納督兵往捕，鎮筸鎮總兵明安圖亦督兵來援，爲賊所紿，鳳堯及伊薩納、明安圖俱死之，祀昭忠祠。

李方縠。成都人。嘉慶十二年任永綏廳同知。政尚寬恕，聽訟雖得情，猶婉言導使改過，不輕予杖。值歲旱，率屬捐俸救荒，全活無算。十五年卒於任，廳人德之，建祠東門外以祀。

人物

本朝

宋儀麟。乾隆五年，鵲泥寨苗龍老狼叛，儀麟隨營進剿，負重創，死之。

劉世雲。乾隆六十年苗變，不屈死。同時遇害者，有廩生胡啓第，居民王國佐、王國輔、胡維聯、劉禹鼎、劉正倫、劉正忠、石必得、石必魁、劉虎、胡維椿、石文舉、滕永鳳、李梅、胡維焕、張志鵬，俱祀忠義孝弟祠。

楊通倫。本廳監生。與同里監生彭宗聖皆饒於財，乾隆六十年苗叛，出貲募鄉勇，並招集難民數百人，日夜堵禦。力絀，俱遇害。又同廳諸生楊宗璋，手刃數賊，力竭，死之。楊勝文亦罵賊死。

游連貴。乾隆六十年苗變，連貴於鴨保寨力護提督劉君輔出重圍，遂負重創，死之。

李海。乾隆六十年遭苗變，負母潛匿。苗平，負擔力作，求甘旨以奉母，色養承歡，動出天性。廳人皆稱其孝。

楊昌富。任把總。乾隆六十年隨征黔、楚苗匪，陣亡。同廳把總楊昌仁、楊開科、王之會，外委蕭世貴、黄正貴、丁起鳳、張登元，均遇害。事聞議卹，俱廕雲騎尉。

列女

本朝

守備朱慶錦妻孫氏。乾隆六十年，逆苗滋事，慶錦時協守永綏，陣亡。氏與妾江氏、女四人，被害死難。同時殉節之外委楊昌仁妻胡氏，生員趙英粹妻鄧氏，民人葛芳郁妻蕭氏，廩生馮廷松母張氏、妻胡氏、嫂安氏、妹羅馮氏，廩生胡啓第母田氏、妻蕭氏，生員胡啓官母唐氏、嫂張氏，民人黄大富母楊氏、妻田氏、弟媳劉氏並妹女，田慶富母吴氏、妻張氏並一女一媳，劉禹鼎妻陳氏、媳姚氏、景氏、吴氏，石必德母向氏、弟婦符氏，陳世才媳廖氏、孫媳高氏、李氏，劉琥母鄧氏、妻閻氏，賈應道妻龍氏，龔啓文母楊氏、伯母張氏，吴通元婦，劉世雲妻楊氏並長媳，鄒定静妻張氏，胡維椿母鄧氏並媳，石文舉妻張氏，胡啓相母丁氏、妻談氏，滕成鳳母向氏並妻媳，民婦饒楊氏，媳鄭氏、孫女二人，鄭興泰妻何氏、弟婦楊氏、吴氏、姪媳某氏、姪女三人，向文賢妻胡氏、媳楊氏、姪媳陳氏，秦士貴妻王氏、媳田氏，胡維焕妻李氏、孀媳李氏，楊添才妻林氏，張超羣母唐氏，胡啓榮母唐氏、叔祖母鄧氏、伯母丁氏、叔母楊氏、弟婦滿氏、姊向胡氏，陣亡外委蕭世貴母萬氏、妻劉氏並長女，守備林子元妻張氏、女一、妹紫英、弟媳饒氏、向氏、姪女三人、妹周林氏、甥女周蜡姑，外委孫登元妻彭氏、女一，把總孟國興妻段氏、女運姑，把總楊運泰妻馬氏、女大姐，俱嘉慶四年七年旌，奉準武職每家合建一坊，紳士及民人男婦一廳總建一坊。

土産

磬石。小排吾出。土人隨其體而爲之形，擊之其聲清越可聽，錐眼失當則喑。

水晶石、白稜石。每枚六稜，瑩浄如玉。

化石。鴨保寨出。

灰杉。葫蘆寨出。

紅白菜。莖、葉皆紅。

萬壽菊。廳境出。

晃州直隸廳圖

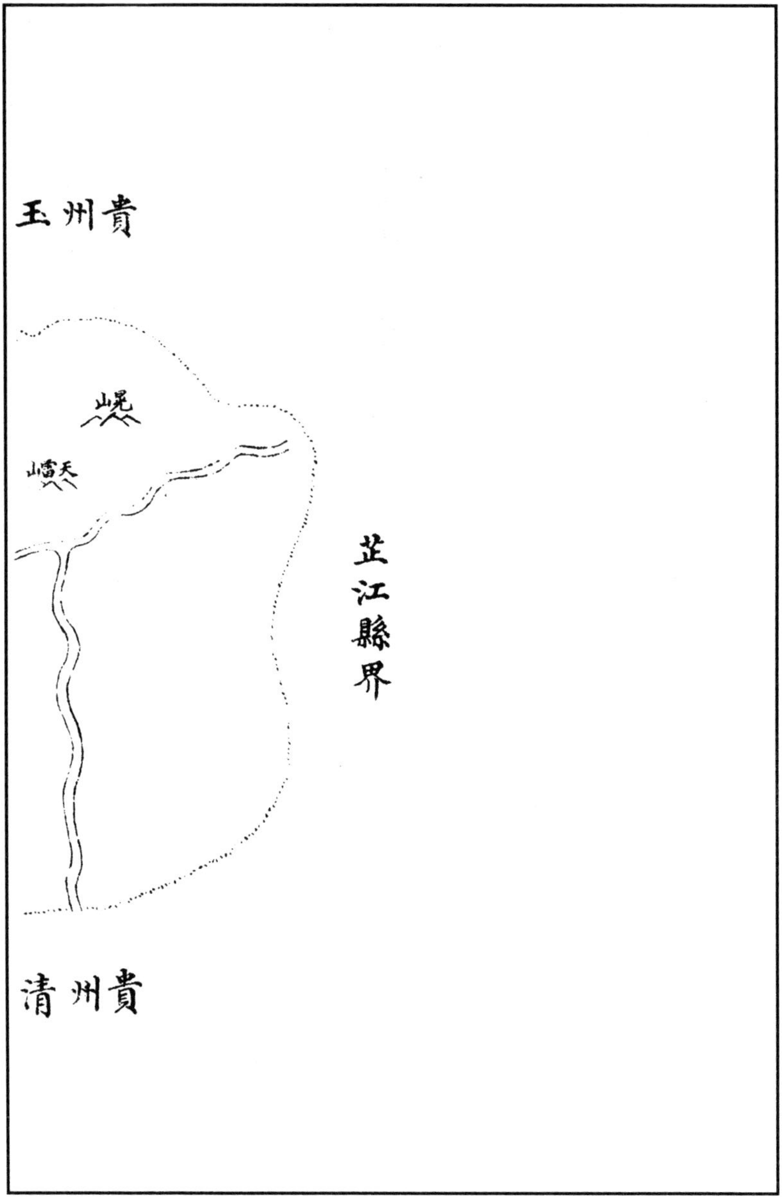
貴州玉
晃山
天雷山
芷江縣界
貴州清

屏縣界
墨石山
赤巖
晃州直隸廳
貴州玉屏縣界
沅水
溪縣界

晃州直隸廳表

	晃州直隸廳
秦	
漢	武陵郡地。
三國	
晉	
南北朝	
隋	沅陵郡地。
唐	羈縻晃州屬黔州都督府，田氏蠻居之。 獎州龍溪郡長安四年置舞州，開元十三年改鶴州，二十年改業州，大曆五年更名。 峩山縣貞觀中置夜郎縣，天寶初更名，大曆中屬獎州。
五代	廢。 廢。
宋	羈縻晃州熙寧七年併入盧陽縣，屬沅州。
元	
明	晃州巡司屬沅州。

渭溪縣 天授中析夜郎置，屬沅州，後屬獎州。
廢。

續表

大清一統志卷三百八十二

晃州直隸廳

在湖南省治西南一千二百四十五里。東西距五十二里，南北距百四十五里。東至沅州府芷江縣界二十七里，西至貴州玉屏縣界二十五里，南至貴州青溪縣界百一十里，北至玉屏縣界三十五里。東南至芷江縣界二十八里，西南至青溪縣界九十里，東北至貴州黄道土司界三十三里，西北至玉屏縣界二十五里。由廳治至京師四千四百九十八里。

分野

天文翼、軫分野，鶉尾之次。

建置沿革

漢武陵郡地。隋沅陵郡地。唐爲羈縻晃州，屬黔州都督府，田氏蠻居之。又分置獎州、龍溪郡、峩山縣、渭溪縣，尋廢。宋熙寧七年，併入盧陽縣，屬沅州。明晃州巡司地，屬沅州。本朝爲芷江縣地。乾隆元年，沅州升府，設芷江縣巡司隸之。嘉慶二十二年，移府屬凉缴通判駐晃州，爲直隸廳，以晃州巡檢隸之，改岳州府司獄爲巡司，移駐凉缴，歸廳統轄，歸辰永沅靖道覈轉。

形勢

前臨大河，後倚田山，逼近黔苗，爲全楚咽喉要道。省志。

風俗

地界山谿，刀耕火種。圖經。

城池

晃州廳城。五代酋田氏築城。宋熙寧間收復。明屬沅州衛，築堡設兵。本朝順治初設汛。乾隆三年，甃堡以石。嘉慶二十二年，移凉缴通判駐此，升直隸廳。

學校

晃州廳學。嘉慶二十二年升直隸廳，移麻陽訓導駐此。入學額數八名。

戶口

人丁男婦共五萬七千一百六十五名口，計九千五百五十二戶。

田賦

由沅州府芷江縣分撥民屯田地塘四百四頃四十二畝七釐，額徵地丁正、雜銀一千六百六兩五錢八分八釐。

山川

米公山。在廳東，界域黔、楚，體勢磅礴。

天雷山。在廳東二十里。自麓至頂，凡十里，連岡峙岫，青覆遠近，禱雨輒應。

白巖山。在廳東三十里。崚嶒奇特，類狻猊昂首竦顧。

晃山。在廳東三十里。九域志：盧陽縣有晃山。

壘石山。在廳西八十里。方輿紀要作疊石山。山峯皆石，層疊而上，如畫家皴法。下有壘石灘。

赤巖。在廳西。憑江矗立如削，下瞰澄潭。

涼繖巖。在廳西。脈自貴州鎮遠府諸山綿屬至此，迤南分嶠爲三。

西溪。在廳西十里。有二源：一自𡍣坪哨東流至扶羅，一自甘味至涼繖巖，合扶羅一支入無水。

龍溪。在廳西十里。源出貴州黄道司界，流入無水。

渭溪。在廳西十里。元和志：渭溪縣渭溪水自錦州渭陽縣流入。

峩溪。在廳西一百里。流入無水。

古蹟

峩山廢縣。在廳西。唐置夜郎縣，後改曰峩山。五代時爲蠻地。宋爲獎州鋪，屬盧陽縣。通典：龍標郡業州，今理峩山縣。元和志：獎州，本漢無陽縣地。貞觀八年，置夜郎縣，屬巫州。長安四年，於此置舞州。開元十三年，改爲鶴州，二十年，又改爲業州。大曆五年，又改曰獎州。龍溪郡峩山縣，本夜郎縣，天寶元年改爲峩山，其理本在渭溪之南，長壽初移溪北。九域志：盧陽縣有獎州鋪。明統志：獎州寨在沅州城西一百里，本唐舞州，復改曰獎州。宋廢爲寨。

渭溪廢縣。在廳西。唐置縣，初屬沅州，尋屬業州，後屬獎州。五代時爲蠻地，縣廢。元和志：渭溪縣，聖曆元年析峩山縣於渭溪東置，因以爲名。舊唐書地理志：業州渭溪，天授二年分夜郎置，屬沅州。長安四年，改屬業州。按：改屬時尚當稱爲舞州。

關隘

蜈蚣關。在廳東。

晃州巡司。乾隆三年設。隸芷江縣，駐晃州堡。嘉慶二十二年升爲直隸廳〔一〕，以巡司改歸廳轄。

涼繖巡司。在廳東南百二十里。舊爲涼山鎮，乾隆二年以沅州府通判駐此。嘉慶二十二年，移通判駐晃州，升爲直隸廳，以岳州府司獄改巡司，遷駐涼繖，歸廳統轄。

鮎魚堡。在廳西十里。
南安哨堡。在廳西二十里。
晃州堡。即宋初蠻所置晃州也。明洪武中置巡司，今裁。
晃州汛。有守備駐守。
甘昧汛。在西溪僻路。
晃州驛。與晃州堡隔河。明洪武中置驛，本朝乾隆三年設汛，有守備駐守。
獎州砦。在廳東。

津梁

晃州渡。在廳西晃州驛前。

隄堰

韭菜塘。在廳西。

寺觀

紫巖宫。在廳西石塢溪。明里人黄永捨宅建，爲西溪壯觀。

校勘記

〔一〕嘉慶二十二年升爲直隸廳 「爲」下原有「爲」字，據文意删重。